Les Forces
imaginantes du droit

一起迈向世界的共同法

理念与规则

Marcher ensemble
vers un droit commun mondial :
l'esprit et la règle

〔法〕米海伊·戴尔玛斯–玛蒂 著
〔法〕刘文玲 李滨 译

北京大学出版社
PEKING UNIVERSITY PRESS

图书在版编目(CIP)数据

一起迈向世界的共同法:理念与规则/(法)米海伊·戴尔玛斯-玛蒂著;(法)刘文玲,李滨译.—北京:北京大学出版社,2021.12
(法律今典译丛)
ISBN 978-7-301-32751-7

Ⅰ.①—… Ⅱ.①米… ②刘… ③李… Ⅲ.①国际法—研究 Ⅳ.①D99

中国版本图书馆 CIP 数据核字(2021)第 247034 号

La refondation des pouvoirs. Les forces imaginantes du droit (Ⅲ) by Mireille Delmas-Marty: ⓒ Éditions du Seuil, 2007
Vers une communauté de valeurs? Les forces imaginantes du droit (Ⅳ) by Mireille Delmas-Marty: ⓒ Éditions du Seuil, 2011
Résister, responsabiliser, anticiper. Ou comment humaniser la mondialisation by Mireille Delmas-Marty: ⓒ Éditions du Seuil, 2013

书　　　名	一起迈向世界的共同法:理念与规则 YIQI MAIXIANG SHIJIE DE GONGTONGFA: LINIAN YU GUIZE
著作责任者	〔法〕米海伊·戴尔玛斯-玛蒂　著 〔法〕刘文玲　李滨　译
责任编辑	孙战营　孙嘉阳
标准书号	ISBN 978-7-301-32751-7
出版发行	北京大学出版社
地　　　址	北京市海淀区成府路 205 号　100871
网　　　址	http://www.pup.cn
电子信箱	law@pup.pku.edu.cn
新浪微博	@北京大学出版社　@北大出版社法律图书
电　　　话	邮购部 010-62752015　发行部 010-62750672 编辑部 010-62752027
印　刷　者	三河市北燕印装有限公司
经　销　者	新华书店
	965 毫米×1300 毫米　16 开本　35.25 印张　490 千字 2021 年 12 月第 1 版　2021 年 12 月第 1 次印刷
定　　　价	89.00 元

未经许可,不得以任何方式复制或抄袭本书之部分或全部内容。
版权所有,侵权必究
举报电话:010-62752024　电子信箱:fd@pup.pku.edu.cn
图书如有印装质量问题,请与出版部联系,电话:010-62756370

全球化时代法律的未来:世界的共同法为什么需要想象力?(译者序)

李 滨

全球化时代法律的未来,是世界的共同法,或者说是一个可以普遍化的法,这是本书作者试图论证和展现的一条主线。这里有必要向读者介绍米海伊·戴尔玛斯-玛蒂(以下使用她的名字的缩写MDM)在研究方法上的一些特点或者背景,以便本书读者能够更为清晰、准确地把握作者的出发点和思想进路。MDM曾坦承自己受到哲学家加斯东·巴什拉(Gaston Bachelard)的影响。在他的《火的精神分析》一书里,巴什拉揭示出人们在观察客观事实时,总是受到观察者自身既有观念的影响,这种观念作为倾向性认识成为客观现象与人们对它的理解之间的一层隔膜,只有去除这层隔膜,或者既有观念,才能真正地接近或获得对客观现象的认识。巴什拉的这种"关于客观认识的心理分析"强调,人们应当清醒地尽最大可能摆脱自己的成见,以最为细心的方式摆脱自身的好与恶,以及对最初直觉的倾向,只有那样才能让"关于科学精神的无意识"呈现出来。尽管对法学本身是否属于科学的问题存在争论,但在寻求客观性的问题上法学与科学之间存在共同之处,巴什拉曾向人们提出,应该思考那些"约定俗成的观念",这同样适用于法律体系的研究,特别是在法律领域里存在着很多这种约定俗成、不再被质疑的观念,比如在现代法律体系中,将国家与法律视为一体的观念。尽管在全球化时代,国家间的相互依赖性已经变成不争的事实,但要彻底抛弃"国家—法律"的传统观念仍不是件简单的事。MDM指出,在全球化时代下如果继续维持凯尔森主张的"国家—法律"的观念,就无法在法律上保持客观性,例如,从2001年"9·11"事件开始,将国家与法律视为一体的观念已无法适应全球化时代的反恐实践,即:如果不是由一个国际性或超国家的司法体系对具有全球性或跨国性特征的恐怖主义活动采取预防、审理和制裁等措施,而是继续沿袭国家—法律观念主导的反恐战争模式的话,那么国家的反恐实践就只能陷入困境,此后发生在马德里(2004)、伦敦(2005)、巴黎(2015)、布鲁塞尔(2016)、巴塞罗那(2017)的一系列恐袭事件均反映出国家—法律观念的局限。简言之,恐怖主义活动的超国界性要求一种新的全球治理模式来应对。这种新的全球治理应当致力于将自由与安全相互协调,它不是以暴制暴,也不应让恐惧、威胁、愤怒的情绪去压倒或取代人们对客观性的认识,否则法治原则会遭到破坏,反恐的效率也未必能得到改善。进一步而言,在全球治理的框架下强调传统意义上的国家主权显然是不符合现实的,但在实践中这种国家主权观似乎是唯一能让普通公众得到安慰和接受的话语。对此,MDM指出,巴什拉的某些思想仍旧可以用来解释上述现象,他曾借用信封的比喻,指出新的理论或观念出现,并不一定完全取代旧的理论或观念,而是可能像用信封一样将后者包裹起来,正如几何学上,非欧几何的出现并没有使欧氏几何消失,同样,非国家法的出现也不会取代国家法,我们面临的问题是如何将非国家法与国家法相互结合在一起,这将涉及一个变动过程,甚至是一个秩序混乱的变动过程。全球治理的碎片也将会以信封的方式不断地将民族国家包裹起来。

巴什拉在1942年出版的《水与梦》中曾使用了"我们精神的想象力"(les forces imaginantes de notre esprit)的说法,这种想象的力量并不是科学知识的对立面,相反,它是促进人们认识科学知识客观性的力量。MDM有意识地效仿了这一说法,将其运用到人们对法律的认识上,以此作为她在法兰西学院担任讲席教授期间的系列讲座,以及在此基础上发表的四部著作的大标题:"法律的想象力"。其用意在于号召人们去抛弃那些成见,或者说,撕开人们的认识与法律客观性之间的那层隔膜,由此去真正发现法律的客观且越来越复杂的现实,进而探索全球化时代法律的未来。MDM 进一步指出,强调法律的想象力,就是要避免将法律视为权力的工具,或者说让法律仅仅成为权力的形式;相反,强调想象力就是要保留对法律的批判态度,在摆脱了纯粹工具观念的束缚之后,将法律与其背后的价值探索,或者说法律背后的规则或规则的精神联系在一起。只有在法律与工具之间保持一定距离,才能解放想象力,实现巴什拉所说的"深挖存在的本质",同时也是"在新生事物面前发生了飞跃",从而使法律的发展呈现出某种无法预期的跨越,旧的模式和旧的图景因不再有价值而被超越。

关于精神的想象力,有必要引用《水与梦》序言中的这段话:

> 我们的精神想象力在两个迥然不同的轴上展开。一种想象力在新生事物面前发生了飞跃;它嬉戏于彩色缤纷、五花八门及意料之外的事情当中。它所激活的想象总有一番有待描述的春光。它远离我们,在大自然中,已生机盎然如鲜花般盛开。另一种想象力深挖存在的本质;它欲在存在中找到原初和永恒。它主宰着季节和历史。在自然界中,它在我们的身心之中,身心之外,产生出萌芽,在这些萌芽里,形式深于实质之中,形式是内在的。

这里强调的是,主张法律的想象力,目的是更加接近法律的客观现实。假如想象本身离不开形式,必须借助图景来展开的话,那么法律上借助图景的想象实际上始终存在。但是传统的、占主导的法律图景是静止、稳定、结构和等级化的,并非持续变动的。"法律体系"这一说法在很大程度上反映了这种图景的想象,尽管在法律体系的各个组成部分或分支之间存在这样或那样的关系或互动,但人们追求的是这个体系的健全与完美。MDM 认为,在全球化的时代,不能再以那种静止、等级化的图景来想象法律。她以一种艺术家的视角,引入了一种"变动且有序变化的云"这种图景来想象法律"体系",并且也承认这是一种大胆甚至是有些挑战性的尝试。这种比喻本身就包含了一定的矛盾性:云是不断变化的,如何能实现这种变动的有序?作者的用意一方面是强调在全球化时代,法律体系的稳定性将不复存在,不断变化形状的云就是这种不稳定性的隐喻:当我们去画一朵云时,画作完成时,也是云朵变形之时,对法律体系的表述也同样存在这样的问题。风导致云朵形状的变化,那么导致法律"体系"不断变动的因素也可以被想象为风,MDM进一步提出了地理学上的风力玫瑰图(见图一),它在航海中被用来识别不同的风向以确保航向准确,借此比喻全球化时代那些可能引起法律体系不断变动的各种因素或力量,恰恰因为这些因素或力量在"方向"上是不一致甚至是对立的,才使得法律体系的变动出现难以预测的不确定性:自由与安全、竞争与合作、创新与保守、排斥与融合,等等,都可以想象为不同的风向,它们同时组合成一幅风力玫瑰图,全球化就像一艘大海中航行的船舶,必须在不同的风向之间做出选择应对。全球化本身有可能像进入热带辐合带(法国水手将其称为"黑锅")的船只,会遭遇到无风高温和暴风骤雨相互交替的天气,既可能停滞不前也可能倾覆沉没。从全球化到世界化的过渡转变,只有顺利通过这两种极端情形的考验才能得以实现。

图一　风力玫瑰图(图片作者:米海伊·戴尔玛斯-玛蒂)

按照MDM的说法,世界化的目标是形成一种"趋于和平"的世界性。对此,她进一步指出,世界性首先不意味着统一(uniformité),

相反,它要求保留差异;它是多元的,但在多元之间是和谐共存的关系,正如她所倡导的"有序多元性"。这种有序多元的基石是两个最为基本的法律原则,一是1948年《世界人权宣言》第一条提出的人与人之间有着"平等的尊严";另一个是联合国教科文组织2001年通过的《世界文化多样性宣言》所指出的作为人类共同财富的文化多样性。世界性的第二个维度是承认相互依赖性,包括不同人类群体之间的相互依赖性,当今和未来人类之间的相互依赖性,人与非人之间的相互依赖性,以及作为"主体"的人与作为"智能客体"的人之间的相互依赖性。显然,在如何对待相互依赖性的问题上,只有人类自身根据理性和良心来给出答案。世界性的第三个维度是促进全球的团结或连带关系,这突出反映在全球可持续发展目标的确立与推进上。在法律上,团结和连带关系要求引入新的责任观,它不再是那种作为违反义务后果的责任,而是为了自身和整体的利益,以及为了"主体性"的实现而承担起的责任。就身处于各种张力之间的全球化而言,在不同的风向之间进行动态调整,正如从一种风向到另一种风向的变化,通过风向转换,避免在一种风向下的单向极端化发展,这将是迈向理想的世界性的必然路径。例如,在自由与安全之间,在排斥与融合之间,在竞争与合作之间,在创新与保守之间,均可以实现某种风向转换式的调整(见图二)。必须指出的是,这种风向转换的调整,并不仅仅是指在代表不同风向的各种价值和规范之间协调平衡,在当今全球化面临多重危机和不确定性的前提下,还需要人们的努力来为保护某些价值划定界限。比如在自由与安全之间,并不是相互权衡的关系,而是必须通过法律的划定界限功能,明确某种价值的保护限度:对安全的保护也不能突破保护自由的界限,否则安全就可能异化为集权统治的借口。这里所说的法律的界定功能是以一些共同接受的原则为基础的,例如人人享有平等的尊严,等等。简言之,权衡与划界,是法律在风向转换式的调整中应当发挥的两个基本功能。固然,对于上面提到的原则,其之所以能够被共同接受,还要取决于其自身正当性,即关于人的价值的普遍认同。

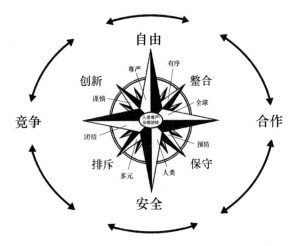

注:为了表明法律在全球化应对不同"风向"时应发挥的权衡与划界的作用,上述风力图在中心位置标注了人类尊严/全球团结,各个分支上则分别标注了人类尊严、有序多元、全球团结、风险预防、预先保护。

图二　风的循环图(图片作者:米海伊·戴尔玛斯-玛蒂)

　　从云到风的想象,可以视为某种"后凯尔森"式的法学研究方法。MDM 将其概括为将概念转换为过程,将结构转换为路径,将模式转换为运动的方法,即:传统的法律范畴应当在全球化时代不断被更新,世界共同法只有借助新的法学方法才有可能形成。或者说,传统法律思维应该向着更为复杂、动态的方向发展,MDM 借用格里桑的诗句说,"震动的思想""既非恐惧亦非怯弱",相反,它是"可能接近混沌,维系并生长于不可预见之中的保障"。此外,MDM再次借用了巴什拉《火的精神分析》中的文字,"辩证法应当用来唤醒自我陶醉",她说,全球化时代不同风向的呼声也将在某个时刻唤醒自我陶醉,由此诞生出一种新的法律精神。在国际法上,这种想象的力量表现得尤为突出并应被积极付诸实践,它曾激活过人们意料之外的萌芽和春天的花朵。在 MDM 看来,1948 年的《世界人权宣言》就是由法律的想象力激活的,如果不是在 1948 年被起草出来,并借助二战后短暂的和平时期被联大通过,那么随后进入的冷战时期,就很有可能完全将该宣言搁置或抛弃。在某种程度上讲,2015年通过的巴黎气候协定也体现了法律的想象力量。当然,尽管自我陶醉被唤醒,全球化时代下的法律体系变动显然不会是直线式的,英国脱欧的例子则反映出不同风向的力量会因失衡而发生方向偏移。由此值得反思的是,全球化进程的停顿、偏移甚至是倒退是否只是短暂或暂时的?还是它预示着存在某种更为深层次的、能够导致任何超国家结构解体的因素?

在面临这种具有根本意义的不确定性问题时,MDM似乎更愿意接受法国思想家德日进关于人的未来将是一种"集体化"的观点,进而探讨如何建构一个以人为中心的价值共同体。在全球化时代,法律体系的不稳定可以借用富有诗意的说法,将其视为不同方向的风力相互交汇而引起的震动,但这种震动恰恰是一种唤醒,它预示着一种新的世界性的诞生,这种新的世界性与那种非人性的全球化相对立,它将是一种缩小不同文明之间距离或隔阂的"趋于和平"的世界性。MDM显然在全球化未来走向的问题上有着更为积极的认识,在德日进之外,她也显然受到了巴什拉关于"真正的诗具有唤醒的功能"这一说法的影响,更愿意以诗意的眼光去看待眼下并不乐观的现象,这似乎与前面提到的第一种想象力相对应。本书作者在进一步思考全球化时代法律未来的走向时,也承认在以人的价值为核心的法律规范性之外,还存在着以政策为内核的"政治规范性",以市场效益为基础的"经济规范性",以及在人工智能时代下不断发展起来的"数字规范性"。这些新的规范性可以被视为法律之外的"超法律规范性",并有可能在某种程度上"稀释",甚至"消解"以人的价值为核心的法律规范性。那么,是否有可能建立一种可以普遍化的法律,能够缩小或缓和不同规范性之间的差距,成为表达一种新的世界性的共同法?假如对于西方而言历史上的罗马法曾经是共同法(jus commune)的话,那么全球化是否会在当代及未来促使形成某种新的世界共同法?如果这种世界共同法的假设是正当并且可能的话,那么如何去实现?这些问题正是本书作者MDM教授目前在法兰西学院主持进行的一项课题的研究对象。

这里还必须再解释一下全球化、世界化与世界性这三个相近但又有着不同意蕴的表述。这是认识 MDM 提出的"世界共同法"的一个重要角度。有法国学者曾指出,在很多西方语言里并不存在法文对全球化(globalisation)和世界化(mondialisation)的区别,并主张将 mondialisation 也翻译成全球化而不是世界化这个比较生僻的说法。但从 MDM 的著述中我们可以看到,世界化并不同于全球化,后者侧重于描述各种生产要素和人的跨国界流动,以及由此带来的国界观念的弱化和国家间相互依赖的现象。特别是,全球化还被很多人认为是以美国为主导的生产与消费方式的全球化,但世界化侧重的不是对现实的描述,而是表达了以人的尊严为主导的有关价值共同体的一种追求;可以说,世界化的说法是规范性的,而不是描述性的,它强调表达了某种价值判断。MDM 还经常使用世界性(mondialité)这一词语,她说,世界性并不是严格意义上的概念,而是某种精神或观念状态,也可以说是某种新的说法甚至是神话,它促使并帮助人们去思考和重构目前的世界,而法律的想象力就是要服务于这种新世界的重构。世界化过程本身包含着各种对立和矛盾,而法律的想象力并不是用单一的模式来取代对立和矛盾,而是试图将这些矛盾和对立之间的距离缩小,实现协调并将它们纳入到世界性当中,实现多样与合一并存的"缓和化"的世界性(也可以用"趋于和平"的世界性这种比"缓和"更为具体的表达形式)。正因为如此,本书虽然以全球化时代法律的未来发展为主题,但是作者 MDM 的主张却不能被简单地概括为全球法或有关全球化或者全球治理的工具意义上的法律发展论;相反,应该通过语词的使用来强调其独特的主张,即:世界共同法并不是完全反对全球化并与其相对立,它主张的是与全球化完全不同的另一种法律图景,正如巴什拉在分析想象力发展的两个轴线时所说的那样,一个是"一番有待描述的春光",另一个则是"深挖存在的本质",世界共同法和世界性代表了本书作者为深挖存在的本质而进行的思考与实践。也正因为如此,本书译者对 mondialisation 选择了"世界化"而不是"全球化"的译法,使用"世界共同法"而不是"全球共同法"的说法。在当前研究全球化下法律变迁的著述不断涌现的背景下,作为译者有责任也有理由通过词语的推敲选择,更为准确地表达原著者的立场与思想进路。当然"世界"在中文的语境下也会因为文化和时代的变迁而体现不同的意蕴,"宇宙""世界主义",以及"大同""天下"等等这些语词不也是经由时代演变和多重解释而被赋予不同的内涵或用来表达不同的诉求吗?这也表明,语词本身的区分功能固然重要,但仍需要在具体的语境下来理解和领会它,因此,序言本身还无法代替作者的著述,对世界共同法做出分析。作为译者,我们愿与读者一起通过阅读本书,来深挖存在的本质。

目 录

法律的想象力（Ⅲ） 重建权力

前　言　权力危机　　3
第一章　重建权力体制　　22
　　第一节　法官权力的增强　　23
　　第二节　寻求良好的管理模式　　41
　　第三节　是否应该担心法律庞然大物？　　60
第二章　重新平衡意愿　　82
　　第一节　经济活动者的优越性　　85
　　第二节　公民活动者的崛起　　101
第三章　交叉知识　　121
　　第一节　专家世界化　　124
　　第二节　知识民主化　　140
结　论　知识/意愿/权力三部曲　　158

法律的想象力（Ⅳ） 迈向价值共同体？

前　言　法律共同体，价值共同体　　179
第一章　基本禁令　　193
　　第一节　禁止/允许：三种范式　　204
　　第二节　惩罚/宽恕：三种争论　　241

2　一起迈向世界的共同法：理念与规则

　　　第三节　奠基性的禁止规定与根本主义　　　286
　第二章　基本权利　　　300
　　　第一节　人权：普遍价值问题　　　315
　　　第二节　全球公共财富：正在形成的普遍价值？　　　360
　　　第三节　法律在价值共同体崛起中的作用　　　393
　结　论　光明的出路　　　424

法律的想象力（Ⅴ）　抵制、责任、预测
——如何赋予世界化以人性

前　言　　　437
第一章　世界化的矛盾性　　　441
　　　第一节　严格的移民管制　　　442
　　　第二节　社会排外现象的恶化　　　452
　　　第三节　遭受威胁的环境　　　461
　　　第四节　"最严重"的国际犯罪的持续　　　470
　　　第五节　新技术操控的危险　　　478
第二章　赋予世界化以人性　　　488
　　　第一节　抵制去人性化　　　489
　　　第二节　让权力持有者承担起责任　　　509
　　　第三节　预测未来的风险　　　524
结　论　　　542

缩略语　　　545
译后记　　　551

法律的想象力（Ⅲ）

重建权力

前　言

权力危机

各种危机在一年一年地延续。

2005年应该是国际法律秩序构建的重要一年：人们期待随着《欧盟宪法条约》(TCUE)的签订，欧洲的秩序会得到巩固和加强；希望国际秩序随着联合国组织的改革，能够得以稳定。2005年正值联合国成立六十周年，国际贸易组织成立十周年，多哈回合贸易谈判仍未达成协议。

这是三重失败。

面对国际贸易组织谈判僵持不下的状况，帕斯卡尔·拉米(Pascal Lamy)曾评论说："全球化的进程比全球化管理方法的速度要快得多。"①这种对形势的评价同样也适用其他机构，因为各种危机首先揭示了代表权力组织机构实践的理论模式的空白，或者更确切地说，是这种理论模式的缺失。联合国的危机明显说明了这样一个事实，那就是民族国家模式将政治权力赋予政府，在各政府间的关系基础之上建立国际法的旧模式已经不再起作用了；但是，另外两个例子同时也说明，一个交替式的模式(国家交替甚至超国家的模式)尚未存在；这样一种交替模式，无论是在50多年来紧密结合成一体的地区(如欧洲)还是在双方达成一致意见的领域(如世界贸易领域)，都不存在。总之，在这历史时刻，我们不能接受民族主义

---

① 接受法国《自由报》记者克里斯迪安·劳松(Christian Losson)采访时的讲话，2006年7月28日。

的退却(旧的模式已经不再适用),也不能接受全球主义的突然超越(新的模式还不存在)。在"不再"和"还没有"之间,需要为前进的道路设置路标。但是,这条道路已经被照亮,因为,危机时刻同时也揭示了我们的困难,我们需要找到解决办法冲出困境。

1. 危机时刻

国际危机,仅就目前主要争议的话题来说,影响了欧盟、联合国以及国际贸易组织内部的组织权力构成。这些危机的共同之处在于它们的虚弱无力,那么我们就先着手评估一下这种虚弱无力的程度。

在欧洲,危机与意外相韵而生。当然,在法国和荷兰,公民投票后的否决票并没有真正让公共舆论感到吃惊。当民意测验显示了否决力量的强大影响及决心的时候,人们就已经可以预测出结果了。然而,这样的结果也会让政治领导人猝不及防(甚至感到吃惊),他们没有提前准备可供替代的办法。因而出现诸如"欧洲处于瘫痪状态""欧洲的灾难""三重断裂"(经济政治断裂、政治计划断裂以及领导者与被领导者之间的信任断裂)这样的论断:评论者们在雄辩术上展开了竞争,对这一冲击的影响加以描述。

尽管"为欧洲制定一部宪法的条约"(Traité établissant une constitution pour l'Europe)得到超过一半的成员国的认可,但直到今天,这项条约依然悬而未决。人们提出几项重新推进的措施,但都不大可能实现,在期待当中,出现很多分析建议。

在这些分析当中,给我们留下深刻印象的是广大公民积极参与这项讨论。2005年,法国变成了一个大课堂,人们怀着极大的激情试图解释和理解欧洲。任何党派、任何政治领导人,他们为了自己的利益,无论采取怎样的策略措施来争取选票,欧洲政治意识的觉醒就其本身来说似乎都是一个重大事件。由官方(各政党、协会和工会)轮流接替举办的讨论,每天都会动员大量的、前所未见的媒体进行宣传;同时在因特网上又自发地诞生大量的类似讨论,而且几乎到处随意都可以听到这样的讨论,比如在餐桌上、在街道上、在咖啡馆里、在工厂里、办公室里、甚至在戏剧院里(我曾经在万塞讷的卡都谢里[Cartoucherie de Vincennes]同亚莉安·莫虚金[Ariane Mnouchkine]以及阳光剧团的成员度过了一个热烈的晚会)。是否从中可以看到"政治欧洲化的开端"①,或者这仅仅反映了"关于欧盟终极结局被抑制的冲突"?当然,在"后全民投票"时期,瘫痪停顿似乎战胜了所有新发展。②在这个时候作出结论似乎还有些早。

一些分析指出,这个被人遗忘但却是尽人皆知的事实,无论它的发展如何,一部宪法必须以自愿,更确切地说,以自愿的多边构成为条件。在期待人们的愿望能够有办法自我形成,能够在整个欧洲,在同一时刻,以同样的方式加以表述的同时,理性的选择本应该是,或者继续在领导集团愿望基础上建立欧洲,也就是要放弃全民投票的形式;或者在权力重组之前给自己一些时间,寻找一些办法,能够在欧洲范围内建立起市民社会。由于没有及早地足够明白这一点,全民投票的组织者冒了一个他们未曾考虑的风险。失败的原因不仅仅是因为没有很好地解释欧洲,而且还因为关于目标和优先解决的问题的意见主张极为分散。因此产生了这样一个反面的结果,即没能成功地将敌视欧洲结构的敌对派和热爱欧洲、支持建立更有抱负、更具有社会性的欧洲的亲欧派结合起来,构成拥有绝大多数的否决派。外国往往把这一结果解释成缺乏信任,有时还将其理解成欧洲的大量遗弃。我很难向日本人解释说,法国的"否决"并不意味着遗弃,因为大部分的法国人还是赞同欧洲的,这种"否决"只是说明在建立欧洲的道路和方法上有分歧。

关于重新推进的建议,当考虑到整体愿望,在"弥补经济政策"③,同时也有法律政策的基础上建立欧洲合法性的时候,这些建议就具有不平等的利益。经过没有争议的50年之后,为了完成这样的弥补计划,也许应该明确选择欧盟的性质,明确它对内以及对外

---

① J. Rifkin, « L'avenir du rêve européen », *Libération*, 2 juin 2005.

② J. Habermas, « Union européenne, nouvel essor ou paralysie », *Libération*, 8 juin 2005.

③ J. M. Ferry, « L'Union est devant un triple choix: sur sa nature, sur son rôle dans le monde et sur sa façon de procéder », *Le Monde*, 16 juin 2005.

的性质。对内主要是自由贸易区和市场社会经济之间的选择。是以竞争思想发展自由贸易区,促进其贸易灵活性还是创建一个团结和谐,关系到社会和税收的市场社会经济?对外是要顺应全球化,尽量配合全球化的发展还是企图超越全球化并改变全球化?

要解决这一双重问题,我们提出了多多少少有些大胆的建议,这同时取决于方法的选择:是否应该继续将选择权留给政治负责人、经济领导人和司法人员?还是应该汲取失败的教训,鼓励诞生一个真正的欧洲公共空间?

就目前这个阶段来看,大部分的建议还很模糊,同旧有的方法还没有明显分开。无论是要区别两个集团(一个是欧元区,构成"欧洲的美国",另一个是比较软弱的"欧洲各国组织"①)还是重新推进"先锋集团"②,没有人会解释如何确保尊重公民的意愿,即使有部分政治领导人对此作出了一些承诺。

从这一点看,对德国人的建议依然没有任何反应,这似乎更加直接地回应了人们所表现出来的不满(在法国、荷兰,当然也包括在那些公民没有被直接征求意见的国家):在条约中加入一项关于社会方面的规划条款值得明确欧洲联盟的性质,激励人们展开讨论,扩大由全民投票刚刚打开的公共领域。预先投票结果证明,欧盟后来的分裂二重性(在不管是否附加约定规程的条件下都承认条约的国家之间)可以被认为这不是由领导者再次强加的一种选择,而是公民经过强烈斗争赢取的解决办法。因此既定权力危机最终将导致公民意愿的形成。

总之,如果人们能够及时理解欧洲的这种危机,那这种危机就像是青春期危机一样,它不一定是健康的,但是危机带来的冲击是惊奇的,至少能促进全体愿望的形成和成熟。

---

① G. Verhofstadt, « Les Etats-Unis d'Europe », Luc Pire, 2006; Voir aussi R. Rivais et J.-P. Stroobants, « Le sort de la Constitution européenne reste en suspens », *Le Monde*, 16 déc. 2005.

② H. de Bresson et Th. Ferenczi, « M. Chirac veut relancer l'Europe dans le respect du vote des Français », *Le Monde*, 20 déc. 2005.

在联合国内部并非如此。2005年10月24日的纽约峰会本应该借60周年庆典之际推动联合国的大规模改革,然而此次峰会的失败并没有引起人们很大的震惊,人们顺从忍让,保持长期的沉默,对他们所看到的一切漠不关心,如同什么都没有发生一样。

在秘书长的一份报告①中(秘书长本人也听从了高级别小组的意见②),纽约峰会被宣称为要抓住的"历史时机",并延续着2000年发布的千年宣言③加以筹备,但是这次峰会几乎被普遍的无所谓蒙上阴暗的气氛。

的确,在联合国当中,危机几乎变成经常性的了。有几件事情众所周知,如1993年至1994年间在卢旺达和南斯拉夫发生的残暴大屠杀,那时维和部队也在;2003年3月,不顾联合国安理会提出的决定在伊拉克发动战争;还有在2005年发生的"石油换食品计划"丑闻,早先怀疑的贪污事件经沃克委员会的调查得以证实。

但是联合国秘书长的分析还是比较确切的,比如根据五个范畴领域毫不客气地列举出几个"变化中的世界的挑战":第一,贫穷、传染病、环境恶化;第二,各国内部和各国之间的武装冲突;第三,有组织性的犯罪;第四,恐怖主义;第五,核武器、放射性武器、生化武器和大规模杀伤性武器的扩散。因此需要建立一个能够调动和协调集体行动的机构,正如联合国秘书长的报告中指出的那样,联合国不可争辩地肩负着一项"特殊责任",因为就目前状况来看,联合国是"唯一一个具有处理安全、发展和人权问题授权的全球性机构"。另外,从一开始就对这一点有所解释:"在这个相互依存的时代,世界上所有国家都应该具有共同利益团体和人类统一体的意识,为我们共同的事业而奋斗"(联合国改革报告,《大自由:为人人共享安全、发展和人权而奋斗》,§2),也再次重申安全方面的问题:"在今天的世界,任何国家,无论它有多么强大,都无法进行独自安全保

---

① 联合国秘书长科菲·安南2005年3月24日的报告:《大自由:为人人共享发展、安全和人权而奋斗》,A/59/2005号文件。
② 秘书长高级别小组的报告:《威胁、挑战和改革问题》,A/59/565号文件。
③ 联合国全体大会,A/RES//SS/2号文件,2000年9月13日。

障"(同上，§24)。

然而,联合国安理会改革失败后,其结果基本上只限于创建人权理事会,用以代替几乎招人一致批评的人权委员会。考虑到要保证全体一致性,在取消或者重组资金、项目或者机构,对他们的授权和管辖职权进行重组或补充时的需求,人们很快就建立了一个新的委员会,这就是联合国建设和平委员会(2005年12月20日第1645号和1646号决议)。

这一结果要求进行彻底的方法上的改变,指出相互之间不断增长的依赖性所产生的政治与法律影响。也就是说,为了维护超国家(supraétatique)这个思想概念而超越国家间(即主权与自主国家之间)的思想。我们明白,以保护人们的共同财产的名义,以团结一致的法律原则和分享主权的政治原则为基础,很难让各国政府接受建立一个政治共同体的必要性[1]这种建议。但是,这种必要性却变得越来越紧迫。

如果说联合国秘书长的确持有现实主义态度,制止他真正实施国家间制度的话,那么相反的是,现实主义却让世界贸易组织的总干事采取了行动,通过2005年12月18日在香港签订的协议,"竭尽全力"将长期以来的危机转变成"小奇迹"[2]。但是这种奇迹不久又变成了一种"困境"[3]。

当时,世界贸易组织的目标是在2006年结束2001年开始的多哈回合谈判。为了获得149个成员(包括刚刚加入的沙特阿拉伯王国)的一致意见,首先应该放弃自由贸易计划中的一部分议题。虽然2003年坎昆批准的这份临时协议可以使那些没有能力生产药品的贫困国家进口一些基本药品,最终加入到2005年12月的世界贸易组织法中,但是还有一些敏感性问题在香港的最终协议中依然没

---

[1] Voir la « Déclaration d'interdépendance » proposée par le Collegium international, *Libération*, 24 oct. 2005.
[2] G. Dupuy, « l'arraché », éditorial, *Libération*, 19 déc. 2005.
[3] A. Voinchet, « Le bourbier de l'OMC », *Le Nouvel Économiste*, 13-19 juil. 2006.

有得到解决。在此当中,我们可以看到南部120多个国家形成的阵营的影响,他们结合了像巴西、印度和中国这些20国集团的新兴经济体,以及像毛里求斯和赞比亚这些贫穷的90国集团。尽管有时候这个阵营维护着各种分散的利益,但它代表了全球4/5的人口,来抵抗美国和欧盟的霸权。① 香港协议没有像预期的那样雄心勃勃,但是它包含了在2013年年底取消对农产品进口补贴的提案。可是,这似乎排除了在2006年年底结束多哈回合谈判的可能性,尤其是因为在农业补助方面遇到的障碍。②

所以要懂得如何建立一个组织机构,因为这个组织乍一看来,它的主要特征就是软弱无力。③ 这种软弱无力首先似乎是一种优势,使一些国家可以成功加入,同时还吸引三十多个国家申请加入,比如俄罗斯、伊朗和阿尔及利亚。实际上,世界贸易组织的目的是促进自由贸易,反对一切限制性要求,它是一个不具备任何政治或法律权力的组织机构,甚至是一个不能提出并采取任何改革措施的组织。这些改革应该由各国政府提出,并经过一致同意才能够接收采纳。

具体地说,似乎正是因为缺乏这些权力才让各国政府放心。同时,他们承认,世界贸易组织从开始着手协谈的时候,就可以间接地实施法律职能(即可以制定法规),或者更加直接地实施裁判职能。尤其是他们还认可成立一个贸易争端解决机制(这是相对关税贸易总协定来说,世界贸易组织的一个新的重大变化)。这个机制有权自行裁决,根据它的决定,受损害的国家可以实施报复并具有合法性。但是还需要加强其他职能(如行政职能和立法职能)的作用,这需要各国政府的一致认可才行。所以就产生了标志着贸易特征的

---

① Ph. Richard, « Les pays du Sud esquissent un bloc face aux Américains et aux Européens », *Le Monde*, 18-19 déc. 2005.

② *Id.*, « Les aides agricoles provoquent l'échec de la libéralisation du commerce », *Le Monde*, 26 juil. 2006.

③ Dossier « OMC, voyage au cœur d'une institution impuissante », *Le Monde économie*, 13 déc. 2005.

实践主义局限性。

由于缺乏强制性权力,甚至建议性权力,世界贸易组织的总干事提出一些想法,比如"日内瓦共识"①。这与"华盛顿共识"有所不同:"华盛顿共识"在90年代的时候是建立在自由贸易/私营化/放宽管制三个方面上,而"日内瓦共识"比较重视贸易社会性,这个概念是通过相互标准化来完成的:开放贸易是有必要的,但还不够。如果说贸易标准位于首要位置的话,那么这些标准还要结合其他在世界贸易组织以外制定的标准,这样才可以考虑社会、环境、卫生、食品等方面的"特殊外部性"。换句话说,在开放的同时还要有整体的协调性。问题是,整体协调性不能按照同样的节奏对所有人强制实施。所以对于南方国家,有必要根据"多种速度"的组合技术,系统化地进行特殊或区别对待,这些技术在其他背景下,如欧盟(加强合作)和联合国组织(京都气候变化协定)中都曾使用过。② 正是考虑到这样的变化,香港峰会才提出新一轮多哈会谈。但是,这只是暂时的,因为如果政治意愿和决策权力不相符的话,无论是实践主义还是完好的理念都不能完成这项任务。

2. 危机显现

首先,危机看起来走进了一条死胡同,揭示了缺乏能够代表与权力机构相联系的实践理论模式(即我们曾经说过的,在不再存在的和还不存在之间的一种空白),但危机同样也以它们的方式,打开了一条出路,反映了要解决的困难;首先就是国家机构内部的权力和超国家机构内部的分裂之间的脱节;危机同时也暗示了非组织机构的权力的增强,应该将他们纳入到重建当中来。

福柯(Michel Foucault)在描述权力的无所不在时已经认识到国家机构内部权力的脱节。福柯指出:"并不是说权力容纳了一切,而

---

① P. Lamy, «L'ouverture des échanges nécessaires, pas suffisante», *Libération*, 12 déc. 2005.

② M. Delmas-Marty, *Les forces imaginantes du droit (II). Le Pluralisme ordonné*, Seuil, 2006.

是权力来自四面八方。'这个'权力,在延续、重复、惰性和自我繁殖当中只是体现一种整体影响和一连串效果,那是通过所有活动勾勒出来的整体影响,是依靠每一个活动但反过来寻求将它们固定下来的系列效果[……]。权力不是一种机制,不是一个机构,不是某些人可以具备的力量;它是在一定的社会中人们赋予一个复合性战略状况的名称。"①

但是,福柯在30年前描述的这个社会基本上还是建立在国家机器的基础上,而此时"战略地位"变得更加错综复杂。今天,不仅是金融市场,还有很多领域,如环境、医疗卫生、信息、就业甚至是内部安全问题,都渐渐脱离政府和国家议会的控制,与国际体制和协议网络接轨。国际协商所处理的主题越多越重要,就越会做出更多的决策,而不需要事先产生民主意见和民众意愿。很明显,这种现象不只限于欧洲,但是欧洲却是一个很好的观察室:在调控非物质流量(金融流量或者互联网信息流量),预防生态的或生物技术风险,以及惩处跨国界犯罪和越来越多的逃避国家机构管辖内的活动领域方面②,都提供了很好的观察内容。

尽管欧盟的组成国家都是民主国家,并且想一直保留这样的体制,但是"布鲁塞尔的专家们的决策程序基本上还是官僚式程序,这是决策权力转移造成的民主缺失的一个很好的例子。在具体条件下,决策权力不再是国家议会所有,而是掌握在政府的代表手中。"③这不仅是相对立法权而言的;每个国家的法官不仅与地区法规,比如欧共体法律、欧盟法律以及欧洲人权保护协议相联系,而且还要结合欧洲议会、卢森堡以及斯特拉斯堡的判例。

对于司法人员来说,对形势的这种评定不是新的。但是公民投

---

① M. Foucault, *La Volonté de savoir*, Gallimard, 1976, p. 123.
② M. Delmas-Marty, *Les forces imaginantes du droit* (Ⅰ). *Le Relatif et l'Universel*, Seuil, 2004, seconde partie, «Les limites du relativisme juridique ou la force des choses», p. 220 *sq*.
③ J. Habermas, *Une époque de transitions. Écrits politiques 1998-2003*, Fayard, 2005, «Euroscepticisme, Europe du marché ou Europe (cosmo)politique», p. 130 *sq*.

票结果的混乱将这一评定暴露在公众面前,同时也着重指出了国家层次上和欧洲层次上已经完成的权力转移的规模。这些权力转移明确显示缺乏真正的替代方法:因此解决的办法不能只由国家来承担(政治责任、协会或工会责任);它具体反映了一种共同的举措,这是唯一有能力找到超国家解决办法的举措。为此,著名的备用计划(plan B)或者说布莱尔计划(B 如同布莱尔 Blair)是不存在的。这项备用计划不存在,不仅仅因为政治负责人缺乏想象,而且还因为仅靠一个国家是不可能设计出除了宪法条约以外的其他法案。

《欧洲宪法条约》的悖论在于,它试图将国家议会同某些选择紧密结合起来,在触犯辅从性原则的情况下各国可以向欧洲机关提出申诉,以此来重新平衡各方权力。但是,在设立欧洲议会主席(由他的同僚选举,任期 3 年)和欧洲外交部长的同时,它也加强了欧洲机构的权力,这两个新设立的制度曾一度被认为是对国家主权的一种威胁。人们并没有理解这种表面上的矛盾,因为它可以通过一种很笨拙的愿望来解释,即同时避免国家权力的脱节和国际范围内权力分裂的风险。

2.1 国际机构内部权力分裂

欧洲一体化正在质疑各国内部权力的民主构成,如果说这是真的话,那么由于它本身权力的分裂性,它无法确保真正的接替者。一方面,行政权划分为欧洲行政权(欧洲委员会)和各国的行政权(欧洲理事会);另一方面,欧洲本身又分为欧洲联盟和欧洲理事会(Council of Europe)。

为了评估欧洲整体结构的协调一致性,特别是从基本法的角度来看,在《欧洲宪法条约》的讨论当中,本应该结合《欧洲人权公约》来考虑。这项公约经过 46 个国家的批准认可,其中包括土耳其和俄罗斯,而且在触犯条约的时候是由斯特拉斯堡法院进行裁决的。但是人们很快就将这一切都忘了。同样,关于欧洲结构和全球化关系的讨论很难掌握,因为在全球机构当中对于代表制度没有一个明确的解释:在联合国组织当中,这依然是国家制度;而在世界贸易组织当中普遍成为欧洲体制。

因此,在泛欧洲的,甚至全球范围内,都应该重新阅读福柯关于权力的论述:"我们不要去寻找主持理性的幕僚,也不要寻找处于统治地位的种姓制度、控制国家机器的团体以及对重要经济政策具有决策权的团体,他们并没有妨碍在一个社会中起作用(或使社会发挥作用)的整个权力系统;权力的理性,往往是在有限的范围内很明确的战略权力理性[……],一个一个相互连贯,彼此呼应,传播推广,在别处寻找支持和条件,最后规划出整体部署:在这一点上,思路依然十分清晰,目的也很明显。然而,却再也没有人来构想这个计划,更少有人能够明确地提出这种想法。"在总结中,他强调指出"重大战略决策暗含的特征。这些重大战略决策往往不知其名,几乎是默默无闻,它协调那些夸夸其谈的策略手段。而这些策略手段的'发明者'或者负责人往往是很真诚的,没有一点虚伪的表现。"①

但是,当福柯将"不知其名的重大战略决策"的暗含特征同决策者的"夸夸其谈的策略手段"相对立的时候,他依然是站在国家机器内部来说的。30年以后,所有发生的一切如同策略手段依然保留在国家水平上,而那些不知其名的重大战略决策却基本上在世界范围内展开。为此,这就导致人们越来越经常地认为"再也没有人来构想这个计划,更少有人能够明确地提出这种想法。"在像市场问题一样迫切的议题中重新提出权力的问题,这一点被世界化到其他领域,如环境、医疗卫生、就业或文化领域,相互影响,而对此它却没有职责加以调整。

为了寻找协调一致,是不是只满足于将国家所赋予的合法性转加于国际组织当中就可以了?因为各国政府是一致的,是各国政府管理着专业机构,所以,这些组织机构的结果也应该是一致的。各个层次(国家、地区和世界)的组织机构因为差异而产生分裂,从这一点来看,这个论证根本没有说服力。

帕斯卡尔·拉米(Pascal Lamy)也承认这一点:"全球管理的缺乏尤其表现在缺乏具体体现这种管理的政府机能上。"②根据这一观

---

① M. Foucault, *La Volonté de savoir*, op. cit., p. 125.

② M. Delmas-Marty, P. Lamy et A. Pellet, « Les voies d'un ordre mondial », *Le Débat*, Gallimard, novembre 2006.

念,我们就可以理解他采取"日内瓦协议",对外开放世界贸易组织的提议。

但是,这也仅是一个权宜之策,既不能保证选择的民主特征,也不能保证整体的协调性,因为世界贸易组织首先要保护市场,然而"市场只在信息被编译成价格的时候才对信息起作用;对在其他领域中产生的外部影响,它们充耳不闻。"①因此,它们没有职责来调整这些很难"编译成价格"的领域,如环境、医疗卫生、就业或者文化领域。

相反,市场无处不在,这就要求重视不断增强的但还没有成为体制化的权力力量。

2.2 非体制化权力力量的强大

如果说"不知其名的重大战略政策"往往是默默无闻的话,那么我们应该注意到,这些政策同样也反映政府和国际组织以外的其他活动者。这些活动者不善言谈,但是却具有强大的势力,位于前列的比如那些私人经济活动者。

不像公共活动者那样昭彰易见,我们开始所说的"私营经济权力"依然出现在欧洲经济危机和国际贸易组织阻滞危机的背后。从1971年开始,杰拉尔·法尔加特(Gérard Farjat)就开始分析它们如何进入到国内法基础范畴内,并强调了它们在经济法中的作用。②他阐述了市场在解放市民社会以后,是如何反过来以公共社会的形象,围绕决策者和主体"经济人"来组织安排市民社会的。他对于来源的异质混杂性(其中,力量的对比关系、各种竞争和权力机关同一些比授权或独家经营权更具法律效应的级别相结合)的评论,促使他为"经济法"③,即规范经济权力的法律进行辩护,而且还应该考虑全球化对私营经济权力的影响。

我们知道,新建的经济发展协议和"政府合约"是根据国际公法

---

① J. Habermas, *Une époque de transitions*, op. cit., «Euroscepticisme, Europe de marché ou Europe (cosmo)politique», p. 121.

② G. Farjat, *Droit économique*, PUF, 2ᵉ éd. 1982.

③ Id., *Pour un droit économique*, PUF, 2005, notamment pp. 68-73.

制定的,这些法律文本同投资法一起,打开了一条新的道路。但是,这不是国家之间的关系,而是政府和私人之间的关系。国家与私人投资者之间的争诉是由一个国际裁判法庭裁决的,这个裁判法庭就是国际投资争端解决中心(ICSID);它是由世界银行根据1965年华盛顿协定成立的一个机构。① 这样有可能在混淆公共活动者和私人活动者之间区别的同时增强权力危机。从贸易法这个角度看,它同样也助长了这种混淆。因为人们发现,在世界贸易组织中所处理的国际公法争诉被当作政府间的争议来看待,而实际上这些大多是私人经济利益的争议。② 同时我们也开始发现,市场的相互连接造成的私人利益冲突渐渐被政治化。③

总之,从经济方面看,国际公法被私有化④,而国际私法被政治化,以至于在今天的政治讨论中,关于私利冲突,我们会听到"经济爱国主义"这样奇怪的表达方式,这似乎在市民开始被视为世界公民,并以集体的方式开始自行组织的时候,开始了不可能实现的经济重新国有化。

经济活动者的出现与作为公民的其他社会活动者的出现是分不开的。经济活动者不仅可以借各种名义参与国际司法裁判,尤其是作为法院之友(amicus curiae)⑤进行参与,而且他们对行政权和立

---

① Ch. Leben, *Le Droit international des affaires*, PUF, «Que sais-je?», 2003; *id.*, «Entreprises multinationales et droit international économique», *RSC*, 2005, n° 4, «Les figures de l'internationalisation en droit pénal des affaires», pp. 777-788.

② H. Ruiz Fabri, «La juridictionnalisation du règlement des litiges économiques entre États», *Revue de l'arbitrage*, 2003, n° 3, p. 897; N. Angelet, «Le tiers à l'instance dans la procédure de règlement des différends de l'OMC», in H. Ruiz Fabri et J.-M. Sorel (dir.), *Le Tiers à l'instance devant les juridictions internationales*, Pedone, 2005, pp. 207-238.

③ H. Muir Watt, «Aspects économiques du droit international privé. Réflexions sur l'impact de la globalisation économique sur les fondements des conflits de lois et de juridictions», *RCADI*, vol. 307, 2004, Martinus Nijhoff, 2005.

④ Voir *Le Relatif et l'Universel*, *op. cit.*, pp. 323-324.

⑤ G. Cohen-Jonathan et J.-F. Flauss (dir.), *Les Organisations non gouvernementales et le Droit international des droits de l'homme*, Bruylant, «Publications de l'Institut international des droits de l'homme», 2005.

法权的影响也已经显露出来,尤其是在世界贸易组织当中,无论是阻止谈判的进行(1999年西雅图谈判、2001年的多哈谈判以及2003年的坎昆谈判)还是在促成香港短暂的奇迹,他们都在参与。一名记者把他们称为"世界新兴力量"①的非政府组织,她强调指出了这些活动者的重要作用。"非政府"从这个意义上说,也就是非体制内的组织,尤其是乐施组织(Oxfam)。它在英国的机构有4500名雇员,3万名志愿者,近百万的馈赠人,于二战之后在牛津成立。1996年成立国际乐施组织,协调世界各地无数个分属机构,尤其在非洲大陆的机构,并且在一些战略性城市,如日内瓦、布鲁塞尔、伦敦、华盛顿和纽约等城市开设"辩护办公室",从而成为一个真正的"跨国团结联盟组织"。

非政府组织希望自己成为各项讨论的代言人,正式揭露全球化一些不正常影响,从而成为公共权力的思想库。因此,从2006年7月起在法国开始实施的飞机票关税的问题,曾被提议作为课征外汇交易税(托宾税)的延伸,并通过课征金融交易税以协助公民组织(ATTAC)的运动得以提倡。

但是,非政府组织有充足的资金,因此也就有了他们自己的行动权力。2002年在37个国家完成的调查②结果表明,他们总的预算资金高达1万6千亿美元。如果作为国家来说,就相当于世界第五大经济强国。因此,这些活动者(可以说是具有公民性的,因为他们预示了一种全球公民身份,这种身份结合了国家公民身份和地区公民身份,尤其是欧洲公民身份)可以为集体愿望的兴起做出一些贡献。在没有正式代表性民主的情况下,我们可以在这些公民运动中看到参与民主的出路,条件是要警惕为扩大影响而采取拉拢支持者的政策与手段以及将这些运动工具化的倾向。

本着这样谨慎的态度,非政府组织可以孕育着在专门的组织机

---

① S. Léon-Dufour, « Les organisations non gouvernementales, nouvelle puissance mondiale », *Le Figaro*, 2 déc. 2005.

② *Ibid.*

构和工会以外,在公共空间中占据因为没有全球议会而被空置的位置。长期以来,这些专门的组织机构和工会的作用同属于国际劳工组织(OIT)的组织机构框架。而且,面对企业专家和政府专业人士,非政府组织拥有他们自己的专业人士,有时候他们还是来自于大型企业或国家的重要机构,同样掌握着重要的知识,掌握着广泛意义上的科学技术,他们同时在复杂的权力策略中发挥作用。

比如,在关于医疗卫生的讨论和环境问题的讨论中,尽管在科学技术专家的技术性工作背后隐藏着一部分政治形象,但事实上科学技术专家往往起着决定性作用。玛丽-爱涅尔·赫密特(Marie-Angèle Hermitte)曾建议说:"卫生和环境危机像战争和革命一样起着同样的影响,在这些危机的影响和控制下,科学和技术被引进到整个规范的金字塔之中,从偶然分开的客体地位走向政治中心客体地位。"[①]她提出一个假设,就是通过一系列置于不同机构权力(行政权、立法权和司法权)之下的新机构,将科学和技术融合在法治体系当中。尤其在法国,成立了一些独立的机构,如卫生局,或者一些议会办公室,如1983年创立的科学技术筛选办公室,甚至还有顾问委员会,如1983年创立的国家道德伦理咨询委员会(CCNE)。

大家都知道,长期以来,在司法方面,问题在于从科学知识的不确定性(这是科学知识的特性)到采取决策(决策应该是具有司法性或政治性,并能保证未来的发展)这一过程。因为科学技术专家自己没有与决策者相分离,而是不断地同他们相联系,这个问题变得越来越严重,最终导致在逻辑上,在对未来的预测当中,混淆了三种其实很明显的状况[②],这三种状况就是:预测(prédiction),根据各种现象的构成原因连贯性塑造而成(建立模型);前景(prospective),有

---

① M.-A. Hermitte, « La fondation juridique d'une société des sciences et des techniques par les crises et les risques », à paraître.

② J.-P. Dupuy, *Pour un catastrophisme éclairé. Quand l'impossible est certain*, Seuil, 2002, « Points Essais », 2004; id., « L'incertitude dans les systèmes complexes. Climat et sociétés », in É. Bard (dir.), *L'Homme face au climat*, Odile Jacob, 2006, pp. 343-362.

时是以承诺或者威胁的方式出现,通过不同的建议条件表现出来(情景方法);预言(prophétie),预告未来的发展,这样更加直接地参与政治选择活动。

但是,科学家与决策者之间的互动,从国家、地区和全球的角度上看肯定不是按照同样的项目组织安排的。我们只举气候变化这一个例子就足以证明这一点:在世界气象组织活动影响当中,专家的世界化程度可以追溯到1988年成立的政府间气候变化专家小组,这个小组受联合国两个独立机构即:联合国环境规划署和世界气象组织的保护。政府间气候变化专家小组很快成为"关注气候变化科学团体和政治决策者之间一个有效的传送带"[1],在京都协定(2005年2月16日开始实施)制定当中起了决定性作用。从政府间气候变化专家小组的第一份报告(1990),到里约热内卢的地球高峰会的协议签订(1992)再到京都协定的签订(1997),经历了不到十年的时间。从对温室效应的控制和对抵制力量的控制的重要性来看,这个期限可能是短的,这也有可能与全球性组织的突然兴起有关。全球的专家学者参与了三份近千页的报告的编撰工作,还有给决策者的综合报告。

就其本身有效性来说,科学技术全球化并没有保证民主的合法性。事实上,它依然面临着政治权力的问题,这基本上还是政府间的形式。为此,在我们思考重建权力问题的时候,应该把这一点考虑进去。因为,在已经普遍全球化的知识和越来越虚弱的政治权力之间存在着一定的差距,在我们从国家领域跨越到国际、地区及全球领域的时候,这种差距毫无疑问会造成不平衡现象,而这种不平衡就是各种危机的特征表现。

3. 如何走出危机?

虽然危机揭示了某些现象,但它却无法改变什么。如果想借用

---

[1] J. Jouzel, « Les travaux du GIEC sur le changement climatique », in É. Bard (dir.), *L'Homme face au climat*, *op. cit.*, pp. 363-382.

危机来改变某些现象,那应该从危机中汲取更新能量,启发创新。为了使欧洲产生新的飞跃,联合国组织走出无力的困境,世界贸易组织重新展开会谈,那毫无疑问必须要建立公共权力。或者说重新建立公共权力,因为,要使公共权力具有实际操作性,不仅仅是要从国家层面转换到国际层面的同时重新区别他们的行政权、立法权和裁判权,而且还必须要进行根本性的转变,超越公/私之间的对立,联合各个领域的活动者。

3.1 超越公/私对立

在世界领域中似乎很难转换"公共权力"这个表述方式,它其实暗示了公私的二元分离。关于这两个概念的双重性,汉娜·阿伦特曾经以预言的方式清晰地加以阐述:"公"同时指的是公开性和团体;而"私"是远离群体,引起人们对社会问题到来的思考。"经济最终要面对社会科学的全部要求。社会科学作为行为科学,力求将在一切活动中被视为整体的人类复原成一种受预先行为限制的动物行为。"

她预感到全球化的到来,"因为人类这一物种单位没有任何想象力",并指出群体社会的风险:群体社会能够保证一个物种的生存,但是"同时也毁灭了人性"①。换句话说,她预感到一种前所未有的危险,那就是人类进化过程(生物变化和物种生存)和人性化(精神未来)分离的危险。

因此,我们的思考不应该孤立地看待公共权力,将其同公民社会对立起来。市民社会本身承担着普遍想像的意志,而这无论在全球范围内还是在欧洲或国家范围内都很难找到。

危机不断出现的原因之一可能就在于这种顽固地只致力于机构的工作,并为权力(从这个词的传统和狭义角度上说)的分配争执不休,这在欧洲宪法条约的讨论及联合国组织的改革问题上尤其明显,而此时危机更加严重,触及到"期望"的灰色地带,它们反映了国

---

① H. Arendt, *Condition de l'homme moderne*, Calmann-Lévy, 1961, 1988, « Le domaine public et le domaine privé », pp. 84-85.

际法的新议题①,更广一些说,反映了全球化的新活动者,因此应该打破国家界限将这些活动者联系在一起。

3.2 将不同的活动者联系在一起

这不仅关系到体制内的活动者(制度指定的权力),而且也关系到他们与其他活动者之间的关系,这一方面包括经济和公民活动者(权力/意志关系),而且还包括科学活动者(权力/知识关系)。

如果知识被世界化了,那么获取知识依然有待民主化。至于集体意志,也许应该放弃"公民社会"这种过于简便的表述方式,以便能够更好地区别经济活动者和"公民"活动者。如果说两者都构成公民社会一部分的话,那么有时候他们却代表着对立的、或者说不同的利益:企业的集体利益或者专业组织的集体利益不一定同普遍利益,换句话说,就是全球范围内的共同利益(从广义上来讲)相混淆。但是,自建的非政府组织肯定不具有世界议会这样的合法性,他们的地位还有待研究。

另外,这些利益在权力方面没有受到维护,因为公共空间不是同质的。在国家范围内,普遍利益的概念还有待统一,而科学已经世界化了,企业从目前开始已经在全球范围内维护他们的利益;相反,对于公民来说,即使他们也已经世界化,他们基本上还是在国家范围内行使权力。

权力、意志、知识三者结合起来,因此被称为三项举措。

所以就要从重建权力(I)开始。重新建立制度化权力(行政权、立法权和裁判权)实际上需要国际和国家职能的新连接。如果国际职能应该得到扩展和加强的话(要考虑到随着全球化的发展而产生的相互依存性的不断增强②),那么国家职能也应该,尤其是通过"国

---

① G. Cohen-Jonathan, «L'individu comme sujet de droit international. Droit international des contrats et des droits de l'homme», in *Mélanges Paul Amselek*, Bruylant, 2005, pp. 223-260.

② *Rapport public 1999. L'intérêt général*, «Études et documents du Conseil d'État», n°50, La Documentation française, 1999.

家自主空间"①加以保留,这样才能避免国家过于薄弱,得不到保护。尽管存在普遍主义的讨论,但是全球还有4/5人口处于极其贫困的状态,他们滞留在自己的国土上,没有工作,有时甚至没有生活来源。

但是,世界秩序不只局限于传统的机构当中。除了体制规定或者重新指定的权力外,也可以通过经济活动者和公民活动者之间意志的重新平衡来重建权力(Ⅱ),同时也不要忽略知识增长的重要性(Ⅲ)。

权力、意志和知识三者必要的结合让我回忆起保罗·瓦莱里(Paul Valéry)的一段诗②:

尔欲何物? 吾之利也。
尔应何为? 知晓,
预见与权力
一无所用
尔有何惧? 意志
尔为何人? 微不足道。

一个"微不足道"同诗句的开端所隐藏的远大抱负相呼应:
"尔欲何物? 什么也不要,但要全部……"
我们正是本着这样的意志主义而不是虚无主义的精神来讨论权力重建的问题。

---

① Voir *Le Pluralisme ordonné*, op. cit.
② Paul Valéry, *Œuvres*, t. I. Gallimard, « Bibliothèque de la Pléiade », 1968, « Chanson à part », p. 163.

第一章

重建权力体制

我们并不缺少候选人。正相反,在世界范围内,他们争先恐后地实施立法者、政府和审判员制度管辖下的权力。在这些相互依赖时期,边境无论从地理角度上说还是从抽象的角度上说,都成为一个多孔的地域。各国政府依然负责国际间(internationale)的协商,但是跨国性(transnationale)问题(如通过因特网的传播或者金融流通问题),以及全球性问题(如气候变化或者是生化技术等)直接属于国际裁判和国家组织范畴内的问题。从"裁判员政府"到国际"管理",语义上的飘浮不定一方面证明了机构臃肿现象,另一方面也说明了由于机构臃肿而伴随产生的法律和政治上的不确定性。

"管理(gouvernance)"这个词在古法语中指的是船舶引航,后来在中世纪的时候被英国的封建政权所引用。后来渐渐地,这个词变成好的管理科学,开始脱离社会。现在,经过15年在国际政治舞台上的经历,这个词又出现在我们面前,在这个被一些人称为"世界性时代(cosmopolitan age)"①时期,作为一个没有政府的管理方式回到我们面前。也就是说,在世界范围内,在没有改变民族国家模式的情况下,提出了一个权力组织的问题。

这样的组织初具雏形,但是在有效性和合法性问题上引起很多争议,其中既包括另类全球化运动,也包括支持主权的人,甚至还有美国自由学派的一部分人的怀疑,他们认为就地调解依然不足以解

---

① N. Krisch, «Pluralism of Global Administrative Law», *EJIL*, 2006, p. 278.

决问题。① 在不同的权力主体眼中,这些评论的意义有所不同。

一方面,法官权力的增强是全球化的导向,是以目前所拥有的一切资源得以实现的,而不一定必须进行真正的机构改革。因为,当国际裁判权的地位慢慢得以确认(第一节)的时候,法律解释手段已经为各国的裁判权提供了很多可能性。

相反,另一方面,在关系到国际主要组织机构的立法权和行政权的实施问题上,很多改革方案都已搁浅,从而增强了人们的危机感,以一种新的寻找圣杯的方式,追求"良好的管理模式"(第二节)。

在宪法国际化和国际法宪法化之间,改革似乎在为真正的庞大法律体系的到来做准备,其中《欧洲宪法条约》为我们提供了初本,这一版本既令人担忧又具有新颖性。最后,在结束对机构改革的阐述的时候,我们将提出这样一个问题,即"是否要惧怕庞大的法律体系?"(第三节)。

第一节 法官权力的增强

当我们同时描述"审判员的无限孤独"以及他们不被舆论所理解、"被政治所抛弃"时的感受的时候,"势力增强"这样的表述方式倒是会让人感到很吃惊。这是一组很明显的矛盾。在国家内部,当审判员的权限看起来似乎有所增强,独立性也得到加强的时候,政治负责人在面对这些现象时,会产生一种新的不信任感。这就说明了矛盾的存在。如果说内政部长是"警察的一员"②的话,那么从等级制度上来说,警察受内政部长管理;但是,司法部长却不会成为法官中的一员,因为司法部长对他们没有等级管理权力;至于检察长,一般认为,在法国,从等级角度上看他们依附于司法部,但这一看法

---

① P. Lamy, « La gouvernance utopie ou chimère? », *Études. Revue de culture contemporaine*, t. 402, fév. 2005, n°2, p. 153.

② N. Guibert, « La grande solitude des juges », *Le Monde*, 3 janv. 2006.

往往会令人产生质疑。

但是,在国际范围内,我们发现审判权在不断增强,以至于法官构成"孟德斯鸠所描述的三种权力当中最可以被普遍化的,但也是最为普及的"①权力。问题是,如果裁判权在其他权力(立法权和行政权)之前普遍化,那么权力平衡就有受到损害甚至断裂的危险。

因此首先要明白两种现象,这两种现象是两个完全相反的运动产生的结果:一是由来已久的运动,但是受全球化影响很深,是国家裁判权作用延伸的运动,表现为国家审判官的国际化;另一种是最近才出现的运动,是国际审判权、地区审判权和世界审判权的不断增加。换句话说,是国际法的"审判权力化"。因此,我们只能在未来全球法律秩序当中评估这双重现象对权力平衡的影响,同时,我们希望未来全球法律秩序具有民粹性。

1. 国家审判官的国际化

由于新信息技术的发展以及司法网络的建立,各国审判官之间的交流不断增强,这场运动就是由此开始的。② 这些交流是自发的,也是横向交叉的(就是说没有上下等级秩序规定),在普通法的法官之间是一种传统交流。这种交流从此在一些法律严明的国家,尤其是欧洲开始推广。③

正是因为有这样的交流,才为创建非正式的审判官群体准备了平台;然而不应该与纯粹意义上的国际化相混淆。法官国际化首先

---

① J. Allard et A. Garapon, *Les Juges dans la mondialisation. La nouvelle révolution du droit*, La République des idées/ Seuil, 2005, p. 84.

② Voir *Le Pluralisme ordonné*, *op. cit.*, « Les processus de coordination par entrecroisement », pp. 53-65, notamment « Le dialogue des juges sur la peine de mort »; J. Allard et A. Garapon, *Les juges deans la mondialisation*, *op. cit.*, p. 29.

③ G. Canivet, « Les influences croisées entre juridictions nationales et internationales: éloge de la " bénévolence " des juges », *RSC*, 2005, p. 799; O. Dutheillet de Lamothe, « Constitutional Court Judges' Roundtable », *I-Con* 3.4 (2005), p. 550.

指的是超出国家领土的内部职权的延伸,即域外审判权;同时,这个概念还意味着,通过对国际法的接受,将国家审判官置于全球化的前列,摆脱束缚,甚至产生竞争的影响。

1.1 域外审判权

这种审判权来自于建立在多边协议基础上的国际法,强制规定或提出了一种普遍审判权力,尤其是对严重犯罪的审判方面,就像我们在很多欧洲国家所看到的那样,从比利时到西班牙再到德国,他们都纷纷出台了一部新的国际刑法典。[1]

但是,这种审判权的延伸也可以来自单方面,比如美国经济法[2]的域外审判权条款的发展(后面我们会谈到经济活动者的问题);或者取消国内法律以适应国际法,就像1789年的旧法一样(外国人侵权请求法 ATCA)。最近又重新启用这部法律以反对外国人的独断专行,反对多国公司,赋予美国联邦法院接收外国人因为在国外侵犯"万民法(droit des gens)"(按照十八世纪的说法)而提出的申诉权力。这种表述方法是针对国际习惯,可以作为人权保护手段的一部分。[3]

---

[1] A. Cassese et M. Delmas-Marty (dir.), *Juridictions nationales et Crimes internationaux*, PUF, 2002; sur l'Espagne (décision de l'Audiencia Nacional, Sentencia Num. 16/2005, 19 avr. 2005), voir C. Tomuschat, G. Gil et G. Pinzauti, « The Scilingo Case and its Implications », *JICJ*, 3(2005), pp. 1074-1090. Comp., sur la France, R. Koering-Joulin, « A propos de la compétence universelle », in J.-P. Marguénaud, M. Massé, N. Poulet-Gibot Leclerc (dir.), *Apprendre à douter : questions de droit, question sur le droit. Etudes offertes à Claude Lombois*, Presses universitaires de Limoges, 2004, pp. 707-717.

[2] 关于美国法, Helms-Burton et d'Amato-Kennedy (1996) ou Sarbanes-Oxley (2002), voir *Le Relatif et l'Universel*, op. cit., p. 115, 234, 321-323; N. Norberg, « Entreprises multinationales et lois extraterritoriales », RSC, 2005, p. 739; comp. O. Dutheillet de Lamothe et M.-A. Latournerie, *L'Influence internationale du droit français*, Rapport du Conseil d'Etat, 2001.

[3] V. Renaudie, « Les Etats-Unis, pays des droits de l'homme? Un instrument universel de protection des droits de l'homme méconnu : le *US Alien Tort Claims Act* », *RIDC*, 2004, p. 603.

26 一起迈向世界的共同法:理念与规则

美国高级法院审理"索萨诉阿尔瓦雷斯-马沁案"决议①通过了这一概念,但产生这样一个悖论,那就是:在外国人在国外对外国人造成伤害的情况下,美国法官在结合国际法规定的操作余地比在美国裁决中实施国际人权法的余地要大得多。

因此,有关人权的整个条约基本上是受这样一个事实制约的,那就是条约的大部分条款要求必须产生一部实施法(不是自动生效的),并附有保留条款,以限制美国对现存国家法律规定的约定。

从这些表面上属于技术方面的差别来看,产生了很重要的政治影响,因为如此一来,一旦美国审判官可以在美国领土之外实施美国法,但却没有与国际法相结合的话,那么美国的单元化就得到进一步加强。

相反,多元化在欧洲得到促进。在欧洲,审判官的国际化更多的是受国际法的影响,通过慢慢解除束缚或者有时通过竞争得以发展的。

1.2 解除审判官的束缚

对审判官解除束缚,这是国际文本直接实施的结果。国际文本修改了,甚至在必要的时候调和了各国国家法律。根据国际法,审判官摆脱了国内法律的束缚。其实,国际法的不精确性事实上也加强了审判官们的解释余地。

当然,国家审判官有时要考虑地区法院的审判惯例,但是方式却可以根据规范空间有所改变。在南非,高级法院的判决是以1995年以来欧洲死刑的审判惯例为参照②,它的1996年宪法明确参照国际法的规定来制定基本法,但却不要求外部的监督控制;这与欧洲有所不同:在欧洲,审判官的解释权受欧洲审判官的监督,但是监督

---

① *Sosa c. Alvarez-Machain*, 542 US 692 (2004); voir N. Norberg, « The US Supreme Court Affirms the *Filartiga* Paradigm », *JICJ*, 4 (2006), pp. 387-400; J.-F. Flauss, « Compétence civile universelle et droit international général », in Ch. Tomuschat et J.-M. Thouvenin (dir.), *The Fundamental Rules of the International Legal Order*, Martinus Nijhoff, 2006.

② Voir *Le Pluralisme ordonné*, *op. cit.*, p. 56.

方式不同。如果说欧洲联盟法院(CJCE)的裁决具有同"欧盟条约本身同样的直接效力和同样的至上权"的话,欧洲人权法院(CEDH)的裁决只有"审判对象的相对权力"(只有争诉双方通过裁判决议,而且也仅在做出裁决的情况下才具有约束性),他的裁决没有执行效力。而且,我们也可以认为,欧洲人权公约强制规定缔约国,包括他们的审判机构,符合欧洲法院裁决的规定,这就如同卡尼威(G. Canivet)说的那样,应该赋予他们"被解释对象的权力"①,但是,对此法国最高行政法院持有保留意见。

然而,尽管如此,国家审判官的审判权还是有所扩大。即使在英国,从1998年人权法案(2000年开始实施)签订以来,欧洲人权公约成为直接可以适用的条约,包括政治领域也包括特别立法。因此,2004年12月16日英国上议院以欧洲人权公约为基础,取消了2001年11月公布的恐怖法,那是因为这两部新法的确削减了法官判决的效力。② 但是,这并没有阻止法官再次行使他们的判决权,比如一年以后,在一起恐怖案件中,通过援引联合国宪章中反对酷刑条款,排除通过这样的程序所得到的证据。

总之,所有这一切的发展就如同"最薄弱的三种权力同时从这种解除束缚中获得利益,而这种解除束缚同规范的国际化程序紧密相连。"③

除了美国,状况似乎朝相反的方向发展。因此,高级法院常常重复这样一句话:"国际法是我们的法律的一部分"④,这反映了国家创始人为国际法(各国的法律 the law of nations)的发展所做的承诺,表达了一个有利于直接适用性的概念:"法院没有要求一种正式的

---

① G. Canivet, «Les influences croisées entre juridictions nationales et internationales…», op. cit.
② H. Mock, «Guerre contre le terrorisme et droits de l'homme», *RTDH*, 2006, p. 23.
③ J. Allard et A. Garapon, *Les Juges dans la mondialisation*, op. cit.
④ *The Paquete Habana*, 175 US 677 (1900).

整合理论来适用它"①。但是,当美国宪法判例对国外标准开放的时候,这不仅仅是为了加强美国的实际运用,而且有时也是为了取消这一判例(参阅 Atkins c. Virginie②, Lawrence c. Texas③, Roper c. Simmons④, Hamdan c. Rumsfeld⑤)。无论是国内标准还是国际标准,美国的宪法判例遭到强烈的谴责,以至于美国众议院试图禁止高级法院的法官实施这些判例。⑥ 如果说这在审判官之间已经引起激烈的讨论的话,那么美国的一部分舆论将威胁到那些为了全球开放而置国家危险于不顾的人。⑦ 因此,我们明白,为什么美国法官不关心第三程序。

1.3 法官之间的竞争

国际司法裁判权的发展产生竞争,奇怪的是这反而促进了各国法官的大胆行为。法官之间的竞争也与此相关。1998 年 7 月 18 日关于国际刑事法院(CPI)规约的《罗马公约》签订 4 个月之后,英国上议院于 1998 年 12 月 25 日就皮诺切特事件⑧采取了一种革新的态度(这是第一次决定),而这次的决定肯定也不是偶然的。

如果说法官象安东尼奥·卡塞斯(Antonio Cassese)⑨所描述的那样,从此开始"苏醒"过来的话,那是因为三种影响共同结合的结

---

① D. J. Sylvester, « International Law as Sword or Shield: Early American Foreign Policy and the Law of Nations », *Journal of International Law and Politics* (NYU School of Law), vol. 32, 1999, pp. 9-10.

② 536 US 304 (2002).

③ 539 US 558 (2003).

④ 543 US 551 (2005).

⑤ 126 S. Ct. 2749 (*slip opinion*, 29 juin 2006).

⑥ H. Res. 568, 2004 年 3 月 17 日,众议院试图禁止高级法院审判官根据外国机构的判决、法律或声明做出判决的法律建议除非这些外国机构了解美国法律的原意;2005 年提交了两项一样的解决方案。

⑦ R. B. Ginsburg, « A Decent Respect to the Opinions of [Human] kind: the Value of Comparative Perspective in Constitutional Adjudication », Constitutional Court of South Africa, 7 fév. 2006.

⑧ *Regina c. Bow Street Metropolitan Stipendiary Magistrate and Others, Ex Parte Pinochet Ugarte* [2000] 1 A. C. 61, 25 nov. 1998.

⑨ A. Cassese et M. Delmas-Marty (dir.), *Juridictions nationales...*, *op. cit.*

果:国际刑事法院规约所产生的竞争影响激励了上议院承认普遍管辖权(这是国家领域以外管辖权的外延影响),同时也导致法官拒绝刑法豁免权。刑法豁免权是国内法所规定的,但是被认为与反对酷刑的条约不相容。

即使在他们的管辖权受国土限制的时候,竞争影响也能够激励法官摆脱国内法的束缚,尤其是通过直接结合国际规范的方式摆脱不受时效约束,以及特赦或者豁免权等规定的约束。因此,阿根廷最高法院的一项法令,在强制性死亡和酷刑的情况下实施美洲人权法院的审判推理,取消了国内自主赦免法律,认为这些法律违背了受害者公平诉讼的权利,因而一千多份诉讼案件被审判或者重新审判。[1]

即使在单一的刑法方面,国家审判官的国际化也反映了各种各样的模式。最根本的模式(也就是"纯粹国家"模式)的特征是拒绝国际标准,维持领土或属人管辖权,这就有可能造成有利于"胜利者的正义"[2],也就是说,当失败者失去权力的时候,人们只对失败者进行判决。另外,这种模式尤其能够保证由独立公正的法庭做出公正判决的条件,尤其是在普通法法庭替代特殊审判庭的时候。[3]

但是对立模式(又称"纯粹国际模式")符合那些采取国际审判权和国际规范的国家的需求,从而加重政府之间的不平等,鼓励了"挑选法院"(forum shopping)方式的存在,即受害者可以选择自己的裁判法官[4]:比如从 1993 年法律到 2003 年改革这段时期内比利时的申诉案件大量汇集;还有出现针对西班牙对拉丁美洲所犯下的罪

---

[1] C. A. E. Bakker, « A Full Stop to Amnesty in Argentina: the Simon Case », *JICJ*, 3(2005), pp. 1106-1120.

[2] M. Cosnard, « Quelques observations sur les décisions de la Chambre des lords », *RGDIP*, 1999, p. 309 *sq*.

[3] D. Amann, « Le dispositif américain de lutte contre le terrorisme », *RSC*, 2002, p. 745.

[4] J.-F. Flauss, « Droit des immunités et protection internationale des droits de l'homme », *Revue suisse de droit international et droit européen*, 2000, p. 304.

行的裁决的批判。①

当然人们最希望的是结合国家裁判权和国际标准,逐步走向国际化(即"整合国家"模式)。这种混合模式可以促进国家刑法规定的逐步协调发展,但是却需要国际监控,因为很少有协调一致是完全自然生成的。因此提出诉诸于法律解释,或者由国际法院来解释的建议,为此从刑法角度上说国际法院的作用将会被提高;或者由国际刑事法院来解释,而它的刑法特长将为其工作提供了方便的条件。②

国家审判官建立了国际法司法审查制度,这就是国际化形式和审判程序之间的联系;尽管两者之间表面上看是对立相反的,但却互为补充。

2. 国际法司法审查制度化

当"国际法官制度弱化依然是建立在国际法重要主体(有时是唯一主体)主权基础上的一项不可回避的因素"③的时候,似乎存在一些矛盾诱发"国际法司法审查制度化"和"法官权力的增强"。

实际上,国家主权似乎是不可避免的,因为只有国家才有权创建国际裁判权。而且,国家希望保留他们的自主权,这就解释了为什么国际法院,作为"唯一真正具有普遍裁判权的国际审判机构"④,自其创建以来很少有所改变,基本上依然保留遵从各国政府的良好意愿,即:在限制使用必要裁判权条款(规约的第36§2款)的同时,

---

① C. Tomuschat, G. Gil et G. Pinzauti, «The Scilingo Case and its Implications», *op. cit.*

② M. Delmas-Marty, in A. Cassese et M. Delmas-Marty (dir.), *Juridictions nationales*…, *op. cit.*

③ S. Karagiannis, «La multiplication des juridictions internationales: un système anarchique?», in *La Juridictionnalisation du droit international*, Colloque de la Société française pour le droit international, Pedone, 2003, p. 147; voir aussi O. Delas, R. Côté, F. Crépeau et P. Leuprecht (dir.), *Les Juridictions internationales: complémentarité ou concurrence?*, Bruylant, 2005.

④ P.-M. Dupuy, *Droit international public*, Dalloz, 5ᵉ éd. 2000, n° 538 *sq.*

各国政府将国际法院的作用局限于仲裁职能上;但是同时,各国还禁止国际法院承担确保世界法律秩序协调一致的功能。

但是,自第二次世界大战以后,世界发生了改变。受两个因素的影响,人们确实是绕过了这一障碍。首先,1948年《世界人权宣言》确定了人权普遍主义,后来又通过各种国际条约、地区条约和全球条约统一加以巩固,这实际上就是要求国际裁判权的监督管理职能。这种监督管理开始适用于一些违法事件当中。这些触犯法律的行为,或者是由国家引起的,他们接受以个别上诉的方式(即向地区法院上诉或者向联合国人权委员会上诉,后者慢慢完全变成一个审判机构);或者由我们所说的个别"最严重"犯罪引起的,比如种族灭绝罪还有广义上的反人类犯罪(为此特别设立了国际刑事法庭以及国际刑事法院)。

相反,当经济全球化(这是第二种变化因素)同样也要求司法监督或者完全司法管辖的时候,企业造成的违法行为不受这种监督的制约。① 在竞争法方面,司法监督只限于地区范围。最早的也是最著名的竞争法是1957年《罗马条约》创建的欧洲联盟法院的监督。但是其他法律惯用程序反映了不同的地区整合模式,比如2004年创建的南方共同市场法庭。② 在世界范围内,比较灵活的形式似乎是为投资贸易法而设立的,但是裁决决定只涉及国家政府,而不是企业。③ 相反,联合国增进和保护人权小组委员会2003年通过的决议案直接针对"跨国企业人权方面的责任",但是这项决议案没有规定任何制裁机制。④

---

① E. Decaux, « La responsabilité des sociétés transnationales en matière de droits de l'homme », *RSC*, 2005, n°4, « Les figures de l'internationalisation en droit pénale des affaires », pp. 789-798.

② Pour les autres régions, voir *Le Pluralisme ordonné*, *op. cit.*, « Organisations régionales », pp. 139-164.

③ H. Ruiz Fabri, « La juridictionnalisation du règlement des litiges économiques entre Etats », *op. cit.* pp. 881-947.

④ E. Decaux, « La responsabilité des sociétés transnationales en matière de droits de l'homme », *op. cit.*

尽管这一过程还没有明显完成,清查还不完整,但我们却可以试图证明"国际裁判权"这一概念,虽然它目前依然还不十分明确,但已经进入势力发展动力过程当中。

2.1 依然不确定的概念

国际法教科书继续明确表示"向法官上诉依然是一个特例"[①],但是他们也承认这是"国际裁判多样化所产生的问题"[②]。

如果说从国际法理论这个角度看,这种现象依然处于边缘化的话,那么从实践的角度看,这一现象已经成为一个最基本的问题。因为当裁判权的多样化在世界法律秩序当中产生跨国家(transnationale)甚至是超国家(supranationale)的概念,而世界从官方角度讲依然建立在国家间(international)的概念基础上的时候,这种多样性越来越明显地颠覆了所有的权力机构。

这些概念的混乱影响了国际司法裁判理念,国际司法裁判以自己的方式结合了 jurisdictio(负责说法的机构)和 imperium(具有强制性决定的机构)两个构成元素。之所以说以自己的方式,是因为它向国内司法仲裁借用了 jurisdictio 这一组成部分;而 imperium 却产生一些与武力使用有紧密联系的特殊问题。[③] 这就说明为什么每个案例之间都有很大的差别。另外还有术语方面的混称,比如在地区"法院"上还要添加两个欧洲法院,如联合国人权委员会这样的一些"委员会",一些例如世界贸易组织中由专家组构成的常设申诉机构这样的争议调解"机构"[④],一些象国际投资争端解决中心这样的"中心",还有一些刑事"法庭",甚至国际海洋法法庭。后者通过1982年海洋法公约建立的,从1995年开始实施[⑤],是人类共同遗产这一概念的延伸。

---

① P.-M. Dupuy, *Droit international public*, *op. cit.* n°537.

② *Ibid*, n° 538.

③ *Ibid*, pp. 167-186.

④ V. Tomkiewicz, « L'organe d'appel de l'Organisation mondiale du commerce », thèse, Université de Paris I, 15 juin 2004.

⑤ *Le Relatif et l'Universel*, *op. cit.* p. 92.

但是这一概念的不确定性主要来自于法律制度。法律制度在空间(地区法院或世界法院)和时间(临时的或长期的)上都有不同的变化。同时,司法技术规定、管辖权限的授权规定(普通授权或者特殊授权)等都会对裁判产生不同的影响。

我们十分理解国际法专家所表现出来的那种不安,他们担心会产生一种"混乱无秩序"①的体制或者以一种浪漫的方式担心"司法裁判与传统国际法之间产生一种不现实的爱情"②。

但是,国际法专家还是具有实践精神的,他们最终承认,在国内法和国际法之间存在着一条灰色地带,这条灰色地带符合一种新的理念,更好地适应当前的发展变化。同时他们以幽默的态度表达了一种担忧:如果变化继续下去的话,他们这一学科就有可能消失,成为"国内法简单的克隆"③。为了消除他们的担忧,不仅要查验目前的混乱状况,而且要拒绝国内和国际对立的双边分裂,承认未来的世界秩序肯定不会走向世界联邦的方式,而是更有可能结合不同的模式:国家的、国际的、跨国的及超国家的模式(或者更为中立的方式,建立国家更替甚至兼容各种模式的世界性模式)。

人们会更加倾向于一种隐蔽的发展活力,而不是按照目前形式重新开始建立一些国际法院,因为目前的形式无疑是短暂的。

2.2 早具强大力量的发展动力

"似乎还没有这样的打算,为了有意模糊国际法所谓明确性而增加国际司法机关"④,尽管这种说法是对的,但我们依然有可能看到几个促进这场运动的过程。

首先在国际组织当中,是独立化过程。这一点在欧洲更为明确,因为欧洲首批国际司法机关的创建可以追溯到50多年前。

---

① S. Karagiannis, «La multiplication des juridictions internationales: un système anarchique? », op. cit.
② H. Ascencio, «La notion de juridiction internationale en question », in *La Juridictionnalisation du droit international*, op. cit. p. 202.
③ *Ibid.*, p. 160.
④ S. Karagiannis, «La multiplication des juridictions internationales: un système anarchique? », op. cit., p. 14.

欧盟法院很早就提出一些原则，比如共同体法律秩序特殊性或者即时适用性，直接效力或者共同体法效力至上原则，这一原则被宪法条约重新采用。人们还记得，最后这一原则以"联盟法"的名义纳入宪法条约（第I-6条）当中时的讨论："欧洲联盟各机构所采用的宪法和法律在他们各自的权限执行当中优先于各成员国的法律。"为了避免在"基本原则"（第I-11条）的条款中出现，这项条款虽然采取了很谨慎的形式，但依然肯定了这项规定的超国家特征。法学家们十分熟悉这种变化，但是一些政治领导人对此却很难接受。一些政府也对此表现出了他们的惊讶。这种惊讶的态度致使宪法编撰者在附加宣言中明确指出这不是新原则，而是对早已确立的法律原则的肯定。"（负责编撰这部法律的）议会指出，第I-6条反映了欧盟法院和初级法院早已存在的法律原则。"这是以一种令人吃惊的方式承认国际法律原则。在传统上，国际法律原则被认为是各项决议的一个整体形式，具有事实意义，因此指定了整体解决办法，甚至构成了一个"原则板块"①。

尽管欧洲人权法院的发展比欧盟法院的发展缓慢，但是欧洲人权法院以欧洲公约的"特殊性"为基础得以明确表现出来。"特殊性"这一说法，表面上看是技术性术语，实际上意味着对国家义务的分析不是作为其他国家权利的对立面进行的，即保留一定的相互性（国际逻辑思想），而是作为个体根据超国家的思想而承担的义务，即明确排除相互性。他们自己所表现出来的这种特殊性，会让法官将欧洲人权法院视为管理"欧洲公共秩序"的工具，1995年罗兹都案（Loizidou）判决②中这种"欧洲公共秩序"的规定被认为具有"宪法性"职能。

---

① E. Jouannet, «La notion de jurisprudence internationale», in *La Juridictionnalisation du droit international*, *op. cit.*, p.352.

② *Loizidou c. Turquie*, 23 mars 1995 (Grande chambre), *RGDIP*, 1998, p.123, observe. G. Cohen-Jonathan; «Un instrument de l'ordre public européen», in F. Sudre, J-P. Marguenaud, J. Andriansimbazovina, A. Gouttenoire et M. Levinet, *Les Grands Arrêts de la CEDH*, PUF, 2e éd. 2003, pp.7-16.

但是,司法裁判独立化同时也体现为"自主独立概念"的出现,比如"刑法事实"独立概念。这个概念是由欧洲法官提出的,在80年代的时候相对于国内刑法具有更广泛的意义。将刑法的规范应用于行政处罚(比如对触犯税法的罚款,或者纪律处罚,比如军队的严明规定或者监禁天数的减免等①)的时候,法官将会大幅度修改国内法,这样可以间接地促进协调一致——应该指出的是,这与欧盟法强加的抑制性协调②相反,这种协调一致的目的是要加强基本法,保证诉讼程序。

还需要了解的就是,这些基本法和保证是否能够抵制得住镇压恐怖主义和特别法律越来越强硬的手段。在一些政府眼中,特别法同欧洲的法律法规不相符。③ 讨论的意义不仅限于欧洲,因为,这种独立自主性也可能延伸到世界贸易组织或者国际刑事法院。而且,它已经在地区范围内引起人们的仿效。

司法裁判的效仿,是国家司法审判之间自然交换进一步发展当中第二个可以观察到的过程。它有时被认为是一门新学科,即"人权国际比较法"④的诞生并加以分析。这一学科通过欧洲人权法院在世界范围内的扩展影响⑤,来研究人权保护国际规定之间的相互作用。欧洲人权法院不仅有助于帮助法官采取大胆行为,加强法律原则的古老权威,而且也因为欧洲法律传统多样性,有利于他们的交叉工作和工作的兼容性。由于这些功能,欧洲人权法院的影响已

---

① Groupe de recherche droits de l'homme et logiques juridiques, « La matière pénale comme flou du droit pénal », *RSC*, 1987, p. 819.
② G. Giudicelli-Delage et S. Manacorda, *L'Harmonisation pénale indirecte*, SLC, 2005.
③ 英国内政部长克拉克2005年9月7日在欧洲议会全体大会上的讲话,参见 H. Mock, « Guerre contre le terrorisme et droits de l'homme », *op. cit.*, p. 31.
④ J.-F. Flauss, *Le Rôle du droit comparé dans l'avènement du droit européen*, Schulthess, Zurich, 2002, « Du droit international comparé des droits de l'homme », pp. 159-182.
⑤ G. Cohen-Jonathan et J.-F. Flauss, *Le Rayonnement international de la jurisprudence de la Cour européenne des droits de l'homme*, Bruylant, 2005.

经被其他国际审判机关,比如美洲人权法院、国际刑事法庭所代替。这些机构本身也被应用于各种国家传统的交叉工作当中。从仿效到法官之间的对话,正如在死刑当中人们能够看到的那样①,这种动力变得越来越具有互动性。

然而这种动力并没有因此而仅限于人权的审判管辖之内,而是通过不同地理空间建立起来的同等性质的法院"内部系统"②交换来发展市场。这些不同的地理空间,包括欧洲(卢森堡欧洲共同体和欧洲联盟法院)、非洲(西非经济与货币共同体瓦加杜古法院)以及拉丁美洲(安第斯条约共同体的基多法院)。有位学者曾论述了非洲和拉丁美洲的法官是如何"重新适应共同体法律现存原则的判例经验、完整体系中法律途径的安排以及管辖权的总体理论",同时从中总结出"跨洲际共同体法律"的崛起。③

这不是中立的评论。另外正如我刚刚分析的那样,在法理援引"国际司法裁判"的时候,它需要明确的或者隐含的标准,使它变成一种"具有规定性"④的概念。

因此产生第三种程序,即刺激性程序。这个过程与法理的解释有关。后者以描述的名义,反过来对它期望的变化做出规定。

有许多研究司法裁判差异的学者同时也指出了这些进步和不足之处。⑤ 参考的模式有时是法理性的,就像海牙国际私法大会上

---

① Voir *Le Pluralisme ordonné*, op. cit.

② L. Burgogue-Larsen, « Le fait régional dans la juridictionnalisation du droit international », in *La Juridictionnalisation du droit international*, op. cit. pp. 205-264.

③ *Ibid.*, pp. 261-263.

④ H. Ascencio, « La notion de juridiction internationale en question », op. cit. pp. 163-202.

⑤ Voir notamment la collection « Contentieux international » publiée par l'UMR de droit comparé de Paris et le CERDIN: H. Ruiz Fabri et J.-M. Sorel (dir.), *Le Contentieux de l'urgence et l'urgence dans le contentieux devant les juridictions internationales. Regards croisés*, Pedone, 2001; *id.*, *Le Principe du contradictoire devant les juridictions internationales*, Pedone, 2004; *id.*, *Le Tiers à l'instance devant les juridictions internationales*, op. cit.

讨论的那样,这将对真正的调查程序的重建及国际投资争端解决中心①实施重整产生影响;有时又以人权(公正程序②、自卫权、公开性)的国内法和国际法的程序保障为基础。因此,关于世界贸易,人们强调了仲裁双重标准(世界贸易组织的上诉机构)以及最近(2005年10月)③引进的纠纷调解公开性的重要性;同时刑事犯罪又要求国际法庭更好地结合国家法律的保障制度,强调在"法律总原则"④研究中比较法的重要性。

总之,无论是程序问题还是基本的实质性问题,无论隐藏的动力是什么,国际审判机关权力的增强主要集中在管辖权(jurisdictio)上。而事实上,更为困难的是,强制力(imperium)的变化将会要求权力关系更进一步的转变。

3. 法官权力的增强及权力均衡

均衡还是失衡? 安东尼奥·卡塞斯法官讲述了这样一个小故事。"在我当选联合国前南斯拉夫刑事法庭审判官几个月之后,我遇到一名杰出的议员,他开始斥骂说:'欧洲各共同体正在攫取我们的立法权! 现在,您和您的审判庭又来占取我主权的最后一个支柱:惩罚权。如果再继续下去的话,我们国家的主权将会被

---

① C. Kessedjian, « La modélisation procédurale », in E. Locquin et C. Kessedjian(dir.), *La Mondialisation du droit*, Litec, 2000, p. 252; E. Gaillard, *La Jurisprudence du CIRDI*, Pedone, 2004.

② H. Ruiz Fabri (dir.), *Procès équitable et Enchevêtrement des espaces normatifs*, SLC, 2003.

③ P. Lamy, conférence à la Fondation nationale des sciences politiques, oct. 2005.

④ M. Delmas-Marty, « L'influence du droit comparé sur l'activité des tribunaux pénaux internationaux », in A. Cassese et M. Delmas-Marty (dir.), *Crimes internationaux et Juridictions internationales. Valeurs, politique et droit*, PUF, 2002, pp. 95-128.

瓦解。'"①

当然,还应该区别严格意义上的立法权和国家主权,后者还包括处罚权和广义上的执行权。

3.1 立法权

由于法官权力的增强,立法权有所减弱,这是事实。随着权力宪法化和宪法法庭作用的增强,开始对国内法权进行评定。正如哈贝马斯在区别人民主权所赋予的合法性和来自人权的合法性时指出的那样:"如果人们希望国家民主权利标准基础紧密协调的话,那似乎应该给予其中一个原则以优先权——是优先于人权还是优先于人民主权。"尽管如此,在他看来,二者择其一是不可能的,因为他把这两个概念描述成同源相互依存,"在物质蕴涵关系当中相互支持"②。

无论如何,当国家法官自由援引外部法规(国家的或国际法规)的时候,无疑改变了这种蕴涵关系。所以,关于参照外国法律的问题,美国法院的法官们产生不同的意见;同样在法国,关于法官在裁决前合议时,普通律师和法庭顾问地位的问题上,当涉及到欧洲人权条约可能会产生的影响的时候,国家最高行政法院和最高法院之间也产生了不同的意见。③

但是各权力之间的均衡性受国际法官的自主化影响最大。这些法官不仅有时候自己制定规则(国际刑事法院制定自己的诉讼程序和证据规定,并在使用时加以修改),而且还参与监督联合国安全理事会决议的合法性以此来确定他们自己的管辖权。④

---

① A. Cassese, « Y a-t-il un conflit insurmontable entre souveraineté des Etats et justice pénale internationale? », in A. Cassese et M. Delmas-Marty (dir.), *Crimes internationaux et Juridictions internationales*, op. cit., p. 13.

② J. Habermas, *Une époque de transition*, op. cit., « L'Etat de droit démocratique: la réunion paradoxale de principes contradictoires? », pp. 167-194.

③ *Martinie c. France*, CEDH, 12 avr. 2006, Th. Guillemin, Tribune n° 17, *Recueil Dalloz* (dorénavant D.), 2006, p. 1121.

④ *Le Procureur c. Dusko Tadié*, arrêt, 2 oct. 1995.

这不单单是国际刑法公正的问题。在肯定自己的规约对国际纠纷具有强制性特征的时候,国际法院也是一个很好的例子。① 另外,国际投资争端解决中心也效仿其做法,以所有裁判权固有的权力为依据肯定它所适用的保全措施的强制性特征。②

这就是说,当国际法官的自主化受对规约可以进行自主解释这一规则所引导(就像在关于人权问题上所看到的那样),对国家主权划出越来越狭窄的界线的时候,这种侵越性会走得更远。

3.2 国家主权

除了涉及行政法和纪律条例领域的刑法方面的例子外,我们在前面关于死刑的问题曾经研究过阿卜杜拉·奥贾兰案件(Öcalan c. Turquie)。这一案件几乎让法院的法官废止《欧洲人权公约》的第二条规定:"当这条规定允许在和平时期采用死刑的条件下,基于实际情况,我们不排除各国可以协商修改第二条的第二句话。"③如果欧洲法院大法庭最终没能采取符合立宪的立场的话④,那么关于斯特拉斯堡法庭的作用变化的讨论就一直没有结束。

由于法院的负担过重,必须解决实际遇到的问题。以此为依据,威尔德哈泊(E. Wildhaber)院长公开对欧洲人权法院是否"符合宪法的未来"⑤提出问题,并引起一场关于加强法律监督诉讼的客观性而不是(这一点让维护人权的人感到害怕)关于权利诉讼的讨论。

个人诉讼权扩大到集体行为,部长委员会15年来已经强制实施

---

① Arrêt *Lagrand* (*Allemagne c. Etats-Unis d'Amérique*), CIJ, 27 juin 2001, §102.

② *Victor Rey Casado et Fondation Allende c. Chili* (mesures conservatoires), CIRDI, 25 sept. 2001, note Ph. Weckel, *RGDIP*, 2002, n° 3, pp. 683-695.

③ Öcalan c. Turquie, CEDH, 12 mars 2003; *Le Pluralisme ordonné*, op. cit., p. 59 sq.

④ Öcalan c. Turquie, CEDH, 12 mai 2005; *Le Pluralisme ordonné*, op. cit., p. 59 sq.

⑤ L. Wildhaber, « Un avenir constitutionnel pour la CEDH? », *RUDH*, vol. 14, 2002, n° 1-4, pp. 1-6.

了600多项改革(包括宪法、立法及行政改革),这些所引起的转变最终还是没有被2004年5月12日通过的十四号议定书①所接受。这项协议修改了宪法的监督制度,保留了个人的申诉权,但是却含有开放型的规定,比如:赋予人权委员会第三种干预权,这有可能使人权委员会成为欧洲人权公共秩序的监护人。我们或许会对这项协议"缺乏改革策略的观念"②感到遗憾,或者相反,认为这样的观念本应该规定一个更加具有发展变化性的形势。

因为这是一个面向各国,包括俄国和土耳其各国8亿多人口的体制,他们对民主的概念理解各异,所以欧洲人权法院的作用不能与任何一个现行模式相比较。它既不同于宪法法官,也不同于第三等级的裁判机关,它代表一个新形象。但是它最近的变化,尤其是裁决越来越具有政治性(法官们甚至把他们自己的解读强加在历史现实上),证明独特的司法裁判行为本能地变成了一种真正的权力。从这个意义上说,欧洲法院也许有一天会变成世界司法裁判权力机关。

总之,如果出现一个法官群体可以让所有市民(无论强弱大小)提出申诉反对滥用职权的话,那么法官权力增强对民主似乎是一个机遇;但同样也是一个风险:如果这个群体只是一个依靠强大力量具有美好愿望的纸老虎,在实际当中采用选择性的方式让人尊重国际秩序的话,那就会形成一种风险。正如哈贝马斯所指出的那样:"在国际团体微弱的具有合法性的权力和美国强大的为自己的利益而行动的军事力量权力之间,存在着很大的区别,这种区别已经显

---

① B. Nascimbene, «Le protocole n° 14 à la Convention européenne des droits de l'homme à la lumière de ses travaux préparatoires», *RTDH*, 2006, p. 1477; loi française du 29 mai 2006 autorisant l'approbation du protocole n° 14, D., 2006, «Actualité législative», p. 531.

② J.-F. Flauss, «La réforme de la réforme. Propos conclusif sous forme d'opinion séparée», in G. Cohen-Jonathan et J.-F. Flauss (dir.), *La Réforme du système de contrôle contentieux de la CESDH*, Bruylant, 2005, pp. 167-182.

得十分明显了"①。

要强调的一点是,这种区别不是一成不变的。各国法官的国际化方式不同,有的是单边决定的有的是多边决定的。根据方式不同,这种国际化可以制约或者恰恰相反,可以促进国际法的司法化(juridictionnalisation)。这一权力变化可以加强不平等性和大国的霸权,或者相反,促进多元化的出现。

从未来一个更加民主化的世界秩序来看,这两种变化都有其要承担的角色。但是第一种变化(国家法官国际化趋势),只有当最起码的和谐能够限制南北不平等和挑选法院(forum shopping)的企图的时候,它才能具有合法性;第二种变化(国际法司法化)只有让所有人,包括大国接受的时候才能产生效果。

在这两种条件下,法官权力的增强无疑是必然的。实际上,世界化同时伴随着不同层次(国家内部、国家、国际、地区及世界级)的权力分化,以及特殊客体(比如市场、环境及人权)的分区化;它要求法律形式主义的更新从而能够"统领安排多元化",需要法官通过调整和再调整的方式进行监督实施,但不减弱其综合性也不最终固定一种世界秩序来替代国家秩序。

但是,世界化不能只依靠法官,因为有一个"谁监督监督者"②的问题。这不是一个新问题,但是在世界化的背景下被重新提出来。在世界政府缺席,也就是没有世界政府和议会的情况下,应该在不同层次上,在不同领域中重新建立立法权和执法权。因此需要寻求一种良好的管理模式。

第二节 寻求良好的管理模式

人们常说,危机的时候也是提出建议的时候。而且,每个机构

---

① J. Habermas, *Une époque de transitions*, op. cit., «L'Etat de droit démocratique: la réunion paradoxale de principes contradictoires?», pp. 381-382.

② H. Jung, «Images of Judges: an Intercultural Comparison», *ZEuS*, n° 1, Europa-Institut der Universität des Saarlandes, 2006.

出现的年代如此不同:联合国在 2005 年的时候庆祝它成立 60 周年纪念①,而那时欧洲才刚成立不久②,但是国际劳工组织有近 90 年③的历史,而世贸组织只有 10 年。④ 在这些成立资历不同的机构当中,提出的改革没有共同清晰明确的特性。其目的既不是为了实现超国家的、地区的或者世界性的权力机构的利益而改变国家政府模式,也不是要坚持一个纯粹的全球国际化组织。所以,人们试图结合不同的模式,成立一个混合型的、性质各异、极不稳定、不断变化的机制,这就是人们所说的管理(gouvernance)。

对于"管理"这个表达方式,我觉得多少有些讽刺的意思。"管理"这个词没有使各种思想变得清晰明了,相反却产生模糊不清⑤的思想。这个词一方面让人想起"企业管理",另一方面又让人想起全球治理。"企业管理"是 90 年代借用公司法中金融机构强性规定的所谓"良好管理"的国家实践;而全球治理,在经济学家看来,就是"规范生产和公共参与机制",这一机制可以让人思考"在一个政治上四分五裂的世界中,如何管理全球经济"⑥。

从经济讨论("全球经济治理方式")到政治讨论("在一个政治上四分五裂的世界"),这种转移产生明显的问题。亚洲和阿根廷先后发生金融危机,让人重新思考布雷顿森林体系的金融机构(即国际货币基金组织和世界银行),但是没有形成任何规划。这也许是因为这种

---

① « Dans une liberté plus grande… », *op. cit.*
② « Traité établissant une constitution pour l'Europe », *JOUE*, C310, 16 déc. 2004.
③ « Une mondialisation plus juste, le rôle de l'OIT », rapport du directeur général de l'OIT, 2004.
④ « L'avenir de l'OMC. Relever les défis institutionnels du nouveau millénaire », rapport du Conseil consultatif au directeur général (rapport Sutherland), 2005.
⑤ *Le Relatif et l'Universel*, *op. cit.*, p. 324.
⑥ P. Jacquet, J. Pisani-Ferry et L. Tubiana, Gouvernance mondiale, rapport du Conseil d'analyse économique, La Documentation française, 2002, p. 12.

变化要求重新具有一个更加政治性的导向,要求新的管辖权。① 更广一点儿说,提出"良好管理心照不宣"②的问题。这些评论,就像我们上面强调的那样,不仅来自全球变化论和主权论者,而且也包括来自美国一部分自由派思想的人。

不管怎样,我们研究权力重建必须回到管理上面来,因为这些批评,或者恰好正是因为这些批评为我们的研究提供了一扇窗户,管理似乎成为"全球政治话语的陈词滥调"③。从世界角度看,继柏林墙倒塌之后,这个词的使用可以追溯到联合国内部全球治理委员会(*global governance*)的成立。该委员会于1995年发表了一份报告④,以非常传统的方式讨论了政府主权及联合国机构改革的问题。无论是职能平衡还是管辖权的分配,彼此之间的关系依然是国家间(*international*)的关系类型。

相反,从欧洲角度看,欧洲委员会的白皮书"欧洲管理"⑤在2001年建议良好管理的五项原则:开放,参与,责任,有效和协调。这五项原则结合了均衡性服从性基本原则,来确定决策的级别选择(国家、国际还是超国家级别):"决定最高政策的'线性'模式应该由'有效的循环'模式来替代,这一循环应该以互动、网络为基础,以

---

① M. Giovanoli, « A New Architecture for the Global Financial Market: Legal Aspects of International Financial Standard Setting », in M. Giovanoli (dir.), *International monetary Law. Issues for the New Millenium*, Oxford University Press, 2000, p. 3 *sq.* ; Ch. Chavagneux, « FMI, Banque mondiale: le tournant politique », *Revue d'économie financière*, n° 70, pp. 209-218; voir aussi J. Stiglitz, *La Grande Désillusion*, Fayard, 2002, « L'autre programme du FMI », p. 255 *sq.* Sur le projet présenté par le directeur général à l'automne 2006: A. Faujas, « Le FMI s'adapte à la nouvelle économie mondiale » et « Questions à M. Camdessus, ancien directeur général du FMI », *Le Monde*, 8 août 2006, p. 9.

② Haut Conseil de la coopération international, *Les Non-Dits de la bonne gouvernance. Pour un débat politique sur la pauvreté et la gouvernance*, Karthala, 2001.

③ P. Lamy, « La gouvernance, utopie ou chimère? », *op. cit.*

④ *Our Global Neighbourhood: Report of the Commission on Global Governance*, ONU, Oxford University Press, 1995.

⑤ « Gouvernance européenne, un Livre blanc », Commission des Communautés européennes, 25 juil. 2001, COM (2001) 428 final.

各个级别的参与为基础,从政策的确定到政策实施。"

互动、网络、级别,表面上看我们似乎又回到了秩序化多元论研究上。但是,现在的问题是立法权和行政权的组织安排。而且,描述的方法提及更多的是管辖权不同等级的关系安排,而不是权力的分离,因为每个级别都要参与,这样各级政府和国家议会之间才能相互沟通,与欧洲各个机构也可以相互沟通。

欧洲宪法条约明确规定了这种方法的改变。同时,这一改变成为其他关于"国际劳工组织的作用"①"世界贸易组织的未来"②以及联合国改革③等讨论的基础。在政府和管理之间,从这一视角转移来看,这也许就是差异:因为当职能失衡使权力分离变得边缘化或者中性化的时候,管辖权网络的实施可以解决权力分散的问题。

但是网络不是所有问题的解决办法。虽然网络可以将所有信息变成公共信息、改善信息流通,但是网络既不能保证民主决策也不能保证获得协调一致的结果。陈词滥调,无论从本义还是转义来说,管理同样是个共同话语,表现更多的是它否定的特征而不是它所说出来的特征。谈论管理,首先是否定负责全球事务的中央政府的必要性,因为中央政府这一形象康德早已把它看成是最可怕的专制制度。但是,人们想说什么呢?有效性和合法性的评估,是依据什么标准呢?有效性要求有一个以达到预期目标为目的的预先协议;合法性反映的是价值观问题,这两者都可以解决不可避免的权力冲突。换句话说,就是要知道用什么来指导"良好"的管理。

---

① « Une mondialisation plus juste », *op. cit.* ; P. Auer, G. Besse et D. Méda (dir.), *Délocalisation, Normes du travail et Politique d'emploi. Vers une mondialisation plus juste?*, La Découverte, 2005.

② « L'avenir de l'OMC », *op. cit.* ; Th. Garcia, « Faut-il changer l'OMC? Propos relatifs au rapport sur 'L'avenir de l'OMC' », *RGDIP*, 2005, n° 3, pp. 665-679.

③ « Dans une liberté plus grande », op. cit. ; voir aussi R. Chemain et A. Pellet (dir.), *La Charte des Nations unies, constitution mondiale?*, Pedone, 2006.

1. 权力分离和职能失衡

"凡权利无保障和分权未确立的社会,都没有宪法。"这句话经常被人引用。这是1789年人权宣言第16条的规定,人们把这条规定当作民主的理想模式来提及。而同时,即使在国际范畴上,权力分离的表达似乎并不适合目前全球管理的失衡状况,从广义上说,失衡似乎成为一种规律。

汉斯·凯尔森(Hans Kelsen)早已默默地承认了这种不平衡性。他从1944年起就开始设想创立一个具有必要权限的国际法庭。凯尔森一直坚持自己的法律现实主义观念,他认为全球政府依然是不可能的,而创立一个法庭可以提供一条"较少抵抗的阵线"[1]。如果我们考虑司法功能的薄弱性,就像在联合国内部那样的构成,或者像国际劳工组织及世界卫生组织当中不存在司法职能的时候,那么历史似乎证明凯尔森的观念是错误的。但是如果相反,司法职能建立了像欧洲理事会或者世界贸易组织这样没有真正立法权的机构的时候,那么历史证明凯尔森的观念是正确的。

实际上,凯尔森没有想到的是联合国内部,甚至在联合国周围以及外部附加在民族国家[2]之上的"新政治"的多样性和不稳定性,比如:国际刑事法院并非联合国的从属机构,但是却以辅助机构的名义存在;这些机构比国际法院(CIJ)更有机会改变他们的法律政治状态;同样,世界贸易组织是联合国外部机构,还有一些地区性组织,尤其是欧洲机构,这些机构以决定性的方式有助于改变国际秩序的概念。[3]

这一切的发生,如同全球管理甘心情愿逆风而行,比起在"联合

---

[1] H. Kelsen, *Peace through Law*, University of North Carolina Press, 1944, p. 14. Voir *Le Relatif et l'Universel*, *op. cit.*, p. 192.

[2] J. Habermas, *Après l'Etat-nation. Une nouvelle constellation politique*, Fayard, 2000.

[3] *Le Pluralisme ordonné*, *op. cit.*, « Un ordre juridique en formation ».

国体制"①中心来说,它反而在边缘或外围发展得更快些。如果考虑350个政府间组织(其中一半是1960年以后创建的),我们就不会得出系统化的结果。所以我们将仅限于几个例子来分析这种普遍的不平衡性。但是这些例子的结构各异,包括联合国的功能执行情况、世界贸易组织模式以及欧洲实验模式。

1.1 联合国的组织结构

乍一看来,树立全球管理的真正地方应该在联合国,因为从某种意义上说,联合国宪章在本质上本应该具有成为全球宪法的职能性质。② 而且从目前的构成来看,如果考虑193个成员国之间的差异性,也许在这个地方,是最难以想象进行重组。这种差异性不仅包括人口数量的差异(从百万人口到十五亿人口),而且还包括经济和政治差异(只有一半的成员国实行民主选举)。即使是主张"世界民主",积极推动创建"世界议会"的人,他们也明显区别长期和短期措施,十分谨慎地建议从安理会的改革③开始,并仅限于创始国这个小群体④,或者首先促进地区融合的进程⑤。

实际上,在二战之后创立的这个机构依然是战胜国占主导地

---

① Pour une critique de la formule, voir P.-M. Eisemann, «Peut-on parler d'un 'système' des Nations unies?» in R. Chemain et A. Pellet (dir.), *La Charte des Nations unies*…, *op. cit.*

② E.-U. Petersmann, «Constitutionalism and International Adjudication: How to Constitutionalize the UN Dispute Settlement System?» *Journal of International Law and Politics*, vol. 31, 1999, pp. 753-790; R. Chemain et A. Pellet (dir.), *La Charte des Nations unies*…, *op. cit.*, pp. 67-78.

③ D. Archibulgi et D. Held, *Cosmopolitan Democracy, an Agenda for a New World Order*, Polity Press, 1995, notamment le tableau à deux colonnes, p. 111; D. Held, *Un nouveau contrat mondial. Pour une grouvernance social-démocrate (Global Covenant, the Social-Democratice Alternative to the Washington Consensus*, 2004), Presses de Sciences Po, 2005.

④ R. Falk et A. Strauss, «Toward a Global Parliament», *The Nation Magazine*, 22 sept. 2003.

⑤ *Le Pluralisme ordonné*, *op. cit.*, pp. 139-164; N. Garabaghi, «Processus et politiques d'intégration régionale à l'heure de la mondialisation», in *Les Dimensions sociales des processus d'intégration régionale*, symposium Unesco/Mercosur, Montevideo, 21-23 fév. 2006, à paraître.

位,在执行立法和行政基本职能的安理会内部具有否决权,拥有在不同机构组织当中才有的那点儿司法职能或者说裁判职能。

当然,从理论上说是可以重新平衡的,比如:联合国秘书长可以执行"行政、管理和刺激性治理",联合国大会成为类似于"对全体事务更具有决定性和责任性作用的立法机构"①;安理会将具有谨慎的执行权,但只限于安全事务;于2006年成立的人权理事会可以重新协调与经济社会委员会之间的平衡。关于裁判职能,如果将国际刑事法院的"辅助"机构置于一旁的话,那它的裁判权依然非常薄弱。将国际法院变成宪法法院或者世界最高法院这一条甚至没有写进改革的建议中。②

因为局势似乎受到阻碍,以至于改革的企图,即使是部分改革(比如安理会接纳新成员,加强联合国大会的权力)都在2005年遭到失败,接下来就是要评估人权理事会这个新机构的影响。

像国际劳工组织这样的机构,被当作"标准生产部门"而设立的,其权限从1919年成立起就没有改变过。③ 在这样一些特殊的部门当中,局势同样也受到阻碍。当然立法职能是以国际会议为基础,它的三边结构(政府、雇主和雇员)使它在1998年通过了劳动基本原则和权益宣言,综合了八项主要协议,直到2015年才全面批准通过。相反,违法行为没有直接受到惩罚,因为理事会唯一的可能性就是展开调查,在必要的时候要求国际劳工大会采取适当的措施(国际劳工组织宪法第33条)。因为国际法院缺乏有效的监督,最

---

① J. -M. Sorel, «La répartition des compétences entre les organes des Nations unies: pour un agencement évolutif hors modèle», in R. Chemain et A. Pellet (dir.), *La Charte des Nations unies*… *op. cit.*

② G. Guillaume, «La CIJ, cour suprême mondiale? »; R. Abraham, «La CIJ, un juge constitutionnel? » in R. Chemain et A. Pellet (dir.), *La Charte des Nations unies*… *op. cit.*

③ J. -M. Bonvin, *L'OIT. Etude sur une agence productrice de normes*, PUF, 1998; «Une mondialisation plus juste», *op. cit.*, M. -A. Moreau, en collaboration avec G. Trudeau, Normes sociales, *Droit du travail et Mondialisation. Confrontations et mutations*, Dalloz, 2006, à paraître.

好是由各国法官来承担裁判职能,当然这会引起一些不确定性和分散性。然而,"如果人们不希望看到经济全球化回归到具有强烈归属感的状态的话,那么它所需要的正是国际社会法官这样的面孔"①。除非世界贸易裁判也会成为市场社会调节裁判。

因此,我们很明显地看到,在联合国之外,法官权力的增强深刻地改变了国际平衡关系,从而有利于世界贸易组织的发展。

1.2 世界贸易组织模式?

是否存在世界贸易组织模式? 然而,这只是一个中等规模的组织(相对联合国几千名公务员来说,它只有几百人),它真正拥有的唯一自主权就是法官的执行权。2000 年海伦·鲁兹(Hélène Ruiz)曾指出,这是"司法化"从法律的角度组建了世界贸易法,而不是相反。②

2005 年关于"世界贸易组织的未来"的一份报告(萨瑟兰报告[rapport Sutherland])同样也指出争端解决制度的中心地位,把争端解决制度比作一种几乎不存的立法机构:因为与欧洲委员会不同的是,世界贸易组织在各国政府的多边协议中既没有建议权(它甚至没有选择会议日程),也没有在世界贸易组织争端解决机构(ORD)所授权的措施范围内对各国政府采取的决议实施执行权。相反,由于成立了上诉常设机构,判例的约束力增强,它可以解决多边协议无法解决的很多问题。无论是诉讼程序,还是像与其他标准(如环境法或劳动法)相协调这样的基本问题,或者是不同发展阶段的国家的融入速度等,这些从根本上说都是因为判例才有了上述报告中所提到的"变动的几何学体系"。

还有一点就是要清楚(多哈回合贸易谈判明显失败,使得问题

---

① A. Supiot, *Critique du droit du travail*, PUF, 2ᵉ éd. 2002, p. VLIV.
② H. Ruiz Fabri, « Le règlement des différends au sein de l'OMC: naissance d'une juridiction, consolidation d'un droit », in *Souveraineté étatique et Marchés internationaux à la fin du XIXe siècle*, Litec, 2000, p. 303 sq.; id., « La juridictionnalisation du règlement des litiges économiques entre Etats », op. cit.; id., « Le juge de l'OMC », *RGDIP*, 2006, n° 1, pp. 39-83.

亟待解决),重新平衡权力关系是应该在"世界贸易组织内部堡垒"当中设置(就像萨瑟兰报告建议的那样集中于内部问题)还是应该促进司法和政治监督。① 无论哪一种情况,"法官"将一直是世界贸易的动力因素,但是第二种形式同时也可以使我们从欧洲"实验室"中汲取经验。

1.3 欧洲实验室

欧洲经验太过不稳定以至于我们无法对这一模式加以定性。我们可以从两个主要整体来考察。

首先从大欧洲来看,就是欧洲理事会。尽管存在部长委员会和议会,可依然是欧洲法院占据其结构性地位。没有必要回到关于欧洲人权法院制宪问题的讨论上,我们只需想想,欧洲人权法院的判例,或者同需要进一步发展的法官指令权有关②,或者同欧洲理事会的部长委员会的支持有关,而且在不到十年(从1998年到2005年)的时间里,欧洲理事会已经对成员国强制执行了600多项立法改革,这些判例使国家议会权力越来越受限制。而且,欧洲人权法院有时候还间接地替代其他国际机构。因此,面对联合国安理会对车臣冲突的沉默,当议会要求排除俄联邦时欧洲理事会的部长委员会表现出来的尴尬的时候,斯特拉斯堡的法官通过三项决定(*Khachiev et Akaïeva c. Russie*, *Issaïeva Youssoupova et autres c. Russie* 及 *Issaïeva c. Russie*③)做出了制裁。自苏联解体以来,在这样持续很久的冲突当中,这是俄罗斯第一次面对非政府组织的多次揭露,要他针对民众

---

① J. Pauwelyn, « The Transformation of World Trade », *Michigan Law Review*, oct. 2005, sp. nos 56 sq. ; voir également mini-symposium sur le rapport Sutherland, « Debating the Future of the WTO », *Journal of International Economic Law*, juin et sept. 2005.

② G. Cohen-Jonathan, « A propos des arrêts *Assanidzé c. Géorgie* (8 avr. 2004), *Ilascu et autres c. Moldova et Russie* (8 juil. 2004) et *Issa c. Turquie* (16 nov. 2004), quelques observations sur les notions de juridiction et d'injonction », *RTDH*, 2005, n° 64, pp. 767-785.

③ Arrêts *Khachiev et Akaïeva c. Russie* et *Issaïeva c. Russie*, CEDH, 24 fév. 2005, H. Tigroudjia, *RTDH*, 2006, pp. 11-140.

的残暴行为承担国际责任。在无论是西方政府还是国际主要机构组织都还没表明态度的时候,欧洲法院一致指出这些行为违反了一系列的规定(如生命权[第2条],禁止酷刑[第3条],附加条款的财产权[第1条]及有效上诉权[第13条])。

从欧盟这一方面说,平衡有所不同,因为立法职能和执法职能分别由欧盟理事会和欧盟委员会和议会来承担。欧盟理事会是由成员国政府代表构成;欧盟委员会(负责欧洲的执行权和立法权)是立法机构。我们还记得,在开始的时候这个议会是自己任命为"欧洲议会"的,后来才慢慢地取得了立法职能,并从此通过一些条约才最终被承认。这一职能因为与预算的投票表决相关,所以得到进一步加强,但是还没有完全独立,因为根据共同决议的规定,立法职能由议会、理事会和委员会三方共同承担。

在其他地区,比如拉丁美洲,开始效仿欧洲的这一理念。而且世界议会的支持者也把欧洲这一理念当作范例提出来,希望在全球范围内改变先间接选举后直接选举的普选模式。① 但是不要忘了,是欧盟法院而不是欧洲议会提出最基本的原则,尤其是共同体权益至上的原则。这一原则由卢森堡的法官在编入宪法条约草案之前提出的。所以我们还是回到了法官的作用上来了。

而且还应该指出的是,这一切不都是在国际范围内发生的,因为欧盟法的有效实施,就像欧洲人权公约(CESDH)的实施一样,大部分还是以偶尔得以加强的国家权力为依靠,就像实施竞争条例新规定(2003年1月)②那样。

这就是三种职能分工和不同水平司法管辖权分散之间构成的紧密联系。另外司法管辖权分散要求形成一定的网络。③

---

① R. Falk et A. Strauss, «Toward a Global Parliament», *op. cit.*
② L. Idot, *Droit communautaire de la concurrence*, Bruylant, 2004.
③ F. Ost et M. van de Kerchove, *De la pyramide au réseau?*, Facultés universitaires de Saint-Louis, 2002.

2. 司法管辖权分散和网络

这里不是要研究属事管辖权(compétence ratione materiae)分散问题(比如环境法、劳动法或者医疗卫生法以及前面研究的贸易法之间与规范空间分割的问题①),而是,从权力重建这个角度,集中研究属地管辖权(compétence ratione loci)及引导全球管理的公共参与者(包括私人、经济、市民、科学参与者、甚至第三方)网络的形成问题。

为了描述全球管理网络,美国国际主义者安尼-玛丽·斯劳特(Anne-Marie Slaughter)曾区别三种网络形式,就像在她的头脑中一直保留传统的分权制度一样。这三种网络形式为:法官网络,被认为是"新外交官"的"调解员"网络,以及幕后(lagging behind)的"立法者网络"。这种网络形成被视为世界的一种新秩序,用世界政治的相互依赖关系代替各主权国家的自主性,这样的一个世界将以分化重建(disaggregated world order)②为基础。

但是要理解"分化秩序"(ordre désagrégé)这个悖论性概念,光描述网络还不够;还需要分析在国家、国际以及超国家范围内管辖权分配技术;还有就是要辨别控制决定的权力规则。

2.1 网络描述

我们将不再重复前面提到的法官网络;但是却值得研究一下"调解员网络"的功能,尤其在七国集团(俄罗斯加入后变成八国集团)和近几年不断增加的多国集团内部,在传统的协议权利之外形成新的管理形式。

因此,当1989年8月在巴黎召开七国峰会的时候,提出打击洗

---

① *Le Relatif et l'Universel*, op. cit. ; voir également symposium « Diversity or Cacophony: New Sources of Norms in International Law ». *Michigan Journal of International Law*, été 2004, notamment B. Simma, « Introduction—Fragmentation in a Positive Light ».

② A.-M. Slaughter, *A New World Order*, Princeton University Press, 2004, « A Disaggregated World Order », pp. 131-165.

钱犯罪行为政策,同时成立了反洗钱金融行动特别工作组(GAFI)。小组成员,除了七国成员和欧盟以外,还包括洗钱行为所涉及的国家,如瑞士,以及经合组织的所有成员国、海湾石油国和新加坡。秘书处由经合组织负责,它重组了几个主要的工业国,而不是联合国的成员国。然而,联合国曾是将洗钱犯罪行为移交刑事法庭的原始发起组织。这一选择也许表现了对联合国机构的不信任,因为这些机构被认为效力不够而无法控制。同时这样的选择优先彼此之间相互评估程序,这一点在经合组织反对跨界贪污腐败行动中我们早有注意。这个机构以自主调节策略为基础,标志着反对洗钱行为政策的一个转折点。从2001年9月开始,它开始打击国际恐怖主义的资金流动,便于同银行机构实行的新措施联系起来。

这样一些措施显示了这种新网络管理的复杂多样性,对于各国来说更有利于从国家层面上维持国家的权力。但是这些措施同时具有双重弊端:一是仅赋予几个最高行政机构以立法权,排除了其他机构(甚至是作为成员国的标准,开始时也是以加入八国集团的标准实施的,因此并不明确);另一个是同时将议会边缘化。

立法机构也开始自行组织起来:各国议会之间的国际会议(如美国议会/俄罗斯国家杜马);超国家性质的地区议会,如欧洲议会(欧盟);最后还有跨区域之间的合作(如欧盟/南方共同市场,为欧洲—阿拉伯国家合作而形成的议会联盟)。

实际上,全球管理反过来在不同级别的管辖权之间造成这种分散性。如果我们暂时忽略非政府活动者形成的网络,忽略联结国际机构的活动者网络(如跨地区联盟,甚至是跨全球联盟)的话,那么前面所举的例子说明管辖权已经被分成三个层次:一个是国家级别(完全属于国家管辖权),一个是国际级别(以横向方式在各政府间通过协商手段,如宣言、协议或者框架决定等形成的管辖权),还有就是超国家级别(管辖权被赋予一个国际组织,以纵向的方式强加一种规定,比如通过联合国安理会的决议,或者通过由协议衍生出来的一些决议或共同规定等)。

因此,明确职权分配规定的技术手段非常重要。

2.2 职权分配技术手段

这些技术首先在欧洲这个实验室开始兴起,并期待在世界范围内进一步发展变化。

关于欧盟目前的阶段,职权分配依然按照著名的马斯特里赫特条约规定的主要机构框架进行。这一规定极其严格,很难适应局势的复杂性。在关于欧洲联盟第一基石的问题和第二第三基石问题方面,本应该有一个过渡,并建立一些特殊规定,掩盖整体框架。其中所说的第一基石就是关于超国家职能(由欧洲各部门强加而衍生出来的法律规定);而第二和第三基石(一方面是防卫规定,另一方面是司法和内部事务)归于各国管理,反映了跨国管理手段。

由此产生简化倾向,这迫使宪法条约的制定者取消主要支柱,但是却没有因此放弃职能分散。相反,他们期望重新评估基本原则的作用,比如构成这种职能分散的辅助性和均衡性原则,希望在欧洲机构违犯规定的时候能够求助各国议会来解决。所以在条约的第一部分"欧盟的职能"条款中很明显地提出这两个基本原则:"只有当行为目标没有达到各成员国满意的程度的时候,欧盟才能够参与。"因为辅助性原则被限于职能分摊领域,所以这一原则与均衡性原则联合起作用:"欧盟行动的内容和形式不得超越达到宪法目标必要的措施。"

但是,辅助性原则没有限于以纯粹形式化的方式来安排职能。这一原则当初制定的时候就考虑维护欧盟行为的合法性同时也对欧盟行为起限制作用,所以,就像我们看到的那样,这一原则根据调节模式起作用,如果各成员国的行为没有伤及欧洲联盟的目标,那它会辅助促进欧盟走向更强的凝聚力;如果相反,所起到的凝聚力就会减弱。所以,接受欧洲立法行为在欧盟所制定的目标来看,意味着对预定行为的长期验证。因此,为了各国议会的利益,协议制定的辅助性原则和均衡性原则的实施监督规定既包含了立法机构重新审查的政治程序,又包含了违反辅助性原则可以向法院提出诉讼的规定。

因此,欧盟宪法条约重新对职能分配做了规定,使其变得不再那么简单。相反,这一条约是在联邦的国家框架下,在欧洲国际范围内①制定出来的,在接受辅助性原则的同时,条约将这一原则变成一种可以在全球范围内运用的具有灵活性的国家化技术。

正因为如此,辅助性原则可以理性地进行立法职能分配,同时尊重国家多样性:总的来说,就是在实施实际有效的监督的条件下,有秩序地安排多样性。另外,这一原则还在"世界贸易组织的未来"建议中被提出来,出现在报告的第三章"主权"中。但是,萨瑟兰报告只是使用这种表达方式,却没有对此加以具体说明,对在贸易活动的各个领域中的实施方式和监督方面依然十分模糊。正像一些评论家②所建议的那样,也许还需要通过国家自主空间来重新评估"保护条款"。原则上各国可以援引国家的差别(比如维护医疗卫生或者环境保护),但是却从来没有被判定同世界贸易组织的规定相兼容(除了关于转基因问题③)。

但是,辅助性原则不仅仅关系到立法职能。就像与其相伴而生的国家自主空间(marge nationale)这一概念一样,辅助性原则同时也在国家法官和超国家法官的裁判职能分配中发挥作用。关于人权保护措施的实施问题上,我们都知道,欧洲人权法院的审理意味着国内追诉道路的终结,所以欧洲人权法院承认自愿限制条款,通过国家自主空间发挥各国的机构职能。同样,关系到抑制国际犯罪,比如反人道主义犯罪的时候,很多原则发生改变,比如:国际刑事法庭(tribunaux pénaux internationaux)的规约规定国际法院的优先权,但是国际刑事法院(Cour pénale internationale)的规约却认为法院是起"补充"作用,也就是相对于国家法院,它是辅助性的。规约的第17条规定,只有在缺乏意愿,或者无能力的情况下,国际刑事法院才

---

① F. Delprée (dir.), *Le Principe de subsidiarité*, LGDI-Bruylant, 2002.

② J. Pauwelyn, « The Transformation of World Trade », *op. cit.*; voir également *Journal of International Economic Law*, *op. cit.*

③ H. Kempt, « L'OMC n'a pas condamné l'Europe pour ses mesures sur les OGM », *Le Monde*, 3 mars 2006.

具有政府在其正常职权范围对犯罪肇事人进行追查和判决的职能。但是,如果真的发生这样的情况,最终还是国际刑事法院来确定意愿和能力的概念,决定可接受的国家差异的幅度。

裁判与立法职能同政治组织的各个不同级别融合在一起,这种相互交错的状况无疑在说明,权力规则在政治与法律界面中往往通过多种原因来决定选择。

2.3 权力规则

在可以进行比较的法律背景下,只有政治力量的不对称性才可以让人明白为什么要诉诸于各种根本不同的立法实践来规定国际刑法。为此,国际刑事法院从50年代的计划开始,经过国际协议(1998)这条途径缓慢艰难地发展,而且需要四年的时间批准达到规定的数量使其开始实施(2002)。相反,成立为前南斯拉夫(TPIY)和卢旺达(TPIR)特设的法庭,只需要安理会的两个决议(1993年决议和1994年决议)就可以了,这两个决议以超国家的方式强制规定的,并立刻实施。

在欧洲机构和各国机构之间,权力规则并不那么明显,但也不是不存在的。我们知道,欧洲各项协定不承认欧盟委员会刑法方面的任何立法权力,这一方面权力是由跨政府间机构来承担。这些跨政府间的机构可以利用公约的传统方式,或者通过欧盟理事会和欧盟议会的框架决定然后再转由各国议会决定通过使用新的方式。然而,欧盟法院取消了环境刑法保护框架决定,理由是环境保护是一个"纵向的根本性"目标,它关系到欧盟①,所以其效力也应该由欧盟来承担。这种形式,也许可以应用到其他领域,比如联盟中的资金利益保护,它可以让法庭通过几乎是宪法性的决定做出这样的结论,即:一些刑事措施属于欧盟委员会管辖范畴,而不属于成员国。

---

① *Commission des Communautés européennes c. Conseil de l'Union européenne*, affaire C-176/03, CJCE, 13 sept. 2005; G. Giudicelli-Delage, « Le droit pénal de l'environnement », *RSC*, 2005, n° 4, « Les figures de l'internationalisation en droit pénal des affaires », p. 774 *sq.* ; S. Manacorda, « Droit de la Communauté et de l'Union européennes », *RSC*, 2005, p. 947 *sq.*

权力规则同时也以"系统间的"方式展开,也就是说,在不同的体系间发展。除了已经提到的两个欧洲整体之间的交叉参照规则①以外,欧洲法官同时也可以审查联合国安理会决定实施的措施是否适当,其中的风险就是会反过来对全球治理实施间接的监督行为。

这个问题首先是针对欧洲人权法院提出的②,那是关于在荷兰扣押了一架租用给南斯拉夫一家航空公司的土耳其飞机。这一扣押措施是根据1993年欧盟的一项条例来执行的,而这项条例本身是在南斯拉夫冲突的时候由安理会的决议做出的规定。随后这个问题在欧盟初级法庭再次被提出来,这一次是根据安理会就基地组织成员决议实施办法规定冻结其财产的问题。③ 实际上,这两项裁决没有一项判定安理会的做法违背了基本法的规定;但是,两项裁决都表现得像"国际法教授"(就像有的评论所说的那样)一样,他们承认,与基本法相符合的推定并不是不可争辩的,欧洲法官也可以间接地对有争议的措施实施监督(在第一个案例中以人权公约的名义进行,在第二个案例中按照强行法[*jus cogens*]实施)。

另外,反对恐怖主义更加有利于美国和欧洲之间的权力之争,尤其在交通方面。借着欧洲各机构之间的冲突,美国领导人还是在欧盟委员会和欧盟理事会那里达成美国/欧洲协议,尽管这遭到议会的反对。根据协议,美国国土安全部海关和边境保护局可以处理和转交旅客订座记录的数据。欧洲理事会于2004年5月17日通过了这项"合作"协议,允许无需相互交换的情况下转交数据,并可以完全不受限制地使用这些数据(在恐怖主义和"其他严重犯罪"方

---

① *Le Pluralisme ordonné*, op. cit.

② Arrêt *Bosphorus c. Irlande*, CEDH, 30 juin 2005; F. Benoit-Rohmer, « A propos de l'arrêt *Bosphorus* du 30 juin 2005: l'adhésion contrainte de l'Union à la Convention », *RTDH*, 2005, pp. 827-853.

③ Arrêt *Yusuf et Al Barakaat International Foundation c. Conseil*, aff. T-306/01, et *Yassin Abdullah Kadi c. Conseil et Commission*, aff. T-315/01, TPICE, 21 sept. 2005; D. Simon et F. Mariatte, « Le TPI des Communautés: professeur de droit international? », *Europe*, déc. 2005, pp. 6-10.

面)。这项协议在 2006 年 5 月 30 日被欧盟法院取消①,由 2006 年 10 月 23 日欧盟理事会通过的新协议所代替。

我们发现,如果分权不适用的话,网络多形化的概念不是一个能够保证"良好"管理的灵丹妙药。所以又回到了这个词的第一层意思上,即:要指挥一艘船舰,需要指南针,但是什么样的指南针呢?

3. 良好的管理:使用什么样的指南针?

如果我们感到失去了方向,那不是因为我们没有指南针,而是极性发生了改变。二战以后国际联盟(SDN)体系过渡成联合国体系,自此我们至少经历了三个重要的分叉口②,这三大分叉口正好与极性的变化相符。

从 1945 年开始,《世界人权宣言》指出了宪章和极性的方向,即:将人类从"恐怖和苦难"中解放出来。自此,新的组织方式似乎已经确定下来。人权普遍性应该与权利的个体性并驾齐驱。但是 1948 年似乎是通过这项宣言的一个限期。

第一个叉口就是进入冷战时期,世界分成两个阵营。1949 年 1 月毛泽东的胜利更加强化了这种分化,将重点转移到安全问题上。爱因斯坦似乎有一种预感,他在 1947 年 10 月给巴西人奥斯瓦尔多·阿拉尼亚(Oswaldo Aranha)写了一封信,那时阿拉尼亚正主持联合国大会的第二次会议的召开。爱因斯坦在信中强调说,从 1945 年以来,"没有实现一项值得重视的进步,无论是在战争预防方面,还是在核能源控制或者经济合作等这些特殊领域中需要达成一致协议方面。"这位著名的物理学家对"今天世界上可怕的不安全现象"感到非常气愤,并建议成立一个"超国家的权力机构,使其拥有足够的立法权和行政权来维持和平"。在两大阵营关系越来越紧张的情况下,优先考虑维持和平,这种优先性完全可以解释 1948 年 12

---

① V. Guiraudon, « La coopération transatlantique après le 11 Septembre: l'enjeu de la sécurité intérieure », *Critique internationale*, 2005, n° 28, pp. 21-35.

② Au sens de R. Thom (*Stabilité structurelle et morphogenèse. Essai d'une théorie générale des modèles*, InterEditions, 1977).

月在巴黎签署《世界人权宣言》的时候媒体出现普遍沉默的现象。不管怎样,世界分成两大阵营必将导致分裂,今天这种分裂依然存在于公民政治权和经济社会文化权之间。人权是以不可分的方式构想的,要求具有"普遍性",但由于签订各种协约,人权被弱化,因为这些协约无法清晰地指出一个全球管理的方向。这个问题随着柏林墙的倒塌而再次被提出来。

第二个分叉口是在1989年,冷战末期产生一个主要的影响,就是将经济和金融全球化推向了世界舞台的前方。一些像世界银行这样的机构,他们除了对数量和经济的评估标准①感兴趣外,对其他的评估标准鲜有兴趣。人们很清楚,人权的不可分性并没有因此而被接受和认可。然而,随着创新性判例的发展,两种权利整合开始相互接近,市场/人权两极关系(这一两极性在2000年尼斯会议中通过欧洲宪章批准生效)似乎可能在全球治理中得以实现。② 那一时期各个领域,从生物技术到通讯技术(数字革命),新技术的快速发展,进一步明确了生态威胁的存在(1992年里约热内卢地球气候峰会),这一切都最终表明新极点,包括生态及技术极点的出现。但是2001年9·11恐怖袭击事件却改变了已出现的事实。

第三个交叉口来得也许最突然,因为这一次甚至中断了网络内部的流通。线性链条只对最薄弱的结点具有有限的抵抗力,而网络与链条不同:因为网络比它任何一个构成部分都具有韧性和牢固性。③ 但是,网络需要具有连续性,因为如果交流被中断的话,那么就会出现故障。因此哈贝马斯提出一个非常感人肺腑的评论:"自

---

① *Doing Business. Pratique des affaires en 2004. Comprendre la régulation et Doing Business. Pratique des affaires en 2005. Eliminer les obstacles à la croissance*, rapports de la Banque mondiale, 2004 et 2005; voir également les critiques in G. Canivet, M.-A. Frison-Roche et M. Klein (dir.), *Mesure l'efficacité économique du droit*, LGDJ, 2005.

② 我相信我自己的观念,参阅 M. Delmas-Marty, *Pour un droit commun*, Seuil, 1994; id., *Trois défis pour un droit mondial*, Seuil, 1998.

③ F. Ost et M. van de Kerchove, *De la pyramide au réseau?*, op. cit., pp. 25-26.

9·11袭击以来,我不断地在思考,从这样一个暴力事件来看,我的整体交流行为观念是不是正在陷入一种荒谬之中。[…]暴力的螺旋由受干扰的交流螺旋开始,经由相互间无法控制的不信任,最终导致交流中断"①。

实际上,我们可以说全球恐怖主义"重新磁化"安全这一极点,但是却具有极大的不同之处,那就是:这将不再是国际关系,也不再是(国与国之间或者两个国家阵营之间的)战争问题,而是刑法问题和在全球治理当中实施刑事打击规则的问题。因此,对于一个没有外部原因,或者说没有共同敌人建立起来的集团来说,这就是挑战的新来源。因为敌人,也可以说是恐怖分子其实就在集团内部,就像伦敦恐怖袭击之后那样,人们惊恐地发现,恐怖的制造者其实是英国公民。如何建立这样一个集团:在集团当中每一个人都是潜在的敌人?为了试图达到这一点,英国放弃了它著名的"尊重个人自由"(*habeas corpus*)的原则,首先拒绝外国人,接着在一些条件下拒绝英国公民。② 我们可以看到"无法控制的相互之间的不信任螺旋"最终导致什么样的结果:因为这样,英国内政大臣甚至开始质疑《欧洲人权公约》(CESDH)以及斯特拉斯堡法院。③ 面对全球恐怖主义威胁,为了调和基本法与刑法的关系,全球治理应该在安全一极和人权保护一极之间均衡地组建起来,在全球范围内,这只是以虚拟的形式存在。至少,应该避免弱化地区力量。因为地区力量在欧洲、拉丁美洲,也许将来在非洲都会构成一道围墙。

当世界治理还不存在的时候,对于回答如何管理一个充满全面威胁的世界这个问题,还没有一个简单的答案。以民主的方式反对全球的恐怖主义,而又不放弃将解决办法交与世界强国的企图,为实现这样的目的,就应该学会在没有政府的情况下以网络的形式进行管理;也就相当于不依靠指南针向前走,但是却根据多个极性由

---

① J. Habermas, *Une époque de transitions*, op. cit., « Fondamentalisme et terreur », pp. 374-375.

② 参阅上述第一章:查理斯·克拉克的演讲。

③ *Ibid.*

多种原因来决定并选择自己前进的方向。在安全/市场/人权这些终极之间,还要逐渐加入生态和技术终极,这些张力看起来都是难以解决的。

总之,"重新建立权力"需要创造新的法律工具,进行全球化管理,而全球化管理意味着既要重新思考传统功能,理性看待职能分散问题,又要解决张力问题,重新找到一个能够指引方向的指南针。已付诸实施的各项规章制度极其复杂多样,这种极端复杂性让人担心理性,即便是十分清醒的理性也会因此孕育出一个魔鬼,一个巨大恐怖的事物。我们是应该担心这个庞然大物呢?还是把它视为解决早已失去方向、严重混乱无秩序的世界的一种方法呢?

第三节 是否应该担心法律庞然大物?

这一说法是在讨论《建立欧洲宪法条约》的时候提出来的。这个条约是国际性的条约?还是第三种情况:一种"法律庞然大物或者是新生事物"[1]?在对变化的恐惧和对新生事物有趣的诱惑之间,人们看到了司法人员复杂纠结的困惑。

有时候,这一表达方式会产生一些清晰的研究,比如"欧洲宪法用语"[2]。尽管这些术语不多,但是对专门术语进行批判性研究,可以很清楚地反映"欧洲特征"(基本上是通过著名的"市场社会经济"和"管理"两个词来反映的,白皮书中提到这两个词,但仅仅在第 I-50 和 III-92 条款中被两次提到)。文章的作者在对术语研究之后发现,欧洲的特点更多的在"宪法用语"和"国际主义语言"两者之间反复摇摆。

---

[1] D. Rousseau, « Primauté du droit de l'Union et portée normative de la Charte des droits fondamentaux », in B. Mathieu, M. Verpeaux et F. Mélin-Soucramanien (dir.), *Constitution et Construction européenne*, Dalloz, 2006.

[2] R. Maison, « Avant-propos », et D. Mouton, « Introduction », in *Les Mots de la Constitution européenne*, actes des journée d'études du Centre de recherche universitaire sur la construction européenne, PUF, 2005, p. 9 *sq*.

其他评论家还是坚持传统模式:"这是一个真实有效的条约还是一部真正的宪法?"结论明显摆在我们面前:条文"不应该同时具有两者的特性"。很奇怪的是,这种混杂的思想同"干枯的水"或者"粉尘"很相似。在排除这种思想的同时,有一位法律神殿的保护者甚至提出一种自认为极其大胆的解释,他说:"稍微大胆一点,似乎有可能坚持它本应该的特性,即逐步从条约变成宪法。"换句话说,这是一个法律转变过程,即一个起初以条约的方式精心制定的文本的转变过程:"另外,这是术语预测所宣称的转变,是那些使用宪法这个词,被完全纳入到一个还没有权力以其名称来称呼的未来政府规划当中的术语预测"①。

有一种方法,将严格视为一成不变的僵硬方法。我们看到,这种方法排除了一切新创举,那种一上来就被怀疑掩盖了一些黑暗的东西,比如希望建立一个欧洲政府,但却没有胆量说出来这样的新创举。因此,人们取消了对从未有过的形式的研究资格,认为它是可怕的事物,甚至包括那种可以形成新的政治组织、比传统的条约和宪法更适合欧洲(更不用说世界范围了)状况的混合形式。

当然,这种评论也不是完全没有道理的,因为,杂交物有时会贫瘠无果,创新也不总是会预防倒退的风险。宪法条约的序言本应该再明确一下这种创新的原因,在实施方法方面再严格一些。所以接下来就要对这一庞然大物进行解剖,分析它的各种特性。

分析不是为了取消,而是为了学会如何应用。所以如果很多司法人员强调更新的必要性,公开诉求想象力(appel à l'imagination),这并不是偶然的事情。一位著名的先驱者弗朗索瓦·奥斯特(François Ost)阐述了想象力如何能够有助于形成并清楚地解释司法、法律以及政权的主要问题,同时深刻探究了"法律想象的来源"②。最高法院的首席院长也肯定了"法律世界是具有想象力

---

① M. Clapié, «Union européenne, traité ou constitution? », D., 2004, p. 1176.

② F. Ost, *Raconter la loi. Aux sources de l'imaginaire juridique*, Odile Jacob, 2004.

的","审判是一个想象的行为",同时发现,"标准的结构越开放,上诉法院的提审权就越有效。"①而且,随着结构开放标准的不断增强,法律也开始面向国际化,这些标准使法官从一一对应的规定束缚当中解脱出来,有利于产生上述提到的解放效果。当关系到在全球范围内重新建立权力问题时,想象力首先应该涉及到的是概念问题,是可能出现的各种不同的配置安排问题。因此,关于联合国宪章合宪性问题讨论的研讨会成为"范式之外管理辩护"的一次很好的机会,公开要求创造新的模式。②

如果人们懂得这一点的话,我们就会明白,这不是为不受约束、夸张、异想天开、离奇的,与管理者、立法者或者法官的知识及职业相对立的想象力做辩护,而是要维护一种可以控制的、受一种严格性约束的想象力,能够激励人们去研究如何很好使用这些庞大机构组织(bon usage des monstres)的条件。

1. 对欧洲庞大机构组织的剖析

无论欧洲的未来如何,围绕宪法条约展开的讨论应该可以让我们更好地理解这一极其可怕残酷事物的矛盾性、不完整性和不协调性。

1.1 多重矛盾

多重矛盾首先是因为借用了原已存在的、似乎具有矛盾性的类别。所以,借用"条约"这种类型不仅体现在签订和批准(国家之间的类型)的诉讼程序当中,而且也体现在基本内容的选择上,比如欧盟基本职权的缺失(即使分权形式因为各种各样的职权,如绝对权或者共享权[第I-13和I-14条]似乎有利于欧盟);另外还体现在合作及协调一致等规定下的重要地位上。因为参照条约也就意味着

---

① G. Canivet et N. Molfessis, « L'imagination du juge », in *Mélanges en l'honneur de Jean Buffet. La procédure en tous ses états*, Petites affiches, 2004.

② J.-M. Sorel, « La répartition des compétences entre les organes des Nations unies: pour un agencement évolutif hors modèle », in R. Chemain et A. Pellet (dir.), *La Charte des Nations unies*…, *op. cit.*, p. 13, *sq.*

承认了预留给国家的那部分权力范围(第 I-15 条主要是针对各国政府的部队和警察职能而制定的),以及"自愿撤出"可能性的制度(第 I-16 条)。为此,法国宪法委员会提出的那份让人消除疑虑的分析报告认为(也许有些仓促),这份文件"保留了国际条约的特性"(报告第 9 项)①。

说这份分析报告写得有些仓促,那是因为借用宪法这一形式同时也是在通过各种途径加强巩固了早已存在的规定,这些途径包括:一方面,扩大欧盟重要法律人员授权(第 I-17)方式,这是消除人们对欧盟国际行为能力的怀疑,尤其是为了达成一些协议的时候;另一方面,在宪法中规定欧盟法的优先权。即使在文件中非常谨慎地限制了欧盟法优先于成员国法律(第 I-6 条),这也只是一个等级原则而已。如果在早已建立起来的案例(参阅上面关于欧洲法官基本职能)中追溯法律等级原则,而且在条约的附件声明中再次提及,那么人们不禁要问,这样"宪法化"的原则是否是为了欧盟的利益而强化了标准的等级。

宪法委员会早已排除了这种假设。它认为宣言已经将其作用范围限定在法律原则之内,所以建议对第 VI-1 条进行所谓的"背景化"②解读,按照第 I-1 条的规定,尤其是第 I-5 条保证尊重各国政府的国家特征的规定来阐述。最终,它总结说,条约"既不修改欧盟的性质,也不调整欧盟法律优先权原则的意义",所以从这一点上说,不会重新修订法国宪法。

但是对矛盾的指责还针对欧盟新增加的一些类别,比如"治理

---

① Décision n° 2004-205 DC, 19 nov. 2004, et les critiques de la doctrine in B. Mathieu, M. Verpeaux et F. Mélin-Soucramanien (dir.), *Constitution et Construction européenne*, *op. cit.*

② B. Mathieu, in B. Mathieu, M. Verpeaux et F. Mélin-Soucramanien (dir.), *Constitution et Construction européenne*, *op. cit.*, p. 195; voir aussi, pour une critique du Conseil constitutionnel, D. Rousseau, « Primauté du doit de l'Union et portée normative de la Charte des droits fondamentaux », *op. cit.*, p. 191 *sq.*, et, pour une défense, D. Chagnollaud, « Propos sur la Charte des droits fondamentaux », *ibid.*, p. 197 *sq.*

(gouvernance)"并没有取消"政府(gouvernement)"(这个词仅在指国家政府管理时使用),"空间(espace)"没有取消"领土(territoire)"(这个词仅在关于第三方国家时提及,而不是指欧盟的领土)。

关于"治理"这个词,相对于它在2001年白皮书的中心位置,它的出现显得不十分重要。在条约当中,这个词仅使用过两次,一次是关于欧盟的政策(第I-50条),另一次是关于世界治理(第II-292条)。仿佛欧洲委员会希望能够给自己保留某种可能性,以便为自己争取到扮演政府(从传统意义上讲)的角色。这一点通过条约中出现的"欧盟外交部长"这个词体现出来的。这个表达方式,如同"欧洲法"一样,是借用国家宪法语言而形成的。

相反,空间的概念被当作一个新概念来看待,它既包括地理空间,又包括结构空间,将地理和历史连接起来①,从而使这个概念的价值得到进一步加强。尤其是通过"欧盟的目标"即"自由、安全和公平空间"(第I-3.2, I-42 §1条)的表述,更加体现了它的价值。另外,在欧盟的政策(第III-257条)中它作为民法和刑法合作基础被提出来。

问题是这些明显的矛盾不仅使对文件的解读显得枯燥无味,让人很难理解,而且会让解释缺乏预见性,使整个体系看上去显得并不完整,有些空洞。

1.2 不完整性

由于等级链条的中断,因此不完整性造成法律解释的不确定性,这似乎给法律稳定性造成一定的威胁。辅从性原则,就像条约中所规定的那样:"在一些不属于欧盟专有管辖权的范围内,欧盟只能在成员国所采取的行动无法达到既定目标的时候进行干预"(第I-11 §3),这项原则与第II-1 §4条中所规定的均衡性原则相互结合,一会儿反映了横向的国家间(或国际)思维(没有等级性),一会

---

① *Le Pluralisme ordonné*, *op. cit.* ; voir aussi J.-A. Mazères, « Les facultés de droit de Paris et de province dans la production de la pensée juridique: vers une géophilosophie du droit? », *Publications de l'IFR*, université de Toulouse I, fév. 2006.

儿又反映了纵向的超国家思维(具有等级性)。这两种思维目的都是要赋予不同等级一定的职能(立法职能、行政职能和司法裁判职能)。

其他一些原则,从表面上看更加严格,却也同样产生模糊的效果。因此,各国政府要相互承认以合作理念为基础的司法裁决,就需要彼此之间相互信任,但这一点很少存在。因为各国政府之间的不信任,相互认可会发生改变,这一改变甚至在像欧洲这样的统一体地区也会出现。但矛盾的是,这种相互认可却会产生一种超国家的协调一致,从而决定了彼此之间的信任问题。因此,合作变成一种隐藏的整体统一,甚至是一种被迫的整体统一。无论是在欧洲逮捕令方面还是民事裁决的执行方面,我们都曾经遇到过些例子。① 而且,宪法委员会并没有说错。它认为,"辅从性原则的实施也许并不足以防止条约所规定的职能转换具有一定的规模,或者根据国家主权实施基本条件所能采取的方式加以干涉"(报告第 25 条),因此,根据这一点,宪法委员会判定修改法国宪法是必要的。

同样,还有另外一个条款,被条约的谈判者们认为是一个"跳板",可以让部长委员会就意见一致来替代有效多数的规定(第 II-54 和 第 61 §2 条)采取一致决定,或者对条约进行简单地修改(第 IV-144 条)采取一致决定,那就是:有两种方法有助于将管理决定方面的国家管辖职能转化成欧洲管辖职能,但是却不需要国家议会的任何批准认可。

最后,宪法委员会对加强合作同样没有信心。加强合作可以加快某些政府整合的步伐,也可以使整体统一变得模糊不清,使整合有可能产生"不同的进程"。在一些反映国家主权的领域,比如民法和刑法的司法合作方面,人们已经接受了加强合作,这也有利于将管辖职能转移到欧洲机构当中去(第 III-419 条),比如由几个成员国共同创建欧洲检察院。一旦欧洲机构能够以有效多数决定后,这些机构就可以要求修改法国宪法。

---

① *Le Pluralisme ordonné*, *op. cit.*, pp. 74-75.

要避免变成专制的同义词,矛盾性和不完整性有必要努力协调一致。

1.3 结构松散

无论是目标结构松散还是方法结构松散,这些不一致的地方也许都会引起一些不理解,并影响对这一残酷可怕事实的认定。

当然,序言描绘了一些前景,将欧洲规划简化成"最终统一的欧洲",但是在一个习惯性的描述中体现出来的。如果我们将欧洲理事会的46个成员国(包括俄罗斯和土耳其)与欧盟的25个国家相比的话,这个统一是相对的。至于20世纪造成欧洲分裂的两次世界大战以及随后的冷战,这些是作为"痛苦的经验"被很谨慎地提出来,但这并没有妨碍欧洲"朝着文明进步的道路前进"。这一线性视野不是人们所希望的"拂去意识形态的灰尘"①,它如同一部充满狂怒和噪音的历史被轧平了一样,在集体的想象当中没有任何能够提供属于一个我们认为具有整体协调性的欧洲情感的资源属性。

当然,欧盟的宗旨已经写进宪法条约的第一章中(第I-3条),但是,它是沿着一条艰难的列举线索展开的,其中还混合着很多分散的概念,如和平价值、人们的福利、没有内部界限的自由、安全和司法空间以及内部自由竞争没有扭曲的大市场。同时还零散地穿插了像"高度竞争的社会市场经济"这样众所周知的概念,这一概念设想能够协调整体就业和社会进步;高度保护和改善环境质量(第I-3 §3条,及al. 1);以及反对专制和不公平待遇的斗争(第I-3 §3条,及al. 2)这样的概念。

有一个关键词:"团结一致"仅仅是在讲述成员国之间的关系及同其他国家之间的关系时才出现。这个原则的本质是"当欧洲无论从欧洲内部还是从欧洲外部都能强化其作用意义的时候,需要鉴别欧洲在世界中的同一性"②。根据这一性质,这个原则本应该居于此

---

① G. Soulier, « Les mots du préambule », in *Les Mots de la Constitution européenne, op. cit.*, p. 63 sq.

② A. Supiot, « Cinq questions pour la constitution d'une société européenne », *D.*, 2003, Chr. 289.

项规划的首位,应该说明为什么今天我们会被强性要求接受这种原则,应该让明天及今后全球的所有人统一接受这一原则。

因为有了这种将相互依存变成一项建立共同命运计划的愿望,所以才形成了团结一致。以前,人们把相互依赖相互依存看成一种灾难来承受,这种灾难尤其以企业的迁移为象征。通过相互依存宣言,制定者开启了宪法条约,而不是一直沉迷于美国式的命运当中。美国在接受他们著名的宪法之前,是以反对殖民力量的独立宣言开始的。尽管存在某些相似性[1],但是美国微弱的启发不足以让我们理解欧洲,因为美国这个国家创建仅有两个多世纪,在创建初期人口还不到400万。而欧洲反映的完全是另一个梦想,是已经独立的人们(超出4亿人口)的梦想,他们要求内部之间的团结一致以及整个全球未来的团结一致。

为了在不放弃多样性的情况下建立这样的团结一致,同欧盟的口号,即"求同存异"(Unie dans la diversité)相符合,我们需要解释一下方法。这并不是要将一切简化,就像制定者早期轻率地做出的许诺那样。如同有序多样性一样,这样的口号所诉求的多是复合完整的教育法,而不是将矛盾埋藏于联盟和多样性之间;口号诉求的是因为逻辑性的改变而产生的不完整性,应该将这一切说明清楚,并说明如何利用这一切。欧盟的口号应该拥有一种使用方法,使国家间和超国家间的规定协调一致。

这种新罗盘是欧洲将基本权利宪章写入欧洲宪法条约中的时候自行规定的。因此,应该提高这种新罗盘的价值。将宪章的文本原封未动地保留下来,就这一点来说,可以认为是由于政治和外交的原因,但是在宪章的序言与整个条约的前言相融合(这样不会产生一项法律条文出现两个前言的不适宜性)时,整个宪章依然具有

---

[1] M. Rosenfeld, « La Convention européenne et l'œuvre des constituants américains », *Cités*, n° 13, PUF, 2003, p. 47 *sq*.; G. Scoffoni, « Convention pour l'avenir de l'Europe et convention de Philadelphie: la question d'un mode de production d'une constitution », in B. Mathieu, M. Verpeaux et F. Mélin-Soucramanien (dir.), *Constitution et Constructoin européenne*, *op. cit.*, p. 59 *sq*.

可读性。这样我们就能直接奠定宪章的整个规定,同时加强价值作用及其与欧洲人权公约的衔接,而不会产生所谓"三棱镜"①的效果,即法国宪法参考欧洲宪法条约,而欧洲宪法条约又参考欧洲人权公约的现象。

尽管存在问题,但在欧洲宪法条约中加入《欧盟基本权利宪章》也许会加强欧盟法院的制宪作用,这种作用是在它的司法审查功能以外的。② 法国制宪委员会(第15号决议)指出,宪章的规定主要是针对欧洲机构,当各国实施欧盟法的时候才对各国起作用(第 II-111),这就是其中的细微差别。总之,决议框架种类繁多,尤其是在刑事制裁方面,更是层出不穷。这说明,这样的监督管理应该会有效,同时也强调了欧洲对人权的重视,这样可以避免各国宪法法院的抵抗③以及欧洲人权法院可能执行的监督审查。

关于宪章的意义,就像关于整部法律文本一样,专家们的意见因为他们各自学术专业的不同而产生明显的多样性。这是一个事实。难道我们没有看到"一个专业(欧盟法)的专家们向其他专业的同事们解释如何让人理解本专业的主要概念及其主要构想"④吗?随着欧洲边境的开放,没有一个专业能够受到保护,免受这些过度危险的影响。

---

① A. Levade, «Une autre lecture de la décision du Conseil constitutionnel», in B. Mathieu, M. Verpeaux et F. Mélin-Soucramanien (dir.), *Constitution et Construction européenne*, op. cit., p. 206.

② Voir G. Drago, «Le contrôle juridictionnel», in B. Mathieu, M. Verpeaux et F. Mélin-Soucramanien (dir.), *Constitution et Construction européenne*, op. cit., p. 125 sq.

③ Pour les cours allemande, belge et polonaise, voir S. Manacorda, «Droit de la Communauté et de l'Union européennes», op. cit., p. 948 sq.; sur la transposition, en France, voir M.-E. Cartier (dir.), *Le Mandat d'arrêt européen*, Bruylant, 2005; M. Massé, «Droit pénal international», *RSC*, 2005, p. 952 sq.

④ L. Favoreu, «Rapport de synthèse: l'euroscepticisme du droit constitutionnel», in B. Mathieu, M. Verpeaux et F. Mélin-Soucramanien (dir.), *Constitution et Construction européenne*, op. cit., p. 85 sq.

至少,为了思考欧洲甚至欧洲以外的事情,人们还是拥有解放想象力的能力。

2. 走向全球性的想象力

如果说法官和法理同时诉求想象,也许这并不是一种巧合。实际上为自己提供一个发展前景和方法,想象力是十分必要的。

2.1 前景

为什么在欧洲之外要重新确立权力呢?答案是很明确的:因为像在欧洲一样,这个答案与事情的强制力或能力有关,被命名为相互依存。以前从世界范围看,各种张力非常强烈,相互依存更是以一种紧密不可分割的方式表现出机会与风险并存。说是机会,因为流通的全球化(如商品流动、移民流、科学文化信息流、资金流等)证明存在一个正在形成的整体,决定着全球的未来和人类的未来。说是风险,那是因为这种现象造成全球的核威胁,还有卫生、生态、生物技术的威胁,以及社会排斥和边缘化(不仅是经济边缘化还有社会、科学和文化边缘化)等因素的威胁;最后还有犯罪全球化,包括国际各种各样的非法交易以及全球恐怖主义,后者企图消除罪犯与敌人之间的区别,刑法与战争之间的区别。

人们早已分析过这些相互依存的各种形式[①],它们同时影响并控制着人身安全、财产安全甚至整个地球的安全。这些形式显示了国家主权在面临以下状况时表现的局限性,这些状况要求根据全球内部共同政策和共同法律手段来采取预防和反应措施。

面对事情的权力和力量,我们通过实证法的矛盾和不完整性认识到"思想的不完整性"。如果我们封闭于旧的模式,将国内法同国际法对立起来,将国际联合局限于主权国家的联盟,那么我们就会错过法律方面的办法。当然,对于一个更多诉求于重建和适应新条

---

① *Le Relatif et l'Universel*, op. cit.

件而不是诉求超越的全球化①来说,各国政府依然具有其存在的必要性。但是,政府模式及政府间模式明显不够。如果各国政府联盟想要保持长久的话,那它就需要诉求另一些方向。通过各种公民性(国家公民、地区公民、世界公民)的交织,已经体现了这样的可能性,那就是同时属于多个政治联盟,这有可能为风险的非自愿联盟转变成一个命运的自愿联盟打开一条途径,成为人们所建议的用来替代"政府联盟与世界联盟的交叉形式"②的"人类联盟"。

这就是为什么要诉求想象力从而找到各国政府独立/主权/联盟的三元性的交替抉择方法。乔治·塞尔(Georges Scelle)似乎有种预感,他曾经描述了"人类联盟包括的并协调配合受其法律管理支配的无数个政治社团"③。塞尔批判"国际法"的表达方式,认为这多多少少是"国家间法律"的同义词,他将这些社团称为国家社团(étatique),国家间社团(interétatique),超国家社团(superétatique)甚至国家外社团(extraétatique)。他尤其猜想经济领域中职业组织的作用不断在增强,而且目前还增加了边境间(如政府间或国家间的)市场贸易。战后以来,随着权力的部门化(就是各个领域之间的不同组织,比如像我们看到的那样,贸易法和人权法的组织方式的差异)和地区化(地区组织势力增强,这些组织本身也被部门化,就像我们在欧洲和世界其他地方看到的那样)的增强,这种综合复杂性被进一步强化。

所以目前这种趋势表现出更多的矛盾性,既有利于也不利于权

---

① J. Chevallier, «La gouvernance, un nouveau paradigme étatique? », *RFA*, 2003, n° 105-106, pp. 203-217; «Etat de droit et relations internationales », in *Annuaire français de relations internationales*, vol. VII, Bruylant, 2006.

② E. Jouannet, «L'idée de communauté humaine à la croisée de la communauté des Etats et de la communauté mondiale », in F. Terré (dir.), *La Mondialisation entre illusion et utopie*, Dalloz, «Archives de philosophie du droit », t. 47, 2003, pp. 191-232.

③ G. Scelle, *Précis du droit des gens*, 1933, rééd. CNRS, 1954, notamment «Préface » et «Réalisation du droit dans les diverses sociétés internationales », pp. 50-58.

力多样化的世界组织。①

在削弱国家权力的同时,如果相互依存成为依靠霸权方式实施权力的同义词的话,那就不利于权力多样化的世界组织。市场霸权的产生是因为市场全球化充斥着各国政府,而各国政府希望对市场的功能加以调控。② 同时还有超级大国的霸权。我们还记得关于治理的一份报告(2002年由经济分析顾问委员会制定)的思想,这份报告在2003年明确指出这样一种观点,"如果今天需要重新撰写这份报告的话,[他们]也许会为权力问题提供更多的讨论空间,以便更加全面地考察霸权模式的生存力"③。报告的编撰者还指出,美国思想"将国家利益放在第一位,甚至摒弃了国际联合的概念"。由此,他们得出这样的结论,即:多边主义的成果"比人们想象得更加没有安全性","面向全球治理制度,国家主权在集体利益面前总是甘愿有所让步,因为这一制度可以代表一切,除了确切性。"人们将直接走向依赖/世界化/霸权的三元性。

但是我们也可以构想更加有利于多极化的改变,并可以将其称为"相互依存/世界性/人类集团"。世界性这个词来自爱德华·格里桑(Edourd Glissant)的诗句,这一概念似乎依然要建立世界化的另一面,即缩减统一的一面;而同时他把世界性看成是"前所未有的一次冒险,为我们所有人提供在空间——时间上生存的机会,这一时空是第一次,也是真正一次以惊人的方式构想出来的唯一的、复合

---

① A. Peters, « Global Constitutionalisme Revisited », University of Baltimore School of Law, ASIL (American Society of International Law), « Centennial Discussion on a Just World under Law: Why Obey International Law? » (http://law.ubalt.edu/asil/peters.html, site consulté le 6 juil. 2005).

② R. Guesnerie, « La gouvernance dans un marché mondialisé », in J.-P. Changeux et J. Reisse (dir.), *Un monde meilleur pour tous: projet réaliste ou rêve insensé?*, colloque du Collège de France, Odile Jacob, 2007, à paraître; M.-A. Frison-Roche, « Définition du droit de la régulation économique », in M-A. Frison-Roche (dir.), *Droit et Économie de la régulation (I), Les régulations économiques: légitimité et efficacité*, Dalloz/Presses de Sciences Po, 2004, p. 10.

③ P. Jacquet, J. Pisani-Ferry et L. Tubiana, « A la recherche de la gouvernance mondiale », *Revue d'économie financière*, 2003, p. 163.

式的错综复杂的时空"①。

剩下的就要懂得如何做到"既唯一又多样"。如果说欧洲宪法条约通过其口号承认并接受了这种表达方式,甚至还预想了几种方法的话,条约并没有真正为"有序多样性"思想提供适应权力组织安排的方法。但是,诗人有时候看得比司法人员更准更远。爱德华·格里桑提出另一种身份认同的概念,(身份认同)是"作为关系的生活经验,而不是带有排他性或排异性根源的生活经验"②。他将世界描绘成一个"相互交织却不会相互破坏的海浪域"③,结合了地方和全球的区域:"你此地的行为,牵动着整个世界;与世界同想,它便与你同住。"④

从这首诗中我看到了一种邀请,邀请司法人员(但是他们对此还心存怀疑)构想一种世界性,这种世界性并没有消除国家主权,但是却可以混合各种文化,围绕在各种不同范围内(地方的、国家的及国际的)实行的团结一致原则分享各种权力;因此它将诉求建立一种相互依赖关系,作为一种命运联盟,结合全球范围内所有权力拥有者(包括各国政府,同时也包括各种国际的、公共的或私人组织),使他们承担一定的责任。

因此就产生了制定相互依存普遍宣言这种思想,这一思想提出价值和责任的目标,从这个意义上制定一个计划。作为国际执行管理会(由前政治负责人,来自各个领域的科学家、经济学家、哲学家和司法人员构成⑤)成员,我参加了该项目的制定。这个计划建议依据"全球相互团结一致"(intersolidarité planétaire)的原则相互依存,形成全球性的联盟。这是我们初步想要确定的基本先决条件(或者按照宪法语言来说,就是"序言")。

---

① E. Glissant, *La Cohée du Lamentin*, Poétique V, Gallimard, 2005, p. 23.
② *Ibid.*, p. 84.
③ *Ibid.*, p. 56.
④ *Ibid.*, p. 36.
⑤ www.collegium-international.org.

2.2 初步做法

康德区别了民法(droit civil)、万民法(droit des gens)和世界法(droit cosmopolitique)①,这是一个非常具有先见性的观点,为构想国家间、国际及超国家联盟的结合提出了非常清晰而且具有启发性的思路。但是,他却没有解释这一切如何能够在现实世界中运行。事实上,网络结构意味着非常复杂多样的相互联动,这决定着不同程度等级上的职能分工,根据相关领域而有所不同(multisectorial and multilevel network②)。

为了设想不同等级机构组织之间的管理职能的分配,乔治·塞尔提出了"功能分解"(dédoublement fonctionnel)的概念。塞尔认为:"政府间构成的社团,与超政府社会群体不同的是,它的职能不是在政府之外组织安排的",所以他指出:"我们还有一种幻觉,认为那些实施立法、审判或执行的专门机构是不存在的。"他解释说,实际上"因为职能不可能不存在,所以这些职能被托付给国家早已存在的机构,这些机构或者以竞争的形式起作用(从而产生冲突),或者以合作的形式起作用"③。因此功能分解就解释了为什么立法、司法和裁判功能在政府间社团中是按照国家级别来执行的。

问题是功能分解同时也发生在所谓的"超国家"社团当中,因为专业机构从来没有覆盖一切职能。因此产生不同级别之间共享职权这种复杂多样的问题,从而有必要重新变化调整一些模棱两可的概念,比如服从性原则或者"过渡性条款"。如在2005年关于"世界贸易组织的未来发展"的报告中重新引用服从性原则;还有在欧洲宪法条约中增加"过渡性条款",便于从一致性原则过渡到有资格的大多数原则,同时也能为世界机构改革带来一些启发。

最后(这可能是目前最大的一次挑战,也是最难想象的),还需

---

① E. Kant, *La Doctrine du droit*, *Œuvres philosophiques*, éd. F. Alquié, Gallimard, « Bibliothèque de la Pléiade », vol. III, 1986.

② A. Peters, « Global Constitutionalisme Revisited », *op. cit.*

③ G. Scelle, Règles générales du droit de la paix, RCADI, vol. 46, 1933-IV, pp. 331-703.

要在整体构成当中结合地区机构,这一点在联合国宪章的第23条中已经有所规定。这些组织的成立在宪章签订时期以意想不到的规模迅速发展起来:2002年的时候世界贸易组织正式接到通知的地区贸易协议有260项,到2005年年底接近300项,这标志着"多边世界治理"(gouvernance mondiale polyptyque)的崛起,从而需要很多更加系统的研究。① 而且比利时总理伏思达(Guy Verhofstadt)曾建议在各大洲创建G8或G10大型地区集团组织。② 随着地区间协议的不断发展③,人们发现有必要将世界各地区看成是"在这充斥着跨国集团的世界中地区与全球构想公共政策的一个中介"④。

问题在于目前各地区之间既没有同步性也没有统一性,但是却存在着某些"实验室"⑤,这些实验室制造出符合每个地区历史和地理的庞大组织,比如:北美自由贸易区(ALENA)和亚太经济合作组织(APEC),他们的目标是自由贸易;而像欧盟及南方共同市场(Mercosur)这样更加紧密团结的组织,他们的目标是实现经济政治一体化。在这两者之间,还存在着很多中间组织,其中很多组织有利于促进贸易与人权的互动。⑥ 因此达喀尔协议创建了西非经济货币联盟(UEMOA),第3条中规定"联盟的行动尊重世界人权宣言及1981年非洲人权和民族权宪章中规定的基本权利"。东南亚国家联盟(ASEAN)开始参与政治活动,比如要求缅甸释放反对派人士昂山

---

① N. Garabaghi, « Processus et politiques d'intégration régionale à l'ère de la mondialisation », op. cit.

② 2002年5月15日伏思达在经合组织2002年论坛上的报告,他的这一态度在2004年5月10日世界银行于布鲁塞尔举办的发展年会上再一次得到肯定。

③ J. Ténier, « Les relations entre l'Amérique latine et l'Union européenne après le sommet de Guadalajara des 28 et 29 mai 2004 », Chroniques des Amériques, n° 40, déc. 2004, Observatoire des Amériques, université du Québec à Montréal.

④ Id., « Construire les régions du monde comme ensemble politiques et sociaux », in Les Dimensions sociales des processus d'intégration régionale, op. cit.

⑤ M. Delmas-Marty, « Comparative Law and International Law: Methods for Ordering Pluralism », University of Tokyo Journal of Law and Politics, vol. 3, 2006, pp. 44-59.

⑥ Le Pluralisme ordonné, op. cit., p. 152 sq.

素姬。

　　同时这也承认了不同领域之间结合的必要性。一般来说,这些领域在开始的时候都是以分隔的方式设想的。我们很难重新组建各种权力关系而忽略这个分隔性问题,但是彼此之间的意见是共同的,比如在法国有关于"调控法"(le droit de la régulation)的理论性讨论。调控的目的是维护经济平衡,从而引导各种不同权力集中到调控机关的手中。这就要求形成相互调控的形式,比如银行、股市以及保险监督等权力机构之间的相互调控。① 但是这项政策却孤立了经济领域,该领域建立在自由交换的基础上,这一基础既是目的也是手段;而真正的管理,从广义上说,应该结合其它层面,首先是社会层面。②

　　从世界角度上看,这个问题是通过金融机构的评估而提出来的,尤其是世界银行的报告。③ 这些报告往往因为过多关注于一些不变的能够以数字精确计量的数据,比如失业率等,所以忽略了一些更为量化的客观因素,比如社会公平问题、环境保护,或者更广一点儿说,一切基本权利等因素。④ 世界银行的专家们因为优先考虑国家的唯一规定,所以他们似乎忽略了国际及超国家的其他机构网络,尤其是地区和地区间的机构网以及它们之间的多种互动关系。因此,他们将目前这种复合多样的状况简化成一些规定,这些规定表面上的简单化极有可能与其他国际约定产生矛盾。

　　总之,由于没有清楚认识到目前世界当中的这种复合多样性,过度的分区化减弱了处于不同级别的整体之间的协调性。相反,接受了

---

① J. Clam et G. Martin (dir.), *Les Transformations de la régulation juridique*, LGDJ, 1998; M.-A. Frison-Roche, « Le droit de la régulation », D., 2001, Chr. 610; voir également « Conclusion », in M.-A. Frison-Roche (dir.), *Les Régulations économiques: légitimité et efficacité*, op. cit., p. 195 sq.

② L. Boy, « Réflexions sur le droit de la régulation », D., 2001, Chr. 3031.

③ *Doing Business. Pratique des affaires en 2004 et Doing Business. Pratique des affaires en 2005*, op. cit., et les critiques in G. Canivet, M.-A. Frison-Roche et M. Klein (dir.), *Mesurer l'efficacité économique du droit*, op. cit.

④ P. Salmon, « L'apport informatif des rapports *Doing Business* est précieux, mais attention aux effets pervers », in G. Canivet, M.-A. Frison-Roche et M. Klein (dir.), *Mesurer l'efficacité économique du droit*, op. cit., pp. 109-122.

这种复合性,又会减弱能够保证法律体系稳定性的完备性。因为我们知道,根据哥德尔不完备定理(théorème de Gödel, 1931),复合性和协调性与完备性是无法兼容的。① 因此,这就是我们需要这部庞大的法律机器的缘由。而唯一要做的就是要好好地使用这部机器。

3. 很好地使用庞大机构组织

这些机构设施,围绕行政权、立法权和裁判权不协调地拼凑在一起,极其不稳定。为了组织所有这些机构,我们发现,无论是改变早已过时的权力分离还是满足于实施权力网都不足以解决这个问题。权力网的多形特征使职能具有不确定性,其结果极其不可预测,就像每当发生一次新的世界性灾难的时候,就会使北极点产生错位,从而使罗盘针失控。

为找到解决办法,我认为应该移开那种线性视野,这种视野将法治的标准延伸到所有国家政府,成为世界机构组织的必要先决条件。从法律角度上看,它具有不确定性,所以很难在政治上得以实现;另外,如果将这种视野用于证明世界某一霸权机构的合法性的话,会产生很大的歧义。

相反,如果稍加一点儿想象力,就有可能设计出一部新的庞大机构组织,就像一些实践早已曾经尝试做过的那样(尽管有些笨手笨脚地),将法治的标准与全球治理网络结合起来操作。

3.1 法治标准

我们没有必要回到曾经同法治(rule of law)概念②平行发展的这

---

① D. Hofstadter, *Gödel, Escher et Bach. Les brins d'une guirlande éternelle*, InterEditions, 1985, rééd. Dunod, 2000, p. 19; J.-M. Cornu, « Une régulation complète et cohérente, la tragédie des 3 C », in « Gouvernance de l'Internet », rapport Vox Internet, MSH, 2005, p. 119.

② O. Jouanjan (dir.), *Figures de l'État de droit. Le Rechtsstaat dans l'histoire intellectuelle et constitutionnelle de l'Allemagne*, Presses universitaires de Strasbourg, 2001; L. Heuschling, *État de droit, Rechtsstaat, Rule of law*, Dalloz, 2002; J. Chevallier, *L'État de droit*, Montchrestien, 4ᵉ éd. 2003; D. Mockle (dir.), *Mondialisation et État de droit*, Bruylant, 2002.

个概念的起源上来。我们还记得,法治标准是以人权基础为基石,建立在民主平等(它将立法权同执行权和裁判权分离开)及司法保障(它要求法官独立与公正)两个支柱之上的。从国家层面来看,这一标准被作为各国政府组成原则而强制规定下来的。另外,我们可以看看1999年欧盟关于民主及法治发展合作行动规定就可得知。

当然,不应该过高估计法治。雅克·谢瓦利埃(Jacques Chevallier)很好地指出一个概念的局限性,认为一个概念在成为各国政府参考遵守的标准的同时,也可能成为霸权的承载工具。[1] 但是,这样一个概念在"国际"范围内(如果是"凌驾于各国政府之上的规定"那应该说是"超国家"范围)有可能解决我们所提到的由于级别问题或者领域问题而产生的分割性问题。

面对这些形式上(各个级别等级链条中的不完备性)和实质上(各个领域中价值解决方法的不协调性)的困难,刚开始的时候,在实际操作当中,似乎可以汲取法治的模式,以解决以下两点问题:一方面可以引导金融和贸易机构加入到联合国的整体机制当中,建立一些比如在环境领域(如世界环境组织)缺失的某些组织机构,或者医疗卫生方面(如世界卫生组织中)缺乏的司法机构,或者劳工方面(在国际劳工组织中)建立司法机构[2]等;另一方面,可以促进将世界人权宣言编入宪章当中,正像联合国前秘书长哈维尔·佩雷斯·德奎利亚尔(Javier Pérez de Cuellar)所建议的那样。[3] 我们甚至可以将1966年关于人权的两个一揽子协议一起加进来,因为这种建议是很明显的,结合了基本权利宪章的欧洲宪法条约为我们提供了一个范例,表明这一建议是符合国际制宪程序逻辑的。

然而,这个例子也说明了这样的解决办法与目前发展变化理论

---

[1] J. Chevallier, « État de droit et relations internationales », in *Annuaire français de droit international*, université Paris II/CNRS, 2006.

[2] P. Viveret, in M. Delmas-Marty, E. Morin, R. Passet, R. Petrella et P. Viveret, *Pour un nouvel imaginaire politique*, Fayard, 2005, p. 137.

[3] Javier Pérez de Cuellar, « Avant-propos », in R. Chemain et A. Pellet (dir.), *La Charte des Nations unies*… op. cit., p. 10.

政策基础主导概念相违背,这一主导概念是要将权力的政治组织(以团结一致的名义管理一个集团)与经济组织(以自由交换的名义调节市场,优先于监督的平衡和责任契约)分离开。

这就是在我们所处的复合多样的整体社会中,既要保证整体协调性(避免分区化)又要保证完备性(消除等级链条中的断裂)的困难所在。

从国家层面看,法治标准是可以做到的(或者说看起来是可以做到的),但是要将它放置于世界范围内,似乎有些不太可能。因为在世界范围内,实际上的相互依赖是与机构权力的法律独立性相互结合在一起的,尤其是法官的法律独立性,无论是国家司法机构还是国际司法机构。

为了形成一个全球超级国家(super-État global),建立一个附属法律机构,这个机构有可能一方面具有康德所说的专制制度的风险,另一方面具有我们早已有所发觉的霸权主义的异性,这并不是最好的解决办法。最好的办法是建立一个更加灵活更加复合多样的相互依存的机构。首先是各国之间的机构,各国应该将超国家的公共秩序同各国所体现的价值维护和公共利益相结合;从更广的范围讲,是国家和国际(包括地区间的和全球的)各个机构整体之间的联合;最后,再广一点儿说,就要结合所有拥有全球权力的集团。

总之,就是从法律上接受这样一种思想,即在一个相互依存的世界中,拥有一种全球权力,无论是政治权力还是经济、科学、大众传媒、宗教还是文化权力,必然导致一种全球责任,也就是说,延伸到这种权力的一切影响当中。唯一一条能够到达的途径,就是学会在适应国家层面的法治标准当中,结合全球治理网络。

3.2 全球治理网络

只有完全结合所有或者部分治理网络中的法治保障措施,设计一个没有政府的庞大的法治机构,结合无政府的管理,这样我们才可能避免全球政府这一形式的威胁。实际上,这部庞大的机构,首先从字面的意思看,就是:"这部庞大的产物首先是联合型的知识结构,它是由不断更新的一种愿望引导运行的。"①

联合型的特征,如果能够很好地运用到所实施的机构组织中的话,需要一些技术来组织协调交换,这些技术可以是机械的(栈桥、变换器、调节器)也可以是生物的(系统孔隙度、隔离而不是孤立的细胞膜、过滤系统)。

因此必然会产生一些概念,如辅从性原则,它们如同机构之间的变换器或者栈桥一样。在世界治理网络(法官网络、调解员网络及立法人员网络)当中,应该系统地使用这些概念,因为正像我们刚刚说过的一样,它们有利于各层次及各领域之间的衔接,逾越各种矛盾,减少因为系统的不连续性而产生的不完备性。由于这些栈桥或过渡性机构避免了教条的表现,所以它们没有取消其它一些畸形可怕的东西,比如一个领域同另一个领域之间的不协调性,这就需要随着各种法律设施的发展,重新认识彼此之间共同的价值。

在这里我们用生物学的术语打一个比方,就很好理解这个问题:就像一个细胞膜过滤活细胞之间的交换一样,需要对世界治理中不同组织机构之间的交换进行合理的过滤。这就是各个机构组织中不断增加共同目标的作用,比如八项千年目标,还有联合国六十周年纪念的时候联合国秘书长宣布了一份报告,报告中指出了三项目标,其中包括:反对贫穷,反对不安定因素及维护人权。②

但是只有目标还是不够的,而且这些目标往往彼此相互矛盾,如在信息社会世界峰会第二阶段会议(突尼斯,2005)中提出的关于"公共政策的问题及优先条件"③的目标。所以就产生了使用辅助过滤的做法,这种辅助过滤将设立一些优先条件,引导主流向网络中心流动。在期待有一天(什么时候呢?)世界人权宣言能够宪法化的同时,在这一方面我们可以系统地使用国际法的概念,比如"强行

---

① G. Lascaut, « Monstres (esthétique) », *Encyclopoedia universalis*, vol. 11, 1980, p. 285 *sq*.

② « Dans une liberté plus grande… », *op. cit.*

③ F. Massit-Foléa, « Régulation et gouvernance de l'Internet », in « Gouvernance de l'Internet », *op. cit.*

法"(jus cogens)的概念,或者一些经济术语,像"集体优惠"(préférences collectives)或者"世界公共财产"(biens publics mondiaux)①等。

小结:

为解决"3 C(复合多样性,协调性和完备性)②的悲剧",我们在这里要提倡一种选择方法,那就是接受复合多样性(complexité),因为无论从规范方面③看还是从机构角度看,复合性都是多样化本身固有的特性。

因此,我们既不会质疑不同级别(国家内部、国家或者国际;地区或者全球)的权力组织问题,也不会质疑围绕某些特定目标而形成的机构部门组织,比如市场、环境或者人权等。

相反,关于法律技术,我们在前面已经提出了几个例子,它们有利于促进和协调各个等级、各个领域之间的关系,衔接及协调相互之间的作用,因此对它们进行系统研究和调整是有必要的,也是一项紧迫的工作。实际上,我们知道,我们不能完全取消不协调性和不完备性,这些问题必然会引起整体上的不稳定,而法律技术正是减少不协调性和不完备性的方法。我们甚至可以说,全球治理将是持久的,市场不断发展,充满活力,但却具有不稳定的平衡性,全球治理也将是动态发展的。

所以旧的设施(包括司法人员、政治家及其他"理论性"构成成分)和一些为重新建立平衡而不妨碍整体发展的调整性机制(各种国家和国际法院势力的增强就能说明这一点)是十分重要的。

我们发现,法治标准有必要同网络治理的特性相结合。为此不应该畏惧法律的庞大机制,但条件是要学会如何很好地加以使用,以维护整体体系的开放性,有利于彼此交流,从而促进发展,因为没

---

① Sur ces concepts, voir *Le Relatif et l'Universel* et *Le Pluralisme ordonné*, *op. cit.*

② D. Hofstadter, *Gödel, Escher et Bach*, *op. cit.*; J.-M. Cornu, « Une régulation complète et cohérente, la tragédie des 3 C », *op. cit.*, p.119.

③ *Le Pluralisme ordonné*, *op. cit.*

有神圣的庞然机构,而有的仅仅是临时性的庞大体系。

也正是因为如此,我们所研究的"重建"不应该仅限于严格意义上的权力,即法律规定的或者重新规定的权力。"重建"这个概念应该通过一种集体愿望来实现,它关系到所有参与者,包括私人的参与者,也包括经济参与者及所有市民。

第二章

重新平衡意愿

从权力到意愿,这种词语的选择没有中性色彩。它包含着唯意志主义的方法。法国最高行政法院在关于"普遍利益"的一份报告中将这种方法规定为共和国的中心观念。这种观念与自由主义观念相对立,而自由主义观念被认为具有功利主义,将普遍利益局限于个人利益之中。如果说这两种方法看起来似乎并不相容,那是因为这两种方法"对在国家政府当中应该承认它们彼此的地位没有达成一致,也没有就它们参与的范围和性质达成一致意见。"①

但是,随着欧洲的组建及全球化的发展,讨论的焦点似乎有所转移。问题不再是在自由国家政府和保障普遍利益的国家政府之间进行选择,而是首先思考国家政府以外"政府治理性"(gouvernementalité)的条件。关于这一点,福柯早已感觉到它的重要性②;但是,福柯并没有认识到它的风险,而恰恰是布迪厄揭露了这一点,他指出:"各国政府承担着滤光镜(écran)的功能,他们阻止市民、甚至包括领导者自己意识到他们的掠夺行为,阻止他们发现一个真正政治所代表的场所与意义。"布迪厄在指出欧洲各国构成"一个掩盖真正决策地的政治幻影屏幕"的同时,他并没有因此而放弃"将欧洲归还于政治"或者"将政治归还于欧洲"的希望。在为欧洲社会运动辩护的同时,他构想要创建"一个跨国法院,这个法院负责

---

① *Rapport public 1999. L'intérêt général*, op. cit., p. 261.
② M. Foucault, « La gouvernementalité », *Dits et Ecrits III, 1976-1979*, éd. D. Defert et F. Ewald, Gallimard, 1994, p. 635 sq.

监督占主导地位的经济力量,使其为真正普遍的目的服务。"①确切地说,就是相信在国家政府以外能够诞生一种普遍愿望。

帕斯卡尔·拉米(Pascal Lamy)这样一位积极投身于超国家机构建设的领导人似乎十分相信这样的愿望。拉米曾是欧盟委员会委员,后任世界贸易组织总干事,他多次在自己的演讲中强调愿望作用的重要性:"合作以共同计划为中心需要强烈的愿望,需要政治能量,这样才能战胜那些只为了个人利益或者习惯性利益而产生的困难[……]。经济理论为交换利益提供了有力的证据。但是填充投票室或者工作室的并不是经济理论。政治愿望的目标是明确整体利益,在整体利益当中每个个体利益都能够找到自己的位置。政治愿望不是给予的,而是被激发出来的。它不是随手拈来的,而是需要建立起来的。它不是既得经验而是一个过程。"②他总结说,让那些"具有反映其身份特征价值"的人们萌发一种"整体愿望"是十分必要的。

但是,除了给予非机构组织参与者话语权,使他们能够表达个体愿望以外,如何让这种"整体愿望"表现出来？虽然有些人为此感到惋惜,但没有任何人提出异议,那是因为公共参与者没有全球治理的垄断权。1995 年在联合国的一份报告中早已指出,全球治理是"个人和机构,包括公共机构和私人机构管理他们共同事务的方法的总和"③。

是否因此而遵循简单的公/私或者政府/市民社会的二元论？如果我们看一下欧洲目前正在盛行的官方言论,我们就可能相信这一点。目前的言论是,"市民社会"被视为一个政治集团,受到各机构组织的吹捧,因为这些机构组织也在努力加强自己的合法性以满足

---

① P. Bourdieu, *Contre-feux 2. Pour un mouvement social européen*, Raisons d'agir, 2001, pp. 11, 69, 102.

② P. Lamy, « Gouvernance global: les leçons d'Europe », conférence Gunnar Myrdal, Commission économique des Nations unies pour l'Europe, Genève, 22 fév. 2005; id., *La Démocratie-monde. Pour une autre gouvernance globale*, La République des idées/Seuil, 2004, « Le laboratoire européen », pp. 35-37.

③ *Our Global Neighbourhood*, op. cit.

"民主缺失"的需要。无论是欧洲治理委员会的白皮书还是欧盟议会的首创措施,鉴于"潜在的机构间的冲突",人们不禁会提出这样的问题:市民社会是否已经成为"一种政治游戏而不仅仅只是一个真正的参与者"①。

然而,当潜在的利益在经济构成因素和社会潮流之间开始分散的时候,市民社会就会显得极其不协调,包括在像欧洲经济社会委员会(CES)这样的机构组织,又如像联合国经济及社会理事会这样的机构中一样。另外哈贝马斯也强调指出:"与马克思思想及马克思主义不同的是,我们今天所说的市民社会实际上已经不再包含由市场调控的经济了。[……]相反,它的机构中心却建立在这些以志愿者为基础的非政府性非经济性的集团和联合会之上,这些集团和联合会将公共空间的关系结构同我们生存的世界中的'社会'因素结合在一起"②。

这种判定不仅仅是政治性的。从法律角度看,它有时会成为那些自我表现(或者自我宣称)的活动者(比如整体利益的维护者)实践活动多样性的基础,有时也会成为那些私人经济利益承担者的实践活动多样性的基础。最近出版了一部著作,题名为《国际市民社会的崛起》③,书中汇总了所有这些活动。然而(尽管副标题提出了这样的问题:"走向国际法私法化?")对潜在的利益分析依然十分模糊不清,因为除了仅有的几篇文章④以外,基本的讨论都集中在国际法的混乱方面,反映了人们发自内心的焦虑:"我们的国际法已遭到

---

① P. Magnette et O. Costa, « La société civile européenne entre coopération et contestation », in B. Frydman (dir.), *La Société civile et ses droits*, Bruylant, 2003, pp. 181-196.

② J. Habermas, *Droit et Démocratie. Entre faits et normes*, Gallimard, 1992, p. 394.

③ H. Gherari et S. Szurek (dir.), *L'Émergence de la société civile internationale. Vers la privatisation du droit international?* Pedone, « Cahiers internationaux », n° 18, 2003.

④ Voir l'intervention critique d'O. de Frouville, *ibid.*, p. 41, et les commentaires de P. Lamy, *ibid.*, pp. 336-340.

改变!"①

我提出一个建议,这与大学的专业学科无关,就是用三元视角来替代政府/市民社会这二元关系,将公共活动者和经济活动者同第三个活动者区别开。这第三个活动者有人称之为"平民(civil)"(从狭义角度讲)②活动者,为避免混淆,我把他称为"公民(civique)"活动者。国际劳工组织三方机构(一直固定于政府管理者、雇主和雇员之间)早期就预想到这种方法。在我看来,这种方法能够更好地意识到潜在的利益以及那些代表或维护这些利益的人的权力之间的区别。

从权力角度说,最明显的一个差别在于*经济活动者的优势*,尤其是他们的流动性可以使他们的适应性更加迅速。这种"劳工市场"和其他市场(财物或资金市场③)之间在时间和空间上的不同关系无疑是在寻找重新平衡当中首先要克服的困难。

无论如何,公民活动者(*acteurs civiques*)开始在世界范围内出现,这一点从协会和工会网络的变化以及非政府组织的迅速发展可以看得出来。这些非政府组织随着其网络(有时是非政府组织之间,有时同各国政府合作甚至同经济活动者合作)在地区间甚至全球的组织联合发展,开始越来越国际化。

第一节 经济活动者的优越性

这种优越性在杰拉德·法尔贾(Gérard Farjat)的经济法著作"经济私有权"这一提法中明确表现出来。今天这个经济法著作已经成为经典文献,可在当时却是令人震惊的。④ 为此,他希望能够强调指

---

① A. Pellet, *ibid.*, p. 343.

② N. Perlas, *La Société civile: le troisième pouvoir*, Yves Michel, 2003.

③ M.-A. Moreau, « L'internationalisation de l'emploi et le débat sur les délocalisations en France: perspectives juridiques », in P. Auer, G. Besse et D. Méda (dir.), *Délocalisations, Normes du travail et Politique de l'emploi*, *op. cit.*, pp. 177-207.

④ G. Farjat, *Droit économique*, *op. cit.*; voir aussi *id.*, « Les pouvoirs privés économiques », *op. cit.*, p. 613.

出这样一个事实,即:"一些普通的个人在物质方面单方拥有类似公共力量的决定权"①。在这样的背景下,"经济法"的目标就是要规范私人经济权力,使其归入保护的公共秩序(行使禁令和监督的国家警察)和指引性秩序(行使调节和刺激手段来引导管理经济的国家保护者)当中。

然而这种我们在商业刑法基础②中也会发现的二元性似乎因为"调节"的新举措而令人质疑。"调节"这个词反映的更多的是"经济力量影响力的增强"而不是"公共"秩序。市场调节同市场领域划分结合在一起,"鉴于全球治理需求提出了一些严肃的问题"③。比如像我们看到的那样,一旦全球化引起无政府调控,或至少引起国内经济法与国际经济法发生断裂时,那就会出现协调性问题,还有权力平衡问题。

平衡问题是最近才出现的,它实际上改变了国家边界的作用:边界以前是不可渗透的,是用来保护一个国家政治独立性的;现在边界变得越来越多孔隙了,从而便于经济合作。④ 如果说国家内部经济法既起到保护作用又起到指导作用的话,那么普通国际法就是一部保护法,而国际经济法就将是一部"扩张法(droit d'expansion)"⑤。所产生的影响就是,国际经济法没有对各国起到保护作用,反而使其变得虚弱,从而使那些针对限制经济个人权力的国家内部法律所做的努力变得边缘化,因此经济私有权力就摆脱了一切限制。

经济活动者(尤其是多国企业)这种不断增强的独立化,以新的形式或者再一次重新提出他们的责任问题,包括伦理和法律责任问题。

---

① G. Farjat, *Droit économique*, op. cit.; voir aussi id., « Les pouvoirs privés économiques », op. cit., p. 119.

② M. Delmas-Marty, *Droit pénal des affaires*, PUF, 1ʳᵉ éd. 1973.

③ G. Farjat, *Pour un droit économique*, op. cit., p. 116.

④ D. Carreau et P. Juillard, *Droit international économique*, Dalloz, 2ᵉ éd. 2005.

⑤ *Ibid.*, n° 13, p. 5.

1. 经济活动者的独立化

独立化过程分几步完成。多国企业或者跨国企业在联合国的词汇表中出现,这并不是一个新现象。经济及社会理事会对这些企业的定义("指那些总部位于一个特定国家,而通过它的分公司或子公司在一个或多个国家从事经营活动的企业")间接地反映了"跨国"经济的概念,这一概念开始于上世纪 60 年代初,"为在国外直接投资,为企业从一个领土到另一个领土的生产活动的流动性提供优惠"①。这种流动性是最基本的,因为相对于国家法律规定来说,它为企业创造了一种自主性,使企业能够更好地使用他们的私有利益。在 30 年前,我们同德国的一位同事以及我们的两组大学生分析了企业运用各国立法差异情况②,并在联合国世界大会上介绍了我们的研究报告,题为"法律之外的违法行为"③。

但是,自冷战后,全球化促进了扩张,出现了前所未有的现象,人们发现,在随后的 10 年中,跨国企业所雇佣的人数从 2400 万上升到 5400 万,营业额翻了一番,跨国企业成为世界贸易的主要操作者。④ 反映政治和外交领域的国际(*internationale*)经济被多国(*multinationale*)经济所取代,因为多国企业在世界化的转变中起着越来越具有决定性的作用,以致于这些企业有要取代国家政府的趋势(在 100 家最强的经济实体当中,有 2/3 多的实体是企业而不是政府)。⑤ 这种政治和外交领域之外的变化促进了多国经济的发展,它的一个整体特征(caractère global)就是在金融方面占有主导优势(这里使用的形容词 global 在早期的时候是用来指金融操作,*global*

---

① Ch.-A. Michalet, « Les métamorphoses de la mondialisation, une approche économique », in É. Locquin et C. Kessedjian (dir.), *La Mondialisation du droit*, *op. cit.*, p. 22.

② M. Delmas-Marty et K. Tiedemann, « La criminalité, le droit pénal et les multinationales », *JCP*, 1979, I. 12900.

③ ONU, 1979.

④ D. Carreau et P. Juillard, *Droit international économique*, *op. cit.*, n° 14, p. 5.

⑤ *Ibid.*, p. 26.

finance)。

但是,这种变化不仅影响着经济方面,而且在国际公法和私法融合的时候,对法律领域产生很大的影响。鉴于教学原因,在法国人们往往将两大分支分开,区别微观经济(比如,国际销售权或者国际合同)和宏观经济(比如世界贸易组织法和投资法)之间的关系,从而衬托出法律形势的混杂多样性,但做综合概述是不可能的。①

由于缺少综合概述,所以至少要在观察每个分支中权力私有化是如何表现之前意识到法律方面的模糊状况。

1.1 法律范畴的模糊性

在研究全球化影响的时候我们早就观察到这种模糊性②:在很多表面上看属于私法范围内的冲突(因为它们主要是关系到企业和个体之间的问题)背后,却出现很多具有强烈敌对性的国家利益,我们现在所说的"经济爱国主义"③就表现出这种愿望和局限性。

通过一些例子,比如美国人寿保险案件(affaire Executive Life,但是当时主要的被告人是里昂信贷银行,在案件发生的时候还是国有银行);或者更加明显的就是劳埃德案件(l'affaire Lloyd's),这个案件是因为美国证券交易法的规定与英国(再)保险市场管理条例之间的冲突引起的,人们最终发现:"将经济公法大量引入到由于市场相

---

① D. Carreau et P. Juillard, *Droit international économique*, op. cit., n° 8, p. 3.

② *Le Relatif et l'Universel*, op. cit., notamment p. 323 sq.; voir aussi H. Gaudemet-Tallon, « Le pluralisme en droit international privé: richesses et faiblesses », *RCADI*, vol. 312, 2005-I, Martinus Nijhoff, 2006.

③ J. Folloru, « La Commission européenne contraint le gouvernement à corriger son décret sur le patriotisme économique », *Le Monde*, 11 fév. 2006 (décr. 31 déc. 2005, rectif. 4 janv. 2006); C. Ducroutieux, « Bercy s'apprête à aider les entreprises à lutter contre les OPA hostiles », *Le Monde*, 17 fév. 2006 (amendement au projet de loi sur les OPA).

互联结而产生的冲突法领域当中,自然会伴随着争端的政治化表现。"①面对这样的政治化,在所有提出的解决方案当中,没有一种方案能够从本质上以令人满意的方式解决法律冲突问题。在这种情况下,最好是根据"因为市场全球化而产生的国际私法的新经济政策"②重新调整私法与公法之间的关系。

相反,国际公法的规定不再只反映各国政府。首先应该指出一个熟为人知的游说集团的现象,尤其是在布鲁塞尔。也就是指一些被认为可以代表某些职业或者某些活动领域的游说集团,这些集团为一些复杂多样的问题提供他们的专家意见③,当然这些意见往往是货真价实的。但是同样也会产生这样的现象,这也是根本现象,就是世界贸易组织争端解决机构所处理的国际公法争议,尽管以政府间的争诉而闻名,"却同私人经济活动者的利益极为相关,甚至相互模糊,以致于国家政府很显然地成为各种利益的代言人。"④尽管各国政府对此保持沉默,但是企业已经通过"法庭之友"(amicus curiae)诉讼程序被承认可以向世界贸易法官提供信息,越来越多地陈述自己的观点,表现他们自己的愿望。而且,按照投资法的规定,他们与各国政府平起平坐,越来越直接地表达自己的声音。

私法越来越政治化和公共化,公法越来越私有化,这主要是因为:经济和金融全球化不仅对法律产生影响,而且还影响着权力的分配。具体地说,随着经济金融全球化,在微观经济关系和宏观经济关系当中都出现了私有化现象,就像国际合同(私人之间)和政府合同这两个例子所显示的那样。

---

① H. Muir Watt, «Globalisation des marchés et économie du droit international privé», in F. Terré (dir.), *La Mondialisation entre illusion et utopie*, op. cit., p. 245.

② Id., *Aspects économiques du droit international privé*, op. cit., p. 357.

③ G. Farjat, «Les pouvoirs privés économiques», op. cit., p. 623.

④ H. Ruiz Fabri, «La juridictionnalisation du règlement des litiges économiques entre Etats», op. cit.; R. Chavin, «L'ordre concurrentiel et l'OMC», in L. Boy, J. Chevallier, G. Quiot, M. Rainelli (dir.), *L'Ordre concurrentiel. Mélanges en l'honneur d'Antoine Pirovano*, Frison-Roche, 2003, pp. 181-194.

1.2 微观经济关系:国际合同

关于国际合同,商事习惯法(*lex mercatoria*)的设计方法很好地表现了私有化的思想。实际上,这部关于商人的法律,尽管它的命名是拉丁语,但却没有回溯到罗马法上面,而是回溯到贸易规定和惯例(这些在民法典中很清楚地作了规定,以前是以"行业法"的名义规定的)上面。① 这种法律是根据经济操作者的愿望和合同效力关系而产生的。它从政府合同、国际合同和跨国企业合同(仲裁判决)中汲取一些资源,选取在它看来是最合适的那部分合同规定。也就是说那些最能够满足国际贸易需求的规定——因此有人有时会采用"法律的达尔文主义"这种方式来形容这种商事习惯法。

另外,在市场法和法律市场之间,人们很快迈出了一步,以便能够树立起各种法律制度之间的竞争。这种竞争由于像世界银行这样的金融组织的刺激而得到进一步加强,比如在世界银行鼓动国家"消除发展壁垒"②的时候就起到了刺激作用。由于壁垒这个词首先(我们将会明白这一点)应用于各国法律规定当中,所以国际金融组织也会受到来自私人领域的专家的强烈影响。③

如果说批评的话语首先是意识形态方面的话,那是因为商事习惯法有利于强势群体的利益而损害了弱势群体的利益,而且这些批评更近于理论性评论,因为这种规定很零散,不容易获取,具有不确定性,它打乱了内在秩序,影响了法律冲突的传统规定,还没能找到一种真正适合的跨国性法律秩序来替代这些传统规定。④ 其中,人

---

① *Le Relatif et l'Universel*, op. cit., pp. 100-103.
② *Doing Business. Pratique des affaires en 2005*, op. cit.
③ G. Burdeau, « La privatisation des organisations internationales », in H. Gherari et S. Szurek (dir.), *L'Émergence de la société civile internationale*, op. cit., pp. 179-197; voir ci-dessous, chap. III: « Croiser les savoirs ».
④ Ph. Fouchard, E. Gaillard et B. Goldman, *Traité de l'arbitrage commercial international*, Litec, 1996, « Appréciation critique de la *lex mercatoria* », p. 819 sq.; P. Lagarde, « Approche critique de la *lex mercatoria* », in P. Fouchard et al., *Le Droit des relations économiques internationales: études offertes à Berthold Goldman*, Litec., 1982.

们也许可以看到一种管理性的法律秩序,由于它的不确定性和模糊性,似乎更像是一般国际法而不是国家法律,因为它没有被地域化、被分散,也没有很强的强制性。"营销学"秩序同传统的国际秩序相符,而后者将国家法律视为简单的事实①,也不完全具有说服力,因为国际秩序是维护各国政府的权力。与国际秩序不同的是,我们所说的营销学秩序还伴随着权力的转移,赋予经济活动者类似的立法权限。

为限制这种权力转移,有些人主张采纳经济习惯法(lex economica)。与商事习惯法不同的是,这样一部法律将由各国政府按照"国际公法多边协议"②的基础设立,这样可以建立一种新的公共秩序,在碰到经济活动者私人利益的时候不表现为跨国性(transnational)秩序,而是一种超国家(supranational)秩序,以普遍性原则来维护共同的利益。③ 初一看来这种设想有些理想化,因为美国是处于反对意见的,在未来的十几年当中这种变化要依靠新的领军人(为什么不是中国呢?)④的利益来决定。同时也要依靠竞争政策和世界贸易之间的实际联系,因为政府干预主义的回流虽然消除了各国政府的影响,但是却对私人操作者的保护措施没有产生任何作用。因此竞争法和国际贸易法之间的交融逐步增强。⑤

无论如何,我们看到国家政府和竞争秩序之间关系的转变,或

---

① A. Pellet, « La *lex mercatoria*, tiers ordre juridique? Remarques ingénues d'un internationaliste de droit public », in *Souveraineté étatique*⋯, op. cit., p. 53 *sq*.

② W. Abdelgawad, « Jalons de l'internationalisation du droit de la concurrence: vers l'éclosion d'un ordre juridique mondial de la *lex economica* », *RIDE*, 2001, p. 161.

③ J.-B. Racine, « La contribution de l'ordre public européen à l'élaboration d'un ordre public transnational en droit de l'arbitrage », *Rev. aff. europ.*, 2005/2, pp. 227-239.

④ G. Farjat, « Observation sur la dynamique du droit de la concurrence », in G. Canivet (dir.), *La Modernisation du droit de la concurrence*, LGDJ, 2006, pp. 4-29.

⑤ H. Gherari, « L'influence de l'Organisation mondiale du commerce sur le droit de la concurrence (à travers le cas des Etats-Unis et du Mexique) », *ibid.*, pp. 248-282.

者更确切地说,是政府秩序(或者政府间秩序)和竞争秩序之间关系的转变。表面上看,这两种秩序是处于对立关系,甚至是一种激进的敌对关系,因为一个代表竞争,一个代表垄断。但实际上,这两者其实是相互依赖的关系,因为国家政府是组织竞争的,他们本身要服从于竞争秩序,后者至少要支配着他们的一部分活动。① 因此他们会任由市场化(marchéisation,即市场逻辑的扩张)和商品化(marchandisatioin,即产品价值的普遍化,包括贸易以外的东西)的双重程序来支配。②

总之,微观经济关系一方面使企业有选择商事习惯法的自由,另一方面弱化了政府的权力,因为对于政府实行的是市场法的规律和规定,从而有助于推动权力的私有化。

投资法让企业进入到国际公法范畴中,所以私有化可以延伸到宏观经济关系上。

1.3 宏观经济关系:国家合同

从投资方面看,多国企业实际上已经公开成为各国政府平等的合作伙伴。权力的转移通过新一类型的国际协议而得以实现,"国家合同"促进了这些新型国际协议的发展。国家合同是指国家为一方与私人为另一方缔结的合同,而后者自然而然就成为国际公法的主体。

查理·勒本(Charles Leben)曾经指出变化的几大阶段。③ 首先是在1970—1985年间错过了一次尝试,就是对跨国企业做出规定

---

① J. Chevallier, «État et ordre concurrentiel», in L. Boy, J. Chevallier, G. Quiot, M. Rainelli (dir.), *L'Ordre concurrentiel*, op. cit., p. 59.

② L. Boy, «L'ordre concurrentiel: essai de définition d'un concept», in L. Boy, J. Chevallier, G. Quiot, M. Rainelli (dir.), *L'Ordre concurrentiel*, op. cit., p. 23 sq.;«L'abus de pouvoir de marché: contrôle de la domination ou protection de la concurrence? », *RIDE*, 2005, p. 27.

③ Ch. Leben, *Le Droit international des affaires*, op. cit., «Les opérateurs des affaires internationales», p. 54 sq.; id., «Entreprises multinationales et droit international économique», *RSC*, 2005, n° 4, «Les figures de l'internationalisation en droit pénal des affaires», pp. 733-798.

(这受到世界新经济秩序的驱使,企图制定一部关于技术转让行为的国际法典);第二个阶段从80年代初开始,随着投资法的发展,企业(往往是多国企业)进入到国际公法领域。接着,私有化的影响将从规范的制定发展到具体实施,其中1965年在世界银行的主持下创立的国际投资争端解决中心通过的《华盛顿公约》到2005年已得到140个缔约国的核准。

投资仲裁法庭的职权逐渐扩张,因为送往国际投资争端解决中心的投资保护条约的数量在不断增加(1990年每年几百个条约发展到15年后两千多条)。这些往往都是双边条约,但是像北美自由贸易协定这样多边协议同样也为北美引进了投资仲裁机制。

自此,企业进入国际法律体系,包含了所有投资法,因为这些仲裁法庭(他们必须做出判决)不再仅仅依据国家合同来做裁决了。从1990年起,他们开始接受投资者的单方上诉。当案件涉及与东道国签有协议的国家时,任何一个投资者都有可能要求该国出席法庭裁判,并对其做出判决,而这与合同的存在与否无关。

我们可以说,赋予私人经济活动者以国际法人资格(也就是说国际法主体地位)同"私人进入国际人权法具有同样的重要性"[1],进一步加强了经济活动者的优越性。

因此基于重新平衡的考虑,我们将研究因权力转移而产生的责任问题。

2. 经济活动者的责任

有一种简单的思想,认为如果可能的话,拥有全球权力的人应该在全球范围内对此做出回应。这种思想似乎与各种不同程度的论辩有所冲突。如果说,有一种责任会刺激人们"规避权力从而避

---

[1] Id., « Entreprises multinationales et droit international économique », op. cit. ; G. Cohen-Jonathan, « L'individu comme sujet de droit international. Droit international des contrats et des droits de l'homme », op. cit.

免做出回答",并且它产生的反常影响让人感到害怕的话,那么这种担忧相对于权力的诱惑而言,似乎并没有那么具有说服力。相反,很难将错误归咎于像多国企业这样复合多样的机构,因为在这样的机构组织当中,做出决策往往反映了等级链中很多层面的问题,无论从民法还是刑法来看,一旦涉及到"惩罚性"制裁①,这才是真正的问题。

即使过错的可归罪性这个问题并不是不可逾越的,这个问题也可以部分解释福柯在提到"非法论(illégalisme)区别管理"②时所揭露的现象。我们知道,在刑法当中,这指的是普通阶级的非法论、财产的非法论(传统的刑法,即我们所说的"共同法"是围绕偷盗罪这一象征行为表现而构建的)和富人们所保留的法律(经济刑法,又被称为"人为"法,长期以来几乎没有被实施过)的非法论之间的区别。乍一看来,这一观念由于全球化现象似乎被加强,因为非法论完全融入职业风险当中,因此被很好地接纳,以致于多国企业的流动性让他们灵活地调整了国与国之间的差异性(比如说可以在一些没有法律限制的国家销售危险品)。从法律的角度说,这是因为自主调节机制具有重要作用,所以才会出现这种宽容的现象,因为经济活动者保留着实施的自主性。

这种观念符合部分事实。事实表明,世界贸易要求更多的是竞争的平等性,从而在表面上弱化私有利益与普遍利益之间的矛盾。这只是表面现象,因为一个国家内部的不平等性很少会涉及国际市场;相反,在竞争伙伴之间,国与国之间的平等是必不可少的。换句话说,非法论管理可以在国家层面上有所差异,但是在国际层面就不会有所不同。从国际角度上说,一切都是相反的,市场对各种法律的非法论感兴趣,并激励严格取消这些思想,就像美国(安然公司案件)或欧洲(帕马拉特案件)引起轰动的几场诉讼所表现的那样。

---

① M.-A. Frison-Roche, «Introduction: la redécouverte des piliers du droit: le contrat et la responsabilité», in J. Clam et G. Martin (dir.), *Les Transformations de la régulation juridique*, op. cit., p. 279 sq., notamment p. 289.

② M. Foucault, *Surveiller et punir*, Gallimard, 1975, p. 91.

如果想让事情以平等的方式进行,那就需要成功地找平游戏场地(《 level the playing field 》①)。而且从这一方面看,惩罚性制裁比管理性规章制度、行政管理甚至补偿性措施更加有效。

所以,在取消了贸易界限、促进了放宽管制、将经济空间与政治领域分离开以后,自由主义促使一些新现象的出现,主要表现了道德管理的加强及责任的国际化。

2.1 加强道德管理

只依靠企业道德是无法保证权力的重新平衡。如果其目的仅仅是为了改善企业面向公众(首先是消费者)形象的话,那么不受道德规约的机制将会简化成一种广告性效果,一种简单的托词来避免追究真正的责任。因此,2005年9月由法国外交部和法国企业联合会(MEDEF)共同举办了一次研讨会,题为"人权,国际企业效能因素",这次研讨会似乎成了"一切制约建议的防火墙"②。总之,这是管理性规章制度的一种新形式,可以作为自主性和自反性的一种表现来加以分析。③

确切地说,因为这些规章制度具有自反性,参照人权,可以结合普遍利益的一些因素,根据制定机构的不同产生不同的效果,比如,到底是由国际商会制定还是需要经合组织(OCDE)、国际劳工组织(OIT)或者联合国合作制定?

我们还记得,联合国秘书长曾在1999年1月的达沃斯会议上提出全球契约(Global Compact)计划。根据这个计划,多国企业承认要尊重人权。这个计划没有监管机制,分成三个章节(人法,劳工法和

---

① M. Pieth, « Anti Money-Laundering: Levelling the Playing Field », Summary of Study by the Basel Institute on Governance (UK, USA, Switzerland), déc. 2002; également *Le Relatif et l'Universel*, op. cit., p. 246 sq.

② E. Decaux, « La responsabilité des sociétés transnationales en matière de droits de l'homme », op. cit.

③ G. Farjat, « Nouvelles réflexions sur les codes de conduite privés », in J. Clam et G. Martin (dir.), *Les Transformations de la régulation juridique*, op. cit., p. 151 sq.; G. Teubner, *Droit et Réflexibilité*, LGDJ, 1999.

环境法)共九条原则(2000年罗马千禧年论坛),但它依然只是一道美丽的橱窗。

2002年由促进和保护人权小组委员会创建了一个跨国企业工作组,其目的是评估人权竞争的影响,这个工作组企图走得更远。其任务是要审查建立一个连续机制的可能性。这里使用的两个词:"可能性"和"连续的",依然是很谨慎的表达方式。但是在非政府组织的压力下,在2003年8月会议上通过的计划("跨国企业和其他企业中人权方面的责任原则"①)标志着管理的加强。这个计划受到人权高级专员的支持,在跨国企业工作组重组,单独任命一位专家,任期两年(2005—2007)之后,这个计划被重新推动起来。

尽管这些原则没有直接的限制职能,但这项计划却具有很大的新颖性,除了由企业自己进行评估以外,还要应对"国家和国际机制定期的检查"。而且,这项计划还提出了"适合于法人、单位及所有相关团体快速有效的"修复原则,奠定司法行为:"在确定承受的损失或者其他相关问题的时候,这些责任规范可以通过国家法庭来执行。"

因为这项计划打开了一条从软法(*soft law*)到硬法(*hard law*)的道路,被认为是一个真正可怕的东西,因此引起很多国家(如南非、澳大利亚、美国)的反对及国际商会的敌视。为了安抚这些国家和机构,需要选取一位经济学家,曾担任过全球契约的负责人作为特别代表,重新确定任务重心,讲究"良好实践",避免使用那些令人愤怒的词汇(如"侵犯"被换成"影响")。

至少,我们可以开始猜想道德管理的加强可以以怎样的方式进行从而有助于促进责任的国际化。

2.2 责任国际化

只有在世界范围内创建一部统一的商法才能够使经济空间和正规领地相吻合。但是,当在这方面还不存在国际裁判职能机构的

---

① E. Decaux, «La responsabilité des société transnationales en matière de droits de l'homme», *op. cit.*

时候,这是不可能的。因为国际刑事法庭的职能与国际刑事法院的职能一样,都只局限于严重的国际犯罪,通常都是承担经济法以外的管辖权。

但是,经济活动者的责任开始逐步国际化。根据来源的分散性(国家的和国际的)及不同性质(刑法和民法方面),这种责任主要有两个渠道。

首先一个渠道,通过国内法自发地扩展,由各国单方面自主开拓,主要是美国。美国的法官可以对多国企业和企业领导在国外所犯下的犯罪行为实施处罚性制裁及刑法或民法制裁。他们主要以两个法律基本原则为基础。

首先,2002 年通过的萨班斯法案(loi Sarbanes-Oxley)目的是要在经历了安然公司事件之后重新建立投资者的信心。由于这部法律可以适用于境外的所有企业(只要这些企业在美国上市或者由于某种原因遵循证券交易委员会的规定),因此它俨然成为市场法国际化的一个工具。而且这部法律修改了中间人和审计员的义务以及董事会的构成,从而确定了两个新的犯罪事实,并对其处以严重的惩罚(罚款及判处长达 20 年的监禁)。正因为如此,石油公司(荷兰皇家壳牌公司)刚好避免了刑事处罚,只是支付了 1 亿 2 千万美元的民事处罚罚金[1],而它的一家分公司(荷兰皇家石油公司)却因为在尼日利亚开采的时候违反了人权法,根据外国人侵权赔偿法(ATCA)的基本规定,被追究刑事责任。

这部外国人侵权赔偿法可以追溯到 1789 年,根据这部法律,美国联邦法院有权接收外国人在国外违反"万民法(droit des gens)"而提出的申诉,被视为人权保护的工具之一。它奠定了补偿措施的重要争议,尤其是反对多国企业,因此构成第二大法律基础。

美国法庭这种几乎是普遍性的职能提出了一些法律方面的问

---

[1] N. Norberg, « Entreprises multinationales et lois extraterritoriales », *RSC*, 2005, n° 4, « Les figures de l'internationalisation en droit pénal des affaires », p. 739 *sq.*

题,但同时也是政治性的问题,这也可以解释美国高级法院在索萨案件(Sosa c. Alvarez-Machain)判处时的谨慎态度。① 这个判决是关于违反美国和墨西哥引渡条约的一个案例,被认为是外国人侵权赔偿法反对多国企业争诉不断上升"有力的一击",从而被广泛加以分析。②

实际上,法庭之友(amicus curiae)意见是由三个国家(澳大利亚、英国和瑞士)和欧盟委员会提出的。欧盟委员会因为担心该判例可能引起的影响,尤其是对有可能被追诉的企业所产生的影响而提出法庭之友意见。③ 美国联邦最高法院在判决当中重新引用了所建议的标准,比如案件的严重性、行为的辅从性等。而且布雷耶(Breyer)法官再次强调了国际礼让的重要性,尤其在相互依赖不断发展的情况下,这显得尤其必要(« a matter of increasing importance in an ever more interdependant world④ »)。

因此人们提出了未来普遍公民责任的基础性问题,如果法律制度在未来需要汲取促进和保护人权小组委员会针对企业制定的责任原则的话,那么这些基础问题与道德的关系也许有可能进一步加强。在国际软法同国内的硬法还未完全结合之前,美国法院打开的这条道路依然是一条单边主导的道路。

因此需要提出第二条道路,就是扩展传统国际法所规定的责任。这条道路可以保证更为广阔的合法性,因为它的基础是多边承认的共同标准,尽管它暂时还仅局限于几个领域,比如反对国际腐败⑤等问题。

---

① 542 US 692 (2004); N. Norberg, « The US Supreme Court Affirms the Filartiga Paradigm », op. cit.

② 关于普遍公民责任,参阅 J.-F. Flauss, « Compétence civile universelle et droit international général », op. cit., p. 385 sq.

③ 参阅诺伯格(N. Norberg)提到的案件, « Entreprises multinationales et loi extraterritoriales », op. cit.

④ 同时参阅他关于氨基酸赖氨酸卡特尔案件的态度(与 2004 年相同), F. Hoffmann-LaRoche Ltd c. Empagran SA, 542 US 155 (2004).

⑤ J. Tricot, « La corruption internationale », RSC, 2005, n° 4, « Lees figures de l'internationalisation en droit pénal des affaires », p. 753 sq.

根据反腐条约(联合国,2003年)的序言,其目标是保护国家利益(各国资源、政治稳定及可持续发展)和普遍价值(民主机制和价值、道德价值及公平)以反对全球性行为:"腐败问题不再是局部问题,而是涉及所有经济社会的一个跨国家现象。"同样,经合组织条约的序言中,关于"反对国际贸易转让中外国公务人员腐败现象"(1997)的规定强调了"腐败影响了公共事务和经济发展的良好管理,误导了国际竞争条件。"

换句话说,为了保证交易自由顺畅地展开,就不应该误导竞争:因为竞争需要某些规则,这些规则可以替代力量关系中强烈而纯粹的张力。这里我们似乎被带到了涂尔干的合同分析理论上,他认为合同"本身是不够的",因为只有通过"来自社会"①的管理规定才能使合同得以实现。然而,正如他所想的那样,这个管理规定不只是反映有机的团结一致及解约惩罚。今天刑法问题是全球经济空间的前沿问题。

私人经济权力通过协议的途径与刑法责任扩展结合起来。因此,人们再次证实,自由主义的一个力量明显与它在反攻击中的接纳能力和迅速反应有关。我们再回到利益极大的军火贸易中公/私合作这个例子上。② 面对道德规定的加强及责任的扩展,经济活动者没有对统一反对腐败的必要性提出异议。相反,他们着重为统一标准指出了很多证据:一方面,地域性的监控原则在全球化和电子商务已经显得有些过时;另一方面,国家活动的多样性及国际诉讼的增加,具有国际业务的企业在实践中几乎不可能考虑这个问题。但是他们认为,一种监察无论多么严格,如果企业不接受它的基本原则也不明确表示合作的话,要想产生长期的成效那基本上是一种"幻想"。因此建议将经济活动的立法、行政和司法权结合起来。

在没有能够代表世界级整体利益的超国家机构出现之前,这种

---

① É. Durkheim, *De la division du travail social*, 9ᵉ éd. PUF, p. 193.
② *Le Relatif et l'Universel*, op. cit., p. 258 sq.

建议不是没有道理的。但是这样的权力分配,就像主权的分配一样①,实质上就是将责任工具化,有可能成为保证超级大国市场霸权的压力工具。这就相当于从经济活动者的优势转向经济体系的优势或者"经济独裁主义"。关于这一点,吉拉尔·法尔加(Gérard Farjat)引用了美国司法人员波斯纳(Posner)在几年前关于避免收养黑市而放松婴儿收养费用②的事例,早就指出这种优势转换的风险。

总结:

在接着上一章的论述中,也许我们应该回到这样的一种方法上,就是将法制保障及管理网络的灵活性结合起来;换句话说,就是根据机构(国家政府的和国际的)活动者和经济活动者网络来分配权力,在保证两者不分离的同时,能够改善规范的目标性和预测性(合法性)以及实施标准的权力机关的独立性和公正性的方法(保证司法或司法裁判)。因此产生合作制定规范的思想,就像瑞士一家非政府组织在苏黎世成立的 wolfsberg 工作平台一样,联合十几家大银行及工业领域不同部门的代表召开会议,确定大家彼此能够接受的洗钱罪的标准。③ 另外还需要实施监督程序以及标准规定的实施程序,这些程序不是通过简单的自我评估(因为自我评估无法保证公正性)来实现,而是通过彼此相互间的评估实践来完成,就像经合组织和欧盟议会为反对腐败而实施的方法一样。④ 而且,为了实现真正的评估和真正的合作,还应该由公民或市民活动者平等参与。

因为在法律国际化的进程中只有更加系统地结合所有活动者才能打开一条真正重新平衡的道路。

---

① N. Capus, « Le droit pénal et la souveraineté partagée », *RSC*, 2005, p. 251.

② G. Farjat, « L'éthique et le système économique, une analyse juridique », in *Mélanges Fouchard*, à paraître.

③ N. Capus, « Le droit pénal et la souveraineté partagée », *op. cit.* ; *Le Relatif et l'Universel*, *op. cit.* , p. 259 *sq.*

④ *Ibid.* , p. 258 *sq.*

第二节　公民活动者的崛起

我们不是通过制度权力机关的意愿而成为"公民（citoyen）"或者，更广义地说，成为"公民活动者（acteur civique）"。而恰恰相反，应该通过高度抗争赢得任何一个机构都不曾自发地承认接受的权力而获得的。不要忘了，在1789年的时候，妇女，还有那些零时工、护士以及贫穷的人，他们都是被排除在三级议会之外，在1791年的时候也是作为"消极公民（citoyens passifs）"①而被取消选举权。至于工会和协会，他们也只是在19世纪和20世纪的时候根据国内法才被承认。

在国际范围内，这场征战依然十分漫长。世界人权宣言和联合国人权条约接受了集会和协会的权利，但是国际法的主体身份依然属于各国政府。当然，联合国宪章规定（第71条）经济及社会理事可以同非政府组织协商，但是，这是潜在的角色，而不是形式上的地位。在欧洲，欧洲理事会（1986年公约）承认国际非政府组织的法人地位，但是这个文件只是被少数几个国家所认可。最终，欧盟开辟了一条多国公民（multicitoyenneté）的道路，在国家公民的基础上增加了欧洲公民的身份（欧盟宪章第五章）。但是世界公民的身份还有待建立。

然而，福柯却以事实或者说以法律的名义肯定地认为："存在这样的国际公民，他拥有自己的权利和义务，有义务挺身而出，反对一切滥用职权的行为，无论犯罪者是何人，受害者是何人。总之，按照连带的名义我们都是被统治的。"福柯不认同任务分享政策，将那些激起个体愤怒和让个体有所说辞的任务指派给个人，而将那些需要思考和行动的任务指派给政府。他说："经验告诉我们，人们可以也

---

① P. Bouchet, *La Misère hors-la-loi*, Textuel, 2000; M. Paturle-Grelot, « Dufourny de Villiers et les plus pauvres. Vaincre l'exclusion au nom des droits de l'homme », thèse, université Paris VII, 2001.

有权拒绝别人提出的令人愤怒的单纯戏剧化的角色。"他因此总结说:"个人的意愿应该融合于政府希望保留其垄断权的现实当中,每天一点一点地拔除这种垄断权"①。

但是只依靠个人的意愿是不足以参与到现实当中去的。正是通过集体参与者(另外福柯还提到了国际特赦组织、荷兰儿童权利保护组织[Terre des hommes]以及世界医生组织)人们才能够成功地从各国政府的管理中以普遍使命的名义"拔除"立法权和裁判权的垄断。但问题是这需要时间,而且还会造成很多风险。

我们知道,亨利·杜南(Henri Dunant)目睹了苏法利诺战役(1859),受到很大影响,因此决定创建国际红十字会(CICR)。这个红十字会致力于制定一部完整的人道主义法,以此来区别只有各国政府制定的战争法。从1864年第一个保护受伤士兵公约的制定到保护战俘和市民的主要公约的制定(1949—1977),这项工作足足用了一百多年。在尼日利亚内战当中,红十字会的医院被轰炸,医生们对此十分震惊,不再打算采取中立态度,因此在1971年成立了无国界医生组织(MSF)。从此,这一模式发生改变。几年以后(即1988年12月到1990年12月间),他们从联合国全体大会上取得三项解决方案,可以通过人道主义干预方式打开"紧急通道"。

同时,非政府组织也"被邀请"到这些诉讼当中②,尤其是在维护人权和环境保护方面。我们有很多例子:比如国际特赦组织(成立于1961年)和人权观察组织(HRW,成立于1988年),这些组织曾多次参与司法裁判,比如当英国上议院在处理皮诺切特案件的时候,它们就参与了司法程序。还有欧洲人权法院或者国际刑法法庭等。国际人权联合会(FIDH)创建于1922年,它是国际刑事法院关于受

---

① M. Foucault, « Face aux gouvernements, les droits de l'homme » (texte de 1984), *Dits et Écrits IV*, 1980-1988, éd. D. Defert et F. Ewald, Gallimard, 1994, pp. 707-708.

② I. Soumy, « L'accès des ONG aux juridictions internationales », thèse, université de Limoges, 30 sept. 2005.

害者地位相关决定的最初来源。① 绿色和平部队曾是克里蒙梭航空母舰案件向国家最高行政法院提出申诉的原告之一。②

除了人道主义权利、环境以及人权被扩大到反对贫困的斗争(这是法国 ATD 第四世界协会[ATD Quart Monde]在 1974 年创建的)中以外,公民参与者还参与世界贸易与人权协调性关系的研究,不仅反对各国政府,而且也反对多国企业,比如关于一般药品和专利制度的大讨论等。

为了使大医药集团私人实验室的研究投资有所回报,专利所授予的垄断权通过与贸易有关的知识产权协议而得到合法化,这是世界贸易组织达成的一项协议。非政府组织以生命和医疗卫生权的名义,支持特许权(保护条款)的必要性,承认国家有使用一般药品的可能性,这样可以使创新项目不至于全部落在公共领域。

由 39 个医药企业联合发起了一场反对南非政府的运动,控诉南非政府没有保护知识产权,这个案件被媒体大肆宣传。由非政府组织,如乐施会(OXFAM)发起的签名活动最终导致在 2001 年 4 月撤回上诉,引起国际法律的一次大的变革。2001 年 11 月世界贸易组织在多哈召开部长级会议,将保障条款并入到多哈会合谈判的宗旨当中,并在 2003 年即坎昆会议之前达成协议。这项法律规定在一定条件下承认一般药品的进出口权,2005 年在香港会议上得到进一步加强,但是由于各种双边协议的限制,这项规定产生的影响依然不大。

关于这一点,我详细说明一下,因为这关系到三个领域中的活动者(国家政府、经济和市民),关系到在国际范围内执行政治权的问题,因为一直以来国家政府是国际范围内执行政治权的唯一活动者。说实话,关于经济活动者,这个问题早已过时。正如我们所见,经济活动者已经取得自己的行动权,成为国际法的行为主

---

① CPI, 17 janv. 2006; voir J. de Hemptinne et F. Rindi, « ICC Pre-Trial Chamber Allows Victims to Participate in the Investigation Phase of Proceedings », *JICJ*, 4 (2006), pp. 342-350.

② 法国最高行政法院,2006 年 2 月 15 日。

体,而且往往同各国政府达成协议。相反,对于市民活动者,承认他们的参与活动显得相当困难,尤其是有些市民活动者被认为是国家政府的敌对者,他们所坚持的"人道主义精神"与各国政府强加的"野蛮秩序"①是对立的,他们以维护全世界普遍利益的名义,要求一种自证合法性或者自动授权性策略,以此来替代自我约束策略。②

所有的问题都在这里,因为非政府组织在被认为是代表民主授权程序之外普遍利益的同时,有可能冒着莫名顶替之嫌。而且,在这里,因为缺乏世界议会,在确定能够建立全球公共空间的民主新形式(如果不是这样的话,就是具有代表性的,至少是参与性的或者具有审议权的)的同时,改变了法治的保障。根据参与审判职能还是立法职能,民主新形式会有所不同。

1. 民主新形式?

民主的形象如同"一个空旷而活跃的领地",完全适用于这个正在形成的世界空间。在这里,"非政府集体活动者"不具备真正的官方地位,却可以依照某种异质类型相互影响。这种类型,为避免过于神圣化或者负面化③,需要寻求民主的标准。④

1.1 异质类型

"非政府"这种表达方式可以产生组织的概念,但是这只是一种

---

① D. Fassin citant le président de MSF: « L'humanitaire contre l'État, tout contre », *Vacarme*, n° 34, « Politique non gouvernementale », 2006, pp. 15-17; M. Feber et Ph. Mangeot, « L'école des dilemmes », entretien avec R. Brauman, *ibid.*, pp. 8-14.

② G. Haarcher, « La société civile et le concept d'autolimitation », in B. Frydman (dir.), *La Société civile et ses droits*, Bruylant, 2003, pp. 147-160.

③ E. Decaux, « La contribution des ONG à l'élaboration des règles de droit international des droits de l'homme », in G. Cohen-Jonathan et J.-F. Flauss (dir.), *Les Organisations non gouvernementales et le Droit international des droits de l'homme*, *op. cit.*, pp. 23-39.

④ H. Rouillé d'Orfeuil, *La Diplomatie non gouvernementale. Les ONG peuvent-elles changer le monde?*, Enjeux Planète, 2006, p. 15.

缺失的类型定义(既没有政府也没有市场)。而市民活动者这个概念可以扩展到活动者更加广泛的政治意义上,"本能地承担反对权力的作用或者承担更具有组织性的中介作用"①。如果说部分工会组织有所行动,那么相对于其他非政府组织所起的作用来说,他们的作用还不十分明显。

当然,工会运动发展了一些新的联盟、合作和纵向活动经验(比如在欧洲,1997年雷诺公司关闭比利时维尔福德工厂,还有2001年关闭玛莎百货公司时的反应)②。但是要变成国际化的行为,还是有一定困难的。1973年成立的欧洲工会联盟到如今组织了几乎欧洲所有的工会,一项调查结果明显揭示了这些困难。③ 在通过欧洲企业委员会1994年指令时,欧洲工会联盟似乎起到了积极的作用,在支持欧盟基本权利宪章规定社会权利一项中虽然起的作用有些迟缓,但是却是"强有效的作用"④。我们发现一些跨国联盟和合作策略开始形成,并于2006年11月1日在维也纳创建了国际工会联盟。⑤ 但是其他国家工人也许会有竞争,这种担忧依然存在("这样说似乎很可悲,但是所有这一切都是欧洲的错。")

相反,从纯粹意义上说的非政府组织(其实他们依然起源于国家)却没有碰到这样的问题。依据发展过程,他们逐步国际化。这一过程与多国企业的发展过程有些相似,另外他们相互联系的所在

---

① Th. Pech et M.-O. Padis, *Les Multinationales du cœur. Les ONG, la politique et le marché*, La République des idées, Seuil, 2004.

② M. Noblecourt, « Le rêve mondial d'union syndicale », *Le Monde*, 27 juil. 2006; M.-A. Moreau, en collaboration avec G. Trudeau, Normes sociales, *Droit du travail et Mondialisation*, op. cit.

③ A.-C. Wagner, « Syndicalistes européens. Les conditions sociales et institutionnelles de l'internationalisation des dirigeants syndicaux », *Actes de la recherche en sciences sociales*, n° 155, 2004, pp. 13-33.

④ G. Braibant, *La Charte des droits fondamentaux. Témoignage et commentaires*, Seuil, 2001.

⑤ M.-A. Moreau, Normes sociales, *Droit du travail et mondialisation*, Dalloz, 2006, p. 379 sq.; M. Noblecourt, « Syndicats: la recomposition mondiale », *Le Monde*, 31 oct. 2006.

地的地理分布有点像是多国企业地理分布的小妹妹,以至于人们称其为"心中的多国企业"①。同无国界医生组织(MSF)、国际特赦组织或者国际绿色和平组织不同的是,乐施会这样的非政府组织很早就开展依靠发展而进行的活动。除了关于普通药品的讨论以外,在世贸组织坎昆会议上,由撒哈拉沙漠南部地区的四个国家提出关于"棉花保护"的讨论,其中,非政府组织起了很大的作用。法国的SHERPA律师协会创立于2001年,是一个新兴的协会,尚未为人所知,但是刚开始就以汇集世界各大洲司法人员,尊重人权、个人和集体权利,面向国际化,发展专业活动,进行分析,提供建议为宗旨,建立国际网络。②

随着协会的运动发展,从地区或全球的层面上看,在类似于非政府组织内部,国际化的思想逐步形成一定的体系。在国际协商者方面掀起了一些舆论和实际活动(比如,在世界银行前领导人的倡议下,由1988年成立的透明国际组织发起的反腐败运动)。

除了国际化思维,地理位置上的结盟集中了不同的非政府组织,反映了联合世界的多样性,为国际组织提供了独特的对话者,便于准备对话,跟踪各个不同层次的协商,比如:南方协调组织与法国非政府组织结盟,从而使自己既处于欧洲协和网络(联合非政府组织的国家级联合会与欧洲委员会的代表谈判)当中,又位于世界网络当中,在巴西(Abong)、印度(Vani)和塞内加尔(Congad)找到自己的对话者。虽然不是世界各地所有的地区都能结盟,尤其是亚洲地区,但如果这些联盟能够不断增加扩展的话,这种网络形式也能够改善尚需加强的代表性。

总之,主题性的联盟是围绕各种问题组建起来的,首先是反

---

① Th. Pech et M.-O. Padis, *Les Multinationales du cœur*, op. cit.
② 关于为撤回在缅甸与强制性劳动有关的冻结财产问题的诉讼而与道达尔达成的协议,参阅 W. Bourdon, «Entreprises multinationales, lois extraterritoriales et droit international des droits de l'homme», *RSC*, 2005, n° 4, «Les figures de l'internationalisation en droit pénal des affaires», p. 747 *sq*.

对贫困。我们都知道,在让人认识到贫困是违反人权①这一问题过程当中,法国 ATD 第四世界协会起了先锋作用,它还在这种思想的指导下举办了拒绝贫困的世界日活动。关于另类全球化运动(altermondialiste),于 1998 年成立了协助公民课征金融交易税组织(ATTAC),该组织致力于创建全球社会论坛;还有一些以反对人员杀伤性地雷为目的的协会,或者支持成立国际刑事法院的协会。

正是关于这一职能,非政府组织才受到最强烈的批判,甚至遭到强烈地指责,指责其实行"平行"外交,有心要"取缔国家政府所有权"。但是,塞尔日·叙尔(Serge Sur)指出,国家政府早已准备接受国际协商这种垄断行为,从而"在某种程度上扮演了《醉舟》纤夫的角色[……],吵吵嚷嚷的红种人把他们捉去,剥光了当靶子,钉在五彩桩上"②。

尽管这是一首诗歌,但是这种观念并没有丝毫掩盖将政治想象推向想象政治,甚至是反政治上的恐惧。③ 这是法国前部长胡贝尔·维德里尼(Hubert Védrine)通过外交辞令表达出来的恐惧,那是害怕看到出现一个"全新的世界,在这个世界中应该赋予国家和国际'市民社会'优先权。"④没有任何东西是"完全新的",不是通过抑制,而是通过寻找民主标准,人们才能够满足"平民(civils)"活动者的崛起,从而使这些活动者最终成为具有"公民义务(civiques)"的活动者。

---

① 1996 年联合国人权小组委员会特别报告员德斯波伊(Leandro Despouy)的报告。

② S. Sur, « Vers une Cour pénale internationale: la convention de Rome entre les ONG et le Conseil de sécurité », RGDIP, 1999, N° 29, p. 36; comp. C. Olivier, « Les ONG et la répression pénale internationale », in G. Cohen-Jonathan, et J.-F. Flauss (dir.), Les Organisations non gouvernementales et le Droit international des droits de l'homme, op. cit., pp. 117-155.

③ Th. Pech et M.-O. Padis, Les Multinationales du cœur, op. cit., pp. 43-45.

④ H. Védrine, Face à l'hyperpuissance. Textes et discours 1995-2003, Fayard, 2003, p. 193.

1.2 面向民主标准

应该要成功结合三种类型标准,即:代表性,独立性和合法性。①

然而,随着新合作者类型的发展,似乎很难达到一定的独立性,因为这不仅关系到资金问题,而且还关系到来源问题。这是事实,法国规划总署的重新规划②就是一个证明,合作者要求发展,不仅在普通市民活动者之间,而且还包括政府活动者、以及国际机构、地区和跨地区机构(2002年欧盟和非洲、加勒比沿岸及太平洋国家签署的科托努协议中非政府组织的作用),最后还有经济活动者(联合国全球契约)。

无论对各国政府,还是对经济活动者来说,通过创立协会,为他们的利益服务,从而扩大他们的影响,这无疑是最具有吸引力的。因此缩略词层出不穷地出现。比如 GONGOs(非政府组织的组织管理机构)、BONGOs(经济组织管理)或者 DONGOs(捐赠管理组织)等。为了避免非政府组织信誉度降低,应该制订一部全球职业道德宪章,类似于西方国家90年代以来发展起来的宪章(比如法国的社会人道主义组织职业道德宪章③),由像国际募款组织委员会(International Committee on Fundraising Organizations, ICFO)这样的组织统一规划。职业道德同时也可以涉及代表性和合法性的其它问题。

代表性的衡量标准不在于会员的数量,而在于普通公民参与者的地理位置,社会文化分布的多样性。实现真正的代表性,这一道路十分漫长。可以通过一个国家组织慢慢地扩张发展(比如像乐施会、国际特赦组织、无国界医生组织或者法国 ATD 第四世界协会),或者通过建立上述组织联合会和联盟(按照地理位置或者主题方式结合)的形式来实现,这样可以修正目前西方非政府组织的主导地位。

---

① H. Rouillé d'Orfeuil, *La Diplomatie non gouvernementale*, op. cit., p. 15.
② J.-C. Faure et C. Jolly (dir.), *L'État et les ONG: pour un partenariat efficace*, rapport du Commissariat général du Plan, La Documentation française, 2002.
③ http://www.comitecharte.org.

这些自我组建的维权组织,它们的合法性问题更加复杂多样。为说明这种复杂性,我们建议将人道主义行为置于三个层面的交叉处来考虑,即:平等性(权利),有效性(力量)和道德("善",这个词尽管定义模糊不清,却反映了伦理道德问题)①。通过那些可能的印证,人道主义行为可以归属四种形态(赢家行为——这是唯一根据特权层面可以集合三个层面的行为,即:严守法规的,持不同政见的,独立行动的)。但是这些不同类型的行为同时与政权组织保持密切联系。实际上,这就意味着在实际当中,地方上具体的参与,即同那些在日常生活中处于受害者地位,但自己却没有办法参与国际协商的对话者建立联系。这不仅意味着要代表他们说话,而且要赋予他们话语权,目的不是要复制国家模式,而是要构想一个国际政治空间。

事实上,国家模式是根本无法复制的,这不仅是因为民主制无法在所有政权国家得到普及,而且因为世界政治空间的组织方式是分散而且极其不完整的。这也是国际机构与非政府组织交好的原因,因为国际机构本身不具有民主性,所以在寻找民主的靠山,"他们似乎在对非政府组织说:'加入我们的社会,我们将成为你们的权力支持';同时非政府组织会回答说:'如果成为我们的权力支持,我们将成为你们的民主论坛'"。因此就产生这样的场面:"两个相互对立而且各自都有缺陷的主体开展了一项一石二鸟的游戏,彼此扶持"②。

这一场景非常吸引人,但是可能还没有认识到,按照参与司法功能,或者更广一点儿说,按照参与司法裁判,以及对协商的舆论所做的贡献和各种活动来说,这些都要求参与到立法功能中去。

---

① É. Goemaere et F. Ost, «L'action humanitaire: questions et enjeux», in O. Abel, R. Brauman, M. Delmas-Marty, É. Goemaere, R. Legros, A. Neschke, F. Ost et Q. Wodon, *Humanité, humanitaire*, Publications des facultés universitaires Saint-Louis, 1998, p. 128.

② O. Abel, R. Brauman, M. Delmas-Marty, É. Goemaere, R. Legros, A. Neschke, F. Ost et Q. Wodon, *Humanité, humanitaire*, Publications des facultés universitaires Saint-Louis, 1998, p. 58.

2. 参与司法裁判功能

关于这个问题,尽管国际法院(CIJ)是唯一具有全球职责的真正普遍的司法裁判机关,但没必要从它开始入手研究。因为就连在1993年创建的关于环境问题的特别法庭,本可能以环境的名义,由非政府组织展开一些调查①,然而直到如今依然没有任何结果。尽管人们从法理上做了不懈的努力,但是非政府组织的作用还是因为规约的文字解释(第34§2条仅提到咨询"公共组织"的信息)而被排斥在外。

相反,非政府组织的压力肯定会有助于各国司法裁判权与国际法的结合(比如,皮诺切特和道达尔案件,以及美国最高法院判例中法庭之友诉讼程序的作用)。

但是,较之国际法司法裁判化而诞生的国际特别裁判机构来说,非政府组织还不是国际法的主体,所以他们发挥作用还是相当困难的。因此"他们愿意参与国际裁判"就成了"国际法律地位缺失的弥补之药"。②

因此,维护环境的非政府组织终于通过向裁决所谓的"虾龟案件"(蓄养虾可能威胁到一种受保护的龟的生存)的专家组提交了一份备忘录,这样才得以跻身世界贸易组织。③ 专家组前期判决法庭之友的介入与争端解决谅解(第13条)相背,但是却接受将非政府组织提交的备忘录作为附件一起纳入双方的书面诉状中。上诉机构因为早已熟知这份备忘录,所以接受非政府组织立场,承认专家组可以接受他们的备忘录并对备忘录的恰当贴切给予好评。

---

① I. Soumy, « L'accès des ONG aux juridictions internationales », op. cit., p. 486 sq.

② Ibid., p. 23.

③ 世界贸易组织上诉机构1998年10月12日关于"虾龟案件"的报告;N. Angelet, « Le tiers à l'instance dans la procédure de règlement des différends de l'OMC », op. cit., pp. 207-238.

通过激励非政府组织采用各种现存法律技术手段,从协助起诉人到取得诉讼方地位的转变,我们可以看到意愿能够创造出活力。尤其在两个大的方面,这种活力似乎赋予非政府组织双重角色。

2.1 两大领域

第一个方面就是人权保护,承认非政府组织为保护受害人的利益,有检举揭发、保护和交流的权利(国际特赦组织的活动)。从世界的角度看,非政府组织可以协助个人同联合国条约允许的三个机构(人权委员会、消除种族歧视委员会和反对酷刑委员会)进行沟通交流(尤其通过散发标准表格的方式)。而且还需要各国政府批准议定书承认这种可能性。但是这种审查并不能够对各国政府进行真正的处罚。

相反,在地区范围内存在很多人权法庭(欧洲的、美洲的、非洲的),非政府组织定期为受害者提供通过国际手段可以解决的可能性。让-弗朗索瓦·福洛斯(Jean-François Flauss)的调查表明,欧洲人权委员会接收的很多个人诉讼实际上都是通过"非政府组织远程引导的"①。据福洛斯介绍,一些人甚至开始在受害者群体中招揽顾客,让他们知道这样一个法庭的存在,如果需要的话还可以帮助他们递交诉讼书,甚至代表诉讼人出席法庭,承担顾问的角色。

为此人们并不感到担忧。相反,当各国政府在某些案件中采取令人担忧的举措的时候,比如:在俄罗斯,犯人在没有律师的协助下写给人权法院的信件遭到拦截,或者监狱的条件恶劣,甚至还有指控犯人因为其上诉行为而加重了同牢犯人的状况②,我们可以从中找到一些用于劝阻各国政府行为手段的制衡。

但是从严格意义上说,当非政府组织成为法院诉讼方时,由他

---

① J.-F. Flauss, « Les ONG devant les juridictions internationales compétentes dans le domaine de la protection des droits de l'homme », *op. cit.*, p. 75.

② *Ilascu et autres c. Moldova et Russie*, 8 juil. 2004, et *Chamaïev et autres c. Géorgie et Russie*, 12 avr. 2005. Voir É. Lambert-Abdelgawad, « La saisine de la CEDH », in H. Ruiz Fabri et J.-M. Sorel (dir.), *La Saisine des juridictions internationales*, Pedone, 2006.

直接采取的行为依然只限于当非政府组织本身是权利受害者的时候。然而,在集体利益当中,具备采取行为的权利是非常有用的,尤其是当提出的违法行为是大规模的或者涉及人数众多的时候(比如在关于财产权首次案例之后出现 167 份诉讼控诉波兰政府①)。

"维护他者权益的维权行为"②在法理中有部分体现,但是各国政府却表现出担心的态度,因此在斯特拉斯堡法庭上这一行为被排斥在外。相反,欧洲社会宪章的补充协议书(1995)承认非政府组织为维护经济社会权益的集体请求权,而不是诉讼权,但条件是非政府组织要有欧洲理事会的咨询资格并注册在案。

因此,ATD 第四世界协会在 2006 年 1 月提交了一份诉讼。诉讼中指出,有 26 个家庭居住在贫困区中,他们提出申请但却收到驱逐令,拒绝司法调节的请求。法国在这一案件的处理上违反了宪章的规定。

在其他地区的法庭中,非政府组织的申诉作用并不统一。因为受害者没有资格向美洲人权法庭提出上诉,所以对这一规定(第 23 条)连续两次进行了修改,允许受害者代表(可以是非政府组织)在整个诉讼程序当中向法庭提交证据和证词,前提是受害者授予非政府组织代表权。

非洲的人权保护制度(1981 年宪章附加条款第 5§3 条关于建立一个法庭,刚刚实行不久)似乎走得更远,最起码在理论上是如此。法庭允许非政府组织以观察员的身份,"根据议定书第 34(6)条的规定直接向委员会陈诉案情",并承认非政府组织为个体受害者的利益所采取的实际维权行动。

国际刑法也正在发生变化。开始的时候(针对 1993—1994 年因为前南斯拉夫和卢旺达事件而创立的国际刑事法庭[TPI])受害者

---

① *Broniowski c. Pologne*, 22 juin 2004; É. Lambert-Abdelgawad, « La saisine de la CEDH », *op. cit.*

② J.-F. Flauss, « Les ONG devant les juridictions internationales compétentes dans le domaine de la protection des droits de l'homme », *op. cit.*, p. 98.

只能作为证人参加,非政府组织的作用也只限于根据法庭之友的程序提供一些信息。国际刑事法庭(TPI)以及国际刑事法院(CPI)的程序和证据条例明确承认这一诉讼程序,并明确指出:"为维护司法行政利益,法庭可以邀请或者允许一些政府机构、组织或个人就其认定有用的问题加以陈述。"根据这一诉讼程序,前南斯拉夫刑事法庭(TPIY)收到的备忘录数量在十年之间达到二百多份,其中一半是关于原南联盟总统米洛舍维奇的。①

国际刑事法院规约中还增加了检察官可以向非政府组织(第15§2条)征求信息这一条,并允许法院(第44条关于人事的规定)雇佣各国政府、政府机构及非政府组织无偿提供的人员协助其工作,这样的人员可以在检察官办公室工作。②

另外,为加强受害者的地位(第68§3条规定的诉讼权利),国际刑事法院的规约还修改了非政府组织的作用。根据这一规定,受害人接受国际人权联盟(FIDH,受害人填写他们所提供的表格)的建议,向法官提出申诉。法官赋予申诉人受害者的身份,允许他们参与调查。这项规定似乎授予检察官评估"司法利益"的资格,这决定了展开调查及案情追踪决议的条件(第52条),因此法官通过受害者的身份地位,确保了非政府组织对权力制衡这一功能。③ 当然,比起法国法律,国际法没有发展得太远。法国法律接受有关人员组成民事诉讼方维护与检察院所代表的普遍利益相近的集体利益,作为被告人的对立方,避免检察院做出不正确的案件处

---

① C. Olivier, «Les ONG et la répression internationale», in G. Cohen-Jonathan (dir.), *Les Organisations non gouvernementales et le Droit international des droits de l'homme*, op. cit., pp. 117-155.

② S. Quattrocolo, «Le rôle du procureur à la CPI: quelques réflexions», in M. Chiavario (dir.), *La Justice pénale internationale entre passé et avenir*, Giuffrè-Dalloz, 2003, pp. 353-362.

③ CPI, 17 janv. 2006, op. cit.; voir aussi C. Stahn, H. Olasso et K. Gibson, «Participation of Victims of Pre-Trials Proceedings of the ICC», *JICJ*, 4 (2006), pp. 219-238.

理决定。① 但是这只是做了一个简单的调和,强调了双重作用的可能性。

2.2 双重作用

事实上,非政府组织可以维护(除了作为普通个体的个人利益外)受害者的利益(维权),或是普遍意义上的整体利益(维法)。

只是在刑事裁决领域,这种现象不容易观察。在人权问题方面,作为"第三参诉人"一开始的时候只有各国政府才具有这样的资格,后来非政府组织也慢慢地获取了第三参诉人的资格。这一资格的扩展,起先还只是经验式的(没有法律文本的规定),到1983年的时候才被批准承认;自此"第三参诉人"资格便通过第11号附加议定书(1998年)在欧洲人权法院的程序规则中得以确认(另外更多的非政府组织可以在同一案件中得到认可)。

在实际当中,非政府组织以"第三参诉人"资格参诉的主要是涉及英国、土耳其以及最近关于东欧的事务。这似乎成为英国及北美非政府组织的完全垄断的一个标志。② 而且,普通公民活动者也开始承担基本作用。这里所说的基本作用,不是相对于被告政府而言(被告政府只是在极少的情况下才对他们的证词做以答复),而是相对国际法官而言。无论是在提供事实信息、国家法律适用情况、成员国比较法还是人权国际法比较方面,非政府组织对法院的影响,尽管时常模糊不清,很难评估,但却是不可争议的。当然,法院也很少以明确的方式援引他们的证词(除了几个特例,比如1989年英国 *Soering c. Royaume-Uni* 决议就重新引用了国际特赦组织关于欧洲死刑判决变化的备忘录的证词③)。但是法官有时在他们的意见有纷争的时候会加以援引(有时意见分歧有时意见一致)。

---

① Voir « L'action civile des groupements: l'action publique menacée ou partagée », *APC*, n° 10, 1988.

② *Ibid.*, p. 76.

③ 关于非政府组织判例的更多讨论参阅 L.-A. Sicilianos, « La tierce intervention devant la CEDH », in H. Ruiz Fabri et J.-M. Sorel (dir.), *Le Tiers à l'instance devant les juridictions internationales*, *op. cit.*, notamment p. 139.

在最近关于欧洲人权法院改革的讨论中,这种"撤销争讼客观化"的变化得以进一步明确。为避免法院案件积压(每个案件的处理时间有可能从目前的平均5年发展到平均7年),就要限制个人申诉权利以保护更具有"符合宪法"类型的申诉(即以法为主而非权利为主)。可是事实证明,个体申诉数量的增加(仅2005年就有20 000多申诉案)同行政申诉案(自1960年欧洲人权委员会实施以来总共20多起)增加比例不差上下。在各国政府对集体利益保障的有效性极其低下的情况下,很明显,如果限制个体申诉数量将是十分危险的举措,至少会在很大程度上改变非政府组织的作用。最终,第14号附加议定书(2004年签定)保留了个人申诉权,同时赋予人权监察员主动权(根据第13条规定,可以呈介书面观察报告,并参与听审)。

但是法院制度改革却使非政府组织角色问题悬而未决:非政府组织的作用既有协助受害者的功能(即维权),又有为法官提供法律制度信息维护法律的作用,更确切地说,就是推动公法的发展,不是维护而是从现存法律体系的多样性中进行摘选。从诸如欧洲人权公约的模糊原则中,提取能够让46个国家8亿人民接受的共同法,并以37种语言表达出来,这不是一件易事,因为国家没有承担比较研究的责任,而法官也没有办法来承担。因此,非政府组织对法官判案逻辑提供比较法支持,起到了根本性的作用。

在明确规范的前提下,应该在其他机构,比如世界贸易组织或者国际法院大力推广这两项职能,因为这两项职能也许可以决定"不同程度的世界公民"实现的可能性。因为实际上,这样的公民资格只有在多元思维所构想的共同原则下才能建立起来[1],也就是说要综合各国不同的法律体系来建立这样的公民资格。这表明在司法和立法职能之间存在互补性。

---

[1] D. Held, *Un nouveau contrat mondial*, op. cit., « Une citoyenneté à plusieurs niveaux », pp. 197-199.

3. 参与立法职能

非政府组织参与制订国际规则(从广义上说具有立法职能)已经表现在很多领域。我们在前面已经谈到人道主义干涉、反对贫困以及维护非专利药品等行为。这里还可以举其他例子,比如文化多样性或者反对酷刑的行为等。大家都非常熟悉国际特赦组织在联合国通过反对酷刑公约中所起的决定性作用。但是,瑞士一个小委员会变成瑞士反对酷刑联合会这件事,却并不为人熟知。在1987年的时候,这个非政府组织经欧洲理事会许可,在通过预防酷刑公约的同时,建立了一个非常新颖的机制,授权一个独立专家委员会有参观所有监狱并提交报告的权利。当我们向中国专家提及国际刑法主导原则的时候①,这个事例着实让他们大吃一惊。

为说明非政府组织在立法方面取得的成功,大家举的最多的例子是禁止人员杀伤性地雷(1997年12月3日《渥太华协议》)以及国际刑事法院的创立(1998年7月18日《罗马公约》),而且更为令人关注的是,这些事例正处于国家主权中心位置(解除武装和刑法)。

记得1995年的时候,联合国大会关于国际刑事法院规约草案讨论之后,有30个非政府组织成立了联盟,关于这一点我们不再重复;我们只强调一点,在罗马会议召开的时候,有800个非政府组织参加,由一些像国际特赦组织、人权观察组织这样大型机构派出的代表人数比大多数国家代表团的人数还多。从此以后,非政府组织联盟联合了2000多个机构,主要陪同受害者向法院申诉。②

但是人员杀伤性地雷的案例依然出人意料。在90年代初,这个问题似乎是无法解决的:1亿多个地雷隐藏在60多个国家当中,尤

---

① Gao Mingxuan et M. Delmas-Marty (dir.), *Vers des principes internationaux de droit pénal*, vol. 4, MSH, 1996.

② C. Olivier, «Les ONG et la répression internationales», *op. cit.*, p. 125.

其是在柬埔寨,这几乎是以悲惨的方式存在。人们用了一年多的时间制订公约文本,从签订(1997年12月1日)到实施(1999年3月1日)差不多用了一年半的时间。仿佛这项协议是由"世界公民剧烈震荡引起的"①。

这"世界公民"首先是女性公民的世界(这种表达方式具有戴安娜王妃和约旦努尔王后等名人特色——如果这里可以使用这样的表达方式的话),但尤其是国际禁设地雷运动(ICBL)联盟成员,他们联合约1000多个具有观察员资格的非政府组织参加各种会议,取得参与权。这样,非政府组织间"交叉互动"与政府权力(无论是像联合国儿童基金会[UNICEF]这样的国际组织还是起主导决定作用的国家小团体,尤其是决定举办渥太华会议的加拿大)之间的运作似乎进行得非常好。

方法同样也在起作用。经过联合国以外的协商,人们已经减轻了繁琐的程序(开始的时候法国持保留意见,如今问题已得以解决),同时配以专家研究小组(包括军人、扫雷技术人员和外科医生),形成了一个围绕政府、国际组织和相关运动组织的关系网。这种情感呼吁,结合了牢固的法律科学能力以及强硬的政治设想(一份规定了不得违反的禁止性规定的条约文本),除了期望以外,终于实现了"非政府外交"和技术。这一技术在一定时期内可以"凝聚公共舆论"②,如同奇异的炼金术一样,而关键在于它的职业性(对于这种职业性,我们也是刚刚才以一种具有宣传性的方式开始命名的)。剩下的就是要知道这种解决方案是否可以复制,是否足够有效。

3.1 技术:《非政府外交》

我们承认,"非政府外交"这个说法"有些大胆,因为这涉及国家领域的问题,其私人活动者在传统上是被排斥在外的"。《非政府外

---

① B. Stern, « La société civile internationale et la mise en œuvre du droit international: l'exemple de la convention d'Ottawa sur l'élimination des mines antipersonnel », in H. Gherari et S. Szurek (dir.), L'Émergence de la société civile internationale, op. cit., pp. 103-124.

② Ibid.

交》这本书的作者之所以如此命名,目的是要明确指出,这种说法不应该作为主张一种平行外交来看待,而是应该作为一种参与性外交来看待,其目标是要建立一个团结一致的世界。①

这种设想非常美好,但却很模糊。具体地说,需要区别否决策略和建议策略。最具有意义的否决是1998年关于投资的多边协议(AMI)。那是自1995年以来与经合组织秘密协商的一个协议。而建议策略实际上可以带动非政府组织的参与,就象我们看到的多起案例一样。

因此,职业化和技能,甚至包括专业技术,这些成为互动运转的必要条件。因为在这里,人们又回到了关于政府权力所引起的互动游戏当中。换句话说,就是按照不同层次(地方、国家、地区及世界范围),在不同领域(人权、环境、贸易等)以及不同活动者(政府、经济组织和公民)之间组织起来的管理因素。

同时也出现了一定的困难,因为市民活动者同其他活动者不同,他们具有不稳定性,社会轮廓也很模糊。非政府组织是组合起来的机构,如同一种"文化力量"一样,他们所产生的身份特征与传统社会力量所产生的身份特征不同,因为传统社会力量具有共同的条件(机体、阶级和工作条件)②,他们所结成的联盟往往是不寻常的,具有偶然性和变动性。

市民活动者受制于传播推广知识的逻辑,基于对现实、瞬间的情感,他们在空间上和时间上都具有不稳定性;而政治愿望却要求具有记忆和计划。因此,非政府组织建立分析法律条文的遵守情况的"研究所"就显得极其重要。

3.2 知情:凝聚公众舆论的情感

非政府组织在人员杀伤性地雷公约当中取得成功的一个因素,是在许多城市,尤其是在法国,树立一些鞋金字塔(pyramides de chaussures)作为运动标示;还有在2000年为让美国通过公约,要求

---

① H. Rouillé d'Orfeuil, *La Diplomatie non gouvernementale*, op. cit., p. 168 sq.
② Th. Pech et M.-O. Padis, *Les Multinationales du cœur*, op. cit., p. 88.

国际残联的所有成员向布什总统邮寄一只鞋。①

如果说情感有时会在"公众舆论斗争"②中取得胜利的话,那么使用媒体将是一种最受欢迎的方式。所以每个非政府组织都有一个传媒部门,甚至冒着超媒介化的风险(无国界医生组织的开往越南的轮船曾被讽刺为开往圣日耳曼的轮船)。

因此见面和动员活动的场所很重要,就像2001年1月在巴西阿雷格里港创建的世界社会论坛(2004年"迁移"到孟买,随后在2006年"多方定位"于巴马科、加拉加斯和卡拉奇)一样。那是真正的朝圣,哪里有活动成员,哪里能够同记者碰面,就往哪里迁移。记者一直沉浸在政府制度的信息传播当中,他们当然很愿意寻找一些相反的信息来丰富他们的信息渠道。

除了非政府组织的全球发言人的讲话外,最好的记者还要听到亲身经历过的、需要解决问题的人的声音。因此,非政府组织的基本作用还在于"退出幕后,为记者们提供直接接近现实和当事人"③的可能性。这不仅仅为记者提供信息,因为信息会通过其他途径,尤其是通过新的数字技术得以传播。无论是通过互联网管理④还是通过信息共享财产⑤这个概念,"舆论之争"不仅在大众媒体中发挥作用,而且在不断创新的信息社会深处发挥着作用。

无论是让人知情还是技术,获取知识的问题成为全球治理的中心问题。所以,技术消费计划组织(Consumer Project on Technology)采取的措施并不是偶然的。技术消费计划组织是一些非政府活动

---

① J. Isnard, «550 000 Français sont invités à envoyer une chaussure à George Bush», *Le Monde*, 3 mars 2000.

② H. Rouillé d'Orfeuil, *La Diplomatie non gouvernementale*, *op. cit.*, p. 175 sq.

③ *Ibid.*, p. 179.

④ Voir Vox Internet, programme 2006-2008, coord. F. Massit-Foléa, MSH: http://www.voxinternet.org.

⑤ Ph. Aigrain, *Cause commune*: *l'information entre bien commun et propriété*, Fayard, «Transversales», 2005; V. Peugeot (dir.), *Pouvoir savoir. Le développement face aux biens communs et à la propriété intellectuelle*, C&F éditions, 2005.

者,他们最近根据«a2k»(auess to knowledge)方法提出一项获取知识的国际条约草案,重新规划国际知识产权保护制度。① 这从另一方面肯定了我们的预感,即重建不仅仅建立在权力和意愿的交点上,同时也建立在各种知识的交汇处。

---

① J. Love, « Fabrication non gouvernementale de traités internationaux », *Vacarme*, n° 34, « Politique non gouvernementale », 2005, p. 101.

第三章

交叉知识

为什么将知识加入到权力重建当中？首先，所有的一切都是将两者分开的：从一个角度说，一边是客观性与科学怀疑；另一边是主观性与政治确定性；从另一个角度说，一边是可证实的科学真理，另一边是从世界人权宣言序言所宣称的作为信念行为的人权（"联合国的人们宣布他们对人的基本权利的承诺"）开始的，同无法证明的价值相联系。

在权力与知识之间，存在着"连续性—非连续性"的关系，这与人生的变化同道德伦理标准过渡之间的关系是一样的，正如保罗·利科在自己与让-皮埃尔·尚热（Jean-Pierre Changeux）的对话中所写的那样："生活将我们留在浅滩中央，没有给我们任何规定，认为和平优于战争，优于暴力。"科学的回答是：知识可以对重新解释和重新适应做出贡献，因为"研究人员不会假装前进。他冒着搞错的风险。科学模式要接受事实的裁决并由事实来审判。"因此，尚热提出这样一个问题："为什么不通过今天的知识重新实现斯宾诺莎学说的物质统一性？"对这一问题，利科反驳说："您的辩词对于建立模型和验证—反驳来说太波普性。我承认在您的领域中这是无法反驳的。但是，这样的谈话在关于斯宾诺莎物质再现问题上丝毫不能拉近我们之间的距离。[……]我们又回到了连续性—非连续性的问题上。"①

关于这个问题,在知识和政治权力关系上显得更加明显。从表面上看,断裂在是与应该是之间依然是一个无法逾越的鸿沟。然而,我们知道,因为宗教和神秘行为给我们的社会造成很大的威胁,自从我们放弃逃避这些危险,开始通过科学研究来寻找原因,通过技术方法寻求解决办法以来,连续性就显得比以往任何时候都有必要。②

困难在于科学知识往往走在政治决策之前。科学知识本身有时会产生全球风险(核或生物技术风险),科学研究人员也是第一个检测这些风险(比如生态危险)的人,他们有可能成为标准立法的倡导者。但是研究人员并不会因此拥有权力,创新研究人员同警报提醒研究人员即吹哨人③一样,他们实际上既不做决定,也不强制和惩罚什么。所以知识位于权力之前,并督促权力采取行动。

就以气候变化为例。自上世纪70年代开始,人类活动对气候产生潜在影响,开始引起科学界的担忧。国际科学界完全意识到问题的严重性以及对其进行全方位研究分析的必要性,所以他们组织起来的速度比政治界快得多,也更加有效。自1979以来,世界气象组织(OMM)展开了一项关于气候的调查研究,自1986年起同气候与环境互动研究联系起来,研究人类活动、气候变化以及生态多样性问题。在世界气象组织和联合国环境规划署(PNUE)共同倡议下,于1988年成立了政府间气候变化专家小组(GIEC)。

政府间气候变化专家小组成为"关注气候变化的科学界和政府决策之间最有效的传送带"④经历了这样几个过程。首先于1992年在里约热内卢世界气候峰会上通过了气候公约,接着在1997年签署

---

① J.-P. Changeux et P. Ricoeur, *Ce qui nous fait penser. La nature et la règle*, Odile Jacob, 1998, pp. 32, 40, 41.

② M.-A. Hermitte, « La fondation juridique d'une société des sciences et des techniques par les crises et par les risques », *op. cit.*

③ M.-A. Hermitte et Chr. Noiville, « Quelques pistes pour un statut juridique du chercheur lanceur d'alertes », *Natures, Sciences, Sociétés*, à paraître.

④ J. Jouzel, « Les travaux du GIEC sur le changement climatique », *op. cit.*, p. 365.

了《京都议定书》,最后在 2006 年 2 月 16 日经过俄罗斯的认可后开始实施。我们知道问题并没有得到解决,《京都议定书》之后还需要协商①,特别是同发展中国家的协商,因为尽管一些美国企业和一些联邦开始加入协定,但从正式角度看,美国依然排除在协定之外,所以他们更愿意持保留意见。

政治权力依然是以国家政府为基础组织起来的,留下一个全球治理问题,即:"面对这样重要的风险,我们的行为就如同以自行车的脚闸来减速飞机的飞行一样!"②尽管问题并没有解决,但至少在权力一侧,我们从专家世界化(详见本章第一节)这种现象看到一些新的结合。

在全球风险面前,无论是生态的、生物技术的还是核危险,甚至我们可以说是自然灾害,都应该成立一个全球性的民主组织,能够进行评估,做出决策,承担监督的职能,必要时在全球范围内执行适当的制止措施。换句话说,要将专家同全球管理的其他活动者,比如:各政府机构的活动者、经济活动者和普通市民活动者联系起来。

这样一个组织会提出知识民主性的问题(详见本章第二节),这不仅涉及到普通市民对知识的获取问题,而且也涉及到参与知识生产的问题。ATD 第四世界协会曾用"交叉知识(au croisement des savoirs)"发表了一部著作,介绍了第四世界与大学之间共同开发的一个"培训—行动—研究"项目。为此,我在这里重新借用 ATD 第四世界协会的这种表达方式。根据"交叉知识"这个表述方法③,ATD

---

① R. Guesnerie, *Les Enjeux économiques de l'effet de serre*, rapport au Conseil d'analyse économique, La Documentation française, 2003.

② U. Beck, « Au risque de la grippe aviaire », entretien avec P. Bollon, *Le Monde 2*, 15 avr. 2006, pp. 40-43; id., *Qu'est-ce que le cosmopolitisme?*, Aubier, « Alto », 2006.

③ Cl. Ferrand, « Présentation du programme », in *Le Croisement des savoirs. Quand le quart monde et l'université pensent ensemble*, groupe de recherche Quart Monde-Université, Quart Monde, 1999, p. 16; M. Serres, « Le vrai savoir sauve de la misère », *Revue Quart Monde*, 1999/2, n° 170, « Le quart monde à la Sorbonne »; voir aussi *Le Croisement des pratiques. Quand le quart monde et les professionnels se forment ensemble*, Quart Monde, 2002.

第四世界协会希望强调一种新的"体验知识自主性和相互性"的方式,这里的知识包括"对贫困的生活体会,行动体会和科学体会"。这同另一项讨论休戚相关,那就是土著人民和地方团体的知识权益问题。要通过传统知识保护生物资源,禁止生物剽窃,把它当作伪造一样看待。以前人们认为这些都没有任何价值,不值得保护,现在应该禁止窃取掠夺生物资源和传统知识。

目的不是要树立某一类知识,而是要将权力、意愿和所有知识结合在一起,同时将政治决策置于各种"交叉知识"之上,或者说,是结合科学知识(学者)和生活体验(体会者)。所以我们期望,在结合知识民主化和专家全球化的同时,交叉知识能够有助于我们很好地治理全球。

第一节 专家世界化

随着社会成为"科学技术社会"[1],甚至"知识社会"[2],专家知识的性质发生改变,从而拉近了专家同权力游戏的关系。私人资金支持的发展反映了"科学自主性面对营利性"[3]的问题,与此同时,出现了一种新的专业类型,有时被称为"以政治为目的的专业技术鉴定"。从这个意义上说,这种专业类型标志着科学技术与法律规定的结合,引起三个权力(司法权、行政权和立法权)的制度性改变。[4]

司法鉴定转变成更具有政治性的技术鉴定,这一转变同另外一

---

[1] M.-A. Hermitte, « La fondation juridique d'une société des sciences et des techniques par les crises et par les risques », *op. cit.*

[2] 联合国教科文组织2005年11月全球报告《面向知识社会》。

[3] E. Lamy et Th. Shinn, « L'autonomie scientifique face à la mercantilisation », *Actes de la recherche en sciences sociales*, n° 164, « Économies de la recherche », sept. 2006, pp. 22-49.

[4] M.-A. Hermitte, « La fondation juridique d'une société des sciences et des techniques par les crises et par les risques », *op. cit.*

项转变是分不开的,那就是国家技术鉴定转变成国际甚至全球技术鉴定。

事实上,面对风险全球化,国际上已经以"预防"原则的名义逐渐拉响了警钟。正如我前面所指出的那样①,将预防建立在安全模式上似乎有些简约了,因为安全模式将因此替代或者外加于责任以及共同负责的模式之上。② 如果是一种新模式,那它会更好地表现出预防思想的特性,而不是机械的怀疑性。后者倾向于更加糟糕的假设,从而最终引起保守主义。

正是这种前景预测的思想明确说明了防范原则和专家作用不断增强之间的联系。所以,防范原则首先出现在国际领域中,这并不是偶然现象,因为我们可以这样认为:科学界在国际当中的力量比在没有全球治理的状态下组织起来的力量要强得多。除了预防已经表现出来的风险以外,预防措施还要求考虑那些潜在的风险。这一表述在80年代的时候在国际环境法领域当中有使用过,后来用于1992年里约峰会当中。2005年法国法重新援引了预防原则并承认其具有法律价值(《环境法》第5条),同时这一原则被纳入到欧盟法(《建立欧洲联盟条约》第174条"环境")和由此产生的法律(尤其是2001年关于转基因自主扩散指导条例第1条和第4条的规定)③中。

在世界范围内,这一原则慢慢地、谨慎地扩展到世界贸易组织法当中④,也扩展到其它法规当中,比如《卡塔赫纳生物多样性协议》

---

① *Le Relatif et l'Universel*, op. cit., p. 366 sq.; voir aussi C. Thibierge, « Préface », in M. Boutonnet, *Le Principe de précaution en droit de la responsabilité civile*, LGDJ, 2005.

② F. Ewald, « Le retour du malin génie. Esquisse d'une philosophie de la précaution », in O. Godard (dir.), *Le Prince de précaution dans les conduites des affaires humaines*, MSH/INRA, 1997, p. 99 sq.

③ J. Dutheil de la Rochère, « Le principe de précaution dans la jurisprudence communautaire », in Ch. Leben et J. Verhoeven (dir.), *Le Principe de précaution. Aspects de droit international et communautaire*, Panthéon-Assas, 2002, pp. 193-204.

④ G. Marceau, « Le principe de précaution et les règles de l'OMC », in Ch. Leben et J. Verhoeven (dir.), *Le Principe de précaution*, op. cit., pp. 131-150.

以及《京都气候变化议定书》。

因此,为了谨慎起见,需要一种新形式的专家知识,我们可以称之为全球治理专家鉴定(expertise mondiale de gouvernance),因为这种鉴定可以有助于全球的治理而不会产生混淆。它同时也需要专家的身份和责任同新职能相适应,换句话说,就是职业法律规范世界化(mondialisation du cadre juridique de la profession)。

1. 全球治理专家知识

汉娜·阿伦特看得极为精准,她在1961年写道:"行动力,至少从开启程序这个意义上说,是一直存在的;但是却成为科学家的特权。[……]一直以来被公众舆论认为是最缺乏实践最没有政治性的社会成员,最终却成为唯一懂得采取行动而且懂得以相关方式行动的人,这肯定是极具讽刺性的。"在认为科学团体是"历史领域中最具能量的群体之一"的同时,阿伦特还强调了科学团体行动的一个局限性,缺乏她所说的人类行动的"启示性"特征,这种特征如同"生产叙事使之成为历史的能力,这两个能力本身构成激发意义和理解性的源泉,渗透并照亮人类的存在。"①

如果说早已存在一个全球性群体,那这个群体无疑就是知识技术或者说专家技术群体。这个群体有可能拉近知识和权力的关系,我建议称之为"全球治理专家知识"。但是拉近并不是融合,确切地说,因为知识无法创造决定社会历史未来的决策。换句话说,知识与权力,关于治理的专家知识与政治决策的确定之间的断裂依然存在。

1.1 拉近知识/权力关系:从司法专业知识到全球治理专家知识

从司法专业知识到全球治理专家知识性质的转变首先可以从国家层面来观察。

在法国,这种现象可以追溯到二十几年前,那时创建了科学技

---

① H. Arendt, *Condition de l'homme moderne*, op. cit., pp. 402-403; voir aussi P. Bouretz, *Qu'appelle-t-on philosopher?*, Gallimard, 2006.

术选择议会办公室(1983)。但主要是通过各种危机,比如血液传染(这一危机促使人们重新修改宪法中政府成员责任规定条例)、石棉建筑危机以及疯牛病(从欧洲到全球的传播危机),人们才开始认识到科学专家鉴定,除了其显而易见的技术功能外,还有典型的政治功能:"因为它为政策决定提供了基础,甚至为立法程序提供了基础,专家鉴定将决定核能的选择或者其它类似能源形式选择的合法性,提供与之有关的风险和利益说明。"①

在立法方面,关于核能的讨论说明,立法程序本身十分复杂,因为立法者并不满足于依靠专家的评估来维护他们的决定,所以他们有时会强行着手研究,在知识和权力之间建立一种互动关系。因此,1991年12月30日法律,即人们所说的巴达耶法(loi Bataille),《关于放射性废弃物管理法》限制废弃物在地下埋藏的期限,要求每年提供一份关于长期活跃性放射性废弃物管理研究发展状况的报告及一份整体评估报告。这种新颖性不仅在于法律文本的"议会化",将总统决定权转交给议会,而且在很大程度加强了知识/权力之间的关系。该法律不仅规定了诉讼程序和进度表,而且确定了专家的任务:寻找解决方案,用以分离和转移长期活跃的放射性元素,研究在深层地质形成当中存储的可能性及在地表存放的方法(第4条)。② 一项"透明度与安全"的法律草案在初次审阅的时候就批准通过了(2006年3月29日),这项法律严格规定了对开发者信息的要求,重新组织监督和专业鉴定的规定,从而创建了一个新的安全政策机构,由总统和议会共同提名;同时另一份规定再次确定了只有议会才有权决定废弃物的埋藏工作。

在欧洲,谨慎预防原则要求对潜在风险做科学评估,这是作为

---

① M. -A. Hermitte, « L'expertise scientifique à finalité politique », *Justices*, 1997, n° 8, pp. 79-103; également Ph. Kourilsky et G. Viney, *Le Principe de précaution. Rapport au Premier ministre*, Odile Jacob/La Documentation française, 2000, p. 88 *sq*.

② É. Brézin, « La liberté c'est le pouvoir de la démocratie plus l'électrification », in J. -P. Changeux et J. Reisse (dir.), *Un monde meilleur pour tous?*, *op. cit.*

一切措施的先决条件。① 有时候是法官以这种谨慎预防原则强制要求国家权力机关利用专家技术。但是欧洲并没有做得十全十美,无可挑剔。欧盟的行政往往因为缺乏透明度而遭受人们的指责。为此成立了一些独立办事机构,它们负责风险的监察和评估,并同政府保持一定的距离。这些办事机构拥有各个领域的专业技术,从航空航海安全到食品安全,还有环境、医疗卫生、毒品以及歧视性行为等。最近参议院开始分析研究这些办事机构的欧盟代表团资格。它们的存在有可能使"政治决策的权力标尺向科学转移。[……]借用这样的办事机构有可能导致政治的去责任化(déresponsabilisation),从而有利于专家的利益,向真正的公共决策者提出了一个民主监督的问题"②。

参议员们为了他们的利益,重新引用欧盟委员会白皮书中的论证,规定这些独立办事机构是"允许的非正常化",并证明这些机构是为了更好地鉴别欧盟行动而有必要创立的,因为这是一个"透明的因素。通过这个因素,经济操作者和普通市民可以更加方便地识别谁在承担决定性责任。"

还有就是要扩大世界范围内的讨论:除了前面提到的政府间气候变化专家小组在京都气候变化议定书筹备当中的作用以外,还有一些负责技术标准的机构的工作,比如国际食品标准委员会(Codex alimentarius),那是一个政府间组织(结合各国政府和欧盟组织),负责制定食品标准,由五个科学技术专家机构构成。

该委员会于1962年由联合国粮农组织(FAO)和世界卫生组织(OMS)共同倡议创立的,它制定了包括食品和食品组织200多个标准,自世贸组织成立(1995年)以来,它的法律性质几乎完全具有立

---

① Arrêts *Alpharma c. Conseil*, aff. T-70/99, TPICE, 11 sept. 2002; *Commission c. Royaume-Uni*, aff. c-6/04, CJCE, 20 oct. 2005; *Artegodan et autres c. Commission*, aff. T-74/00, TPICE, 26 nov. 2002; *Industrias Quimicas del Vallés c. Commission*, aff. T 158/03, TPICE, 28 juin 2005.

② M.-Th. Hermange, « Les agences européennes: l'expert et le politique », rapport d'information du Sénat n° 58 (2005-2006), 27 oct. 2005.

法性了。我们都知道,世贸组织没有纯粹意义上的立法权,它的一些协议(关于卫生和植物检疫措施 SPS 以及技术壁垒 OTC 协议)具体来说都是通过参考国际技术标准来制定的。即使世贸组织的上诉机构不承认这些协议标准具有约束性(比如荷尔蒙事件),这些参考数据还是"改变了现有的套路",在激励效应(incitatif)和强制效应(obligatoire)之间引进一个高强度的中间标准,即一个建议性的标准(recommandatoire)。①

桑德丽娜·马里让-杜莄瓦(Sandrine Maljean-Dubois)曾指出:"尽管国际食品标准委员会的工作直到今日依然模糊不清,但是因为得到世界贸易组织法律的承认,所以取得了真正的政治策略重要性。开始的时候国际食品标准委员会只是传播技术标准的地方,今天却成为讨论法律原则的论坛"②。专家们所制定的技术标准同现存的法律条约(世界贸易组织的《马拉喀什协定》和《卡塔赫纳生物多样性议定书》)将会构成"三角形法规",连接三个标准领域,从而形成相互补充的作用。而且更有利的是,这些技术标准可以解决贸易领域(《马拉喀什协定》)和环境领域(《卡塔赫纳生物多样性议定书》)之间的冲突和矛盾。③

在这一点上我们还要证实赫尔芒热报告中所提出的猜测,即"政治决策权的标尺向科学转移",甚至是"政治去责任化对专家更加有利"。但是实际上,作为棘手的冲突依然来自政治领域。关于像转基因产品标签这样敏感性的问题,专家组成员无法达成一致意

---

① S. Maljean-Dubois, « Relations entre normes techniques et normes juridiques: illustrations à partir de l'exemple du commerce international des produits biotechnologiques », in E. Brosset et É. Truilhé-Marengo (dir.), *Les Enjeux de la normalisation technique internationale, entre environnement, santé et commerce international*, La documentation française, 2006, pp. 199-232.

② *Ibid.*

③ M.-A. Hermitte et Chr. Noiville, « Marrakech et Carthagène comme figures opposées du commerce international », in J. Bourrinet et S. Maljean-Dubois (dir.), *Le Commerce international des OGM*, La Documentation française, 2002, pp. 317-349; voir également *Le Relatif et l'Universel*, *op. cit.*, pp. 364-367.

见:"所有工作处于瘫痪状态"①。关于谨慎预防原则也是如此。1995年,国际食品标准委员会制定了"科学在食品标准决策中的作用原则"并通过预防应该是风险分析的因素之一的决定。但是在食品标准法典中,"谨慎预防原则"这个表达方式的使用"直至今日没有任何文本做出明确规定或者予以采纳"②。

因此,在知识和权力之间依然存在断裂现象(描述和规范),也就是说在专家技术(甚至包括管理层的)和决策(无论是司法、行政还是立法决策)之间存在着断裂。

1.2 知识/权力的断裂:专业技术和决策

在所有专业技术当中存在着一种悖论:越是存在不确定性,越是需要专家,但同时人们也越来越将他们的作用相对化。所以要从这个悖论出发。

气候变化问题无疑是最好的例子,可以清晰地说明从专业技术到评估再到决策的最后决定这一过程中所遇到的困难和众多模糊之处。

面对不确定性,专家们往往采取谨慎的态度。让·儒匝尔(Jean Jouzel)早已认识到"人类行为对环境的影响,从一开始的疑问到怀疑,最后变成完全肯定了。"同时他还观察到,"对于气候变化的研究方法不能局限于最近几十年或者几个世纪以来所发生的变化的简单线性推论,因为我们也许还会遭遇一种更快的令人吃惊的现象,这种现象与海洋、大自然和生态圈之间结合的非线性特征有关。"③在这里我们再次受到警告:从经济学家那里借来的参考方式,无论如何都无法预测温室气体的排放,但是却是"覆盖所有可能性的一次实践"④。

---

① S. Maljean-Dubois, «Relations entre norme techniques et normes juridiques: illustrations à partir de l'exemple du commerce international des produits biotechnologiques», *op. cit.*, p. 227.

② *Ibid*, p. 230.

③ J. Jouzel, «Les travaux du GIEC sur le changement climatique», *op. cit.*, pp. 373-381.

④ *Ibid*, p. 374.

经济学家也非常谨慎,罗杰·盖纳里(Roger Guesnerie)强调指出:气候政策的经济估算"从某种程度上激励着现有的有限法规"①。他围绕三点指出经济估算的困难:不可逆性,补偿了控制气候体系的消极无力;长时间性,这是强有力的不可逆行及气候分化可能性的必然结果;极端不确定性,这是伴随着长时间性相应而生的。

正是这极端不确定性使我们从被证实的风险(这一风险要求做出预防)过渡到潜在的风险(这一风险要求我们警惕防范)。在其它领域,像核电或者生化风险,让-皮埃尔·杜比(Jean-Pierre Dupuy)提出第三种风险,被其称之为"猜测性风险(risque conjecturel)",因为人们甚至不知道自己处于一个不确定的状态。那是一个具有复杂体系性质的风险,既牢固(因为体系的复杂多样性而使其可以适应很多变化)又脆弱(因为这些体系形式可以在突然之间从警戒线处发生颠覆倾倒,甚至产生断裂,数学家称其为灾难)。这样就产生了不确定性,当警报拉响的时候,已经为时晚矣。

在这些不同表现形式下,不确定性成为科学家的一项挑战,但对政治领导者来说则是更加厉害的一项挑战,因为它给决策造成不稳定性,而决策的取决从来没有与技术状态处于同一频率上:"要不就是标准化的缓慢工作同科学资料的快速发展形成明显差别;要不就是,当人们通过了标准规范的时候,科学工作还没有稳定下来。"②

因此产生了延迟决策的做法,有时被视为真正的"立法性技术",这种做法可以让立法者采取必要的时间来做决定。除了关于在实验室首次实施遗传工程经验的阿西洛玛暂缓决定(1974 年),以及 1999 年关于转基因植物的欧洲暂缓决定外,我在前面还提到了 1999 年关于转基因的欧洲暂缓决定。③ 关于这一案例,我们还记得,

---

① R. Guesnerie, «L'évaluation économique des politiques climatiques », in É. Bard (dir.), *L'Homme face au climat*, op. cit., pp. 383-389.

② «Introduction», in E. Brosset et É. Truilhé-Marengo (dir.), *Les Enjeux de la normalisation technique internationale*, op. cit., pp. 36-38.

③ *Le Relatif et l'Universel*, op. cit., p. 362.

这一决定是在2004年提出来的,但是却成为针对世界贸易组织的一个案件。当然延迟决策并不能解决一切问题,因为有时候需要做出紧急决定,采取谨慎态度并不足以明确专业技术和决策采用之间的关系。

在司法专业技术上,这种关系已经表现得非常紧张。一方面,人们依然保持专业技术和法官"判决垄断"(对法官来说,他们的确有时会实行自己的垄断权,对"专家意见采取谨慎态度"①)的正式分离。但是另一方面,法官的专业化又可以组织协调"科学和法律之间的对话",这一对话的目的不仅为了更好地限制每个领域的职能,而且要面向一种可以共享的标准化。最近有一篇论文,题目是《法官与专家》,论文的作者得出这样的结论:"法国法律只有在完全认识到专业技术标准化的情况下才能表现出具有科学理性的民主意义的高度"②。

当人们从司法技术过渡到管理技术时,标准化并没有消失。相反,当专家们制定法律规范技术标准的时候,就像国际食品标准那样,专家们几乎承担了立法职能。在这些交叉规范性(internormativité,介于技术标准和法律标准之间)现象上,还有一个更加间接的影响,这一影响在关系到人的事务上,同我们所说的交叉主观性(intersubjectivité)现象有关。海伦·儒兹-法布里(Hélène Ruiz Fabri)为此举了一个例子,就是2005年6月世界卫生组织提供了一份关于转基因食品的报告。如果我们还记得转基因生物商业化事件的话,我们就很难把它当作是一个简单的科学信息传播工具了。这个事件促使阿根廷和美国同欧盟产生对立意见,等待世界贸易组织的裁决:"整个日程安

---

① M. Boutonnet, *Le Principe de précaution en droit de la responsabilité civile*, *op. cit.*, p. 427, n° 867, citant deux arrêts du TPICE, *Pfizer Animal Health c. Conseil*, aff. T-13/99, 11 sept. 2002, et *Alpharma c. Conseil*, *op. cit.*; voir également *JCP*, 2002, II, p. 1021.

② O. Leclerc, *Le Juge et l'Expert. Contribution à l'étude des rapports entre le droit et la science*, LGDJ, 2005, p. 406.

排交叉而且缺乏协调,但不一定缺乏意识和影响。"①

基于这些影响,杜比(Dupuy)对未来的做法提出了三种区别:预报(prédiction,根据建立在原因基础的模式而定);预测(prévision,通过各种形势表现不同的可能性);预卜(prophétie),这可以结合专家言论的影响及其效能产生力量("预卜者在说某件事的同时,是让这些事情来到现存事实当中"②)。从纯粹世俗和技术意义上说,预卜者是将自己融入到自己的言论当中的人,因为在描述未来的同时,他也在决定着未来。

这种分析在面对气候变化问题的时候,可以产生这样一个没有太大挑战性的结论,即:"我们所面临的未来气候发展,简单地说,也就是我们的未来,在很大程度上依靠信念形成的集体认识机制,而不是依靠作用于水文学或者大气层现象的物理化学规律"③。很明显,这是将人类置于一个高于地球现象的位置之上,尽管存在很大一部分地球现象人类还没有掌握。

相反,我们上面提到的信念决定了决策的制定,考虑这种信念形成的"集体认识"机制,这也许可以运用到人类社会科学的其它很多领域,包括法律领域。

很多专家以他们自己的方式:或者自己宣称,或者通过国际组织的挑选(不一定非得是透明的,也没必要做出答复)成为全球治理的领军人物。而且相比政治责任,专家的责任也只限于国家领域。

---

① H. Ruiz Fabri, « Les enjeux de la normalisation internationale », in E. Brosset et É. Truilhé-Marengo (dir.), *Les Enjeux de la normalisation technique internationale*, op. cit., p. 321.

② J.-P. Dupuy, *Pour un catastrophisme éclairé*, op. cit.; voir également É. Etachelar, « Expertise scientifique et normalisation, le cas du Codex alimentarius », in E. Brosset et É. Truilhé-Marengo (dir.), *Les Enjeux de la normalisation technique internationale*, op. cit., pp. 159-174.

③ J.-P. Dupuy, *Pour un catastrophisme éclairé*, op. cit.

社会学家已经明显地证实了这一点。① 法学家对此有时也承认,比如,美国的法学家 D. 肯尼迪证明:司法界"看不见的同事"被视为知识的中立持有者,而他在全球治理引导当中却起着决定性的作用。肯尼迪观察到:每个学科"截取"的知识可以长期影响全球的决策,所以他呼吁司法人员放弃利用知识展开与政权对话的姿态。②

法国的法学家和经济学家同样也做出评论,尤其关于世界银行的三个报告(2004—2006)。这三份报告企图根据一些没有真正争议的数量标准来"评估法律的经济效果"③。

然而,面对全球问题,跨学科的专业技术与各种比较研究,不单是科学研究,还包括法律、经济、社会及文化领域的比较研究交叉融合,不仅可以提出统一形式的解决方法,而且还可以提供"符合形势"的方法,即:能够适应不同地方、国家或者地区环境的方法,因而显得更加必要。因为专业技术位于各种技术的交叉口处,因此可以很理性地认识空间边缘(国家边缘)和时间边缘(不同发展速度)。④

2. 专家职业世界化

玛丽-安热尔·赫密特于 1997 年发表了一篇文章,这是一篇关于具有政治目的的专业技术基础性文章。文章中提出民主"死角"

---

① Y. Dezalay et B. G. Garth, *La Mondialisation des guerres de palais*, Seuil, 2002; A. Cohen, A. Vauchez, M.-R. Madsen, G. Sacriste et H. Schepel, « Les juristes et l'ordre politique européen », *Critique internationale*, 2005, n°26, pp. 87-160; A. Vauchez, « Les fondés de pouvoir de la politique européenne », *Actes de la recherche en sciences sociales*, à paraître.

② D. Kennedy, « The Politics of the Invisible College: International Governance and the Politics of Expertise », *EHRLR*, 2001, n° 5, pp. 464-497 (notamment p. 497).

③ G. Canivet, M.-A. Frison-Roche et M. Klein (dir.), *Mesure l'efficacité économique du droit*, op. cit.; Association Henri Capitant, *Les Droits de tradition civiliste en question. À propos des rapports* Doing Business *de la Banque mondiale*, vol. 1, SLC, 2006.

④ 参阅《有序多元化》一书中提到的事例。

的问题:"同司法专业技术相反,这些专业技术没有任何组织、程序、规则、行为守则,同样的目录,目的是要保护工作的独立性或客观性。"①

十年来,在某些领域,尤其是国际范围内,形势发生了很大的变化。欧盟的指令关于专家在某些领域中,比如医药领域中的独立性具有明确的规定:"专家们的利益申报是透明度的黄金法则"②。而且这也是前面所提到的欧洲一些专门机构创立的原因之一。

同样,联合国粮食及农业组织(FAO)和世界贸易组织提出了"专家筛选新程序",目的就是考虑科学构成、利益冲突、世界各地区的代表以及男女比例均衡问题。自此,规定了三个筛选标准:"技术经验及职业认可;在相关领域的出版成果;参与团体讨论和撰写报告的能力"③。

与此同时,研究人员还自行组织机构。比如 MURS 协会(全球科学责任运动协会)的创立,标志着人们意识到技术全球化的影响以及规范职业行为道德的愿望。这种行为规范被视为对全球标准化的一种抵制,这也是事实,因为在一些人眼中,全球标准化因为很少考虑背景条件而缺乏人性化。④ 无论如何,由此展开的讨论应该有助于专业技术质量的规定,这是考虑专家地位的一个必要的先决条件。

---

① M.-A. Hermitte, « L'expertise scientifique à finalité politique », *op. cit.*, p. 81.

② Ph. Kourilsky et G. Viney, *Le Principe de précaution*, *op. cit.*, pp. 88-90 et annexes, pp. 369-379; voir également Chr. Noiville, *Du bon gouvernement des risques*, PUF, 2003, pp. 62-68; C. Thibierge, « Préface », in M. Boutonnet, *Le Principe de précaution en droit de la responsabilité civile*, *op. cit.*, pp. 415-429.

③ É. Etchelar, « Expertise scientifique et normalisation, le cas du Codex alimentarius », *op. cit.*, p. 171 sq.

④ J.-P. Alix, L. Degos et D. Jolly (coord.), *Normalisation, Mondialisation, Humanisation. Trois objectifs en contradiction pour soigner les malades*, Flammarion, 2005, notamment Ph. Kourilsky, « Éthique universaliste et éthique contextuelle dans les pays en développement », pp. 43-45.

2.1 专业技术质量

从司法技术到"具有政治性目的"的技术,独立/矛盾/客观三项式也可以应用于"管理"技术当中,条件是增加权限和多样性。权限是专家技术得以存在的原因;而多样性可以明确将地理、经济和文化特征结合到世界化当中来。

专业技术的独立性很少有争议,但也是专业技术质量最难处理的一点。在实际当中,人们往往指责专家在有关利益面前缺乏足够的独立性,这不仅指的是职业领域,而且也包括公共权力方面。① 所以会出现前面所提到的利益申报制度化问题。很多法律文本都有独立性标准的规定,比如欧盟指令关于转基因生物的规定,其中第20条明确规定了"必须明确以独立科学咨询为基础对环境危害做出评估的共同方法"。

如果说独立性与客观性具有明显的关系,那么客观性可以通过选择具有透明度(目的和动机)和对抗性(程序)的方法来得以加强。尽管在实际当中存在很多困难,但对抗技术还是通过欧洲人权法院以司法的正当程序的名义被强制规定下来[2];并由欧盟初审法庭移植适用于有关治理的专家意见。[3]

从世界角度来看,环境变化政府间专家小组所采用的方法似乎具有同样的目的[4],这也解释了为什么报告的撰写过程如此缓慢:几乎需要两年的时间将一些近1000页的报告改写为近50页的概述,然后再缩减成一份更短、旨在为"决策者阅读的简报"。审阅往往要进行讨论,随后才能进行最后一步,就是提交各国政府、科学委员会、政府决策机关以及非政府组织的代表许可批准。

---

① M. Boutonnet, *Le Principe de précaution en droit de la responsabilité civile*, op. cit., p. 418; Le Boy, « L'écolabel communautaire, un exemple du droit postmoderne », *RIDE*, n° 1, 1996, p. 69 sq.

② Arrêt *Cottin c. Belgique*, CEDH, 2 juin 2005.

③ Arrêt *Pfizer*, TPICE, op. cit., § 158 sq.; Chr. Noiville, « La réforme de l'expertise », *Du bon gouvernement des risques*, op. cit., p. 64.

④ J. Jouzel, « Les travaux du GIEC sur le changement climatique », op. cit., p. 367.

相反,世界银行的报告《经商》主要还是被指责缺乏客观性。所有的专家被认为是来自同一个思想学派,即所谓的 LLSV 学派(这是报告援引的美国教授和研究人员的姓名的首字母缩写),他们似乎过分地决定项目内容,从而"从十分有限的腐殖土壤中汲取智慧的根基"。亨利·卡皮唐(Henri Capitant)协会认为,这并不是一份真正具有"方法论、结论和归纳"①的评论性综合报告。因为这一理论学派来自于一个对国际法并不十分感兴趣的国家,所以它的分析基本上局限于国家法律,没有考虑规范性本身的复杂性质以及不同的规范空间,比如国家之间、地区和全球间的相互依赖性。

另外,报告的作者还提出分离经济领域和其它社会领域,限定指数,因为这些指数支配着几个可以精确计量的变量,比如增长率、失业率等。这些变量没有考虑社会公平问题或者环境问题。因此这样一份报告有可能产生十分荒谬的影响,它主张最简单最可以测量的改革,却不利于那些可能是重要的紧急的改革,对于后者报告中没有谈及,或者因为缺少客观指数而谈论得很少。②

当然,在 2005 年和 2006 年的报告中结合了一部分 2004 年报告的评论性文章,这样可以显示一种有效的发展性措施。但是开始的设想似乎并没有引起争议,即:治理需要统一,良好的治理就是汲取西方法律理念的治理。报告的作者们在各种评论的影响下,准备在习惯法中结合一些大陆法的做法,但是并没有因此而考虑接受来自其他文明的指数。

多米尼克·勒库尔(Dominique Lecourt)在发展研究学院主持着职业行为规范和道德咨询委员会③的工作。2005 年 5 月该委员会通过了一项"发展研究实践手册"草案,手册中提出了多样性原则,尽

---

① Association Henri Capitant, *Les Droits de tradition civiliste en question*, *op. cit.*, pp. 15-16.

② P. Salmon, «L'apport informatif des rapports *Doing Business* est précieux mais attention aux effets pervers», *op. cit.*

③ Voir «Guide des bonnes pratiques de la recherche pour le développement», IRD, mai 2005.

管没有明确使用这个词语,但是却表明了这一原则的重要性。

具体措施就是将"真实可靠的合作者"同来自发展中国家的研究人员安排在一起,不管是制定研究计划(原则1—7条),还是实施计划(原则8—10条)或者是项目的跟踪和增值工作(原则11—15条)。这一合作概念可以为多样性提供一个具体的内容,决定以全球为使命的治理专业知识的合法性。

但是合法性并不局限于专业技术的质量,还关系到专家的身份地位。

2.2 专家的身份地位

从纯粹意义上说,如果说专业技术不是一种"职业",每位专家首先应该尊重他自己职业的行为规范的话[①],那么有关专家地位规定的大部分主要原则,无论是研究自由还是研究人员的言论自由,都早已在各种法律文本中做了规定,包括各国的法律文本和国际上的法律文本。

研究自由反映了特殊的方法手段,但是却不精确。1997年欧洲理事会(人权和生物医学规约)和联合国教科文组织(人类基因图谱和人权普遍宣言)通过了两项方案。它们在考虑到"社会与伦理道德牵连关系"(联合国教科文组织宣言第13条)的时候,既阐明了研究的自由又表现了研究的局限性。还有2005年联合国教科文组织发表了一份关于"知识社会"的报告。这份报告明显区别"信息"的技术经济观念和"知识"的人道主义观念,后者同可持续发展的客观性有密切联系。

从欧共体来看,欧盟要求制定欧洲研究人员宪章(2005年3月11日),宪章中附款有一部分将研究自由同道德原则和职业责任结合起来,但是依然存在一些十分模糊的概念,比如"人类福祉"或"对人类有利的工程",这些概念还留有大片解释空白。

尽管欧盟基本权利宪章所覆盖的领域很广,但相对来说比较明确。对于"艺术和科学自由",第13条没有做出绝对的特征描述,需

---

① R. Encinas de Munagorri, « Quel statut pour l'expert? », *RFAP*, n° 103, 2002, pp. 379-390.

要结合其他规定来考虑,比如第 3 §2 条关于"医疗和生物领域"参与人员的规定(需要经过批准,禁止优生学和对人克隆生产),第 52 条关于公共秩序限制性条款(列举欧洲人权公约的规定);以及第 17 §2 条,保护知识产权,这是交换自由化的又一新问题(援引世界贸易组织的有关协议和 2004 年 4 月 29 日欧盟指令)。

在实际当中,尤其是通过研究人员的言论自由来树立专家的身份地位,欧洲人权公约第 10 条言论自由的规定可延伸适用于此。欧洲人权法院承认科学人员在公共讨论当中有自己的地位,可以揭露公共销售的产品的危害性,而不违反商业信用。①

即使判定的案例似乎具有某些局限性(微波炉的卫生问题),欧洲的法官还是主张整体利益原则,他们肯定了科学讨论在"公共健康领域是极其必要的",并认为"将言论自由限定于普遍接受的少数思想范围内将是一种极端的行为"。这样的裁决因为需要考虑责任的问题,从而显得更加重要。

自由和责任之间的联系既敏感又复杂。说敏感难处理,那是因为研究员的言论自由(话语权)和保守机密的必要性(缄默权)之间的张力。无论是保守职业秘密还是禁止诽谤诬蔑甚至恶意中伤,科学家们越来越多地被要求必须保守机密。说复杂多样,那是因为国际法(地区的和世界的)和各国法律之间的互动很多。我们知道,刑法与民事责任不同,它对"专业技术创建根本不感兴趣"②。因此职业道德的方法有一定的意义,就像我们前面讲过的关于经济活动者那样,它也许可以将普遍性职能原则同各国法官的实施办法结合起来。

美国在 1989 年通过一项"吹哨人保护法案",该法案适用于所

---

① Arrêt *Hertel c. Suisse*, CEDH, 25 août 1998.

② R. Encinas de Munagorri, « Quel statut pour l'expert? », *op. cit.*, pp. 388-389; voir aussi G. Martin, « Expertise et responsabilité juridique », in G. Degrop et J.-P. Galland (dir.), *Prévenir les risques : de quoi les experts sont-ils responsables?*, Éditions de l'Aube, 1998.

有领域,包括环境和医疗卫生领域。玛丽-安热尔·赫密特和克里斯蒂娜·努瓦韦尔(Christine Noiville)根据这一法案,曾提出"警报专家(expert lanceur d'alerte)"这一概念①。那么我们是否应该发展到这所谓的"警报专家"的身份地位问题上呢?两位学者认为,其它普通法国家(如英国、南非、澳大利亚等)所做的范例可以启发我们考虑未来关于专家地位的全球性规定,她们大致地描绘了一些基本条件(信誉、善意、证据等)和形式条件(匿名和限制、第三者的作用、律师或法律顾问等)。同时还需要补充后续条件,这要求以补充性研究来核查。但是还有很多问题有待解决,比如信用问题以及警报的集中性问题。在创立具备特殊方式的预警裁判权的时候,人们依然会持有迟疑态度,因为这有可能引起同其它裁判机关,比如国家的或国际裁判机关的解释相冲突的现象。在所有的假设情况下,还需要解决如何将专家的身份地位同现存的法律手段,尤其是欧洲人权保护手段结合起来的问题。

总之,通过向公众传播信息的问题,我们思考了如何在专家全球化和"知识民主化"之间建立联系。其中知识民主化需要完全透明(也许,这一点既不可能也不是人们所期望的),但至少为获取知识技能和分享技能提出了一些思考。

第二节　知识民主化

首先应该回到"消极公民"这个非常奇怪的说法上。长期以来,即便是在最具有代表性的民主基础上,这种表达方式不仅使所有妇女,而且也包括所有残弱的人和穷人,被剥夺了选举的权利。对于这些"卑贱的人"(Thiers),在巴黎公社血腥镇压中诞生的第三共和国迟迟才承认他们的存在,确切地说,只是因为他们所谓的无知。

如果说所有人类从他的法定年龄开始就成为"积极公民"的话,

---

① M.-A. Hermitte et Chr. Noiville, « Quelques pistes pour un statut juridique du chercheur lanceur d'alertes », *op. cit*.

那么民主化就成为一个不可完成的过程了。同时民主化因为不断增强而变得越来越国际化(我们可以是自己城市和国家的公民,同时也是欧洲公民,世界公民),公民身份有多种变化:积极公民,这一身份变成了交互性的、准备从代表性民主过渡到参与性和决议性民主。

因此知识技能同权力是相连的。获取知识,首先从教育权开始,要求很好地行使民主代表权。虽然互联网的出现可以在"网络管理"当中拉近管理者和被管理者之间的关系,但是互联网的出现促进了信息权参与形式的出现,甚至促进交互性形式的形成。

从公共讨论到线上讨论,那些在制度化的权力之间建立起来的权力网络早已遭到数字化网络权力的入侵。数字化网络不分等级,汇集了各种社会活动者,颠覆了权力游戏场,宣布了新一代无产阶级革命。通过互联网,一种全新的互联网络关系(pronétariat)①正要打破古老的游戏规则。

自由竞争原则是建立在竞争精神之上的,它必然同建立在分享精神之上的团结互助原则发生冲突。"分享"这个词所包含的意义十分丰富,具有双重含义:多米尼克·勒库尔指出,分享指的是"划分和结合同时拥有,几乎不可分割。"②由于知识的分享,"学者(savants)"和"知情者(sachants)"之间的区别界限正在变得模糊不清。同时,知识分享需要重新建立知识产权法。

但是民主化并不是统一的。它甚至可以帮助修正完全由市场保证的统一全球化的影响,保留诗人爱德华·格里桑所说的"世界性"这一多样化观念。

由于知识的增加,我们发展到文化对话。从此,国际法(联合国教科文组织2001年和2005年先后通过了文化多样性保护和宣传的宣言和公约)确定了文化多样性原则,这标志着从信息社会到"知识

---

① J. de Rosnay, *La Révolte du pronétariat. Des mass media aux medias des masses*, Fayard, «Transversales», 2006.

② D. Lecourt, «L'idée de partage», in F. et E. Hirsch (dir.), *Éthique de la recherche et des soins dans les pays en développement*, Vuibert, 2005, p. 1.

社会"过渡的变化过程。①

联合国教科文组织关于文化多样性公约没有优先考虑北方国家强加于南方国家的单一的知识模式,但承认"传统知识作为物质性和非物质性财产来源具有极其重要的地位,尤其是土著居民的知识体系,他们在可持续发展当中起了积极的作用,因此有必要通过适当的方法对这些知识进行保护并促进其发展。"公约还指出,由于信息交流技术的快速发展变化,有利于世界化的进程。这一进程"为文化之间的互动创造了前所未有的条件,也为文化多样性带来了挑战,尤其是会造成富裕国家和贫穷国家的不平衡。"

为了达到接近真相的各种道路,提高讨论和论战的价值,这一现象应该激起一种"有争议的和谐性"研究。这种研究应该采用像七世纪阿威洛依(Averroès)或者复兴时期皮科·米兰多拉(Pic de la Mirandole)这样伟大的思想家和哲学家所使用的实践辩证主义方法。②

1. 获取知识:管理者与被管理者

教育权是民主化进程的中心。因为关系着公民和政治权利与经济社会文化权利,所以在1948年被纳入《世界人权宣言》当中(第26条)。

但是宣言(第19条)同时在言论自由的延伸部分也规定了接收和传递信息和思想的权利,不受边境的限制。根据这项法律文本,按照全世界(如联合国公民权利和政治权利公约第19条)和地区(如欧洲人权公约第10条和欧盟基本权利宪章第11条)人权保护规定,我们进入一个相互作用的动力机制,这一次新数字技术可以改变成"网络管理"。

1.1 从教育权到信息权

信息越是具有学术性,越难以民主的形式组织寻找信息,尤其

---

① 《Vers les sociétés du savoir》, op. cit.

② Ali Benmarkhlouf, *Averroès*, Les Belles Lettres, 2003; H. de Lubac, *Pic de la Mirandole*, Aubier, 1974.

是关系到侵犯生命的相关案件的法律专业技术①,或者是全球治理技术。

我们再以气候变化为例,政府间气候变化专家小组已经在很大范围内组织了科学界和政治界之间的知识转移。但是普通大众的信息似乎依然有限,尤其是很多限制条件对交流方式产生影响。数量限制:因为所谓"压缩"率的问题,媒体只能获取科学出版物中 $1/4000^e$ 的信息。② 还有质量限制,因为各个专栏的分隔将会给信息的协调性造成一定的困难,这些信息可以同时反映科学、国际关系,以及其它社会、环境、交通、住房、饮食等等有关方面。

所以应该加强"信息原则"③。关于这一点有各种不同的反应,尤其在环境问题上。地方上有一些实际做法,比如地方行政区域一般法典中所规定的全民公决(第 L. 2142-1 *sq.* 条),而国家层面也有一些实践,比如法国 2002 年 2 月 27 日重新修改的关于基层民主的法律中所规定的公共调查和公共讨论程序。除此之外,必须告知公民他们所面临的危险,这一点在欧洲人权法院有明确规定④,并被纳入到欧洲的法规当中。这往往是针对各个领域的规定,但有时也作为普遍规定确定下来。因此,1998 年 6 月 25 日在丹麦签署的公约(即《奥尔胡斯公约》)确定了环境方面信息与公平的公共权以及参与决策的权利。

很多共同体指令对这一权利加以补充,使得这一权利通过新的参与性实践扩展到环境问题以外的领域,比如像首先在丹麦发起的公民会议。在法国,1998 年的时候关于转基因生物问题曾有过这样

---

① L. Neyret, *Atteintes au vivant et Responsabilité civile*, LGDJ, 2006, n° 794-796.

② J.-M. Jancovici, « Évolution du climat futur et enjeux pour la société : comment débattre sur des bases saines? », in É. Bard (dir.), *L'Homme face au climat*, op. cit., p. 431.

③ Chr. Noiville, *Du bon gouvernement des risques*, op. cit., p. 102.

④ Arrêts *Guerra c. Italie*, CEDH, 19 fév. 1998 (industrie chimique), observ. S. Maljean-Dubois, *RGDIP*, 1998, p. 995; *L. C. B. c. Royaume-Uni*, CEDH, 9 juin 1998 (essais nucléaires).

的经历。① 目的是建立一个公民平台,由领导小组规范要求,并由这个小组决定赋予这种组织何种地位,组织讨论,最终制定面向政治权力的建议。他们的愿望是要参与"立法者法律思想形成过程。立法者接收15名公民的建议,他们仅作为公民而不是专家委员会或执政党的一方来采取行动,经过几个月的思考,对立法者提出明确的具有普遍意义的问题。"②玛丽-安热尔·赫密特强调指出,这种做法"深深地改变了考虑问题的自由",在实际当中,大部分建议被逐步采用。

所有的问题就在于此。尽管立法者原则上保留接收和考虑审慎建议的自由,但是这样的影响,会让人对自我树立起来的公民独立性和代表性提出质疑,换句话说,对这种方式的政治合法性提出质疑。

我们也可以就更为官方的举措提出疑问(有可能收回所提出的建议),就像法国两位参议员(René Trégouët and Franck Sérusclat)所做的那样,他们推出一个共同制定法律立法文本制度,邀请网民对法律草案做出反应并提出建议③;或者像2007年总统大选中提出的"市民专家"活动一样。

由于这些市民是作为共同立法者或专家参与的,实际上,如果这些新措施具有足够的互动性的话,那么通过数字技术,我们会过渡到另外一个层面,深刻改善传统上管理者和被管理者之间的等级化关系。

1.2 数字化及网络管理研究

不是因为意识形态的原因,而是事情本身的力量使得数字化必定会引起一定的争议。这不仅关系到法律规定,而且关系到权力的

---

① D. Bourg et D. Boy, *Conférences de citoyens, mode d'emploi: les enjeux de la démocratie participative*, C. L. Mayer, Descartes & Cie, 2005.

② M.-A. Hermitte, « La fondation juridique d'une société des sciences et des techniques par les crises et les risques », *op. cit.*

③ J. de Rosnay, *La Révolte du pronétariat*, *op. cit.* p. 203.

组织问题。① 互联网因为无处不在,所以才使它具有不可固定的性质,为此互联网不受国家规定的管理,因为国家法规要求具有一定的稳定的时空限制:"网络用户具有主动性,虚拟空间使网民具有独立自主性,他既是传播者又是接收者。"②

如果每位网络用户都是独立自主的话,那么将会不可避免地发生权力冲突。因此,依照传统渠道,互联网似乎不可能予以管理。除此之外,"互联网治理"这个表达方式恰恰表达了在国家甚至全球范围内寻找可接受并且可替代的解决办法。

1998年法国行政法院认为,要将数字网络变成一个"公民性空间(espace de civilité)"③,公共活动者必须在场。由克里斯丁·保罗(Christian Paul)主持的议会考察团已经明确提出将私人的自我调节同公共调节相结合的必要性。确切地说,就是建立经济社会活动者与传统上具有机构性质的公共活动者(立法机构、执法机构和司法机构)之间的联系。网络权益论坛于2001年5月创立,目的是便于实施"共同调节政策"④。随后的几项法律(2003年"数字经济",及2004年的"数字经济信誉及传播权")都多多少少成功地结合了这两种途径。

2001年5月22日宣布了一份关于协调著作权及相关权利若干问题的欧盟指令,这份指令的实施激起了信息社会关于著作权及其相关权利法草案的讨论,这被视为反对网上免费下载音乐和视频的一项武器。经过议会和参议院的激烈讨论之后,网民们对2006年6

---

① *Le Relatif et l'Universel*, op. cit., « Les flux d'informations », pp. 331-351.

② P. Trudel, « La *lex electronica* », in Ch.-A. Morand (dir.), *La Mondialisation saisie par le droit*, Bruylant, 2001, p. 225.

③ I. Falque-Pierrotin et J.-F. Théry, *Internet et les réseaux numériques*, rapport du Conseil d'État, La Documentation française, 1998.

④ Chr. Paul, « Pour favoriser la régulation sur Internet: un organisme de type nouveau », rapport au Premier ministre, vol. II, p. 99 sq. ; I. Falque-Pierrotin, « Le forum des droits sur Internet: un instrument de gouvernance », in G. Chatillon (dir.), *Le Droit international de l'Internet*, Bruylant, 2002, p. 285 sq. ; *Le Forum des droits sur l'Internet: premier rapport d'activité*, La Documentation française, 2003.

月通过的法律一直持有异议。

联合国内部首先于2003年在日内瓦,随后于2005年在突尼斯举办了全球信息社会峰会(WSIS),从此展开了全面思考。2003年日内瓦宣言标志着第一步的开始。所提议的行动计划建立在信息和发展关系基础上,并明确了改善连接和获取通信技术(TIC)的"指示性目标",甚至提出成立数字一体化基金。这个行动计划认识到,在联合国范围内而不是世界贸易组织范围内建立各国与私有领域之间合作关系的必要性。所以,这个行动计划交付给联合国秘书长一个任务,就是让他自己组建一个"网络治理"工作组,根据"开放且兼容"程序,吸纳各种政府间组织、国际组织以及其他经济和公民活动者参与,构成一个多方的合作伙伴关系(multi-stakeholderisme)。目的就是要研究网络治理,提出建议措施,尤其是关于"普遍利益"问题的措施,并划定各种不同合作者的责任范畴。

这项管理的轮廓还没有具体明确下来,尤其是文化工业世界化与文化世界化是不同的概念。信息的迅速发展扩大并没有取缔文化差异,我们很理解这样的一个心理,就是担心看到"为了地球村的梦想而牺牲传播交流,因为这将会导致一场无交流的噩梦"①。出于这种谨慎的心理,多米尼克·吴尔敦(Dominique Wolton)建议优先考虑"传播社会"的目标,认识到真正的意义"不是信息和传递,而是接收的条件"。

突尼斯峰会的时候,人们对这个问题又重新展开讨论,讨论的方向更倾向于政治性,考虑到合作者的多样性以及他们所维护的利益,开启了一项新的"关于信息社会的讨论"②。但是这个讨论还没有完成,尤其是因为美国想要保留主控权,所以美国一直表示强烈

---

① D. Wolton, « De la société de l'information à la cohabitation culturelle », *Libération*, 8 déc. 2003.

② P. Jeet Singh et A. Gurumurthy, « WSIS. The Begining of a Global Information Society Discourse », doc. Instituto del Tercer Mundo, déc. 2005 (http://wsispapers.choike.org).

反对。① 自突尼斯峰会之后,研究人员之间的协作,像 Vox Internet 网络那样(由科学家、法律人士、社会人文科学专家构成,希望互相交流互联网调控管理发展方面的研究),认为这个问题"完全是开放的,[…]而且目前的技术发展变化蕴涵着许多新的不确定性"②。

人们开始意识到这样一个事实,即:"互联网用户正在颠覆着传统的力量关系"③。通过新的智库网,包括"元语言"④研究,可以组建各种群体,或者进行临时行动,比如上街游行示威或者抵制某些产品;或者,更广一点儿地说,介入到政治或者媒体活动当中。这一点我们不仅从前面提到的反全球化主义运动中可以看到,而且从法国和美国最近几次大选中也可以看出。互联网开始改变各种力量的平衡关系,包括:传统媒体与新兴媒体之间的关系;传统政治格局与所谓的新公民格局。"舆论博客"是一种时事笔记,多多少少拥有一些支持者,具有一定的主观性,但是它是面向所有人,越来越被当作一种传播工具来使用。除此之外,人们开始谈论"市民记者",或者"可参与人员",来指那些"编辑和收集来自个体的信息(作为一种目击证人出现),提供一些照片、视频或录音等人员"⑤;还有"市民通讯员",指的是收集信息的众多网民。

韩国的 OhMYNews 计划和法国的 Agoravox 计划就说明了这种参与记者的性质⑥,他们似乎要颠覆政治权力的平衡,而且同时也包括

---

① *Le Relatif et l'Universel*, op. cit., « Les flux d'information », pp. 331-351; V. Mayer-Schoenberger et M. Ziewitz, « Jefferson Rebuffed. The US and the Future of Internet Governance », *Harvard University KSG Faculty Research Papers* (RWP06-018), mai 2006.

② Vox Internet, lettre de diffusion n° 1, 14 fév. 2006: contact@ voxin-ternet.org.

③ J. de Rosnay, *La Révolte du pronétariat*, op. cit., p. 95.

④ P. Lévy, *L'Intelligence collective. Pour une anthropologie du cyberespace*, La Découverte, 1994; « On a le cerveau mais pas encore le langage », *Libération écrans*, 10-16 juin 2006.

⑤ J. de Rosnay, *La Révolte du pronétariat*, op. cit., p. 117.

⑥ « Agoravox, une des premières expériences européennes de journalisme participatif », *ibid.*, p. 119.

经济权力的平衡。即使利益经济和免费经济之间具有明显的对立关系,但是一旦免费产品变成一种吸引人们支付随后的服务的一种宣传品(比如广告、订阅网络报纸等)的时候,这两者之间的对立就变得十分细微。除了竞争影响以外,还有互补性甚至协作性潜在影响,以至于有些人认为,市民记者并不会对大媒体产生影响,相反,他们将是大媒体的一种扩展。①

网络治理的问题关键在于:这种具有网络信息特性的个体之间的互动如何能够保证真正的信息民主化,并符合信息民主所要求的独立公正标准。

其中具有不容忽略的积极的一面。在一些限制言论自由的国家,市民记者有时是唯一提供自由信息的来源。所以,这也会给市民通讯员带来巨大的风险,但是人们早已想到应对措施,保护信息公布的匿名化,确保保密性,尤其是规避审查(2005年9月由无国界通讯员协会出版了一份博主网民实用手册[*Guide pratique du bloggeur ou du cyberdissident*])。不管怎样,市民记者以一种横向的方式(全体对全体)传播信息,这样有利于联结地方和全球范围的联系,这种联系比那种自上而下传播信息(从一到全体)的传统媒体要广泛得多。最后,如果所接收到的文章按照主题加以分类,并转向调控人员,并由他根据可靠性和质量进行评估的话,那么信息的可靠性就可以得到加强,而其中最好的编辑也会成为编辑部的成员。

但是我们也不应该太天真。操纵性信息、扭曲的信息、甚至是一些具有犯罪目的的信息也随着这些积极的影响而一起发展起来。为此,对信息内容的管理也是大家关注的一个问题。

为了解决这个问题,必须回到共同调节这个思想上,而且要在全世界范围内进行调节,同时结合不受任何约束的私人自我调节和以责任为基础、按照国际水平加以规定、在各国实施审查监督体系。确切地说,正是这种国际化、这种全体活动者(包括公共活动者、经

---

① «Agoravox, une des premières expériences européennes de journalisme participatif», *ibid.*, p. 124.

济活动者、以及市民和科学人员)共同参与性使美国持反对意见,因为这是他们不愿意看到的。

而且这种国际化还需要考虑信息本身是一种"公共财产",这样才有可能实现并真正实现知识共享。

2. 知识共享:学者和知情者

只获取到知识是不够的。百科全书在线出现,对所有人完全免费开放(比如维基百科在全球范围内开放,任何想在上面撰写修改文章或某个定义的人都可以提供他们的文字),便利了民主化进程,也使得人们对民主化更具有期待。这不仅会缩小数字分化,而且还会缩小更为深层更为古老的、处于权力与知识张力核心位置的认知分化。

为了达到这个目的,必然要重新思考知识"产权"这种奇特表达式下所表达的内容的法律体系。知识产权是为了促进不同形式的创新而构想的一个概念,实际上这一概念,就像这个名称所表示的那样,是以适应占有为基础的,也就是说,以授予私人权利为基础,这一权利排除了第三者的使用,或者在一定期限内提高使用价格。知识分享意味着取消这些权利,至少是重新平衡学者和知情者之间的权力。这里"学者(savant)"指的是那些获取并且有时会创造新知识的人;而"知情者(sachant)"这个词采用的是现在分词的形式,指的是行为认识,经过一代一代传承下来的、亲身体验过知识的人。

所以知识分享要经过知识产权的双重调整:一方面限制有利于非专有财产被作为"公共财产"[①]的现存法律;另一方面,推广新法律,通过传统知识保护生物多样性和文化身份认同。

2.1 公共财产,限制知识产权法

同"公共财产"有一个相近的概念,即"人类共同遗产",因为担心会产生一些事与愿违的影响[②],人们放弃了这种说法。也正是在

---

① Ph. Aigrain, *Cause commune*, *op. cit.*

② Voir *Le Relatif et l'Universel*, *op. cit.*, «Du patrimoine commun de l'humanité aux biens publics mondiaux», pp. 92-96.

这个时候,"公共财产"才被引入到法律词汇当中。这是从经济领域借用的词汇,所以在法律领域很难归类。一方面,公共财产反映了很广泛的社会层面的东西,比如:在人权词汇用语当中,公共财产涉及到经济权、社会文化权利,就像在信息以及医疗卫生等方面一样。另一方面,它还反映了物理层面的东西,如:水、空气、气候,更广一点儿说,还包括环境。

初一看来非常杂乱多样,这一范畴在知识产权法的局限内,不仅提供了伦理基础同时也提供了法律基础。尽管这种命名不是非常稳定(有称为"公共财产",也有称为"世界公共财产"或者"世界集体财产"),但是却被当作一种类型(不会引起竞争的财产,分享这些财产并不意味着消失)和一种法律制度(具有非排他性的包涵性权利,是一种共同管理)来看待。

尤其是专利权,成为人们关注的焦点:"30 年的狂热"[①]引起专利领域的扩张(关于活生物的专利权及软件的专利权)、与专有权相关的保护期的延长(从最后一位"发明者"去世之后 30 年延长到 50 年甚至 70 年)以及法律保护制度的严格化(加强诉讼程序和民事及刑事惩罚)。

在这样一个背景下,玛丽-爱涅尔·赫密特认为卫生和环境危机"像战争和革命一样"给人类带来危害。带着这种思想,她提出了一个以诚实为基础的社会契约新设想。由于内战而造成的社会分裂,可以通过向"真相和解"委员会供认自己的行为而重新组建。同样的道理,赫密特认为,面对卫生条件或环境危机,最好是直接承认事实而不是对事实有所隐藏,这样可以对解决问题必要性达成一致意见,在此基础上,建立一个"新国民,集合所有普通市民、政界人士、科学家和工业家,他们可以暂时将彼此的分歧放置一旁,重新建立一个社会契约,并吸收我们周围一些自然和人为的文化"[②]。

---

① Voir *Le Relatif et l'Universel*, op. cit., «Du patrimoine commun de l'humanité aux biens publics mondiaux», p. 99.

② M.-A. Hermitte, «La fondation juridique d'une société des sciences et des techniques par les crises et les risques», op. cit.; id., «Bioéthique et brevets: le nouveau contrat social issu du système international», op. cit.

在避免一切有可能转变成忠于普遍救赎信念、扩大对普遍公共财产的思考的前提下,围绕知识/权力重构编织社会关系,这是一个极富有吸引力的想法,但是从技术方面来看是极为复杂的,因为这需要通过各种限制才能完成知识产权法的制定。

《与贸易有关的知识产权协定》总则规定,排除有违反人类尊严、公共秩序以及良好风俗习惯的发明的专利权(ADPIC 第 27 § 2 条;欧盟指令[1998]第 6 条;知识产权法第 L. 611-17 条),以及有关人类身体的专利(欧盟指令第 5 § 1 条;知识产权法第 L. 611-18 条)。健康作为公共财产被加以保护,这一点我们还在世界贸易组织关于药剂药品专利问题的国际讨论当中可见一斑。从多哈协议(2003)到香港协议(2005),这个问题也只解决了一部分,那就是授予低成本生产非专利药品的许可权。

因此,欧洲正在建议制定一个规范,对强制许可制度做出规定,从而可以实施多哈宣言中的规定。强制许可的实施交由各国相关职能部门管理,由后者一方面监督是否遵守欧洲法律,另一方面确保世界贸易组织法律的执行,避免走私活动。

这是国家法、地区法和世界法相互汇合构成法律国际化的一个新例,药品的问题同时也有助于我们理解公共财产这个概念的使用,因为这样就可以注意到,健康问题可以对知识产权领域有所限制,其结果就是:这对医药的价格产生影响。当然,限制的规模可以从标准水平向其他水平转变。比如,关于基因专利,法国 2004 年 8 月 6 日颁布的法律在关于发明者的延伸权益方面比欧盟指令要更加具有约束性。[①] 这就为各国自主空间和多样性的概念讨论打开了一扇大门。

但是,专利权的法律复杂性不应该模糊了政治在知识产权方面

---

① M.-A. Hermitte, « La fondation juridique d'une société des sciences et des techniques par les crises et les risques », *op. cit.* ; *id.* , « Bioéthique et brevets : le nouveau contrat social issu du système international », *op. cit.* , p. 155.

连接知识和权力之间关系当中所起的重要作用。当我们考虑到与"公共信息财产"相关意义的时候,这种关系显得更加密切,因为它们是民主协商的载体,直接约束着民主协商的新形式,似乎是政治行为的一个具体工具,甚至是"政治空间重新创造的基础"①。

换句话说,社会契约的重建不应该只限于反对全球危机和风险负面防护战略上。如果重建能够促进整体公共财产积极战略的发展的话,那它就更具有效果。这种促进并不排除一些适应性,因为当研究意味着在实现之前进行重要投资的时候,所有权是一种必要的刺激因素。菲利普·艾格兰(Philippe Aigrain)甚至就这一标准制定了一个"权利性质选择表"②。

但是与知识产权的机械性限制不同,分享这个概念同时也要求建立新的法律来保护传统知识,目前来说,通过生物多样性和文化认同的这些讨论,人们对传统知识的价值已有所发现。

2.2 生物多样性,文化认同及新的知识产权

对生物多样性的保护不限于对环境的保护,避免自然资源殆尽的风险。无论是从环境权还是从发展权的角度看,其目的都是要"保存"生态多样性,以及"长期持久使用"的环境资源,1993年公约序言明确了"保证公平分享使用过程中的利益"。

而且,除了发展权以外,这种"公平分享"本身反映了知识产权。自从北美③和欧洲④先后通过生物专利权法以来,知识产权法已经成为生物多样性的关键法律之一。

---

① Ph. Aigrain, *Cause commune*, *op. cit.*, p. 261.

② *Ibid.*, p. 154.

③ Affaire *Diamond c. Chakrabarty*, 447 US 303 (1980): voir B. Edelman, É. de Fontenay, F. Gros, M.-A. Hermitte et *al.*, *L'Homme, la Nature et le Droit*, Christian Bourgois, 1988, p. 27 *sq*.

④ Directive du 6 juil. 1998. Voir aussi E. Brosset, « Brevetabilité du vivant, biodiversité et droit communautaire », in S. Maljean-Dubois (dir.), *L'Outil économique en droit international et européen de l'environnement*, La Documentation française, 2002, p. 324 *sq*.

实际上,自 1980 年起,发展中国家由于担心整个局势对其不利,开始推出"人类共同遗产"这个表达式。如果自然资源在这些国家境内可以自由获取的话,如果改变自然资源受专利保护的话,那么实际上,这些开始就是免费的资源可以以付费的形式再次回归原始所在国,因为它们经过了加工重建。因此就得出这样一个结论:"同重新收回所有矿产资源主权方式一样,南部国家也希望重新收回生物资源的主权。"[1]

但是"收回生物资源的主权"只是第一步。我们看到,从 1994 年开始,非政府组织一直在抗争取消黄楝的专利权。黄楝是生长在印度次大陆上的一种树木,具有多种利用价值,尤其具有药物性价值,拥有两千多年的历史。在这一案例当中,欧洲专利局最终还是判定非政府组织有理。根据法官的判定,黄楝不仅不能专利化,而且黄楝的使用,即使是经过工业加工过,也不能使其具有专利保护性。[2] 问题在于,这样一来,传统知识几乎没有任何价值,而要认可传统知识的价值那就需要通过经济增值的方式来完成。

所以产生新的一步,就是公约缔约国关于生物多样性的第二次会议(1995)。会议当中人们开始设想新的知识产权法,试图协调公约中规定的不同目标(保存并长期持续使用生态多样性,公平分享使用结果)。这不是要谴责生态盗用行为,让各个能带来贡献的团体失去所有商业价值,而是要通过对传统知识的清点来构想一部法律,为世界知识产权体系添砖加瓦,比如从集体权利(产地命名、集体商标、证明商标等)模式中汲取灵感。

这种新型法律也许可以重新认识当地人民所掌握的知识的价值,这些知识保留了世界上生物多样性的很大一部分,具体地说,这关系到资源保护以及对资源的开发方法而不至于竭尽资源。

但是这种新权利的特点,包括不受时效约束的特性及不得转让

---

[1] M.-A. Hermitte, Ph. Kahn (dir.), *Les Ressources génétiques végétales et le Droit dans les rapports Nord-Sud*, Bruylant, 2004.

[2] Cité par M.-A. Hermitte, *ibid.*

的特性,这些都需要有国际主导方针和配套规定将其结合到各国的国家立法体系当中,由各国法官加以实施。

然而各国政府的惰性是公认的。与2004年所宣布的内容相反,缔约国第八次会议(2006)由于缺少经费并没有在全球建立保护网。2010年制定了国际标准,这一规定要求及时明确生物多样性公约与世界贸易组织与贸易有关的知识产权协议(ADPIC)的规定①之间的关系。

的确,由于将知识产权适用于生物涉及到与自然的关系,这就使明确上述两者之间的关系变得更加困难。而且关于自然问题,旧的知识产权法与新的知识产权法之间存在着很大的差异:随着知识的增长,出现了文化对话的问题。

3. 从交叉知识到文化对话:不和谐的协调

是文化对话还是文化冲击?在这里不是要明确回答法律国际化中最棘手的问题,即:一个需要深入思考价值观的问题,而仅仅是从知识民主化方面提出建议,为什么"不和谐的协调"是知识与文化关系的中心问题。

从这些方面看,联合国教科文组织走在最前面,正如它在世界峰会上关于信息社会的辩护中所指出的那样,要尊重四个原则,这四个原则最终被纳入了《日内瓦宣言》(2003),即:普遍接受信息,言论自由,语言文化多样性,全民教育。2005年10月20日通过的"文化表现形式多样性"公约,再次提出这种多样性"构成人类共同遗产"。这一公约同发展政策联系起来,承认了传统知识的重要性。"面向知识社会"的世界报告(2005年11月)一方面肯定了知识是发展的关键资源,另一方面也肯定了"知识不能像其他物品那样被简化成商品"。同时强调了相对于科学知识而言,"人类或者某些地方知识以某种方式承载的文化和代表身份认同的知识具有一定的

---

① Chr. Noiville, « La mise en œuvre de la convention de Rio sur la biodiversité et ses relations avec l'accord de l'OMC sur les ADPIC », in S. Maljean-Dubois (dir.), *L'Outil économique en droit international et européen*, *op. cit.*, p. 281 *sq.*

重要性"①。为了人类可持续发展,提出这种发展道路在于使知识服务于个体自主性的形成(empowerment),加强个人的能力建设(capacity building)。

文化知识受到如此的称赞,知识与文化多样性之间的互补关系似乎看起来非常明显。尽管如此,从知识增长到文化对话,不协调的因素依然存在。

首先因为有可能存在某些矛盾,比如:传统知识的知识产权的延伸与全世界自由获取知识的矛盾。因此,世界公共领域的建立不会自动形成。当然,这样一个领域可以是历史结果和公共力量需求结果的一部分,但是还是应该说服作者自愿将他们的成果付诸于"协同一致的公共领域中"(艺术或软件的自由许可,文学产权的共同创作许可,科学作品公开档案查询)②。瓦莱丽·波茹(Valérie Peugeot)认为,分享主导文化创造和认知开发的思想可以在"公开的产权体制当中找到它的根源。产权体制可以让全世界得益于数字技术为我们提供的新机遇。"③

另外还需要克服另一个矛盾,那就是文化多样性与互联网带来的知识标准化之间的矛盾。

3.1 文化多样性与互联网

文化多样性首先体现在语言多样性上。然而,当互联网对语言产生冲击的时候,出现了各种不同的意见。一些人认为互联网属于英语国家,至少,属于那些以拉丁字母为表达方式的人,这些人占全球人口的20%。④ 但是,还有一些人希望让人消除这样的疑虑,他们认为:"所有人都会担心,一个统一的以英文为主导语言的交流世界的到来。相反,我们还是参与了纯粹文化和价值的部落世界的崛起。[……] 当然,最大的网站还是英语网站。[……] 但是在全球

---

① «Vers les sociétés du savoir», *op. cit.*
② V. Peugeot (dir.), *Pouvoir savoir*, *op. cit.*
③ *Ibid.*
④ R. Delmas, «Langues et cultures de l'Internet», in *Gouvernance de l'Internet*, *op. cit.*, p. 15 *sq.*

各个国家当中,那些受众面很广的互联网团体还是以他们本国原始语言为基础成立的。"①实际上,如维基百科网这样的百科全书拥有80种语言。即使文章的数目随着语种的不同而有所改变,那也不会形成单一语言模式。

当然,还要考虑技术发明问题(键盘和适用于不同符号的软件的发明,计算机辅助翻译的发展,甚至是元语言的发明②等),这有助于多语言形式。这里还要考虑各界不同的反应,比如法国国家图书馆馆长让-诺埃尔·让奈(Jean-Noël Jeanneney),他在继谷歌2004年12月14日宣布同五家具有权威的盎格鲁-撒克逊地区的图书馆达成数字化协议后,展开了一次欧洲国家的讨论,以维护进入知识资源系统的多样性。③ 他还联合了欧洲23家国家图书馆,在欧洲各机构的支持下,争取到了开展欧洲数字图书馆的计划(BNUE),2006年1月11日的白皮书提出了一个行动计划,整个欧盟可以上网查询数字图书馆。

在人们可以查询一个全球图书馆,实现一个古老梦想的同时,数字化像其他所有新技术一样,表现出某种双重性。一方面,它让人们产生一种"异常的幸福"(Borges),觉得可以获取到所有人类知识,甚至是各种各样的知识;另一方面也产生了一种恐慌,除了著作权以外,当人们发现一旦载体遭到摧毁,就像我们开始使用微胶卷时产生的问题一样,这有可能在进行文化统一的同时彻底消除了文化的多样性。

人们还(重新)发现,文化多样性也参与影响了知识与权力的关系。关于这一点,文化多样性要求重新评估文化权利。文化权利长期以来一直处于公民权利与政治权利和经济社会权利的边缘地带。强烈抵制文化多样性公约标志着政治在这一方面所起的重要作用。为了使多样性和多元性能够长期紧密依存,就不应该将翻译仅当作

---

① J. de Rosnay, *La Révolte du pronétariat*, op. cit., pp. 197-198.
② P. Lévy, *L'Intelligence collective*, op. cit.
③ Jean-Noël Jeanneney, *Quand Google défie l'Europe, plaidoyer pour un sursaut*, Mille et une nuits, 2005.

一个语言工具来看待,而是作为一种"政治模式(paradigme politique)"来看待。这是弗朗索瓦·奥斯特(François Ost)[①]借用保罗·利科[②]的语言表达的一种思想。

3.2 翻译如同"政治模式"

利科提到模式,但同时也提到了"翻译奇迹"。说是"奇迹",因为翻译"创造了似乎只有多样性的相似性"。[③] 翻译不产生身份认同,而仅仅是一些等价的东西。换句话说,翻译没有让多样性消失,它只是文化多样性与知识普遍主义之间的一个中介。

因此翻译也可能"产生某些不协调性"。正是从这个意义上看,翻译才有可能成为"政治模式"。这项工作很困难,因为仅仅找出分歧差异是不够的,要"构建"矛盾,还需要区别分歧所表达的可兼容性的差异以及不可兼容性的差异。

比如我们再回到"法治"这个问题上。这个问题是全球治理讨论的中心议题。"法治"这个词在欧洲大陆上形成,通过德国19世纪Rechtsstaat(法治国)的理论形成一定的体系,随后在20世纪的时候在法国和欧盟其他国家使用。它同英语中的rule of law表达的含义不尽相同,从强调程序观念的意义上讲,rule of law这个表达式是从习惯法抽离出来的概念。但是这两种思想是可以兼容的甚至是可以相互补充。

同样,国际上一些主要法律文本的各种语言版本当中都应该系统地采用这种批评方式,来分析研究可兼容性和不可兼容性的差异。关于这一点,人们已经开始对国际刑事法院规约展开可探索性

---

① F. Ost, «Les détours de Babel. La traduction comme paradigme politique», conférences au Collège de France, 6 et 13 déc. 2006, à paraître; voir également P. Fabri, *Elogio di Babele*, Meltemi, 2000.

② P. Ricoeur, *Le Juste 2*, Esprit, 2001, p. 135.

③ Id., «Projet universel et multiplicité des héritages», in J. Bindé (dir.), *Où vout les valeurs?* (entretiens du XXIe siècle, II), Unesco/Albin Michel, 2004, pp. 75-80.

研究。①

但是还有很多工作依然有必要去做,以"避免出现虚假的普遍性和相对性,这两种现象是冲突和误解的来源",从而将"翻译的社会"②变成知识的社会。

由此可见,知识民主化的愿望似乎是不可估量的,甚至是带有激烈冲突和严重阻碍的乌托邦式的。现在谈论新的社会契约还为时过早。这不过是三段式的前期准备:在这里,知识、愿望和权力将相互回应。当然这种响应并不排除某些不和谐的声调。

结论　知识/意愿/权力三部曲

为摆脱不断出现的各种危机,应该颠倒一下秩序,因为在一个理想的世界中,知识能够为愿望提供灵感,同时刺激愿望做出理性的选择;而愿望反过来会为权力的组织和合法性提供新的灵感,而不会产生自我重新生产和自我合法化这样常见的现象。

但是现实往往是无秩序的,相互作用会从一极发展到另一极,而且没有一定的方向。所以这里所说的"三部曲",或者更确切地说是"三边形",是来表示各种不同思想逻辑的结合,这些思想决定着那些不稳定而且容易变化的形式,但它们都共同拥有所有活动者,包括机构性的或非机构性活动者。

所以首先是对形势的一个评定。国际组织改革,因为主要集中在机构活动者(从严格意义上说,就是权力)身上的改革,所以只是从部分上改变了世界的一些基础。至少我们看到了一些重要的现象,比如:自冷战结束以来,企业推动了全球化过程的快速发展;公民在国际刑事审判法庭创建当中的作用;科学在解决全球气候问题中的组织和提高意识方面的作用等。当然,从2001年9·11恐怖袭

---

① E. Fronza et E. Malarino, «Plurilinguisme et droit pénal international», in M. Delmas-Marty, E. Fronza et É. Lambert-Abdelgawad (dir.), *Les Sources du droit international pénal*, SLC, 2005, p. 161 sq.

② «Vers les sociétés du savoir», *op. cit.*, p. 165.

击事件以来反对恐怖主义手段的加强,2005 年突尼斯峰会关于互联网治理的讨论,这些都显示了超级大国美国对国际法的抵制,但同时,这些也证明了相互依存的不稳定性和重要性。

总之,活动者相互作用,相互影响,但不必通过机构组织。其中最为显著的一个结果就是最近阿兰·图赖纳(Alain Touraine)①分析的社会"分离"现象,他说:"当今,如果我们把社会定义成具有维持团结和通过各种机构进行整体改变能力的基本职能的整体,并且这个整体是相互依赖的话,那么社会的概念就被弱化了。[……]当然,我们也不能把国家政府即将消失这样的言论看得过重;相反,是那些大的机构开始被弱化了。[……]全球化经济同国家机构或地方机构脱离,在很大程度上削弱了后者的力量,以至于[……]同所有集中于社会体制思想的措施产生断裂,不论这种思想是来自结构功能主义还是马克思结构主义思想。我们应该清楚地承认并接受这种断裂,并从中汲取教训。"

天哪!放弃"社会系统"这个理念将不是一件简单的事情。从中汲取经验教训将意味着重新建立一个新的社会形式,这种社会形式不仅同人民相连,而且更加直接地同社会活动者本人相连。

这也许就是对新"分化"的担心的一种反应吧。分化(désagrégation)这个词开始广泛出现在包括美国在内的社会科学、政治和法律领域。美国社会学家塞拉·本哈比(Seyla Benhabib)曾提到"公民权分化(disaggregation of citizenship rights)"的概念,呼吁重新建立公民资格,从某种意义上说,就是不考虑领土问题的一种人民主权。② 国际主义学者安玛丽·斯劳特(Anne-Marie Slaughter)一直维护分化的世界秩序思想(disaggregated world order),她将这一思想描写成调节人、法官和立法者的网络合并(包括纵向和横向合

---

① A. Touraine, « Sociologie sans société », in *Les Sciences sociales en mutation*, colloque du Centre d'analyse et d'intervention sociologiques (Cadis), 3-6 mai 2006, à paraître.

② S. Benhabib, « Twilight of Sovereignty or the Emergence of Cosmopolitan Norms », in *Les Sciences sociales en mutation*, *op. cit.*

并),但是却没有解释如何避免由此而产生的权力不对称问题。①

而且因为各国政府遵循强烈的相互依存关系,这种关系削弱了他们引以为基础的国家权力和主权,所以这种担忧也延伸到各国政府本身的分化问题上。在欧洲,德国著名社会学家乌尔里希·贝克(Ulrich Beck)曾提醒说:"一半以上反映我们日常生活的决定不是在各国国家内部做出的,而是通过欧盟做出的;所以,在所有标有国家标签的社会当中,只有一小部分是欧洲没有参与进去的。"②而欧洲本身也超出了自己的管辖范围,以至于相互依存成为全球性的方式。考虑到"没有人可以摆脱各种责任交叉重叠(其实这也是全球社会的风险特征)",这位德国学者支持现实的世界主义观念,即:"打开民族现实主义大门,重新改革以适应本世纪全球化的威胁"③。因而他提出了一种令人吃惊的表达式:"国家范围内的世界主义。"

在近期的一些出版物中,经常会出现"世界主义契约论"④或者"世界契约"⑤这样的词,这并不是偶然的。这一现象不仅会让人设想一种重建体系,而且会设想多个重建体系,在两个看起来相互补充的过程当中纳入知识/愿望/权力三元因素。这两个过程即:围绕全球社会契约而展开的重建市民过程;建立全球法治的法律过程。

别忘了,这两个过程都是由法律形式主义的更新所决定的,以"协调多样性"为标志,反过来会寻求更广的重建方式,既具有市民性,又具有法律性和哲学性(从更为完整的意义上说的政治),团结在价值共同体周围。关于价值共同体的可能条件还有必要进一步开发研究。

1. 面向全球社会契约

当我们梳理世界主义思想的发展进程时,无论是从卢梭的地方

---

① A.-M. Slaughter, *A New World Order*, op. cit., p. 227 sq.
② U. Beck, *Qu'est-ce que le cosmopolitisme?*, op. cit., p. 339.
③ U. Beck, *Qu'est-ce que le cosmopolitisme?*, op. cit., p. 343 sq.
④ F. Cheneval, *La Cité des peuples. Mémoires de cosmopolitismes*, Cerf, 2005.
⑤ D. Held, *Un nouveau contrat mondial*, op. cit.

性角度出发,还是以世界的眼光来观察,从上帝之城到人民之城,从莱布尼茨到康德,以及其间的沃尔夫,社会契约依然是实践理性的一个假象模式。① 在这一点上,康德解释得非常清楚:"问题不在于是否知道长久的和平是实在的东西还是空想出来的,[……]但是我们应该采取行动,如同事情存在一样。"② 丹麦哲学家彼得·肯普(Peter Kemp)从新的社会秩序这个视角重新解释这个词,使用"faction"③ 这个巧妙的新词汇,既说明了一个事实(fact),又说明了一个虚构假定的东西(fiction),通过想象命令事实的方式创造出"faction"。

但是,当我们试图将康德的观念移植到当代环境当中的时候,我们发现事实并非那么容易协调。康德没法想象全球社会契约所有的特殊性,因为在现实当中,还要有国家、国际上、地区甚至跨国性的各种结构,而这些结构的大部分在启蒙时期是根本不存在的。为了将知识/愿望/权力这三元因素囊括在内,应该将全球契约构想成多层次契约,能够以不同的方式、将不同级别、不同领域的活动者和机构连接起来。但是这样一来,这还是一个契约吗?

而且还应该考虑级别的变动(这也许是最困难的挑战)。从国家社会契约,甚至是地区社会契约过渡到全球社会契约,这有可能改变一直以来某种运动的活力。由于渴望共同和平地、团结一致地生活在一起,同时也因为担心在战争思想影响下,会引起为了自我保护而各自成组现象,这一改变可能会以分裂的方式发生。

这有可能会打破平衡,因为向世界契约发展也许会产生某种影响,就是分离愿望和担忧。因为人们希望在包容的思想基础上建立契约,确切地说,如果愿望存在的话,那么什么也无法阻挡这种思想

---

① F. Cheneval, *La Cité des peuples*, op. cit., « La fonction cognitive de la fiction dans la philosophie pratique », p. 46 sq.

② E. Kant, *Métaphysique des mœurs* (I). *Doctrine du droit*, Œuvres philosophiques, éd. F. Alquié, Gallimard, « Bibliothèque de la Pléiade », 1985, vol. II, n° 62 (VI, 355), p. 629.

③ P. Kemp, *The New World Order* (journée d'études, Berlin, Copenhague, fév. 2006), Berlin, Lit Verlag, à paraître.

扩展到世界层面;相反,担忧是建立在排除敌人的思维逻辑上,它的移植似乎不太可能,因为世界契约将势必是一份全面完整的契约,它容纳所有活动者,没有先决地要排除任何人。在国际恐怖主义时代,敌人位于团体当中,同我们每个人一样,而不是分离在外的。通过全面完整的世界契约,我们有可能顺利地过渡到普遍的极权主义,其实关于这一点我们早已觉察出一些前兆了。

1.1 多维度契约

目前的世界主义,或者所谓的"进程中的"世界主义没有把各国视为"固定的星球"①,而是把他们看作是偶然的历史现象。这一理念同哈贝马斯②所描述的"后国家星座"现象极为相近,它活跃、不断变化而且极为复杂多样。它没有企图宣称一个全球性的政府的诞生,因为很多学者对所谓的全球性政府是持怀疑态度的。但是这一观念却能帮助我们识别通过多种互动改变国际关系的各种程序,关于这些互动我们在这一部分都有阐述。

如果我们重新看一下在序言中所引用的三个例子(欧盟、联合国组织以及世界贸易组织),我们就会从中发现契约的三个不同理念。在欧洲,整个社会活动者是在决策过程中结合起来的(至少在理论上是如此),各机构在国家和欧洲范围之间分配(根据辅从性原则)行政权、立法权和裁判权,同时结合国家间理念(第二和第三支柱)和超国家理念(第一支柱)。

但是应用的领域越是全球化(联合国和世贸组织),契约越显得不平衡,以至于人们认为在联合国施用"社会"契约的概念根本没有任何意义,尤其是这个概念还具有国家间协议类型特征的时候。一些不具有国家性质的参与者,比如非政府组织,如果说他们有时候是间接同决策(比如成立国际刑事法庭)程序相结合的话,那也只是通过游说集团的活动来进行的。这些游说集团的活动很难同社会

---

① F. Cheneval, *La Cité des peuples*, op. cit., p. 270.

② J. Habermas, *Après l'État-nation*, op. cit., « La constellation postnationale et l'avenir de la démocratie », pp. 43-124.

契约理念相联系,甚至有点像假想的一样。这一点同时也可以适用于世界贸易组织当中的经济、普通市民或者科学参与者身上。

通过这些例子,我们可以看到世界契约的缺陷,它有可能为某些实践提供合法性依据。而这些实践也许会导致再次出现封建化垄断化的危害,就像那些反对社会契约化的学者无情揭露的那样:"契约的所有变化都具有一个共同特征,就是将一些人(自然人、法人、私人、公众)纳入到其他人的权力实施当中,而不影响(至少从形式上如此)自由平等的原则。[……]社会契约化并不是契约超越法律的一种胜利,而是法律与契约叠加的象征,对缔结社会关系的垄断手段的一种反应。"阿兰·苏彼欧(Alain Supiot)总结说:"那些认为今天可以在只计算个体实用性基础上建立新的社会秩序的人将我们慢慢引向瓦格纳的新衰落时期"[1]。

但是,非政府参与者,包括公民参与者以及在"知识民主化"一节中提到的那些实践,可以让人们认识到新的过程,重新赋予各种关系以活力,以至于有时候会颠覆学者/知情者的关系,甚至,随着知识的增长,人民变成了"立法者的教员"的时候,这一过程还会颠覆管理者/被管理者之间的关系。这些过程与不断增长的司法化过程相结合,让人们看到权力重新平衡的可能性。

问题是这些转变没有以明显的方式写入社会,甚至世界契约的理论当中,从体系的角度看还有待于重新更加明确化。正如我们所见,这样一个体系的复杂多样性对协调一致和全面完整性产生一定的威胁。所以有必要围绕横向、纵向及混合交叉方向的相互作用,换句话说,就是围绕具有多极秩序性的变动几何和变速的集合[2]重新组建法律形式。

所以,我们反过来会提出这样一个问题:世界契约这个概念是否涉及的面过广以至于失去了它的意义。而且它还遗留一个悬而

---

[1] A. Supiot, *Homo juridicus*, Seuil, 2005, «La force obligatoire de la parole», pp. 174-175.

[2] Voir *Le Pluralisme ordonné*, op. cit.

未决的问题,即"整体"契约的问题。也就是说要接纳所有参与者,不让任何一个参与者遗留在体系之外。

1.2 整体契约

如果我们将容纳与排斥对立起来的话,那处于世界社会契约中心位置的矛盾就表现得特别明显。

容纳思想,或者说要生活在一起的渴望,根据大为·海尔德(David Held)所提出的"社会民主"的思路,就是引导人们走向"多层次"治理,包括"从地方到全球的民主论坛网络","具有多边功能的大机构"以及公共权力协调网络。① 另外他还增加了"不同领域的公民资格"②,即"不是建立在绝对共同领土基础上的公民资格,而是建立在普遍规范和原则基础上的公民资格,可以在各种不同范围内深入人心组织起来[⋯⋯],在那里每个人都可以享有平等自由以及平等参与的可能性,[⋯⋯]每个人在所有空间(多样性的空间并且可以进行各种重组)都具有平等的权利和义务,做出关系到他们根本利益的决策"③。总之,在这里体现了多维度契约的理念。所以,这项计划从经济领域开始并不是偶然现象。

但是,当"重新思考安全和刑事打击问题"的时候,这些建议还局限于一个指令,那就是:"完全投入到法律和多边机构当中"④。但是怎么做呢?因为从世界角度看,安全和刑事打击同"世界内战"不可能相分离。

因此,我们开始考虑另一方面的问题,即:社会契约的排他性思想。构想社会契约是为解决对威胁世界安全的那些危险所产生的恐怖心理。着手解决人类条件最黑暗的一面,也许应该区别对自然灾害的恐惧和对他者即被我们当作是敌人的人的恐惧。

对自然灾害的恐惧无疑是构成团结一致最强大的因素之一,促

---

① S. Benhabib, « Twilight of Sovereignty or the Emergence of Cosmopolitan Norms », *op. cit.*
② D. Held, *Un nouveau contrat mondial*, *op. cit.*, pp. 197-199.
③ *Ibid.*, p. 197.
④ *Ibid.*, p. 238.

使了乌尔里希·贝克所支持的"世界现实主义"的形成,他指出:"在普遍主义和相对主义以绝对交替为原则(或者/或者)的时候,世界主义以累加的包容为原则(和/和)。"①但确切地说,那是因为恐惧是以实实在在的相互依赖为基础,随着科技(在不同领域当中,比如:环境、生物技术以及信息技术等)的发展,相互依赖也在发展。这一理念根本不需要社会契约,因为通过现实,它以风险全球化的不断扩大替代了假想。②

关于另一方面,就是对他者的恐惧。对于这个问题,我们在形式上不可能实施关系到传统战争法的排斥思想。因为这种思想意味着在内外之间存在着一个界限(这里既指本义也包含界限这个词的转义)。如果将社会契约这个概念转移到全球范围内,那么这个概念有可能产生"世界内战"难以抑制的发展。意大利学者吉奥乔·阿甘本(Giorgio Agamben)指出,这种表达式从1961年就开始由汉娜·阿伦特(《革命》)和卡尔·施米特(《游击队理论》)所使用③,但是从9·11恐怖袭击以来,这个概念就失去了它的现实特性。

如果想让一个日期成为一种理念,决定之前和之后的形势(人们已经开始讨论"9·11之后"的时期),发挥作用的可能不仅是恐怖袭击的独特规模,通过媒介处理使其全球化,而且还关系到美国超级大国的地位,由此突出了其象征力量,因为"揭开这个超级大国薄弱的面纱,就是揭开世界秩序的薄弱面纱。"④

这样的揭露具有全球合法性效果,从最民主的国家到最独裁的国家,"例外"状态企图像稳定的管理模式一样表现出来。因此"敌人"的形象就有了令人担忧的现实化意义,人们看到越来越多的异

---

① U. Beck, *Qu'est-ce que le cosmopolitisme?*, *op. cit.*, « Le réalisme cosmopolitique », p. 116 *sq*.
② Voir *Le Relatif et l'Universel*, *op. cit.*, « Des risques globaux », pp. 353-394.
③ G. Agamben, *État d'exception. Homo sacer*, Seuil, 2003, p. 12.
④ J. Derrida, « La déconstruction du concept de terrorisme », in J. Derrida et J. Habermas, *Le Concept du 11 septembre*, Galilée, 2004, p. 215.

政者被判为刑事犯罪。霍布斯将流浪汉、小偷、波希米亚人、游牧者集中在一起加以谴责,而且还包括"外国人",和一些集团或集会团体(具有政治、宗教或精神特征的联合会),因为这些都是"不可控制的"。从霍布斯到施米特,存在着一个很大的差距,将反革命的平等主义与等级秩序原则区分开。① 但是应该将这移放到9·11恐怖袭击后所产生的气候当中,这样才能明白,将恐怖主义与世界契约联系在一起有可能导致例外措施的无限延伸,所谓的紧急状态变成完全常态。这种"例外"法因为恐惧而被合法化,将有可能成为一项规定;而这种紧急状态一旦固定成常态,就有可能导致所有民主原则消失。

所以权力重建不能超越法律。无论是调整作为多维度世界契约基础的相互影响还是限定整体社会契约的安全方向,权力重建都需要在全球范围内建立一种法治体系。

2. 面向全球法治?

这又是一个"法律庞然大物"。我们可以从各个角度来理解。如果我们把它理解成康德所认为的同最可怕的专制政府一样的世界政府的话,那么这将是一个让人厌恶的东西;但是如果这是一个无政府法治,无政府的全球治理的话,那它就是一个结构松散没有条理的事物。

但是,15年来,这个概念逐渐在全球传播。一方面,法治观念出现在一系列国际性法律文本当中(如欧盟、联合国、世界贸易组织、世界银行、国际货币基金组织等等),俨然成为一种真正的标准规范,所有国家以此为标准,它所产生的正面影响是无可争议的,比如对欧洲②甚至中国③法律改革的影响。但是,不应该低估因为语言的

---

① É. Balibar, « Le Hobbes de Schmitt et le Schimitt de Hobbes », in Carl Schimitt, *Le Léviathan dans la doctrine de l'État de Thomas Hobbes. Sens et échec d'un symbole politique*, Seuil, 2002, p. 45.

② É. Carpano, *État de droit et Droits européens*, L'Harmattan, 2005.

③ M. Delmas-Marty et P.-É. Will (dir.), *La Chine et sa démocratie*, Fayard, 2007.

差异而产生的抵制现象,也不应该低估它的工具化风险,从而助长了超级大国领导的霸权政策,比如没有推动国际关系的和平发展,相反却为武力的使用提供了合法依据。①

所以,无需等到所有国家都能接受承认法律规范才开始依据法治的全球化原则来组织国际社会,法治在政府间的法律基础上增加了超国家法律,将绝对主权变成共享主权。只有在限制条件对所有国家起作用,对国际机构起作用,以法律的名义缩减国家自主权的时候,人们才能够接受分享主权。从欧洲宪法条约到世界贸易组织关于未来发展以及国际刑法的讨论,最后到联合国及全球金融机构的改革,所有这些关于机构改革的讨论都涉及到法治问题。

这到底说明什么问题?这个问题在国家层面已经十分模糊,在国际范围上也是如此。国际实践没有确立作为合法性和司法保障的基础的分权原则,而是造成某些权力模糊不清,比如:立法权往往由政府(具有行政权)来执行,司法权是通过国家法官和国际法官之间的竞争才促进其发展,通过直接结合某一项不十分明确的国际法而从国内立法范畴解放出来,企图侵越立法权(法官的治理)。至于人权,当被认为是某一"领域的"权利,同其他领域(如商法、环境法、劳工法和卫生法)相分离时,它无法奠定一定的基石,让所有领域所有活动者都尊重人权法。

从目前来看,这既不是纯粹的国家性问题,也不是纯粹的国际性问题,而是"国际化"问题,也就是说,是同时具有国家、国家间和超国家性质的问题。将权力付诸于法律(这也是法治存在的原因)将意味着形成一个复杂组织,能够在不同层面上(国家、地区和世界范围)发挥作用,包括所有活动者(政府和非政府活动者),协调法律的各个相关部门,由基本权利指导方向(这就是著名的指南针功能)。

这就是说要创建一个"法律庞大机构",而这样一个庞大机构只

---

① J. Chevallier, «État de droit et relations internationales», in *Annuaire français de relations internationales*, *op. cit.*

能通过治理方式和法治的相互连接相互作用才能够孕育出来。

关于治理,需要借用协调/指导艺术,也就是组织国家活动者和参与权力实施的非国家活动者(经济、普通公民、科学界)之间的相互作用。但是,尽管复合多样性与互动有关,不仅是与全面完整性(通过法律形式主义更新)相关,但同时也需要协调一致,这个法律庞大机构应该从法治的方法当中汲取思想,使权力服从于/并指导基本权利(这也许将是最困难的一点)。

2.1 协调/指导活动者之间的关系

我们在本书的开始已经分析了国际组织的规约,具有机构性质的活动者(政府的和政府间的)之间的关系结构早已通过这些规约得以确认。这些规约种类繁多,而其结构也更加复杂,因此对政府的需求并没有消失,所以他们的职能也不同程度地转移到地区和全球范围上。

在经济领域,市场稳定化和资源分配产生的影响部分地在全球范围内展开,但同时重新分配依然受到很大的限制,比如:在已经形成一体化的地区,像欧盟地区,各国有时会重新分配他们1/3以上的产品,但是只有1%的产品在全球范围内进行重新分配。[①]

同时人们还观察到法律权限转移的现象。即使在像法国这样一个法制严格的国家,立法权也会大量转移:每年大约有一半的立法条文是关于国际协议的。[②] 裁判权也有部分转移,主要是有利于世贸组织的法官,以及地区市场法庭和人权法庭的法官。相反,执行权基本上依然保留在国家范围内。

管辖权转移的不对称性削弱了工作效能,有时也缩减了合作的有效性。各国本应该为管辖权从国家范围转移到国际范围提供合法的依据,但却因为缺乏实力或者缺乏愿望无所作为。这表明了合作原则的重要性。为避免各方滥用职权,合作原则应该与辅从性原

---

① R. Guesnerie, *Économie de marché*, Le Pommier, 2006, pp. 162-163.

② *La Norme internationale en droit français*, rapport du Conseil d'État, La Documentation française, 2000, p. 21.

则相结合,这两个原则在实施当中比较明确而且受到监督,所以已经在欧洲的一些法院通过法官开始实施。而且在不久的将来,也应该在国际刑事法庭开始实施。因为在刑法方面,国际刑事法院具有全球职责,实际上它可以通过法院规约要求各国政府(通过合作关系)积极参与。但是,一旦出现争议,国际刑事法院也应该为自己的职能提供合理证据,指明正常情况下具有管辖权的国家不能或不愿意对案件进行裁决(辅从性原则)。

除了机构问题,我们还发现,在实际当中,往往是非机构性的参与者,那些拥有知识和愿望的参与者,是他们推动了社会运动,他们是法律建构的真正发明者。

机构活动者与非机构活动者之间的关系依然是非正式的关系,甚至是力量较量(有些活动者会采用非法甚至暴力方式)关系,而不是法律关系。

无论是互联网、跨国企业、政府间气候变化专家小组、转基因产品公民议会、还是非政府组织,他们在很多主要公约制定当中发挥过作用(比如创建国际刑事法院的罗马规约,禁止杀伤性地雷公约),当今的变化呼唤我们要明确规定非政府活动者参与立法权,或者是司法权实施的条件和局限性。因此,有必要明确企业和非政府组织参与司法过程的不同类型,尤其是主要申诉人、集团诉讼以及法庭之友这些概念。

当这些活动者代表着私人利益,但却无法证明这些利益与整体利益相关的时候,就会出现一个要解决的主要问题,那就是合法性问题。主要的风险与利益冲突有关。尤其明显的是如果关系到经济活动者,这种风险就会出现,正如我们在前面谈到的那样,另外,还有像非政府组织的公民活动者或者像专家们一样的科学活动者。即使是那些普通的公民,他们参与公民议会,或成为互联网的公民通讯员,也有可能被卷入到这样的冲突当中。所以透明性和多元性原则就显得极为重要,这些原则将应用于多国组织,或者是未来专家和非政府组织以及假想的世界公民地位问题当中。

这就意味着,即使国家活动者和国家间活动者有合作和辅从性原则作为依托,或者非国家活动者有透明度和多元化做依托,这样一个协调/指导并不够。虽然,它有助于建立一个更加流畅更加民主的国际社会,但是这还不够。因为要使权力服从法律,按照法治的模式,剩下一个关键问题是要让权力服从于并指导基本权利。

2.2 让权力服从并指导基本权利

在联合国改革中这个问题被稍微提及了一些①,但是这项改革基本上也只限于将过去的人权委员会变成一个理事会,这将是一个长期的稳定的机构,加入这个机构的条件稍微有些严格,其办公地址设在日内瓦,应该便于同人权高级专员办事处的协同合作。

改革的进程十分缓慢,这与相互依赖性的扩大和快速发展形成明显的对比。随之而来的经济和法律领域当中的权限转移要求具有更高的解决方法,我们可以根据两个原则来建构:一个是协调一致原则,以加强与人的基本权利相关的合法性;另一个是责任原则以保证这些权利实施的有效性。尽管这些原则在很大程度上依然处于机构讨论之外(因为各国政府很少有这样的准备接受与别人分享主权),但为了不惹怒各国政府,现实主义尝试从外围开始做规定,从部分现已存在的实在法开始。

我们先从协调一致原则开始。这一原则可以解决当前世界化不同领域之间因为分隔而引起的冲突。《世界人权宣言》在联合国的两项人权基本规约中得以具体化。表面上看,参考《世界人权宣言》对两项人权规约加以实施,这应该是符合逻辑的。但是有些国家是以选择的方式批准两项人权规约,大部分国家做出了保留,对它们承担的义务加以限制。这不仅没有克服最初的法律障碍,而且随着"反对恐怖主义战争"这项指令的提出而出现了新的抵抗现象。

应该重申一点的是,并不是说国家实行了法治的模式,我们就

---

① E. Decaux (dir.), *Les Nations unies et les Droits de l'homme. Enjeux et défis d'une réforme*, Pedone, 2006.

可以保证全世界的协调一致。通过慢慢地实践,我们在不同的背景条件下发现了一些半启半开的道路。皮埃尔-马里·杜比强调说,尽管在联合国宪章中并没有直接提到人权的保障,但在国际法院的判决中,人权的势力在逐渐上升。他指出:"在最近的一些案件中,案件诉讼方本身援引公民权和人权的现象越来越多。"①他还提到了死刑的问题,关于这一点,国际法院变得越来越大胆。

同时,我们还注意到联合国关于人权条约的监督机构在不断完善,或者已经完成或正在强化(个人申诉的审查模式的传播,各国报告审查程序的理性化②);辅从性机构不断增加,比如独立专家组、专题报告人以及由各国指定的特别报告人。③

但是,对于整个国际机构来说,分隔的问题依然是一个有待解决的问题,比如一些金融机构,他们自认为不受联合国两项人权规约的约束;或者像国际刑事法院,他们有时会援引地方法院或者是联合国人权委员会的法律条文和判例,而同时又否认与人权保护法律文件有关。

与其等着不太可能实现的类似国内法上的那种规范等级关系,还不如从现在就开始通过各种途径改善协调一致原则。"共同财产"的方法已经被多次提及,但是这种方法原则更像是一种政治解决方案,而不是全球化的法律解决方案。④ 要将其纳入到法律体系当中还需要做很多工作。另一种方法,就是强行法(jus cogens),在国际法中,这在于把一些法律规定当作强制性规定来看待,这样就会产生一个风险,那就是在人权方面实行选择性使用方法,但这也有一个优势,就是方便消除不同部门法之间的隔阂。

在这里,我们要回顾一下欧盟初审法院关于阿拉伯基地组织资

---

① P. -M. Dupuy, « Conclusion générales », in E. Decaux (dir.), *Les Nations unies et les Droits de l'homme*, op. cit., pp. 311-312.

② M. Eudes, « Les organes de surveillance des traités », *ibid.*, pp. 251-269.

③ O. de Frouville, « Les organes subsidiaires de la Commission des droits de l'homme », rapport général, *ibid.*, pp. 171-200.

④ O. Delas et Ch. Deblock (dir.), *Le Bien commun comme réponse politique à la mondialisation*, Bruylant, 2003.

产冻结的决定。这是欧盟根据安理会的规定做出的决议。① 当然,欧盟初级法院还没有走到要对安理会的决议做出裁判的地步,说它违背了欧盟基本权利宪章,但是它承认,即使是联合国安理会,它的决议同欧盟基本权利宪章兼容性的推断也不是不可反驳的。所以,欧洲法官可以间接地通过强行法的强制性标准对一些有争议的措施进行监督,就像他们以区域性人权保护文件的名义所做的那样。

这样的措施在加强整体协调性的同时可以为全球法治建设提供合法性依据,但是却无法保证它的有效性。如果法官最终能够保持谨慎的态度的话(因为目前来说还没有无效撤销的决定),那么这也反映了目前各种力量的不平衡性。

因此第二个原则就显得非常重要,目前这个原则基本上还没有实施。这个原则就是世界整体权力(无论是什么权力)持有者的责任。

责任原则实际上要求承认"世界范围内的权力持有者,不管是政治的、经济的、科学的、媒体的、宗教的还是文化的,将会导致全球责任的必然结果,也就是说,延伸到这种权力的所有影响"。②

不应该对这一建议简单的表面现象产生错觉。这其实是一个极为模糊晦涩的法律问题。人们只满足于寻找主要的切入点,通过这些切入点可以涉及责任的问题,但是责任问题在不同法律领域还有待明确,关于这一点,只有那些专家们才能掌握其中的微妙之处,他们每个人都拥有并保留各自领域中神秘的一部分。

第一个切入口,是国际法学者拥有的,被称为"国家的国际责任"。关于这一点,不要与国际刑事法院所处理的政府首脑的刑事责任相混淆。关于国家,多年来国际社会一致试图提出一些规定,可以规范他们的责任,却总是没有找到解决办法。最初的工作可以追

---

① Arrêts *Yusuf et Al Barakaat International Foundation c. Conseil et Yassin Abdullah Kadi c. Conseil et Commission*, *op. cit.*, TPICE, 21 sept. 2005; D. Simon et F Mariatte, « Le TPI des communautés: professeur de droit international? », *op. cit.*, pp. 6-10.

② 参阅前面提到的《普遍依存宣言》。

溯到1930年;从1963起联合国国际法委员会提出了20多份报告。[1]

最后,这个计划于2001年8月在联合国国际法委员会通过,联合国2001年12月12日大会表决向各国政府提出"建议"。接下来就是要将这一计划转变成公约,以此来约束各国政府。联合国决议已经完成重要的一步。实际上,这个以"各国对国际不法行为的责任"命名的规定已经放弃了以前"重罪"(反映了刑事处罚的概念)与"轻罪"(反映民事赔偿的概念)之间的区别,而保留了"严重违反一般国际法强制性规定的行为"。

如果说还有反制措施没有解决[2],那至少这项决议已经触及了应当对国际社会整体承担的责任体系。[3] 这一范围的扩大是根本的,因为它包括了可以触及国际公共秩序利益的责任,这也说明为什么有些国家会产生抵制态度,因为他们希望将这种责任严格地保留在已经接受的双边关系当中,如果出现冲突的话,可以限制肇事国对受害国的责任。

在期待这份公约能够实现的同时,还是应该考虑目前所谓的"各个部门的"(这种说法,像我们前面提到过的那样,包括了人权方面的)条约以及它们不同的效力。

但是世界法治建设不应该只限于各国政府。鉴于非国家活动者作用的增强,应该设想全球整体责任,它应该同时得到民事和刑事审判机关的承认。而且这第二条道路是面向非国家活动者的普遍责任,根据法官的管辖权不同(在国内还是国际),这种责任本身就被分成很多不同类别。

在面对国际法官(国际刑事法庭和国际刑事法院的法官)的时

---

[1] B. Stern, «Les dilemmes de la responsabilité internationale aujourd'hui», in *Vers de nouvelles normes en droit de la responsabilité publique?*, Actes du colloque des 11 et 12 mai 2001, Sénat, «Les colloques du Sénat», 2003, pp. 261-284.

[2] *Id.*, «Et si on utilisait le concept de préjudice juridique? Retour sur une notion délaissée à l'occasion de la fin des travaux de la CDI sur la responsabilité des États», in *Annuaire français de droit international*, op. cit., p. 3 sq.

[3] S. Villalpando, *L'Émergence de la communauté internationale dans la responsabilité des États*, PUF, 2005.

候,国际刑事犯罪案件的诉讼(无论肇事者是普通个体还是国家领导人或卸任领导人)普遍都是以国际社会的名义执行的。从这个意义上说,尽管有些国家反对,刑事责任依然可以被视为具有普遍意义。

相反,不要将刑事责任与"普遍管辖权"混淆,后者仅同国家法官有关。胡果·格劳秀斯(Hugo Grotius)以自然法和人权法的名义极力维护普遍管辖权,它从17世纪起就实施于海盗罪的审判当中。当然,普遍管辖权没有保护普遍价值的责任,但是却肩负维护公共利益的责任。只是到了20世纪中叶,人们才提出国家法官是普遍价值的维护者,形成普遍责任的一种形式。问题是这种形式是一点一点出现的(种族屠杀、酷刑、日内瓦公约、恐怖主义),由于各国实践的多样性以及国际法的不确定性而显得有些脆弱不稳。①

因此,最近西班牙法庭使用普遍管辖权,对一起外国人在国外对外国人造成伤害的犯罪进行判决,而相关国家(阿根廷)有权对此进行审判,这一事件引起了司法界和政治界的普遍批评。②

对美国法院普遍管辖权的评论更加激烈,我们前面也提到,这一管辖权是由美国立法者单方决定的,首先是民事方面的管辖权,后来涉及刑事方面,最近通过美国最高法院认可生效并规范下来。③我们还记得,法庭之友备忘录是由三个国家的法院以及欧盟共同提出的,目的是要形成一个未来普遍民事责任规范,它的法律体系可以与共同法律渊源相联系。④

因此,非国家活动者(个体和团体)的普遍责任将要求以规定实施方法和条件的共同原则为中心实现最基本的和谐。

也许,这种和谐需要从过错责任延伸到重大风险责任。普遍责

---

① Voir *Le Relatif et l'Universle*, *op. cit.*, pp. 205-213.

② Audiencia Nacional, Sentencia Num. 16/2005, 19 avr. 2005; C. Tomuschat, « Issues of Universel Jurisdiction in the Scillingo Case », *JICJ*, 2005, 1074.

③ 124 S. Ct. 2739 (2004), voir ci-dessus, deuxième partie, chap. I.

④ J.-F. Flauss, « Compétence civile universelle et droit international général », *op. cit.*, p. 385 *sq*.

任的第三种类别是法国民法理论的前卫学者以责任法目前的变化为基础构想出来的。以此建立一种"预防性行为"来保护人类面对重大风险(比如生态或卫生等)时的基本利益。这一普遍责任因为具有预测针对性,同预防原则极为相近,被认为既不具有抑制性,也不具有恢复性,只是预防,所以它只限于拥有足够权力造成一定风险的活动者,其最终目的是让负责人采取一些保留措施,甚至寻找替代的解决办法。①

所以出现了一项终极挑战。我们纵观全球整体责任的不同方面,发现它决定了全球法治的有效性,以象征性的方式展现了法律的可能性,但同时也展现了法律的局限性。

实际上,可能性是多样的。知识/愿望/权力三元素让我们有勇气尝试着去提一些建议,证明加强权力合法性和有效性是可能的。因为这些都反映了实践模式,而不仅仅是纸上谈兵的理论。

同时我们也看到实施的局限性,比如:同时实施借用良好的治理方法而取得的协调/指导艺术和根据国家法治而构成的服从/指导艺术,应该可以按照共同价值的概念达成一致意见,因为共同价值是唯一可以为人类共同法的将来提供出路的概念。但是,在目前冲突对峙和偏执的气候下,如何敢谈论共同价值?如何超越文化多样性而只构想法律轮廓呢?

要回答这些问题,只能在技术研究中寻找答案,因为技术可以让我们构想一个公民社会(社会契约)和法律政治社会(法治)。只有在法律政治实践相汇合时,在哲学和人类学描述相汇合时才能构建一个真正的价值共同体。

---

① C. Thibierge, «L'avenir de la responsabilité, responsablité de l'avenir», *D.*, 2004, Chr. 577; M. Boutonnet, *Le Principe de précaution en droit de la responsabilité civile*, *op. cit.*; L. Neyret, *Atteintes au vivant et responsabilité civile*, LGDJ, 2006.

法律的想象力（Ⅳ）

迈向价值共同体？

前　言

法律共同体，价值共同体

　　当今的世界充斥着对峙、暴力与偏执，在这种情境之下如何敢于提出建立一个全世界法律共同体的想法？如何通过超越文化多样性和利益冲突来构思一个价值共同体的框架？不可否认的是，国际法本身已经获得了前所未有的发展，国际性的司法机构大量出现，然而，日常生活的现实向人们展示出的更多的是世界的混乱无序，而不是一个正在形成的、正当和有效的全球法律秩序。在这方面，发生于2010年春天的两个重要事件很具有代表性：在坎帕拉召开的旨在完善国际刑事法院规约的国际会议上，联合国秘书长断言，犯罪不受惩罚的时代已经终结，取而代之的是犯罪者应当承担责任，然而恰恰在那时，以色列却对"和平舰队"发起了攻击，这一情形可以说是非常尖锐(甚至是无情)地推翻了联合国秘书长的上述讲话。

　　显然，我们现在既不是一个犯罪不受惩罚的时代，也不是一个犯罪者应承担责任的时代，相反，我们正处在一个转型的时期，在这里两种不同的正当性观念相互对立，它们代表着互不相容的两种世界秩序。其中一种是传统的主权主义的秩序模式，它强调政治优于法律，主张每个国家都有维护自身安全的主权，在必要时可以诉诸武力来维护安全。另一种则是普遍主义的秩序模式，它以接受普遍价值为前提，由此，对普遍价值的侵犯将构成影响整个人类共同体的罪行，这种模式强调正义优于政治，并将对武力的使用置于法律控制之下。

不幸的是，前面已经提到的事例表明，上述任何一种模式都不具有维护持久和平的能力：一方面，武力只能激起更多的武力，由此显示出武力本身的脆弱性，因为征服者的和平只能是暂时的；另一方面，没有武力保障的正义则缺乏实效，例如：国际刑事法院在敦促有关国家执行其逮捕令，特别是在执行针对苏丹总统巴希尔的逮捕令时遇到了困难，尽管存在国际刑事法院发出的逮捕令，但巴希尔还是成功地再次当选苏丹总统。

在这个转型的时期，上述两种模式都不可能以相互孤立的方式运转：国际刑事审判的有效性在很大程度上依赖于各国的合作，而中东地区的持久和平则应以遵守国际法为前提，同时，在产生争议的时候，还需要国际调查的介入。法律在这个正在形成的价值共同体中应当占据什么样的位置？在分析这个问题之前，下面两个问题需要先得到解决。

1. 什么样的共同体？

对于这个问题，人们可能这样去回答：那应当是一个没有野蛮人的共同体，但并不是没有野蛮性的共同体。① 野蛮人没有了，这是因为国际法似乎已经不再坚持那种傲慢的"文明国家"的说法。这一变化的发生是缓慢的，尽管"文明国家"的表述没有出现在国际刑事法院规约之中，不过，它仍旧存在于国际法院规约第38条，以及欧洲人权公约第7条之中。然而，文明与野蛮这对范畴的消失并不意味着野蛮性也消失了；我们会发现，在世界人权宣言的序言中有这样的表述，即：所谓的"文明"国家也会犯有"违背人类良知的野蛮行为"。换句话说，世界共同体应当在摒弃那些曾被视为野蛮人行径的基础上实现联合。

从野蛮人（他人）到"我们的"野蛮性，人类自身，不论是个人还是各种政治的（包括各个国家本身）、经济的、文化的和宗教的团体，还需要被文明化。简言之，一个没有野蛮人的共同体并不是一个国

---

① R.-P. Droit, *Généalogie des barbares*, Odile Jacob, 2007.

家间的共同体,而是一个人类相互之间的共同体,其范围被扩大到全球,但它同时又不排斥其他共同体,例如包括国家之下的共同体、民族国家共同体,或者在区域层面上形成的国家相互间的共同体,由此能够避免滑向群体主义的危险。以上主张反映出的愿望看上去是不切实际的,甚至是危险的,因为它的超凡脱俗有可能会被用来掩饰这样的事实,即国家之间更倾向于相互对立而不是有意识地寻求可能存在的共同利益。

能够避免上述危险的唯一方式,无疑只能是像勒内-让·杜比(René-Jean Dupuy)曾经前瞻性地提出的那样,让我们自己"介于空想与历史之间"①,换句话说,就是要用那种正在形成的、同时包含了各种断裂与不和谐因素的历史所具有的活力,来取代空想本身固化的、和谐的,但同时也是虚构的观点。

1.1 从国家间共同体到世界人类共同体

带有一定程度欧洲中心论色彩的国家间共同体的观念,通常被认为是教会法的观念,它主张人类自身在深层次上的一体性,从16世纪开始,这一观念被自然法和万民法学派所继承,它希望通过超越主权国家之间关系的无政府性,在各个人类群体之间建立一种自然秩序。但是,随着当时国际法的发展,国家间共同体的含义变得狭隘了,这是因为当时的国际法是按照国家间的法律来理解的,由此区别于国内法(或者说是国家法)。国内法是在国家内部来组织人类共同体,相应地,国际法则将共同体的概念限定为最狭义的层面,用来指代国家间的关系,而不是人与人之间的关系。

尽管如此,在"权力、意愿与知识"②这三者的关系中,为数众多的非国家的行为主体已经登上了世界舞台:它们分别是经济主体、公民主体和由科学家构成的那一类活动主体,并已开始参与到国际法规范的制定与实施过程中来。个人犯罪主体可以受到国际司法

---

① R. -J. Dupuy, *La Communauté internationale entre le mythe et l'histoire*, Economica, 1986, p. 16.

② M. Delmas-Marty, *Les Forces imaginantes du droit III. La Refondation des pouvoirs*, Seuil, 2007.

机构的审判,人权遭到侵犯的受害者,以及私人投资者也都已经可以对国家提出控告。在涉及国际法中的技术性规范时,科学家们被邀请参与起草工作,例如有关气候变化的国际法规范,其基础往往是由科学家制定的技术规范。还有很多类似的例子也都表明,随着在世界范围内一个人类共同体的出现,人类共同体的观念开始形成,它"既简单同时也带来不少麻烦,既不言而喻同时也饱受争议,这完全取决于人们观察的视角:人们可以强调那种能够将人类团结起来的亲缘关系,也可以仅仅强调不同国家共同体之间互相区别的特性。"①

不管怎样,人类共同体的观念让"共同体"(它是在人们自发感知基础上的连带关系的自然产物)与"社会"(它产生于要求有意识地去建构和以法律规范作为保障的意愿)这两个概念之间的区别变得模糊了。在相互依赖性已经变得非常深厚的情形下,共同体和社会这两个不同范畴之间也出现了相互交叉和重叠。我们曾经指出,共同生存和借助共同价值(这里的共同价值涉及区分人道与非人道的问题)实现团结的意愿,其基础是对全球风险产生的恐惧(例如有关原子能、生态或卫生健康等等方面的风险)。② 如果说"恐惧—团结"的模式要求出现一种共同法,那么它并没有对一个真正的命运共同体的问题给出答案。

因此,在已经开始出现而不再只是空想的世界人类共同体内部的关于价值的讨论,还应当被放到人的共同体、民族—国家共同体、次民族—国家共同体、区域性共同体与国家间共同体相互交叉的情形中去,不同共同体之间的这种交叉显然是由国家尝试利用空想满足自身利益的事实引起的,这也使得上述交叉变得愈发复杂。

1.2 从空想到历史变迁的动力

通过提出国际社会的理论,皮埃尔-马里·杜比(Pierre-Marie

---

① E. Jouannet, «L'idée de communauté humaine à la croisée de la communauté des Etats et de la communauté mondiale: la mondialisation entre illusion et utopie », *Arch. Phil. Droit*, 2003, pp. 191-232.

② M. Delmas-Marty, *Libertés et sûreté dans un monde dangereux*, Seuil, 2010.

Dupuy)曾经表明,如同法律虚拟一样,空想也可以变成有益于历史变迁动力的工具:"关于普遍连带关系的法律虚拟,显然是获得了肯定,它能够促使各国在如同这种连带关系确实存在的情况下采取行动。"① 国际刑事审判提供了关于法律虚拟是如何变成现实的例子。具体而言,纽伦堡审判最具创新性的部分,其后又在东京审判和军事占领区许多国内法庭的审判中获得肯定,因此纽伦堡法庭郑重地指出:"是个人而不是抽象的实体犯下了应当受到惩罚的罪行,国际法上的处罚亦是如此",这一结论"否定了国家主权的不可分割性,至少是使国家主权的外部效力受到打击"②。

更确切地说,纽伦堡审判为国际刑法的进一步发展做好了准备,国内武装冲突开始获得国际法的关注:"国际人道主义法的原则和规则反映了'最基本的人道观念',它被广泛地认为是各种武装冲突行为均应当遵守的最低义务。任何人都不得对有关行为的严重性提出争辩,亦不得置疑国际社会在禁止上述行为方面所具有的利益。"③

从"如同这种连带关系确实存在的情况下采取行动"开始,国际社会开始被视为一个世界人类共同体。首先,从政治层面上看,全球治理(指主权国家间的合作)与法治(指国家被置于超国家的法律体系之下)两者相结合形成了一种新的"法律混合体"④,人们可以称之为"全球法治"。"全球法治"所依赖的法律不再与国家划等号,这意味着它具有了某种伦理性,或者说它指向那些能够在全球范围内将国家间的共同体人性化的共同价值。这种从全球化向"全球

---

① P.-M. Dupuy, «La communauté internationale: une fiction?», in «L'unité de l'ordre juridique international: cours général de droit international public», RCADI, 2002, p. 268.

② H. Ascensio, «Souveraineté et responsabilité pénale internationale», in Apprendre à douter. Etudes offertes à Claude Lombois, Pulim, 2004, p. 608.

③ 参见前南国际刑事法庭,Delalić et al.案,上诉法庭2001年2月20日判决,第163—174段。

④ 参见M. Delmas-Marty, La refondation des pouvoirs, op. cit., p. 99 sq. (原著作者将这种法律混合体比喻为"法律庞然大物"——译者注)

性"的过渡,正如爱德华·格里桑所提出的那样,显然不能只是从理论上将其看作是从伦理到法律的过渡,而应当被看作是一种往复运动,它本身借助国际法来提出那些共同的称谓,例如"反人类罪"(或者"人类共同福祉")这种非常具有标志性的提法,与此同时,并不忽视只有通过比较法才能理解和整合的各国国内法概念所呈现出的多样性。在此,我们又遇到了"公约数式的共识"这一概念,它在某些情况下可能被国际司法机构的法官们滥用,有时则会被工具化,但这个概念对于建构那些只是具有部分共同性的价值而言是必要的。

企图以世界共同体的名义从根本上消除各种隔阂和差异,这一想法本身是危险的。实际上,让隔阂和差异成为对话的工具从而实现"将相对主义相对化"是更佳的选择。如果说,理想的状态是,当人们在谈论由人权转变而来的"有关权利的法律"时能够相互明白对方在说什么,那么,让人们对人权这一共同话语的内涵有着完全相同的理解并不是必要的。这就是近年来被提出的区分式做法:"不要以排斥的方式使用'他们'这一说法,也不要使用可能将他人吸收到自己一方的'我们'这一说法,相反,应该学会使用标志着可更替性的'人们'这种表述方式"。[①]

此外,还应当防止使隔阂变成陷阱,避免按照最小公倍数的模式来误解国际法的共同规定以及在比较法上按照公约数的方式归纳出的共识。在明确了共同体的概念之后,还需要进一步澄清价值的内涵。

2. 什么样的价值?

在价值危机和人们通常认为是弗里德里希·尼采(上帝的死亡)与米歇尔·福柯(人类的死亡)的虚无主义这两种内涵相近的话语背后,似乎存在着两个完全不同的争论:价值危机通过提出描述与规范之间的连续与断裂的问题,指向价值的基础以及价值本身的

---

① M. Delmas-Marty, *Pour un droit commun*, Seuil, 1994, p. 257.

存在;而虚无主义关注的是价值的内容及其过剩性,将世界人权宣言(1948年)代表的普遍性与联合国教科文组织的文化多样性公约代表的相对主义对立起来,文化多样性公约明确地指出:"任何文化都有属于自己的价值和自己的尊严。"

2.1 连续与断裂

在斯宾诺莎的思想里,连续与断裂的问题表现得并不清晰,他的《伦理学》根本没有提及价值的问题,也没有提及过错或惩罚的问题,而是主张对法律的绝对服从,即便法律本身违背了我们今天所称的"基本"权利。这至少反映在斯宾诺莎与"非常高贵和非常智慧"的亨利·奥登堡之间书信往来的字里行间:对于作为《伦理学》基石的"不可避免的必要性",亨利·奥登堡曾表示担心奖赏与惩罚将会失去一切意义,作为哲学家的斯宾诺莎于1676年2月8日对此回复道:"人们实际上是可以(因为无知)获得原谅的,他们可以不享受福乐,但却要承受种种不幸。"[1]这就是说,人们虽然没有过错(因为他们无知),然而却要承受"种种不幸",这里的"种种不幸"实际上指的就是惩罚。我们从中可以依稀看到这样一种观念,即:由于服从对于维护秩序而言是必要的,因此,那些并非惩罚的但却具有痛苦性质的措施,可以被强加在那些被视为不能认识到真理因而不能实现自主的人们身上。

上述观念在那个时代被宗教争论掩盖了,但最近当人们谈论到"危险的"人这一话题时又重新提出了上述观念。[2] 其中的哲学问题依旧存在,让-皮埃尔·尚杰尔(Jean-Pierre Changeux)与保罗·利科的对话表明了这一点。前者曾指出,《神经元人》一书出版后不久,它在有关神经科学的伦理委员会内部的一个工作小组中引起了争论,对他而言这是一个"决定性的事件":"关于下面这个问题的争论,其热烈程度将我推向困境:神经元人如何能够成为有灵魂的

---

[1] Spinoza, « Correspondance », in *Oeuvres complètes*, Gallimard, 1988, pp. 1293-1295.

[2] M. Delmas-Marty, *Libertés et sûreté dans un monde dangereux*, op. cit.

人?……从那以后,我不停地去思考,努力地尝试将其修正为有正常生命伦理的人、有人类自由快乐的人,一个能够对理性自由支配的人。"① 对于尚杰尔来说,最根本的问题是要知道"在神经系统科学领域,知识的进步是否会引起对事实(实然)与规范(应然)之间相互区分的重新审视"②。

利科的回答是:"我们处在一个连续—断裂的关系之中,连续存在于生命与根植于生命本身的伦理之间,而当生命将我们置于困境,没有给出如何珍惜和平与放弃战争和暴力这一问题的答案时,断裂则存在于以某种方式自觉地去接替生命的精神层面。"③ 上面关于精神问题的回答同样可以用来解释法律问题,通过对有关争论的延伸,可以认为上面提到的从事实到规范的断裂,对于实然的生物演变(人类的自然演化,或简称为人化)与应然的文化积累(人道化)之间的互动而言是必要的。否定上述断裂,并代之以建立在科学知识进步基础之上的普遍伦理,将会导致两种不同过程的相互混同:假如任何可能的事物都应当被允许存在(人的克隆复制、基因操控、嵌合体的制造),那么价值本身就是可以通过生物手段来论证的,从而变成可生物降解的东西。相反地,以只有自然才能做出好的选择为理由禁止任何改变的做法,也是与人类历史背道而驰的。在上面这两个极端之间,应当寻找出一些标准,以维持直到目前为止始终进行着的互动关系。④

不论是偶然或者是遭到有意灭绝,尼安德特人(Neandertal)的消失给我们留下了人类物种生物同一性的遗产。从这个意义上讲,人类的自然演变可以促进普遍主义,但条件是不能同时遗忘另一个演变过程,这就是人道化的进程,这一进程产生于文化积累,并通过差

---

① J. -P. Changeux et Paul Ricoeur, *Ce qui nous fait penser. La nature et la règle*, Odile Jacob, 1998, p. 17.

② *Ibid.*, p. 32.

③ *Ibid.*, pp. 40-41.

④ M. Delmas-Marty, « Hominisation, humanisation », in A. Prochiantz (dir.), *Darwin : 200 ans*, Odile Jacob, 2010.

异化而获得发展。由此,假如我们承认人类的自然演变与人道化的演变进程的互动是必要的,那么就必须将文化的多样性纳入到有关讨论中来。

2.2 普遍主义与相对主义

这里要讨论的并不是普遍主义的弱点,它与相对主义的局限性相对应,相反,而是要寻找解决普遍主义与相对主义相互对立的方法。

亨利·阿特兰(Henri Atlan)曾主张将事实与规范之间相互沟通的伦理的不同层面加以区分。[1] 根据他的观点,在伦理的最上层,也就是具有普遍性的那部分,非连续性在表面上得到了解决:人们普遍认识到,造成不幸的事物就是错的。在某种程度上,人类历史上的各个主要的思想运动,使得某种建立在所谓的"人道的"道德基础上的广泛共识得以形成,它们通过某种"义愤的道德"促成了伦理的第一个层面。显然这种情形是"聊胜于无的"。但是,这种道德"可能会受到各种操控,特别是受到信息的操控,例如通过对情感的欺骗而引起的幼稚倒错反应"。[2]

不过,在伦理的第二个层面,快乐和痛苦的经验借助人类特有的记忆能力和观念意识而散布在空间和时间两个维度,它们会在不同的价值体系和规范体系下得到重构,而这些不同的价值体系和规范体系是在受到地理和历史因素的影响下确立的。这就表现出相对主义,它通常借助不同的国内法系统得以体现。

在伦理的第三个层面,就是具有普遍性的伦理,它仍旧是假定性的,需要通过构建来实现,但又应当如何完成呢?阿特兰并没有从纯粹理性中推导出所谓的超伦理,相反,他主张通过持续不断的摸索从实践的多样性中归纳总结出共同的答案。这种建立在共存和对话基础上的做法,当被用于不同的规范体系时,将有利于对未

---

[1] Henri Atlan, « Les niveaux de l'éthique », in J.-P. Changeux (dir.), Une même éthique pour tous?, Odile Jacob, 1997, pp. 91-106; id., Les Etincelles du hasard, t. 2, Athéisme de l'écriture, Seuil, 2003, p. 31 sq.

[2] Henri Atlan, Athéisme de l'écriture, op. cit., p. 61.

来超国家法的探索;但是,上述方法并不足以解决那些最顽固的价值冲突,这些冲突将人们发现了的真理与理性的话语(例如那些从宗教观念出发关于女性地位的说法)对立起来。

正因为如此,需要引入另一条路径,正如保罗·利科所提出的那样,尝试超越价值的普遍主义与文化的多样性之间的对立,后者决定了有关各种法律的观念意识及其实施:"他曾这样说,我向你建议我曾经常做的一种比较:首先假定我处于不同宗教领域之间断层的表面。如果我只是在这个断层表面上行动,即保持折中,我就始终不会发现宗教的普遍性,这是因为我只是接受了不同宗教的混合说。但是,如果我足够深入地挖掘自己的传统,我就会超越自己语言的局限。为了进入到我所称的根本性之中去——其他人通过其他的路径进入其中——我就要在深度上缩短与其他人的距离。停留在表面上时,距离是巨大的,但是,随着我不断深入,我就会不断接近那些借助不同路径前行的其他人。"①

通过进入到各个文化的最深处来缩短它们之间的距离,这也曾是穆罕默德·阿尔库恩(Mohammed Arkoun)的主张,作为研究伊斯兰思想的历史学家,他曾倡导对价值的谱系进行重新解读,谴责"9·11"事件后流行起来的那些说法,因为它们"表明了我们是如何自始至终和无所不在地被桎梏于两分法思想的陈旧范畴之内"。②

为了摆脱两分法思想的束缚,应当充分地利用各种互动关系:如同人化演变与人道化演变之间的非连续性并不意味着不可逾越的鸿沟一样,普遍概念可以在每一个国家的语境下被取代并因此而部分地被相对化。法律可以实现这一目标。

---

① J. -P. Changeux et P. Ricoeur, *Ce qui nous fait penser*, op. cit., pp. 300-302.

② M. Arkoun, «Pour une genèse subversive des valeurs», in J. Bindé (dir.), *Où vont les valeur? Entretiens du XXIe siècle*, Editions Unesco/Albin Michel, 2004, pp. 83-92; id., *Humanisme et islam. Combats et propositions*, Vrin, 2005.

3. 法律于正在形成的人类价值共同体中的地位

虽然法律本身并不是完全充分的,但是,对于通过形式化将价值选择加以固定(法律的立法功能),以及对价值选择辅助实施(法律的司法和执行功能)而言,法律仍然具有必要性。不仅如此,法律有时还会通过参与价值的形成过程,揭示出那些尚未被明确表达出来的价值,有时甚至会成为价值形成的先导。

由此,应当进一步观察不同伦理倾向之间的辩证关系,它有时会暂时地掩盖价值和法律的问题。在某些情况下,显然更加具有逻辑性的路径是,将价值引向法律问题,这恰恰印证了欧洲理事会在有关生物伦理立法之前发布的相关报告的标题,即"从伦理到法律"①;在另外一些情况下,可能令人感到陌生的是一条相反方向的发展路径,那就是从法律到伦理的发展。这方面最令人关注的,就是反人类罪的例子。人道在不同的文化里往往是具有相对主义特点的概念,这是因为"人"通常被视为团体中个人的同义语,而"野蛮"则是不属于人的异类,使用这种令人难懂的语词本身就很难说是人道的。通过刑法来禁止反人类罪,国际法本身做出了一个具有象征意义的禁止规定,但与此同时,人道还远远没有获得清晰的认识并被接受为普遍的价值,它仍旧会得到各种不同的阐释,并进而产生各种误解。

根据我们的目的是要以积极的方式在需要保护的价值这一问题上达成一致,还是以消极的方式在根本性的禁止规定问题上达成一致意见,价值可以从人权或刑法中被提炼出来,同时避免了用本体论上关于时间先前性的话语来对价值本身进行划分。这就是说,在奠基性的禁止规定与基本权利之间,很难说哪一方涉及原罪,哪一方与原善相关,但是毫无疑问的是,奠基性的禁止规定和基本权利之间存在着难以理清的相互联系。

---

① Conseil d'État, *Sciences de la vie: de l'éthique au droit*, La Documentation française, 1988.

本章将首先分析被称为"奠基性"的禁止规定,这是因为法律分析通常以刑法实践的先前性为假设。大多数的法律共同体都稳固地建立在某些禁止规定的基础上,这些禁止规定既是象征性的,也是法律性的。不过,尽管相对主义使刑法成为每个国家政治主权和文化身份的象征性符号,但在当今,法律等同于刑法的现象似乎在整个世界范围内开始显现出来。

通过禁止战争罪将暴力人道化,这实际上是在国家间共同体的阴影下,正在逐步形成的人类价值共同体的最初表现之一。虽然对侵略罪行的刑法化目前还未完成(诉诸战争的权利),但无可否认的是,国际法正不断努力地将一些权利纳入到战争之中(战时法)。在第二次世界大战以后,各种国际性法庭的规约重申了禁止违背战争法则与惯例,在此基础之上,又增加了对"反人类罪"这一新罪行的惩罚。但是上述发展过程缓慢而且不连续。

所谓缓慢,这表现为截至2010年,只有114个国家(代表了大概全世界20%的人口)批准了国际刑事法院的规约;所谓不连续,表现为2001年9月11日恐怖袭击发生后对恐怖主义打击的强化,导致了普遍价值的退步,取而代之的是对国家利益的维护。打击恐怖主义的刑法规定被视为例外情形下的法律,它因恐怖主义袭击而获得了正当性,甚至于法律的国际化进程可以以国家利益的名义被中断。随着打出"反恐战争"的口号,美国开始引入或者说重新引入一种法律范式,它能够让酷刑行为变得普通化,这就意味着非人道被合法化了,其理由是保护国家安全和人民的生存。上述做法使得刑法被拉回到伦理的第二个层面——即那种将各个共同体相互对立的相对主义,甚至是倒退到伦理的第一个层面——所谓"造成不幸的事物就是错的"那种观念,其危险在于它有可能让奠基性的禁止规定滑向极端保守的根本主义(fundamentalisme)。

上述事实的出现究竟是价值共同体发展进程中的歧途,还是其中的一段历史插曲?为了更加清楚地认识它,我们将战争罪的范式(对非人道加以限制)和反人类罪的范式(将人类视为受害对象加以保护,从而将人道本身当作价值来建构),与打击犯罪的战争模式加以比较(后者以国家全体或部分人民的生存为理由将非人道加以合法化)。当然,追求共同价值不能局限于来自国际法的那些新的提法,同时,亦不可不从比较法的视角出发来分析问题。我们会发现,形成关于禁止规定的共识,要比形成那些能够将例外情形合法化,如正当防卫、紧急状况和必要性等理由的共识更加容易;同样,寻找有关惩罚措施的共同基础要比寻求有关仁慈措施,如赦免或宽恕的共同基础更加容易。

由此,人们会认识到"基本"权利这一内容的重要性。这里有必要明确基本权利所指向的对象。假如说人权也会以自己的方式做出相应的禁止规定,那么,这些禁止规定是针对国家提出的。基本权利为"将国家利益合理化"提供了有用的工具,这就像在国家利益这堵墙上开了一个口子,它能够建立一个真正意义的世界共同体,这个共同体不仅是国家间的,同时也是个人之间的共同体。正是通过"世界"人权宣言,世界共同体通过共同的价值首次被肯定地提了出来。尽管来自世界不同地区的代表参加了世界人权宣言的起草,但是,宣言的最初文本还是体现了西方思想的影响。不过,人权本身不断超越了这种局限性,例如,人权曾经被明确提出来支持反殖民运动和打击贩卖奴隶,以及反人类罪的确立。人权本身还将超越国家的监护,当然,那将是一个更为漫长的过程。在这方面,我们看到,先是以某种自我矛盾的方式在西方、在欧洲区域的框架下,然后是在拉美,最后是在非洲,人权已经变得可以对抗国家了。

与此同时,在联合国发展计划和世界银行的发展计划中,均出现了"全球共同福祉"的提法,由此可以引出一个比人权更为广义的基本权利的观念。尽管在"权利"和"福祉"之间存在着明显的不对称性,基本权利的观念实际表达了这样一种思想,即通过跨国界和跨时间的连带关系来应对全球化是可能的。然而,承认那些正在形成的整体性价值可能对刑法产生影响,这表现在对某些威胁到人类后代的生物医学或生态行为的罪行化的建议上。

总之,在奠基性的禁止规定与基本权利之间存在着不可分割和相互交融的关系。但正是通过将奠基性的禁止规定(第一章)与基本权利(第二章)相区别,我们才开始探索虽然并非统一,但至少应当是共同的那些价值。

第一章

基本禁令

刑法的自相矛盾

1998年,沃莱·索因卡(Wole Soyinka)、帕特里克·尚穆瓦佐(Patrick Chamoiseau)和爱德华·格里桑曾经一起发起呼吁,要求重新关注我们历史中那些没有被说清楚的内容,只有如此"我们才能共同地、自由地走进全世界"①。他们指出:"让我们一起将在美洲的奴隶贩卖和奴隶制行为称作反人道的罪行。"

三位作家如此重视将那段不光彩的历史界定为反人道罪,这可能会让我们有些感到意外。同样令人感到意外的是,这一呼吁本身就自相矛盾,它要求为进入"全世界"所必需的某种共同话语,但同时,它仍旧坚持差异的存在,格里桑曾说:"只有差异才是普遍的。"②这里所说的全世界,其中的各种危机已经变得普遍化,同时,这个已经有了共同历史的全世界并不是一个统一的世界,它也不具备变成统一世界的使命。在这里,我们面临着一个巨大的挑战,只有通过把对犯罪的禁止与其他禁止规定相对比并明确它应有的位置,才能迎接上述挑战。

如果我们以前面提到的伦理的三个层面为参照物,那任何禁止规定都会从显然具有普遍性的伦理的第一个层面(造成不幸的事物

---

① Édouard Glissant, *Une nouvelle région du monde*, Gallimard, 2006, p. 20.
② *Ibid.*, p. 131.

是错的)滑向属于相对主义的第二个层面。在这个层面上,关于快乐和痛苦的各种经验借助不同民族历史的加工,并在经历了地理空间的改变之后,被建构成完全不同而且多样的价值体系。除了这个建构性功能,法律还增加了强制性的功能,而这一功能是其他规范体系(宗教、道德等)所不具有的。

建构与强制的双重性在刑法领域体现得最为明显,这是因为刑法也可以被视为"犯罪"法。这一称呼能够强调刑法的表达功能,也就是说它指向了那些凡是被触犯就应招致惩罚的价值。刑法重申的是,在惩罚之前,先要规定某些行为为犯罪,也就说要界定罪行,通过把某些行为界定为犯罪,刑法同时也将这些行为与其他行为加以区分:犯罪的希腊语词源 crima(拉丁语为 crimen)是从动词 crinein 引申出来的,它的含义是"区分""挑选""选择",进而"甄别",由此进一步对某些行为加以"控告","做出判决"。通过将每个共同体在权力、生命、死亡、性别、财产的取得和分配这些问题上做出规定,刑法的禁止规定始终是国家相对主义的象征,同时,刑法本身可能看上去是各种法律体系中最难以普遍化的。

下面的分析将从刑法的相对主义开始,这是因为,存在自相矛盾的问题时,我们应当通过关注以往的人类多样性来畅想单一的人性。为了使刑法的禁止规定能够成为这样一种参照物,能够使共同价值以其为基础在世界范围内得以建构,就应当对伦理的三个层面逐一进行分析。

在人们公愤舆论影响下,第二次世界大战之后,随着国际刑事法庭的建立,以及对那些被普遍认为是犯罪的行为的界定和惩罚,刑法被推到法律普遍主义的前沿。但是,人类的道德愤怒是短暂的,它本身还具有可能被媒体或政治操控的危险,因此,它是不充分的。为了成为一个真正人类共同体的外在表达,具有世界使命的刑法就不能局限于伦理的第一个层面,也就是那个痛苦的普遍主义以及由痛苦引申出的惩罚犯罪的良心所属的层面。刑法还应当进入到伦理的第三个层面,成为一个无情的真正意义上的刑法。而这显然就是上面提到的、将奴隶制规定为"反人道罪"那个呼吁的真正意义所在。

1. 刑法相对主义

从传统意义上讲,刑法是国家主权和每个民族文化的象征,因此,它成为价值相对主义的专属领域(当然也可以说是价值相对主义的庇护所)。正如帕斯卡尔所说的那样,"偷窃、乱伦、杀婴和弑父都曾经被视为光荣的行为"①。当然,那些行为也都曾经在刑法的禁止之列,同样地,还有亵渎宗教和成人之间的同性恋,它们都是依法应受到刑事惩罚的行为,包括被处以死刑及酷刑。为了理解刑法的多样性,这里并不需要罗列刑法的禁止规定,而是要明确其中的文化和政治因素。

1.1 文化相对主义

从表面上看,刑法规定的犯罪,借助它所表达出的禁止规定,均指向了每个国家的文化本身。但是,这种相对主义的观点仍旧建立在各个国家文化具有异质性的预先假设之上。我们知道,涂尔干曾经将犯罪界定为"损坏共同集体意识的牢固状态"②的行为。在一个特定的体系里,一个禁止某种可能受到刑罚制裁的行为的正式选择,可能表达了对主要价值或者说至少是部分价值共同的认识,这种表达功能存在于很多刑法典中。

但是,实际情况可能更加复杂,其原因有两个方面。

一方面,上面提到的归类在很大程度上是不清晰的。似乎不言自明的是,只有那些"最严重"的行为才由刑法来处理,但人们最经常忽略的是界定严重性的判断标准,这个标准能够清晰地表达出不同价值的位阶关系。20世纪80年代,在刑法改革委员会内部我们曾经有过这样的经历。在被称为"犯罪清单"的工作组中,我们曾建

---

① Pascal, *Pensées*, Gallimard, coll. « Bibliothèque de la Pléiade », 1954, p. 1150.

② E. Durkheim, *De la division du travail social*, PUF, 9ᵉ éd., 1973; G. Gurvitch, « Le problème de la conscience collective chez Durkheim », in *La Vocation actuelle de la sociologie*, PUF, 3ᵉ éd., 1969.

议重新构思刑法典的整体结构及其所代表的价值内涵,其目的是把那些刑法典尚未规定为犯罪的行为全部或部分地纳入到刑法典中去,但这一建议并没有成功地说服委员会的大多数成员。

另一方面,社会同质性尚未达到完美地步。对此,一个很具有说服力的例子就是,在殖民统治下强制实行的文化适应政策。在当今,文化适应是由全球化引起的,这种全球化促成了国界的开放,让不同民族的文化(不论是本地民族还是移民群体)在同一领域内发生碰撞,以至于产生了"共同的集体意识"本身是否还存在的问题。

当触及刑法究竟是"文化差异的盾还是剑"①的问题时,亚历山德罗·贝尔纳迪(Alessandro Bernardi)指出,刑法兼具上述两种功能,同时强调似乎没有任何一种模式能够有效地解决上述矛盾。

显然,普通法国家占有主导地位的多文化主义的模式理应更加具有容忍性,它们会运用那些有时被视为难以反驳的"法律上的错误"这类法律技术,或者是援引"属于当事人本地的独有价值"那样的修辞。但是,容忍既不能解决由于同一国家的国民之间的法律不平等引起的问题,也不能应对在一个不同文化共存但却不能相互理解的社会里,人们相互封闭隔离或巴尔干半岛式的发展带来的社会风险。最后,容忍在极端的情形下可以导致属于同一共同体的归属感情的消解,以及社会连带关系的割裂。

相反,与罗马—日耳曼法系国家传统更接近的融入主义或整合主义的模式,由于施加了强行的整合行为,不太符合对个人身份的尊重,并且因为建立在抽象的平等而常常不符合现实的基础之上而受到批评。

在实践中,容忍和融入主义两种模式的区分并不明确。在伊斯兰头饰或围巾,以及印度锡克人呼吁的佩剑问题上,普通法系国家的做法曾经是容忍的,但是英国的上议院最近确立了如下原则,即:

---

① A. Bernardi, «Le droit pénal, bouclier ou épée des différences culturelles?», in Y. Cartuyvels et al. (dir.), *Les droits de l'homme, bouclier ou épée du droit pénal?*, Bruylant, 2007, p. 497 *sq.*

佩戴简单头饰的问题属于每个教育机构自己决定的事项。① 从更广的范围来看,上述决定导致的结果是,法官们不仅推翻了所谓的"文化抗辩"(cultural defense)的论点,而且还倒退为持有更加怀疑的立场,要求采取预防性的措施,甚至是加重相应的处罚,他们提出了一个令人感到意外的理由:"当事人已经习惯了在他们的母国所遭受的处罚要比在东道国更加严苛。"

但是,有关的争论不仅是文化的,持有佩剑和穿戴伊斯兰长袍还可能与犯罪预防措施的要求不相符。这类问题在某些国家成为争论的焦点,例如法国,"在公共场所"穿戴伊斯兰长袍的行为最近因为立法修改而受到刑法的制裁,这表明各种文化因素和政治因素之间的相互重叠。②

1.2 政治相对主义

作为国家主权的体现,对某些行为界定为犯罪的刑法选择首先也是一种政治行为,它传统上将弑君置于刑法等级的首位,在现代则是危害国家安全的行为。尽管不同国家的立法对犯罪的等级划分存在差异(1994 年法国刑法典将对人的保护置于首位,接下来是财产,再往后才涉及到国家和公共安全),这种政治相对主义从来没有消失过,无论它是维护自由或威权的政治。虽然还没有发展到国家暴力的极端形式,但刑法的强化仍可以通过弱化法治国原则所要求的程序与实体保障来实现。③

威权统治的模式在 2001 年"9·11"恐怖袭击事件以后被新的

---

① UKHL, 15, R (Begum) v. Governors of Denbigh High School, 22 mars 2006.

② 参见 2010 年 10 月 11 日的第 2010-1192 号法律,该法律禁止在公共场所掩盖面容。宪法委员会判定该法有效,并对保护公共秩序的需要进行了阐释,同时指出,上述禁止规定不应当限制在公众可以进入的宗教场所从事的宗教自由活动。这一保留性解释至少是在该问题上将法国最高行政法院的立场加以具体化,后者主张对禁止规定做出严格的限定。参见法国最高行政法院(Conseil d'Etat), Etudes relative aux possibilités juridiques d'interdiction du port du voile intégral, 2010 年 3 月 25 日报告。

③ Mireille Delmas-Marty, Libertés et sûreté dans un monde dangereux, op. cit.

学说阐释所支持,这就是所谓的"刑法是用来打击敌人"[①]的主张。这种学说产生于德国,其思想基础是国家只有以国家安全需要的名义,通过接受各种例外的规定,包括取消程序性保障或强化刑罚的方式,才能使国家本身得到有效保护。对犯罪本身的定义而言,上述学说似乎是从预防/抵消的视角出发,将威权模式下犯罪(因违反了作为价值载体的禁止规定而构成对规范性的破坏)与危险状态(背离了由一般行为所表现的正常性)之间的相互混淆予以合法化。更为严重的是,上述学说通过战争的逻辑,即以消除敌人为目标的逻辑,进而分解建立在对过错予以惩罚这一基础上的刑法。我们注意到,在这方面存在着倒退到野蛮的危险。这里所说的倒退具有双重含义:具有镇压和倒退性的刑法的野蛮性;以及倒退到人们曾经坚持的文明与野蛮的二分法观念上来。这是因为,今天的敌人,如同过去的野蛮,均表明了对任何普遍主义的拒绝。上述学说不认为敌人有属于某个人性群体的权利。面对那些以国家利益为理由将国内刑法封锁于相对主义窠臼的实践,国际法应当能够引入某种程度的普遍主义,这首先出现在对痛苦与不幸的反应上。

2. 痛苦的普遍主义

即便说痛苦是具有普遍性的,并可以由它来指代受害者,痛苦也不能为产生有罪或责任这类概念提供依据,因为这类概念的前提是道德或法律的判断。因此,还应当将各种暴力与人们关于什么是错的认识相联系,或者是将有关的讨论局限于那些真正的屠杀,但这样做则会与伦理的第一个层面拉开距离。

2.1 暴力与对错误的认识

应当指出的是,暴力可以引起痛苦,弗朗索瓦·艾利蒂耶(Françoise Héritier)曾写道:"人们把可能给生命体造成恐惧、情感变

---

① « Droit pénal de l'ennemi et droit pénal de l'inhumain », RSC, 2009, pp. 1-68.

化、不幸、痛苦或死亡的各种身体或心理上的强制力称为暴力。"①

还有必要承认人类暴力的普遍主义。即便是在史前也是如此，那时战争的重要性似乎被低估了。假如说史前的人类被看作是和平的，那么必须承认的是，在旧石器时代末期全世界的人口只有二三百万。可以想象，那时的合作对于维系生存来讲是必要的。尽管如此，考古发现表明，在那些史前的社会里战争占据着中心的地位。在与现代人具有最亲缘关系的类人猿使用的符号里，我们发现屠杀是很罕见的，让·纪莱恩（Jean Guilaine）和皮埃尔·克拉斯特（Pierre Clastres）均主张原始的战争"由于具有普遍性而指向文化而不是自然"②。这里相互矛盾的是，战争更主要的是人道化进程，而不是人化进程的一部分。他们写道，战争的目的分散，因为那时的人们"有分裂的趋向而不是统一；人们渴望独立而不是集中化"。这体现了"区分的逻辑，以至于不平等、相互划分，以及被更高阶级别的结构（国家）所利用从根本上遭到抵制"。③

总之，暴力既是价值的建构者也是破坏者。作为人类社会所共有的，暴力既将人类相互结合，也让人类相互对立，这正如赫拉克利特那种谜一般的说法（"对我们而言既是共同的又是对立的东西"）。这就表明，似乎很难在暴力与人们对什么是错误的认识之间建立完全对应的关系。弗朗索瓦·艾利蒂耶在她的一系列研讨会中还进一步指出暴力自身表现的多样性。在提到为了自由所开展的工作不能离开暴力时，尼采和福柯曾经强调了制度化的暴力和牺牲式的暴力在价值共同体的形成中所占据的地位。

因此，如果说"对不容忍和暴力的掌控"本身是模棱两可的，那也没有什么会令人感到意外：这是因为由情感和需要（快乐、信任、安全，以及渴望与竞争等等）界定的整体框架是普遍的，这些情感和

---

① F. Héritier, « Réflexions pour nourir la réflexion », in *De la violence*, Odile Jacob, 2005, t. I, p. 17.

② J. Guilaine et J. Zammit, *Le Sentier de la guerre. Visages de la violence préhistorique*, Seuil, 2001, p. 9.

③ *Ibid.*, p. 43.

需要代表了人类的精神空间,但是疏导暴力的规则在不同的体系中是不同的,从而使价值的相对主义再次显现出来。接下来将缩小分析的范围,从一般的暴力过渡到残酷性,或者确切地说,过渡到屠杀的特殊性问题上。

2.2 屠杀的特殊性

对屠杀的恐惧并不仅仅因为其广泛的影响范围。当夏多布里昂在他的《墓畔回忆录》中讲述雅法的犯人在1799年被波拿巴的军队屠杀时,他首先是对屠杀行为的残酷和无用性感到愤慨。他指出犯人们已经交出了武器,他们的投降也已被接受,并进而描述了屠杀的情景,因为"一个行为的道德真相只会隐藏在对它详细记载的背后"。当他得出"上天降下瘟疫,惩罚对人性法则的违背"这一结论时,人们可以看到这就是后世那些属于普遍罪行的灭绝罪或反人道罪的最初表现;不过,人们还可以提出这样的疑问,即作家的愤慨究竟是基于受害者的痛苦,还是因为那些罪行本身不再具有人性。也许正是由于这个原因,作家不厌其烦地引述了士兵米约的话:通过描述事件的详情,他再现了每一个受害者的人格,其中包括惊慌失措的年轻人恳求人们的饶恕,也包括神情安然的年老贵族,他用双手将自己掩埋,为的是死于自己之手。

在我们寻求共同价值的过程中,应当进入到具体的情境中来,从而超越法律界定活动本身,目的是要掌握禁止规定背后的特殊性。这正像历史学家雅克·塞莫兰(Jacques Semelin)所建议的,将屠杀界定为"有组织的摧毁平民的过程,它同时针对人和他们的财产"①。为了理解各种不同的"屠杀形态",他参考了实施屠杀的人所持的宗旨:包括压制(战争,殖民,被专制体制称为"再教育"的、目的在于重新改造社会的再造措施,或者被称为所谓的柬埔寨范式);消除(令人恐惧的各种形式的"种族清洗"所代表的形式,或者被称为纳粹屠杀犹太人的范式);以及反抗(恐怖主义,或者被称为

---

① J. Semelin, *Purifier et détruire. Usages politiques des massacres et génocides*, Seuil, 2005, p. 387.

"9·11"事件的范式)。

上述那种"政治主义"而非法律的观点,尽管看上去很能说明问题,但实际上它们并没有关注与文化、信仰、不同民族的情感记忆相关的现象,尽管它们也能解释诸如在巴尔干和卢旺达爆发和发展起来的屠杀行为。因为灭绝和屠杀不仅仅涉及以金字塔式自上而下强加的政治宗旨,而且它们的爆发是自下而上的,遵循一种网络式的逻辑,这种逻辑能够使暴力广泛地传播。①

不管屠杀是自上向下或自下向上表现出来,受害者非人化的效果,以及对受害人所具有的人性的否定,显然是问题的实质所在:在痛苦的普遍主义之外,对屠杀的谴责显然针对的既不是它所反映出的暴力,也不是屠杀所涉及范围的广泛性,而最主要的是针对屠杀的非人道特征。

3. 迈向一个针对非人道的刑法?

这里的问题是,在什么样的条件下,对那些被界定为非人道的行为予以刑法制裁具有普遍性,或者是能够实现普遍化,从而表明世界人类共同体的出现?与此同时,法律国际化的进程仍旧表现出选择性,这表现为该进程的不完整性和不连续性。

3.1 世界人类共同体的出现

将世界共同体与刑法联系起来的观念并非是理所当然的,一些学者曾经研究过对屠杀行为做出判决的历史,但他们没有触及该问题,仅仅是对其中的话语滥用提出了批评。例如,安托万·卡拉邦(Antoine Garapon)曾指出,卡尔·施密特"提出了人道将落空"的说法,并进一步强调:"反人道罪行的提法破坏了话语的象征意义,这是因为它滥用了提法本身所使用的文字的内涵;在没有第三方和任何制度提供保障的前提下,反人道罪的提法本身很难说它具体表达

---

① H. Dumont, « Introduction. Le crime de génocide: construction d'un paradigme pluridisciplinaire », *Criminologie*, 2006, pp. 3-22.

了什么样的意思"。①

应当肯定的是,刑法的禁止规定并不能简单地移植到世界人类共同体当中,这是因为刑法的禁止规定,正如我们已经强调指出的那样,仍旧与民族—国家共同体所独有的连带关系结合在一起。按照涂尔干的分析,那种连带关系可以表现为机械的和有机的两种不同形式。此外,还应当增加由美国社会学家马克·奥歇尔(Mark Osiel)提出的第三种形式,即"话语的"形式,它区别于前两种形式,其特点是以其独有的方式将共同体与差异性联系在一起。②

一方面,机械的连带关系(它与教会的模式联系在一起,特别是在教会以法律为依据建立起来的情形下)"需要否认,包括对不同个体以及小团体之间差异的消除,其目的是为了维护不同个体及小团体之间对某个单一规范体系的分享";在另一方面,有机的连带关系(这是一种建立在"商业交换链条不断延伸"基础之上的经济模式)要求"对不同个体以及小团体之间的差异文化予以维护,目的是增加其生产力和效率"。

相反,话语的连带关系,它所倡导的是制度性基础,"既不要求彻底否认,也不肯定差异;它只是意味着承认社会的成员经常在正义与是非观念上发生严重的分歧,但它不因此而否认需要依赖合作与联系的共同路径"。

上述主张的特点在于将"共同路径"建立在分歧而不是共识的基础之上,"话语"式的连带关系有可能利用刑事程序作为建构国际性集体记忆的工具,"它借助的是,在全世界范围内由法律人、法学专家和非政府的人道主义组织共同建立起来的非正式的互相协助的网络"。

但是,"国际性"并不意味着"世界性",从这一点来看,奥歇尔的观点仍然具有局限性,因为他并没有探究这种新型的社会连带关系

---

① Antoine Garapon, *Des crimes qu'on ne peut ni punir ni pardonner. Pour une justice internationale*, Odile Jacob, 2002, p. 72 et 239.

② Mark Osiel, *Juger les cimes de masse. La mémoire collective et le droit*, Seuil, 2006, pp. 69-95.

所具有的能够普遍化的性质。还需要解决的问题是,刑法是否以及在什么样的条件下,能够以非人道为中心被国际化,进而成功地建立起一个真正世界性的集体记忆。

我们将要证实的上述假设,并没有依赖下面这个预设性认识,即非人道的刑法本身就是世界价值共同体。相反,它所依据的是这样一种直觉,即也许应当将那些由国内和国际性的刑事诉讼所反映出来的分歧纳入到有关的辩论中来。这样,刑法的国际化将能够把伦理的三个层面联系在一起,即痛苦所表现出的普遍主义,关于犯罪的法律观念所具有的相对主义,以及以人道为名义进行的诉讼所表现出的普遍主义,但这是一个极为复杂的选择性进程。

3.2 选择性的进程

刑法的国际化进程之所以是选择性的,是因为这一进程在相对性与普遍性之间建立起的联系中似乎存在着一种双重断裂。

第一种断裂在于刑事打击本身,存在于"禁止/允许"这对范畴之内,因为禁止本身,也就是被规定为非人道的行为被普遍化了,但是,那些旨在允许某些行为的广义的法律技术(正当防卫、紧急状态、被迫以及其他能够将非人道的行为合法化的法律技术),仍旧根植于每个国家的传统之中。而这显然是无法界定有关恐怖主义的世界性犯罪的主要原因所在,因为各国在这方面的例外规定非常不同。①

第二种断裂贯穿于有关实施禁止规定的各种争论之中,它存在于"惩罚/宽恕"这对范畴当中。在法律问题之外,这对范畴本身所遇到的难题是,惩罚本身已经变成了世界性的,而宽恕仍旧是各国决定的事情。汉娜·阿伦特在将宽恕与不可逆性相对立时,曾提出了下面的解释:不论是赦免那些被征服的人们,还是对死刑的废除,只有从某个有组织的共同体的视角出发来看待宽恕,它才是能够被理解的。上述解释可能是她于1958年提出的,后来又被不断援引,这是她将国际罪行界定为"人们既不能惩罚也不能宽恕的罪行"这

---

① H. Laurens et M. Delmas-Marty (dir.), *Terrorismes. Histoire et droit*, CNRS Editions, 2010.

一说法的最根本的原因。具体而言,这里所说的罪行是世界性的罪行,然而共同体本身还没有在世界范围内建立起来:"我们所知道的全部,就是我们既不能惩罚也不能宽恕那些罪行,所以,那些罪行超越了人类自身事物的领域以及人类的潜在能力,在那些罪行出现的地方,它们会将人类自身事物及其潜在能力完全摧毁。"①尽管如此,阿伦特还是在1961年的时候旁听了以色列对艾希曼的审判。她维护了审判的正当性,但也支持了雅斯贝尔斯(Jaspers)提出的应当由一个国际法庭做出判决的建议。阿伦特遗憾地指出,没有人认真地考虑过上述建议,并由此提出建立一个国际刑事法院是"极为必要的"②。

半个世纪以后,以惩罚为使命的国际性法庭和所谓"重建性"的、以"真相与和解委员会"为代表的国内司法机构的同时出现,使得惩罚与宽恕之间的紧张关系再次被提出。世界共同体显然依旧非常脆弱,它还不能承担起宽恕的使命,这也许能够解释为什么在国际法上常常出现"反对犯罪不受惩罚"这类呼吁性的话语。但是,国际性的刑事审判机构只扮演补充性的角色,同时,对国际性犯罪的惩罚部分上属于国家司法机构的职能,因此产生有关宽恕的问题,并且也没有给出解决问题的答案。

正是从"禁止/允许"和"惩罚/宽恕"这两对具有冲突性的范畴出发,才引申出具有普遍性使命的禁止规定。同时,正是通过每一对范畴所具有的、在相对性与普遍性之间建立平衡的能力,世界才能摆脱人们曾预见到的"后现代的混乱"③,同时也避免屈从于我们已经隐约感受到的原教旨主义的危险。

第一节 禁止/允许:三种范式

为了理解战争既是人们所反对的,也是人们所共有的这一命

---

① H. Arendt, *Condition de l'homme moderne*, Calmann-Lévy, 1988, p. 301 *sq*.

② H. Arendt, *Les Origines du totalitarisme. Eichmann à Jésusalem*, Gallimard, 2002, p. 1287 *sq*.

③ M. Osiel, *Juger les crimes e masse*, op. cit., p. 306.

题,就应当重新回到赫拉克利特那里去。不会令人感到意外的是,一个国家间共同体的奠基性禁止规定并没有因为战争问题而形成,但是,奠基性的禁止规定还是存在的,尽管相关的道德问题仍旧具有模糊性:"战争总是要被判断两次,首先要通过考虑国家进行战争的原因来判断,然后通过国家运用的战争手段来加以判断。"①

中世纪的学者们已经做出区分(战争法 *jus ad bellum* 和战时法 *jus in bello*),不仅禁止侵略,而且也禁止非人道的待遇,不论其适用于战士、战俘,还是普通平民。尽管如此,只是到了1945年,纽伦堡和东京军事法庭规约才将违背上述两类禁止规定的行为规定为犯罪。上述军事法庭的规约一方面针对破坏和平罪,或者说侵略罪,另一方面针对的是战争罪,或者说是对"战争法则和惯例的违反",由此进一步引申出反人道罪。但是,当被侵略的人成为战争的胜利者时,对于侵略能否合理解释由被侵略的人实施的战争罪这一问题,其答案仍旧是模糊的。同时,在纽伦堡和东京以后,上述问题并没有真正澄清,因为上述两类禁止规定被区分开了。

对非人道行为的禁止借助战争罪得到了发展,1949年的日内瓦公约及其1977年的议定书被纳入到其中,特别是,反人道罪的出现强化对非人道的禁止,其适用范围被不断扩大到和平时期。相反,关于侵略罪的概念,其定义最终被纳入国际刑事法院规约②,但只是从2017年才开始适用。在此之前,联合国宪章对侵略的禁止,对于侵略受害者实施正当防卫而言可能是有利的。这是因为,"正当防卫的自然权利"被认为是保障安全利益的关键,它允许联合国的成员国在受到武装侵略时,不经安理会的事先同意而直接采取应对措施。在2001年9·11恐怖袭击事件以后,正当防卫发生了演变,它被扩展适用于应对恐怖主义式的袭击,以至于使正当防卫的例外

---

① M. Walzer, *Guerres justes et injustes*, Gallimard, 2006, p. 77.
② 参见国际刑事法院,缔约国大会,RC/Res. 6 关于侵略罪的决议,第十三次全体会议通过,2010年6月11日。

"变成了原则"①。"打击犯罪的战争"被作为一种政治口号提出,它不再只是一种隐喻,而是体现了刑法逻辑的平庸化,甚至是对非人道的合法化,从而表明了与纽伦堡范式的分裂。

在每个历史转折点或者历史道路的分歧上,这种选择性的法律国际化将新的词语、新的逻辑,以及在更广范围内的新的伦理观念相互重叠在一起,与此同时保留了旧有的事物,这可能使纽伦堡式的具有互补性的两种禁止规定转变成下列存在部分冲突关系的三种范式。

1. 战争罪的范式:限制非人道

按照克劳塞维茨(Clausewitz)的说法,罪行这一概念本身与战争是互不相容的,因为战争"是一种在理论上不受任何限制的行动"②。但是,长期以来有一种思潮始终倡导将战争人道化,"格劳修斯写到,过分地效仿那些凶残的动物,人们恐怕会忘记自己的人性"③。尽管如此,"人道的"国际法直到19世纪才形成,它的两个支柱分别是:"海牙法律体系",即国家相互之间制定的,关于战争中士兵的权利与义务,以及在国际性武装冲突中对作战方法加以限制的法律规范;"日内瓦法律体系",是关于保护战争受难者和敌方平民、那些没有参与敌对行动和民用财产的法律规范。

当然,上述两个法律体系之间的区别正在逐渐消失,国际法院曾指出:"上述适用于武装冲突的两个法律体系之间存在着十分密切的联系,以至于被认为逐渐构成了一个单一的法律体系,这就是今天人们所称的国际人道主义法。"④国际法院进一步指出:"1977

---

① 参见2001年9月12日和28日第1368号和第1373号联合国安理会决议;另参见 A. Cassesse, « Article 51 », in J.-P. Cot, A. Pellet et M. Forteau (dir.), La Charte des Nations unies. Commentaire article par article, Economica, 3ᵉ éd., 2005, p.1358。

② C. von Clausewitz, De la guerre, Minuit, 1955, p.52-53.

③ H. Grotius, Le Droit de la guerre et de la paix, réed. PUF, 1999, p.836.

④ 参见国际法院,"威胁或使用核武器的合法性",咨询意见,1996年7月8日,《国际法院汇编》,1996年,第75段。

年议定书的条款表明并证实了上述法律的单一性和复杂性",之所以是复杂的,这是因为禁止规定在其定义中所反映出的普遍主义,与定义在实施过程中呈现出的相对主义是相伴而生的,对禁止规定的实施在相当程度上仍旧依赖于各个国家。

1.1 定义的普遍主义

禁止规定的普遍性表现为有关人道主义的国际法律文件得到了很多国家的批准,但普遍性仍旧隐藏在这些法律文件不断累积的背后:"法学家们撰写了浩如烟海的文献,但在至关重要的问题上,这些文献仍旧与人类生活的现实世界相脱离。"①这种批评并不是没有道理,而不断发展的"乌托邦式的挑剔"可能会成为建立一个真正的价值共同体的障碍。这种障碍显然是无法避免的,那些片面的、不完善的法律规范不断积累所引起的干扰效果,同时反映出国家阻力的强大和人道主义思潮的顽强。但是,假如我们从这种干扰中提炼出一种共同的内涵,那么这种干扰也并不是不可超越的。

1.1.1 干扰效果

国际人道主义法绝非突兀的普遍主义,正如国际法院所指出的那样,它实际上是一个双极的、渐进的、逐步的和复杂的建构过程。

"海牙法律体系"建立于不同法律规范的交叉之上,主要是国际法规范,但有时也包括国内法规范,例如,其中就包括对美国法的借鉴:即1864年的利伯尔法及其"关于美国军队在作战中的行动指令"。美国内战时期(1861—1865年),一位法学者的两个儿子分别作为交战双方的士兵参与战斗,上述立法就是在这一背景下被提出的,并由此成为最早编纂战争法规的实践,此后出现了大量关于军事行动的国内法规,其中就有著名的1880年牛津手册,它是由国际法学会制定的,目的在于为各国军事立法和手册的制定提供范本。

在国际法上,上述立法还对1899年和1907年海牙诸公约的制定发挥了启示作用,尽管那些公约仅仅规定了作战国的责任,而不是个人的刑事责任。

---

① M. Walzer, *Guerres justes et injustes*, op. cit., p. 35.

从共同价值的视角来看,在上述立法中我们可以发现最早的《马滕斯条款》,这是由俄国法学家和外交家弗里德里希·马滕斯提出的,内容如下:"在颁布更完整的战争法规之前,缔约各国认为有必要声明,凡属他们通过的规章中所没有包括的情况,居民和交战者仍应受国际法原则的保护和管辖,因为这些原则是来源于文明国家间制定的惯例、人道主义法规和公众良知的要求。"①

马腾斯条款后来被纽伦堡法庭、布鲁塞尔战争委员会,以及后来的国际法院②和前南国际刑事法庭③所援用。通过马腾斯条款,"公众良知的要求"和"人道主义法规",后来在1949年日内瓦公约议定书中被转化成"人道主义原则",成为对国家具有约束力的规则,而不论有关国家是否为公约的缔约国,因为它们被视为习惯法规则或者说是国际强行法的一部分。

上述原则被解释为禁止使用为获得确切的军事优势所不必要的那些作战手段和方法,其目的就是对非人道行为加以限制或禁止:"人道强调逮捕优于伤害,伤害优于死亡,以及尽可能地不伤害平民,使用较轻的和带来较少痛苦的杀伤手段——以便让伤者能够被治疗和痊愈;逮捕也应尽量能让人忍受。"④但所有这些还只是象征性的禁止规定。

深受国际红十字会影响的"日内瓦法律体系"将上述的禁止规定进一步发展为刑法上的罪行(参见1906年通过的日内瓦第一公约,其目的是进一步改善受伤和生病的战士的境遇,1929年的日内瓦公约是为了改善战地武装部队伤病者境遇)。

后来的纽伦堡法庭规约将上述全部禁止规定定义为"违反战争

---

① 参见《陆战法规和惯例公约》(海牙第二公约)序言,海牙,1899年7月29日。

② 参见国际法院,威胁和使用核武器的合法性,同前引注,第78段和第87段;同时参见萨拉布登(Sharabuddeen)法官的不同意见。

③ 参见前南国际刑事法庭,Furundžija 案,初审法庭判决,1998年12月10日,第137段。

④ J. Pictet, *Développement et principe du droit international humanitaire*, Institut Henry Dunant/Pedone, 1983, p. 77.

法律和习惯"的罪行,并且以非穷尽的方式列举了这些罪行的具体实例。这些实例又在1949年通过的日内瓦诸公约中得到确认,在此基础上形成了"受保护"的人员或财产的清单,此后该清单又在1977年通过的附加议定书中进一步被扩大,由此能够明确规定针对"受保护的"人员或财产的"严重犯罪"的具体内容。

随着1933—1934年国际刑事法庭的成立,新的国际谈判以及由此达成新的妥协,使得上述"严重犯罪"的范围变得更为复杂。前南和卢旺达国际刑事法庭有权"审判那些可能对严重违反人道主义法律负有责任的人"。但是,由于上述两个刑事法庭的规约对武装冲突是否应具有国际性的规定存在分歧,相关的判例则尝试将有关规则的适用加以统一。

最后,国际刑事法院规约(1998年7月18日的罗马公约)细化了"战争罪"的定义,区分两种性质的武装冲突。与前南斯拉夫和卢旺达国际刑事法庭的判例相比,国际刑事法院规约由于将直接规定为犯罪的情形与法院应该根据个案判定是否具有犯罪性质的情形加以区分,从而体现出某种倒退。

上面所做的细致分析并不是没有意义的,因为它涉及的往往是极为严重的情形。同时,在法律术语背后,存在着将人类的义愤转化为某种话语的努力,尽管存在着种种政治阻力和文化的多样性,但这种话语能够表达出一种共同的内涵。

1.1.2 共同的内涵

来自美国的检察官罗伯特·H.杰克逊在纽伦堡审判的一开始便正式宣告:"结束暴政、武力和侵略的唯一方式,是要将所有人置于同一法律之下。这里的审判是人性绝望的努力,它要将法律实施于那些滥用权力、破坏世界和平基础和践踏他们同类权利的那些人。[……]文明是这些罪行的真正控诉人。在我们所有的国家里,文明始终是一个不完美的、寻找自己道路的概念……"

通过提及"武力和侵略",杰克逊检察官似乎特别强调了对世界和平的维护,但通过将审判描述为"人性绝望的努力",其中真正的指控者是"文明",他或许也在指出,人道主义法虽然存在着种种含糊不清的地方,但它仍旧可以变成有关人道的共同话语。这种话语随着判例发展而被澄清,特别是其中关于"人道的最基本考虑"以及"军事必要性"这些概念的内涵。

在国际法院关于使用核武器的咨询意见中,我们可以发现如"人道的最基本考虑"这种看上去含糊不清而且欠缺法律性的表述。这些"考虑"从来没有被单独提出来过,并且总是被视为某些法律义务的渊源,它们结合道德规则和法律规则,从而表现为"法律规范的伦理基础与法律规范自身之间规范联结的法律工具"①。这些"考虑"的功能主要在于能够回避条约法可能带来的困难(指那些不能被适用和没有被批准的公约)。法院以"人道的最基本考虑"为名判决指出:"国家在使用武器的问题上没有不受限制的选择"。同时,法院"毫无疑问地认为人道主义法适用于"核武器,尽管人道主义法并没有明确地做出相关规定(参见法院咨询意见第85条和第86条)。"人道的最基本考虑"这一表述虽然含义不清,但它明确地表达了国际人道主义法的禁止规定,从而参与到共同价值的构建过程中来。

在国际刑事审判中,法官也运用了"人道的最基本考虑"的表述②,并进一步指出,日内瓦诸公约共同的第三条"构成了强制性规则最低限度的规范表述,它们体现了作为全部国际人道主义法基础的最基本的人道主义原则,日内瓦诸公约从整体上就是建立在该基础之上的。[……]日内瓦诸公约共同第三条重申了国际红十字会的主张,目的在于保障所有文明民族在任何情形下均始终具有正当法律效力,高于和超越战争的那些最基本的人道规则并予以遵守。由此,上述规则可以被视为日内瓦诸公约共同宣示的人道主义原则的

---

① P.-M. Dupuy, « Les " considérations élémentaires d'humanité " dans la jurisprudence de la Cour internationale de justice », in *Mélanges en l'honneur de Nicolas Valticos. Droit et justice*, Pedone, 1999, p.127.

② 参见卢旺达国际刑事法庭,Rutaganda 案,初审法庭判决,1999 年 12 月 6 日,第 106 段:"所谓'严重违反',是指对那些保护重要价值的规则的违反,给受害者带来严重的后果。法庭规约第 4 条所宣告的最基本的禁止规定是基于最基本的人道考虑的要求,对它的违反本身就应当被认为是严重的。"另外参见 Musema 案,初审法庭判决,2000 年 1 月 27 日,第 288 段。

'实质核心'"。① 总之,上述判决是保护人类免予遭受"被各种文明认为无论在何种情形下都是不可接受的那些可憎的行为"(判决第149条)。如果说某些行为"无论在何种情形下都是不可接受的",包括战争时期在内,那么,这是因为它们违反了对于人类尊严享有的权利,这一权利被保护人权的国际法律文件规定为具有不可克减的性质。

此外,还需要明确的是,上述禁止规定是否会在战争时期失效,同时,有关的罪行是否会因为军事必要而被正当化。在这方面,对于针对平民和民用物资实施军事攻击的情形,前南斯拉夫和卢旺达国际刑事法庭的判例曾出现过变化,它从逐步限制军事必要性发展到完全禁止攻击平民目标。

上述变化反映在初审法庭在 Galić 案(波斯尼亚塞族武装部队在1992年至1994年对萨拉热窝的军事包围)判决的改变上。② 在该案中,法官们首先依据的是法庭规约(第51.2条),他们认为规约清晰地指出了"非军事人员和平民均不得作为攻击的对象",该规定没有任何例外,包括军事必要的例外。为了强调该禁止规定的不可克减性,初审法庭重申,规约的上述条文构成了习惯规则,根据该规则,平民应享有不受敌对行为威胁的一般性保护:"禁止对平民的攻击产生于国际人道主义法的一般原则,即所谓的区分原则,它要求冲突当事方**始终**将平民与战斗员加以区分,以及将民用物资与用于军事目的的财产相区分,由此,只能针对军事目标采取行动。"③最后,法官们援引了国际法院在使用核武器一案中做出的决定:"国家在任何情形下均不得将平民作为打击目标。"我们发现,上诉法庭在Blaškić 案中坚持了上述立场:虽然初审法庭曾接受了有关犯罪能够被正当化的观点,但上诉法庭指出:"将平民作为攻击目标在国际习

---

① 参见前南斯拉夫国际刑事法庭,Delalić et al. 案,上诉法庭判决,2001年2月20日,第143段。

② 前南斯拉夫国际刑事法庭,Galić 案,初审法庭判决,2003年12月5日,第42—45段。

③ 前南斯拉夫国际刑事法庭,Galić 案,初审法庭判决,2003年12月5日,第45段(黑体字标志为作者所加)。

惯法上是绝对禁止的。"①

不过,有关的判例继续承认"对军事目标的攻击,不论涉及财产或战士,都可能附带造成对平民的损害"。②

上述司法实践的不确定性反映了国际人道主义法与国家实践之间的冲突,以及不同国家实践之间存在的差异,这促使我们去关注在禁止规定的具体实施过程中存在的相对主义。

1.2 禁止规定实施中的相对主义

一个民族的历史能够部分地解释普遍主义遭到抗拒的原因,这表现为战争罪这一禁止规定的重新国有化。但是,对于未来的问题,答案则不明确,对于战争罪的认识似乎被模糊化了,因为这一禁止规定过去曾建立在对战争与和平相区分的基础之上,而在今天,这种区分已经(至少是部分地)被超越,同样的情形也发生在敌方战士与平民的区分上。

1.2.1 重新国家化

法国曾很早就签署了国际刑事法院规约,但只是在最近才对本国的刑法做了必要的修订③,而法国国家人权咨询委员会从2002年起就强调指出法国"有必要弥补现有的法律空白,特别是关于战争罪的规定"。④ 显然,法国是由于其过去的殖民历史曾多次表达出对战争罪这一刑法规定的顾虑:首先法国曾通过立法排除了战争罪不受时效限制的规定(1964年的法律仅规定了反人道罪不受时效限制);此后又利用过渡条款暂时地排除了国际刑事法院对法国的管

---

① 前南斯拉夫国际刑事法庭,Blaškić案,上诉法庭判决,2004年7月29日,第109段。

② 前南斯拉夫国际刑事法庭,Kordić和Čerkez案,上诉法庭判决,2004年12月17日,第65段。

③ 2010年8月9日第2010-930号法律,根据国际刑事法院的制度对法国刑法进行了调整。2006年,该法案的第一部草案被提交给国民议会,但始终没有得到正式审议,并于2007年5月15日被撤回。需要指出的是,法国曾经非常迅速地与国际刑事法院建立起合作关系(2002年2月26日第2002-268号法律,内容是关于与国际刑事法院合作的事项)。

④ 参见国家人权咨询委员会:《关于实施国际刑事法院规约的意见》,2002年12月19日。

辖权,这针对的是从国际刑事法院规约生效之日起七年内犯有的罪行。①

不过,将国内刑法按照国际刑事法院规约的要求进行调整的法律只是部分地填补了法国国内法的空白,因为它将战争重罪和战争轻罪(刑法典第4-1编)与反人道罪相区分,对于战争重罪和战争轻罪仅规定了30年的时效期间。国家人权咨询委员会对此进行了批评②,它拒绝将战争犯罪规定为不受时效限制的罪行似乎表明,法国坚持将禁止规定的普遍主义与免于惩罚的理由所具有的一定程度的相对主义相互区分。

法国不是孤立地做出上述决定的国家,很多国家与法国持有相同的立场,其中包括拉丁美洲国家、中国、非洲和欧洲的许多国家,比较研究不断显示,各国并没有急切地将国际人道主义法在国内刑法上加以转化。③

接下来还要分析美国的立场,其特殊性源于美国具有相当长的军事审判刑法传统,人们甚至曾经认为美国的实践影响了国际法(前面提到的利伯尔法),此外,还有美国在国际秩序中的"超级大国"地位。④ 美国法是最早主张战争法应当接受正义、荣誉和人道原则指导的国家之一,"这是士兵而不是普通人应有的道德,原因在于士兵拥有武器,他们比没有武器的普通人更强大"(1863年利伯尔法第4条)。关于"残酷性"利伯尔法不允许有任何合法的例外,它包含了"为获取信息而实施的酷刑"(第16条)。虽然此后的法律规

---

① 这一期限的截止日是2009年7月1日。2008年8月13日,法国政府通知联合国秘书长决定撤回批准国际刑事法院规约时根据第124条做出的声明。

② 国家人权咨询委员会,《关于将刑法典按照国际刑事法院制度加以调整的意见》,2008年11月6日。

③ E. Lambert Abdelgawad (dir.), *Juridictions militaires et tribunaux d'exception en mutation. Perspectives comparées et internationales*, AUF/Editions dees archives contemporaines, 2007.

④ A. Amann, «La justice militaire et les juridictions d'exception aux Etats-Unis», in E. Lambert Abdelgawad (dir.), *Juridictions militaires et tribunaux d'exception en mutation. Perspectives comparées et internationales*, op. cit., p. 265 sq.

定,如1950年通过的统一军事法典(Uniform Code of Military Justice)或者1996年战争罪法案(War Crime Act)并没有对战争罪做出详细规定,但至少这些立法都列举了某些犯罪,它们可能由军事法庭来审理。这些军事法庭的管辖权不仅包括美国军人,也包括美国军队逮捕的战俘,以及由美国军队抓捕的任何为本国政府从事战斗行动的人,法庭保障当事人享有由美国宪法和国际法规定的正当程序的权利。

可是,2001年9月11日之后根据总统令(2001年11月13日)设立的军事委员会所依据的法规,尽管联邦最高法院反对,并没有对国际人道主义法加以转化,并且允许公开违背国际人道主义法以及人权法规则,这与美国先前的立法形成了鲜明的反差。

联邦最高法院允许当事人获得某些法律救济(见下文),奥巴马政府也通过了一些新的权利保障规定,但是,它们都没有直接触及禁止规定的模糊性这一难题。

1.2.2 禁止规定的不适当性

"战争罪"的表述本身以战争与和平的区分、敌方战士与无辜平民的区分为前提;然而,新的维护和平与打击恐怖主义的实践对上面的区分提出了质疑。

在战争与和平之间,很难对维护和平的行动以及以建立和平为目的的军事行动进行分类。属于某个国家或多国的(联合国、北约、欧盟、非盟)维和部队的职能,包括维护和平(peace keeping)和实施和平(peace enforcement),还有建立和平(peace building),这其中的差异有时是难以把握的。维护部队的士兵时而接近于维护秩序的武装力量(警察),时而接近于征服某个地区的军队,时而接近于占领军。向外国派遣武装力量不能自动地被等同于敌对行为:"一般来说,导致需要派遣军事力量的情形在当今被视为政治生活的两个极端(战争与和平)之间的中间状态。"[①]

[①] D. E. Kahn, « Les juridictions militaires et d'exception et les opérations des militaires », in E. Lambert Abdelgawad (dir.), *Juridictions militaires et tribunaux d'exception et mutation*, op. cit. , p.484 sq.

上述情形表明了人道主义法,以及更广范围内国际人道主义法的模糊性,它们将管辖豁免(由外交人员、领事官员和国家的高级代表所享有)与"正常"关系,即和平的维护联系在一起。传统上,任何管辖豁免都不会授予外国军队,后者在他国领土上的存在总是被视为典型的敌对行为;当这些军队获得了对某些地方的有效控制时,则开始实施占领法。可是,在与维护和平相关的情形里,东道国在理论上保有对其领土的完全管辖权,其中也包括本国领土上的外国军队的行为,但派遣国往往会寻求东道国免除对自己军队的管辖权,当接受维和行动的大多数东道国的国内刑法与派遣国的国内刑法(如有的国家实施古兰经)存在较大差异时更是如此。在这种情况下出现了双边协议的做法,即驻军地位协议(status of forces agreement)和交战规则(rules of engagement)。在没有协议的情况下,当有关行动是在联合国的控制下进行的时候,根据秘书长颁布的一份指令,东道国的法律将有权管辖严重违反人道主义法的行为,这显然不太适应于多国部队的情形。

在现实中,应当能够重构的是有关维和的法律框架。不管是调查、搜集证据还是逮捕嫌疑人,国际刑事法院的程序模式可能更为适当,特别是当维和行动与警察行动相似时,在国际或国内的刑事审判中,军人可以变成证人,甚至是司法审判的辅助人员。① 但是这种模式会遇到政治阻力,特别是美国的反对。同样地,嫌疑人的概念在战争法和刑法上也会遇到难以处理的问题。在敌方参战人员和非参战人员罪犯这两个概念之外,第三类概念正在形成,这就是所谓的"非法的敌方参战人员"(unlawful enemy combatants),它从美国司法判例中逐步发展出来,以色列最高法院在2006年的一个判决中则明确使用了这一概念。②

---

① B. Cathala, «Les obligations de maintien de la paix et la CPI: une relation complexe et obligée», in S. Manacorda (dir.), *Missions militaires de Peace Keeping et coopération en matière pénale*, Conseil de la magistrature militaire, 2004, pp. 297-318.

② 参见以色列高等法院,769/02,以色列反酷刑公共委员会诉以色列政府,2006年12月12日判决。

在第二次世界大战中,美国最高法院曾对在美国领土内被逮捕、由一个军事委员会审判的德国破坏分子使用过非法的敌方参战人员这一概念。① 法院在判决中指出其中存在的不同之处:合法参战人员在被逮捕或关押时享有人道主义法规定的如战俘一样的权利,而非法参战人员则处于混合的地位;作为参战人员,对他们可以逮捕和关押,同时,作为从事非法行为的当事人,对他们可以适用例外程序来审判和处罚。在实践中,他们既不享有战俘的权利,也不享有刑事诉讼中被告人应有的权利。应当说,奥巴马政府已经正式抛弃了上述"非法的敌方参战人员"的说法,而改称为"不享有特权的敌方交战人员"(unprivileged enemy belligerent);不过,2009年的军事审判委员会法令仍旧坚持军事委员会适用的例外程序。②

为了避免制造一种属于"法律之外"的地位,以色列最高法院曾建议在参战人员/非参战人员这种区分之外提出第三种概念。以色列最高法院的法官们很清楚由所谓"被锁定的暗杀者"这一实践所引出的关键问题。按照该说法,"非法的参战人员"将不享有战俘的权利——当他们被逮捕时,将按照罪犯来审判,同时,他们也不享有普通平民的权利——他们可以在没有经过判决的情况下被处死,正如同对待敌方参战人员那样,而无辜平民的死亡可以作为"附带损害"而被认为是正当的。法官们由此指出,在战争的情形下法律是特别必要的。为了重新引入法律的正当性,法官们拒绝对被锁定的暗杀者是否符合国际法的问题提前做出判断,而只是对个案根据衡量(balancing)的原则做出决定。

然而,通过否定战争罪的范式,以色列最高法院像此前的美国联邦最高法院一样,开始着手形成一种新的范式,这就是打击犯罪

---

① 参见美国最高法院,奎林案,1942年7月31日。
② 军事委员会法,第948b(e)节:"由军事委员会根据本章审理的任何外国不享有特权的敌方交战人员,均不得援引日内瓦公约规定的私人行动权利的依据。"但是,在2010年12月12日由一个普通法院里首次审理了曾在关塔那摩被羁押的一名犯人,坦桑尼亚人艾哈迈德·盖拉尼(Ahmed Ghailani);参见2010年10月14日《世界报》的相关报道。

的战争模式,它有可能使刑法与战争法的区分变得模糊,特别是从根本上破坏包括人类尊严在内的共同价值的理念,衡量的原则剥夺了人类尊严所具有的"不可克减"的特征。

虽然超越战争罪的范式是不可避免的,但将应当适用的法律再次国内化的解决方案则有可能将国家置于连锁复仇的倒退进程之中。打击犯罪的战争这种所谓的新范式,远未能通过促进共同价值的构建来禁止或限制非人道,相反,它有可能将非人道合法化。

2. 打击犯罪的战争范式:将非人道合法化?

与作为法律范畴的战争罪不同,"打击犯罪的战争"首先是政治口号,是意识形态的宣传。上述口号将那些引起人们关注的犯罪(贩毒、有组织犯罪、腐败、恐怖主义)作为打击对象,这同时还伴随着对受害者表示同情,对罪犯的强烈抨击和零容忍的话语,它被当作企图促使公众支持强化刑法制裁的暗喻来使用。

打击犯罪的战争这一表述历史悠久,特别是在欧洲的英国、意大利、德国、西班牙和法国这些国家,上述表述曾在不同时代被或多或少地间接利用,直到2001年9月11日的恐怖袭击事件发生以后,打击犯罪的战争才又被公开地提出来。

这是因为战争的隐喻只有通过令人震惊的重大事件,被解除了所有的约束之后才能变成一个真正的范式。恐怖主义袭击被视为武装侵略,其后果是,一种全新的法律实施借助"反恐战争"的名义在美国得以确立:它使用了新的词语(过去的"非法的敌方参战人员"演变成今天的"不享有特权的交战人员"),建立起新的相关机构(它既不属于普通法院,也不属于军事法庭,而是"军事委员会"),代表了新的价值体系(暂停实施对个人权利的保障,弱化对酷刑的禁止等等)。

除了美国之外,上述新的法律规定不断延伸到其他大多数民主或非民主国家,如果不小心,上述做法可以使打击犯罪的战争演变为"侵犯人权的战争"①。正当防卫被扩大解释为先发制人的,以及预防性的防卫,由每个国家自主地判断防卫的行使方式,这就导致了以谋求效率之名将各种防卫手段,包括非人道的和侮辱性的手段予以正当化。

在上述情形下,出现的断裂是双重的,因为新的范式借助于战争法的因素,可能导致各国刑法的军事化,从而回到刑法是用来打击敌人的那种学说上来,抛弃国际法上的各种保障规定,以至于完全不顾人道主义法和国际人权法的禁止规定,导致价值出现重新国内化的倾向。

2.1 国内刑法的军事化

"军事化"体现在"打击犯罪的战争"这一口号强调将刑法的战线向战争法靠拢,由此建构出一种新的范式。这种范式是新的,不过它并不完整:因为借助战争的逻辑将会使法律工具转变为"战争的武器",但并不会因此而重新建立起一个完整而合理的体系。其中的危险在于,正如一位英国法官所指出的那样,会在法治国家的核心制造出某种"黑洞",尽管很多国家的最高法院尝试着以各种方式来弥补上述做法存在的缺陷。

2.1.1 借助战争逻辑

战争逻辑的起点是所谓的"去司法化",它代表了权力的转移:调查的权力通常被授予警察机构,同时该权力的行使受到司法机关的控制,但在战争逻辑下,调查的权力被转交给秘密情报机构;羁押和审理、判决犯罪嫌疑人的权力从普通司法机构转移至军事法庭,甚至是具有行政机关特点的军事委员会。

当然,上述变化似乎在英美法的框架下表现得更为极端,因为英美法系的特点就是不信任中央集权国家和运用所谓"控辩式"的刑事程序,该程序始终掌握在私人的手里,而在罗马—日耳曼法系国家,刑事诉讼有强烈的国家性,强调由检察官主导的"纠问式"的

---

① D. Rose, *Guantanamo: America's War on Human Rights*, Faber and Faber, 2004.

刑事程序。基于上述观察,安托万·卡拉邦认为,美国式的民主可能成为"属于它自己的法律保障"的牺牲品,并进一步通过将美国传说中的橡树与法国的芦苇相比较,将法国的反酷刑立法解释为由那种根植于极为严格的道德观念的超法律主义(Hyperlégalisme)导致的必然结果,在法国的道德观念中不允许存在对禁止规定的任何违背,因此,法国的观念可能更为可取。①

尽管如此,英国法律体系经历了不同的演变,它同样是受到自由主义思想的影响,并且也适用控辩式的程序,这表明不应当低估法律因素,特别是国际法的影响:英国已经将欧洲人权公约纳入到本国的法律体系中,而对于美国而言,国际法在很大程度上只是一纸空文。

不管基于什么样的原因,美国法明显地呈现了民主国家的刑法,由于打击犯罪的战争模式和建立不同于刑事法院(普通或军事法院)的具有行政性质的军事委员会而遭遇解体的危险。通过2001年11月13日的法令建立起来的程序被称为是"完整而且公平"的,但具体的实施规定却没有包含必要的保障性规则。在法庭辩论的组织、辩护人的选择、有罪的证据和审前的羁押期限等问题上,只是通过联邦最高法院的相关判例才得以明确,没有完全背离法治原则。

此外,还存在着另一种对战争逻辑的借鉴:即在定罪和量刑方面的"去个人化"。打击犯罪的战争模式与战争罪有着相同的特点,它们都颠覆了刑法的规范:"允许战争,维护犯罪;参战人员遵从强制性规范(其表现形式是守法的义务)"。② 汉娜·阿伦特认为,艾

---

① A. Garapon, « The Oak and the Reed: Terrorism Mechanism in France and the USA », in « Symposium Terrorism, Globalization and the Rule of Law », *Cardozo L. Rev.*, 2006, p. 2041 sq; A. Garapon et I. Papadopoulos, *Juger en Amérique et en France. Culture juridique française et common law*, Odile Jacob, 2003.

② H. Dumont, « La puissance des mots: des maux que l'on doit qualifier de criminels o le difficile passage d'une logique de guerre à une logique de droit pénal », *Cahiers de défense sociale*, 2005, pp. 29-50.

希曼表现出的正常性"比各种暴行累加在一起还要令人恐怖"①,艾莲娜·都蒙(Hélène Dumont)赞同这一观点,进一步强调指出,战争罪犯是那些服从命令和整体的个人,而不是像人们通常认识的罪犯:即那些边缘化和不正常的人。那些日本、塞尔维亚、克罗地亚或图西族的军人,西班牙巴斯克分裂主义组织"埃塔"以及其他运动组织的成员(以解放或颠覆为目的),在他们同胞的眼里有时被视为英雄,并因此在战争话语创造的价值氛围中受益。

与此同时,战争的范式会促使有关法律道德的公理观念(犯罪、有罪性、惩罚)被抛弃,取而代之的是将国家安全与社会预防联系在一起的实用主义观念。这种观念的基础是不确切的危险状态认识,草率地将嫌疑人归为敌人群体的做法,目的是要中和危险,包括清除被视为敌人的嫌疑人,而完全不顾及惩罚的传统功能以及刑罚的再社会化。② 为了认清刑法解体的效果,还应当关注各国最高法院扮演的角色。

2.1.2 各国最高法院的角色

在那些严重地牵涉到"反恐战争"的国家里,如美国、英国和以色列,为了明确恐怖主义分子的法律地位,最高法院与立法机构均采取了铁腕政策。

在美国,联邦最高法院从 2004 年起,通过先后做出的三个判决③,要求对所有的羁押情形实施司法审查,不论案件涉及的是美国公民还是外国人,此后议会又于 2005 年 12 月 30 日通过在押人员待遇法案。从表面上看,该法律似乎进一步深化了最高法院关于对在美国羁押的或者受美国政府控制的任何人,不论其国籍和羁押地点,一律禁止实施残酷、不人道和侮辱性的待遇的决定。但在现实中,该部法律没有溯及力,它的实际影响并不明确,特别是该法律的

---

① H. Arendt, *Les Origines du totalitarisme. Eichman à Jérusalem*, op. cit., p. 1284.

② M. Delmas-Marty, *Libertés et sûreté dans un monde dangereux*, op. cit.

③ 美国联邦最高法院,Hamdi v. Rumsfeld 案,2008 年 8 月 28 日;Rasul v. Bush 案,2004 年 6 月 28 日;Rumsfeld v. Padilla 案,2004 年 6 月 28 日。

实施似乎非常依赖于政府权力。①

联邦最高法院于 2006 年 6 月做出了 Hamdan 案判决②,但随即遭到立法机关的反对:10 月,《军事审判委员会法令》赋予总统解释法律的权力,但这里的法律是指国际人道主义法(日内瓦诸公约)。③直到 2008 年 6 月最高法院做出了 Boumediene 案的判决才确认对于羁押在关塔纳摩的"敌方参战人员"根据权利法案提出的申诉,联邦法院有权进行审查。④

英国的情形与此类似。2004 年,上议院废除了 2001 年 11 月通过的关于反恐法律,理由是该法在英国人与外国人之间存在歧视性待遇。⑤ 此后很快就有了新进展:2005 年 3 月 11 日的法律(《安全预防法案》)将刑法制裁的体制扩展适用于所有人,而不论国籍如何。上议院于 2005 年再次重申了法治原则的保障,禁止使用通过酷刑获得的信息作为证据。⑥ 不过,由于英国受到国际义务的约束,其立法者的自由决定余地显然更为有限,而法官们的判决更加直接地受到国际法的影响,特别是欧洲人权公约的影响,该公约自 1998 年的人权法案于 2000 年生效后就获得了直接适用的效力。

关于恐怖主义分子的法律地位,我们前面已经提到,以色列的

---

① H. Koh, «Can the President be Torturer in Chief? », *Indianan Law Journal*, 81, 2006, pp. 1145-1167, ici pp. 1154-1155.

② 美国联邦最高法院,Hamdan v. Rumsfeld 案,2006 年 6 月 29 日。

③ 参见该法案脚注中的多数意见,第 2794 页,注 57 和注 58;参见 D. Amman, « La justice militaire et les juridictions d'exception aux Etats-Unis », *in* E. Lambert Abdelgawad (dir.), *Juridictions militaires et tribunaux d'exception en mutation*, op. cit. , p. 265 sq.

④ 美国联邦最高法院,Bouemediene v. Bush 案,2008 年 6 月 12 日。

⑤ 英国上议院,56, A. (FC) and others (FC) v. Secretary of State for the Home Department, 2004 年 12 月 16 日。

⑥ 英国上议院,71, A. (FC) and others (FC) v. Secretary of State for the Home Department, 2005 年 12 月 8 日。参见 T. Thienel, « Foreign Acts of Torture and the Admissibility of Evidence », *JICL*, 2006, pp. 401-409. 另参见英国上议院,28, Secretary of State for the Home Department v. AF, FC and another appellat and one other action,2009 年 6 月 10 日。参见 M. Delmas-Marty, *Libertés et sûreté dans un monde dangereux*, op. cit. , pp. 79-80.

最高法院在2006年曾将其定义为对锁定目标的暗杀。当以色列最高法院在国际法上寻找上述定义的法律依据时,特别援引了日内瓦诸公约的第一号附加议定书(以色列没有批准该议定书,但将其视为国际习惯法规则),其中第513条指出平民仅在"没有直接参与敌对行为"的情形下才受到保护。以色列最高法院根据该规定,指出平民转化为非法参战人员的三个标准:参与敌对行为,直接方式,以及时间因素。上述标准在最高法院的判决中被详细地加以阐释,但其适用仍然有困难,最高法院不得不重新回到对安全与自由加以均衡的观念上来,由于不存在超国家的控制,上述均衡的观念只能完全由一国国内的司法机关来评判。

为了明确界定在平民与参战人员之间的第三类概念,以色列最高法院似乎遵循了米歇尔·罗森菲尔德(Michel Rosenfeld)所维护的立场。美国比较法学家罗森菲尔德指出,由恐怖主义引起的情形并不属于战争法应当予以适用的紧急状态,也不属于刑法应当适用的通常状态,为了走出这一困境,可以将该特殊状态称为"紧迫"(stress)情势。① 作为对该情势的回应,他曾建议将"反恐战争"(war on terror)的范式从警察权力法(police power law)的模式中区别出来,后者有时会与"打击犯罪的战争"联系在一起。"反恐战争"范式的特点是适用在威胁与反制之间保持比例适当的原则,以及将安全与自由相互平衡的做法。他认为该范式"具有活力,能够根据反恐战争中的问题和需要进行调整和演变",由此针对不同情形解决其中存在的困难。

可是,我们虽然可以通过借助上述范式来避免在战争与和平之间做出选择,但是战争的暗喻及其他所包含的沉重感情负担并没有因此而被抛弃。此外,上述范式所建议的原则仍旧是由各个国家自己来评判,其中所包含的宪法性分析忽视了各国在将国际法纳入到

---

① M. Rosenfeld, « Judicial Balancing in Times of Stress: Comparing the American, British and Israeli Approach to the War on Terror », *in* « Symposium Terrorism, Globalization and the Rule of Law », *Cardozo L. Rev.*, *op. cit.*, p. 2079 *sq.*

本国法时存在的差异。而这些差异在英国、以色列和美国之间是非常明显的:对于英国而言,它接受了欧洲和国际性法律文件的约束;以色列则拒绝批准相关的国际条约,但同时表明了遵守国际习惯法规则的良好意愿;而美国作为超级大国,只是将法治原则局限于由本国宪法所确立的各种权利保障。

换句话说,罗森菲尔德建议的解决方法仍旧是一国国内的方法,对于各国之间可能存在的价值冲突并没有给出答案。当人们认为已经得到解决的有关使用酷刑的争论重新出现时,战争的范式,不论是为了反恐,还是打击犯罪,都会引起将非人道重新国内化的危险后果。

2.2 价值重新国家化

战争罪将对非人道的禁止加以普遍化,与此完全不同的是,反恐战争会导致非人道的重新国内化,其表现是国内法根据它所打击的犯罪的严重程度赋予战争合法化:通过将恐怖主义袭击界定为"对国际和平与安全的威胁",允许对其实施正当自卫行动,联合国安理会实际上打开了将战争合法化的大门。据此,在世界性的人权法院还未出现的情形下,每个国家都可以自主地决定反击恐怖主义的方式和强度。

将合法自卫的概念延伸至恐怖主义,同时又不借助共同价值对它加以规制,最终可能导致各国以自由裁量的方式将酷刑合法化。除非像联合国大会那样成功地重新构建恐怖主义与酷刑之间的关系,具体而言,就是要以共同价值为基础,将打击恐怖主义与对非人道的禁止相互联系,而不是将二者相互对立起来。

2.2.1 将合法自卫扩展于恐怖主义

关于防卫的合法性,联合国安理会 2001 年 9 月 12 日和 28 日通过的两项决议在措辞上十分模糊:9·11 恐怖主义袭击,"像所有国际恐怖主义一样,构成对国际和平与安全的威胁"。第一项决议承认各国有"本能的正当防卫权",第二项决议重申各国有"进行单独或集体性正当防卫的自然权利"。

相反,先发制人的自卫这一说法首先由美国政府提出,作为支持其在 2003 年打击伊拉克的根据,但这一提法遭到包括法国在内很多国家的反对。安东尼奥·卡塞斯(Antonio Cassese)指出,"似乎应该得出的正确结论是,目前这种形式的自卫仍旧受联合国宪章所禁止,特别是在考虑到它有可能被滥用的危险时"。①

不过,有关该问题的讨论已经公开化了,由联合国秘书长提议成立的"高级别名人小组"也已指出预先性的正当防卫是可能的。该小组区别了在危险紧急或即将发生时的干涉权利与在一般危险情形下的干涉权利,前者被称为优先性的自卫(preemptive self-defense),它应当符合国际法规定的若干条件,其中包括比例适当性原则,后者被称为预防性自卫(preventive self-defense),可以通过安理会授权予以实施:"如果有充分的理由支持预防性的自卫(例如恐怖主义分子持有核武器的情形)并且有充分的证据的话,那么就应当向安理会提出请求,由安理会决定授权采取预防性自卫行动。"②由于担心超级和普通大国可能会滥用上述自卫权,安东尼奥·卡塞斯对上述的分析提出了保留意见。不过,他指出在当今这个技术,特别是核技术使得大规模杀伤性武器能够被恐怖主义集团利用的时代,扩大自卫权的内涵无疑是必要的。他进一步建议修改联合国宪章,允许预防性自卫,但同时规定一个仲裁和因违反规定而赔偿损失的程序,此外还应当更加仔细地规定预防性自卫的行使条件,如有关威胁的证据或反制措施的比例适当性。

关于反制措施,在伊拉克阿布·格莱布监狱发生的虐囚事件表明,有必要根据普遍原则建立一个监控机制。关于人权保障的国际法律文件实际上承认在生命权与尊严权之间存在巨大的差异,生命权并不排除在符合比例适当性原则的前提下以自卫的名义杀死他人,而尊严权则构成反对酷刑与非人道或侮辱性的待遇,以及不迫害侵略者这类不可克减的禁止规定的基础。如果说应该修改联合国宪章,明确地将合法自卫扩展适用于恐怖主义袭击的威胁的话,

---

① A. Cassese, «Article 51», in J. -P. Cot, A. Pellet et M. Forteau (dir.), La Charte des Nations Unies. Commentaires article par article, op. cit., p. 1341.

② 参见联合国高级别名人小组关于威胁、挑战及变化的报告,《一个更加安全的世界:我们共同的责任》,2004年12月1日。

那重提上面的规定则是必要的,这恰恰因为酷刑的实践是在反恐措施的框架下发展起来的。① 此外,值得注意的是,许多国家的政府并不亲自逮捕和审理具有外国籍的嫌疑人,而是更加倾向于将他们遣送回本国,而嫌疑人在其本国则有受到酷刑迫害的危险。

在国际法的主流之外,还出现了被称为"外交担保"的做法,它要求被移交的人员不应受到酷刑迫害。这种做法是有争议的,因为它只是一种简单的保证,所以在现实中,面对恐怖主义的国际化带来的困难,各国往往根据本国的实际情况具体采用这种做法,从而充满了不确定性。同样地,上述做法也凸显出传统国际法的局限性,反恐战争的范式就是与它联系在一起的。然而,现实主义要求将某些恐怖主义袭击视为侵略行为,从而使自卫行为成为合法行为,但这里还是要正视恐怖主义国际化带来的问题,应当承认战争的观念已经部分地被超越,全球化的恐怖主义要求建立全球化的司法审判机构。

为了解决有关恐怖主义的定义,以及与反恐有关的正当理由的难题——正是由于这些困难国际社会没有赋予国际刑事法院这方面的管辖权——,唯一的方案似乎是在有关价值的问题上达成一致意见:因为使防卫与攻击保持比例适当的做法并不充分,防卫本身还应当符合作为世界共同体基础的那些价值,其中首先是任何人都享有平等的尊严,盲目的恐怖主义在不加区分地攻击受害者、将受害者去个人化时侵犯了那些价值,为打击恐怖主义而采取的战争手段,当它们伴随着酷刑迫害和其他非人道或侮辱性的待遇时,包括在全球范围内上演的逮捕萨达姆·侯赛因并将其处死的一幕幕场景,同样也践踏了那些价值,这都是曾经引起强烈反响的事例。

我们不能将正当防卫与犯罪和打击犯罪的全球化割裂开来,也不能在不重申作为禁止恐怖主义和禁止酷刑这两项规定基础的价

---

① 参见联合国文件,A/61/259,《酷刑和其他残忍、不人道或有辱人格的待遇》,关于酷刑和其他残忍、不人道或有辱人格的待遇或处罚问题特别报告员的报告,2006 年 8 月 14 日,第 32—38 段。

值普遍性的同时,去接受预防性的自卫。因此,重构恐怖主义与酷刑之间的关系就显得十分紧迫。

2.2.2 恐怖主义与酷刑

首先是通过人权诉讼案件我们发现了恐怖主义与酷刑之间关系的重要性,当然,这里也存在着困难。面对欧洲发生的多起恐怖主义事件,欧洲人权法院曾非常清晰地指出其中存在的困局:"法院很清楚民主可能因为防卫的理由而面临危险,甚至被破坏和颠覆,进而指出国家不应当以打击间谍或恐怖主义为名而采取任何被判定为不适当的行动。"①

欧洲人权法院在其早期的判决里曾经将恐怖主义界定为允许采取例外措施的特殊情形(其依据是欧洲人权公约第15条规定的例外条款),但法院也强调指出,该例外条款不能够成为禁止酷刑和非人道与侮辱性待遇的例外。② 1996年,欧洲人权法院在沙哈勒案③中进一步重申:"法院完全清楚在我们这个时代各国在保护本国国民免受恐怖主义暴力侵害时所遇到的极大困难。但是,虽然考虑到上述因素,还必须指出的是,欧洲人权公约以绝对的方式禁止酷刑或不人道或侮辱性的惩罚或待遇,以及不考虑受害者行为的具体情形[……]。因此,每当有正当和明确的理由相信一个人如果被驱逐到另一个国家就可能遭受到违背公约第3条规定的待遇时,那么缔约国——应当保护该人免受上述迫害——就会因为驱逐该人而承担相应的责任。[……]在上述条件下,有关当事人的行为即便是令人厌恶的或危险的,也不应当加以考虑。"在对待不施加酷刑的外交保证这一问题上,法院没有支持相关的观点,指出"法院并不相信有

---

① 参见欧洲人权法院,克拉斯诉德意志联邦共和国案,1978年9月6日判决;另参见 G. Soulier, « Lutte contre le terrorisme », in M. Delmas-Marty (dir.), *Raisonner la raison d'Etat*, PUF, 1989, pp. 29-49.

② 参见欧洲人权法院,劳利斯诉英国案,1961年7月1日判决,爱尔兰诉英国案,1978年1月28日判决。

③ 参见欧洲人权法院(大法庭),沙哈勒诉英国,1996年11月15日判决;另参见欧洲人权法院,卡朗诉土耳其,2003年3月12日和2005年5月12日判决。

关外交保证能够给当事人沙哈勒提供涉及他本人安全的充分保障"。

2008年,欧洲人权法院公开触及全球恐怖主义的问题,判决意大利如果将恐怖主义嫌疑人萨阿迪(Saadi)强制驱逐到有可能对他实施酷刑迫害的突尼斯,就会违反欧洲人权公约第3条的规定。① 英国作为第三方参加了该案的审理(英国政府担心上议院会受到欧洲人权法院的影响),曾建议对已有的判例做出某些调整,也就是要参考美国的做法,在当事人遭受酷刑迫害的可能性与该当事人若不被驱逐则会对公众带来的危险性之间"进行某种平衡"。欧洲人权法院以欧洲人权公约第3条具有绝对的效力为由驳回了上述意见,它指出:"一个人对集体造成严重威胁的可能性不会以任何方式降低他在被驱逐时可能遭受损害的危险。"2009年,欧洲人权法院又在涉及法国将一名阿尔及利亚人驱逐回本国的案件中重申了上述观点。② 在本案中,涉案当事人曾在取缔一个有可能与基地组织有联系的伊斯兰激进组织的行动中受到审讯,他被剥夺了法国国籍,此后又被判处监禁和禁止继续在法国领土停留。

上述对酷刑的抵制仅局限于区域性人权机构,包括欧洲人权法院和美洲国家间人权法院。③

在世界范围内,前南斯拉夫和卢旺达国际刑事法庭成为法律发展的原动力。早在1998年,它们就明确了这样的原则,即"对酷刑的禁止使国家承担起对世(*erga omnes*)的义务,即国家对国际社会的所有其他成员应当承担的义务。此外,对上述义务的违反会侵害国际社会所有成员的权利,并由此使每一个成员都有权要求该国承

---

① 参见欧洲人权法院(大法庭),萨阿迪诉意大利,2008年2月28日判决。
② 参见欧洲人权法院,达乌迪诉法国,2009年12月3日判决。
③ 参见欧洲人权法院,2001年12月12日的报告和2002年10月21日关于恐怖主义与人权的报告,上述报告要求不能由军事法庭来审理普通平民;此外参见 K. Martin-Chenut, « Les tribunaux militaires et juridictions d'excetpion dans le système interaméricain des droits de l'homme », *in* E. Lambert Abdelgawad (dir.), *Juridictions militaires et tribuaux d'exception en mutation*, *op. cit.*, p. 553 *sq.*

担起它的义务,或者至少是停止违反其义务和禁止再犯"。① 国际法院进一步做出如下结论:"禁止酷刑已经成为强行法规范(jus cogens),在国际法规范的等级中高于条约法和'一般性'国际习惯法规则"。由于禁止酷刑已经"成为国际社会最基本的规范之一",因此,它应当具有"规劝效果,即它告诫国际社会的所有成员及其受这些成员管辖的所有个人,对酷刑的禁止属于绝对价值,任何人不得违背",这种规劝效果不仅应当体现在个人身上,也应当体现于国家间的关系之中。非常清楚的是,如果说禁止酷刑具有强行法的效力,它就应当"在国际上根本否认任何允许酷刑的立法、行政和司法行为的合法性"。进而言之,"如果一方面基于禁止酷刑具有的强行法效力,允许酷刑的条约和习惯法规则应当被宣告无效,但另一方面,却又容忍各国采纳允许或容忍酷刑或者赦免酷刑实施者责任的做法,那显然是非常荒谬的。所以,当类似情形出现时,违反一般原则和相关条约规定的国内法措施就应当按照上面提到的法律效果来处理,此外,也不应被国际社会所认可。"

前南斯拉夫和卢旺达国际刑事法庭确立的原则此后在联合国大会通过的一系列决议中不断被重申。尽管这种重复现象反映了决议本身在实施上的局限性,只是呼吁各国遵守国际法,并不能强制各国去遵守国际法,但是,引起人们注意的是,从2004年开始,联合国大会决议的口吻发生了变化,正是在这一年阿布·格莱布监狱的丑闻被公之于众。联合国大会的决议不再像2001年时只是声称"以各种手段"打击恐怖主义,而是强调有关的措施应当符合国际法,特别是国际人道主义法,2005年9月19日的决议首次明确提出了这一点。

引起这种普遍禁止规定形成的,不仅仅是上面的决议(因为话语的力量是不够的)还有图像的冲击。在全球范围内进行图像实时传播,将有关事件转化为一种全球性的集体记忆。人们不会轻易忘

---

① 前南斯拉夫国际刑事法庭,Furundžija 案,初审法庭,1998 年 12 月 10 日判决,第 151—155 段。

记纽约世贸中心的双子塔,巴格拉姆或关塔那摩关押犯人的牢笼,在阿布·格莱布受到侮辱的犯人,以及对萨达姆·侯赛因的逮捕和处决,这些情景会使人们感受到自己就属于这个建立在拒绝非人道基础之上的世界共同体。

然而,上述情景虽然能够给人们带来冲击,但它还无法取代法律,只有法律才能提供明确表达禁止非人道主义行为的工具,并且使对非人道的禁止具有可"对抗性"。目前国际层面的各种机制所呈现出的缺陷,表明国内法仍旧是必要的,但前提是国内法应当接纳被称为"不可克减的权利"的共同价值这一实质核心。

总之,打击犯罪的战争这种范式有利于跨越战争与和平、战争罪与一般犯罪之间的相互对立。但是,它只是表明变化一定会发生:在这个更广范围的世界共同体内,敌人不再等同于某个国家,需要把人道主义作为一种价值来建构。"反人类罪"的范式,在摆脱了战争的隐喻之后,或许能够促进人道主义价值的建构。

3. 反人类罪的范式:建构人道主义价值

夏多布里昂曾提出过"人道法则",类似的说法如"反人道和反文明的罪行""危害人类"以及"反人类罪"长期在法律领域被边缘化,它们往往与文学或外交话语联系在一起,而不是刑法上的用语。直到1945年纽伦堡规约才明确规定了反人类罪。但是纽伦堡审判法庭对于是否存在相关的国际习惯法规则并不确定,没有将反人类罪与规约规定的其他罪行(破坏和平罪和战争罪)相区分。法国籍法官亨利·约德尔·德·瓦布尔(Henri Donnedieu de Vabres)曾满意地指出反人类罪行已经随着审判"化为乌有",可以说,他根本不认为存在反人类罪。

反人类罪虽然最初并没有得到肯定,但是此后它的独立地位却获得了承认。这突出地反映在1997年前南斯拉夫国际刑事法庭的判决中,法官们根据他们最初对某些罪行做出的判决明确指出:"反人道的罪行超越了个人范畴,因为人道本身由于对人的攻击而遭到否定,成为侵害的对象。受害者的特征,即人类,标志着反人类罪的特征。"①上面的表述既是法律的("罪行","受害者"),也具有哲学意味("人道本身由于对人的攻击而遭到否定,成为侵害的对象"),它表明法官们在有意突出反人类罪的特殊性。

在同一案件中,前南斯拉夫国际刑事法庭上诉法官麦克唐纳(McDonald)和沃拉哈(Vohrah)坚持强调反人道罪与其他国际罪行的不同,他们结合伦理与法律指出:"有关战争罪的规则针对的是罪犯直接对受保护主体实施的行为,而规定反人类罪的规则针对的不仅是罪犯对受害者实施的行为,而且还包括对人类整体实施的行为。[……]反人道罪是特别令人憎恶的罪行,而且,它往往属于系统性普遍性做法或政策的一部分。因此,它触及或应当触及的是属于人类这个整体之内的全部成员,而不论其国籍、种族或所处的区域。从这个意义上讲,现行国际立法所规定的反人类罪是康德于1795年提出的'在地球上某个地点发生的罪行会在**所有**其他地点被感受到'这一思想在现代法律上的反映。"②

上述关于反人类罪的刑法定义既包括丰富的内涵,也存在着模糊性。人道作为一项价值,通过战争罪得以延伸,意味着对非人道的禁止。与打击犯罪的战争完全不同,反人类罪是要限制、并尽可能地禁止非人道,将与人类尊严或者"人道观念自身"相悖的行为界定为犯罪。相反,将人道作为受害对象的提法("人道本身由于对人的攻击而遭到否定,成为侵害的对象")表明这个指向人类共同体的范式所具有的新特点,这个共同体不再是国家间的共同体,也不是扩大意义上的民族—国家共同体。

正是从这个意义上讲,人道正处于建构的过程之中。作为受害对象,人道提出的政治问题是应当由谁来代表它的利益③;作为价

---

① 参见前南斯拉夫国际刑事法庭,Erdemović案,初审法庭判决,1996年11月29日,第27—28段。

② 参见前南斯拉夫国际刑事法庭,Erdemović案,上诉法庭判决,1997年10月7日,第21段。

③ D. Luban, «A Theory of Crimes against Humanity», *Yale J. Int'l L*, 2004, p. 85 *sq* (特别参见该文第134—137页)。

值,人道提出的法律问题涉及它自身的定义,因为对人道的列举总是从"反人类罪"这类禁止规定开始的,这仅仅表明非人道所具有的特征,但是并没有从正面界定人道的内涵。特别是,法律实践只是反映了事实情况,它自身具有演变性。为了坚持我们提到的分析方法(从法律到伦理,而不是从伦理到法律),我们将从法律事实出发——不断扩大的禁止规定——来深入探究这些禁止规定背后的价值,以及正在形成的问题——需要建构的范式。

3.1 不断扩大的禁止规定

反人类罪的定义不断扩大首先体现在禁止的背景上,但同时也表现在规定犯罪行为的法律文本上:最早规定反人类罪的只有纽伦堡法庭规约中的一个条款,而前南斯拉夫和卢旺达国际刑事法庭的规约中则增加到九个条款,到了国际刑事法院规约则增加到十一个条款。[①]

3.1.1 背景

如同战争罪一样,反人类罪首先是与国家间的武装冲突联系在一起的,然后逐步地获得了完全独立的地位。纽伦堡法庭规约中要求体现武装冲突,这就强制规定了反人类罪与战争罪、侵略罪之间的联系。但是,从1968年起,联合国关于不受时效限制的犯罪公约明确规定包括"在平时或战时犯下的反人类罪"。反人类罪与战争的分离通过1973年关于消除和打击种族隔离罪行的公约得到完全肯定,"反人类罪"得以正式确立,而不再附有战争时期的荒谬条件。

随着前南斯拉夫和卢旺达国际刑事法庭的建立,反人类罪的背景变得多样化了:前南斯拉夫国际刑事法庭规约仍旧规定了"在武装冲突过程中"发生的行为,并指出这种冲突"可以是国际性的或是国家性的";但检察官在Kadić案中强调指出,反人类罪的定义"比习惯法规则所坚持的必要性更为狭窄",法官们坚持了检察官的意见,

---

① I. Fouchard, «La formation du crime contre l'humanité en droit international», in M. Delmas-Marty, I. Fouchard, E. Fronza et L. Neyret, *Le crime contre l'humanité*, PUF, 2009, p. 26.

承认"反人道罪行与国际武装冲突之间没有联系,目前已经成为国际习惯法规则"。① 但是,卢旺达国际刑事法庭规约重申了"针对平民的攻击"这种规定,并用它来取代武装冲突,要求有关行为必须是"在针对任何平民的普遍或系统攻击的框架下犯下的"。尽管有很多国家反对,国际刑事法院规约最终做出了全新的规定,并将同时适用的条件("普遍"和"系统"攻击)改为选择性条件("普遍"或"系统"攻击)。

如果说反人类罪相对于战争罪获得了完全的独立性,那么普遍或系统攻击的说法就会在战争与和平这两种状态之外引入一种中间状态,肯定了当国际恐怖主义构成某种攻击行为时,就会引起国际刑法的适用,"反人类罪"既可以表明事实的严重性,也能够避免打击犯罪的战争这种范式引起的消极后果。此外,还值得注意的是,在《2001年9·11恐怖袭击五周年纪念宣言》中,联合国秘书长曾强调指出恐怖主义袭击"本身就是反人道的攻击行为"。②

从战争状态到和平时期的攻击,这种适用范围的扩大还伴随着与国家联系的逐渐分离。反人类罪最初被认为是保护个人免受国家的侵害,但现在已经很明确,即便反人类罪要求存在有关这种行为的政策,但"这种政策并不必须是一个国家的政策"。③ 前南斯拉夫国际刑事法庭此后又对酷刑做出了解释:"对规约相关条款的违背让个人对其行为承担责任。在这一框架下,国家的参与只是次要的,并且一般而言也是边缘化的因素。不论是否有国家的参与,罪行的性质不会发生改变,会引起相同的后果。"④

---

① 参见前南斯拉夫国际刑事法庭,Kadić案,初审法庭判决,1997年5月7日,第623段。
② 参见联合国文件 SG/SM/10627,《9·11恐怖袭击是反人道的行为》,2006年9月11日,联合国秘书长声明。
③ 参见前南斯拉夫国际刑事法庭,Tadić案,初审法庭判决,1997年5月7日,第655段;另参见前南斯拉夫国际刑事法庭,Limaj Fatmir et al.案,初审法庭判决,2005年11月30日,第191段。
④ 前南斯拉夫国际刑事法院,Kunarać et al.案,初审法庭判决,2001年2月22日。

国际刑事法院规约考虑到上述发展,指出构成反人类罪的攻击行为应当是"执行或实施国家或某个组织以攻击为目的的政策"而做出的。同时,第七条开头部分的"解释要素"进一步指出"相关行为不必构成军事攻击",因为"国家或组织支持或积极鼓励对平民的攻击"就足以构成犯罪。

3.1.2 法律文本

在被界定为反人类罪的那些行为中,始终存在着某种"咒语性"的东西。对描述反人类罪行为的那些词语似乎就是某种曼特罗咒语(mantra),它们"具有某种象征性的力量,让人相信它们会促使某种普遍的、对在全球范围内那些没有人性的杀戮做出反馈或预防的文化的形成"。① 这种准魔力的特征可以解释直觉而非理性上的法律文本的扩张,有时表现为对某些文本内容的消减或排除,有时则表现为文本内容的增加或多样化。法律文本内容的消减在纽伦堡法庭规约出现之后不久就发生了。纽伦堡法庭的判决将灭绝种族罪与反人类罪相联系或者说以某种方式混淆在一起,而1948年联合国预防和打击灭绝种族罪公约则将灭绝种族罪确立为一种国际罪行。该公约非常明确地指出,灭绝种族罪可以发生在战争或和平时期,关于公约以及国家责任的争议将提交给国际法院处理。国际法院在它的咨询意见中强调指出,灭绝种族罪构成习惯法规则,从而对国家有约束力,即便有关国家没有批准该公约。②

此后,联合国和欧洲理事会的相关文件(1968年和1974年)明确肯定了灭绝种族罪与战争罪、反人类罪一样,均不受时效的限制。前南斯拉夫和卢旺达国际刑事法庭和国际刑事法院的规约都规定了灭绝种族罪的定义,但都将它与反人类罪相区分(但种族隔离被

---

① H. Dumont, « Introduction. Le crime de génocide: construction d'un paradigme pluridisciplinaire », *Criminologie*, *op. cit.*

② 参见国际法院,《关于预防和打击灭绝种族罪公约的保留问题》,咨询意见,1951年5月28日,《国际法院文件汇编》,1951年,第23页;另参见国际法院,巴塞罗那动力公司案(比利时诉西班牙),1970年2月5日,《国际法院文件汇编》,1970年,第33段。

纳入到反人类罪中来)："灭绝种族罪是指下列任何行为之一：(1)杀害团体的成员；(2)致使团体成员在身体上或精神上遭受严重伤害；(3)故意使该团体处于某种生活状况之下，毁灭其全部或部分生命；(4)意图防止该团体内生育的措施；(5)强迫转移该团体的儿童至另一团体。"

如果我们仅局限于上述列举的行为，很难区分灭绝种族罪与反人类罪的差异。只有过错的概念(或者说主观要件)才能真正地将两种罪行区分开来，因为种族灭绝罪不仅要求有从事上述行为的意愿，而且还应存在刑法学者所说的"特殊的恶意"，即为了达成某个专门目标的意愿：这就是"全部或部分地消灭一个民族、族裔、种族或宗教团体"。换句话说，灭绝种族罪要求存在大规模(消灭某个团体)和选择性(仅限于民族、族裔、种族和宗教这几种歧视性标准)的消灭意图。前南斯拉夫国际刑事法庭的法官们就是根据上述特定的意图，或者说特殊的恶意，才把灭绝种族行为定义为最高级别的犯罪，将其视为"犯罪中的犯罪"。由此，在另一个案件中，当对受害者的选择是随机的，并且犯罪行为人并没有表现出消灭某个团体的意愿时，前南斯拉夫国际刑事法庭就没有判定行为人犯有灭绝种族罪。①

然而，对特殊的恶意的要求远没有扩展对非人道的禁止，而只是以反人类罪作为参考来界定灭绝种族罪。在 Krstić 案中，前南斯拉夫国际刑事法庭庭长曾向媒体发表了自己的看法，但基本上是象征性的，没有法律价值。他一开始便用非常郑重的口吻指出："黑格尔曾说，'正义应当被实现，否则世界就会沉沦'"，最后他又援引了康德的话，以令人感到意外的方式谴责说："克里斯蒂奇将军，你犯下了罪行。正因为如此，法庭今天判处你46年监禁。"②这样做是否有意义是值得怀疑的。

---

① 参见前南斯拉夫国际刑事法庭，Jelisić 案，初审法庭判决，1999 年 12 月 14 日。

② 参见前南斯拉夫国际刑事法庭，Krstić 案，初审法庭判决，2001 年 8 月 2 日。

上诉法庭对该案的判决①并没有那么诗意化,而是明确地指出:"在法庭有义务惩罚的严重罪行中,灭绝种族罪由于受到特别的谴责及其引起的耻辱而不同于其他罪行。灭绝种族罪由于其危害程度而成为一个可怕的罪行;犯有这种罪行的人追求的是人类团体的整体消灭。预谋和实施灭绝种族罪行的人企图剥夺民族、种族、族裔和宗教赋予人道的无限财富。它是一种针对人类整体的罪行,它侵害的不仅是企图灭绝的团体,而且包括全部人类。"总之,灭绝种族罪由于犯罪人企图损害"人类整体"而显得特别严重。由于灭绝种族罪本身带有歧视性,它实际上强化了反人类罪的严重程度。将灭绝种族罪规定为一种独立的犯罪,不如将其界定为反人类罪的一种加重情节。

另一方面,反人类罪范围的扩大是通过犯罪情节的增加和多样化来实现的。早在纽伦堡法庭规约中,就已经不仅包括了对生命权的侵犯,例如谋杀和种族清除,后者暗含着灭绝行为,而且还包括对尊严的侵犯,例如奴役、放逐和"在战前或战时其他一切针对平民犯下的非人道行为",以及"基于政治、种族或宗教原因实施的迫害"。国际刑事法院规约在侵犯生命权的罪行中增加了强迫失踪的行为。在侵犯平等尊严的罪行中,前南斯拉夫和卢旺达国际刑事法庭规约还特别增加了酷刑和强奸,以及"具有类似严重程度的其他任何形式的性暴力",例如包括性奴役、强迫卖淫、强迫怀孕或强迫绝育。

不过,非人道的多样化不仅限于针对人,还应当顾及对那些没有被明文规定的暴力做出的判例,例如对文物的破坏。对人类共同继承文化财产的故意破坏,在塔利班武装破坏了巴米扬大佛之后不久,就被2003年联合国教科文组织的宣言所禁止,不过这没有构成刑法上的禁止,因为该宣言并没有规定相应的惩罚措施。尽管如此,前南斯拉夫和卢旺达国际刑事法庭已经明确涉及到破坏文物的

---

① 参见前南斯拉夫国际刑事法庭,Krstić案,上诉法庭判决,2004年4月19日,第36段和第275段。

行为,将其视为证明灭绝种族罪存在的证据,或者根据海牙公约将其视为违背战争法则和习惯规则的行为。① 对于杜布罗夫尼克旧城(1979年被划为世界人文遗产)遭到轰炸的事件,前南斯拉夫国际刑事法庭认为,"如果说对民用建筑的攻击严重违反了国际人道主义法的话,那么攻击受到特别保护的上述由民用建筑构成的旧城区并给它造成严重损害,就是更为严重的犯罪"。法官们认为受到攻击的是"反映了人类历史某个阶段的具有重要意义的建筑群",因此,轰炸不仅是对"该区域的历史和文物,同时也是对人类未来文化遗产"的攻击。此外,轰炸造成的损失显然是无法弥补的:"对于这样的建筑进行修复即便是可能的,也不可能恢复到受到攻击前的状态,因为原始和历史性的建筑材料已经遭到了破坏。"②

损害那些宗教和用于教育的建筑,也可以依据从纽伦堡法庭规约开始就被列为具体罪行的破坏行为的规定,将其界定为反人类罪,前南斯拉夫和卢旺达国际刑事法庭在他们的规约中也做出了相应的规定。据此,对波斯尼亚清真寺的破坏被认为是构成了反人类罪:前南斯拉夫国际刑事法庭认为该破坏行为,当它是根据犯罪构成要件所需要的歧视性意图做出时,"就等同于对某类人群的宗教身份的攻击;正因为如此,这样的行为构成了反人类罪,从事实上看,消灭特定宗教文化以及附属于它的文化财产使人类在整体上受到影响"。③

从个人到属于人类的文物,我们看到,由这种尚需建构的范式所能提供的新视角正在形成。

3.2 需要建构的范式

禁止规定的背景由战争时期扩展到和平时期,这表明了反人类

---

① F. Francioni, «Beyond State Sovereignty: The Protection of Cultural Heritage as Shared Interest of Humanity», *in* «Symposium-New Sources of Norms in International Law», *Michigan J. Int. L.*, 2004, p. 1029.

② 参见前南斯拉夫国际刑事法庭,Jokić案,初审法庭含有指控的判决,2004年3月18日,第51—52段。

③ 参见前斯拉夫南国际刑事法庭,Kordić和Čerkez案,初审法庭判决,2001年2月26日。

罪的范式获得了相对于战争罪而言的独立性,以及这种范式与国家的规定保持一定距离,但还需要通过将灭绝种族和反人类罪与一般犯罪相区分来表明它们的特征,尽管这些犯罪所涉及的受保护的价值,如生命、平等尊严、某些财产的完整性,在国内法上看都是相同的。

换句话说,还需要从不断扩张和始终不完整的内容中,提炼出作为反人类罪这一禁止规定基础的"人道—价值"。这是解决那些由新的实践引起的问题,如由生物技术和环境的严重破坏所引发的问题的条件。

3.2.1 人道—价值的意义

每一个文化都以自己的方式来理解人道的内涵,但所有文化都承认它具有集体维度,这是难以回避的现实。引起困难的是如何将集体与个体相互联系或对立起来。对于某些文化而言,属于某个共同体的事实可以最终导致对个体的完全吸收。例如 Ubuntu 一词,被南非宪法[1]和由大主教德斯蒙德·图图(Desmond Tutu)建立的真相与和解委员会所使用[2],它表达了"这样一种思想:一个人不是孤立的,他有自己的原始权利,这种权利是前社会性的、不可侵犯的,不论在何种情况下都应当得到尊重;相反,一个人只有通过作为共同体的成员才能得以存在。一个人只是与其他人相互联系才存在,它的人性与其他人的人性相互交织难以分清,正是因为如此,要理解一个人的权利就不能与其他人的权利相分离或对立,它总是要与其他人的权利,根据其他人权利的需要来理解。"[3]

同样地,在中国,人与非人的范畴反映了儒家观念所倡导的各种主体间性和社会性,它们的起点都是"仁"。作为儒家的核心价

---

[1] 参见南非临时宪法(1993)结束语,或促进国家统一和和解法律(1995)序言。

[2] D. Tutu, *Il n'y a pas d'avenir sans pardon*, Albin Michel, 1999, p. 39.

[3] A. M. Dillens et E. Babissagana, « La justice inopportune: aux détours de l'amnistie », in Y. Cartuyvels et al (dir.), *Les droits de l'homme, bouclier ou épée du droit pénal? op. cit.*

值,"仁"被利玛窦翻译为"人性的美德","仁"字本身表明了应当通过将一个人与另外一个人,或者与另外两个人之间的相互关系来看待。更能够引起深思的是,在帝国时期被视为"不人道"罪行的十恶中,其中第五类("不道")从字面上看意味着一个人脱离了他的群体,从而"脱离正道",从狭义上看就是"走上邪路","不正常"。①

为了尝试将集体维度与对个人的尊重相互结合,美国法学家戴维·鲁本(David Luban)曾建议通过一种双重区分的方式来定义"人的地位",这就是分别对个人和群体进行区分,使人道具有了双重性:"反人道罪损害的就是这种双重性,而正是这种双重性使罪行成为非人道。"②他借用亚里士多德"政治动物"的说法,强调了人类除了集体生存之外别无选择;正因为如此,仅仅因为一个群体存在而消灭它,仅仅因为一个人属于某个群体而消灭他,反人道罪将社会关系转化为一种"癌症",取消全部政治联系的可能性。

显然,还应当将分析扩展到个人与集体之间其他类型的关系上,例如公民性质的关系(个人在法律上被承认为公民),经济性质的关系(交换和对等性),社会性质的关系(社会连带关系),以及文化性质的关系(个人对某种信仰的接受)。

可以说,通过把人想象为公民、政治、经济、社会或文化性质的动物,人道则是由单个人的特殊性以及他对于某个群体的从属性相互结合而构成的,它们之间不仅是不可分割的,而且也是相互渗透和相互促进的,很难把一方从另一方中间区分出来。但是,从普遍的角度提出人道—价值,则意味着需要把上面做出的分析(从家庭,部落或民族层面)扩展到全球层面;需要同时承认人的多样性(个人、群体、中间性共同体的多样性)以及它们对于世界人类共同体的

---

① J. Bourgon, séminaire du Collège de France, janvier 2007. 这是对巩涛(Jérôme Bourgon)在一次研讨会上发言的援引,该研讨会文件尚未出版。

② D. Luban, « A Theory of Crimes against Humanity », Yale J. Int'l L., op. cit., pp. 115-116: « this double nature, as individuals and group members is precisely what crimes against humanity assault and what make them crimes against humanness ».

平等从属性。

概而言之,被反人类罪规定为罪行的行为,包括灭绝种族在内,意味着一个人,即便是被完全包含在某个群体之内,也始终不会丧失其个体性,从而被视为某个群体中一个可以随意被代替和被抛弃的组成部分。一个人即便有需要按照与其他人一样的方式从属于某个群体,他也不应当因为这种从属关系而丧失其作为人性一部分所应有的地位。这种受害者的去个人化同时也是一种非人化,因为它否定了每一个人在个体特殊性和平等属于人类共同体方面的所应当具有的人性。

反人类罪在列举了这个时代能够引起恐惧的种种情形之外,还同时反映出中间共同体的模糊性,这些共同体有时是犯罪的主体,有时则是受害者。当罪行与国家有关或是属于政策或共谋计划一部分的时候,以及由国家或某个"以攻击为目标的组织"从事普遍或系统的攻击时,那些中间共同体就成为犯罪的主体。一个共同体也可以成为受害者,这是指在灭绝"某个民族、族裔、种族或宗教团体的"情况下,显然人们有理由把政治团体和文化团体包含在内,或者在更广的范围内把灭绝某个"平民人口"的情形也包括在内。

除了对人的消灭,反人类罪还存在模糊的地方是某些利用新技术制造生命的做法,它对于人和非人类生物提出了新的问题,这些问题也需要予以澄清。

3.2.2 正在出现的问题

通过克隆技术对生命的无性复制,嵌合体的制造,将人与机器相结合,以及其他类似的能够改变生物演变的做法,产生所谓"去人类化"的危险。生物技术的发展在法国导致了"反人种罪"这种新罪行的出现。通过将优生实践和复制性克隆技术与反人类罪进行区分,法国刑法典尝试将人化(heminisation)与人道化(humanisation)相区分,然而,面对着生物医学技术的发展,恰恰应当强化人化与人道化,或者说生物演化(以关注人类自身存在为特点的人化)与文化演化(人道化和对人类尊严的尊重)这两种过程之间的联系。

但是,为了将反人类罪与反人种罪重新结合在一起,还缺少一个指导原则,以此来避免两种极端的立场:一种是禁止任何与人类有关的生物干预,理由是大自然比人类更加清楚怎么做是有利的(所以任何违背自然的都必然是非人道的);另一种立场则截然相反,主张任何可能的事物都应当被允许(革新是不可避免的,阻止革新是徒劳的)。

根据人类后天可变性这一重要的独特原因①,这里想要建议的是不确定原则,该原则有利于创新性和适应性,因而有利于人类尊严的维系,同时它还会培养自由的情感,进而培养出将人类尊严加以延伸的责任意识。从这个角度来看,反人类罪的概念针对的是任何有意损害个体特殊性原则的行为,包括平等属于人类的原则,或者不确定原则的行为,假如该行为是国家或以该行为为目的的组织广泛而系统地采取的行为。由此,应当被定罪的,不仅是消灭行为(灭绝种族、强制失踪、谋杀等等)和侮辱行为(奴役、种族隔离、歧视、性奴役等等),同时还应包括对人种的预先决定(优生行为、对人类复制性克隆、嵌合体制造等等)。在后一种情形下,构成犯罪的并不是生物变异本身,也不是制造那些可能间接加重歧视待遇危险的新群体,而是通过企图减少不确定性进而减少人类自由空间的行为来实现的去人道化/去人类化的过程。

是否还应当进一步扩大反人类罪的范围呢?劳伦·内莱特(Laurent Neyret)指出,国际刑事法院规约已经规定在武装冲突时,故意破坏自然环境的行为可以构成战争罪。据此,反人类罪的范式也应当被扩展到针对环境的各种犯罪,或者可以借鉴联合国教科文组织关于生物伦理的宣言,因为该宣言确立了保护环境、生物圈和生物多样性的原则,由此建立起某种新的范式,它也可以被称为"灭绝环境"(écocide)的范式。② 当然,这里的问题是如果按照上面的做

---

① J.-P. Changeaux, « La variation dans l'évolution du cerveau », in A. Prochiantz (dir.), *Darwin: 200 ans*, op. cit.

② L. Neyret, *Atteintes au vivant et responsabilité civile*, LGDJ, 2006; « La transformation du crime contre l'humanité », in M. Delmas-Marty, I. Fouchard, E. Fronza et L. Neyret, *Le crime contre l'humanité*, op. cit., p. 81 sq.

法,反人类罪的范围可能会变得过于广泛。即便我们拒绝那种任何可能的都应当被允许的立场,这里还是要避免另一种极端做法,即禁止对自然的任何改变。

显然,在明确这种新的以普遍主义为目标的罪行的因素时(实际行为、过错性质、损害或危险的特征),还是要以"对地球安全和生物圈平衡的损害"为依据。此外,在提出新的禁止规定之前,还应当考虑到已经存在的禁止规定在实施时遇到的困难,这些困难具体表现为对有关罪行究竟应当惩罚还是宽恕。

第二节 惩罚/宽恕:三种争论

1945—1946年冬天,在饱受战火摧残的德国,哲学家卡尔·雅斯贝尔斯(Karl Jaspers)在海德堡大学讲授了"德意志的犯罪性"这门课程。那时,他提出了下面这个双重问题:"在无数的指控之下,人们想知道:谁来审判?谁接受审判?"[①]

2010年同样的问题仍旧存在,它关系到对萨达姆·侯赛因的审判以及后来媒体广泛报道的对他的处决,同时也关系到国际刑事法院对托马斯·卢班加(Thomas Lubanga)(因招募儿童军而被起诉的军事首领)的审判。对上面这个问题的回答意味着我们还应当回答第三个问题,这就是为什么要审判?

在一般人看来,上面那些问题的答案是显而易见的——人们应当"反对对犯罪不做惩罚"的行为,所以要惩罚那些罪行,包括战争罪、灭绝种族或者反人道的罪行,这些罪行本身的名称就能激起人们的愤怒——,可是,雅斯贝尔斯却把纽伦堡审判视为"某种世界秩序的先驱性标志,人们已经开始认识到这个世界秩序对于人道而言是不可或缺的,尽管它还非常脆弱和模糊。"

值得思考的是,雅斯贝尔斯提出的,对于人道而言是不可或缺的"世界秩序"究竟是什么?它是不是一种国家之间的政治秩序,把

[①] K. Jaspers, *La culpabilité allemande*, Minuit, 1990, p. 52 et 71.

正义与和平的重建与维护联系在一起？不管怎样，将正义与和平联系在一起并不新鲜：荷马通过阿克琉斯的盾向人们展现了和平城邦的两种情景，一种是婚姻，另一种是刑事审判。此外，赫西奥德（Hésiode）也认为，"作为人格化的和平，她是忒弥斯（Thémis，作为法律之神而言）的女儿，同时也与艾坞诺米亚（Eunomia 代表良好秩序的女神）和狄克（Dikè 代表公正的女神）有着姐妹关系"。雅克琳·德·罗米莉（Jacqueline de Romilly）则将古希腊的上述神话传说视为"在当今借助国际制度的形式，不断稳步扩张的世界秩序的起点"。①

如果说刑法有维护世界和平的使命，文森·派拉（Vincent Pella，最早提出国际罪行的学者）则写道："人们不可能，也不应当将国家的刑事责任从刑法领域中排除出去。"②按照他的观点，个人责任和国家责任这两种责任形式应当同时存在。但必须指出的是，这两种责任所反映出的秩序观念却是不同的。个人的刑事责任在国内法上反映了某种社会连带的观念，由此表达出某种社会秩序和某种共同记忆的出现，后者为超民族—国家共同体的形成奠定了基础。

最后，为了避免将正义与记忆相混淆③，显然有必要维系刑事审判与报应观念之间的联系，这种联系认为惩罚是过错应付出的代价，由此引起第三种观念，这就是法律—道德的秩序观，它对应一个由人类相互间组成的共同体。

但是，在上面提到的各种秩序观念之间还远未建立起一种合理的关系。人们可能仅仅强调和平的观念，或者是社会连带关系观念，或者是报应的观念，从而很难在责任与不受惩罚、追诉和判决之间，以及在惩罚、赔偿与和解之间实现平衡。某种看起来很深奥的、既不需要符合比例适当性原则也不受条件限制的宽恕的概念，可以用来调和上述各种矛盾之间的紧张关系，进而使有关罪行从法律领域中分离出来。

---

① J. de Romilly, « La paix dans l'Antiquité », in Académie universelle des cultures (dir.), *Imaginer la paix*, Grasset, 2003, p. 43.
② V. Pellat, *La Guerre-crime et les Criminels de guerre*, Pedone, 1946, p. 58.
③ P. Ricoeur, *La Mémoire, l'Histoire, l'Oubli*, Seuil, 2000, p. 423.

1. 责任与不受惩罚

对于某些罪行而言,究竟是要追究犯罪人的责任还是允许他们不受惩罚,这个最早出现的争论涉及与刑事审判有关的法律—道德秩序观。这种观念表明,人类之间建立起的共同体的基础不仅是对共同禁令的定义,而且还包括当触犯这些共同禁令时,应当做出某种回应。从西方人的理解出发,这种回应就是要明确谁犯下了罪行,在法律上判定他对犯罪负有何种责任并由此而应施加的相应惩罚。但是,国际罪行具有两个特点:其一,罪行本身涉及某种组织,通常是指国家;其二,受害者非常广泛难以计数。这种集体性和广泛性的特点使确立某种普遍的(或者能够成为普遍的)责任观念变得困难,特别是某些罪行不受惩罚的理由在很大程度上由国内法规定。

1.1 寻求一种普遍的责任观念

"集体犯罪不由任何人承担责任。"拿破仑的这句话首先表明了在明确谁应当承担责任时存在的困难,不论是国家还是个人。对于个人而言,明确犯罪人的困难在于罪行本身的特殊性,因为那些罪行往往是集体犯下的,与共同犯罪行为相类似,或者是以层层下达命令的方式犯下的。

1.1.1 国家/个人

按照传统的观点,国家是国际法的唯一主体,因此,也只能是集体罪行的唯一主体。可是,从来没有任何国家曾被判定有罪,即便是在灭绝种族罪的情形下。国际法院虽然有权对国家的刑事责任做出判定,但法院的实践却是十分谨慎的:在涉及斯雷布雷尼察屠杀案件时①,法院将对灭绝种族情形存在的判定与国家的责任相区分:因为涉及灭绝种族的意图不明确;个人不是国家政府的工具,个人的行为不应当归于国家行为,鉴于证据不足,所以塞尔维亚不应

---

① 参见国际法院关于使用预防和惩罚灭绝种族罪公约的案件(波黑诉塞尔维亚黑山共和国),2007年2月26日判决,国际法院汇编2007年,第413段及以下。

承担责任。该判决实现的唯一进步在于它指出塞尔维亚没有履行预防和惩罚灭绝种族行为的义务,同时也没有遵守它应当与前南斯拉夫国际刑事法庭开展合作,移交被指控犯下灭绝种族罪行的人员的义务。

国际社会并没有放弃对灭绝种族这类犯罪进行审判:1919年的凡尔赛条约就包含了对威廉二世罪行的指控,但对此并没有做出审判判决;1945年的纽伦堡审判则判决19名被告(共有22人被追诉)和4个犯罪组织(共有7个犯罪组织被追诉)应承担犯罪责任。此后,前南斯拉夫和卢旺达国际刑事法庭对大约130名被告做出了判决。

换句话说,在国家的刑事责任通过判例得以确立之前,个人的刑事责任已经得到充分肯定。克劳德·隆布阿(Claude Lombois)曾非常恰当地解释了国家责任与个人责任之间存在的不同:"责任的力量打破了不负责任的逻辑"。① 进一步说,责任的力量是通过强调个人责任优于国家责任的方式打破了不负责任的逻辑,尽管这一发展本身存在方法上的困难。

让个人对属于"系统化罪行"②的集体环境中犯下的罪行负责,会引起重新回到"集体责任"观念的危险,前南斯拉夫国际刑事法庭认为这种观念是"原始的而且过时的"③。之所以说这种观念是过时的,是因为它使人们重新拾起刑罚具有牺牲功能这种认识,即刑罚具有借助审判消除罪行的"魔力"功能,而审判则是通过牺牲替罪羊的方式来恢复和平状态。这种危险从来没有被完全消除,它会使人们将所有犯下罪行的人视为一个整体,认为其中任何个人都不可能单独地犯下那种罪行。

---

① C. Lombois, *Droit pénal international*, Dalloz, 2ᵉ éd., 1979, p. 97.

② H. Ascensio, « Crimes de masse et responsabilité individuelle », in Juristes sans frontières, *Le Tribunal pénal international de La Haye*: *le droit à l'épreuve de la purification ethnique*, L'Harmattan, 2000, p. 119 sq.

③ 前南斯拉夫国际刑事法庭,第一份年度报告,1994年8月29日,第16段。

个人责任首先针对的是法律上或事实上的政府首领,原因即在于他们所具有的特殊身份:国际刑事法院规约第27条——该条文效仿了纽伦堡规约第7条,卡尔·邓尼茨(Dönitz)就是根据该条受到审判的——明确指出,本规约"对任何人一律平等适用,不得因官方身份而差别适用"。

对于那些处于中间地位的官员和命令执行者而言,他们往往是盲目的官僚体系中一个普通的环节,仅仅因为服从命令而犯下罪行,对自己的罪恶毫无认识。让他们承担犯罪的责任,正如汉娜·阿伦特在艾希曼的审判中所指出的那样,判决他们有罪实际上是在将刽子手人道化的问题上下赌注。这种说法也适用于其他情形,例如,让·卡班达在阿鲁莎接受审判时曾提到,在卢旺达"工作即意味着杀死图西族人"。

从纽伦堡法庭规约到"纽伦堡原则"再到前南斯拉夫和卢旺达国际刑事法庭规约和国际刑事法院规约,其中所确立的原则是非常清晰的:"任何人在犯下本法院具有管辖权的罪行时,均应负个人责任并根据本规约受到处罚"(国际刑事法院规约第25条第2段)。困难在于,在构成犯罪要素之间存在断裂的情形下适用该原则,但这种断裂在有关经济犯罪的刑法规定中很常见[1]:过错属于"决策者",而具体行为(例如打开阀门向河流倾泻污染物)则是由其下属实施的,当后者也有过错时同样会被判定承担犯罪责任。但是,灭绝种族和反人类罪行的实施背景则更为复杂,因为犯罪行为的组织不仅仅是集体的,这些罪行中的大多数都具有一个重要的特点,即意味着多数人同时参与并共同实施行为才能够完成相关罪行。同样地,犯罪构成要素之间的断裂还表现为:一方面,共同犯罪行为的若干实施者之间的分离;另一方面,一系列命令在不同层次之间发生的断裂。

---

[1] M. Delmas-Marty et G. Giudicelli-Delage, *Droit pénal des affaires*, PUF, 2000; G. Giudicelli-Delage, *Droit pénal des affaires en Europe*, PUF, 2006.

1.1.2 参与共同犯罪

应当指出的是,纽伦堡规约规定的集体责任已经在实践中被转化为参与某个犯罪团体的罪行,这是受到了英美法关于共谋(conspiracy)概念的影响。这种罪行的基础是合意(agreement)以及对具体行为的共同计划(common plan),二者均意味着存在某种犯罪意图(wrongful intent),根据这一观念可以将个人对某种犯罪行为的参加本身独立地定为犯罪,而不论其是否实际地参与实施犯罪活动。对于共犯而言,它要求存在某种应受惩罚的主要事实,但是,共谋的构成则只需要对于实施有关行为达成了共同意愿。

英美法系与罗马—日耳曼法系在上述问题上存在的潜在冲突,能够解释为何在前南斯拉夫与卢旺达国际刑事法庭规约中均未直接或间接地提及集体犯罪行为的主观和客观要件。在此情形下,前南斯拉夫国际刑事法庭的法官们曾使用了"联合犯罪行为"(joint criminal enterpise)的概念,它出自二战以后战争罪审判的实践,并被认为涉及习惯国际法规则。① 该理论的基础是下面这个原则,即当两个或两个以上的人出于共同的犯罪目标协同行动,其中任何一个人犯下的罪行可致使该团体的所有成员承担犯罪责任,前南斯拉夫和卢旺达国际刑事法庭曾广泛地利用了上述理论,对被告的合伙人做出判决,尽管后者并没有实际地实施犯罪行为。

在实践中,"共同目标"首先是指在某些案件中所有被告人有着相同的犯罪意图。在这种最简单的情形下,多数人在一开始就形成了共同的犯罪计划并进而参与罪行的实施。例如:不加区分地屠杀平民,轰炸医院,所有参与者在此时均有联合起来、实现共同目标的相同意愿,尽管其中的单个分子所扮演的角色并不相同,例如:有的人制订了攻击计划,有的人向下属下达了做好必要准备的命令,而其他人则具体实施了相关攻击行为。这种"共同目标"也指向(这里指所谓的"集中营"情形)下面这类被告人,他们根据集体计划采取

---

① 参见前南斯拉夫国际刑事法庭,Tadić案,上诉法庭判决,1999年7月15日,第195—226段。

行动,由于他们在"集中营体系"中享有一定的权力地位而成为罪行的共同实施者,原因在于这种权力地位使他们本来可以阻止犯罪行为的实施,但实际上他们并没有如此行使自己的权力。

最后,上述理论还可以扩展适用于这样的情形:犯罪人的行为即便不是出自某种"共同目标",但却是该目标实施所引起的自然和可预见的后果。例如,在违背国际法规则逮捕敌方平民时,如果某个军人杀害或迫害某个平民,根据具体情形来判断,该行为属于逮捕所能导致的可预见的后果时,那么该团体的所有成员均应对上述行为负责。

联合犯罪行为的理论被前南斯拉夫和卢旺达国际刑事法庭广泛地适用,以判定高级别的政治和军事首领,以及国家元首承担相应的犯罪责任①,但是,基于罪刑法定原则该理论却受到批评。② 罗马规约则似乎拒绝将那些没有意图实施犯罪和没有实际促成犯罪行为实施的人视为共犯(国际刑事法院规约第 25 条)。

由此,需要引入一种新的提法。国际刑事法院在关于逮捕巴希尔的决定中,将苏丹总统界定为反人类罪行和针对达尔富尔地区平民的战争罪的"间接实施者",把犯罪责任建立在"对犯罪的控制"这一概念基础之上,从而重新建立起某种等级关系。③

---

① 参见对南斯拉夫联邦共和国总统米洛舍维奇和对塞拉利昂总统泰勒的指控,不过,联合犯罪行为仅被卢旺达国际刑事法庭适用过一次,这是在辛巴案中(卢旺达国际刑事法庭,初审法庭判决,2005 年 12 月 13 日,上诉法庭判决,2007 年 11 月 27 日)。关于上述案件的详细分析,参见 S. Manacorda et C. Meloni, «Indirect Perpetration versus Joint Criminal Enterprise. Concurring Approaches in the Practice of International Criminal Law», *JICL*, (2011) 9 (1): 159-178.

② S. Manacorda, *Imputazione collettiva e responsabilità penale. Uno studio sui paradigmi ascrittivi nel diritto penale internazionale*, Giappichelli, 2008, pp. 252-264.

③ 参见国际刑事法院,Omar Al-Bashir 案,第一预审法庭决定,2009 年 3 月 4 日;国际刑事法院,Thomas Lubanga Dyilo 案,第一预审法庭决定,2006 年 2 月 24 日。有关"对犯罪的控制"这一概念的批评意见,参见 S. Manacorda et C. Meloni, «Indirect Perpetration *versus* Joint Criminal Enterprise. Concurring Approaches in the Practice of International Criminal Law?», 同前引注。

1.1.3 上级命令的链条

国际刑事法院(卢班加案)和前南斯拉夫国际刑事法庭(埃尔德莫维奇案)最先处理的案件一个涉及军事首领,另一个则涉及普通士兵,这并非偶然,不过,从逻辑上讲,最先受审的应该是上级官员。法官们只是在回溯命令的链条时才能确定军事首领的责任:在审理军事首领时①,应当从最底层的士兵开始,然后过渡到具有中层官职地位的军人。相关的法律规则已经由习惯国际法和条约法规则加以确立②,并得到相关国际刑事法庭规约的承认③:军事首领和其他具有行使上级权力的人,如果对犯下国际罪行的下属未采取预防或惩罚措施,那他们就可能被判定对下属的罪行承担刑事责任。这种所谓的"保护伞"责任看起来是独特的④,它可以涵盖很多种情形,从而有可能使刑法上的保护性规定重新遭到破坏。

著名的山下奉文(于马尼拉被美国军事委员会判处和执行死刑)案⑤,很早就受到了学理的批评。但美国的最高法院认为,战争法要求军事首领承担下列义务,他们应当在自己权限范围内采取任何措施来控制自己的军队和防止违背战争法规,特别是防范军队犯下屠杀和强奸的罪行,尽管传达命令的链条因为遭受轰炸而可能被截断。大多数法官的意见是,考虑到有关罪行的恶劣程度,被告人至少"应当知道"其下属犯下了上述罪行。这种客观责任(或者说严

---

① 或者是审理军事首领中的一部分人;参见发布关于卡拉季奇和姆拉迪奇逮捕令的决定,斯雷布雷尼察案,检察官诉卡拉季奇和姆拉迪奇,最初指控,1995年11月16日;波黑案,最初指控,1995年7月24日。附属波黑案,检察官诉米洛舍维奇,最初指控,2001年11月22日,克罗地亚案,最初指控,1999年10月8日,最初指控,1999年5月24日。

② 参见前南斯拉夫国际刑事法庭,Delalić案,初审法庭判决,1998年11月16日,第333段及以下。

③ 国际军事法庭规约,第6条最后一款;前南斯拉夫国际刑事法庭规约第7.3条;卢旺达国际刑事法庭规约第6.3条;国际刑事法院规约第28条。

④ M. Damaska, «The Shadow Side of Command Responsibility», *AJCL*, 2001, p. 455 *sq*.

⑤ 参见美国军事委员会,山下奉文案判决,1945年10月8日—12月7日,美国最高法院于1946年2月4日维持了上述判决。

格责任)意味着下属的过错被转移至其上级,虽然纽伦堡审判几乎没有涉及这样的责任,但是它却在东京审判中被广泛适用,今天的批评意见是,上述做法实际上承认了无过错责任。①

在后来的临时性国际刑事法庭中,上述问题再次被提出:是否应当判定那些没有采取必要措施去防止和处罚下属犯罪行为的军事首领有罪? 这些临时性国际刑事法庭在更加完善的规范框架基础上②,根据不同案情做出了不同的处理。

在德拉里奇(Delalić)案中,前南斯拉夫国际刑事法庭显得十分谨慎。在该案中,被告人曾为战争指挥机构,即萨拉热窝最高军事首领和犯人甄别委员会工作,曾经传达了关于切雷比奇(Čelebići)监狱运作事务的命令,当时他知道被关押的人员遭受了虐待,但并没有阻止或惩处那些虐待行为。对此,初审法庭③和上诉法庭④均认为,被告人并没有达到构成犯罪所要求的上级对下级的控制程度,因而判决其无罪。

在伯拉斯季奇(Blaškić)案中,前南斯拉夫国际刑事法庭改变了它的分析,指出指挥官应当为其下属的罪行承担责任,"虽然他没有实施所能利用的手段去获悉有关罪行的情况,但根据具体案情,他应当知道有关犯罪的情况,因此,其疏忽构成刑法上的不作为。"⑤由此,上级指挥官有调查其下属行为的积极作为义务。不过,上诉法庭推翻了初审法庭的判决。一方面,上诉法庭认为"上级指挥官只有在获得了表明下属罪行的特别信息的情况下才负刑事责任"。这

---

① 参见 S. Manacorda, *Imputazione collettiva e responsabilità penale*, 同前引注, 第 181 页。
② 除了这些法庭的规约之外, 还包括 1949 年日内瓦诸公约的第一议定书第 86 条和第 87 条确立的原则。
③ 参见前南斯拉夫国际刑事法庭, Delalić 案, 初审法庭判决, 1998 年 11 月 16 日。
④ 参见前南斯拉夫国际刑事法庭, Delalić 案, 上诉法庭判决, 2001 年 2 月 20 日。
⑤ 参见前南斯拉夫国际刑事法庭, Blaškić 案, 初审法庭判决, 2000 年 3 月 3 日, 第 322 段。

就是说，上级指挥官消极地不去获取相关信息则不构成一种独立的罪行，"它的责任只是因为在没有采取必要和合理的措施去阻止或惩罚下属犯罪行为时才能构成"。另一方面，上诉法庭认为"判处被告人对国际刑法上尚未明确规定的某种责任负责既是无用的，也是不公正的"。此外，"在上级指挥官的责任这一语境下援引适用'疏忽'的概念有可能在人们的观念中引起混淆。"①

总之，上级指挥官的责任要求存在一种实质要件，其中上下级之间的权力关系与没有采取预防和惩罚犯罪的必要措施的疏忽，以及难以明确界定的个人过错相互混合在一起。特别是，对于犯罪的实质要件，每个国家的国内法都有自己复杂的分级体系，将不同国家的规定相互翻译清楚基本上是不可能的。② 在这里，人们会再次发现普遍主义的局限，由此，只有对比不同国家的法律体系，而不是企图完全掩盖它们之间的差异，才能够为形成一种可以被普遍化的责任概念开辟道路。

国际刑事法院规约迈出了新的一步，它首次将军事首领与其他普通上级官员区分开来。在军事上，责任应该是最为严格的，这显然是因为士兵的自主行动空间是非常有限的。当一个军事首领没有对自己的武装力量实施控制时，就应当对接受其命令和有效控制的下属犯下的罪行承担刑事责任，但这时还应当满足下列两个条件："军事首领知道，或者根据具体的情形应当知道"他指挥的武装力量犯下了或将要犯下某些罪行；同时，他没有采取"任何必要和合理的、他有权采取的措施去阻止或打击该罪行，或者将该罪行提交给相关当局来调查和追诉"。在军事领域以外，上级官员只是在不作为与其个人过错相关联时才对下属犯下的罪行承担刑事责任：这是指"上级官员知道其下属犯下或将要犯下罪行，或者是故意地忽

---

① 参见前南斯拉夫国际刑事法庭，Blaškić案，上诉法庭判决，2004年7月29日，第62—64段。

② 在Blaškić案的初审判决中，法文本使用的"放任"（dol éventuel）这一表述在英文本中先是被译为"轻率"（recklessness）（判决书第474段），后来又被译为"疏忽"（negligence）（判决书第562段）。

视那些已经清楚提交给他的信息";或者是"下属的罪行与上级官员负有责任和行使有效控制的行为有关"。①

但是在向上回溯命令的链条时,还不能使政治首脑负责,除非后者享有的豁免权被排除,这就意味着还应当缩小在已经普遍化的责任与那些仍旧与国内法观念相联系的各种不受惩罚的理由之间存在的差距。

1.2 不受惩罚的理由与各国国情

"不受惩罚"并不是一个法律用语。在国际刑事法院规约中仅存在着"免责"的理由(第31—33条),它们是:正当防卫,威胁和紧急情况,精神疾病,中毒状态,事实错误或法律错误。②

不过,"不受惩罚"说法本身的模糊性也表明,刑法责任这一国内法概念在发展为具有普遍意义的观念过程中存在着象征意义和法律意义上的双重困难。在这里,需要考虑到国内法与国际法之间存在的紧张关系,同时还要将法律—道德问题与政治纷争区分开来。如果只是从法律—道德的视角来看,将大多数国家国内法所规定的"免责的理由"加以比较,可以从中归纳出某种共同的规定,它表明过错的发生存在合理事由(正当防卫和紧急状态)或者过错被抵消(威胁、精神疾病、中毒状态、事实错误或法律错误)时责任就应受到限制。③ 相反,当我们考虑到政治纷争时,上述问题的答案就会变得非常复杂,这主要是指与各国国内法"最核心"的内容相关的那些宽大措施。④ 换句话说,这些措施直接关系民族—国家共同体的

---

① N. Karsten, «Distinguishing Military and Non-Military Superiors. Reflections on the *Bemba* Case at the ICC», *JICL*, 2009, pp. 983-1004.

② M. Delmas-Marty, « La responsabilité pénale en échec (prescriptions, amnistie, immunités)», *in* M. Delmas-Marty et A. Cassese (dir.), *Crimies internationaux et juridictions internationales*, PUF, 2002, p. 613 *sq.*

③ 关于对威胁的共同定义,参见前南斯拉夫国际刑事法庭,埃尔德莫维奇案,上诉法庭判决,1997年10月7日,以及卡塞瑟(Cassese)法官的个人反对意见。

④ H. Ruiz Fabri, G. Della Morte, E. Lambert Abdelgawad et K. Martin-Chenut (dir.), *La Clémence saisie par le droit*, *Amnistie, prescription et grâce en droit international et comparé*, SLC, 2007.

自我身份,此外,还包括豁免的规定,它通过适用于国家元首和其他相关人员而使国家主权获得保障。在不受惩罚的理由方面找到共同的答案,这是以禁止非人道为基础建立国际社会、乃至超民族—国家共同体的条件。

1.2.1 宽大措施

宽大表现为不受惩罚,但它并不意味着不负责任。通过放弃追诉或惩罚罪犯,一个民族—国家共同体并没有消除犯罪行为的过错,而只是消除这些过错所引起的后果,这样做是基于国内政治的原因,因而属于各国最核心的事务。宽大措施可以建立在遗忘(时效、赦免)或者宽恕(特赦)的基础之上,是非常具有象征意义的做法,它能够在一个团体内部巩固团结,并决定着和平的恢复。当然,宽大应当避免给那些最强大的罪犯带来好处。他们往往是在国家的顶层犯下罪行,在此种情形下宽大措施就有可能转变为将罪行从官方记忆中抹去的戏法。这时,宽大措施不仅远不能促成恢复和平,相反,它还可能激化紧张关系,同时"将人们关于罪行的记忆谴责为肮脏的地下活动"。①

就此而言,是否应当抛弃宽大的想法?或者说,是否应当重新引入某种多样性从而"根据具体情况来考察"刑事责任的普遍观?不同的刑法制度对此有不同的答案。对于时效而言,一种不受时效限制的原则已经开始出现,并被一些国家(英国、伊斯兰国家)的国内法接受,该原则首先在纽伦堡审判中得到确认,后来被联合国的公约以及国际刑事法庭和国际刑事法院的规约所肯定。

尽管各国的实践还存在很大差异,但我们可以认为,对各国的实践加以相互协调将会逐步实现。实际上,犯罪证据的消失是时效得以存在的主要理由,但在实践中,国际罪行的特殊性使时效的适用产生问题:犯罪机关消极政策的改变以及犯罪证据的搜集,需要很长时间、甚至是通过政体的更迭才能实现;有时罪行受害者或者他们的家庭成员需要很长时间才能摆脱情感伤害并参与到诉讼审

---

① P. Ricoeur, *La Mémoire, l'Histoire, l'Oubli*, op. cit., p. 585 sq.

判中来。

相反,赦免往往是国际法所允许的行为,它有时还会受到国际法的鼓励(日内瓦诸公约第二议定书要求国家给予"参与武装冲突的人员尽可能广泛的赦免")。国际刑法虽然不禁止赦免,但对它仍旧表现出消极的态度,在国家人权咨询委员会的提议下于日内瓦通过的关于赦免的法律文件明确规定了赦免的适用条件①,美洲人权法院则走得更远,将赦免与受害人参与公正审判的权利联系起来,②由此,在"惩罚、赔偿与和解"的辩论之外,有可能在区域层面上开始形成某种相互协调做法。

此外,当提到特赦时,人们会想到与国家主权相关的那些特权。国际法不仅没有禁止特赦,相反还专门提到了它,其中包括限制死刑的适用;当需要特赦那些被国际刑事法庭判决的罪犯时,执行刑罚的国家享有一定的自主决定权,但前提是征得国际刑事法庭庭长的许可。在政治首领的豁免问题上,也应找到一个适当的解决方案。

1.2.2 豁免

在豁免的问题上存在着更多的冲突与对立,这是因为它主要涉及下面这些政治问题:坚持国内法的相关规定和尊重各国在国际法上的主权;总之,上述问题都与维护国家利益有关。当人们开始以尊重人权和反对犯罪不受惩罚的名义要求"将国家利益合理化"时,冲突就产生了。任何简单的解决方案似乎都是不可能的:绝对豁免在反人类罪或灭绝种族罪的情形下是不能被接受的;但是反对所有的豁免也会损害国家间的外交关系。

因此需要放弃的是绝对豁免,接受处于国际法和国内法交叉领域的某种"有限豁免"。我们知道,在国际法上,直接受到纽伦堡规约影响的国际刑事法院规约第27条指出:"国家或政府首脑、政府或议会成员、选任代表或政府官员的官方身份在任何情况下均不得

---

① 参见国家人权咨询委员会和国际法学家委员会,《反对不受惩罚,支持正义》,日内瓦,1993年。
② 参见美洲人权法院,巴里奥斯·阿尔托斯诉秘鲁案,2001年3月14日判决,第41段。

免除由本规约规定的刑事责任,其本身也不能构成减轻刑罚的理由"。

当国内法院在本国领域外和针对本国国民以外的人扩大行使其管辖权(普遍管辖权),追诉外国官员的犯罪责任时,有关冲突就会产生。从皮诺切特将军在伦敦被逮捕到哈布雷、卡扎菲,以及以色列前外长齐皮·利夫尼①,国际刑事法庭法官们的觉醒开始让其他潜在的犯罪嫌疑人感到不安,国际关系也因此受到影响。特别是,普遍管辖权往往是由原来的殖民国对它过去的殖民地国行使的,换句话说,有关非人道的刑法往往是针对那些实力较弱的国家实施的,从而表明了这样一个法律体系本身潜在的不平等性。一面是普遍承认一个有能力追诉和审判任何违背禁止规定的人的世界共同体;另一面则是惩罚犯罪的法律依旧被主权国家垄断的相对主义,刑法本身在这种情景下要根据国际法和国内法相交叉的观念来明确应当对犯罪负责的人,就像在大海里仅靠视觉航行的船只一样,要尽量避免发生触礁的可能。

为了衡量刑法的禁止规定究竟在何种程度上在相对与普遍之间无所适从,就应当将相关问题转化为管辖权的问题,即国内法庭、国际法庭或混合性质的法庭,究竟谁更适合追诉和审判那些涉及世界共同体(以及国际社会、超民族—国家共同体和个人相互间形成的共同体)的罪行?

2. 追诉和审判

这里还是要回到卡尔·雅斯贝尔斯提到的问题上来:"谁来审判,谁被审判?"②在 1945—1946 年,当时最受人们关注的是有关犯罪性的问题。但是到了 1961 年 5 月,在艾希曼接受审判的同时,雅斯贝尔斯在巴塞尔接受了电台采访。该采访内容后来又发表于《月

---

① 2009 年 12 月,英国以 2008—2009 年美国军队在加沙地区实施"铸铅行动"中犯下反人类罪为名对以色列外长利夫尼发出逮捕令,但随后又予以撤销。

② K. Jaspers, *La Culpabilié allemande*, op. cit., pp.52,71.

份》(Der Monat)杂志上,他承认:"对犹太人的犯罪也是反人道的罪行","正因为如此,只能由代表全人类的法庭对那些罪行做出判决"。①

雅斯贝尔斯的上述建议在当时很难实现,但他同时也指出以色列政府本来可以通过诉诸联合国推动上述法庭的建立。汉娜·阿伦特对建立这样一种法庭的机会被错过而感到遗憾,她说建立代表全人类的法庭的想法会引起"巨大的反响",它让全世界的人们认识到建议一个常设的国际刑事法院的必要性。② 这种在政治上是乌托邦式的想法,在他们看来是能够在法律上实现的。

半个世纪以后,国际刑事法院已经建立起来,国际刑事司法的乌托邦变成了现实,但是,谁来追诉和审判反人类罪这一问题的答案却变得模糊了。不论是国内或国际的刑事法庭,它们以人类名义做出的判决的有效性受到了严重质疑。

在国际层面上,对于1993年根据联合国安理会决议成立的前南斯拉夫国际刑事法庭,米洛舍维奇在他的审判程序一开始就提出了异议:"我认为法庭是错误的,指控本身也是错误的,没有任何正当性,它没有获得联合国大会的通过。因此,对于一个非法的审判活动而言,我没有必要委托法律顾问。[……]这个审判的任务就是对北约在南斯拉夫犯下的战争罪行进行虚伪的辩护。"③对于国际刑事法院而言,它是根据1998年7月召开的缔约国大会这种无懈可击的方式建立的,但是由于缺少世界性的警察力量,而且美国、中国这些主要大国拒绝批准法院的规约,使得它的实际影响受到限制。不过,国际刑事法院的建立能够以某种特殊的方式对国内法院产生某种积极的刺激。

---

① K. Jaspers, «Who Should Have Tried Eichmann? », *JICL*, 2006, pp. 853-858.
② H. Arendt, *Les Orgines du totalitarisme. Eichmann à Jérusalem*, op. cit., p. 1279.
③ 参见前南斯拉夫国际刑事法院,米洛舍维奇案,初审法庭关于先行例外问题的决定,2001年11月8日。

在国内层面上,1998年11月,英国法院对皮诺切特下达了逮捕令,这使得智利法院在此后能够对他进行审判。一年以后,英国通过法律明确了普遍管辖权的原则。① 从对卢旺达和刚果的政治首脑发出的逮捕令,到对阿里埃勒·沙龙、乔治·布什、柯林·鲍威尔、理查德·切尼,以及前军事将领施瓦兹科浦夫提出指控,似乎没有什么人能够逃避比利时法院的管辖。但是,在对阿里埃勒·沙龙和乔治·布什发出逮捕令以后,情况发生了消极的变化。由于美国威胁改变北约的总部地点和拒绝提供任何刑事司法合作(全面拒绝法案草案),比利时不得不对普遍管辖权的行使做出限制。

几年之后,地域管辖权的行使,例如伊拉克特别法庭对萨达姆·侯赛因的审判,也同样受到了批评。萨达姆的绞刑是在公众存在质疑的前提下公开实施的,对萨达姆的审判也被认为是受到某种操控,这使得独裁者在某些人心中变成了英雄。对萨达姆的审判的广泛非议表明了国际刑事审判的必要性。但是,人们还是有这样的疑虑,认为国际刑事审判远不能保障和平,而只能引起更大的混乱。

这里的挑战是将审判的无序转化为促使"人类良知"出现的契机,国际刑事法院规约就提出犯罪暴行"超乎想象并严重冲击人类良知"。为了以人道主义这个仍显得神秘的名义追诉和审判犯罪,国际和国内法院的法官们无疑应当联合起来形成不同文化间的司法共同体。

2.1 审判的无序

这里说的无序是因为从政治意义上说人类共同体刚刚出现,还尚未真正形成。尽管国家主权在某种意义上已经被超越,但是,普遍主义还需要按照马克·奥歇尔所说的"话语的"方式②,通过超越

---

① 2003年8月5日关于惩处严重违反国际人道主义法情形的法律,该法律废除了1993年的相关法律,将普遍管辖权限制适用于"对英国有约束力的、要求其追诉某些严重犯罪的国际条约法或习惯法规则"。参见 A. Bailleux, *La Compétence universelle au carrefour de la pyramide et du réseau. De l'expérience belge à l'exigence d'une justice pénale transnationale*, Bruylant, 2005。

② M. Osiel, *Juger les crimes de masse*, op. cit.

各种分歧和争议来建构。不过,这里的问题也是法律性的,因为人道本身是不可能被地方化,而刑法审判则首先是一种基于地域管辖权的审判。此外,纽伦堡法庭的建立,正是因为它所审判的不是地方化的罪行。虽然各种法庭的大量出现,会让受害人任意选择诉讼地点,同时"法官之间的冲突"①会导致不同正义观之间的对立,但是一定程度的"司法折衷主义"②对于导致司法无序的主要原因而言无疑是唯一的可能解决方案。

2.1.1 国内法庭的多样化

国内法院一方面缺乏审判大规模犯罪的能力,同时在审理本国政治首脑方面也会遇到种种困难,这使得它们并不适合审理反人道主义的罪行。为了解决问题,各国有的诉诸于接近受害者的地方法院,有的则相反,建立了超越国界和能够行使普遍管辖权的法院。

卢旺达曾经尝试诉诸于接近受害者的地方法院,在那里有数以千计的受害人,而人们估计那些实际参与种族灭绝的人数可能高达百万。法庭的初衷是重建和平并促成和解,因为卢旺达人除了重新生活在一起别无选择,除非能够在其他地方避难。但是罪行本身的严重程度对审判来讲也构成一种挑战:卢旺达国际刑事法庭的使命仅限于审判那些"主要的罪犯",国内一般或军事刑事法院也都没有办法去审判此类罪行。在这种情况下,如何审判犯罪人和听取那些幸存者的诉求?

只有借鉴卢旺达传统的 Gacaca 审判模式(Gacaca 其字面意思是"草上"审判,它让人们想到过去的决斗,双方在"草场上"解决他们的纷争)。诉诸接近受害者的地方法院有着多重含义:首先是审判在文化上接近受害者(他们能在集会的场合集体发言),其次在地理位置上接近受害者(法庭本身具有巡回的性质),同时也在社会意义上接近受害者(法官由公众从"正直的人"中选举产生,同时各社会团体也参与审理过程中的辩论)。

---

① M. Osiel, *Juger les crimes de masse*, op. cit., p.95.
② D. Luban, « A Theory of Crimes against Humanity », *Yale J. Int'l L.*, op. cit., p.86 sq, p.141 sq.

传统审判模式是否能被移植适用于审理上述罪行依然存在很大疑问。因为它审理的不再是简单的邻里纠纷,而是最高级别的罪行,这些罪行的定义依据的不是随意的地方惯例,而是参照国际公约规定了在卢旺达从来没有过的那些犯罪情形的国内法律。在2003年大概有两万名被关押的罪犯在招供之后被释放,但对犯罪后果的有效弥补并没有实现。因此,人们担心上述审判只是某种形式,甚至是某种隐蔽的赦免。

虽然实际参与审判的受害者比例很低,但人们似乎已经看到了某种改善的迹象。一些加拿大法学者于2006年在基加利进行了采访,其中一位卢旺达受访者总结到,Gacaca法庭虽然有很多困难,但它毕竟已经开始着手重建工作:"法庭打破了沉默的墙,而沉默的墙在各个地方都开始解体。这就像一座由扑克牌搭起来的城堡已经开始坍塌一样。"对于那些承认有罪的人而言,惩罚本身显得很轻,但是受访者认为不应低估羞耻的惩罚功能:"被告人的羞耻感是极为强烈的,因为在卢旺达灭绝种族首先是某种背叛……这有时表现为被告人无法接受他们的背叛行为被揭露的事实而自杀。"①

羞耻可能还存在于另一种情形之下,即与接近受害者的地方法庭不同,建立一种超越国界的、与犯罪地点、犯罪人和受害者的国籍均无关的法庭,由它对有关罪行实施"普遍"管辖权。该原则最初是为了打击那些难以当地化的海盗行为,从极端的意义上讲,该原则允许国内法庭的法官对外国人在外国针对外国人犯下的罪行实施管辖,只要那些罪行与全人类有关。

比利时在审理四个被控犯下反人类罪的卢旺达被告人时[所谓的"四个布塔尔人(Butare)"],曾经适用了上述原则并做出了相应的判决(2001年6月8日)。该判决受到很多非政府组织和一些欧洲媒体的赞赏,认为判决是勇敢的行为。但与此同时,上述判决也受到一些人的激烈批评,指出比利时在卢旺达爆发种族仇杀时持有

---

① 参见 A. Knussi, 转引自 M. Paradelle, H. Dumont, «L'emprunt à la culture, un atout dans le jugement du crime de génocide? Etudes de cas à partir des juridictions traditionnelles gacaca saisie du génocide des Tutsis du Rwanda», *Criminologie*, 2006, pp. 97-135.

的消极态度,他们把审判视为某种新的殖民行为,认为只不过是把士兵变成法官而已。国际法院在审理耶罗迪亚(Yerodia)案时,由刚果指定的法官也提出了上述批评意见,在该案中,争议的焦点是比利时预审法官对刚果外交部长发出的逮捕令。国际法院认为它仅限于对部长的豁免权问题做出裁判,但在普遍管辖权的问题上,法官们的意见发生了分歧。国际法院院长在他的个人意见中表示,如果世界上所有国家都获得了绝对的普遍管辖权,那么他担心会引起"最全面的管辖权混乱",导致"某些大国以国际社会的范围尚不明确之名采取武断的行为"。总之,"与一部分学说所主张的相反,上述改变并不意味着进步,而是法律的某种倒退"。相反,其他法官则提出了反对犯罪不受惩罚的主张。上述分歧无疑表明国际法院并没有抓住机会对普遍管辖权的问题做出决定,无论是绝对形式的普遍管辖权,还是那种要求犯罪嫌疑人位于一国领土的"有条件"的普遍管辖权。①

比利时通过一部 2003 年的立法先是将普遍管辖权加以限制,随后则将普遍管辖权基本上予以废止,这主要是因为政治而不是法律上的原因。尽管此后又有一些国家部分地接受了普遍管辖权,如西班牙、英国,以及对相关立法表现得更为谨慎的法国和德国,对普遍管辖权的批评意见仍然不少②;一些人认为普遍管辖权"具有预防犯罪和说服的潜力与效果";而持相反观点的人则将普遍管辖权,即便是有条件的普遍管辖权视为某种威胁,一种可以转化为"司法暴政"

---

① 参见国际法院,关于 2000 年 4 月 11 日逮捕令的案件(刚果民主共和国诉比利时),2002 年 2 月 14 日判决,国际法院汇编 2002 年,第 3 页及以下。另参见 B. Stern, « Vers une limitation de l'irresponsabilité souveraine des Etats et chefs d'Etat en cas de crime international? », in *La Promotion de la justice, des droits de l'homme et du règlement des conflits par le droit international. Liber Amicorum Lucius Caflish*, Martinus Nijhoff Pubishers, 2007, pp. 511-547. 以及 A. Cassese, « Peut-on poursuivre des hauts dirigeants des Etats pour des crimes internationaux? A propos de l'affaire *Congo c. Belgique* », *RSC*, 2002, pp. 479-499.

② I. Moulier, « Conclusion », in *La Compétence pénale universelle en droit international*, thèse doctorale, Université Paris I, 2006.

的选择性法律工具,或是批评它是具有"法律天使主义"特点的虚拟工具的诱饵。例如,法国有关国际刑事法院规约在国内立法中的适用的草案在内容上就非常具有局限性;在西班牙,尽管立法机关曾经对接受罗马规约持非常积极的立场,但现在也开始计划在国内立法上做出限制性的规定。

上述矛盾做法表明当前的国际社会正处于变动之中,在国家主权主义与普遍主义之间摇摆不定。在这种情况下,普遍管辖权可能对那些行使地域管辖权的国内法院的法官们产生某种激励作用,从而促使国内审判与国际审判之间实现互动。这种互动的前提是能够有效弥补国际司法审判的缺陷。

2.1.2 国际司法审判的缺陷

国际司法审判是一种没有强制力保障的司法审判:这显然是对国际刑事法庭和国际刑事法院的最主要批评。对于根据联合国安理会决议建立的国际刑事法庭而言,它的情形有所不同。对于前南斯拉夫地区的被告人,北约与前南斯拉夫国际刑事法庭的合作显得更具实效。尽管在军队行动方面最初曾表现出保守的姿态,但政治和法律的双重压力成功地促使北约改变了对逮捕犯罪嫌疑人的政策。[1] 不过,人们还记得在有关北约轰炸贝尔格莱德的案件中相关案宗被迅速归档的情形:检察官得到了一些非政府组织提供的信息,但是在建立了一个分析犯罪指控的委员会后,则建议该委员会尽快把案宗归档并停止相关的工作,其主要理由有两个:一方面是法律本身的规定不明确;更重要的是,对北约犯罪情形证据的收集几乎是不可能的,这是法庭的"软肋"。[2]

国际刑事法院的机制实质上仍旧建立在国家的良好意愿基础之上,它没有实施强制性手段,尽管罗马规约在序言里肯定了强化国际合作的必要性。在2003—2006年的行动报告中,检察官已经

---

[1] Han-Ru Zhou, «The Enforcement of Arrest Warrants by International Forces», *JICL*, 2006, p. 202-218.

[2] L. Côté, «Reflexions on the Exercise of Prosecutorial Discretion in Inernational Criminal Law», *JICL*, 2005, p. 179.

强调指出国际刑事法院面临的重要挑战之一就是"找到能够实施其逮捕令的方法",2009—2012 年的行动报告中则强调了"继续强化与各国开展合作"的必要性①,2010 年 6 月的坎帕拉会议也对上述问题提出了建议。当然,在刚果民主共和国招募儿童士兵的案件中,国际法院在移交托马斯·卢班加的问题上获得了成功,不过这是因为后者此前已经被羁押。相反,在达尔富尔案中,尽管联合国安理会在 2005 年就做出了逮捕的决议,但检察官曾认为他不受调查委员会制定的犯罪嫌疑人名单的约束,真正的追诉行动只是在两年后才启动。检察官最终获得了法院的同意,对苏丹总统奥马尔·巴希尔发出逮捕令②,该逮捕令的范围后来又被上诉法庭进一步扩大。③ 但是,实施这个逮捕在任国家元首的"历史性"决定,其困难性(甚至是不可能性)表明了国际刑法体系本身始终存在的缺陷。④

为了弥补上述缺陷,同时也为了顾及国内法院可能发挥的作用,一种"国际化"的刑事审判随即出现。这种审判本身存在于一国领土范围之内,具有地方化特征,这使得审判本身可以利用当地国的警察力量,但与此同时也与其他国家的法官相联系,因此又具有"国际化"的特点。不过,问题是这种混合的性质有时会产生新的不确定性。

2.1.3 "国际化"司法审判的不确定性

一些国际化的司法审判目前正在进行(如柬埔寨、科索沃、塞拉利昂、东帝汶和黎巴嫩)。⑤ 国际化的刑事审判法庭反映了联合国与

---

① 参见国际刑事法院,检察官办公室,《关于追诉犯罪的策略》,2010 年 2 月 1 日。
② 参见国际刑事法院,巴希尔案,第一预审法庭,关于针对奥马尔·巴希尔发布逮捕令的指控请求的决定,2009 年 3 月 4 日。
③ 参见国际刑事法庭,巴希尔案,上诉法庭,关于检察官提起上诉的判决,2010 年 2 月 3 日。
④ M. Delmas-Marty, *Libertés et sûreté dans un monde dangereux*, op. cit., p. 206 *sq.*
⑤ M. Delmas-Marty, *Les Forces imaginantes du droit I. Le Relatif et l'Universel*, Seuil, 2004, pp. 213-215. 关于黎巴嫩特别法庭,参见«Symposium», *JICL*, 2007, p. 1061 *sq.*

相关国家之间的力量对比关系,建立这类法庭的协议文件象征着双方保持各自的自主性。① 但是,不同法庭的规章之间存在很大差异,有些表现为自愿达成的协议(柬埔寨和塞拉利昂),有些则是强加给托管领土的(科索沃和东帝汶),其共同点是在罪行发生地进行审判(这是一种既具有地方性又具有混合性的审判,具有国内法与国际法相互交叉的特点),如果说现在对上述法庭的活动做出总结还为时过早的话,那么至少可以指出由上述混合性特点所产生的不确定性,这表现在法庭的组成以及法庭所适用的规范上。②

在这些混合法庭的组成上,"国际"法官与国内法官共同审理案件,被认为能够强化法庭的独立性和公正性,但是根据不同的力量对比关系,不同法庭中法官构成的均衡性也不同,有的法庭中国际法官会多一些(关于建立塞拉利昂特别法庭的协议),有的则是国内法官多一些(建立柬埔寨特别法庭的协议)。③ 对于后者而言,它赋予国内法官压倒性多数的权力(2/3 或 3/4 的决定权),同时规定任何决定必须至少有一位国际法官的同意才能通过。此外,在起诉和预审阶段检察官和法官人数平均分配(两位检察官、两位法官),当出现分歧时,由预审法庭来处理(该法庭由三位国内法官和两位国际法官组成)。不过,当该预审法庭无法达成多数意见时,预审法官和检察官的程序照常进行不受影响:这主要是指下面这种假设,即国际法官一方做出了允许进行某种程序的一致建议,而国内法官却表示反对。2010 年 9 月 15 日,两位预审法官终于做出了调查结束

---

① J.-M. Sorel, « Introduction », in H. Ascensio, E. Lambert Abdelgawad et J.-M. Sorel (dir.), *Les Juridictions pénales internationalisées* (*Cambodge*, *Kosovo*, *Sierra Leone*, *Timor-Leste*), SLC, 2006, p. 12.

② 关于每个法庭的特点,参见 E. Cimiotta, *I Tribunali penali misti*, Padoue, 2009。

③ G. Poisonnier, « La mise en place des chambres extraordinaires au sein des tribunaux cambodgiens », *RSC*, 2007, p. 235 *sq*; D. Boyle, *Les Nations unies et le Cambodge*, *1979-2003. Autodétermination*, *démocratie*, *justice internationale*, thèse doctorale, Université Paris I, 2004;另参见下列研讨会的发言记录 « Cambodian Extraordinary Chambers-Justice at Long Last? », *JICL*, 2006, p. 283 *sq*.

的决定,将案件提交给法庭审理。

特别法庭在适用的法律上也具有混合性的特点,它是国内法与国际法相互融合的产物,但不同的法庭又有自己的特殊之处。例如,在塞拉利昂特别法庭,建立该法庭的协议考虑到当地的情况,在特定条件下允许15岁到18岁的儿童士兵承担刑事责任。在柬埔寨特别法庭,国际法的比重很高,它涉及对犯罪与相应刑罚的界定(第9、10条)、赦免和其他宽大措施的实施(第11条),以及被告人的权利(第13条)。不过,该法庭的诉讼程序则是受到法国纠问式诉讼(1958年刑法典之前)影响的国内程序法与国际刑事法庭及国际刑事法院诉讼程序的相互结合,但其具体实施仍旧存在困难。

相对于上述困难而言,非地方化的刑事审判似乎能够产生更令人满意的效果,至少当这种审判适用国内法时是这样。这一情形出现在对哈布雷的审判上,被告人在塞内加尔被逮捕,他被指控在领导乍得政府期间犯下多种国际罪行(战争罪、反人类罪、灭绝种族和酷刑行为)。塞内加尔曾在2001年以在国内法上缺乏法律依据为由拒绝在当地起诉哈布雷,此后于2005年将其引渡到比利时,因为后者根据本国关于普遍管辖权的法律向哈布雷发出了逮捕令,但塞内加尔最终在2007年根据非盟的请求通过了一部关于普遍管辖权的法律,这部法律要求以"非洲的名义"由塞内加尔法院对独裁者实施审判。①

去地方化也可以与国际化的审判相结合。例如,利比里亚前总统查尔斯·泰勒就曾被提交给塞拉利昂特别法庭,此后于2006年6

---

① 不过,由于财政经费的原因,塞内加尔还没有组织对哈布雷的审判;比利时则因此请求国际法院向塞内加尔发出或审判或引渡的命令,同时还要求法院采取保护性措施以防止哈布雷在做出实质决定前逃离塞内加尔。2009年4月8日,塞内加尔向国际法院"郑重"表示在其领土内对乍得前独裁者采取限制措施,直至法院做出实质决定。在塞内加尔发表上述声明之后,国际法院也做出决定,指出"法院所面临的情形并不具有要求法院行使采取保护性措施权力的性质"。参见国际法院,关于起诉或引渡义务问题的案件(比利时诉塞内加尔),2009年5月28日决定。

月被移交到海牙(根据联合国安理会的决议),原因是对他的审判可能会影响当地的稳定。由此,特别法庭将其原先的坐落地点从安全条件较差的弗里敦迁至海牙。

虽然普遍管辖权本身并不能解决一切问题,但我们看到,国际法院前院长纪尧姆法官在耶罗迪亚案中当涉及普遍管辖权时,曾在其个人意见中提出"管辖权的混乱"这一说法实际上体现了不同形式的管辖权,因为每种管辖权都有其多样性。审判的无序已经存在于各种国内和国际司法活动中,这就是所谓"选择方便法院"(forum shopping)的情形,在法语上则称为"你争我抢的混战"(foire d'empoigne)。因此,对于审判的无序,还需要分析它是否有可能被转化为一种跨文化的真正意义的司法审判共同体。

2.2 迈向跨文化的司法共同体?

在关于普遍管辖权的国际公约达成之前,出现了许多在国家层面解决管辖权冲突的具体建议,其做法有的是根据个案情形分别处理,有的是将普遍管辖权限制为一种辅助性的管辖权来适用。但是,这里存在的主要困难还是要处理国内审判与国际审判之间的互动关系,同时,对"正义的利益"①这一概念做出界定。

2.2.1 协调国内审判与国际审判之间的互动关系

人们最初认为国际审判机构具有优于国内法院的地位,这已经被规定在较早的那些临时性国际刑事法庭的规约之中。这种认识似乎显得过于简单,因为在后来的罗马规约的谈判过程中,许多国家的反对导致规约将国际审判的优先性修改为补充性。按照罗马规约第17条,只有当有关国家不愿或不能开展调查或起诉的情形下,国际刑事法院才能行使管辖权。不过,这一做法实际上明确了国际审判机构的管辖权相对于国内法院而言具有辅助性,它后来在国际刑事法庭法官们的推动下,也被扩展适用于国际刑事法庭。

---

① "正义的利益"在罗马规约第53条中的表述是"serve the interests of justice",中文也被译为"有助于实现公正"。——译者注

这表明,补充性原则不仅仅具有维护国家主权的政治优势;它在实践中带来的好处则是避免了国际审判机构承受大量案件的负担。此外,也许还得承认补充性原则具有某种伦理意义,这是指从优先性向补充性的改变,然后再从补充性向相互和谐的过渡,能够最终促成一个跨文化司法共同体的出现。

国际刑事法庭在管辖权上发生的从优先性到补充性的改变特别值得关注。在适用国际审判的优先性原则时,有关程序和证据的规定都曾要求国内法院放弃对相关案件的审理。从1997年起,则形成了一个向国内法院移交案件的相反机制,它首先是在前南斯拉夫,然后是在卢旺达出现,其目的是减轻法庭对于那些不太严重的案件的审理负担。1997年的程序和证据法规只是指出,当检察官认为"考虑到实际情况移交案件可能更为有利时"就可以把案件移交给国内法院,逮捕实施地的国内法院可以对案件实施审理(假如它被要求对被告人提起诉讼)。2002年的程序和证据法规更明确地增加了关于罪行严重程度标准和被告人级别地位的规定,同时允许法官依职权实施案件移交。

此后出现了大量案件移交的情形,同时也反映出案件究竟是在国内或国际层面审理才能使审判显得更加公正这一问题的困难性。我们已经看到,有一部分被告人更希望受到国际审判。例如在Todović案中,被告人坚称自己的罪行很严重(难以计数的谋杀、酷刑折磨、放逐和强制迁移人口),同时指出自己享有很高的地位级别,目的是避免自己的案件被移交给国内法院。被告人上述做法的理由似乎是担心在本国遭受不人道和侮辱性的关押以及酷刑折磨,但他的主张最终被法庭驳回,判定案件照常进行,原因是被告人的担心没有任何具体根据,而只是他本人的多虑。上述被告人主动夸大自己罪行严重程度的反常情形表明,目前的司法审判的无序还不能像国内法院关于管辖冲突的做法那样,仅仅通过设定划分管辖权的形式标准来得以解决。它表明了国内审判与国际审判之间相互协调的必要性,这虽然不是要确保国内审判与国际审判完全统一,但至少能够保证国内审判的规则与实践同国际刑法和国际人权法的要求保持一致。

从补充性到相互协调,国内审判与国际审判之间的联系开始显现出来。不论是国际刑事法庭还是国际刑事法院,检察官和法官都参与了相关的培训计划以及文件和专业技能的移交,国际审判机构的检察官向各国派遣观察员以监督程序的正当性和关押条件是否适当,这使得他们能够对国内法院审理案件的能力做出评估。在程序之外,有关刑罚本身的问题也具有决定性。正因为如此,卢旺达已经废除了死刑,使得那些不太严重的案件能够被移交给卢旺达国内法院审理,这就可以避免出现并不严重的罪行被判处最严重刑罚的不合理情形。

相比之下,国际刑事法院规约虽然为缔约国规定了与法院开展合作的义务,但是,规约并没有直接要求各缔约国调整本国国内法以使它们能够自己审理某些案件。但是,补充性原则被认为是某种"具有相互和谐效果的工具"[1],它能够对那些顾及本国司法自主性的国家发挥某种间接的激励作用,促使那些国家将规约的规定移植到本国国内法中去。例如,苏丹就是为了避免国际刑事法院对某些案件行使管辖权,而建立了专门审理诸如在达尔富尔地区犯下的罪行的特别法庭。

在那些被战火蹂躏的国家,全部法律和审判机关都需要重建。这就意味着,艾曼努尔拉·弗伦莎(Emanuela Fronza)在各国国内法接受罗马规约这个问题上所做的分类是有意义的[2],爱尔兰高威人

---

[1] E. Fronza, E. Malarino, « L'effet harmonisateur du statut de la Cour pénale internationle », in M. Delmas-Marty, M. Pieth, U. Sieber (dir.), *Les Chemins de l'harmonisation pénale. Harmonising Criminal Law*, SLC, 2009, p. 65 sq.

[2] E. Fronza, « La réception des crimes contre l'humanité en droit interne », in M. Delmas-Marty, I. Fouchard, E. Fronza et L. Neyret, *Le crime contre l'humanité*, op. cit., p. 57 sq.

权中心制定的关于国内立法的示范法也是有用的。① 通过超越文化的多样性,加强国内刑法与国际法规范的相符性,将有助于在尊重各国差异性的基础上实现法律的相互和谐。

在这方面,我们再次发现法律统一化与将法律相互和谐这两种做法之间的区别:前者的目的是统一各国的法律,而后者则为各国在立法上保留了自由评判的余地。值得期待的是,国际刑事法院为各国在实施国际法规范方面也留下自由评判的余地。我们注意到,自由评判的余地是由欧洲人权法院创造出来的概念,它的目的是为各国在保护国家公共秩序方面保留一定程度的自主性。但是,在国际刑法的框架下,国家自由评判的余地将发挥相反的功能,它不是以公共秩序的名义限制人权,而是在情况需要时通过适用更加具有保障性的国内法律规定强化人权的保障(如辩护权、细化治罪的规定等等)。例如,德国在将国际刑事法院规约引入本国国际刑事法典(2002年)的时候,也将本国宪法的相关原则纳入到该立法中去。②

国家自由评判的余地,以及对刑事审判替代形式的认可,是否有助于将多样性扩展于其他文化? 这里的危险显然是以调整适应的名义导致国际刑法的重新国内化。由此,有必要预先明确一个可利用的法律解释机制,而不是让国际刑事法院在各案中分别根据情况来处理由国家自由评判余地引起的问题。③ 这种做法虽然不是要确立国际刑事法院在审理犯罪方面优先于各国国内法院的地位,但至少能够确保国际刑事法院在控制法律规范的实施方面具有显著优越的地位,从而对什么是"正义的利益"做出更好的判定。④

---

① A. Eser, U. Sieber, H. Kreicker (dir.), *National Prosecution of International Crimes*, Max-Planck-Institut, 2005; D. O'Connor, C. Raush (dir.), *Model Codes for Post-Conflict Criminal Justice*, Washington D. C., 2007.

② S. Manacorda et G. Werle, «L'adaptation des systèmes nationaux au statut de Rome», *RSC*, 2003, p. 501 sq.

③ M. Delmas-Marty, A. Cassese (dir.), *Crimes internationaux et juridictions internationales*, op. cit., p. 656.

④ G. Giudicelli-Delage, «Poursuivre et juger selon 'les intérêts de la justice'», *RSC*, 2007, p. 473 sq.

2.2.2 如何界定"正义的利益"

国际审判将和平与反对犯罪不受惩罚联系在一起。各个国际刑事法庭和国际刑事法院的规约中均表明了上述宗旨,联合国安理会在2006年的一份决议(1674号)中再次重申了上述宗旨所具有的劝导功能:"陷入冲突的社会或正摆脱冲突的社会如要正视过去虐待受武装冲突影响的平民的行为,并防止今后发生这种行为,就必须杜绝有罪不罚现象。"

可是,上述决议并没有指出如何"杜绝有罪不罚"。它只是提出"可考虑采用的各种司法与和解机制,其中包括国家、国际和'混合组成的'刑事法院和法庭及真相与和解委员会",并指出上述机制"不仅可以突出个人对严重罪行的责任,而且可以促进和平、揭露真相、进行和解及保护受害人的权利。"

然而,上述各项宗旨之间并不一定是相互重叠的:对犯罪的起诉可能打断和解的过程,非当地化则根据具体情况可能有助或无助于澄清真相,被害人的权利有时可以通过赔偿而不是惩罚犯罪人而获得更好的保障。为了让上述各种宗旨相互和谐,无疑应当切断审判前的准备阶段与审判本身之间的联系。

在审判前的准备阶段,应当由国际刑事法院的检察官来判断开展调查的合法性和适当性问题,当然这种判断要接受法官的控制,然后才根据"正义的利益"决定对犯罪进行追诉或者是放弃追诉。"正义的利益"这一说法针对"所有相关的情形,包括罪行的严重程度,受害人的利益,犯罪嫌疑人的年龄或缺陷,以及他在犯罪中扮演的角色",应当通过参考起诉犯罪的正当性和有效性的标准来对它做出解释,同时还要考虑到体现具体国内情形的犯罪时间与地点,这样才能让普遍主义与文化多样性保持和谐。①

时间因素在考虑正义与和平的关系时是至关重要的。在选择国

---

① M. Delmas-Marty, *Les Forces imaginaires du droit II. Le Pluralisme ordonné*, Seuil, 2006, pp. 183-185; id., « La CPI et les interactions entre droit international pénal et droit pénal interne à la phase d'ouverture du procès pénale », *RSC*, 2005, p. 473 *sq*.

内审判或国际审判时,要根据冲突正在进行还是已经结束而有所不同:柬埔寨对红色高棉的审判是在犯罪情形已经发生的三十年之后,而在苏丹,由于缺乏相应的执行手段,持续进行的冲突使国际调查难以进行,由国内法院或混合性法庭来审理有关罪行几乎是不可能的。

在地点的问题上,应当考虑起诉犯罪对当地情况的影响,或者审判替代手段的传统形式,因而关于地点的分析具有复杂性。国际刑事法院的检察官曾经在乌干达和海牙组织了若干次与犯罪受害者和证人的会面,这些人包括宗教、政治和部落首领,同时,会面还有国内和国际组织的参与(包括政府和非政府组织),其目的就是为了更好地理解在那些严重分裂的社会里受害人究竟有什么样的利益。直到 2007 年,检察官依旧坚持将由法院实施刑事审判与由联合国安理会负责保障的和平与安全问题相关的更广泛的利益区分开来。①

需要指出的是,国际审判的启动并不排除将有关案件提交给国内法院来审理,尽管国际刑事法院规约并没有明确规定将被告人移交国内法院审理的具体条件,而且,目前临时性国际刑事法庭的检察官和法官已经在实践中那样做了。对于究竟在哪个层面上重建,或者更恰当地说,如何建立一个人们期待中的世界秩序的问题,答案无疑存在于不同层面的某种相互混合之中。这种混合根据犯罪嫌疑人和程序阶段的不同而有可能发生变化,但可以肯定的是,这种混合能够促进遵守国际法的国内审判与接纳各国特殊性的国际审判之间的互动关系。不论是上述哪一种情况,审判本身都应当明确惩罚的宗旨。

3. 惩罚、赔偿与和解

任何"刑事"审判的宗旨都是刑罚。但是,在这个显而易见的道

---

① 参见国际刑事法院检察官办公室,《正义的利益(The Interests of Justice)》,2007 年;另参见 J. A. Goldston, « More Candour about Criteria: The Exercise of Discretion by the Prosecutor of the ICC », *JICL*, 2010, pp. 383-406.

理背后隐藏着我们对基本禁止规定进行思考时的盲点。① 人们似乎已经完全接受了触犯禁止规定就要接受惩罚的认识,但保罗·利科却毫不犹豫地将刑罚视为"认识上的荒谬"。惩罚是某种荒谬,因为它在受害人的痛苦之外增加被告人的痛苦,而这恰恰是它存在的理由。同时,刑罚也是"认识"上的荒谬,因为它的逻辑是用刑罚的暴力去代替犯罪的暴力,所以它与将审判相对于复仇而言加以理性化的各种努力背道而驰。利科认为,对于那些把刑罚放在一个将法律视为核心的思想体系中加以正当化的各种论点,"理性发生了失误"。利科完全不同意"康德的严格主义",在他看来那是"对人类的一种非人道的敬意"。同时,在他看来,黑格尔所坚持的辩证观(犯罪是对社会契约的破坏,刑罚作为否定之否定被认为能够重建社会契约和恢复秩序)是"精神的贫困"。利科认为,以人类名义做出的审判,其使命是将对罪行的判决转化为避免罪行重现的诺言,他同时建议应当把审判的报应功能置于它所具有的"重建"功能之下。

利科关于刑罚的思考,体现在他题为"在非暴力的正义之前是暴力的正义"②这一文章中。该文后来被发表在有关南非根据1993年临时宪法实施的"真相与和解"过程的一书中,该书的后记表达出"超越分裂与历史斗争"的愿望,所有这些都不是偶然的。种族隔离导致了"对人道原则的践踏"并由此产生出"愤怒、恐惧、罪恶与复仇的遗产",对于由种族隔离引起的暴力,南非新政府的领导人给出的回答是首先应当在民族共同体内实现和平。这里或许可以发现前面提到的话语式的连带关系,但是,从在个人联系基础上建立起的人道这一角度出发,南非宪法将这种话语式的连带关系与"理解而

---

① M. van de Kerchove, *Sens et non-sens de la peine. Entre mythe et mystification*, Facultés universitaires Saint-Louis, 2010; I. Delpla, M. Bessone (dir.), *Peines de guerre. La justice pénale internationale et l'ex-Yougoslavie*, Editions de l'EHESS, 2010.

② P. Ricoeur, « Avant la justice non violente, la justice violente », *Le Genre humaine*, n° 43, « Vérité, réconciliation, réparation » (B. Cassin, O. Cayla et Ph. - J. Salazar [dir.]), 2004, pp. 159-172; *id.*, *La Mémoire, l'Histoire, l'Oubli*, op. cit., p. 420.

不是复仇[……],赔偿而不是报复,乌班图(ubuntu)①而不是伤害的需要"联系在一起。

"真相与和解"委员会产生于20世纪70年代的拉丁美洲,目前大概有30个,它们或者是官方刑事审判制裁的替代,或者是其补充。② 在南非,它所采取的模式是放低惩罚并代之以和解与重建,从而意味着某种新型赦免的出现,这种赦免并不是遗忘的代名词,它只是减轻了对过去的记忆。以上实践所反映出的多样性使从禁止非人道的角度出发,找到下面这些问题的答案变得更加困难:如何能够以在空间上不确定和在时间上不断变化的人类共同体的名义,对那些违反共同禁止规定的行为做出惩罚或宽恕的决定?

惩罚或宽恕的讨论在这里表现出某种戏剧化的效果。对犯罪的制裁要跨越刑事审判的不同空间,可能涉及国内、国际或国际化的审判,在判决和宽恕的时间维度中穿梭,最终承担起在民族—国家层面重建共同体的联系以及在世界范围内建立共同体联系的双重使命,这就使得对犯罪的制裁过程变成某种真实的、奥德赛式的探险活动。

3.1 司法空间的跨越

在这方面最大的创新是将惩罚置于国际背景之下:惩罚的权利即便还不是由一个世界共同体来行使,但至少已经是由国际社会来行使的,惩罚的权利不再被国家所垄断。对于如何恢复犯罪造成的后果的问题,答案是不断变化的:尽管在国际层面上(国际军事法庭、国际刑事法庭)还没有明确受害人的地位,但是,受害人可以通过国内法院的法官,以及通常借助于普遍管辖权,能够尝试地获得赔偿。国际刑事法院规约将赔偿问题提到国际层面,规定了可以做出有利于受害人的决定(罗马规约第75条,法国提出了该条的建议但曾引起争议,最终由于英国的支持而获得通过),并由此建立起相应的赔偿基金(罗马规约第79条)。相反,和解在大多数情况下还

---

① 乌班图被视为南非的民族观念,意指"我的存在是因为大家的存在"或者"人道待人"。——译者注

② 参见联合国文件,S/2004/616,《冲突中和冲突后的社会过渡时期重建法治和司法管理》,秘书长报告,2004年8月3日。

仅限于各国国内委员会的实践。

3.1.1 惩罚

将惩罚置于国际层面,而国际审判机构的角色却仅限于对刑罚做出宣示性的判决,这难道不是一种陷阱吗？国际审判机构实际上并没有能力去执行自己的判决,因此它必须依赖于各国的良好意愿,后者在很大程度上对正在执行的判决能够行使相当大的变通权力。即便是国际刑事法院,它也应当"表现出一定程度的果断和大胆,以应对各国以滥用的方式将刑罚执行机制重新国内化产生的压力"。①

单从刑罚的执行上看,国际刑事法庭前十年的运转情况表明了在国际刑事法庭做出的判决数量（前南斯拉夫国际刑事法庭做出大约50个判决,卢旺达国际刑事法庭做出了20多个判决,对后者而言,存在着大概70万受害者和12万被关押在地方监狱的犯罪嫌疑人）与它们所耗费的全部年度预算总和之间存在明显的比例失当。实际上,国际刑事法庭的预算高出2.5亿美元,它已经占到联合国全部正常预算的15%。②

人们不禁提出这样的疑问：成本高昂并引起广泛关注的国际刑事审判怎么会在处于形成之中的世界共同体内上演一场赎罪式的牺牲仪式呢？无疑,审判的功能之一就是将审判场景加以戏剧化："正义不仅应当被实现,而且正义的实现还应当被人们见证（Justice must not only be done, but also seen to be done）"（英语上的这一谚语也被欧洲人权公约采纳）。为了评价"戏剧化审判的影响",有人建议应当考虑到所谓的"台球原则"：打台球的人瞄准第一个球是为了

---

① E. Lambert Abdelgawad, «L'emprisonnement des personnes condamnées par les juridictions pénales internationales, les conditions relatives à l'aménagement des peines», *RSC*, 2003, pp. 162-171; *id.*, «L'exécution des peines d'emprisonnement prononcées par les juridictions pénales internationales», in *Mélanges en l'honneur de G. Cohen-Jonathan. Libertés, justice, tolérance*, Bruylant, 2004, pp. 1083-1107.

② 参见联合国文件,S/2004/616,同前引联合国秘书长的报告。

撞击第二个球,后者才是他真正的目标。①

前南斯拉夫国际刑事法庭可能就属于这种情形:它的第一个目标是针对前南斯拉夫境内的罪行,而它更公开的目标则是针对整个西方。从这一点来看,前南斯拉夫国际刑事法庭"在西方人的观念中获得了巨大的成功"。前南斯拉夫法庭通过扮演"反对犯罪不受惩罚和国际体系司法化这一进程的开拓者"的角色,有力地推动了后来很多国际法庭(卢旺达国际刑事法庭、国际刑事法院)和国际化法庭的建立,以及借助于普遍管辖权发展的国内法官的世界化。

但不应忘记的是,我们现在仅处于转型初期,这个转型过程无疑需要几十年才能完全实现。因此,尽管目前国际审判做出的判决数量还很有限,但还是应当避免把它的影响局限于类似台球的游戏上。为了回到有关惩罚的标准这个更为经典的问题上来(也就是说惩罚究竟是为了报应,还是为了预防),还需要分析刑罚在形式和实质意义上的性质与适用条件,这决定着刑罚的具体实施。

刑罚的核心是监禁(无期或有期徒刑),此外还有附属的罚金与没收财产,后者可以用来构成对受害人的赔偿基金。人们可能并不真的对死刑的消失感到遗憾,这是后纽伦堡时代由于受到国际人权法的影响出现的重要变化。它的出现早于废除死刑的运动,该运动在国内法层面上目前还没有完成。② 但是,刑罚个体化的原则还远未实现,而它是法治原则的一部分。③

从临时性国际刑事法庭到国际刑事法院,刑罚的性质并没有改变,唯一不同的是刑罚不再与国内法保持联系,而前南斯拉夫国际刑事法庭的规约则在刑罚问题上指向了前南斯拉夫的法律与实践。不过,国际刑事法院规约中存在着所谓刑事诉讼的"顿挫",它把关

---

① P. Harzan, « Mesurer l'impact des politiques de châtiment et de pardon: plaidoyer pour l'évaluation de la justice transitionnelle », *RICR*, 2006, pp. 343-365.

② L. Arroyo, O. Biglino, W. Schabas (dir.), *Hacia la abolición de la pena capital*, Tirant lo blanche, 2010.

③ P. Poncela, « Mesure et motivation de la peine des jugements du TPIY », *in* M. Henwelin et R. Roth (dir.), *Le Droit pénal à l'épreuve de l'internationalisation*, Bruylant, 2002, pp. 325-335.

于有罪的判决与关于刑罚的听证区分开来(第76条,该条受到普通法的影响)。但是,这种做法的理由并不明确,这一条款并没有规定有关刑罚的指导性原则(sentencing guide lines),而只是提到"对例如有关犯罪严重程度和被告人个人情况等因素的考虑"(第78条,该条被程序和证据法规第145条进一步补充完善,后者列举了一系列任意性的"加重"和"减轻"情节)。因此,应当由法官来进一步明确他们在决定刑罚上的政策。

但是,通过对有关判例的分析,人们会对国际审判机构的法官们关于刑罚功能的认识产生疑惑。例如,在Delalić案中,前南斯拉夫国际刑事法庭先是详细地解释了法庭在决定刑罚上的政策导向,然后明确地指出:"惩罚的理论也是关于复仇的原始理论的化身,它促使初审法庭做出严厉的决定以抚平对受害人的伤害。联合国安理会以促成当事人之间的和解为目标。这也是戴顿和平协议的基础,根据该协议,波黑境内的冲突各方对和平共存达成一致意见。因此,将惩罚作为刑罚的唯一基础将是不利于上述目标实现的,也与安理会在前南斯拉夫重建和维持和平的目标背道而驰"。前南斯拉夫国际刑事法庭进一步得出如下结论:"惩罚本身并不是正义的保障。"在前南斯拉夫国际刑事法庭的法官们看来,刑事司法的首要目标是保护社会免受犯罪人的伤害:"保护的政策依赖于犯罪的性质和被告人的行为。保护社会免受犯罪人敌意和侵犯行为通常会要求对犯罪人处以较长的监禁。当犯罪人对社会表现出危险性时,上述考虑就是一个重要的因素。"[1]

为了保护社会,从对犯罪人的惩罚到将其遏制,这一变化本身并不是没有任何意义的:尽管前南斯拉夫法庭自己并没有对此做出解释,但并不能按照相同的标准来衡量已经过去的犯罪行为的严重程度(例如,可以将灭绝种族的意图与谋杀的意图相比较)与现在或将来的危险性。前南斯拉夫法庭认为:"打消犯罪的意图可能是在

---

[1] 参见前南斯拉夫国际刑事法庭,Delalić案,初审法庭判决,1998年11月16日,第1231—1232段。

做出判决时的主要考虑因素。"刑罚不仅应当"抑制被告人再犯的任何想法",而且还应当"说服任何与被告人处于类似情形的人不去犯下相似的罪行"。因此,正是以这种预防/遏制的宗旨为名,法庭才做出适当的监禁决定:"即使是长期的监禁也不是理想的解决方案,它在某些情况下对于确保维护该地区的稳定是必要的;对政治首脑和高级军队首领的判决表明,他们不能在不受惩罚的前提下继续忽视国际社会的命令与意图。"①

对于惩罚的问题,其他国际法庭的法官则强调指出"惩罚并不是满足复仇的欲望,而是表达国际社会对罪行的恐惧感受应该做出的反应"。② 对此,批评意见指出,保护社会和将犯罪人限制在不再做出伤害行为的状态之中的必要性会导致对犯罪人"判处更加长的监禁以使他'隔离于'社会,因为人们认为,罪犯犯下的罪行表明了他本身的危险性"。换句话说,被告人"是以预防的方式被关押起来",这是因为他将会犯罪而不是已经犯下罪行。

此外需要指出的是,在大多数案件中,被告人都只是第一次犯下国际罪行,而且保护社会的必要性"既不公平也不合理",这是因为:"就其性质本身而言,对国际人道主义法的违反只能存在于特殊的情形之下,而这种特殊的情形也许并不会出现在那些犯罪人于释放后最终还将回归的社会中。"③

不同判决对刑罚的规定存在着很大的差异,这就使重新审理上诉的可能性变为必要性。它会促使上诉法庭进一步明确罪行严重程度的判断标准,从而使不同判决之间表现出一定的连贯性,使比例适当性原则得到实施。从连贯性上讲,仅仅局限于有关刑罚的基

---

① 参见前南斯拉夫国际刑事法庭,Delalić 案,初审法庭判决,1998 年 11 月 16 日,第 1234 段。
② 参见前南斯拉夫国际刑事法庭,Aleksovski 案,上诉法庭判决,2000 年 3 月 24 日,第 185 段,该段被初审法庭在 Kunarać et al. 案中援引,2001 年 2 月 22 日判决,第 841 段。
③ 参见前南斯拉夫国际刑事法庭,Kunarać et al. 案,初审法庭判决,2001 年 2 月 22 日,第 843 段。

础与功能的单一性认识显然是不现实的;至少应当把刑罚的基础与功能的不同认识相结合,这样才能避免法官在根据不同情况偏重于其中某一种认识上的武断性。①

不过,对于那些超越了人类活动通常领域的"极端"罪行而言,比例适当性原则是否有其存在的意义?汉娜·阿伦特曾在1958年提出了这一问题,并在1961年艾希曼的审判中做出了肯定性的回答:尽管在反人类罪的观念中存在着"无可惩罚"的内容,但是,人们还是可以尝试通过惩罚将受害者和刽子手人道化。但条件是,不能以保护人权的名义使"刑法的过分投入"合理化,这是指通过改变历史,以保护为由实际上弱化了人权。一些刑法学家提出,这是否意味着国内空间与国际空间之间存在着某种"文化差异"②,或者反过来说,是否意味着打击犯罪的战争这种范式进入到国际刑法的空间?

上面的问题同样也存在于恢复与和解问题上,因而显得更加迫切:人们是否能够将那些无法恢复的事物加以恢复,把不可宽恕的予以宽恕呢?

3.1.2 恢复与和解

在法国及其周边几个国家,如比利时和西班牙,我们已经习惯了受害人(作为"民事主体一方")参与到刑事诉讼中来,同时,赋予刑事审判的法官做出刑罚和赔偿措施的判决,但是,这一立法构思在相当长的时间内被包括普通法系国家在内的大多数国家立法所反对。这些国家将两种不同性质的处罚区分开来,将有关赔偿的诉讼交由民事审判的法官来处理。因此,不会令人感到意外的是,国际军事法庭和国际刑事法庭都没有民事赔偿的管辖权,因而受害人只能向国内法院提出诉讼来获得对其所遭受损害的赔偿。

---

① M. van de Kerchove, *Sens et non-sens de la peine*, op. cit., p.544.

② M. Henzelin, «Droit international pénal et droits pénaux étatiques, le choc de cultures», in M. Henzelin, R. Roth (dir.), *Le Droit pénal à l'épreuve de l'internationaliation*, op. cit., pp.69-118.

不过,有若干因素使得上述做法发生了改变。一方面,普遍管辖权在刑事审判(如比利时、西班牙、法国、塞内加尔、柬埔寨)和民事审判(如美国)中取得进展,表明了受害人以及保护受害人的民间协会在促使诉讼程序开展和证据收集上发挥的重要功能。① 我们知道,比利时在普遍管辖权的问题上最终做出了让步,美国在对南非适用外国人侵权诉讼法案(Alien Tort Claims Act)时也表现出谨慎态度,担心针对那些参与种族隔离的企业提出的集团诉讼一旦被受理可能引起的连锁政治反应。② 以受害者的名义提出上述问题,相关的实践能够引起人们在观念上的重视,并有可能通过区域性人权法院强化受害者权利的保障,特别是美洲人权法院,它在建立新的、有时是具有象征意义的赔偿方案上很有创造力。③

还应当指出的是近年来关于"历史罪行"引起的赔偿问题,例如包括对大屠杀受害者保存在瑞士银行中冻结资金的返还,以"慰安妇"名义对日本政府提出的赔偿,以及更广范围内对奴隶行为造成损害的赔偿等等。尽管那些"有关人道"而不是"反人类"的罪行引起的赔偿仅仅涉及国家而不是个人,但有关人道的罪行和反人类的罪行所引起的赔偿实践之间的互补性是"严重违反国际人权法和严重违反国际人道主义法行为受害人获得补救和赔偿的权利基本原则和指引"(巴西奥尼报告)的核心,该报告于1999年被提交给联合国国际法委员会并在2005年获得通过。

正是如此,国际刑事法庭规约中没有规定的"有利于受害者的赔偿",尽管受到强烈的反对,最终还是被国际刑事法院规约所接受,同时国际刑事法院证据和程序规则专门规定了对受害者的赔偿

---

① M. Delmas-Marty, *La Refondation des pouvoirs*, op. cit., p. 176 sq.
② IRIN News Report, « Human Rights Body Disappointed with US Judgment », 30 November 2004, http://www.irinews.org/PrintReport.aspx? ReportID = 52258 关于外国人侵权诉讼法案的适用问题,参见 N. Norberg, « The US Supreme Court Affirms the Filartiga Paradigm », *JICL*, 2006, pp. 387-400.
③ K. Martin-Chenut, « Introduction », in E. Lambert Abdelgawad et K. Martin-Chenut (dir.), *Réparer les violations graves et massives des droits de l'homme: la Cour interaméricaine, pionnière et modèle?*, SLC, 2010, p. 27.

问题,这些都是受到上述巴西奥尼报告的影响。

将赔偿的问题从国内法转移至国际空间,人们会提出这样的问题,即:国际刑事法院规约是否因为倾向于刑事打击的观点而进一步加重了不平衡性,或者从它接近和解机制这个意义上讲重新摆正了某种平衡。虽然有关赔偿的规定尚未得到实施,但国际刑事法院从2006年1月17日起承认了六名原告的受害者地位,允许他们从调查阶段开始参与诉讼程序,这就意味着他们能够向法院提交有关刚果情势的证据以及申请预审法庭采取特别措施。① 几个月之后,国际刑事法院又允许了非政府组织向法院转交参与诉讼的申请。②

但是,尽管刑事诉讼本身已经向民间社会打开了大门,但它仍然取决于对犯罪人身份及其责任的确定。在很多情况下,刑事诉讼既不能保障受害者获得经济损失的补偿,也不能保障他们获得精神损害的赔偿。联合国关于调查在达尔富尔犯下的相关罪行的委员会曾指出,有必要将刑法机制和赔偿委员会的建立结合在一起,赔偿委员会可以从如日本和欧洲等很多国家国内法的获得启发,但它的组成应该是混合的,从而把国际化的审判模式纳入到赔偿机制中来。这样做的宗旨是,通过将赔偿扩展到其他措施上来增加受害者获得补偿的机会,例如恢复受害者享有的权利,特别是财产权,或者是那些让受害者重新回归社会的方案,以及那些象征性的措施,包括正式的道歉,建立纪念性建筑物,以及纪念仪式等等。

这里我们再次涉及到联合国秘书长2004年提出的计划:正义的需要与和平的必然要求需要"在弥补受害者遭受的损失上采取行动"。③ 为了实现这一目标,可以存在多种形式的"正义"管理机制,"正义"在这里是一个广义的概念,它可以表现为刑事审判,也可以

---

① J. Sulzer, « Le statut des victimes dans la justice pénale internationale émergente », *APC*, 2006, pp. 29-40.

② G. Bitty, «Chronique de jurisprudence de la Cour pénale internationale », *RSC*, 2006, p. 694.

③ 参见联合国文件,S/2004/616,同前引报告,第55段。

包括各种"真相"委员会,后者被认为是"在恢复人权曾经遭到的侵犯方面另一种有用的机制"。

通过将真相委员会的使命界定为向那些刚刚摆脱冲突的社会提供援助,以"确定刑事责任,保留证据,明确犯罪人的身份,以及建议相关的赔偿措施和制度改革",联合国的上述报告表明了惩罚、赔偿与和解之间的相互关联和重叠。该报告回顾指出,大概建立了三十多个真相委员会,其中多数是国内的真相委员会,并进一步强调有必要强化这些委员会在成员选任标准和程序上的独立性,并指出国际化的形式在这个方面具有的意义(例如塞拉利昂和东帝汶的真相委员会),它能够将国内空间与国际空间联系在一起。

但是,通过不再使用"真相与和解"委员会这种人们已经习惯了的称呼,联合国的报告首先公开地回避了时间问题:审判的时间几乎很少与和解的时间相重合。真相究竟是应该按照西方人的倾向被摆在和解之前,还是按照那些将和解视为非暴力机制的社会那样被置于和解之后?

3.2 对于时间的挑战

没有审判就没有和平:这就是国际刑事司法的基础,也是对汉斯·凯尔森的名著《通过法律走向和平》的回应。如果惩罚决定着和平的恢复,那么它首先要求制裁的存在。不论是强调罪行的严重程度(刑罚的报应说)还是强调犯罪人的危险性(刑罚的遏制与劝导说),反对犯罪不受惩罚是首要宗旨。因此,各种宽大的措施(时效、大赦或赦免)都应当被国际审判(人权法院和国际刑事审判)所拒绝:首先是惩罚然后才是宽恕——这两者之间的先后关系不应被改变。

可是,"某些我们认为相互关系比较坚固的范畴,如和平与正义,可能会根据具体历史情形和时间而变为不可能"。[①] 不仅是不可

---

① E. Lambert Abdelgawad, K. Martin-Chenut, « La prescription en droit international: vers une imprescriptibilité de certains crimes? », in H. Ruiz Fabri, G. Della Morte, E. Lambert Abdelgawad, K. Martin-Chenut (dir.), *La Clémence saisie par le droit*, op. cit., pp. 101-161.

能,有时还会变得相互对立。虽然不可能在任何地点和任何时间将正义与和平联系在一起,但应当接受关于这一主题的不同节奏,以及被颠倒的时序。实际上,"过渡时期的正义"这一说法,无论它是指司法实践还是非司法的实践,都已经表明了普遍主义不应当排除文化的多样性。在拉丁美洲、非洲以及例外情况下的亚洲,"真相与和解"委员会已经出现并获得发展,这表明在某些情形和某些条件下,有可能使宽恕先于制裁,制裁只是在和解失败的情况下才被实施,这就意味着:宽恕或者惩罚。

3.2.1 惩罚和宽恕

惩罚优先的这种做法似乎是不可改变的,以至于人们对那些传统的宽恕做法(时效、特赦、赦免)产生疑问。不过,不同的宽恕措施也都发生了各自的改变。时效(主要代表遗忘而不是宽恕)由于罪行不受时效限制的原则(该原则被纽伦堡审判所接受,后来又纳入到国际刑事法院规约中,联合国和欧洲理事会通过的若干公约也都规定了该原则)而几乎被否定。尽管加入上述公约的国家数量还很少,表明该原则遭到了许多国家的反对[1],但前联合国人权委员会的小组委员会和人权事务委员会的决定,以及2001年以来美国人权法院的判例[2],包括欧洲人权法院的最近判例[3],都表明了罪行不受时效限制已经变成习惯国际法规则,它还不断地扩展适用于其他宽恕措施。

但是罪行不受时效限制原则的扩张适用还需要进一步分析。一方面,特赦是一项国家特权。当特赦涉及某些受国际刑事法庭或国际刑事法院判决的罪行时,执行上述判决的国家做出的特赦决定应

---

[1] M. Delmas-Marty, « La responsabilité en échec (prescription, amnistie, immunités) », in *Terrorisme et responsabilité pénale internationale*, 2002, http://www.sos-attentats.org/publications/delmas.pdf, pp. 371-381.

[2] E. Lambert Abdelgawad, K. Martin-Chenut, « La prescription en droit international: vers une imprescriptibilité de certains crimes? », *in* H. Ruiz Fabri, G. Della Morte, E. Lambert Abdelgawad, K. Martin-Chenut (dir.), *La Clémence saisie par le droit*, op. cit., p. 128 sq.

[3] Ibid., p. 131.

当得到国际审判机构的同意。另一方面,赦免也与国家主权相关,但它以法律的形式表现出来,其执行力因法律或条约的规定而有所不同(如 1961 年的埃维昂协议对阿尔及利亚战争中犯下的某些罪行做了赦免的规定)。此外,赦免有时还会以其他名义出现。例如,在阿根廷,1983 年独裁政府颁布的一部法律规定了军人或安全部门成员所犯下罪行的追诉时效已过,相关的刑事诉讼也相应地终止;此后,在民主得到重建时,又通过了一部法律禁止对上述罪行的追诉(被称为"终结"法),另外一部法律则推定官员及其下属是根据命令犯下罪行的,因此不应对那些罪行负责(这被称为"关于服从义务"的法律)。

针对上述情形,国际社会出现了对所有宽恕措施加以规制的建议①:法国人权咨询委员会在 1993 年提议并组织召开了关于犯罪不受惩罚问题的国际会议,并通过了一份提交给联合国秘书长的专门文件,其中指出"绝对的不受惩罚是对正义的否定和对国际法的违反"。② 该文件重申"国家解决方案不得损害对国际义务的全面遵守",但它同时也承认"在例外的情况下,也可以对惩罚的权力做出限制,以有助于和平的恢复或者向民主的过渡"。但该文件指出,上述限制不论其法律形式如何都应当满足三个条件。除了政治上的宽大措施——自我特赦被排除之外,还应当满足法律条件——保护受害者以及对受害者享有权利的人员获得公平补偿的权利,以及在必要时获得完全的恢复——这一规定已经表达出后来的人权委员会在智利问题上的立场,以及再后来美洲人权法院在 2001 年关于秘鲁的巴里奥·阿尔图(Barrio Alto)惨案的判决中所持的态度,这就是以受害者有获得公正审判的权利来否定自我特赦的国内法,

---

① E. Salmon, « Reflexions on International Law and Transitional Justice: Lessons to Be Learnt from the Latin American Experience », *RICR*, 2006, pp. 327-353.

② 法国人权咨询委员会和国际法学家委员会,《反对不受惩罚,支持正义》,同前引;另参见联合国文件,E/CN.4/Sub.2/1996/18,司法裁判和被拘留者的人权。《侵犯人权(公民权利和政治权利)者不受惩罚的问题》,儒瓦内先生根据小组委员会 1995/35 号决议编写的最后报告。

并由此引起了国内司法判例的改变。不过,作为第三个条件,即"保护受害者以及对受害者享有权利的人的知情权",是从文化的角度提出来的,它被明确地规定在上述文件的序言中:"一个民族的未来不能建立在无知和否定历史的基础之上",同时,"一个民族对自己遭受痛苦的历史的认知属于这个民族文化遗产的一部分,因而应当得到保护"。在这种正在形成的"知情权"中,我们可以发现一种新的观念,它将成为那些"真相"委员会的核心,使得惩罚只有在宽恕失败时才予以适用,成为宽恕之后的第二位次的方案。

3.2.2 宽恕或者惩罚

宽恕与惩罚之间存在着一个共同点,这就是对真相的寻找。但是,还应当将法律上的真相(通过"判决"得以明确)与历史真相、社会或"对话式"的真相区分开来,历史真相会不断被改写,而对话式的真相则是由"真相"委员会通过对话与交流的方式获得的。上述三种真相都是遗忘的对立面,遗忘的背后是各种宽大措施或者是由法律要求必须给予宽大,正如1598年法国国王亨利四世颁布的南特敕令,为了结束宗教战争,该敕令第一条就出人意料的要求他的臣民"抹去对过去的记忆[……]已经发生的事件均归于无效"。

"真相"委员会调查特定历史阶段中人权遭到侵犯的情形,公布调查结果并根据需要提出相关建议,从而取代了赦免与遗忘。真相调查是某种真正的"人类残酷性的戏剧化表现",它会将真相公开地呈现出来,有时是借助电视广播,从而有利于公众们去了解那些一直被忽视或掩盖的事实;但是与司法审判的公开化不同,真相调查聚焦的是受害者,犯罪人的供述以对话交流的形式出现,这是一种双重意义的承认①:既是证明事实的真相,也是对其他人表明一种承担。正是基于这种相互承认,才可能重建共同体的联系,使刑事审判变得无用,甚至不利。在引起关注的各种真相委员会中,相互承认至少是南非真相与和解委员会(1995—1998年)最重要的目标,该

---

① A. Garapon, «La justice comme reconnaissance», *Le Genre humain*, n° 43, «Vérité, réconciliation, réparation», *op. cit.*, p. 188.

委员会是唯一有权做出赦免决定的机关,尽管它因此而饱受非议。

3.3 重建式和创建式正义的最终目标

在刑事审判的报应观之外还有可能增加一种重建观。这种重建观受到南非真相与和解委员会主席大主教戴斯蒙·图图(Desmand Tutu)恢复性司法("restorative justice")这一说法的启发,它会促使人们去重建那个将共同体成员团结在一起的组织联系。① 民族—国家共同体联系的重建能否进一步过渡到对未来世界共同体联系的创建呢?

3.3.1 重建民族—国家共同体联系

我们知道,种族隔离曾在1948年被宣布为"国家政策",但到了1984年则被界定为"反人道的罪行"(联合国安理会决议)。但是,只是在1990年尼尔森·曼德拉获得自由以后执政党与反种族隔离运动之间的谈判才开始。该谈判达成了1993年的临时宪法(1997年成为正式宪法)。该宪法的结尾部分明确了重建式正义的选择,排除了模仿纽伦堡的模式进行审判以及按照拉丁美洲的方式实施全面赦免的可能性。支持替代刑事审判的理由有很多:一方面,没有一个党派获得压倒性多数,没有人能够实施这种复仇者的审判;另一方面,纽伦堡模式耗费时间、资金和人员上的大量资源,南非难以承担这一成本。此外,否定了全面赦免并不排除对个人逐一给予赦免的可能性,前提是有关罪行应当被承认,而这种承认是双重意义的,它既是供认,也是承诺。委员会主席认为这种针对个人的、有条件的赦免是避免将国家再次拖入血腥暴力的手段:"如果安全部门的人员预见到有可能遭受国际刑事审判,那么从制裁犯罪到和平民主过渡可能永远无法实现。"②

关于上述实践的哲学基础,大多数观点认为它受到了基督教的

---

① P. Ricoeur, « Avant la justice non violente, la justice violente », *Le Genre humaine*, n° 43, « Vérité, réconciliation, réparation », *op. cit.*, p. 170.

② A. M. Dillens, E. Babissagana, « La justice inopportune? Aux détours de l'amnistie », *in* Y. Cartuyvels *et al.* (dir.), *Les Droits de l'homme, bouclier ou épée du droit pénal? op. cit.*, pp. 551-586.

影响①,还有一些人认为它是柏拉图审判的模式。对此,埃曼努尔·巴比斯阿加纳(Emmanuel Babissagana)提出了不同的观点,认为南非的真相与和解委员会是非洲集会传统的一部分。在这个传统里,由那些被视为智者的人实施"语言疗法","其目的不在于寻找和惩罚有罪的人,而是要明确其责任并重建被冲突撕裂了的社会和谐"。与非洲传统保持一致,这是让南非人民"吞下"赦免罪犯,哪怕是有条件的赦免这副苦药的手段。

但是,在将赦免视为苦药的问题上,巴比斯阿加纳也强调指出这一进程的局限性。尽管存在着刑事追诉的威慑,但只有很少的犯罪人承认自己犯下的罪行并请求获得赦免,其中有不少人拒绝公开认罪。在受害者看来,那些通过格式化的供述,只是动动嘴皮而没有真正悔改之意的认罪实际上只是在愚弄受害者,而诉讼程序与承诺不同,不涉及任何有利于受害人的赔偿措施。由此,人们忽视了对宽恕奇迹般栽下的"和平之树"的维护与培养。

上面提到的复杂问题并不仅限于非洲,它也存在于拉丁美洲的历史中。从1983年起,阿根廷就建立了调查强迫失踪的委员会②。智利、厄瓜多尔、萨尔瓦多、危地马拉都曾建立了类似的委员会,巴西也被建议建立类似的机构,它们有时能够用来确定事实,但并不因此排除以各种形式出现的大范围的赦免。由此产生了宽恕与以建立人类共同体的名义反对犯罪不受惩罚之间相互矛盾的问题。

3.3.2　建立一个世界共同体的联系?

如果人们把国际法规则与各国关于和解的实践完全对立起来的话,那么就有可能将各个共同体割裂开来,无法建立世界性的联系。更好的做法无疑是,寻找某种共同的指导原则,它不要求将各国的做法统一化,而是进一步延伸互补性原则,逐步促使各国实践

---

①　M. Fumaroli, « Après la terreur de 1793: de la vengeance au pardon », *Le Genre humain*, n° 43, « Vérité, réconciliation, réparation », *op. cit.*, p. 278.

②　E. Salmon, « Reflexions on International Law and Transitional Justice: Lessons to Be Learnt from the Latin American Experience », *RICR*, *op. cit.*, pp. 327-353.

相互接近,在各国刑法的和谐化之外增加各国和解程序的和谐化。

其中一些原则,如和解委员会的独立与公正原则,保护受害者、被告人和证人的原则,保护证据,以及报告公开的原则,是各种不同形式司法审判所共有的原则。另外一些原则,例如禁止自我赦免、受害人获得赔偿的权利、更为广泛的知情权以及一个民族有知晓其历史的权利,都是和解程序所应有的原则。上述这些原则都是可以被普遍化的,理由是它们允许在实施过程中具有多样性。上述全部原则不再拘泥于西方的模式,它可以用来使惩罚与和解之间相互联系的各种模式合法化,而不要求将惩罚作为宽恕的必要前提。从这个更为开放的视角出发,人们可以从惩罚的绝对必要(应当惩罚)过渡到对和解的期待(宽恕是人们所希望的)。换句话说,拒绝赦免和遗忘并不要求反对任何形式的不受惩罚,宽恕并不意味着遗忘,人们不再"混淆对罪行的不容忍与对罪犯的不容忍"。[1]

这是刑法对非人道的禁止规定促成一个更广泛的共同体联系建成的前提,它并不反对各国在惩罚与宽恕方面所持有的不同观念,而是赋予"正义的利益"一种新的能够被所有人接受的内涵。同样地,国际刑事法院的检察官以存在另一个刑事程序或和解程序为由做出停止追诉和终结案件的决定,能够根据共同指导原则来加以解释,并取得合法理由。

实际上,我们应当努力超越那种"认为只有将个人局限在与我们相同的理念桎梏之内才能加以考虑的共同体自恋症"。[2] 因为这种局限将会导致根本主义,不仅是一个自我封闭的共同体的文化或宗教上的根本主义,而且还包括一种过于严格的国际法普遍主义观念能够取而代之的根本主义:这就是法律的根本主义,它最终会与

---

[1] H. Dumont, «Le pardon, une valeur de justice et d'espoir, un plaidoyer pour la tolérance et contre l'oubli», *Canadian Journal of Criminology and Criminal Justice*, 2000, pp. 300-322.

[2] A. M. Dillens, E. Babissagana, « La justice inopportune: aux détours de l'amnistie », *in* Y. Cartuyvels et al (dir.), *Les Droits de l'homme, bouclier ou épée du droit pénal? op. cit.*

世界共同体的想法完全背道而驰。

第三节 奠基性的禁止规定与根本主义

这里需要回顾前面提到的三种范式。首先应当对范式本身做出解释,由于其内涵非常丰富,以至于科学哲学家托马斯·库恩曾经因为以22种不同的方式使用范式而遭到批判。① 我们这里只涉及其中的三种范式:描述实践(概念范式),解释结构与逻辑(认识论范式),表达价值(伦理范式)。

由此,战争罪的范式能够用来描述本身属于国际法框架下的实践,有利于在战争的情形下,维护国家间的共同体。反人类罪的范式从一开始就是国际性的,但随着这种范式不断获得独立性,它适用的范围从战争逐步过渡到和平,并由此提出了一个由个人相互之间组成的、具有超国家使命的世界共同体的概念。相反,打击犯罪的战争模式则反映出民族—国家共同体内部刑事制裁的强化:"战争"表明了针对敌人的军事化刑事制裁,被制裁的不再是国家而是犯罪组织,特别是恐怖主义组织。

上面三种范式能够用来解释刑法的三项禁止规定在实施过程中是如何形成结构联系的。不论是明确责任,还是在惩罚或宽恕之间做出选择,或者以更明确的方式确定究竟是由国家还是国际法庭来起诉和判决有关罪行,范式本身表明了事物从简单转向复杂的变化:打击犯罪的战争是一个简单的结构,它主要服从于国内层面上的各种限制;相比之下更为复杂的是战争罪,它主要涉及国际法,但同时又受到国内法的影响,或者是相关的国际法规则被纳入到国内法中去;最后,所谓"超复杂"的,是为了实施反人类罪的范式而建立起的结构,该结构中包含了国内、国际和国际化的审判机构,这是国际审判的辅助性以及对各国国内法加以和谐化的逻辑要求。我们

---

① Thomas S. Khun, «Postface-1969», in *La Structure des révolutions scientifiques* (1970), Flammarion, 2006, p. 247.

已经提到,和谐化要求重新赋予国际刑事法院一定程度的优先性,而这恰恰是担心国际刑事法院可能被权力操纵的那些人拒绝这种优先性的原因。

在上述情形下,伦理内涵的重要性凸显出来。对价值的表达以一定程度的同质性为前提,这在科学共同体内表现得最明显,在社会科学领域则相对较弱,而在像法律这种规范性的领域里,同质性则表现得最不明显。在尚不成熟的情形下认可这种同质性,可能会混淆问题(是否存在价值的世界共同体?)与答案(价值的世界共同体由于共同的禁止规定而存在)。然而,对于禁止规定本身的共识则因为打击犯罪的战争与战争罪之间的紧张关系而被弱化,前者可能会以国家利益为名将非人道合法化,而后者则要求接受共同价值。在没有达成真正共识的情况下,将人道作为共同价值的反人类罪的范式,有可能被转化为一种新的以神圣化的人道为核心再造出来的一神论教条。

正是从这个意义上讲,上述三个范式之间的相互作用有可能导致多种形态的根本主义的出现,它包括从宗教到政治的根本主义,也包括从国内法(绝对的相对主义)到世界法的根本主义(统一化的普遍主义)。

对于上面提到的危险,需要"根本性的禁止规定"这种借助于传统观念的方法来解决,其内涵部分地包含在"根本性的禁止规定"这一表述之内。实际上,"根本性的"这一形容词不应当引起误解:虽然人们认为世界共同体是建立在一个固定和稳定的基础之上的,但这样的基础并不存在。而世界共同体恰恰是通过这种有活力的、演变式的建构,通过开放教条和重新解释才降低了根本主义的危险。此外,为了使世界共同体不仅仅是国家间的共同体,而且也是个人之间的共同体,根本性的禁止规定应当适用于个人,以保障个人的独立,并将个人从整体上联合起来,使人们相互之间组成一个具有连带关系的共同体。尽管这个共同体本身并不一定是奉行和平主义的,但至少是趋向和平的,并尽最大限度地实现稳定。由此,反人类罪的范式将成为人道化进程的一部分,而人道化与人化之间相互不可分割。

此外,还需要找到能够促使不同禁止规定相互接近的路径,它决定着人们最终追求的多元化的世界。已经研究过的实例能够用来阐明我们在序言中所提到的对话与深化,它们无疑应当被结合在一起,尽管对话与深化要求我们坚持不同的理性,对话是工具性的,而深化则属于价值论的理性。

1. 根本主义的危险

根本主义的提法很晚才出现,但根本主义的实践却与宗教一样有着悠久的历史。虽然将根本主义与那些奉行一神论的宗教联系在一起的做法会引起争论,但研究宗教史的专家至少都同意将根本主义——即回到人们视为由创始性文本所表达的真理上来——与某种文字主义联系在一起,这种文字主义借助人们认为理所当然的文本文义来表达真理。这样做实际上是反对演化性的解释,后者考虑知识的演化和实践的发展(科学发现与技术革新),同时也反对解释的多元性;因此,我们才理解在伊斯兰教问题上引起的那些激烈争论。同样地,还有《申命记》被按照两种完全不同的神话来加以表达的情形:一种是和平的和属于原住民的神话,它属于原始族长社会的传统;而另一种则是充满战争的、起源于出埃及记的神话。①

根本主义与解释创始性文本之间的联系可以用来阐明宗教向政治与法律移植的问题。从这个角度出发,由于文本的多样性和分散性以及相关解释的多元化,这里的讨论基本不会涉及战争罪的范式。不过,还是应当回到打击犯罪的战争这一模式上来,这种模式将犯罪,特别是恐怖主义视为绝对的恶,并将对恐怖主义的打击视为绝对的必要,它以例外的法律为名,将违反有关非人道的禁止规定视为正当。不过,这个关于打击犯罪的战争范式的例子,还不能取代对反人类罪的范式进行分析(尽管打击犯罪的战争范式与反人

---

① Th. Rohmer, « Le Deutéronome à la quête des origines », *in* P. Haudebert (dir.), *Le Pentateuque : débats et recherches*, Cerf, 1992, pp. 213-225.

类罪范式之间表面的对称性是具有欺骗性的),因为反人类罪范式的危险还只是假设性的;之所以要对反人类罪范式加以分析,是由于反人类罪在认识上和实践上不存在任何例外,这类似于根本主义的要求,它禁止对反人类罪的任何违背,不存在任何正当理由的例外,在处罚上也不可能有任何宽恕。

1.1 打击犯罪的战争:允许违背禁止规定的例外法

政治根本主义(这种根本主义建立在对其使命的宗教观念基础之上)的危险体现在美国前总统布什关于邪恶轴心国的官方言论中。联合国大会并没有被这一言论所误导:2001年11月21日联大通过的决议强调指出"所有各种文明共享同一种人道"①,而2007年2月21日的决议则进一步指出"应当避免把任何一种宗教视为恐怖主义,因为这将给有关宗教共同体所有成员的宗教或信仰自由造成损害"。② 上述决议是对由西班牙前首相路易斯·罗德里格斯·萨帕特罗提出的"文明的联合"这一报告(于2006年11月13日提交给联合国秘书长)的呼应。该报告的实质核心是人权,同时提出了对日内瓦诸公约的遵守和对国际刑事审判机构权威的承认。③

这里引起人们担心的并不是对刑法的文字解释,恰恰相反,而是那些政治话语,它们针对恐怖主义,以此为由建立某种例外的法律,将违反国际和国内法律原则的情形予以正当化,但同时并没有对恐怖主义进行明确的定义。

当然,我们已经提到的美国、以色列和英国的最高审判机关曾尝试通过在解释有关法律原则时持开放性的态度,来限制政治根本主义的危险。但是解释上的开放对于美国的最高法院而言,只是限

---

① 参见联合国文件,A/RES/56/6,"不同文明对话全球议程",联合国大会决议,2001年11月21日。
② 参见联合国文件,A/RES/61/164,"遏制对宗教的诽谤",联合国大会决议,2007年2月21日。
③ "文明的联合",高级别小组报告,2006年11月13日,http://www.unaoc.org/repository/HLG_Report.pdf

于国内的宪法原则(援引的日内瓦诸公约是已被纳入国内法的那部分),以色列最高法院的解释仅限于对日内瓦诸公约议定书中关于"受保护的平民"的定义,并没有因此将其纳入到国内法中,这不同于英国上议院的做法。然而国际法(国际刑法和国际人权法)本身已经引入了某种有关价值的等级关系,这表现出某种伦理理性,而按照比例适当性原则(危险与反击之间的比例适当)和均衡原则(安全与自由之间,或者必要与人道之间的均衡)所做的解释则强调了工具理性。根据后者,恐怖主义威胁的严重性和保护安全的必要性能够使侵犯那些不可克减的权利(如允许酷刑和其他非人道或侮辱性的措施)成为正当行为。

为了避免打击犯罪的战争范式所表现的政治根本主义,要求对国内和国际的法律原则持有开放的态度,以引入那种同时具有工具和伦理意义的理性。

当然另一种相反的危险也应当被关注,那就是对强调伦理优先于实践必要性的国际法进行解释时采取封闭的态度,它会导致以反对犯罪不受惩罚的口号将反人类罪视为某种不存在任何例外的禁止规定。

1.2　反人类罪:没有例外的禁止规定

反人类罪的概念已经获得了相对于战争和"紧急"状态而言的独立性,因而可以不加区分地适用于任何时间和地点。安托万·卡拉邦(Antoine Garapon)曾明确指出了其中存在的法律根本主义的危险:"当诉讼本身获得了属于自己的意义之时,当满足审判他人的目的超越了改变他人的顾虑之时,人们才能谈论法律根本主义。"①

改变人们的想法有时比审判他们更危险。根本主义的危险主要在于强调审判的意义,它将惩罚作为唯一的宗旨而排除其他所有内容。我们已经指出,有可能对国际法院规约做出开放性的解释,超越惩罚或赔偿这些形式的制裁,引入和解的程序,后者以国家有能

---

① Antoine Garapon, *Des crimes qu'on ne peut ni punir ni pardonner*, op. cit., p. 64.

力自己审理相关罪行的名义被提出。因此,我们不是要通过强调国际法规定了犯罪不受时效限制来排除赦免并阻碍和解程序,而是要制定一些共同原则来分析对于反人道罪的各种回应的有效性(工具理性)和正当性(伦理理性)。

这样做并没有排除另一种根本主义的危险,那就是将反人类罪的范式局限于某种解释之中,这种解释将人道的意义确立为共同价值,而实际上每个共同体都是以自己的方式来理解人道的意义。可以有很多不同的方式将个人的集体性与对个人的尊重联系在一起,这可以是政治联系(对国家事务的积极参与),也可以是公民性质的联系(个人在法律上被承认具有公民身份),经济性的联系(交易和对等),社会性的联系(个人作为民主社会整体的一分子)或者是文化性的联系(接受某种信仰的整体)。上述不同性质的联系对于犯罪以及对犯罪的回应分别有着不同的看法。因此,只有多元的解释才能充分表达个人与团体之间的双重区分。

正是基于上述原因,国际刑事法庭规约和国际刑事法院规约的起草者始终表现得十分谨慎,他们只是将被禁止的犯罪行为以不断重复的清单的方式加以列举。但是,这种禁止行为的累加会导致庸俗化和对不协调的担心。针对这种情况,出现了在两个基本原则的基础上定义禁止规定的建议:特定性的原则,它对应于将人视为唯一的个人主义观;另一个原则是平等属于人类共同体的原则,这表明了个人的社会性。将上述两个原则视为相互不可分割的要素,这样可以强调人道所具有的个体性与集体性的双重性质。此外,还需要增加第三个原则,即不确定性的原则,目的是能够向一些新的实践开放关于禁令的解释,这些新的实践主要出现在生物技术领域。

上面的分析并未排除中间共同体(包括民族—国家共同体,家庭、部落、宗教和科学共同体等等),它只是表明了个人的真谛——只存在于与其他人的关系之中——,这同样也是中间共同体的真谛,即便是那些最强大的中间共同体,它们也只是存在于与其他共同体的相互依存的关系之中。因此,中间共同体有时偏向受害者(特别是在涉及歧视的情形下,它可以发展为种族隔离或灭绝种族),有时偏向罪犯,这主要是指组织或国家犯下相关罪行的情形。

但是,卢旺达的灭绝种族事件表明了多元解释目前存在的困难。第二次世界大战以后通过的1948年公约直接受到了空间和时间维度上历史的影响:这是指欧洲犹太人大屠杀的悲惨经历。因此,该公约并不能适应于各个民族国家的具体情形,当公约被转化为国内法时,由于各国情况差异巨大,最终导致了公约的"重新国内化",这一结果并不会让人们感到意外。

多元解释遭到了一些国际法学者的批判,但这也许是将禁止规定适应于不同民族的历史和文化背景的手段。多元解释也符合2005年联合国文化多样性公约的要求:该公约在"与其他法律文件关系"的标题下具体规定了不应当"将本公约从属于其他公约"(第20条),这一规定表明了将解释与各国实际情况相联系在一起的多元性。

此外还需要明确的是如何避免以多元的名义扭曲罪名,例如一个国家可能将灭绝种族的罪行仅限于某一类受害者团体,或者是以宽恕的名义,允许自我赦免或者删节某些犯罪供述。这就表明制定那些适用于国内和全球层面的共同指导原则将是一项艰巨的任务,特别是目前的世界共同体还非常脆弱:人们已经能够以人道的名义来惩罚相关罪行,这至少已经得到国际审判机构法官们的确认,但是,宽恕仍旧是受害者的个人行为或者是一个共同体有意去尝试实现非暴力的正义的标志。

在现阶段,国际刑事法院的建立使许多观察家感到自相矛盾,一方面国际刑事法院有正义的雄心,另一方面它却缺乏相应的实现手段。[1] 因此,基于理论和实践的原因,有必要将时间和地点的变异加以整合,允许在多层面上进行演变型的解释。为了实现这一目标,就不应再将"根本性"的禁止规定与建立在稳定而明确"基础"上

---

[1] M. Damaska, « The International Criminal Court between Aspiration and Achievement », *UCLA Journal of International Law and Foreign Affairs*, 2009, pp. 19-35.

的大厦这一建筑式比喻相联系。

2. 一个没有基础的共同体之谜

建立一个没有前期基础的共同体,或者说在临时、不固定和分散的基础上建立共同体,这实际上是一个待解的谜。为了避免根本主义的危险,就应当承认在世界层面上,由禁止性规定所表达的价值是演变的,它们实现于不同的层面。

2.1 演变的价值

即便是法律专家看到国际刑事法院规约关于战争罪和反人类罪的非穷尽式的列举清单(罗马规约第7条和第8条)也会感到复杂,那些罪行已经借助国际刑事法庭的判例被澄清。为了满足现实的必要不断重新制定上述罪行的清单使得世界共同体的基础显得十分不稳定。

例如,对战争罪的界定长达若干页,它适用于"故意发动攻击,明知这种攻击将附带造成平民伤亡或破坏民用物体致使自然环境遭受广泛、长期和严重的破坏,其程度与预期得到的具体和直接的整体军事利益相比显然是过分的"[第8条(二),2,(4)]。这一规定与海牙和日内瓦诸公约已经有了很大不同!

同样地,反人类罪罪行的多样化使对生命和人类平等尊严的破坏(包括各种性质的性暴力)扩大到对文化财产的破坏,这有时会表现为灭绝种族行为中的歧视性主观意图,有时则可以构成战争罪(对古代民用建筑的轰炸,造成不可挽回的后果),有时则构成反人类罪:带有歧视性意图地摧毁清真寺的行为,可以被界定为"迫害",被认为是对某个团体的宗教身份的攻击,由此被视为一种反人类的罪行,"这是因为通过摧毁某个特定宗教文化以及附属于该文化的文化财产致使整个人类遭受损害"。①

除了那些已经得到明确肯定的价值,"正在形成的问题"的出现

---

① 参见前南斯拉夫国际刑事法庭,Kordić et Čerkez 案,初审法庭判决,2001年2月26日,第207段。

也表明了固定世界共同体的基础是不可能的,目前的世界共同体已经开始思考是否要限制自己的权力,并考虑是否应当将对灭绝人类的禁止规定扩大到人类的制造上来。禁止优生选择和人类的克隆复制已经被法国刑法典规定为"反人种罪"。从罪行的规模,即"系统和广泛"地实施罪行这一角度来看,反人类罪的定义显得更加合理,它受到三个规定原则的限制(特定性、平等属于人类共同体与不确定原则),这三个原则的贡献在于它们将人的生物演化(人化)与人的文化积累(人道化)联系在一起。①

此外,上述禁止规定还可以从人延伸至人类共同遗产,或者像前面提到的那样,在更广范围内延伸至对地球安全与生物圈平衡的破坏,因为人类是唯一能够对地球的未来做出选择的生物。这也就是说,只有当禁止规定针对的是那些能够负责的生命体时,价值才有意义。

但为了在"系统犯罪"的集体环境中明确责任,还应当形成一个在那些参与共同犯罪或者是根据上下级之间命令链条而犯下罪行的不同主体之间分配责任的理论。这个理论借助相关国际公约与国际判例得以形成,同时受到关于犯罪个人或团体的各种不同甚至是对立的国内观念的影响。这意味着该理论的基础不仅是不稳固的,而且还分布于不同的层面。

2.2 在不同层面的实施

通过把责任仅仅局限于个人,而不涉及国家或团体,国际社会仍旧严格坚持其国家间的性质,但自相矛盾的是,这种情形却促进了建立在个人相互间关系基础之上的世界共同体的出现。当然,还应当明确究竟是在哪个层面上——国家、国际或混合性的层面——以人道的名义做出审判的利益得到了有效的保护,判决的正当性得到了承认与接受。

我们前面已经提到,在两对相互对立的范畴上存在着选择性的

---

① M. Delmas-Marty, « Homisation, humanisation », *in* A. Prochiantz (dir.), *Darwin: 200 ans, op. cit.*

国际化:"禁止/允许"和"惩罚/宽恕"。相对于允许与宽恕而言,在禁止与惩罚上可能更容易达成一致,对此,我们考虑在国家法院与国际审判机构之间进行某种任务划分,以便在相对与普遍之间建立平衡。

上述任务划分还没有获得正式认可,它是各国国家法院施加阻力的结果,当涉及刑罚的判决与执行问题需要在空间上进行划分时,或者是在惩罚与宽恕的时间问题上进行划分时,上述任务划分就会显得格外复杂。在这方面,用来确定管辖权的那些规则表明了某种转变:对于那些重新确立起金字塔式的等级结构,赋予国际审判机构高于国家法院的优先性原则,相关实践和法律文本实际上已经将其取代为补充性的原则。该原则对应的是网络结构,在这个结构里国内、国际和国际化的审判机构之间相互对话,并根据不同情形在它们之间划分管辖权。

我们希望法官们能够按照整体的利益开展活动,但是居伊·卡尼威(Guy Canivet)所倡导的法官的"善行"这一说法[1],既不能排除不同审判机构之间的法官在个案中相互借鉴,也不排除他们之间发生冲突。如果说出于效率和合法性的考虑,有必要将国际审判与国内审判的活动相互结合起来的话,那么,考虑到会发生一些不可避免的偏差,有必要将国际审判置于更加突出的地位。上面提到的网络机构并不否认国际刑事法院的显著性,"它不仅能够取代那些丧失审判能力的国家法院,而且还能保障法律持续地不断演变的和谐进程,确保那些与国际要求不符的重新国内化情形不再发生"[2]。这种向国际审判的回归,在某些情况下借助国际刑事法院规约的解释而得到强化,有可能被理解为对统一解释的某种呼吁。在这种情形下,根本主义的危险会再次出现,它有可能推进从事审判活动的法律群体转变成普遍主义教条的维护者。

---

[1] G. Canivet, « Les influences croisées entre juridictions nationales et internationales: éloge de la bénévolence des juges », *RSC*, 2005, p. 799 *sq.*

[2] G. Giudicelli-Delage, « Poursuivre et juger solon "les intérêts de la justice" », *RSC*, *op. cit.*, p. 473.

3. 调和各种禁止规定的路径

世界共同体缺乏基础的事实也许表明了有必要将禁止规定理解为一个正在进行的过程：禁止规定在成为人类共同体的奠基者之前，首先扮演改变者的角色，它们只有通过充分发挥动员的作用才会有力地促进世界共同体的形成，构建一个多元化的普遍性。

本章列举的不同实例表明了有必要将以下两种不同的路径相结合，发挥它们的促进作用：一方面是辩论与解释相互交叉的路径，它将会把各种禁止规定通过重复、理解与逐步对比的方式加以调和，但这其中存在着引起临时性误解的危险；另一方面是深化的路径，从表面上看这是一种单边的做法，但它也可以将各种禁止规定加以调和，而且在回归不同文化身份时并不放弃对共同价值的追求。

3.1 借助对话实现调和

对话的宗旨既不拘泥于差异（绝对的相对主义），也不是统一化（绝对的普遍主义），而是逐步接近，它意味着相近性通过在一致性与差异性之间引入相符性的概念而将普遍主义相对化，这种相符性是和谐与和平共存的条件。①

但这样一种宗旨意味着一系列复杂的自下至上和自上至下的互动过程。自下至上的互动是指国际法官在解释国际法规定时参照国内法，正如国际刑事法院罗马规约第21条第1款第3项所规定的那样，它要求国际法院适用"代表世界各法系的国内法，包括适当时从通常对该犯罪行使管辖权的国家的国内法中得出的一般法律原则，但这些原则不得违反本规约、国际法和国际承认的规范和标准"。

不论是禁止规定，还是证据事实、责任归属或者刑罚功能，我们已经见到这种自下至上互动关系的很多实例，但是语言上的差异使

---

① M. Delmas-Marty, « Harmonisation par rapprochement », in *Le Pluralisme ordonné*, op. cit., pp. 69-100.

它们变得更加困难,例如:从简单或故意过失到犯罪意图的等级划分,包括在特定情形下加重这种犯罪意图的灭绝行为中的歧视性因素,不同语言的表述存在许多差异,法语中的"放任"(dol éventuel)有时被译为疏忽,有时则被译为轻率。在成文法(包括国际刑事法庭的法官们自己对证据和程序规则的多次修改)和不断变化的判例之间,解释本身只是以非常缓慢的方式才逐步固定下来。国际刑事法庭的法官们很早就表明,他们在大多数情形下将比较仅仅局限在西方国家法律体系的范围之内:"法庭的规约和程序与证据法规结合了两大法系传统,这就是:影响了英语国家的普通法传统,代表了大多数依据法典的国家及欧洲大陆的民法法系传统。"①

这种过于简单的观点似乎让自上至下的互动过程变为合理。这一互动过程指的是当各国将禁止规定转化为本国国内法时保持了不同国家的多样性。通过上面提到的灭绝种族罪的例子,人们看到各国是如何根据自己的历史来界定受害者团体这一概念的。当然,还需要将这种现时罪行(灭绝种族或反人类罪)重新国内化的过程与那些被称为"历史罪行"的诸如奴隶制的犯罪问题区分开来:后者主要涉及历史而不是法律,这表明了法律以有溯及力的方式运用20世纪中期出现的观念来回溯历史时遇到的困难。

目前,上述两种过程之间的互动借助"公约数"的法律技术而变得容易,这种互动要求进行自下至上的解释,前提是对各国法律进行真正的比较研究或是保留"国家自主空间",后者通过将严谨性(法律的逻辑和可预见性)与凝聚力(法律体系的灵活性以及借助其组成内容的多样性而产生的对抗性)相结合来限制自上至下的法律整合。②"国家自主空间"这一法律技术需要受到国际层面的控制,可是对这种控制目前几乎没有明确规定。不仅如此,当国际层面的

---

① 参见前南斯拉夫国际刑事法庭,Delalić案,初审法庭判决,1998年11月16日,第159段。

② M. -L. Izorches, « La marge nationale d'appréciation, enjeu de savoir et de pouvoir, ou jeu de construction? », *RSC*, 2006, p. 25 *sq*.

控制存在时,这种非常灵活的控制也会产生武断的结果。① 建立一个多元主义的世界需要国际社会开展双重努力:一方面是对罗马规约第21条提到的各国国内法中相互重叠的内容进行清点,至少应当对那些最敏感的事项进行清点;另一方面则是针对各国国内法的分歧建立相应的标准,以明确各国在将禁止规定转化为国内法时涉及的国家自主空间的范围。

到目前为止,那些将国际法上的禁止规定转化为国内法的国家提升了人权保障法律标准的价值(例如,德国国际刑事法典明确了犯罪的定义、责任的归属和刑罚的确定)。相比之下,文化标准的问题可能更加困难,在这方面人们会想到那些和"真相与和解"委员会有关的实现正义的替代手段。对于这样的问题,显然应当借助深化的力量来解决。

3.2 通过深化实现调和

对话并不足以解决与价值有关的更为激烈的冲突。这些冲突由于不同的文化之间的差异被认为是绝对的,它将所揭示出的事实与理性的话语完全对立起来。假如人们将绝对的相对主义与普遍主义对立起来,即便后者是多元化的,那么任何价值共同体都是无法想象的。因此,法官们应当像保罗·利科提出的那样,以默罕默德·阿尔昆所说的间接性的方式来探索深化的路径(见前文)。

由弗朗索瓦·奥斯特发展起来的将法律视为翻译的范式可以促进从对话到深化的过渡。翻译实际上存在于对辩论和解释的延伸,但它同时又区别于后者。辩论的目的是说服,它是巩固进攻和寻求最终征服的隐蔽方式:"辩论的视角始终面临着以追求预期让步性结果的功利主义超定性的威胁。"②人们所熟悉的将法律视为解释而进行的分析,它只是与文本联系在一起,并不能同样适用于法律的其他形式,因为这种分析假定在信息的发出者与接受者之间存

---

① F. Tulkens, L. Donnay, «L'usage de la marge d'appréciation par la CEDH, paravent juridique ou mécanisme indispensable par nature? », *RSC*, 2006, p. 3 *sq*.

② F. Ost, *Traduire*, *Défense et illustration du multilanguisme*, Fayard, 2009.

在某种默契,但并不能引起深化的发生。国际刑事法庭曾经在他们的一些判决中着重阐明自己的解释方法,但他们只是将世界法律传统的多样性简化为西方的两大法系。与此不同的是,翻译以差异的存在为前提,它对深化提出了要求。但条件是不能将翻译拘泥于它所具有的工具性功能(如列出证据清单,以便让被告人能用自己的语言获知)。这是因为翻译并不仅仅是语言性事物,它还要求考虑表达者与接受者之间开展沟通的人类学环境——例如,法语中的"承认有罪"(plaidoyer coupable)这一表述,在西方与非西方的很多文化中并不存在与它相对应的概念。

上述情形表明了"真相与和解"委员会的存在价值,因为它们源自一种非西方的观念,这种观念并没有将法律和刑事审判置于首要地位来回应那些违背禁止规定的情形。为了被人们所理解,上述观念自身还需要被深化。这也许是指拉丁美洲与南非在各自实践上存在的差异,前者过于政治化(自我赦免),而后者则显得更加具有颠覆性,因为南非的实践是建立在以南非文化为参照的深化过程基础之上,而大主教图图作为真相与和解委员会的主席将南非的文化做出了重新解读。

由此,有可能将那种应当反对的非正统观转化为能够整合的可靠的替代性做法。如果说非正统观曾经让诸如反人类罪不得赦免,或是不进行刑事审判就不可能实现和平的教条等这些新的确定性产生疑问的话,那么,尽管存在着种种争议(或者说正是得益于这些争议),非正统观无疑也为一部世界刑法的建立开辟了新的道路。然而,力量对比关系仍旧主导着当前的世界,南非的种族隔离毕竟已经结束,其中既不存在征服者,也不存在被征服者,但这是基于有必要达成协议来迎接共同挑战的实践理性的要求。

在世界范围内,挑战更为艰巨。反人类罪的禁止规定只有与对共同价值的明确承认联系在一起,才能完全摆脱根本主义的危险。换句话说,对人类共同价值的探索不应当将以各种禁止规定为中心的消极路径与从基本权利出发的积极路径相互割裂开来。

第二章

基本权利

破解一个没有基础的价值共同体之谜

在对共同价值的探索中,直觉曾是我们的出发点:指出那些背离共同信念的事物要比指出那些满足共同信念的事物更容易。由此,我们选择了根本性的禁止规定这个更灰暗的侧面作为出发点,而对根本性禁止规定的违背则是那些普遍罪行的特征。

必须承认的是,这些普遍罪行,包括最具代表性的"反人类罪"只有在避免各种形式的法律根本主义的前提下才能扮演未来世界价值共同体奠基者的角色,这就是说,应当允许根据时间和空间的不同对这些普遍罪行做出不同的解释。这种认识向我们表明,应当抛弃那种建立在假想确定不变基础之上的大厦的建筑式隐喻。为了使世界共同体成为一个人与人之间,而不仅是国家与国家之间的共同体,它的建立并不依赖于事先存在的基础。

当我们转向另一个常常被称为"基本"权利的侧面时,缺乏基础的价值共同体之谜并没有因此而得到破解。即便是在国内层面,人权的"基石"也是在合法性与司法保障这两个"支柱"形成之后才被纳入到宪法中去的,例如:法国一直到1971年才由宪法委员会将1789年人权宣言确定为"宪法板块"的一部分,1974年则通过改革将向宪法委员会提起审查请求的程序扩大至由60名议会成员组成的团体,从而使宪法委员会转变为合宪性审查的准司法机构,而只有到了2010年普通公民才开始可以直接向宪法委员会提出合宪性审查的请求。在国际层面上,法国于 1974 年批准了欧洲人权公约,并于 1981 年正式接受了欧洲人权法院的管辖权,并批准了联合国关于人权的两个重要法律文件,即《公民权利和政治权利公约》和《经济、社会和文化权利公约》。

为了破解上述共同体之谜,不仅应当将我们的视角从根本性的禁止规定转向基本权利,而且还应当经历一个从对自然权利的认同向共同法的诞生这一漫长的探索过程。通过观察共同法的实施,我们将会认识到从基本权利转向那些能够普遍化的价值是可能的。

1. 从根本性的禁止规定到基本权利

从表面上看,根本性的禁止规定所保护的价值与基本权利所表达的价值有着相同的起源:1948 年世界人权宣言第一条即宣告"人人生而自由,在尊严和权利上一律平等",这本身就已经表明了根本性的禁止规定与基本权利之间的互补性。

然而,自 1948 年以来,平等尊严的原则得到了极大的丰富。人类尊严不再仅仅涉及对每一种文化的理解(政治的、哲学的以及人类学的理解)所具有的相对性,它已经被纳入到属于国际刑法与国际人权法相互交叉地带的大量具有普遍意义的法律规定之中。这表明,国际刑法与国际人权法可能有着相同的基础,因为刑法对于保护人权免受最严重的侵犯而言是必要的——由此,酷刑一方面对实施的个人而言构成犯罪,另一方面对那些组织实施或容忍酷刑的国家而言则构成对人权的侵犯。不过,这种表面的互补性不应当掩盖不同基本权利背后的价值模糊性以及因价值冲突而产生的对立。

1.1 一种模糊的关系

人权的"人道化"功能在历史上被视为用来防御滥用国家权力的工具,而滥用国家权力通常发生在刑法领域(罪刑法定原则、罪刑相适应原则等等)。此外,人权还有不同于防御、甚至取代防御的进攻性功能,它使人权成为打击犯罪的正义之"剑",并以其名义使我们社会中的刑法化运动变得合理。弗朗索瓦·奥斯特在描写由比利时裹童事件和法国杜特乌(Outreau)案引起的"白色徒步行走"的抗议时,认为这些抗议表现出某种灭绝性的天使主义:"对邪恶的巨大恐惧与对遭受羞辱的无辜者的神圣化联合在一起,任何理性的决定都落空——这就是驱除恶魔并将替罪羊放逐于沙漠。"①

关于人权的刑法功能所发生的变化不仅仅涉及国内法,在欧洲法层面上,每当共同体的立法者认为刑法对于保障他们制定的规范的完整效力是必要的时候,上述情形都会出现。即使是在更广的世界范围内,也会经常提出"反对犯罪不受罚"的口号,作为具有普遍意义的国际刑法的支撑,但会以不平等和霸权主义的方式强加于那些弱小的国家,随着普遍主义因价值冲突而被弱化,这种危险会变得更为明显。

1.2 冲突的价值

我们在《法律的想象力》这套书第一卷中就已经提出了价值冲突的危险,该书的第一章名为"法律普遍主义的弱点或者思想的不完整性"。② 在那些有着普遍意义的价值中间,我们可以指出若干不同类型的冲突:一方面,在人权自身内部存在着冲突,这包括由同一法律文件规定的不同权利之间的冲突(自由与安全之间的冲突,隐私与表达自由的冲突等等),也包括由公民权利、政治权利与经济、文化和社会权利的两分法所引起的冲突;另一方面,还存在着"混合性"的冲突,是指在商品和非商品价值之间的冲突,程序正义与实质正义之间的冲突等等。

随着文化权利的发展,上面的分类被进一步充实,同时也被模糊化。当1966年分别签署了两个不同的人权公约时,由1948年世界人权宣言宣告的不可分割的权利被人为地割裂开来,文化权利被过于草率地吸收到经济和社会权利之中,然而文化权利无疑是各种人权之间相互不可分割性最显著的表现之一。

2001年9·11恐怖袭击事件以后,对"文明的冲突"的担心使文

---

① F. Ost, « Quand l'enfer se pave de bonnes intentions », in Y. Cartuyvels et al. (dir.), *Les droits de l'homme, bouclier ou épée du droit pénal?*, op. cit., p. 11.

② M. Delmas-Marty, *Le Relatif et l'Universel*, op. cit., pp. 49-215.

化权利重新得到重视,它们已经成为目前有关全球化讨论的核心内容。① 相关争论的激烈程度和美国对联合国《保护与促进文化表达多样性公约》(该公约于 2005 年通过,是对 2001 年《文化多样性宣言》的延续,此后该公约又通过 2007 年《土著人民权利宣言》得以完善)的极力反对,都表明了文化权利的重要性。在文化权利与贸易自由之间的潜在冲突问题上,相关的争论达成了某种妥协,以调整世界贸易组织的若干协定在文化事务上的适用:《保护与促进文化表达多样性公约》"不得解释为变更缔约方在其为缔约方的其他条约中的权利和义务"(第 20 条第 2 款)。不过,该公约并没有指出如何解决它与人权可能存在的潜在冲突。因此,还应当将不同文化之间尊严平等的原则与如下原则相协调,即"任何人都不得援引本公约的规定侵犯《世界人权宣言》规定的或受到国际法保障的人权和基本自由或限制其适用范围"(2005 年公约的第 2 条,2007 年宣言的第 46 条)。

仅仅宣布基本权利可以对抗法律(即基本权利的宪法化)、对抗国家(即基本权利的国际化),还不足以建立一个真正意义上的价值世界共同体。在罗列一个始终以普遍权利为首的清单之外,还应当明确规定如何从对自然权利的复兴过渡到共同法的诞生,这种转变应当发生在区域和全球层面上。

2. 从自然权利的复兴到共同法的诞生

"自然权利的复兴"②或苏醒的说法存在于整个 20 世纪,从斯塔姆勒(Stammler)到威利(Villey),中间还包括杰尼(Gény)和萨莱叶(Saleilles)都持有这样的观点。尽管自然权利苏醒的观点属于少数,但它表明了"理性在挖掘善与恶、是与非之间相互区分的客观基础上所做出的努力"③。不过,在当今,理性的上述努力可能因为人权

---

① 参见《经济、社会和文化权利公约任意议定书》,2008 年 12 月 10 日通过,载于《人权季刊》(RTDH),2009 年,第 295 页。
② X. Dijon, *Droit naturel*, t. I, PUF, 1998, pp. 39-41.
③ A. Sériaux, *Le Droit naturel*, PUF, 1999, p. 7.

法在二战以来获得的巨大发展而受到消极影响。"人权法"这一说法本身就表明了实证法与自然法的结合,许多学者认为这种结合引起了许多尚未形成答案的问题。

米歇尔·威利对上述现象进行了批判,讽刺地指出"这是一种投入迷雾的情形:不加区分的、带有制造混乱危险的语言,它是幻觉和无法满足的荒谬要求的制造者……如果说人权法在20世纪获得了全面的胜利,那无异于说文化的堕落是技术进步的代价"①。阿兰·塞利奥(Alain Sériaux)则将自然法与人权完全区分开来,认为"把以前的身份置于所有衡量措施当中,这是法律现象在实质上的完全倒错"。在他看来,从跨文化的自然秩序这一视角出发,为了避免上述倒错就应当将自然法与实证法区分开来:"只有参照那些自然正当的行为,才能最终使人在面临他人的道德习俗时采取合理的立场。"②

可是,又应当如何给正当下定义呢?例如,如果认为戴伊斯兰头巾是无所谓的话,那么为什么割礼和一夫多妻制就应被禁止?这里的危险难道不是用准宗教的教条主义或者自然法主义来代替法律教条主义吗?

为了避免上述危险,同时坚持自然法是实证法的基础这一假定,泽维尔·第戎(Xavier Dijon)教授,同时作为耶稣会的地区主教,试图对那些主要的反对意见做出回应:对于认为那种主要是哲学而非法学的辩论并没有用处的观点,他反驳指出,从法律以外的观点来分析问题是必要的;针对没有权力的"法律"是无能的观点,他反驳指出自然法"存在于对那种主张自由的法律的定义之中";对那种认为自然不依赖历史的物种不变论,他的相反批评意见是历史不包含自然。总之,由于人权法而在法律与其他领域(哲学、政治学和历史学)之间引起的辩证关系,可以用来反驳许多不同的意见。

不过,在面对隐性权力回归所引起的反民主的威胁时,第戎教

---

① M. Villey, *Le Droit et les Droits de l'homme*, PUF, 1983.
② A. Sériaux, *Le Droit naturel*, *op. cit.*, p. 121.

授强调指出民主本身"更加倾向于集中信仰行为而不是相对主义的怀疑论";同时,"自然"具有多义性,可以表达多重内涵(他罗列了11种!),它或者可以指某种不确定的自然所具有的自发性,或者是某种秩序原则,或者是自相矛盾的秩序与自发性的混合(用来解释事物变化的动力因和目的因),对此,他用"不可避免的复杂性的必要简化"来回应。上述回答似乎可以用来规避困难,但更好的方案则是用法律领域内部的变化取而代之。

实际上,人权只有在被视为一种具有活力的过程,而不是一种宣示那些无法验证的定理的信仰行为时①,才能促进一个真正意义上的人类共同法的诞生。被理解为不断演变和互动的人权并没有"奠定"一个不变的基础,而是引起一场复杂的法律国际化运动。

2.1 作为信仰行为的人权宣言

我们还记得1776年美国人权宣言提到了"自然和自然的上帝的法则",以此作为获得独立权利的依据。13年之后,法国的人权宣言则将自己置于"最高造物主的庇护之下",以宣告"自然的、不可剥夺的神圣人权"为宗旨。不论是与最高造物主还是与上帝联系在一起,自然权利都确立了民族国家的政治地位(独立性)和人权的法律地位(不可剥夺的和神圣的)。这里同时存在着宗教与理性的双重基础,波塔利斯(Portalis)在1802年著名的"关于筹备民法典草案的讲话"中就明确指出了这一点。他下面的这段话非常有影响:"理性,基于它始终治理人民的事实被称为自然法,而在不同民族之间的关系上则被称为万民法"。②

1948年的世界人权宣言中已经没有"自然"和"上帝"的提法,但是,在该宣言序言部分的第五段仍旧提到了信仰,指出组成联合国的各国人民重申"对基本人权的信仰",这一表述同样出现在其他人权文件的序言中,如关于废除奴隶制的补充公约(1956年)和儿

---

① M. Fabre-Magnan, « La dignité en droit: un axiome », *RIEJ*, 2007, p. 58.
② *Naissance du Code civil*, préface F. Ewald, Flammarion, 1989, p. 48; P. A. Fenet, *Recueil complet des travaux préparatoires du Code civil*, Videcocq, 1836, t. I, p. 477.

童权利公约(1989年)。如果说"基本权利"的提法已经取代了"不可侵犯的神圣的权利",那么,信仰仍旧区别于理性(后者规定在1948年世界人权宣言的第一条之中),它使人想到的是宗教启示而不是科学的论证。

缪丽尔·法布勒—马尼昂(Muriel Fabre-Magnan)曾这样写道:"人的价值是不能论证的,因为它以对人的本质和生命意义的认知为前提,而这本身是不可能的;这实际上是一个明显的本体论和形而上学的问题,对于这样的问题我们只能以信仰来回应,也就是说把人的价值视为某种无可争辩的真理[……]人的尊严是第一位的教条,是作为法律体系基石的基础性公理,而且事实上也是法律体系所追求的最终目标。"①

然而,必须指出的是,从基础到目标,其间的差异是本质性的。这种差异将一种事先固定下来的概念转变为一个具有活力的发展进程。联合国大会很早就提出了这种转变。通过将世界人权宣言表现为"各个民族和各个国家追求的共同理想",联合国大会提出了这样一种能够引起法律国际化,同时又不抹杀不同文化多样性进程的观念,为多样化的普遍主义开辟了道路,这种观念后来也被各种国际人权保护公约所重申。

2.2 作为充满活力进程的法律国际化

值得注意的是,将个人权利集合起来作为起点构建价值共同体的想法是"错误和危险的"②,基本权利本身并不是在个人权利集合基础之上形成的固定概念,而是引起转型发生的过程。正是从这个意义上,我们才能理解最近出版的一部新著作,它把基本权利描述为"不同法律体系与秩序之间的契合点"③;以及更为年长的日本法

---

① M. Fabre-Magnan, « La dignité en droit: un axiome », *RIEJ*, op. cit.

② F. Ost, « Quand l'enfer se pave de bonnes intentions », in Y. Cartuyvels et al (dir.), *Les Droits de l'homme, bouclier ou épée du droit pénal?* op. cit., p. 19.

③ E. Dubout, S. Touzé (dir.), *Les Droits fondamentaux: charnières entre ordres et systèmes juridiques*, Bruylant, 2010.

学家大召保昭(Onuma Yasuaki)提出的关于人权问题的"跨文化"方法。① 法律的国际化可以由下至上的方式发生(从国内层面到国际层面),也可以由上至下的方式发生(从国际层面到国内层面),它是一个具有活力的过程,这种活力并不能说是宪法性(或准宪法性)的,而是具有互动和演变的性质。

这里说的互动是对"内容可变的自然法"这一说法的延伸,后者是由德国历史学家鲁道夫·斯塔姆勒(Rndolf Stammler)提出的,后来得到了法国比较法学者雷蒙·萨莱叶(Raymond Saleilles)的认可,萨莱叶认为"内容可变的自然法"这一说法为批判德国历史法学派的保守主义论调提供了契机,并由此能够推动一个内容可变的、在比较研究基础上逐步形成的共同法的发展。

不过,只是在半个世纪以后,在区域和全球层面上才出现了表明国际化特征的互动关系。这里所说的国际化表现出很多形式(借助各国法律相互交叉而实现的协调化,借助各国法律不断相互接近而实现的和谐化,以及通过将各国法律相互融合而实现的统一化),描绘出20世纪初比较法学家们梦想的一个内容可变的共同法的轮廓。从梦想到现实,比较法的角色发生了改变。比较法不再是要形成一部"人类文明的共同法"(这是人们以前的说法),而是要对法律的国际化提出比较研究学者所具有的批判甚至是破坏性的见解,法律的国际化目前还只是建立在区域和全球层面上出现的大量碎片的基础之上。

我们已经多次提到,公"约数"的存在与否(指各国的共同目标——译者注)在某种程度上决定着各国行使国家自主空间的大小,但这并不排除当各国国家自主空间受到限制的时候,各国立法可以逐步地相互接近。例如,欧洲人权法院在其判决中就曾允许将宗教教育(欧洲人权公约第9条)与父母按照个人信仰教育子女的

---

① Onuma Yasuaki, «Toward an Intercivilizational Approach to Human Rights», in R. Falk, H. Elver, L. Hajjar (dir.), *Human Rights: Critical Concepts in Political Science*, Routledge, 2008, pp. 327-347.

权利(欧洲人权公约第一号议定书第 2 条)这两项规定进行相互协调。具体而言,在分别涉及挪威和土耳其的两个案件中,法院认为欧洲国家不论是宗教国家还是世俗国家,都享有自主决定在其教育计划中纳入宗教文化课程的重要权力,但条件是当这些课程不符合客观标准和文化多样性所要求的多元主义时,各国就应当对此采取适当的措施。① 但是,在上述适当措施的选择上,各国自主空间被大大地削减:在挪威,那些关心保持世俗问题的学生家长针对国家提出诉讼,欧洲人权法院就是以上述原因判挪威败诉。后来,基于同样的原因,欧洲人权法院也判决土耳其败诉,不过提出诉讼的则是那些在土耳其属于少数的伊斯兰什叶派的学生家长。②

上述例子能够帮助我们理解文化表达的多样性如何与人权的普遍主义相互协调。这种协调只有当文化不自我封闭和不对过去持保守主义,而是对世界和自己的未来保持开放时才是可能的。

由于人权的活力是互动性的,因此,它也一定是具有演变性的:除了空间的可变性,还有时间上的可变性。对于欧洲的人权体系而言,这种演变的特点不仅表现在欧洲人权公约通过后还不断增加新的"附加"议定书这一事实上,而且,欧洲人权公约的序言本身也强调了这种演变性。公约序言指出"欧洲理事会的目标是在它的成员间建立更为紧密的联盟",同时"实现上述目标的手段之一就是保护和发展人权与基本自由"。保护和发展:这一表述让欧洲人权法院将公约理解为"按照现实生活条件来进行解释的有生命力的法律文件"。③

上述说法在涉及美洲人权公约的时候再次被提及,由"有生命力的文件"这一说法引出了一系列自主性的概念,例如在有关刑法

---

① 关于在意大利公立学校教室中设置十字架的问题,参见欧洲人权法院,Lautsi 诉意大利,2009 年 11 月 3 日,本书写作时该案正在由大法庭审理。

② 参见 G. Gonzalès, « Des difficultés de combattre objectivement l'inculture religieuse », *RTDH*, 2008, p.251(该文系对下列判例的评论,欧洲人权法院,大法庭,Folgero 诉挪威,2007 年 6 月 29 日);另参见欧洲人权法院,Zengin 诉土耳其,2007 年 10 月 9 日。

③ 参见欧洲人权法院,Loizidou 诉土耳其,1998 年 7 月 28 日,第 71 段。

的问题上,这些概念使得超越国内法的形式主义(即国内法规定为刑法的就是刑法)成为可能,从而使获得公正审判的权利被扩大适用于具有惩罚性质的行政法领域以及有关纪律处分的法律。此外,罪刑法定原则还被适用于国家采取的安全保障措施。

在这方面,非洲人民和人权宪章特别具有代表性,该宪章第29-7条规定了对非洲文化的保护和巩固,但前提只是那些"积极"的文化。换句话说,对非洲文化的评价并不是一成不变的,一些由祖先流传下来的文化可能被视为是"消极"的(如以文化的名义对女性施行割礼,或者是以刑罚的名义对所有人实施类似措施)。①

当然,演变性的解释只有在其理由客观和透明的前提下才能被各国接受。因此,对那些保护人权的机构而言,有必要像联合国人权理事会实施普遍审查程序那样,对可变性做出明确的指示。

对此,我们会发现在不同规范空间之间存在着演变速度的差异。② 例如,在西方,对酷刑和奴隶制的废除还只是相对晚近的事情。同样地,"文明国家"的说法始终存在(它甚至还被写进了国际法院的规约之中),而这一说法似乎在不同国家形成一种歧视;还有,尽管1994年通过了阿拉伯人权宪章,但男女之间的歧视仍旧存在,而且这种歧视还暗含在伊斯兰人权宣言之中(1990年)。③

总之,允许国家有自主空间的观念能够软化普遍主义但同时又不因此而否认人权具有超国家的地位。自主空间将那种企图限定普遍价值的封闭观念转化为开放、互动的演变过程,同时,它为产生那些能够普遍化的价值提供了手段。

---

① Franciscans International, *Les Droits culturels*, 2007年8月, http://www.franciscansinternational.org.
② M. Delmas-Marty, *Le Pluralisme ordonné*, op. cit., pp. 203 et 226.
③ 联合国开发计划署,"为了阿拉伯世界妇女地位的提高",载于《阿拉伯世界人类发展报告》,2005年。另参见 A. Meddeb, « Dissymétrie et inégalité des sexes », in *Sortir de la malédiction. L'Islam entre civilisation et barbarie*, Seuil, 2008, pp. 176-180。

3. 从基本权利到能够普遍化的价值

为了化解一个没有前期基础的共同体引起的挑战,无疑应当超越那种将基本权利仅仅视为人权的观点。同时,应当在更广的范围内思考如何将价值的普遍性置于三种不同演变过程相互交织的地带,这三种演变过程是:生物演变(人化),伦理演变(人道化)和技术演变(全球化)。

如果说人权在具有统一性质的人化与在文化区分的基础上获得建构的人道化之间无所适从的话,那么"全球共同财产"这一概念的出现也应当被纳入我们的视野,因为它将有助于解决人化与人道化之间的紧张关系,并由此促进那些能够普遍化的价值的出现。但条件是不能以全球化的名义强制性地要求实现某种过于严格的统一化,因为这种统一可能会削弱人道化。

3.1 位于人化与人道化之间的人权

统一化本身伴随着人的生物性进化,而多样化则是伦理性的人道化的核心,随着"生物—伦理法"的出现,人们可以尝试地将二者相互结合起来。在欧洲理事会通过的在生物与医学应用方面保护人权和人类尊严的公约(被称为 1997 年奥维埃多[Oviedo]公约)中,在联合国教科文组织关于人类基因组和人权的世界宣言(1997年),以及此后联合国通过的相关公约中,在联合国教科文组织通过的新的关于人权和生物伦理的世界宣言中(2005 年),以及联合国通过的关于人的克隆宣言中(2006 年),每次都提到了尊严的原则,但那只是从强调生物做法的角度提出的。

例如,关于人类基因组和人权的宣言就在第一条明确肯定了"人类基因组的背后涉及人类大家庭全部成员的根本统一的问题,同时也涉及承认人类的内在尊严和多样性的问题"。这表明了从生物和基因的角度来理解人类的尊严,这种理解与世界人权宣言的理解形成反差。实际上,世界人权宣言的起草者曾有意地回避了平等尊严原则的起源问题。人们还记得,根据中国代表的建议,宣言第一条中有关上帝和自然的提法先后被抛弃。由此,宣言第一条被表述为"他们[指人类]赋有理性和良心,并应以兄弟关系的精神相对待"。

2005年联合国教科文组织通过了关于人权与生物伦理的世界宣言,这引起其他冲突。不过,该宣言序言的第三段指出"由科学的快速进步和技术应用引起的伦理问题应当充分尊重人的尊严,普遍尊重并遵守人权和基本自由"。但是,宣言第二条则表明,宣言的宗旨之一是"通过以符合国际人权法的方式保护人类的生命和基本自由来促进对人的尊严的尊重和人权保障"。通过将尊严与生命联系在一起,宣言以这种方式提出了有关生命起点的问题,而世界人权宣言第一条与1969年美洲人权公约不同,它明确地将人权与人的出生联系在一起的:"人生来是自由的,在尊严和权利上平等。"

在生命起点的问题之外,还存在着让人感到更加意外的生命与尊严相互分离的问题。对于上述问题的某些争论,没有像把灭绝种族的行为规定为犯罪那样,把生命与尊严结合在一起,而是把它们相互对立起来,例如:有人将享有尊严的权利作为支持安乐死的依据;或者,有人提出是否可以把上面的说法翻转过来,从而将通过优生、克隆技术、人为干预基因或是物种杂交的技术制造生命的做法视为对尊严的侵犯。在今天或将来,越来越多的类似做法将会变成可能,从而在基本权利与米歇尔·福柯所说的"生物权力"之间引起新的冲突。

上面提到的每一个例子均表明,在世界人权宣言所强调的普遍主义与在分化的基础上不断发展的人道化所体现的相对主义之间存在着矛盾,相对主义得到了前面提到的联合国教科文组织文化多样性公约的肯定,该公约将多样性表述为"人类与生俱来的特征",并且把它界定为"人类共同遗产"(1997年的宣言也将基因组视为共同遗产)。

如果说人权的互动活力能够有助于解决上述矛盾的话,那么解决方案应当产生于对基本权力更为广泛的认识,它不仅包括人权,而且还应当包括"世界共同财产"。尽管在"权利"与"财产"之间存在明显的不对称性,但"世界共同财产"的概念却通过联合国开发计划署和世界银行的话语,①表达出这样一种思想,即通过超国家和超越时间的团结关系是能够对全球化做出回应的。

3.2 全球化时代的世界共同财产

通过超越地域主权的联系建立跨国的团结关系的思想,最早是由格劳修斯在公海的问题上提出的。这一思想从1902年起通过关于斯匹次卑尔根岛(Sptizberg)的公约草案被付诸实施,其内容包含三项原则,即不得占为己有,向所有国家国民开放,战时中立。上述草案在第一次世界大战时期被搁置和抛弃,在经历了第二次世界大战的无数冲突和多次生态破坏后,马耳他大使帕多(Arvid Pardo)于1967年在海洋法大会筹备期间再次提出了"人类共同遗产"的概念。

"人类共同遗产"是罗马法上公有物概念的延伸,16世纪的神学法学家和自然法学派的法学家先后利用公有物的概念来反对将空间像作为国家主权标志的土地一样据为己有的行为。而"人类共同遗产"这一提法的创造者则实际上受到英国普通法上信托概念的启发,主张"人类共同遗产"包括了未来的利益,同时将国家作为自然资源的受托人,有义务按照各国法律体系中关于公共利益的要求对自然资源进行管理。② 这一思想也为此后关于全球治理的讨论奠定了基础。

"人类共同遗产"的概念首先被纳入到各种宣言和国际公约之中,其中有的是为了保护世界自然或文化遗产(1972年),有的是针对月球和其他天体(1979年)——对此不存在任何疑问,有的涉及深海海底(1982年),当然还有前面提到的人类基因组(1997年),以及文化多样性(2005年)。一个专门的法律制度已经初步形成,其中不仅涉及不得据为己有和非歧视性原则,而且还包括各国参与管理的问题。但那些强调领土和主权的国家的抵制则要求探索实现共

---

① I. Kaul, I. Grunberg, M. Stern (dir.), *Les Biens publics mondiaux. La coopération internationale au 21ᵉ siècle*, Economica, 2002.

② A. Kiss, «La notion de patrimoine commun de l'humanité», *RCADI*, 1982, p. 128 *sq*.

同福利的其他路径,避免公开地与这些国家的利益相抵触。

正因为如此,在1992年首次里约地球峰会上通过的行动计划中并没有"人类共同遗产"的提法:生物多样性公约只是将人类共同遗产表述为人类共同的"关切"。同样地,关于气候变化的框架公约及其京都议定书(1997年)只是规定了限制温室气体排放的目标,而在2009年的哥本哈根会议上上述目标并没有被及时更新。

在保护环境的问题上,确定一个有关全球计划的南北关系框架无疑是最大的困难。人类共同遗产的概念似乎还并不足以解决问题,因为它要求对包括基因资源在内的各种自然资源的自由获取,这就阻碍了发展中国家行使主权。为了使发展中国家接受放弃主权的做法,就应当在自由获取资源与自由获得技术之间承认某种经济同等性,以便实现"合理分摊由生物多样性带来的利益与负担"。[1]

正是在这一背景下,"世界共同财产"的概念才出现,它同样建立在跨国性的团结原则这一基础之上,但却要求采取不同的实现方式。世界共同财产被置于国际机构、国家和私人共同的保障之下,从而能够协调地考虑地域性的问题与世界集体利益。但问题是,世界共同财产的概念主要表现为一种经济的而不是法律的方法。经济学家保罗·萨缪尔森(Paul Samuelson)提出的两个标准常常被作为权威来引用:不据为己有("不具有排他性"的财产能够被任何人利用)和非歧视("不具有对立性"的财产,任何人对它的利用都不会损害其他人的利用)。

法国经济学家罗杰·盖内利(Roger Guesnerie)借用维克多·雨果关于孩子对母亲的爱的描述,将萨缪尔森的上述标准概括为"每个人都有属于自己的部分,大家共同拥有其全部":其中"每个人都有属于自己的部分"意味着谁都不得排除其他任何人对共同财产的利用,"大家共同拥有其全部"则表明对共同财产的利用不存在对立

---

[1] M. -A. Hermitte, «La convention sur la diversité biologique», *AFDI*, 1992, p. 863.

性。由此,"我的消费既不破坏也不禁止其他任何人的消费"①。可是,上述两个标准只是在例外情形下才同时并存,我们可以将气候视为"硬的"共同财产,而那些不同时满足上述两个条件的共同财产则只能被视为"不完全"的共同财产,它们只满足其中一个条件,例如健康和对药品的获取。此外,当我们试着进一步扩大视野,面向"那些它们的存在对任何人都能带来利益的财产、服务和资源"时,世界共同财产的概念就会变得十分模糊②,它几乎无法说明如何从利益的叠加过渡到以客观的方式去辨识世界范围内的"集体偏好",而这恰恰标志着划分不同价值之间等级关系的开端。

当然,还应当承认下面这种观念的策略价值,它旨在"强化从本质上属于伦理手段的权威性,到目前为止,这种做法则只具有修辞价值,甚至是按照马克思主义观点所主张的意识形态的价值",它会引起国内层面和国际层面之间的各种互动关系。正如许多学者曾经遇到的问题那样,"财产"这一词语本身包含不同的含义,这些含义之间存在的模糊性会进一步强化上述观念在制造互动关系上的效果:实际上,法语中的财产用"bien"这个词来表示,它既可以从伦理价值上来理解(指好与坏的区别,bien 就是好的意思),也可以从商品价值上来解决(这时 bien 指的是财产,即可交换的物)。尽管由伦理手段引起的互动关系效果并不能与普遍共识相互混淆,但是这种互动关系效果能够促进那些能够普遍化的价值的形成,接下来我们将在健康问题和气候变化这两个敏感的领域内证实上面的想法。

如果说人们还在寻找人权具有的活力的话,那么它实际上可以借助位于经济和法律相互交接地带的世界共同财产这一概念得到强化,因此,世界共同财产将会促进普遍价值的形成。此外,人权的活力还需要足够强大,以便让法律充分发挥其作用,它一方面是划

---

① R. Guesnerie, *Kyoto et l'Economie de l'effet de serre*, rapport du Conseil d'analyse économique, La Documentation française, 2003, p. 22.

② M. -C. Smouts, « Une notion molle pour des causes incertaines », in F. Constantin (dir.), *Les Biens publics mondiaux. Une mythe légitimateur pour l'action collective?*, L'Harmattant, 2003, p. 370.

分不同价值的等级关系,另一方面是让价值的侵犯者承担责任——这些是一个真正的人类共同法应当具备的两个条件。

第一节 人权:普遍价值问题

当我们认识到不同文化之间存在着明显的、巨大的差异时,人权的普遍性问题就会变得荒谬起来。当社会关系的制度框架不断形式化,甚至是以完全不同的"语法规则"呈现出来的时候,任何比较都将是不可能的。用纯粹文化的语言来讲,人权的普遍性问题是空洞的。

当我们用纯粹法律的语言来表述那些具有超立法效力的权利(违背人权会导致撤销违宪的法律),以及超国家的权利(对人权的违背会导致有关国家被起诉,例如在区域人权法院对侵犯人权的国家提出诉讼)时,人权的普遍性问题仍然是空洞的。这是因为,实际上只有少数几个国家,而且主要是西方国家——非洲人权法院目前还没有对侵犯人权的情形做出判决[1]——才在人权保障方面同时接受了违宪审查和区域性人权法院对国家的审判。

不过,当我们从文化、政治和法律相互交叉的视角来看待人权时,人权本身就具有了比较全面的意义。当我们研究中国对世界人权宣言做出的贡献时,会发现有些重要人物曾直接或间接地提出中国的传统,他们肯定中国传统与人权之间的相容性,或者是中国传统对人权的特殊贡献,从而以某种方式反映出"新儒家"复兴的尝试。[2]

从历史精确性的角度来看,上述观点可能并不确切,但无论如

---

[1] 非洲人民和人权法院在 2009 年 12 月 15 日做出了第一份判决,涉及 Michelot Yogogombaye 诉塞内加尔共和国的案件,不过,法院在判决中认为自己对该案无管辖权。

[2] P. -E. Will, « La contribution de la Chine à la Déclaration universelle des droits de l'homme », in M. Delmas-Marty, P. -E. Will (dir.), *La Chine et la Démocratie*, Fayard, 2007, pp. 297-365, 345.

何,在当代政治和法律建构的启发下,对中国文化的重新解读,也许能够充分说明出现那些可以对抗立法和国家的个人权利的缘由,由此,"人权法"就可以变成将文化、政治和法律之间相互联合起来的桥梁。不过,人权这种表面上的"法律化",并不能掩盖国家利益对抗法律理性这种相反的现象。目前,国家利益对抗法律理性的情形重新出现并且变得十分强大,在西方,这主要是由9·11恐怖袭击事件以后针对所谓"全球性"恐怖主义而采取的安全政策引起的。①

如果从法律的观点出发,承认人权的主要利益恰恰体现了将人权纳入到传统之中的困难,换句话说,也就是人权相对于已经建立起来的秩序和制度结构所具有的破坏性,这样,我们就会更好地理解为什么人权发展过程如此缓慢和坎坷。这不仅在中国——从1903年主张变法的梁启超通过翻译和阐释康德的观点而提出了自由的思想,到2004年人权终于被写进宪法,其间经历了一个世纪的时间——整个世界的情形都是类似的。

1948年12月10日世界人权宣言经历了60多年以后,人权确实获得了充实,但同时也变得模糊不清。人权获得了充实,是指有关人权的法律渊源和相关国内、国际和超国家人权机构的大量出现,这些人权机构对人权规范的实施行使管辖权,同时,人权规范的内容也呈现出多样化。可是,即便是在西方,虽然"人权法"的出现将政治问题法律化,但是它同时也打乱了传统的法律领域:我们可以说人权制造出或者增强了"法律的模糊性"②,而这种模糊性让现有的制度结构变得更加复杂。

同时,人权文件的制定以及解释人权文件所引出的问题不仅表明不同的人权之间存在着冲突,而且人权背后的文化选择本身也存在着冲突,这就使人权本身变得模糊了。为了解决这个问题,我们

---

① M. Delmas-Marty, *Libertés et sûreté dans un monde dangereux*, op. cit.

② M. Delmas-Marty, *Le Flou du droit. Du code pénal aux droits de l'homme* (1996), PUF, 2ᵉ éd., 2004.

通常会选择两条路径,我们在探讨根本性的禁止规定方面曾经提到过这两条路径,这就是对话和深化的路径。

在世界人权宣言的问题上已经打开对话。可是,世界人权宣言的草案实际上是在汇集当时已有法律文件的基础上形成的,而这些文件则都是属于西方国家的。不过,尽管如此,从宣言的一开始,特别是关于宣言的第一条,跨文化的交流就已经发生了。为了不影响宣言的普遍主义,宣言的起草者们最终选择了避免涉及平等尊严的起源问题,同时在第一条后半句中放弃任何有关对上帝以及自然的提法,因此,该部分的最终表述为"他们[指人类]赋有理性和良心,并应以兄弟关系的精神相对待。"我们记得,该部分在理性之外还提到"良心",这是采纳了中国代表的建议,目的是要充分考虑儒家传统;尽管中文的良心被译为"conscience",这种译法并未能充分顾及保持相异性的想法,但它还是表明了这样一种愿望,即避免宣言被批评为追求以人种为中心的普遍主义。

在区域性的人权机构之间,对话再次获得重视,这主要是指当不同区域性人权机构对于下面这些问题产生分歧的时候,就会试图通过相互对话来解决,这些问题包括生命的开始(这由堕胎的问题引起)与终结(这涉及安乐死、死刑的问题),如何界定非人道或侮辱性的刑罚与待遇(这主要指关于酷刑或身体惩罚的讨论),以及如何看待那些不属于人类的事物的地位(这里主要涉及关于动物地位的讨论)。

不过,世界并不是一成不变的,科学发现及其产生的新技术(例如医学辅助生殖,人类干细胞研究和克隆人技术等等)使得上述各种争论不断被提起,使得每一种文化都不得不通过自我深化来寻找它认为适当的答案。因此,在相互对立的文化确定性引起的冲突之外,还会产生由于科学不确定性引起的不稳定因素。

正是在这种情形下,一些国家建立了伦理委员会,它们根据个案分别提出自己的意见,不过它们的意见只是咨询性质的。国际人权法的起点是界定那些被人们视为固定不变的原则,而伦理做法本身则要求提出不断演变的解决方案①。尽管这两类做法之间存在着矛盾,但它们之间的互动却是明显的,这种互动一方面表现在《人权与生物医学的公约》(由欧洲理事会通过),或者《人权和生物伦理宣言》(联合国教科文组织)这些国际性文件上,另一方面表现在由国际司法机构做出的各种细致的决定中。

总之,即便人权可以被冠以"基本"的称谓,但它们的实际实施情况却表明,人权并不是决定最终明确答案的普遍价值的基石性概念,而是一个转型过程,它引起了一场旨在将各种差异变为能够相容的运动。

为了表明这一点,下面将提出三对相互对立的范畴,它们是:"生命与死亡","人道与非人道",以及"人与非人"。虽然上述对立范畴并不能穷尽人权的普遍主义问题,但它们却能够阐明一种活力,借助这种活力,人权将会促进那些能够普遍化的价值通过互动与演变的方式得以确立。

1. 生命与死亡

汉娜·阿伦特让人们看到,在人的生命与自然的循环运动之间存在着差异,人的生命(bios)有始有终,而自然的循环运动(zôè)"则不存在人们通常所说的出生与死亡",她进一步指出了其中的文化内涵:"人的生与死并不是简单的自然事件"②。事实上,虽然每种文化都珍惜人的生命,但是在生命的例外问题上,不同文化之间存在着巨大的差异。正因为如此,国际法律文件明确允许有关生命权保护的种种例外规定,包括死刑、战争以及正当防卫等等。不过,对于

---

① N. Questinaux, « Ethique, science et droits de l'homme », *Droits fondamentaux*, 2004; S. Maljean-Dubois (dir.), *La Société internationale et les Enjeux bioéthiques*, Pedone, 2006; N. Questinaux, « Ethique des sciences de la vie: s'agit-il d'un champ normatif nouveau? », *in* D. Sicard (coord.), *Travaux du CCNE*, PUF, 2003, p. 23 sq. M. Delmas-Marty, « Les droits de l'homme: ni l'homme ni le droit », *in* collectif, *Ethique médicale et droits de l'homme*, Actes Sud-Inserm, 1988, p. 321 sq.

② H. Arendt, *Condition de l'homme moderne*, op. cit., p. 142.

堕胎或者安乐死的问题则缺乏明确规定,从而需要通过具体判例来解决。

在赋予决定生命的权力问题上,以及决定出生与死亡时间的问题上,文化多样性成为意见分歧的根源。此外,科学新发现和生物医学新技术也引起了更多的不确定性。不过,从对死刑的废除到禁止克隆人,人们也许会在那些能够被普遍化的解决方案上达成某种一致意见。

1.1 文化分歧

对生命权的尊重这一问题本身存在于与不同民族的历史有着密切联系的观念之中。因此,区域性人权法院在处理堕胎(自愿或非自愿性质的,对自己或他人实施的堕胎行为),以及选择死亡的权利(自杀或安乐死)时,会非常谨慎地对相关法律做出解释。

1.1.1 堕胎

有关该问题的分歧有着非常久远的历史,各种文明对堕胎的态度并不一致,有的以家庭的名义禁止堕胎(如印度和古代波斯、希腊和罗马也是如此),而其他文明则从胚胎形成之时就将生命予以神圣化(犹太基督以及伊斯兰传统)。在对个人权利的保护问题上,分歧进一步扩大到母亲应当享有的权利上(生命、健康与私生活的权利),这种分歧有时也会发生在即将出生的胎儿的权利上(生命权),有时则反过来发生在父亲的权利上,后者被认为享有实现家庭生活的权利。

我们发现,国际性的人权法院对于堕胎(包括自愿或非自愿的堕胎)所引出的种种问题保持谨慎的态度。例如,欧洲人权法院曾经处理过下面的问题:一位医生因为操作失误而导致孕妇流产,这究竟是否属于过失杀人?对此,法院强调指出"应当考虑到在生命起点的问题上存在着各种不同的观念,不同的法律文化和国家保护标准都将该问题留给各国自由裁量来决定"[1]。对此,欧洲人权法院请求由欧洲伦理问题工作组对此提出意见,并认为"在该问题上强

---

[1] 参见欧洲人权法院,Vo. c. France 案,2004 年 7 月 8 日,第 82 段。

行对各国的立法加以协调不仅在法律上是困难的,而且,由于缺乏共识,企图制定某种单一的、具有排他性的伦理道德也是不适当的"。同时指出,"对公约的解释是不断发展变化的,在这一框架下,生命权的起点应当属于由一个国家自由裁量决定的问题,对此,欧洲人权法院认为应当将这种自由裁量权赋予各国行使。"①

这种关于国家自主空间的扩张性观念,似乎与欧洲人权公约序言提到的整合各种价值的宗旨相矛盾。对此,欧洲人权法院的法官们提出了两个理由来加以解释:一是各成员国对于堕胎的问题还没有形成稳定的解决方案(前面提到的案例中,法国最高法院和上诉法院的判决就存在冲突)②;二是在欧洲层面,"对于胚胎和/或胎儿的性质与地位问题还没有形成一致意见,尽管在科学进步方面有关胚胎和/或胎儿的一些保护规定已经出现"(前引欧洲人权法院判决第84段)。欧洲人权法院还援引了关于人权与生物医学的奥维埃多公约,指出:"在上述问题上,人们至多也只能得出这样的结论:即各国之间存在的公约数式的共识是胚胎和/或胎儿属于人类。"不过,法院认为,由此能够得出的唯一结论是:"这种生命的潜力"和"它变成某一个人的能力"应当以人类尊严的名义获得保护,"但并不能由此使它成为一个享有公约第2条规定的生命权的'人'"。

在自愿性堕胎的问题上,欧洲人权法院的态度同样谨慎。它始终回避将有关该问题的争论与生命权联系在一起,而是将其与母亲所享有的权利联系在一起,从而让堕胎合法化,但并不因此而将该观念强加于各国。直至目前为止,欧洲人权法院承认了爱尔兰③和波兰禁止非出于医疗目的的坠胎行为的国内法。不过,欧洲人权法院也判定波兰存在违反欧洲人权公约的情形,理由是其国内法规定

---

① P. Mbongo, «La CEDH a-t-elle une philosophie morale? », D., 2008, Chr. 99.

② 欧洲人权法院目前还可以在其论证中举出法国最高法院2008年2月6日由民事法庭做出的判决(第06-16.498号),该判决允许出生时已死亡的胎儿的父母为其申报民事身份,而不论该胎儿此后的情形。

③ 关于爱尔兰的立法,在本书写作时,欧洲人权法院正在审理A,B,C诉爱尔兰的案件,并于2009年12月9日举行了庭审辩论。

了当孕妇健康受到威胁时可以实施堕胎,但当医学专家对是否应当实施堕胎存在分歧时,该国立法没有确保孕妇实现堕胎的保护性规定。①

与欧洲人权法院一样,美洲人权保障机构也在堕胎的问题上保持了适当的谨慎态度。不过,美洲人权公约第4条规定对生命的保护"通常从其形成时开始"。但"通常"这一说法被解释为仅仅是指示性的,特别是在涉及判断北美允许非治疗性堕胎立法的有效性问题时。② 上面这种谨慎立场的深层次原因在于,不同文化在生命与死亡的问题上始终存在的分歧让法官们感受到问题的敏感性,在选择属于生命另一端的死亡的权利这个问题上,存在着同样的谨慎立场。

1.1.2 从自杀到安乐死

一个人选择死亡的权利,或者说处分生命的权利,变成了一种诉求,它不仅导致对自杀的允许,同时,在过去20年中还引起了有关安乐死的广泛争论,后者把没有痛苦的死亡改为以直接方式(积极的安乐死)或间接方式(消极的安乐死)引起的死亡。一些广受媒体关注的案件对人们关于安乐死的想法产生了重要影响,例如,在法国的亨伯特案中,一位母亲在医生的帮助下对自己重病的儿子实施了安乐死,因此而遭到刑事起诉,不过最终被判无罪(2006年)③;在特丽·夏沃案(2005年)和恩格拉罗案(2009年)中,立法机关曾经试图采取介入措施,暂停实施允许对处于长期植物人状态的病人停止人工喂食或补水的司法决定。

在法国,一系列有关临终陪护的报告(其中包括国家伦理咨询委员会2000年报告和国家人权咨询委员会及让·莱奥内提主持的议会专门委员会于2004年通过的报告)使得2005年4月22日法律获得通过。该法律规定了减轻病人痛苦的治疗方法,对消极的安乐

---

① 参见欧洲人权法院,Tysiac 诉波兰,2007年3月20日,*JCP*, 2007, II, 10071, pp. 36-40 (note B. Mathieu)。
② 参见美洲人权法院,2141(Baby Boy)诉美国,1981年3月6日。
③ B. Legros, *L'Euthanasie et le Droit*, Les Etudes hospitalières, 2006.

死加以规范,但最终否定了应当建立一个新的刑法免责事由,后者曾由国家伦理咨询委员会提议,以"安乐死的例外"这一名义纳入到2005年法律的草案之中。① 上述2005年的法律似乎并不会因为目前正在进行的生物伦理法律的修订工作而有所改变。②

大主教吕斯蒂热(Lustiger)对国家伦理咨询委员会的咨询意见发挥了重要影响,他曾强调指出,安乐死的申请与人权问题存在着密切的联系。国家伦理咨询委员会认为,应当满足"人们的需要,他们能够比以往更好地获得有关信息,寿命更长,在生病时能够获得病人所享有的更多权利"。因此,大主教的批评意见认为,安乐死是"反映了人权观念堕落发生偏差"③的过程的第一步,"堕落"是因为个人对安乐死的申请"被认为是违背了一个基本的禁止规定,这个禁止规定的功能包括对全部弱势人群的保护,以及对这些人所享有的、由重要的人权宣言正式确认的生命权提供保障"。

大主教还专门提到欧洲人权法院的一个判决,作为生命受到保护的依据。在该案中,普蕾蒂女士因植物神经系统疾病而瘫痪,她希望获得自己丈夫的帮助结束生命,但欧洲人权法院拒绝了这一请求。法院认为欧洲人权法院第2条的"初衷是保护生命的神圣性",因此,否认了生命权包含"每个人自主决定有关生死问题的权利",同时,也没有支持以尊严权利(公约第3条)为由提出的安乐死请求,认为该条并没有要求国家采取行动来对抗生命。

不过,吕斯蒂热并没有指出,上述欧洲人权法院的判决首次将私生活受到尊重的权利(公约第8条)与个人在生活质量上保持自主的原则联系起来:"法院并不否认生命的神圣性,但同时也认为

---

① *Travaux du Comité consultatif national d'éthique*, PUF, 2003.

② Assemblée nationale, *Rapport d'information fait au nom de la mission d'évaluation de la loi n° 2005-370 du 22 avril 2005*, n° 1287, 28 novembre 2008; Conseil d'Etat, *Evaluation de l'application de la loi du 6 août 2004 relative à la bioéthique*, rapport, 6 mai 2009. Etats généraux de la bioéthique, *Rapport final*, 1er juillet 2009; adde Ch. Byk, «Bioéthique», *JCP*, 2010, Chr. 302.

③ 参见国家人权咨询委员会,《关于生命终点问题的咨询报告》,附件,2004年4月30日,第8—10页。

[……]生活质量的概念有着十分重要的意义。我们处在一个医学手段不断复杂化和人们对生命的期望不断增长的时代,很多人担心会被迫地长期维持生命,虽然他们的身体或精神已经处于一种极度衰败的状态,而这恰恰与人们坚持自主或维护个人身份的要求背道而驰。"(判决第65段)

欧洲人权法院在这个问题上提出了国家自主空间的概念,并最终以比例适当性原则为依据判定刑事调查机构拒绝(事先承诺不对普蕾蒂女士的丈夫是否犯有故意杀人罪开展调查)的做法并不构成对当事人普蕾蒂女士私生活的"不适当"干涉。尽管欧洲人权法院没有直接提出,但无疑应当考虑到这一事实,即欧洲理事会的成员国之间对于安乐死并没有形成一致的意见,一些国家允许满足一定条件的积极安乐死(如荷兰2001年和比利时2002年的立法),有些国家则对安乐死采取容忍态度(如瑞士①),这可能会引起"死亡旅行"的现象。欧洲人权法院将有关安乐死的讨论引向有关私生活的保护方面,由此可能产生的后果是,当积极安乐死的立法符合比例适当性原则时,这些立法就会被认为是正当的。

尽管在不同宗教传统的影响下分歧意见仍然存在②,欧洲理事会大会的建议仍旧坚持绝对禁止对那些不可治愈且濒临死亡的患者实施安乐死③,但一个转变过程已经开始出现。特别值得注意的是,欧洲理事会和法国国家人权咨询委员会都认为,科学进步并可以挽救死亡的事实已经改变了人们对死亡的认识,并引起了"那些指导人们行动的价值与规范要求的转变"。④

可以说,科学发现——当然还有治疗成本给医疗体系带来的经

---

① 不过根据报道,"瑞士计划严格有关辅助自杀的立法规定",参见《时代》报,2009年10月29日。
② *L'Euthanasie*, vol. I, *Aspects éthiques et humains*, Conseil de l'Europe, 2003, p. 139 *sq*.
③ 参见欧洲理事会大会第(1999)1948号建议,《人权和对患有不治之症且濒临死亡的病人的保护》,特别参见该报告第9c, i, ii, iii部分。
④ J.-P. Harpes, « Les juridictions contemporaines de l'euthanasie », in *L'Euthanasie*, vol. I, *op. cit.*, p. 27 *sq*.

济压力——可能会间接地通过它们带来的不确定性而将有关讨论引向价值的问题。

1.2 科学发现带来的不确定性

科学的普遍性与人权的普遍性之间在表面上存在着重合,但这并不能理解为二者是完全相同的。它们之间的交叉发生在美国法院审理的纳粹医生的案件中,同时,纽伦堡法庭规约也成为1964年世界医学协会通过的《赫尔辛基宣言》的参考文献。所谓的生物伦理法,就是在此基础上形成和发展起来的。但是,法学家贝尔纳·马修(Bernard Mathieu)却非常明确地表明生物伦理的普遍性在实质上与人权的普遍性相抵触。[1] 他认为,鉴于生物伦理的那些法律文件"虚假的相似性",以及"法官们在做出判决时对法律文本的解释持有的犹疑不决的态度",禁止规定本身应当是相对的,例外规定应当得到发展。

不过,当人权并没有被视为固定的概念(即所谓那些神圣的法律文件),而被理解为引起转变的过程时,相关的分析就不同了。从这个意义上讲,人权与现实状况和科学发现之间存在着互动,同样由不同文化之间对话引起的对立会促使思考不断深化。此外,演变的速度还应当实现共时化,这是因为某些技术创新出现得更早,如医学辅助生殖。在此之前,不同的文化还未能通过深化的活动来调整本文化关于生命与死亡的观念,以适应由新技术引出的问题,如关于对细胞的研究引起的问题,等等。

1.2.1 医学辅助生殖

医学辅助生殖的技术产生于20世纪60年代,1994年的立法将其正式称为生殖的医学辅助措施,它使得有关的讨论变得更加复杂。这项技术最初是为了解决没有生育能力的夫妇的生理困难(例如对卵巢实施的简单刺激)。但是科学的进步能够直接通过医学手

---

[1] B. Mathieu,《La bioéthique ou comment déroger au droit commun des droits de l'homme》, in S. Maljean-Dubois (dir.), *La Société internationale et les Enjeux bioéthiques*, op. cit., p. 85 sq.

段实现妊娠。自1978年第一例"试管婴儿"出现以来,由于没有生育能力的夫妇的比例不断上升,"制造生命"的实践已经变得十分普遍。① 奥利维尔·德·迪内坎(Olivier de Dinechin)神父曾经指出,医学化改变了"妊娠这种具有决定意义的行为",天主教关于生命神圣性的学说就是建立在此基础之上。② 医学措施代替了男女两性之间的结合,它包括在三个不同时间完成的步骤,它不需要涉及夫妇之间的隐私就可以完成:首先是对卵子的选取,然后是对卵子实现受精,最后是把胚胎放到子宫中去。为了提高成功率,人们可以增加受精卵子的数量,从而产生了"过剩"胚胎的现象。

使问题变得更复杂的是对受精卵子的冷冻储藏,被储藏的卵子面临着将来被利用或者被抛弃的两种选择。在这种情形下(2003年法国用于医学辅助生殖的冷冻受精卵达到10万个③,到2009年这一数字增加到17.5万④),宗教机构想继续维系"人的神圣起源之谜"就会变得十分困难,医学化和对受精卵的冷冻储藏使这个谜变得不再具有诗意,甚至是被去神圣化。

这是不是说,当教条的内涵被颠覆时,在出生和生命的问题上会更为容易地形成某种共同的认识呢?国内和国际的实践均表明,普遍价值的问题并没有解决,在有关胚胎的研究问题上还没有达成任何共识。

1.2.2 关于胚胎的研究

这个问题已经脱离了有关个人的讨论,这是因为它涉及对人道

---

① J.-L. Baudouin, C. Labrusse-Riou, *Produire l'homme: de quel droit? Etude juridique et éthique des procréations artificielles*, PUF, 1987.

② O. de Dinechin, « Pour une approche éthique concrète de l'assistance médicale à la procréation », *Journal français de psychanalyse*, 1er trimestre 1998; id., « La religion catholique et les technologies nouvelles d'assistance médicale à la procréation », in Cl. Sureau, P. Madelenat, J. Millez, A. Proust (dir.), *Ethique, religion, loi et reproduction*, GREF, 1997.

③ P.-L. Fagniez, *Cellules souches et choix éthiques*, rapport au Premier ministre, La Documentation française, 2006, p. 53.

④ Etats généraux de la bioéthique, *Rapport final*.

的整体保护(在国家伦理咨询委员会的最新报告中出现了"社会连带"的用语),以及对人类未来的保护。技术必要性产生了问题,整个社会随后开始对这些问题进行思考:国家伦理咨询委员会在关于胚胎问题的报告中,将胚胎定义为"潜在的人"(1984年)①,后来,最高行政法院则在报告中强调制定相关法律的必要性(1988年),这些法律应当考虑到胚胎研究涉及利益的多样性,特别是有关第三方,如精子或卵子捐献者,以及代孕母亲的利益。后来的勒诺瓦(Lenoir)报告重申上述观点(1990年),促使通过1994年和2004年两部有关生物伦理法律。不过上述两部法律还只是临时性的,对它们的修订已经纳入日程。

在实践中,法律不断地发生变化:1994年的法律允许从事以医学为目的的研究活动,2004年的法律要求有关的研究活动应当在更为严格的框架下进行,而且受到时间限制(2006年通过了实施该法的条例,规定了时间限制为条例公布后的五年)。最后,为了修订上述两部法律,2006年的法尼艾兹(Fagiez)报告针对不同咨询机构(国家伦理咨询委员会、国家人权咨询委员会)的分歧意见,指出根据现有的知识水平,有关胚胎细胞的研究相对于成人干细胞的研究更有效率,这是因为前者可以有大量胚胎可利用,经过事先化验分析,有的胚胎细胞会被植入人体,而其他胚胎细胞就会被抛弃。对此,该报告建议"将现有例外性质的胚胎移植改变为对胚胎干细胞研究的正常许可制度"(第四点建议)。有关伦理问题的专家议会小组对此也持有相同的意见(参见该小组2010年的报告)②,与此同时,有关成人干细胞的研究也取得不断进步。

有待破解的集体性问题(科学上和经济上的问题)的影响更为

---

① 后来这一说法被吕希安·塞乌(Lucien Sève)更正为"人的潜在性"这一更精确的说法,参见 « S'entendre sur la personne », *in* D. Siccard (coord.), *Travaux du CCNE*, *op. cit.*, p. 32 *sq*; « Embryon et AMP », *ibid.*, pp. 52-213.

② 参见法国最高行政法院报告:《2004年8月6日关于生物伦理问题法规实施的评估报告》,同前引注;2010年1月20日国会报告:《信息委员会关于修订生物伦理法的信息报告》,第2235号文件。

深远。相比之下,法律的比较研究却无法得出确定的结论,这表现在欧洲伦理工作小组先后发表的不同咨询意见上。① 一方面,各国的做法具有多样性,即便是在欧洲,英国的立场就与德国完全相反(前者允许对胚胎开展研究,包括为了研究的目的制造胚胎;而在德国,胚胎研究被禁止,但同时却允许基于研究的目的对胚胎的植入,法国与德国的做法相同)。② 另一方面,在世界范围内,国际法领域内仅包括一些不具有法律约束力的文件涉及胚胎问题,例如联合国教科文组织关于生物伦理的宣言,或者是一些有约束力但内容却非常不具体的文件,如奥维多公约,该公约允许各国根据本国情况具体处理活体的胚胎研究问题(公约第18-1条)。虽然公约文本禁止基于科学目的的胚胎制造,但它并未明确该禁止规定仅适用于严格意义上的胚胎,还是也适用于通过克隆手段产生的细胞,后者是一种潜在的胚胎,只有通过受精或被植入子宫才能转变为真正的胚胎。

为了使相关的立法规定不武断,就应当明确区分胚胎不同发展阶段的标准,同时,针对每一个阶段的具体情况对那些符合法律原则的实践做出规定。但这一方案怎么来实现呢?

这里的困难是,胚胎研究的发展带来巨大的科学不确定性,这就愈发需要借助那些反映了普遍原则的法律原则来做回应。可是,那些严格的、自我封闭的法律框架所具有的确定性已经成为历史,无法适应于发展迅速的生物和技术现状,例如:人工辅助生殖技术提出了人的生命究竟从何时开始的问题,对胚胎细胞或准胚胎细胞的研究则提出了有关人类自身尊严的问题,法律在过去已经确立的有关人的尊严的立场和方案,显然很难适应于一般的细胞或胚胎细胞这些特殊情形。这是否意味着法律应当允许对人的细胞开展研究,特别是在医学和一般科学研究的框架下开展细胞研究呢?

---

① P. -L. Fagniez, *Cellules souches et choix étiques*, op. cit., p. 126.
② 参见前文援引的《世界各国相关立法总览》。

对于上述问题,有人提出了这样的观点,即"急需解决的问题不是科学进步,而是法律本身的进步"。① 显然,解决上述问题并不是要从整体上抛弃法律规定,相反,应当以不断发展的(在国内法的意义上讲)和多元的(从国际范围来看)法律这一视角来重新审视和构思相关的法律框架。应该改变是,法律的严格性表现为精确与固定不变的定义这种传统观念。关于复杂体系的研究已经表明,即便是在一个模糊而且不稳定的环境中也可以实现法律的严格性,条件是要明确关于可变性的标准,这些标准能够将人权与人道的权利结合在一起,同时划定那些可以接受的实践做法的界限。

这样更新的法律形式主义能够使国际立法的协调性变得更为容易,同时保留了各国自主决定的余地。与此同时,它并不放弃以共同价值的名义对不可逾越的底线做出规定,因为这些共同价值能够解决普遍性问题。

1.3　普遍性的答案

我们这里选取的两个例子,一个是禁止人类克隆生产,另一个是废除死刑,它们看上去很不同,但实际上二者也有相同点,它们都将生命与人类尊严联系在一起,对它们的理解都与人和人类这两个概念相关。

1.3.1　普遍禁止人类克隆

禁止人类克隆生产的运动从1996年克隆羊多利出生时就已经开始。在此之前,对哺乳动物的克隆生产被认为是不可能的。但是克隆羊的出现打破了这一观念,进而提出了人类再生产的问题,2002年还成立了专门从事克隆人研究的公司"克隆艾德"(Clonaid)。从此,科学发现引发了热烈的讨论并导致大量立法活动的出现。

与医学辅助生殖技术在受到法律规制之前曾被普遍应用的情形不同,人类克隆生产一出现就引起了人们的关注,并由此导致某些共同法律原则的出现,唯一的例外是所谓"治疗性"克隆技术(即克隆那些具有再生性功能的细胞并加以保存)。目前,人们已经对

---

①　参见前文援引的《世界各国相关立法总览》。

禁止人类克隆生产达成了基本共识,但对于治疗性的克隆技术却存在着不同的立法规定。

2001年法国和德国曾共同倡导在世界范围内通过一项禁止再生产克隆技术的国际公约。上述努力的结果是,联合国大会于2005年3月8日通过了一项专门决议,该决议"鼓励各国政府禁止与人类尊严和保护人的生命不相符的任何形式的人类克隆"。"任何形式的人类克隆"这一提法弱化了该宣言。实际上,如果人们想要利用治疗性人类克隆技术,考虑到对克隆技术存在的不同观点,就必须放弃禁止或允许这种二分法,取而代之的是建立一个更为复杂的法律框架。在这个框架里,各国被允许根据自身的情况对克隆技术的利用保留一定程度的自主决定权,而该自主决定权同时接受来自外部的控制:正是通过上述法律创新,人们才能将人类克隆再生产的普遍性禁止规定,与围绕治疗性克隆技术的共同原则产生的受到规制的多元性实践相互结合。①

与此同时,在各国国内的做法与国际实践也逐步形成了某种交叉。在过去若干年里,越来越多的国家通过了禁止人类克隆再生产的立法,其中也包括对克隆技术研究最为开放的英国和加拿大。上述立法通常包含对违反上述禁止规定的刑法制裁,如法国,这些规定与国际立法的趋势是一致的,包括世界性法律文件(例如联合国教科文组织1997年和2005年的宣言,世界卫生组织1998年通过的决议,联合国2005年通过的宣言)和区域性法律文件(非盟组织1996年通过的决议,欧洲国家在1997年通过的奥维多公约附加议定书,欧洲联盟2000年的基本权利宪章)的相关规定。从以上情形来看,可以认为普遍禁止人类克隆再生产的原则已经成为一项习惯国际法规则。②

---

① 中国与法国的法学研究者曾提出了这样的建议方案,参见 M. Delmas-Marty, Zhang Naigen (dir.), *Clonage humain, droit et société*, vol. 3, *Conclusion*, SLC, 2005, p. 143 sq.

② Ch. Kuppuswamy et al., «Préface», in A. Zakri, *Is Human Reproductive Cloning Inevitable: Future Options for UN Governance*, rapport UN-IAS, septembre 2007.

禁止人类克隆再生产的理由有若干,其中首先是人类学的理由:如果允许人类克隆再生产,就会导致人类象征性的混乱,因为所有的人类文明均无一例外地要求对性别和代际做出区分。① 另一个重要的理由是,如果允许人类克隆再生产,那么就有可能会因为刻意改变人类自身繁衍进程的不确定性,进而导致那些所谓"被制造出来"的人退化成某种工具。正是通过将生命与人的尊严相互联系在一起,对人类克隆再生产的禁止才实现了普遍化。同样地,对死刑的废除也将是如此。

1.3.2 死刑废除的普遍化趋势

扎维尔·第戎(Xavier Dijon)曾经将生物伦理与死刑联系在一起进行深入地研究,他指出,"至少是在时间维度上,主张废除死刑的运动与提倡不再对安乐死实施刑事制裁的运动同时发生",并进而认为在这两个运动中,"生命权成为仅仅由个人来决定的事物"。② 上述结论初看上去会令人感到难以接受,虽然废除死刑与对安乐死不再被视为犯罪这两个运动之间确实存在相互趋同的情形,但上述研究对该过程的解释显得并不是那么具有说服力。实际上,废除死刑最初是为了保护生命权,其背后有着天主教教会反对堕胎的立场支持,上述立场最后发展到主张保留死刑,但不去实际执行。"死刑合法但不适用"的主张是自相矛盾的,用它来解释安乐死的问题显然也会遇到困难。这是因为,安乐死与堕胎一样,在将生命权与人的自主性相互结合时反映出文化差异的影响。相反,关于死刑以及克隆人再生产的问题,其论证本身则具有普遍性,因为这些问题的讨论实际上是把个人对生命的权利与人类现在与未来所享有的尊

---

① M. Augé, «La question des finalités», in M. Delmas-Marty et Zhang Naigen (dir.), *Clonage humain, droit et société*, op. cit., p. 87 sq; adde id., «Des individus sans filiation», in H. Atlan, M. Augé, M. Delmas-Marty, R.-P. Droit et N. Fresco, *Le Clonage humain*, Seuil, 1999.

② X. Dijon, «Peine de mort: abolir quoi?», *5ᵉ journée mondiale pour l'abolition de la peine de mort*, 10 octobre 2007, inédit; G. Giudicelli-Delage, «Approches de la vie et de la mort en Europe», *RSC*, 2008, p. 513 sq.

严联系在一起。

正是基于上述联系,欧洲人权法院才做出支持废除死刑的判决①,尽管废除死刑并没有明确规定在欧洲人权公约之中(欧洲人权公约第6号附加议定书对和平时期的某些罪行规定了死刑,第13号议定书对战争状态下的某些罪行规定了死刑)。从生命权(欧洲人权公约第2条)过渡到公约规定的尊严权利,欧洲人权法院的法官们逐步地将死刑与酷刑、非人道或侮辱性的刑罚与待遇(欧洲人权公约第3条)一起加以禁止。而且,上述禁止死刑的判决,强化了废止死刑的法律效力,这是因为欧洲人权公约第3条的规定被认为是"不可克减的",这就是说,以第3条为依据来废止死刑,意味着废止死刑是对国家提出的一项义务,这一义务即便是在战争或其他例外的情形下也不得被克减。

由此,我们看到,死刑废止的运动是缓慢的:1945年纽伦堡军事法庭规约明确规定了死刑,并得到了实际运用;而在1948年世界人权宣言的第3条,也只是非常简略地对生命权做出规定,并没有要求废除死刑。尽管如此,废除死刑在此后的半个世纪里很快得到了普遍的支持。② 废除死刑运动的进展表现为若干不同阶段,首先是在西欧,然后逐步延伸到整个欧洲,包括作为欧洲理事会成员的俄罗斯和土耳其,都先后宣布废除死刑。此后,在拉丁美洲也出现了废除死刑的运动,目前已扩展到世界上大多数国家:截至2010年1月1日,138个国家在法律上或事实上废除了死刑,59个国家保留了死刑。不过,在保留死刑的国家里,有一些国家是非常重要的,如中国、美国、日本。即便如此,在这些国家里,对死刑的限制不断增加,这特别体现在未成年人和精神病人的死刑问题上。对此,"不同国

---

① CEDH, *Soering c. Royaume-Uni*, 7 juillet 1989; *calan c. Turquie*, 12 mars 2003 et 5 mai 2005 (Grand Chambre); *Al-Saadoon et Mufdhi c. Royaume-Uni*, 2 mars 2010.

② «Peine de mort et suicide en Chine», *La Lettre du Collège de France*, 2007, n° 21; *RSC*, 2008, p. 511 *sq.*

家法官之间的对话"①,以及一些政治情况的变化,如 2009 年日本中左派政治力量的上台,能够进一步推动这些国家的法律取得进步。

因此,很难在生命与死亡这对范畴中得出倾向某一方的结论,因为在这对范畴上深刻地反映出文化多样性和科学不确定性的影响与干扰。假如说生命与死亡这对范畴为某种程度的价值普遍主义开辟了发展道路,那么必须明确的是,这里并不是要将生命与死亡对立起来,相反是要告诉人们,"人道"的生命所享有的权利并不是简单的生存权利,而"人道"的死亡也不应以社会的名义强加于人。1948 年世界人权宣言起草之时,联合国教科文组织曾经召集代表不同文明的哲学家对该宣言展开讨论,当时,对上述观点就已经达成了共识。②

2."人道与非人道"

印第安人是否属于人类?地理大发现曾引发了对该问题的热烈讨论,1550 年夏天,查理五世曾专门召集当时的神学家和最富盛名的法学家来研究该问题。根据这些人的研究,查理五世决定暂时搁置对美洲大陆的征服。当时杰出的人道主义者西班牙教士卡萨斯(Las Casas)与在意大利接受教育的另一位西班牙神父塞普尔维达(Sepúlveda)发生了争论,这就是著名的"瓦雅多丽辩论"。在这场争论中,卡萨斯第一次提出了印第安人与基督教信徒享有同样的人类权利,而在文艺复兴时期的人道主义者中还很少有人持这样的观点。

上述争论导致了立法的改变,这种改变在原则上有利于印第安人,不过,这些法律在实施上却不尽人意。塞普尔维达认为,印第安人的野蛮性使他们成为"自然的奴隶",应受制于文明国家。针对这种观点,卡萨斯并不是一个认为各种文化都有自己价值的相对主义者,相反,他实际上是一位普遍(多元)的人文主义者,他已经有了某

---

① M. Delmas-Marty, « Le dialogue des juges sur la peine de mort », in Le Pluralisme ordonné, op. cit., pp. 53-62.

② Human Rights, Comments and Interpretation. A Symposium, Londres, Unesco, 1949.

种直觉,即所有人都拥有平等尊严的原则。① 当然,奴隶制被彻底废除还是几百年以后的事,只是在后来,奴隶制才被视为反人道的罪行。从古代时期那些最为开明的思想者开始,在经历了若干世纪以后,那种将文明(我们)与野蛮(他们)相互区分与对立的二元论观点最终被转化为普遍主义观(野蛮性并不只属于野蛮人,自视为文明的我们也有野蛮性)。

从"生命与死亡"这对范畴到"人道与非人道"这对范畴,人们关于普遍价值观念的转变,直到很晚才发生。实际上,只是在第二次世界大战给人类带来严重创伤的时候,人们才开始认识到应当对非人道的行径予以拒绝,这集中反映在世界人权宣言的文字中。在该宣言的序言中提到,"野蛮的行为挑战全人类的良知",所有人都拥有平等的尊严这一观念被写进宣言的第一条,后来又被写进《欧盟基本权利宪章》。该条文禁止酷刑、残酷、非人道与侮辱性的刑罚或待遇(宣言第4条,后来又被写入联合国两个人权规约,以及区域性人权保护法律文件之中)。

在国内法层面,人类尊严的原则也同时得到德国基本法明确肯定,此后许多国家的宪法均对此加以保护。在法国,直到1994年,宪法委员会才在它的一份决定中提及"自由民族对那些尝试奴役与践踏人类的体制的战胜"(1946年宪法序言),并由此引申出关于人类尊严宪法保护的原则。②

法国宪法委员会认识到应当在涉及生物伦理的立法方面将人类尊严的原则加以"宪法化",这其实并不偶然。我们知道,非人并不必然意味着对生命的损害,例如:奴隶和酷刑行为并不总是导致死亡;但人们已经认知到,从1946年到1994年,科学发现已经能够以不可逆转的方式改变人类自身,比如各种形式的生命选择尝试,特别是基因手段,以及对人自身的人为创造(克隆再生产或嵌合

---

① R. Huston, "Defender of the Indians", in *Human Rights and the Image of God*, SCM Press, 2004, pp. 142-152.

② 宪法委员会,第94-343/344号决定,1994年7月27日(关于"生物伦理"的决定)。

体)。

这正是价值观念转变并没有全面完成的原因;因为关于人自身被改变或创造而引起的问题,并不能仅仅从人人都享有的个人权利的层面上寻找答案。它提出的是当今和未来整体人类的问题,从这个意义上讲,人类尊严的观念无法通过"人"的权利这一角度来理解:人的尊严不再仅仅是每一个人所享有的尊严,而是一个伴随着全球化而出现的、由人与人组成的共同体所拥有的具有标志性意义的尊严。

总之,"人道与非人道"这对范畴给我们提出了一个具有双重性质的问题:一方面,对非人道的拒绝意味着价值的扩张,从生命到尊严的扩张;另一方面,对人的制造以及由此引起的问题,或许会导致价值的巨大改变,从单个人的价值过渡到人类整体的价值,会引起新的冲突,这就是单个人与人类整体的冲突。

2.1 对非人道的拒绝:从生命到尊严

卡萨斯曾观察到,西班牙人对印第安人的屠杀与印第安人的活人献祭行为一样,都是严重的野蛮行为。因此,问题不是回答印第安人是不是人的问题,而是首先来界定非人的问题。关于这个问题,人们是从"非人的刑法"这个角度来讨论的,后者是以战争罪与反人类罪的范式建构起来的。当然,还需要明确的是,上述方法(从法律到伦理)是否适用于人权,因为人权将各国政府与酷刑及类似行为的非人道性,甚至包括刑事制裁的非人道性对立起来。

2.1.1 酷刑的非人道性

在相当长的时期内,各国认为酷刑是合理的,甚至组织酷刑行为,同时,以保护公共秩序为名制定法律,赋予酷刑合法化,例如,酷刑可以被作为审讯的手段,或者是附属于法定刑罚的一种肉罚,以此表明罪行的严重性。

在法国,酷刑作为一种获取口供审讯手段直至1780年才在"准备性审讯"阶段(即侦查阶段)被正式废除,后来于1788年在"预先性审讯"阶段(犯人在被执行刑罚前接受审讯,目的是促使犯人交代出同伙)被废除。酷刑作为法定刑罚的附带做法以表明罪行的严重性,主要适用于弑杀尊长或君主的罪行,它在 1791 年被废除,可是后来又被恢复,并最终于 1832 年被彻底废止。

不受酷刑折磨的权利是国际人权法的内容。《世界人权宣言》第 5 条指出:"任何人不受酷刑、残酷、非人道或侮辱性的刑罚或对待",后来的《公民权利和政治权利公约》(1966 年)将其规定为不可克减的权利,这意味着即便是在战争或其他例外情况下,都不得违反或侵犯上述权利。在许多区域性人权保护文件中都有类似的规定,但具体表述不尽一致。与《世界人权宣言》的规定一样,《欧洲人权公约》第 3 条间接地将禁止酷刑、非人道、侮辱性的刑罚或对待与人的尊严联系在一起。《美洲人权公约》则以更为具体的方式(第 5 条中的 6 款规定)将禁止酷刑与人所享有的"身体、心理和精神"完整性的权利联系在一起,并具体指出"任何被剥夺自由的人都应当得到作为人而与生俱来的尊严所要求的尊重对待"。《非洲人权与民族权利宪章》将酷刑以及各种形式的对人的剥削与虐待,同对尊严的尊重(第 5 条)联系在一起。

显然,司法判例在这方面发挥了决定性的作用。例如,欧洲理事会的大多数成员国,包括英国与法国在内,以及土耳其和俄罗斯,都曾经被欧洲人权法院判定违反了《欧洲人权公约》第 3 条,其中涉及警察的刑事调查活动或者是犯人的羁押条件等情形。此外,欧洲人权法院在实践中,还进一步将侮辱性、非人道的对待与酷刑做出了不同程度的区分,但同时还强调了人权本身具有不断演变的特征,进而将以往被视为"非人道的对待"界定为"酷刑"行为[1],比如欧洲人权法院以前曾经不断发展其判例,将不符合人性尊严要求的监禁或拘留做法判定为"非人道的对待"。[2] 另外,它还进一步发展了判例,在具体案件中将死刑也界定为非人道或侮辱性的待遇,而

---

[1] A. Chassin (dir.), *La Portée de l'article 3 de la Convention européenne des droits de l'homme*, Bruylant, 2006.

[2] F. Sudre, « L'économie générale de l'article 3 », in A. Chassin (dir.), *La Portée de l'article 3 de la Convention européenne des droits de l'homme*, op. cit., p. 7 sq; CEDH *Sulejmanovic c. Italie*, 16 juillet 2009.

此前它一直拒绝采取这样的立场。①

对于美洲人权法院而言,它在判例中将《美洲人权公约》第5条关于被羁押犯人的"非人道待遇"的规定,扩展适用于被迫失踪案件中的被害人家庭成员和近亲属,其理由是这些人"长期生活在家庭不完整、不安、失落、焦虑,以及面对政府不去积极迅速调查被迫失踪案件时的无助感之中"。② 这种将各种禁止规定累加在一起的做法会让人们感到酷刑已经被彻底禁止。

同样地,联合国关于禁止酷刑和其他残酷、非人道或侮辱性的刑罚或待遇的公约(1984年)也对酷刑做出了详细的规定(第一条),其中包括:肉体或精神上遭受剧烈疼痛或痛苦;蓄意施加上述疼痛或痛苦;实施酷刑的目的是为了向某人或第三者取得情报或供状,为了他或第三者所做或被怀疑所做的行为对他加以处罚,或为了恐吓或威胁他或第三者,或为了基于任何一种歧视的任何理由;最后,酷刑行为是由公职人员或以官方身份行使职权的其他人所造成或在其唆使、同意或默许下造成的。值得注意的是,联合国反酷刑公约赋予了各国国内法院针对酷刑行为的普遍管辖权,这一规定已经在实践中被逐渐实施,最早是英国(皮诺切特案),后来又在西班牙和法国被具体适用。

最后,酷刑目前已经被界定为严重违反日内瓦诸公约的罪行以及反人类罪。这一定义已经成为习惯国际法规则,禁止酷刑也被视为国际强行法规则③,它在任何情况下都对国家具有约束力。前南斯拉夫国际刑事法庭将酷刑的定义进一步扩展,在国际刑法上,酷刑犯

---

① CEDH, *Al-Saadoon et Mufdhi c. Royaume-Uni*, 2 mars 2010.
② CIADH, *Caso de los « Niños de la calle » vs. Guatemala*, 19 novembre 1999, et *Caso de las Hermanas Serrano Cruz vs. El Salvador*, 1er mars 2005; L. Burgorgue-Larsen, « La prohibition de la torture et ses équivalents dans le système interaméricain des droits de l'homme », in A. Chassin (dir.), *La Portée de l'article 3 de la Convention européenne des droits de l'homme*, op. cit., pp. 37-38.
③ TPIY, affaire *Furundžija*, Chambre de première instance, jugement, 10 décembre 1998, § 153 *sq.*

罪不再仅仅局限于国家公职人员或其他以官方身份行使职权的人。①

不过,对于酷刑犯罪定义的扩张,各国国内法的阻力仍然较大,具有普遍意义的关于非人道犯罪刑法的出现遭到了打击犯罪的战争这一范式的公开对抗,后者主张某些酷刑做法是正当的,在实践中,将犯罪嫌疑人移送到秘密羁押场所,或者是交由第三国实施酷刑的做法导致了有关酷刑行为的"地下市场",欧洲理事会曾对此做出过强烈谴责,批评上述做法使酷刑行为呈现全球化趋势。② 针对上述情形,2007年春天反酷刑委员会曾建议将联合国反酷刑公约做出如下解释:"反酷刑公约适用的范围扩展于有关国家根据国际法在法律和事实上、直接或间接、全部或部分地实施有效控制的所有区域。"③

当然,除了审讯或羁押情形之外,酷刑的问题还存在于那些法定的惩罚措施上。

2.1.2 关于非人道惩罚的问题

由刑法规定的惩罚措施是否会构成"非人道"的做法?为了将可以被称为"制裁性"的刑罚与其他恢复性或赔偿性的惩罚措施区分开来,涂尔干曾指出,"刑罚"这一称呼本身显然表明了它对被判有罪的犯人应施加某种"痛苦"。刑法的逻辑将刑罚界定为"身受和施辱"性质的惩罚,这种表述在法国刑法典中一直被保留到1994年,但这与《世界人权宣言》的要求完全对立,因为后者禁止残酷和非人道的(法国刑法典里所说的身受性质)或侮辱性的(法国刑法典

---

① TPIY, affaire *Brdanin*, Chambre de première instance, jugement, 3 avril 2007; affaire *Krstić*, Chambre de première instance, jugement, 2 août 2001.

② D. Marty, «"Restitution extraordinaires" et torture: un lien connu et accepté», in *Allégationi de détentions secrètes dans les Etats membres du Conseil de l'Europe*, pré-rapport du 22 janvier 2006. 最终报告(2006年6月)的结论部分被美国参议院司法工作人员委员会采纳,参见 Report to Chairman John Conyers, Jr, *Reining in the Imperial Presidency-Lessons and Recommendations Relating to the Presidency of George W. Bush*, 13 janvier 2009。

③ UN doc. CAT/C/GC/S, *Convention contre la torture et autres peines ou traitements cruels, inhumains ou dégradants. Observation générale n° 2 sur l'application de l'article 2 par les Etats parties*, 24 janvier 2008, § 16.

里提到的施辱性质)刑罚。

　　联合国反酷刑公约详细指出"纯因法律制裁而引起或法律制裁所固有或附带的疼痛或痛苦不包括在内",这意味着它在一定程度上容许刑事惩罚的相对性,但与此同时,公约将其适用范围尽可能地予以扩大。

　　相反,1966年通过的《公民权利和政治权利公约》以及其他区域性的人权保护文件,都没有限制禁止非人道这一规定的适用范围,因此,禁止非人道也适用于刑事惩罚的实践。在这一方面,区域性的人权机构(欧洲的和美洲的)通过它们的判例反映出它们在扩大人权保障方面的创造性,这尤其体现在涉及死刑与身体惩罚的做法方面。欧洲和美洲人权保护的区域性法律文件起初都没有规定废除死刑,只是在后来公约议定书中才增加了该规定(《欧洲人权公约》第6号和第13号附加议定书,《公民权利和政治权利公约》第2号附加议定书),但欧洲人权法院和美洲人权法院在实践中逐步改变了它们的司法说理,将人享有尊严的权利纳入到生命权(第2条)的内涵之中。例如,欧洲人权法院曾在某些成员国将犯人引渡或转移至适用死刑或酷刑、非人道或侮辱性的待遇的第三国时,判定这些成员国违背了《欧洲人权公约》的规定(第3条)。① 特别是,欧洲人权法院曾在一个案件中②,判定土耳其将原告驱逐至伊朗的行为违反《欧洲人权公约》,理由是原告有可能会根据伊朗刑法被判处石刑,该刑罚适用于通奸罪,但其具体规定是歧视性的,因为这种刑罚"对男性用石头覆盖全身,对女性仅覆盖至颈部"。

　　在全球范围内,联合国人权委员会曾拒绝将让犯人等待被处以死刑的情形界定为"非人道的对待",不过它已经把有关讨论的焦点从生命权转移至与各种刑罚执行手段造成的痛苦这一问题上。人权委员会曾通过若干报告,提到刑罚的执行方式应当同时符合程序

---

① 主要参见前引的如下案例,Soering、calan、Al-Saadoon案;对于美洲人权法院,参见 Hilaire et autres c. Trinité-et-Tobago 案,2002年6月21日。
② CEDH,*Jabari c. Turquie*, 11 juillet 2000.

性和实质性保障两个方面的要求①,尽管刑罚执行方式与文化的多样性有关,比如石刑或其他身体惩罚措施就有比较突出的文化特点。

在涉及死刑问题的讨论时,有关争议焦点的转移——从对生命权的保护到保护人的尊严——产生的效果首先是对死刑执行的约束增强了,因为人享有的尊严权利是不可克减的,即便是在战争或包括恐怖主义在内的其他极端例外情形下,国家仍然有义务保护该权利。这就有可能使各国死刑的实践发生变化,其方向是联合国大会向各成员国发出的在世界范围内中止死刑执行的决议(联合国大会第62/149号决议,2007年12月18日)。除了功利主义的观点("没有无可置疑的证据表明死刑具有劝导功能","死刑适用上的错误都是无可挽回和无法补偿的")之外,该决议把伦理主张作为最突出的论据:"死刑的实施损害人的尊严。"②

当然,将人权扩展至人的尊严还不能解决所有的问题,因为随着越来越多创新实践的出现,非人的问题也在不断发生变化。比如科学发现的发展会使人的制造成为可能,法律对这一现象的回应可以导致形成一种新的价值转变进程:这就是所谓人道权(droits de l'humanité)的出现。

2.2 人的制造:人道权的出现

随着生物医学技术的发展和越来越发达的可能导致人类自身制造的技术进步,应该如何理解非人这一概念?世界人权宣言的起草者在该序言的第一条中排除了任何有关上帝或自然这类的提法,但这并没有使非人这个概念的理解变得容易。它要求应当将人道

---

① 参见世界反酷刑组织的相关年度报告,联合国人权委员会的判例,以及联合国秘书长的报告,*Peine capitale et application des garanties pour la protection des droits des personnes passibles de la peine de mort*, 9 mars 2005, ou *Moratoire sur l'application de la peine de mort*, 2 octobre 2008。另外参见西班牙在作为欧盟轮值主席国时发出的倡议: L. Arroyo, P. Guilino et W. Schabas (dir.), *Hacia la abolición universal de la pena capital*, Valence, 2010,以及 *La Déclaration finale du 4ᵉ Congrès mondial contre la peine de mort*, Genève, 26 février 2010。

② 参见前引联合国秘书长报告:《暂停执行死刑决议》。

的概念加以深化,同时进一步思考保护人道免受国家行为迫害的必要性。此外,对人道的保护还包括使它免受个人选择自己后代(优生学做法),或者是按照自己的意愿制造后代的做法(克隆技术)。

从人到人道,这里并不仅仅是概念的扩张,而是一种转变或过渡,因为这里发生了从人权哲学走出,开始思考人性哲学的改变。前者的宗旨是保护个人免受权力滥用的风险,后者则强调所有人平等地属于某一个由人与人之间组成的人类共同体,而不只是一个国家间的共同体;同时对人类共同体的保护,有时针对的是个人所主张的自主性。正如我们前面所分析的,人权的普遍性遭到不同国家文化多样性带来的冲击,同样人道这一概念的普遍性则与个人意愿的多样性相对立。

为了强调从人到人道的这种过渡,贝尔纳·艾德尔曼将人权与人道权视为两种不同的"哲学"。他批评那些将尊严的原则视为人权"基石"或核心的学者,认为"如果说自由是人权的实质,那么尊严就是人道的实质"。[①] 不过,实践则更为复杂,更为合理的做法似乎是考虑尊严本身的模糊性,将其视为能够将人权与人道相互结合起来的一种概念:尊严是人权的实质,但前提是人权仅仅涉及个人并为其提供保护的情形,例如保护个人免受国家机关和人员的酷刑折磨;但是,尊严也是人道的特征,这主要是从人道的分化与整合这两个不同的发展路径相交叉的角度来考察。

从这个意义上来看,尽管胚胎还不是人,摧毁胚胎还没有被视为杀人行为,但人性的尊严(而不是胚胎的尊严)却要求禁止对胚胎实施任何工业或商业性质的利用。这里的问题是,人性尊严这个概念本身具有无法确定的特征。为了避免教条主义式的讨论,显然还应当从与新的或重新出现的可能性相联系的实际问题出发来分析问题,这就是关于通过优生技术进行的生命选择,以及通过克隆技

---

① B. Edelman, « La dignité de la personne humaine : un concept nouveau », *in* M. -L. Pavia et Th. Revet (dir.), *La Dignité de la personne humaine*, Economica, 1999, pp. 28-29.

术实施的人类生产,还包括转基因的相关实践。

2.2.1 生命选择与优生学

由于在分娩前对遗传疾病有可能做医学检查,这使法国立法机关做出允许堕胎的规定,但应满足的条件是存在"将要出生的胎儿受到某种在诊断时被认为不可治愈的、特别严重的疾病影响的高度可能性"(《公共健康法典》第 L162-12 条)。由此,引起了关于佩鲁齐案的热烈讨论。在该案中,最高法院认为,因诊断时发生错误而出生带有严重残疾的儿童享有获得赔偿的权利。① 此外,2002 年 3 月 4 日通过的,被称为"反佩鲁齐案"的立法则规定,新生婴儿不得仅仅因为出生时带有疾病而享有获得赔偿的权利。② 反对佩鲁齐案的人主张,该案判决关于支持赔偿权的立场会使得优生学做法正当化。由此,围绕着"不出生的权利"而产生的争论进而转变为关于人(以及人在法律上的拟制)与自然地拥有尊严的人性之间的"法律哲学争论"。③ 争论之所以如此激烈,显然是因为医学辅助生殖手段的发展会带来更多的可能性。

2004 年以来,随着立法将医学辅助生殖和胚胎植入前诊断的适用范围扩大,正当的"消极"优生学与遭到否定的"积极"优生学之间的差异进一步拉大,但不可否认的是,"消极"和"积极"的优生学都有可能导致哈贝马斯提到过的,"自由的优生学,它突破了医学治疗与以改良为目的的医学手段之间的界限,使市场主体能够根据个人偏好来进行选择,进而决定了改变基因特征的各种技术的最终意义"。④

法国在 1994 年通过法律,将积极或消极的优生学做法规定为"破坏人种"的罪行,但这还不同于反人类罪,它的适用范围仅限于

---

① Cass. Plén., 12 Novembre 2000, concl. J. Sainte Rose, D., 2001.

② 法国宪法委员会判定该立法符合宪法规定。参见宪法委员会, *Mme Viviane L.*, décision n°2010-2, QPC, 11 juin 2010.

③ O. Cayla et Y. Thomas, *Le Droit de ne pas naître*, Gallimard, 2002, pp. 78-80.

④ J. Habermas, *L'Avenir de la nature humaine. Vers un eugénisme libéral?*, Gallimard, 2003, pp. 34-35.

"那些组织选择的行为"(《民法典》第 16-4 条和第 511-1 条,2004 年转化为《刑法典》第 217-1 条)。从保护人种这个角度来看,关于存在犯罪组织的要求看上去会令人感到意外,因为该规定与反人类罪的构成要件很类似。后来,宪法委员会在解释上述立法包含的若干原则是否符合宪法规定时,进一步提到"人类物种的完整性"原则。但是,宪法委员会只是把这一原则与保护人的尊严联系在一起,强调指出"不存在任何宪法原则专门对人类的基因遗产提供保护"。[①]不过,我们知道,联合国教科文组织关于人类基因的公约在第一条中,以非常具有象征意义的方式,将人类基因组定义为"人类的遗产"。

是否应当从上面的表述中总结出下面的结论:即从人到人性,再从人性到人种,这实际蕴含着一种新的观念颠覆呢?仔细研究国际法律文件的规定就可以发现,实际上并不存在所谓的观念颠覆,而只是存在着不同概念之间的相互叠加。我们这里不去讨论联合国教科文组织上述公约的条文规定(根据该公约第一条,人类基因"是人类大家庭所有成员团结在一起,以及承认人的内在尊严和多样性的基础")。这里仅仅强调的是,联合国教科文组织关于人类基因的宣言将人类大家庭的尊严与基因联系在一起,这与法国宪法委员会将人的尊严与人种的完整性联系在一起的做法相类似,该宣言后来被联合国大会予以重申,这标志着超越生物演化与伦理演变之间相互对立的努力。同样地,奥维多公约的序言也强调了"将人同时视为个体和个体对人类物种的从属予以尊重的必要性"。

这种超越是否会将人文主义推向一种更为复杂的、强调自然(人种)与历史(人道)互动的普遍主义呢?彼得·斯洛特戴克(Peter Sloterdijk)在他想象地写给海德格尔的名为"人类公园规则"的信中,以及在他的《存在的民主化》[②]一书中,都曾提到上面所说的

[①] B. Mathieu, «La réglementation de la sélection génétique des êtres humains», in *Génome humain et droits fondamentaux*, Economica, 2000, p. 73 sq.

[②] Peter Sloterdijk, *Règles pour le parc humain*, Fayard, 2000; id., *La Démocratisation de l'être*, Fayard, 2000.

那种普遍主义。他以自己的风格,故意以挑战性的话语指出:"反对技术的歇斯底里在西方世界占据了主流地位,这也是形而上学变得腐化的产物,因为它紧紧抓住存在的虚假分布不放,从而反抗导致这种分化被超越的过程。从本意上讲,这种歇斯底里是反动的,因为它表达了那种已经过时的二值逻辑规则对于它所无法包容的多值规则的不满"。① 当然,还需要明确的是,随着新的智能技术的发展(人们认为它目前存在于生物学和复杂科学之中),被它称为"顺势技术"的思想或许会拥有"那种能够释放出一种不存在敌我对立和压制与被压制关系的伦理的潜力"。②

至此,我们又回到如何建立一个全世界共同体的问题,也就是说,这个共同体不存在所谓的外部这一概念,因此也就不存在所谓外来的敌人。可是,恐怖主义和以惩恶扬善为名义提起的反恐战争的全球化,重新提出关于非人道的问题,与此同时,科学发现不断地挑战着我们关于什么是人道的理解与观念,其中也包括人们认为不可动摇的有性生殖的原则。

2.2.2 通过克隆技术实现的人的生产

最初,各国立法普遍禁止克隆人技术,例如:法国的国家伦理咨询委员会和最高行政法院都曾发表过类似立场的报告;在欧洲,奥维多公约附加议定书也禁止克隆人;在全球层面上,联合国教科文组织曾通过了人类基因的宣言。对于科学的不确定性,法学者用法律的确定性来回应,这就是明确禁止克隆人。但是,有些人已经提出个人自由的主张,认为禁止克隆人技术会损害个人自由,由此引起了关于人权观念中的"人"与反人类罪予以保护的"人道"之间相互关系的辩论。③

法国在 2004 年通过法律将克隆人行为规定为破坏人种的罪行,但同时又没有将有组织的行动规定为该罪行的构成要件,由此上述

---

① Peter Sloterdijk, *La Démocratisation de l'être*, *op. cit.*, p. 87.
② *Ibid.*, p. 95.
③ M. Delmas-Marty, « Certitudes et incertitudes du droit », *in* H. Atlan, M. Augé, M. Delmas-Marty, R.-P. Droit et N. Fresco, *Le Clonage humain*, *op. cit.*

讨论变得更加复杂。显然,很难说法国上述立法规定仅仅是为了保护人种的完整性,因为"人种这一概念背后彰显着人本身的价值。克隆和优生学做法没有被作为技术本身,而是基于它们有可能带来的去人道化的后果被禁止,正因为如此,破坏人种罪行的规定凸显了对人类自身的道德与公理性解读。"①

通过提出不被决定的原则,人们希望将禁止克隆人的理由,如同禁止乱伦一样,将其归结为人化与人道化的相互交叉。文艺复兴时期的人道主义者关于人化与人道化的理解并没有错。例如:皮柯(Pic de La Mirandole)就曾经认为人类就像其他所有动物一样,从我们称之为自由的不确定之中部分地获得他至高无上的尊严:"上帝不再通过它的原型为人类提供任何范例,所有事物都已被安排好,宇宙已经十分充实。"正因为如此,应当由每一个人从各种可能性中来决定他的形式:"人可以堕落成为低级动物的形式,也可能转化为更为高级的形式。"②由此,皮柯表明了人道、反人道以及非人之间的延续性。

3."人与非人"

蒙田在一百多年后进一步缩小了人道、反人道与非人之间的差距,他写道:"与其他生命相比,我们人类既不高于也不低于它们;天下的所有生命都遵循相同的规则和命运。"③他进而提出了很多例子来证明人与动物之间的差异,包括语言或笑容,都只是程度上的不同。

---

① X. Bioy,« Les crimes contre l'espèce humaine ou de la réintruduction en droit d'une sorte de référent naturel », in S. Hennette-Vauchez (dir.), *Bioéthique*, *biodroit*, *biopolitique. Réflexions à l'occasion du vote de la loi du 4 août 2004*, LGDJ, 2006, pp. 116-117.

② H. de Lubac, *Pic de la Mirandole*, Aubier, 1974, p. 65 (commentant le Discours sur la dignité de l'homme). *Adde* Pic de la Mirandole, *Oeuvres philosophiques*, PUF, 1993, p. 3 *sq*.

③ M. de Montainge, « Apologie de Raymond Sebon », in *Essais*, Gallimard, 1985, p. 436.

不过,需要指出的是,蒙田坚持的还是把人与非人区别开来的二元论和人类中心论的观点,这种观点后来逐渐流行于欧洲,并在以后的几个世纪稳定地流传下来。菲利普·戴斯科拉(Philippe Descola)将这种特殊的宇宙论称为"自然主义",他将人视为"唯一拥有内在性的特权,同时通过其物质特征又保持着与非人之间的连续性"。除自然主义外,戴斯科拉另外还划分出关于人与非人之间关系的三种模式:首先是图腾主义(澳大利亚的土著居民),其中人与非人"在某个特定的阶层内部,拥有产生于某种原型的共同的身体和精神特性;与此同时,他们在整体上又都区别于属于同类的其他阶层";其次是类比主义(中国、西部非洲、安第斯与中美洲的原住民以及文艺复兴时期的欧洲),在那里,构成世界的全部因素在本体论上相互区别,但同时彼此之间又存在着稳定的对应性;最后是万物有灵主义(亚马逊、北美洲北部、西伯利亚南部以及东南亚和美拉尼西亚的某些地区),在那里,"所有存在的生命都被认为拥有类似的内在性,它们相互之间只是以身体来加以区分"。

在法律上,自然主义模式对国际法产生了影响,促使国际法将不可克减的人宣布为具有普遍性(例如世界人权宣言第一条就明确肯定了所有人均享有平等的尊严)。然而,法律却是最先对主张这种区分的法律人文主义提出质疑。由于同时受到科学发现和技术创新的影响,生态主义思潮变得极端化了,[①]人文主义确定性的动摇可能宣示着价值的重构,这种重构通过将戴斯科拉提出的四种模式加以整合,进而形成一种围绕着关系展开的法律人文主义。法律维持着人与非人之间的区分,即某种意义上的二元论,但这种二元论被从人类中心主义渐渐引申出来的某种关系弱化了。在这一背景下,动物被视为有感知的存在,它既不能被视为人,也不能被视为简单的物来对待,不论是动物,还是自然都被视为共同财产。

3.1 人文主义确定性的动摇

人文主义确定性的动摇导致其自身的分裂,这是两个相互矛盾

[①] F. Ost, « A l'ombre de Pan: la *deep ecology* », in *La Nature hors la loi. L'écologie à l'épreuve du droit*, La Découverte, 1995, pp. 147-204.

的过程。一方面,法律人文主义这一概念本身受到诸如动物权利宣言这类决议①的影响而弱化,甚至是受到威胁,因为动物权利是对人权的效仿。动物权利宣言在其序言部分就提出"所有生命都拥有自然权利,所有拥有神经系统的动物都应享有特殊的权利"。该宣言还进一步将"损害野生物种生存的行为和任何导致该情形发生的决定"定义为"灭种"行为(宣言第8条)。

但是,另一方面,人道本身也被延伸至人类的后代,因为人类的后代被赋予了相应的权利,正如前面已经提到的那样,他们是"人类共同遗产"的主人。

在动物的人格化与自然的财产化之间,非人与人之间不再是完全割裂开来的,这种新的世界观强调的是以人为中心的一元论。可是,这只是某种过渡性质的模式,因为动物的人格化和自然的财产化还都不是已经变得稳定的运动。

3.1.1 动物的人格化

法国动物权利联盟的成员和荣誉法官苏珊·安托万(Suzanne Antoine)②在2005年向司法部提交了一份关于动物法律制度的报告。该报告指出,从上个世纪60年代末,动物就已经变成一种新的"社会焦虑"现象。她认为这种焦虑一方面与澳大利亚的彼得·辛格(Peter Singer)以及后来的伊丽莎白·德·丰塔内(Elizabeth de Fontenay)③代表的哲学思想有关;另一方面,则与科学知识的发展有关。1978年关于动物权利的宣言就公开地以生命科学提供的数据为基础(其中涉及强调普遍性基因编码存在的分子基因)表明不同生物种类之间相互依存的生物学,展示了控制着不同物种之间相互关系的内在、记忆或后天模仿形成的各种行为的共同基础的动物行

---

① 《动物权利共同宣言》,这是由动物权利国际联盟于1978年10月15日在联合国教科文组织发表的宣言,1989年该宣言被修订。

② S. Antoine, *Le Régime juridique de l'animal*, ministère de la Justice, 10 mai 2005; id., «Le projet de réforme du droit des biens. Vers un nouveau régime juridique de l'animal?», *RSDA*, 2009, p. 11 sq.

③ E. de Fontenay, *Le Silence des bêtes. La philosophie à l'épreuve de l'animalité*, Fayard; 1998.

为学,以及能够用来辨别动物痛苦的神经病理学。有人看到科学发现具有的决定性作用,进而选择通过研究有关动物的法律制度的变迁来展示法律与科学之间的张力。① 不过,存在的危险是国内法和国际法上的公理性维度可能被忽视。

法学家让-皮埃尔·马尔杰诺(Jean-Pierre Marguénaud)是基于伦理而非生理上的原因,最为清晰的预见到应当赋予通过驯服或捕获的家养动物某种法律上的人格。② 他强调指出著名的1850年"格拉蒙特"法处罚虐待动物的行为。但前提是仅适用于公开地虐待动物的行为。这表明当时的立法者的做法是为了保护人类大众的感受,而不是为了保护被虐待的动物。此后,非常关键的一项措施是1959年的立法废除了"格拉蒙特"法,取消了关于虐待行为的公开性要求,仅仅保留下虐待动物的情形,这就意味着公开性不再是处罚的前提条件。其他法律规定进一步强化了动物的法律地位:这些法律保护动物本身,包括保护动物免受其主人的虐待,从此,动物本身不再被视为被人拥有的某种物。因此,刑法典的编纂者们在将虐待动物放到对人的犯罪、对财产的犯罪或者对人民、国家或公共安全的犯罪(刑法典第二、三、四卷)这些罪行种类时就遇到了困难。对此,刑法典的编撰者们只好在上述各种类型的犯罪之外,增加第四类"其他犯罪"(刑法典第五卷),这一类犯罪包含各种故意或非故意的犯罪行为。可是,在规定了虐待动物罪之后又非常不协调地规定了侵害公共健康的各种罪行。马尔杰诺认为,刑法典关于虐待动物罪的规定只是某种过渡性的做法,动物的人格化最终会实现,不过,他不是从人自身的模式来构思动物的人格化,而是认为应当按照群体的模式,参照"法人"的立法技术,赋予动物法律人格,从而保

---

① S. Desmoulin, *L'Animal entre science et droit*, thèse doctorale, Presse Universitaires Aix-Marseille, 2006.

② J.-P. Marguénaud, *L'Animal en droit privé* (thèse, Limoges, 1987), PUF, 1992; id., «La personnalité juridique des animaux», *D.*, 1998, Chr. 205; id., «Les animaux sont-ils encore des biens? Prendre au sérieux la sage réponse au droit suisse», in O. Dubos et J.-P. Marguénaud (dir.), *Les Animaux et les Droits européens. Au-delà de la distinctio entre les hommes et les choses*, Pedone, 2009.

护它们自身的利益。对于代表和保护动物合法利益的机构,他主张应当赋予根据1994年立法建立的各种动物保护协会相应的诉讼权利(刑法典第2—13条)。

马尔杰诺还特别表明了他对人类中心论的反对,认为动物权利宣言实际上代表了最极端的动物人格化的主张。该宣言将动物权利与人权同等对待,但它却包含着两种风险:一是将动物提升到与人相同的地位,这将使所有对有生命体开展的科学实验遭到禁止,以及素食主义的普遍化和禁止对动物实施避孕措施以外的繁殖限制;另一方面,更主要的危险是,它会将人的地位降低至动物,正如同在极权体制下,死刑、某些形式的优生学做法和人种选择甚至是灭绝的科学与医学做法,都有根据优生、经济、种族、政治或卫生健康等理由而被合法化。这种担心是有道理的,特别是在法国近年来开始出现一种令人不安的现象,那就是有关危险性的概念再次产生并流行;而且,危险性的独立化存在使安全扣押变得合理,并进而演变为羁押期限不定的刑罚,它建立在对与罪行本身相分离的危险性的判断基础之上。"去人化尝试"的措施有很多,它们适用于性犯罪,以及那些被视为"野兽"的精神病人,他们被当作异类,甚至是魔鬼。[1] 总之,人化对待某些动物同时也冒着将某些人以去人化的方式对待的间接风险,正如同在人与动物之间,一方地位的提升会不可避免地在另一方产生影响。

动物的人格化进程充满障碍,许多法学专家仍旧坚持二元论的观点,倾向于罗马法的基本概念划分,将动物定义为物。考虑到罗马法关于人与物的划分可能是无法逾越的,而法律只是科学的辅助物,无法抵御,索尼娅·德木兰(Sonia Desmoulin)认为应当为动物建立一个特殊的法律体系。[2] 在这种特殊的法律体系里,动物被规定为受保护的物,从而使对它的占有引申出相应的义务。对这种特殊

---

[1] P. -J. Delage, « La dangerosité comme éclipse de l'imputablité et de la dignité », *RSC*, 2007, p. 797. M. Delmas-Marty, *Libertés et sûreté dans un monde dangereux*, op. cit., p. 41 sq.

[2] S. Desmoulin, *L'Animal entre science et droit*, op. cit.

物的保护要求引入一种新的关于公共秩序的概念,因此,这种特殊的法律体系会承认动物作为有感知的生命,它具有感受痛苦能力,这种能力也被法国有关自然保护的立法和欧洲层面的立法所承认。

如果说上面的建议能够在表面上避免自然与动物之间的分裂的话,那么,自然的财产化与动物的人格化一样也存在着争议。

3.1.2 自然的遗产化

"遗产(patrimoine)"这一词语同时指向客体(物的集合体)和主体(任何人都可以拥有遗产,尽管这个遗产的内容可能是空的)两个方面。遗产这个概念最初是与家庭和祖先崇拜联系在一起的,即所谓的"家产"的概念,后来才逐渐变得个人化了,但它仍旧在私法中占据核心的地位。法国法学家奥布里(Aubry)与罗(Rau)在19世纪将遗产与遗产所有者的人格性联系在一起,强调同一遗产内部各个组成部分之间的联系性与整体性(遗产的积极部分对应于其消极部分)。我们前面曾经提到过,在1967年联合国海洋法会议期间,有人提议将遗产的概念扩展至全球范围,由此提出"全人类共同遗产"的说法。从单个人到全人类,这种移植式的适用再次肯定了遗产这个概念仍旧是以个人为中心的,但随着语境的变化,遗产概念本身也在不断更新,这同时体现在遗产的主体和客体两个方面:遗产概念的扩张适用要求在主体方面建立起时间维度上的连带关系,从而使后代人也成为遗产的主体;另一方面,它也要求在不同国家之间建立起连带关系,要求对这种遗产建立起一种全球共管的机制。从这个意义上讲,"全人类共同遗产"这个说法可能预示着有关自然保护的自主化趋势。

原住居民在充分理解了有关遗产概念的演变所蕴含的逻辑之后,开始将他们自己宣称为自然的守护者,尽管"遗产"这个说法对他们而言仍旧是抽象的,在他们的语言和文化中都不曾存在过所谓"遗产"的观念。① 原住居民们还认识到,遗产这个说法在适用于那

---

① Ph. Descola, « La patrimonialisation des espaces naturels », présentation au colloque *Figures et problèmes de la mondialisation*, op. cit.

些属于自然资源的物的时候,会限制他们对这些资源享有的主权,这是因为,在自然资源被界定为全人类共同遗产的同时,还伴随着另一种私有性质的对自然资源的获取,这就是借助将生命赋予专利的途径来实现的对自然资源的私有化做法,它最早于20世纪80年代出现在北美,然后被欧洲国家所效仿,但它们都不利于发展中国家。[1] 如果,一方面存在于原住民领地的资源像全人类共同遗产那样是可以自由获取的,而另一方面,这些资源的转化又通过专利来加以保护,那么结果就会是最初以无偿方式在原住民领地范围内获取的自然资源,在后来却成为需要付费才能利用的产品。

由此可见,生物多样性的法律概念本身是非常复杂的,因为它横跨法律的不同分支,涉及环境法、专利法以及发展权等。因此,人们会明白为何1992年在里约地球峰会上通过的生物多样性公约并没有提及"全人类共同遗产"这个概念,尽管该公约在序言中重申了"各国有责任保护生物多样性和生物资源的持续利用"。不过,生物多样性公约并不仅仅针对资源枯竭的风险;它的宗旨还包括确保对生物多样性的"保护"和资源的"持续利用"。此外,公约还强调"确保从资源利用中产生的利益的公平分配"。

为了实现由发展权引申出的"公平分配"的宗旨,知识产权法成为至关重要的手段之一。目前,自然的遗产化已经不再主要围绕着"全人类共同遗产"这个不断弱化的概念展开,而是旨在解决生命的可专利性这个更具技术性的问题。需要指出的是,南方国家在里约峰会上会因为想要"收回他们对生物资源的主权"[2]而拒绝全人类共同遗产的说法,与此同时,在生物多样性公约中则出现了知识产权的提法(第8条和第16条)。1995年第二次缔约国会议上,人们开始探索相应的解决方案,其中包括设想出一类新的知识产权,以试

---

[1] E. Brosset, « Brevetabilité du vivant, biodiversité et droit communautaire », in S. Maljean-Dubois (dir.), *L'Outil économique en droit international et européen de l'environnement*, La Documentation française, 2000, p. 324 sq.

[2] M. -A. Hermitte (dir.), *Le Droit des ressources génétiques végétales dans les rapports Nord-Sud*, Bruylant, 2004.

图对公约的不同宗旨加以协调(这些宗旨包括生物多样性的保护和持续利用,对生物多样性利用产生的利益的合理分配)。这实际上是从传统知识的梳理出发来构思某种自成一体的、受到集体权利模式启发的法律制度(来源地标识、集体标识、认证标识)。

这种新的法律制度能够用来承认原住居民知识的价值(它涵盖了全世界90%以上的生物多样性),特别是在资源保护,以及那些利用资源而不使之穷竭的方法上。其中涉及的一个困难是时间跨度:"虽然授予专利的社会协议规定排他性占有是暂时的,相应地也规定了公共领域,但原住居民的知识和资源的世代流传的特点则要求赋予他们不受时效限制和不可剥夺的知识权利,这与来源地标识的原理是完全相同的。"①原住居民的新权利的产生不仅要求在国际层面上形成相关的指导文件(目前这些指导文件还在研究之中),同时,还要求各国国内法承认这些权利,此外还应当在国内和国际层面上通过法律途径得到实施。正是基于上述原因,世界贸易组织争端解决机构在实施生物多样性公约方面遇到了非常复杂的问题。

生命的可专利性预示着一个新的"生命法律"的分支正在形成,它可能至少会部分地抛弃人的生命与非人生命之间的划分。例如,法国2004年8月6日关于生物伦理的立法为生物技术的发明提供了保护,它的适用范围不仅涉及人,也涵盖动物、植物,以及更广范围内的"所有生物物质"。

最后,生命的可专利性可能会深刻地改变价值间的平衡,特别是人们已经意识到自然和生态系统的脆弱性,并由此形成了对非人的保护义务。例如,法国在2005年3月1日通过的《环境宪章》(该宪章是具有宪法效力的法律,是合宪性审查的依据——译者注),已经不限于仅仅承认"人人有生活在平衡和尊重生命的环境之中的权利"(第1条)。该宪章还增加了"人人都有保护和改善环境的义务"的规定(第2条),这些都已经反映出价值重构的思想。

---

① M. -A. Hermitte (dir.), *Le Droit des ressources génétiques végétales dans les rapports Nord-Sud*, Bruylant, 2004.

3.2 价值重构

菲利普·戴斯科拉曾经提出这样的问题,即:怎么做才能使普遍主义变得"不那么具有帝国统治的性质,同时又不否认对生物多样性的保护是向世界展示普遍主义光辉的手段"?① 对此,他提出的"相对普遍主义"的路径,其本意是将普遍主义与关系的概念结合在一起。将相对普遍主义的说法运用到法律体系上来,则意味着与动物、与自然的关系的重构,这一做法既不同于将人与非人相对立的二元论,也不同于显然过分强调人与非人之间延续性的一元论。

3.2.1 人与动物之间关系上的价值重构

首先必须承认的是,从病毒到人类,从被驯化了的动物到有害的物种,其中还包括那些受保护的野生物种,单独意义上的动物其实是不存在的。② 动物是通过与人之间的关系(喜爱的,或者从功利主义的角度来说是有用的,或者是虚拟的③)才在法律上获得了相应的地位。人们越是去探讨动物的法律性质,二元论(动物是物,它与人没有任何关系)与一元论(动物与人相类似)之间的唯一选择就越发显得不能充分反映法律本身变迁的现实,这种变迁一方面维系着人与非人之间的划分,但另一方面又对人与非人之间的关系做出规定。

维系人种与动物种类之间的区分能够一方面允许对动物的克隆再生产,但同时禁止对人的克隆;或者是像加拿大立法或欧洲生物伦理公约规定的那样,将不同物种相结合的嵌合体制造予以禁止(尽管法国刑法典并没有明确禁止嵌合体制造的行为,但法国民法典第16-4条可以被视这方面的禁止规定,原因是它构成对人类健康的破坏)。

---

① Ph. Descola, « La patrimonialisation des espaces naturels », présentation au colloque *Figures et problèmes de la mondialisation*, *op. cit.*

② F. Wolff, « Des conséquences juridiques et morales de l'inexistence de l'animal », *Pouvoirs*, n° 131, « Les animaux », 2009, pp. 135-147.

③ J.-P. Digard, « Raisons et déraisons des revendications animalitaire. Essai de lecture anthropologique et politique », *Pouvoirs*, n° 131, « Les animaux », 2009, pp. 97-111.

然而,人与非人之间的区分并不是绝对的,人与非人之间相互关系是根据人或动物的利益来加以构造的。在为了人的利益方面,比较典型的例子是动物器官在医疗需要时可以被移植于人体。法国国家伦理咨询委员会在其提交的关于异体器官移植的咨询报告中指出,尽管存在某些问题,但"人类关于组织器官动物性的认识,能够使人在神经、皮质、语言及关系功能上获得更多的超验性,其程度超过了人的信念、内心以及某些内脏,简单地说,就是可以不再通过器官来辨别人性"。该报告总结说:"人的尊严要求对器官或人体完整性的尊重,但这种尊重本身并不意味着人性仅仅存在于器官。"

对动物而言,人与非人的区分并不妨碍将动物,或其中的一部分,赋予某种更为独立的、不以人的模式为中心的地位,从而摆脱人与物之间的二元划分。前面已经提到,法学者曾经尝试将上面的法律范畴通过调整适用于动物,进而创造出某种新的法律概念,如不具有人格的人,[①]或者是不得成为财产客体的物等等。[②] 不过,目前的主流趋势是,不论是国内法还是国际法,都试图超越人与非人的二分法,将动物界定为具有感知的存在。

法国在1976年关于环境保护的立法以及乡村法典中就暗含了上面关于动物地位的提法,其意义在于承认了动物会感知痛苦,这就为将虐待或残杀动物的行为规定为犯罪奠定了基础,例如法国刑法典就包含这方面的规定。如果"通过教育人类更好地保护动物,人性本身也得到建构和完善"的话,[③]那么具有感知的存在这一观念同样也表明了为了动物而对它们提供保护的愿望。

值得指出的是,具有感知的存在这一说法通过《马斯特里赫特条约》和《阿姆斯特丹条约》,最终被纳入到2009年12月正式生效

---

① J. -P. Marguénaud, «La personnalité juridique des animaux», D., op. cit.
② S. Desmoulin, L'Animal entre science et droit, op. cit.
③ F. Ost, « A l'ombre de Pan: la Deep ecology », in La Nature hors la loi. L'écologie à l'épreuve du droit, op. cit., p.232.

的《里斯本条约》中。①

根据关于欧洲联盟职能条约第13条,"在农业、渔业、交通运输、内部市场、技术研究与发展以及空间领域,联盟及其成员国充分顾及动物作为具有感知的存在所享有的福利的要求,同时尊重各成员国在宗教仪式、文化传统和地区财产方面的立法、行政规定与习惯做法"。

由此,各成员国拥有一定的立法自主权,但有关动物福利保护的原则已经被规定得十分清晰。欧盟的规定同时也反映了各国国内法在强化动物保护方面的改变;不论是在宪法层面(如德国、奥地利、意大利、瑞士),还是在立法层面,一些欧洲国家近来开始修改国内民法,例如瑞士(瑞士民法典第641条,第285a节)规定:"动物不是物"。不过,瑞士不是欧盟的成员国,但类似的提法也出现在奥地利和德国民法典中,英国在2004年则通过了动物福利法案,在意大利刑法上,2004年的一部立法甚至加重了虐待动物的刑罚,它适用于"侵害对动物的感情的犯罪"。

正如苏珊·安托万的报告中所指出的那样:"把动物视为物的观念已经落后了:在今天,动物是从生命和具有感知的角度来被对待的,成为了立法的对象。"该报告进一步建议到,法国1999年关于危险动物的立法修改了民法典关于动物的一般规定,将动物与一般的物区分开来,通过进一步修改该法律,可以赋予动物具有感知的存在的法律地位,进而对整个民法典关于动物仅仅是与人相对立的物的规定做出变革。②

---

① J. -P. Marguénaud, « La promotion des animaux au rang d'êtres sensibles dans le traité de Lisbonne », *RSDA*, 2009, pp. 13-18; C. Deffigier et H. Pauliat, « Le bien-être de l'animal en droit européen et en droit communautaire », in O. Dubos et J. -P. Marguénaud (dir.), *Les Animaux et les Droits européens*, op. cit.

② S. Antoine, « L'animal et le droit des biens », *D.*, 2003, Chr. 2651; R. Libchaber et J. -B. Seube, « Le droit des biens hors le code civil », *Les Petites Affiches*, n°118, 2005; R. Libchaber, « La recodification du droit des biens », in J. Carbonnier, J. -L. Halpérin, J. Cammaille et F. Ewald (dir.), *Le Code civil, 1814-2004. Livre du Bicentenaire*, Litec, 2004, p. 297 sq.

上述建议的好处不仅在于它可以使民法典与刑法典的相关规定之间更加衔接,更重要的是,不论各种法典的结构怎样,它强调了一种新的法律地位的出现:即动物既不是所有权的客体,也不是权利的主体,动物的法律地位是从它与人之间的关系出发而确定的,在这种关系里,动物与人之间的关系成为人承担相应义务的基础,而不论动物是否被人所拥有。不过,刑法典关于保护"家养、驯服或捕捉到的"动物的规定在原则上是适当的,它的适用范围扩展到被遗弃的动物或者是没有主人的动物,同时,刑法典规定的某些罪行还适用于野生物种的保护。

关于"义务"的观点意味着动物本身具有了某种程度的自主性,也就是说有关的保护性规定只是为了动物本身,这种情形已经由前面提到的《环境宪章》明确地扩展到对环境的保护,换句话说,自主性的倾向也存在于人与环境的关系上。

3.2.2 人与环境关系上的价值重构

法国《环境宪章》的推动者为了回应有关他们反人道原教旨主义的批评,强调该宪章是"为了人类而不是为了环境本身"而制定的,并主张他们坚持的是"人道生态"的做法。① 当然,这里还需要对这种表面上已经获得共识的说法的具体内涵加以明确。

一些评论人士认为,《环境宪章》重申了以人为中心的人文主义。② 从序言开始,该宪章就强调"资源与自然的平衡决定了人类的产生",同时,"人类的存在与未来与它所处的环境密不可分"。此外,宪章第一条将环境定义为"人类的共同财产",并声明人人有权"生活在平衡与符合人类健康的环境之中"。人类中心主义还体现在它对可持续发展的理解上:"公共政策应当促进可持续发展。为此,公共政策应当将环境的保护与开发利用、经济发展与社会进步相互协调。"(第6条)《环境宪章》提出了问题,但它没有提出如何

---

① F. -G. Trébulle, «Du droit de l'homme à un environnement sain», *La Charte de l'environnement*, Jcl. Environnement, n°4, avril 2005, comm. 29.

② *Ibid.*

实现相互协调的具体方案。

然而,对《环境宪章》序言另一段内容的解读则有些不同,其中涉及这样的表述,即"人类对自己的生活条件和自然演化实施着越来越大的影响",同时,"生物多样性,人自身的发展及人类社会的进步受到某些消费或生产模式,以及对自然的过渡开发利用的影响"。由此,"对现实需求的满足不应当损害未来人类的和其他民族实现其需要的能力"。宪章进而提出:"任何人都有义务参与到环境保护与改善的活动中去。"(第 2 条) 不管上述规定的实际意义存在何种疑问,这些规定本身确实使环境保护越来越具有相对于人类自身的独立性,宪章第三条(预防义务)和第五条(著名的"谨慎性"原则,尽管该规定主要针对的是对风险的预见)都进一步巩固了这种趋势。从价值意义上讲,我们可以认为上述原则对人类中心论提出了问题,因为它要求,当损害的发生"根据当时的科学知识无法确定,并有可能给环境带来严重和不可恢复的影响时",应当"实施风险评估的程序和采取临时与适当的措施,以阻止损害的发生"。

最重要的规定是宪章的第十条,因为该条承认了宪章仅仅在一国范围内实施的局限性,进而提出宪章"对法国在欧盟和全球范围内的行动具有启示意义"。[①] 人们由此可以看到时任法国总统希拉克于 2002 年 9 月 2 日在约翰内斯堡气候峰会上发言时所流露出的救世主义情绪,他讲道:"人类的家园失火了,而我们只是在远处观望。自然遭到了破坏和过分开发,它无法再依赖自身实现恢复,可是人类却拒绝承认这一事实。……地球和人类处于危机指出,我们所有人都应对此担负起责任。我相信,现在是睁开眼睛看清现实的时候了。"不管欧盟或全球层面上的政策是否会受到法国的影响,这些政策无疑是具有决定性意义的。

在欧洲层面,欧洲人权公约关于环境保护规定的缺失与此后出

---

① S. Maljean-Dubois, « Charte de l'environnement et diplomatie française », *La Charte de l'environnement*, *Jcl. Environnement*, n°4, avril 2005, comm. 37.

现的法律文本(例如1981年《非洲人权和民族权宪章》与1988年《美洲人权公约补充议定书》)形成反差;不过,欧洲人权法院在实践中则很早就通过解释生命权、私生活受保护的权利,或财产权,进而承认了享有清洁环境的权利。①《欧盟基本权利宪章》则在社会团结这一章中通过援引可持续发展的原则,提出了环境保护的原则,但在内容上参照了《阿姆斯特丹条约》关于环境保护的相对弱化的表述,即:"更高水平的环境保护与环境质量的改善。"(第37条)该条规定"显然不是欧盟权利宪章中最好的条款",居伊·布莱邦(Guy Braibant)曾遗憾地对它做出如上评论②,将该条规定不足的原因归结于条文起草时间的仓促和专家参与的不足。

不过,欧共体法院做出的很多决定中都使用了"欧共体共同财产"的表述,以此为依据来限制各成员国自主决定的范围,例如,在将欧共体关于野生鸟类保护的指令在各国国内实施的问题上③,以及关于欧共体温室气体排放交易体系指令在各国国内实施的问题上,均是如此。在欧盟先后通过的一系列条约中,环境的地位不断提升,这也体现在《里斯本条约》中。该条约规定欧盟"致力于可持续发展",它追求的不仅仅是经济增长,而是"环境质量的改善和更高水平的保护",其目的即在于实现可持续发展。因此,环境问题是欧盟与其成员国共享权限的领域,而保护海洋生物资源则是属于欧盟共同渔业政策的组成部分,欧盟对此享有排他性的权限。此外,环境处罚法也从2005年起已经成为共同体的权限之内的事项,巩固了2008年11月19日由欧盟议会与理事会共同通过的关于运用刑

---

① P. Lambert, « Le droit de l'homme à un environnement sain », in P. Lambert et P. Parraras (dir.), *Annuaire des droits de l'homme*, 2006; J. -F. Flauss, « La procéduralisation des droits substantiels de la Convention européenne des droits de l'homme au service de la lutte contre les pollutions et nuisances », in *Pour un droit commun de l'environnement. Mélange Prieur*, Dalloz, 2007, p. 1263 sq.

② G. Braibant, *La Charte des droits fondamentaux de l'Union européenne*, Seuil, 2001, p. 203.

③ 欧洲共同体法院,欧盟委员会诉西班牙案,C-235/04,2007年6月28日判决,第23—27段。

法保护环境的指令。我们下面还会进一步分析由此产生的环境保护责任问题,但这里需要指出的是,上述指令在保护环境义务的基础上,进一步表达出人与环境的某种新型关系。

在全球范围内,尽管越来越多的国际法律文件不断出现,但相关法律原则的演变则更加不确定,这主要是因为在全球范围内还没有一个能够确保环境保护义务得到普遍遵守的体系化的司法机构。不过,《斯德哥尔摩宣言》(1972年)已经明确提出了有关环境的基本人权,"环境的质量使得人能够有尊严地生活并享有福祉",但是,《里约宣言》(1992年)则将人类置于"有关可持续发展关注的核心",仅仅规定了一项有限的"与自然相和谐的健康和有生产力的生活"权利。后来因为联合国人权委员会的坚持,联合国秘书长在联合国人权事务高级专员的协助下,于2005年的一份报告中强调指出环境保护与人权保障之间存在着"不可分割的联系",而这也是可持续发展的内容之一。①

我们也许在这里已经触及"人"权这一概念所能提供可能性的限度。这促使法学者构思出在人与非人之间存在的新型关系,以便让"法律服务于人与其他生命物种之间的关系,而不再只是服务于人类社会自身的良好运转"。② 更为激进的是,瑞士联邦已经承认"对生命有机体的完整性以及人类、动物和环境的安全提供保护",由此认可了非人的生命有机体的内在价值,而在德国对非人生命有机体的保护进一步被强化,它用"尊严"(«Würde»)代替了"完整性"的说法(1992年宪法第120-2条)。

不过,非生命有机体的内在价值在不需要借助人来加以定义和保护时,它还只是某种假象。为了在人与非人之间确立某种法律关系,显然还应当摒弃法律的形式,同时重新审视具有单边性质的"义务"形式。在这方面,我们还应当回到西蒙娜·韦伊(Simone Weil)

---

① UN doc. E/CN. 4/2005/96, *Les droits de l'homme et l'environnement en tant qu'éléments du développement durable*, rapport du secrétaire général, 9 janvier 2005.

② M. -A. Hermitte, « Les droits de l'homme pour les humains, les droits du singe pour les grands singes », *Le Débat*, n°108, 2000.

的分析上来,她曾写道:"人一方面享有权利,另一方面承担义务,这样的说法是没有意义的。……单纯从人自身来看,人只承担义务,而在这个人看来,其他人则仅享有权利。"① 这实际上反映了西蒙娜·韦伊关于人与人之间关系的相互性的思考。不可否认的是,二战以后,个人权利具有了可以对抗国家的性质,而义务则不会允许这种情况的出现。

但是,必须承认的是,在现代人与未来人之间的关系上,以及在人与非人生命之间的关系上,我们现代人所承担的义务却不具有相互性的特点。② 由此,权利与义务对应于不同的现实情形,有时还包括不同的时间维度,原因在于我们已经从民族国家共同体过渡到世界共同体。对于前者而言,共同体实质建立在对过去记忆的基础之上,而世界共同体则是作为一个命运共同体出现,它指向的是未来而不是历史;我们现代人是对人类生存、地球的安全以及生态环境的平衡唯一承担责任的人,从这个意义上讲,我们现代人承担的义务不具有相互性。

如前已述,许多法律文件的内容都发生了变化,其中涉及动物或自然的规定;但这些规定还不足以构成一部完整的法律体系。为了建立起这样一个法律体系,我们将尝试从"全球财富"(法语 bien mondial,英语 global good)这个看起来有些生僻的概念来探讨它所能提供的各种可能性,"全球财富"同时涵盖了经济(集体财富)、政治(公共财富)和伦理(共同财富)三个方面,由此可能借助它自身的模糊性促进普遍价值的形成。

---

① S Weil, « Les besoins de l'âme » (1942), extrait de *L'Enracinement*, Gallimard, coll. « Folio Plus », 2007, p. 9.

② 对于这种法律上的不对称性,参见 E. Gaillard, *Générations futures et droit privé*, thèse doctorale, LGDJ, à paraître;关于"生态公共秩序"这一概念的形成,参见 N. Delaidi, « Le concept d'ordre public écologique pour (re)penser le droit de l'environnement », in C. Cournil et C. Colard-Fabregoule (dir.), *Changements climatiques et défis du droit*, Bruylant, 2010, pp. 375-392。

第二节　全球公共财富：正在形成的普遍价值？

全球公共财富这个提法主要是由联合国开发计划署和世界银行所使用,①它也可以移植到法律上来,但是,这一提法的三个组成部分分别包含许多不同的含义,这是否会在对该提法给出一个明确定义时造成困难呢？

困难首先出现在"财富"(bien)这一词语的模糊性上,它有时可以指伦理价值(好或坏),有时则指具有商品价值的物。可是,当"财富"这一词语与"公共"这一形容词结合时,就会制造出许多麻烦:全部问题所在是"这种财富究竟属于哪些公众,它给谁带来利益"。②在法文的法律语言中,"公共"与"私人"相对立,指代由国家向全体人民提供的财富。可是,在全球范围内并不存在于一个国家政府,这就使得"全球"与"公共财富"之间的简单结合成了难题,除非这里把"公共"这个形容词仅仅当作公权而并非国家的近义词来使用。不过,对于那些也可以通过私人市场提供的财富,显然就不能用"公共财富"来表述了。正因为如此,一些学者倾向于使用那些更为清晰的提法,如"集体"财富,它让人想到经济学家所说的集体福利,同时也能向法学者表明它所具有的作为公共利益这一概念前身的"公共福利"的内涵。③ 不过,这里又产生了另一个困难,因为在英文里公共财富这一词语是用复数来表示的,即"commons",这成为讨论的焦点。首先是《公地悲剧》这部发表于1968年的名作所使用的标题,④让人想到个人对公共财富的过度消费不可避免地会导致其衰

---

① I. Kaul, I. Grunberg et M. Stern (dir.), *Les Biens publics mondiaux*, op. cit.

② Ph. Descola, « La patrimonialisation des espaces naturels », présentation au colloque *Figures et problèmes de la mondialisation*, op. cit.

③ S. Mappa, « Le bien commun: une valeur universelle? », in O. Delas et Ch. Deblock (dir.), *Le Bien commun comme réponse politique à la mondialisation*, Bruylant, 2003.

④ G. Hardin, « The Tragedy of Commons », *Science*, 162 (168), p. 1242 sq.

亡,后来在 1998 年又出现了"反公共财富"的说法,其特点是只有物的权利人才能利用,从而反映出对物的利用的不充分性。①

"全球公共财富"的另一个形容词"全球",其实也并不清晰。不过,"全球"的提法让人想到超越各国国界的情形,但还不足以指代全球维度,并有可能只限于各国开展区域合作的层面。② 此外,经济学家还指出,"全球"这一形容词既可以指代自然性质的全球公共财富,如大气和臭氧层,也可以指代由于需要国际合作而被全球化的国家财产,如健康,因为需要强化对某些疾病的预防和治疗或者是为了促进对药品的获取而被全球化了。③

这种用语上的困境可能会导致全球公共财富的提法最终被抛弃,虽然在近期人们不能对该提法的有用性达成共识,但其有用性至少可以是象征意义上的,它作为一种"口号"④促使人们去思考采取国际集体行动,并且"在共同行动计划上集中有关资源"。⑤ 如果这里还是坚持概念分析这种有效的做法的话,那么将全球公共财富的表述移植于法律领域就可以促成一个真正的关于普遍价值的形成或转型进程,但前提是,尽管存在相互冲突的张力,在全球公共财富与基本权利之间也应当形成相互结合的关系。为了证实上面想法的可能性,我们将从具体事例出发,审视在将"全球公共财富"界定为前面提到过的可以普遍化的价值时所经历的法律

---

① G. Napolito, « Les biens publics et les tragédie de l'intérêt commun », *Droit administratif*, 2007, p. 5.

② L. Cook et J. Sachs, « Les biens publics régionaux et l'aide internationale », in I. Kaul, I. Grunberg et M. Stern (dir.), *Les Biens publics mondiaux*, op. cit., p. 177 sq.

③ I. Kaul, I. Grunberg et M. Stern (dir.), *Les Biens publics mondiaux*, op. cit.

④ S. Mappa, « Le bien commun: une valeur universelle? », in O. Delas et Ch. Deblock (dir.), *Le Bien commun comme réponse politique à la mondialisation*, op. cit., p. 543 sq.

⑤ M.-A. Hermitte, « Intérêt général et droits de propriété intellectuelle en matière pharmaceutique, l'inutilité de la notion de bien public mondial », présentation au colloque *Figures et problèmes de la mondialisation*, op. cit.

进程。

我们先是从人类的能力出发,阿玛蒂亚·森是在基本权利的视角下提出了"人的能力"的说法。① 在前面提到的有关教育、健康、知识和信息等方面的人的能力问题中,我们这里强调的是健康问题,因为它处于个人权利(健康权)、全人类权利(公共健康)以及市场的交叉地带,集中体现在对药品的获取问题上(涉及专利权问题)。

接下来,我们将分析自然资源的问题,将会看到现有的资源储备极不充分,因为与能源有关的自然资源,特别是碳氢化合物,有时没有被视为重要的资源;相反,在它们被视为资源的时候,例如水本身,则有可能因为对它的争夺而引发战争。② 不过,在保护气候和控制温室气体排放方面已经达成了一些国际协议。与前面提到的第一个例子的情形不同,在这里推动法律进程发展的力量似乎被完全扭转了:在涉及药品时,"全球公共财富"的提法可以使某些药品不受市场逻辑的控制,例如世界贸易组织关于药品专利的讨论。可是,在涉及气候问题时,相反"全球公共财富"的提法却要求引入市场机制,以配合温室气体排放许可机制的运作,进而成为有效保护关系到全人类和自然的大气环境的关键措施之一。

1. 人类的能力:健康与获取药品的问题

将健康定义为全球公共财富,这并非是毫无疑问的。疾病首先被视为与和谐相悖的事物,它只是渐渐地、经由不同文化所有的独

---

① A. Sen, *Un nouveau modèle économique. Développement, justice, liberté*, Odile Jacob, 2000; id., *Ethique et économique*, PUF, 2009; id., *L'idée de justice*, Flammarion, 2010.

② UN doc. E/C. 12/2002/11, *Le droit à l'eau (art. 11 et 12 Pacte international des droits économiques et sociaux)*, Observatio générale n° 2, 20 janvier 2003. V. aussi, Y. Schemail, « Les biens publics premiers: Babel côté cour et côté jardin », in F. Constantin, *Les Biens publics mondiaux*, op. cit.; et plus récemment, Conseil d'Etat, *L'Eau et son droit*, La Documentation française, 2010.

特路径,才与其他形式的不幸与痛苦区分开来。①这就决定了不同文化有不同的卫生预防模式,其中包括魔力——宗教模式、契约模式以及其他各种约束形式。② 同样地,对疾病的医学治疗,最初仅限于重大的流行病(例如公元前430年的雅典瘟疫,1347年欧洲的黑死病),此后它的范围才逐渐扩大,在不同的国家和不同类型的社会有不同的发展历史。

将健康权作为一种个人可以对抗国家的权利,这种观念只是晚近才出现的,在国家宪章的自由协议中都没有相应的规定,如1789年法国人权宣言和1848年的宪法,而后者则规定了最早的一些社会权利。卫生措施最初被视为国家主权的要素,从而能够以公共秩序和公众卫生的名义对个人自由加以限制,这种模式先是出现在西方强国,后来被强制推行于其他新兴国家。在法国,直到1946年宪法和"社会保障"建立起来之后,才在宪法序言中肯定了国家为所有国民提供健康保护的规定,1958年宪法序言再次重申了这一点。法国宪法委员会沿袭了判例,正式确立了国家有保护国民健康义务的原则,这一原则的意义也同样在国际法上得到了承认,其主要标志是1946年世界卫生组织的组织法首次明确提出:"拥有人能够达到的最佳的健康状态是所有人都享有的一项基本权利。"随后不久,世界人权宣言将经济、社会和文化权利与人人享有尊严的权利联系在一起,明确地承认每个人都享有能够确保其健康和获得必要医学治疗的生活水平的权利(第25条)。最后,1978年世界卫生部长会议上通过的《阿拉木图宣言》最终正式提出了健康权。

虽然健康权已经得到正式承认,但是,还需要在全球范围内让它成为一种能够普遍化的权利。当2007年人们看到占全球人口

---

① M. Augé et C. Herzlich (dir.), *Le Sens du mal. Anthropologie, histoire, sociologie de la maladie*, Editions des archives contemporaines, 1984.
② J.-P. Dozon, « Quatre modèles de prévention », *in* J.-P. Dozon et D. Fassin (dir.), *Critique de la santé publique. Une approche anthropologique*, Balland, 1996, p. 23 *sq*.

75%的发展中国家的居民仅仅消费了全球8%的已售药品时①,人们才认识到健康权的实现还有很长的路要走。世界卫生组织的建立并没有改变健康权是实现方式最为不平等的权利之一的事实,以至于被称为"所有人权中最名不符实的权利"。②

即便是在国内层面,法国发生的血液污染案件同样也反映出经济因素在公共健康模式选择中的重要性③,后来的疯牛病危机则进一步证实了这一点。因此,人们会毫不意外地看到,当从国家主权(各国的独立)过渡到国际团结(各国之间的相互依存)时,法律手段与经济手段之间是相互割裂的,或者更为确切地说,在个人能够对抗国家所享有的健康权与被视为私人市场一部分财富的公共卫生之间存在着相互割裂的关系。

随着卫生体系越来越依赖于技术发展,要求越来越多的投资,人们担心药品会逐渐成为服务于那些最有钱的消费者的产品,特别是在药品的升级换代上更是如此,因为这类药品的价格通常都包含知识产权的因素。为了在健康权与市场之间形成某种相互支撑的关系,有必要一方面承认健康权具有对抗国家的性质,同时另一方面还要将公共卫生视为全球公共财富,从而对专利权加以某些限制,特别在有关药品的市场上更是如此。

1.1 健康权:作为可以对抗国家的"人"权

除了世界人权宣言以外,还有很多国际法律文件重申并进一步发展了作为可以对抗国家的健康权的原则:在世界范围内,有公民权利和政治权利公约(1966),有关妇女和儿童保障的若干公约

---

① G. Velésquez, « L'accès aux médicaments est un droit de l'homme, mais les médicaments pour tous sont une affaire privéeé », in I. Moine-Dupuis (dir.), Le Médicament et la Personne. Aspects de droit international, Litec, 2007, p. 117 sq. OMS, Statistique sanitaires mondiales, rapport annuel, 2009.

② J.-P. Dozon, « Conclusion », in J.-P. Dozon et D. Fassin (dir.), Critique de la santé publique. op. cit.

③ M.-A. Hermitte, « Intérêt général et droits de propriété intellectuelle en matière pharmaceutique », présentation au colloque Figures et problèmes de la mondialisation, op. cit.

(1979年及1989年);在区域层面则有欧洲社会宪章(1961),非洲人权宪章(1981),美洲人权公约附加议定书(1988),以及最近的欧盟基本权利宪章(第四章"团结",第34和35条),欧盟基本条约是唯一明确保护人人享有社会和医疗保障权利的法律文件。有关上述法律文件的实施和监督机制是较晚才出现的,它们首先是在区域层面形成,然后才在全球层面普遍化。

1.1.1 区域层面

从1979年开始,欧洲人权法院就通过强调各种人权之间的不可分割性,发展出一种被称作"打水漂式"的形象的间接解释法。通过这种解释,它可以扩大有关经济、社会和文化权利案件的审查范围。不过,法院在审理案件时,当涉及健康权时,还是要求它与公民权利和政治权利之间存在某种联系。例如,法院曾经在具体案例里,指出健康权适用于被监禁的犯人,禁止对被羁押人员给予不人道或侮辱性的待遇,或者将健康权与更广范围内的私生活受保护的权利(欧洲人权公约第8条)联系在一起,后者包含了享有清洁环境的权利。① 人们还记得,正是通过对私生活受保护的权利做扩大解释,母亲的健康权在医学堕胎的问题上被提出来:正是由于医生的反对,波兰被欧洲人权法院判定违反了欧洲人权公约关于人人享有的获得医学治疗权利的规定。②

此外,当有关人员生活在不卫生的居住空间时,就会提出生命权的问题。欧洲人权法院曾经对欧洲人权公约第一号附加议定书中规定的财产做出大胆的解释,判定国家有义务确保人人享有卫生的住房。值得注意的是,在这个案件中,当事人的住房实际上是私自搭建的违法建筑,但尽管如此,基于该非法建筑位于被告国家领土范围内的事实,该被告国家就应当负有上述义务。在该案中,居住于该非法建筑内的若干家庭成员因附近垃圾场的煤气爆炸而导

---

① CEDH, *Hatton c. Royaume-Uni*, 8 juillet 2003; *Giacomelli c. Italie*, 26 mars 1997, *D.*, 2007, p.1324 (note J.-P. Marguénaud).

② CEDH, *Tysia c. Pologne*, 20 mars 2007, § 105 *sq*.

致死亡,基于该事实,欧洲人权法院进一步扩大了对生命权的解释:为了判定被告国家违反公约规定的生命权,法院认为,生命权保护的规定中包含有国家保护健康免受不卫生居住条件威胁的积极义务。①

欧洲人权法院的上述判例虽然显得不成体系,但它无疑发挥了积极的影响。1998年,欧洲理事会终于成立了社会权利委员会,该委员会受理有关社会权利问题的集体投诉,其中三分之一的投诉与卫生和广义的包括身体和心理在内的健康问题有关,从而符合世界卫生组织组织法对健康的定义。② 例如,在一个涉及希腊的投诉案件中,该委员会就强调了公众健康与褐煤燃烧引起的环境污染之间的密切联系,而希腊是欧盟第二大和全球第五大褐煤生产国。③ 对此,欧洲社会权利委员会指出,国家的能源独立、工业发展,以及其国民对电力的需求均是正当的目标,这就使得各国在如何实现上述目标的问题上应当拥有一定的自主评判空间。委员会还指出,希腊在该问题上并未有意识地在那些生活在采煤工业区的居民们的利益和公共利益之间寻求平衡,从而判定希腊违背了欧洲社会权利宪章第十一条的规定。由此可见,诉诸人权能够促使国家改正其失误。

1.1.2 全球层面

根据联合国大会2008年12月10日通过的《经济、社会和文化权利公约》附加议定书的规定,负责监督该公约实施的经济、社会和文化权利委员会可以接受个人来文投诉,该议定书从2009年9月24日起向各国开放签署。④ 不过,从2000年起,经济、社会和文化权

---

① CEDH, *Oneryildiz c. Turquie*, 18 juin 2002, *JCP*, 2002, I, 157 (note F. Sudre).

② Centre Europe-Tiers Monde, *Le Droit à la santé*, Ed. Du Cetim, 2006; id., *La Santé pour tous! Se réapproprier Alma Ata*, Publicetim, 2007.

③ 参见欧洲社会权利委员会对如下案件做出的决定, affaire *Fondation Marangopoulos pour les Droits de l'Homme (FMDH) c. Grèce*, réclamation n° 30/2005, décision sur le bien-fondé, 6 décembre 2006.

④ Résolution AG A/RES/63/117, 10 décembre 2008.

利委员会就开始发布了有关健康权的观察报告[1],明确指出了该权利所包含的内容(涉及有关健康设施、产品与服务的可利用性、可获性、可接受性及质量),同时还表明了国家应承担的相关义务:尊重健康权(不得采取任何损害健康的措施或行动),保护健康权(确保健康不受国家以外的第三方的侵害),实现健康权(采取措施,以便使公民能够行使健康权),指出获得医疗的权利,除了日常的疾病治疗之外,还包括获得必要的药品。[2]

还需要解决的问题是,当健康权受到侵犯时该如何提供救济。直至2002年,由于缺乏专门的规定,人权事务分委员会曾专门任命过一位健康权问题特别报告人负责该问题的专项工作,人权理事会成立后,该特别报告人的任期被延长。根据特别报告人提交的年度报告,特别报告人可以向有关国家政府发出"紧急呼吁",向其提交通过非政府组织、社区居民及个人等途径获得的相关信息。2007年,特别报告人针对制药企业提出了"人权指引"计划,强调指出私人企业在该领域所能发挥的重要作用[3];在2008年的报告中则将健康称为全球公共财富:"作为全球公共财富的健康与人权之间的关系需要进一步加以研究。"将健康视为全球公共财富,这表明了人们对世界卫生组织的影响开始产生某些怀疑,同时,它也表明了在健康问题上,一些新的机构(如世界银行和联合国开发计划署)开始发挥更为重要的作用,它们可能会在健康问题上引入新的经济逻辑。

1.2 公共健康:对专利权加以限制的"全球公共财富"

世界银行在1993年一份名为"投资健康"的报告中就提出有关

---

[1] UN. doc. E/C.12/2000/4, *Le droit au meilleur état de santé susceptible d'être atteint (art. 12 Pacte international des droits économiques et sociaux)*, Obeservation n° 14, 11 août 2000.

[2] H. van den Brink, « Existe-t-il des médicaments essentiels auxquels privilégier l'accès? », *in* I. Moine-Dupuis (dir.), *Le Médicament et la Personne*, *op. cit.*, p.105 *sq*.

[3] P. Hunt, *Draft Human Rights Guidelines for Pharmaceutical Companies*, 19 décembre 2007, *Report on the Right of Everyone to the Enjoyment of the Highest Standard of Physical and Mental Health*, 31 janvier 2008.

控制成本的经济模式,尽管那时它在健康问题上还没有被明确授权,但已经开始致力于有关卫生健康体制的改革,目的是缩小南北国家居民之间在健康问题上的不平等。

联合国开发计划署的专家们则特别强调了全球化可能带来的风险:一方面,疾病的跨国界传播会加快;另一方面,涉及人类共同利益的空气和水都在承受不断加大的压力,并有可能引起全面的环境危机。因此,"全球化不仅仅会加快环境风险的长期发展趋势,而且也会带来新变化,这些变化会在质量和数量上改变与疾病有关的风险"。[1]

在区域合作方面,欧盟已经认识到在实现了人员与包括药品在内的各种商品自由流动的欧盟空间内,存在着医疗供给的问题。欧共体(欧盟)法院曾做出若干判决,确立了对人员与商品自由流动的原则和维持成员国医疗保险体制财政平衡之间相互协调的方案(这主要涉及经济学家发现的,伴随欧盟内部人员自由流动而产生的享受医疗保障却没有尽到相应支付义务的现象)。例如,在沃茨案中,欧共体法院曾对成员国在何种条件和限度下,可以对医疗保险的投保人为避免在本国等候获得治疗而赴其他成员国就医时产生的费用拒绝提供保险保障做出判决。[2]

不过,正是在全球范围内,上面提到的有关获取药品的统计数字则最明显地反映出市场的局限性,一些分析意见指出:如果在2007年全球75%的人口只获得了全球8%的销售药品的话,那么这意味着其余25%来自富裕国家的人口消费了全球92%的药品。由此引起了关于对药品实施强制许可的广泛讨论,通过强制许可能够让全球三分之一的人口获得价格相对较低的药品,因为可以在不经药品专利权人许可的情况下就可以由其他厂商生产专利药品,或者

---

[1] L. C. Chen, T. G. Evans et R. A. Cash, « La santé comme bien public mondial », in I. Kaul, I. Grunberg et M. Stern (dir.), *Les Biens publics mondiaux*, op. cit., pp. 142-143.

[2] CJCE, *Yvonnes Watts c. Bedford Primary Care Trust*, C-372/04, arrêt, 16 mai 2006.

利用专利方法生产有关药品。当然,经强制许可生产出的药品会在流通环节遭到制药企业的反对,因为它影响到专利权所赋予的某些垄断情形,以至于有可能阻碍甚至损害生物医学研究的开展。上述讨论从 1994 年开始,后来伴随着世界贸易组织的成立,在经历了 2001 年 11 月的部长级会议之后,争论的内容才发生了较大变化。

1.2.1 多哈会议之前的情况(1994—2001)

世界贸易组织作为晚近成立的国际组织,它倡导经济的自由化,而世界卫生组织则以健康为主导思想,因此,它们之间需要达成某种妥协。这一妥协集中体现在《与贸易有关的知识产权协议》中,协议第 31 条列举了那些与贸易自由相符的、允许强制许可实施的情形。不过,上述规定仍然十分抽象(例如"合理"这类比较模糊的表述),在有的方面则规定了很多限制(如"紧急"或"极为紧急"这类规定);此外,强制许可本身还要求被许可人支付费用,而且强制许可下生产的产品仅能用于国内市场。换句话说,在 1994 年的协议中,有关市场的法律并没有为解决所有人有权获得药品的问题提供解决方案,未能在全球层面上,实现市场与公共健康之间的相互协调。

不过,《与贸易有关的知识产权协议》允许在一定条件下采取保障措施,以避免"知识产权的滥用……或者其他不合理限制贸易的做法……"上述规定采用了非穷尽的表述方式,这可以使人认为它能被扩展适用于健康问题。不过这种解释显得有些牵强,而且这种解释在实施起来也会在国际实验机构与那些采用保障措施的国家之间引起许多纷争,比如南非就属于这种情况(1997 年的南非立法允许在药品专利上适用保障措施)。2001 年 4 月达成的方案在国际社会的反对下,最终被跨国公司所抛弃。同时,美国在世界贸易组织针对巴西提出的争端解决请求,也在 2001 年 1 月被画上句号。[1]

---

[1] A. -E. Kahn, « Les licences obligatoires », in I. Moine-Dupuis (dir.), Le Médicament et la Personne, op. cit., pp. 226-227; O. Aginam, « Between Life and Profit: Global Governance and the Trilogy of Human Rights, Public Health and Pharmaceutical Patents », North Carolina Journal of International Law and Commercial Regulation, 2006.

上述实践在国内和国际两个层面产生了双重影响。在国内层面,司法机关以健康权的名义肯定了国家有为公民提供药品的法律义务:这种令人感到有些意外的裁判案例在南非和印度都出现过,此外,在拉丁美洲,特别是阿根廷、巴西和哥伦比亚都有类似的做法。① 另一方面,在国际层面上,对健康问题特殊性的考量促使人们开始尝试解决《与贸易有关的知识产权协议》在解释上存在的不确定性问题。

在2001年11月确定了多哈会议日程的时候,非洲国家集团向世界贸易组织提交了一份有关《与贸易有关的知识产权协议》和公共健康的建议文件,目的就是要澄清强制许可的角色和用途以及平行进口的问题。

1.2.2 多哈会议之后的情况(2001—2010)

在9·11恐怖袭击之后的安全形势下,人们开始担心化学武器可能被恐怖主义分子利用,这促使有关上述非洲国家集团提出的建议文本的谈判变得顺利起来。不管怎样,2001年11月14日多哈宣言最终达成了,该宣言明确指出,《与贸易有关的知识产权协议》"不妨碍同时也不应当妨碍世界贸易组织成员为了公共健康采取有关措施……特别是,采取措施促进所有人对药品的获取"(宣言第4点)。同时,多哈宣言还强调"每个成员均有权授予强制许可,并有决定授予强制许可理由的自由"(宣言第5b点)。此外,多哈宣言还列举了有关健康的紧急情况的例子,如艾滋病、结核病、疟疾和其他流行病(宣言第5c点)。

不过,有关那些不具生产能力的国家将其他实施强制许可的国家生产的药品进口至本国的问题并没有解决。《与贸易有关的知识产权协议》只是规定这类药品(即所谓的非专利"同类"药品)应当"主要为了满足国内市场需要"。换句话说,协议仅允许这些

---

① M. -A. Hermitte, «Intérêt général et droits de propriété intellectuelle en matière pharmacieutique», présentation au colloque *Figures et problèmes de la mondialisation*, op. cit.

药品的非主要部分被重新出口。世界贸易组织在2003年通过了一个关于药品出口的新的法律制度,这或许标志着在市场与人权相互交叉的领域形成了一种平衡机制,由此表明了全球公共财富的潜在动力。

1.3 获取药品:寻求人权与市场之间合力

1999年,前面提到的联合国开发计划署发表的报告,强调了"供给者疲劳"的现象,指出世界银行与世界卫生组织之间的合作,可以使后者扮演起"健康这种全球公共财富的提供者与主要促进者"的角色。几年之后,经过多哈会议,似乎是世界贸易组织承担起该角色,这既是进步,同时也是某种退步。

1.3.1 进步

坎昆会议失败后,世界贸易组织总理事会在行使部长级会议职能的名义下于2003年8月30日通过了有关获取药品的决议,这被视为"历史性的进步"。① 首先这是因为决议本身表明了世界贸易组织自身程序的灵活性,它能够使世贸组织从部长级会议的失败中迅速走出来。实际上,2003年的决议后来成为世贸组织议定书的第一份修订文本,根据这次修订,《与贸易有关的知识产权协议》中增加了第31条增一条(2005年12月6日,香港部长级会议)。但2003年的决议被视为历史性的进步,还有一个更为重要的原因,那就是它在市场与人权之间建立起相互支撑的合力:世贸组织成员"对超出他们各自短期商业利益的,关于公共健康的话题达成了一致意见,它直接影响到数百万人口的生命,特别是在非洲那些受到艾滋病、结核病和疟疾感染的人们"。②

不过需要指出的是,虽然上述决议的宗旨非常清晰,但是它的具体内容则十分复杂。决议的宗旨是要允许世贸组织的成员实施强制许可,以便实现药品向那些没有生产能力或生产能力非常有限

---

① P. Ravillard, «La décision du 30 août 2003 sur l'accès aux médicaments: une étape historique dans le processus des négociations de l'OMC», *Propriétés intellectuelles*, 2004, p. 524 *sq.*

② P. Archel, «Cycle de Doha: bilan et perspectives», *D.*, 2007, p. 1984.

的国家出口。为了实现这一宗旨,决议强调根据强制许可生产的产品并不局限于严格意义上的药品,而是涵盖所有医药类产品;决议对于相关疾病的定义参考了前面提到的多哈宣言(主要包括艾滋病、结核病和疟疾);决议还指出,有关专利保护的例外一方面适用于不发达国家,这些国家被认为不具备或仅有非常有限的生产能力,因此例外规定无条件的适用于这些国家;另一方面,例外规定也适用于其他国家,但条件是这些国家已经表明有利用强制许可机制的意愿,并表明了它们具备了实施强制许可的条件。决议的附件中具体规定了对强制许可的评估程序。

2003年的决议一方面受到非政府组织的批评,认为它过于复杂;另一方面也受到制药企业的反对,因为该决议破坏了原先一个结构一致、价格统一的全球市场结构,代之以相互割裂的市场,不同市场的价格在空间和时间上存在差异。同时,出口国家的不同出口策略进一步加大了决议的复杂性,例如:印度利用修改本国国内法以保持与世贸组织协议规则相一致的宽限期,从事有关出口药品的生产;巴西则没有实施多哈决议的规定,代之以通过威胁实施非自愿许可迫使生产商主动降低药品价格[1];加拿大则直接将多哈决议的内容转化为国内法,尽管这一做法存在争议,但在实践中已经开始有国家请求从加拿大进口相关药品,如卢旺达在2007年10月4日就向世贸组织发出了相关通知。

欧洲在欧共体法层面实施世贸组织2003年决议的做法(2006年5月17日条例)也受到批评。根据2007年7月12日的决议,欧盟议会并没有反对允许共同体企业向南方国家出口药品的宗旨,但它认为欧共体的条例还很不充分,要求欧盟委员会加大对不发达国

---

[1] 此外,中国在2003年由于受到SARS以及后来禽流感的影响,也于2005年11月开始实施世贸组织关于强制许可的规则。参见 Junmin Ren, «La transposition et la mise en oeuvre des dispositions de l'OMC en faveur de la santé publique: le cas du droit chinois», *RIDC*, 2008, pp. 157-207.

家的支持力度,特别是在技术转让和生物多样性的问题上。①

从现有的初步情况总结来看,2003年决议确立的进口机制很少被利用,但医药产品的价格的大幅度下降已经促使对药品的获取变得容易(目前的整体药品价格降低了1/10)。玛丽-安吉尔·艾尔米特(Marie-Angèle Hermitte)总结了2003年决议所产生的影响:在2003年12月时,大约有40万病人接受了反逆转录病毒治疗,到了2006年12月,受益者已经增加到两百多万人,占全部病人总数的28%。② 尽管上述变化是不可忽视的,但相关数字并不能减少人们对健康指数产生的疑问,因为健康指数本身还应当包含文化的多样性,只有这样才能避免对药品的消费做出过高的估计。

由此,我们可以感受到在人权与市场之间形成合力的困难,至少是当将实现这种合力的任务交给世界贸易组织时情况即是如此。

1.3.2 退步

市场可以做得到的,也可能会把它破坏。正因为如此,一些评论家认为自多哈会议以来,世贸组织的多边主义受到来自美国与其他一些国家(中美洲国家、智利以及澳大利亚、约旦、摩洛哥、新加坡)达成的双边协定的威胁。近年来双边协定的不断增加似乎预示着"某种倒退的意愿"。③ 实际上,大多数双边协定,包括区域性的多边协定(如北美自由贸易协定),都含有知识产权保护措施的规定,

---

① P. Arhel, « Contribution de la Communauté européenne à un meilleur accès à la santé publique », *LPA*, 11 octobre 2007. Voir aussi A. Robine, *Transfert et acquisition de la technologie dans les pays émergents. L'exemple brésilien de l'accès aux médicaments contre le sida*, Thèse doctorale, Université Paris 1, 2008.

② Marie-Angèle Hermitte, « Intérêt général et droits de propriété intellectuelle en matière pharmaceutique », présentation au colloque *Figures et problèmes de la mondialisation*, op. cit.

③ G. Velasquez, « L'accès aux médicaments est un droit de l'homme, mais les médicaments pour tous sont une affaire privée », in I. Moine-Dupuis (dir.), *Le Médicament et la Personne. Aspects de droit international*, op. cit., p. 121; P. Arhel, « Contribution de la Communauté européenne à un meilleur accès à la santé publique », *LPA*, op. cit.

它们的保护水平超过了《与贸易有关的知识产权协议》。由此,出现了所谓"超'与贸易有关的知识产权协议'"的说法,它们所包含的特殊规定包括如将专利权的保护期延长至超过二十年,将可专利性的解释与标准扩大,等等。这里的风险是有可能打破市场与人权之间的平衡,由此形成一个"人权、公共健康与药品专利之间非神圣联盟"。①

在市场这个方面,人们还看到不同知识产权体系之间存在的不平等,这集中表现在为制药企业提供了比生物资源更为优厚的保护,而生物资源却是生物多样性的实质所在。这进一步涉及有关"生物资源盗取"问题的讨论,大多数南方国家实际上是"生物资源盗取"现象的受害者。一个广为知晓的例子是,印度农民长期以来使用姜黄(Curcuma)治疗身体伤口和炎症。但在1998年,两位美国研究人员却获得了利用上述植物治疗疾病的专利。为此,印度科学研究理事会不得不向美国专利和商标局提出异议,并提交了专门的报告和证明印度农民从远古以来始终使用姜黄治疗疾病的印度文和梵文文献,至此,美国专利和商标局才撤销了上述争议专利。特别需要指出的是,由于申请撤销专利需要花费一定费用(本案中大概为1万美元),受害的印度当地居民群体可能因此无力提出异议。此外,受害者也并不总是能够提供书面证据来证明他们拥有相关的传统知识。②

不过,《里约生物多样性公约》(1992)承认各国对本国的基因资源拥有主权(序言,第3条,第15条第1节)。公约的宗旨是促进生

---

① O. Aginam, «Between Life and Profit: Global Governance and the Trilogy of Human Rights, Public Health and Pharmaceutical Patents», *North Carolina Journal of International Law and Commercial Regulation*, op. cit.

② W. Abdelgawad, «La biopiraterie et le commerce des produits pharmaceutique face aux droits des populations locales sur leurs savoirs traditionnels», in I. Moine-Dupuis (dir.), *Le Médicament et la Personne. Aspects de droit international*, op. cit., p. 335-336. 另一个相关事例是印度的香米,它在美国被命名为Texmati(这个名称与美国大米的名称存在交叉),并进而获得了专利保护,参见 Centre Europe-Tiers monde, *Le Droit à la santé*, op. cit., p. 16.

物多样性的保护,为此,公约不仅要求对基因资源的可持续利用,而且还要求对通过基因资源利用获得的利益进行合理分配。作为一项具有创新意义的国际公约,它的缺点是没有建立起一套有效的实施机制或处罚措施,致使生物资源的盗取并没有受到遏制。对此,在世界知识产权组织建立有关生物资源名录和数据库的基础上,国际社会开始进一步尝试创立新的知识产权,以承认和保护传统知识的价值。① 然而,世界知识产权组织的成员国对上述做法存在分歧,目前还未形成一致的解决方案,而且其中有关讨论涉及的还不仅仅是商业价值问题。

在人权这个方面,人们所强调的并不是扩展可专利性的条件,而是对专利加以限制或管理,经济、社会和文化权利委员会在2005年11月通过的一项关于人权与知识产权的观察报告中强调了上述观点。② 该委员会提出,经济、社会和文化权利国际公约第15条第1c段明确规定了人人有权作为科学、文学和艺术的创作者而受到保护,这项人权"是人与生俱来的权利,而知识产权则只是工具性质的权利"。换句话说,知识产权仅仅是国家用来促进创新精神和创造力的工具,因此,应当避免知识产权的利用损害到人权,特别是健康权。

此外,健康权还与人的其他权利相联系,包括公民权利和政治权利(这方面的例子可以参见前面提到的欧洲人权法院的相关判例),以及经济、社会和文化权利,比如获得食品、住房、教育、信息或工作的权利(参见经济、社会和文化权利委员会的观察报告),所有这些权利都是不可分割的,应同时获得保护和促进。此外,也不应

---

① W. Abdelgawad, «La biopiraterie et le commerce des produits pharmaceutique face aux droits des populations locales sur leurs savoirs traditionnels», in I. Moine-Dupuis (dir.), *Le Médicament et la Personne. Aspects de droit international*, op. cit.; adde M. Delmas-Marty, *Le Relatif et l'Universel*, op. cit., p. 378 sq.; 另参见联合国教科文组织2007年宣言。

② UN doc. E/C.12/GC/17, *Le droit de chacun de bénéficier de la protection des intérêts moraux et matériels découlant de toute production scientifique, littéraire ou artistique dont il est l'auteur* (*par. 1 c de l'article 15 du Pacte*), Observation générale n° 17, 12 janvier 2006.

当忽略由生物医学引申出的新权利,以及它们提出的新问题,例如,由"人类胚胎—药品"产生的问题。① 文化多样性的问题也不应当被忽视,因为它要求专家们去重新审视那些健康指数:这里的问题是,药品的消费数量是可以统计的,因此它是重要的健康指数,可这仅仅是占主流地位的西方社会健康观,它的普遍性是值得讨论的,同时,健康指数的确定还应当"情境化",也就是应当与其他指数相结合来考量,因此,健康指数的确定要求进行真正意义上的"文化间对话"。②

最后,健康权不可能与获得清洁环境的权利完全分割开,这与我们前面讨论的"人与非人"范畴的问题相关。虽然在有关人权保障的国际法律文件中均没有提及环境权,但联合国秘书长的工作宗旨已经明确包含"承认环境保护与人权行使之间存在的联系"。③

上面的分析强调了健康与其他全球公共财富之间存在的联系,后者并没有被当作人的能力获得保护,而是作为自然资源获得保护的,特别是气候质量,它决定着地球上的生命存续。

2. 自然资源:大气质量与温室效应控制

"全球公共财富"的概念在被运用于自然资源的时候显得比"全人类共同遗产"更为中立。这个概念能否使作为环境法不断变动的基础的人与非人关系的讨论更加清晰呢?这里有必要从大气质量

---

① C. Labrusse-Riou, « L'embryon humain-médicament ou le dépassement de toute norme », in I. Moine-Dupuis (dir.), *Le Médicament et la Personne*, op. cit., p. 453 sq.

② 参见法国国家伦理咨询委员会,*La Coopération dans le domaine de la recherche biomédicale entre équipes françaises et équipes des pays en développement*, 18 décembre 1998, et *Inégalités d'accès aux soins et dans la participation à la recherche à l'échelle mondiale-problèmes éthnqiue*, 18 septembre 2003, p. 78; adde F. et E. Hirsch (dir.), *Ethiques de la recherche et des soins dans les pays en développement*, Vuibert, 2005.

③ UN doc. E/CN. 4/2005/96, *Vers la reconnaissance des liens entre la protection de l'environnement et l'exercice des droits de l'homme*, précité.

与温室气体控制出发来探讨人与非人之间的关系。

1872年美国在本国北部山区建立了黄石国家公园,此后一百多年间,很多国家纷纷效仿也建立了国家公园,这些国家公园通常强调审美价值与对自然循环的保护。不过,从上个世纪70年代开始,有关环境保护措施开始呈现出多样化趋势,很难再对不同措施所追求的价值做出清晰区分,而且在不同时期,环境保护措施追求的宗旨和价值也有所不同。

例如,以1972年为标志,在斯德哥尔摩召开的联合国环境大会通过了一份宣言,其中在序言部分提出"人类是世界上最为宝贵的",肯定了人对环境享有的"基本权利",其中,"环境的质量使人能够获得有尊严和福祉的生活"(原则一)。但环境权利本身还附随着"为未来和人类后代保护与改善环境的神圣义务"。此外,宣言第二和第三两项原则也专门提到了"全球的自然资源"。上述宣言的内容实际上为后来的发展做了铺垫。

在1982年,联合国大会通过的全球环境宪章开始转向对自然资源和生态系统的内在性保护。该宪章突出了人类对"自己行为和行为的影响可能改变自然和穷竭资源"而产生的顾虑,在序言部分强调指出"所有的生命形式都是独一无二和值得尊重的,不论其对人类的用处如何,同时,为了承认其他生命组织所具有的内在价值,人类应当遵守行为的道德规范"。

1992年,里约地球峰会认为应当将"环境与发展"结合起来。里约宣言强调指出"地球是人类的家园,相互依存是它的全部特征",进而提出新近流行起来的"可持续发展"的概念①,目的是将人道主义、生态主义与经济发展三种不同模式结合起来。从这一思路出发,里约宣言开辟了将自然资源视为全球公共财富的道路。不过,1992年关于生物多样性和气候变化的里约公约并没有明确提出自然资源是全球公共财富的概念,但后来的发展,特别是在1997年京

---

① G. H. Brundtland, *Notre avenir à tous*, rapport de la Commission mondiale sur l'environnement et le développement, Editions du Fleuve, 1987.

都议定书中,上述提法得到了正式确认,京都议定书参考了一些国家提出的建议,采纳了建立一个温室气体排放市场的方案,目的是在全球范围内保护气候,由此促进了全球价值的形成。

尽管单纯从伦理的角度来看,上述方案是存在问题的,但市场的介入充分顾及到现存利益多样性的手段:不管是建立国家公园,还是针对温室气体采取行动,其价值基础的普遍性并非是显而易见的。不应忘记的是,黄石国家公园是在若干印第安人部落传统狩猎区的基础上建立起来的。因此,生活在黄石公园范围内的四百多名居民曾被强制迁离。菲利普·戴斯科拉在回顾这一段历史的时候,曾提到在黄石国家公园的建立过程中,"每天都发生着城市精英与当地居民之间的原始冲突,前者希望保护具有野生韵味的景色,将国家公园称为生物多样性保护区,而后者则被限制使用他们多少代人始终依赖的土地,甚至是最终抛弃属于他们的领地……到处都有关于某个当地居民群体利用某一部分环境的权利而引起的纷争"。[1]

同样引起纷争的,是气候变化所引起后果的多样性。瑞典化学家阿列纽斯(Arrhenius)早在1896年就预测指出,工业对可燃物的利用会引起地球平均气温的上升,认为斯堪的纳维亚地区的严寒气候也随之会变得缓和:"人类二氧化碳的排放能够改变地球大气的温度将是一件好事;对于瑞典来讲尤为有利"。[2] 当然,受到海平面上升和土地沙漠化影响的那些国家显然不会那么乐观。

为了将基本权利与全球公共财产相比较,我们尝试着将对所谓

---

[1] Ph. Descola, « La patrimonialisation des espaces naturels », présentation au colloque *Figures et problèmes de la mondialisation*, op. cit., adde id., « A qui appartient la nature? », *La Vie des idées*, janvier 2008, disponible sur le site internet http://www.laviedesidees.fr/A-qui-appartient-la-nature.html.

[2] Arrhenius, cité par Ed. Bard, *Leçon inaugurale* de la Chaire « Evolution du climat et de l'océan », Collège de France, 7 novembre 2002, p. 15 et 42 ; Ed. Bard (dir.), *L'Homme face aux climats*, Odile Jacob, 2005 ; adde J.-B. Fressoz et F. Locher, « Le climat fragile de la modernité. Petite histoire climatique de la réflexivité environnementale », *La Vie des idées*, avril 2010, disponible sur le site internet http://www.laviedesidees.fr/Le-climat-fragile-de-la-modernite.html.

"非人"的事物提供的法律保护的不确定性与被认为有效的旨在保护气候与控制温室气体而引入的市场机制进行对比。

2.1 环境法的不确定性

国家公园的模式①曾在相当长时期内强调保护审美价值和自然循环,从1973年起这一趋势变得明显起来:在国际组织,如联合国教科文组织或世界自然保护联盟的推动下,以自然保护区的名义确立的受保护的地区面积增长了四倍。受保护的土地和海洋面积已经占到地球表面的12%。不过,与保护区的建立有关的各种利益和法律地位的多样性引起某种"概念上的混乱"②,其特点是国家公园的提法逐渐演变并让位于生物多样性,进而过渡到生物资源和可持续发展问题上。

2.1.1 从国家公园到生物多样性

只是在发生了多次事故和灾难之后(如 Torrey Canon 油轮和 Amoco Cadiz 油轮溢油事故、博帕尔化学污染事故等),人类才开始意识到像空气(纯净)、水(清洁)、森林,以及更广范围内的动植物资源的稀缺性与脆弱性问题。这些与公共财产有关的悲剧性事件(即人人都可以利用公共财产,但却没有任何人负责对公共财产的维护与更新)促使人们重新思考,由此改变了人们对那些需要保护的价值的认识。在这一背景下,国际社会在1985年通过了保护臭氧层的公约,在1992年通过了保护生物多样性的里约公约。如果说空气质量与人类的健康有关,那么上述公约在序言中则强调了生物多样性的"内在价值",并把它界定为"人类共同关心的事务"。

人们还记得,在公约的起草过程中,发展中国家更加倾向于将"共同关心的事务"表述为"全人类共同遗产",这意味着对生物资源的自由获取。正因为如此,上述公约在序言中明确肯定了各国对其

---

① I. Seralgeldin, « Cultural Heritage as Public Goods », in I. Kaul, I. Grunberg et M. Stern (dir.), *Les Biens publics mondiaux*, op. cit., p. 240 sq.

② D. Dumoulin, « Les aires naturelles protégées: de l'humanité aux populations locales, un bien composite à la recherche de son public », in F. Constantin (dir.), *Les Biens publics mondiaux*, op. cit., p. 272.

资源享有主权权利,同时明确各国负有维护其资源的多样性与可持续利用的责任。按照公约第 3 条,各国"享有按照本国的环境政策利用其资源的主权权利",同时"有义务确保在其管辖范围内或其控制下的各种活动,不对其他国家或者不属于任何国家管辖的区域的环境造成损害"。

公约的上述表述肯定了地域管辖的原则,虽然要求各国承担起保护资源与可持续利用的义务,但这些规定由于都还只是由各国自主实施,因而具有明显的缺陷,因为它没有规定如何解决"在对生物多样性进行利用中引起的那些不可避免的价值冲突"。① 这些冲突在南北国家之间造成对立:对于南方国家而言,它们很自然地将本国领域范围内的资源用于经济社会发展,而北方国家则采取不同的做法,它们把自然视为应当受到保护的某种"储备",也就是说应当基于审美价值或者为了消遣利用,以及科学研究的目的,把自然保护起来。然而在事实上,南方国家"有更充分的理由来批判北方工业化国家那种保护主义的话语,因为后者曾经为了经济发展在很大程度上牺牲了自然,而且它们继续在与野生动物资源的关系上保持暧昧的态度"。②

此外,无论是在南方还是在北方国家,各国均存在着其他形式的矛盾。例如,在北方国家,在比利牛斯山区重新引进棕熊、在福日森林区引进猞猁,以及在阿尔卑斯山区引进狼群等等这类问题都曾引起城市与农村之间的争议;还有,法国在实施欧共体 1979 年通过的有关迁徙鸟类狩猎问题指令和 2000 年关于湿地保护指令上也曾遇到很多困难。在南方国家,类似于有关濒临灭绝的野生动植物国际贸易公约这类由少数专家牵头起草的法律文件,虽然在保护动动物资源上被视为具有重要推动意义,并且也得到非洲政治与社会精英们的支持,但普通民众却尚未真正理解其意义并予以接受。此

---

① D. Compagnon, «La conservation de la biodiversité, improbable bien public mondial», in F. Constantin (dir.), *Les Biens publics mondiaux*, op. cit., p. 174 sq.
② Ibid., p. 177 sq.

外,不论是非洲的大象或象牙制品的买卖,还是日本、挪威从事的捕鲸活动,以及加拿大的猎杀海豹行为,由它们引起的矛盾冲突并不仅仅发生在南北国家之间,而是具有普遍性。由此可见,"资源"这个与发展权有着密不可分关联的提法,有可能引起另一种意义转变。

2.1.2 从生物资源到可持续发展

可持续发展的提法本身就具有一定的模糊性,它隐含着面临危险而采用救助措施的意蕴,也就是说当最后的资源可能穷尽或面临危险时发出警示①;同时,可持续发展也表达了某种经济上的含义,这就是:将具有生命的组织视为某种资源,也就意味着承认了它们具有转化的可能性,这种转化与矿产资源的转化在形式上是一样的。赋予植物品种新的特征,或者通过利用微生物(动植物细胞)来制造产品,由此促使新的生产工具的出现。从生物资源向可持续发展的意义转变是不可避免的。

1987年布伦特兰提交的关于协调工业增长与环境和生物资源保护的报告中,就出现了"可持续发展"的提法。它包含了两项基本原则,一是合理管理(1972年斯德哥尔摩宣言),二是整体管理,也就是在全球范围内实现协调(1992年里约宣言)。当时,可持续发展的说法被批评为是概念混淆和外交妥协的产物,因此显然不足以用来解决价值冲突。生物多样性实际上"只是在包括发达国家在内的全球层面上才具有抽象意义概念"②,而在地方层面上,可持续发展对于当地人民获得经济与社会发展的需求而言则表现出其负面性。

十年之后,可持续发展成为政治话语的核心内容,反映出人们的实质性关切。在这一背景下,出现了"负增长"的说法,它反对由可持续发展在生态束缚下提出的改革路径,强调采纳一种断裂的策

---

① M. -A. Hermitte (dir.), *Le Droit des ressources génétiques végétales dans les rapports Nord-Sud*, op. cit.
② D. Compagnon, «La conservation de la biodiversité, improbable bien public mondial», in F. Constantin (dir.), *Les Biens publics mondiaux*, op. cit.

略,通过向人们展示在发展过程中出现的各种灾难建议引入某种"相互连带的经济模式"①,或者是"理智清醒的经济模式"②。联合国发展计划署发布的 2007—2008 年人类发展报告也进一步激发了相关讨论,该报告指出气候变化"是最为重要和最迫切需要解决的问题"。③ 联合国的上述报告受到以下两份文件的影响,一是关于气候变化的政府间专家组在 2007 年发布的第四份相关报告,该报告指出,尽管存在一定的科学不确定性,但人类活动对气候变化具有的决定性作用是不可否认的;另一个是《气候变化的经济学》一书的作者尼古拉·斯泰恩(Nicole Stern)发布的报告,后者指出面对气候变化积极采取应对行动比消极不作为更具有经济合理性。④ 相对于上述两份报告而言,联合国的报告是从伦理层面讨论气候变化的问题。

联合国的报告将应对气候变化作为"人类在一个分裂世界中必须团结起来的行动"来看待,它把气候变化等同于 1948 年《世界人权宣言》的起草者在经历了第二次世界大战以后曾发出的"人类的不幸"这种慨叹。联合国的上述报告将气候变化描述为"正在发生的不幸",并将其称为"对穷人和人类后代所应享有人权的全面与普遍的侵害,同时也是对于普遍价值的巨大倒退"。报告还特别举出

---

① J. -J. Gouget, « Développement durable et décroissance, deux paradigms incommensurables », in *Pour un droit commun de l'environnement. Mélange Prieur*, Dalloz, 2007, p. 123 sq; voir aussi E. Dupin, « La décroissance, une idée qui chemine sous la récession », *Le Monde Diplomatique*, août 2009, pp. 20-21.

② M. -A. Hermitte, « La fondation juridique d'une société des sciences et des techniques par les crises et les risques », in *Pour un droit commun de l'environnement. Mélange Prieur*, op. cit., p. 145 sq.

③ PNUD, *La Lutte contre le changement climatique: un imperatif de solidarité humaine dans un monde divisé*, rapport mondial sur le développement humain 2007-2008, La Découverte, 2007.

④ N. Stern, *The Economics of Climate Change*, Cambridge University Press, 2006; id., « Gérer les changements climatiques, promouvoir la croissance, le développement et l'équité », *Leçon inaugurale* de la chaire « Développemet durable-Environnement, Energie et Société », Collège de France, 4 février 2010.

复活岛的历史——坐落在火山口上的巨石雕像是这个文明留存下来的唯一遗迹,以表明对人类共同享有的生物资源如不能有效地加以管理则可能发生灾难,由此指出气候变化有可能在全球范围内重演复活岛的历史;但与过去的历史所不同的是,现在的人类已经掌握了危机存在的证据和避免危机发生的手段。联合国的上述保护努力地表明了这一点,即:在人类面临巨大威胁的前提下,不同的宗教信仰都会做出相同的反应,但是,在全球性的危机与政治决策权的国家控制之间却始终存在冲突。报告对此指出,基于生态的相互依赖性并不是抽象的概念,"所有国家和所有民族都分享着同一个地球。同时,人类只拥有一个地球"。如果说人们目前还生活在一个分裂的世界中,那么"碳循环却不依附于人类的政治循环",同样,没有任何一个国家可以单独地成功应对全球气候变化。

换句话说,国际集体行动并不是一个备选项,它是必须采取的策略:气候本身变成了人类分享的普遍价值,因此,面对气候变化的威胁不采取任何行动实际上构成了对生命权与安全权的严重侵犯(《世界人权宣言》第3条)。此外,从因纽特人由于北极圈冰层迅速退化而面临着被迫迁徙的危险来看,面对气候变化不采取行动也是对经济和社会权利的侵害。

然而,提出问题并不意味着找到了解决问题的方案。虽然国际合作在保护臭氧层方面是有效的(1985年维也纳公约,1987年蒙特利尔议定书),但国际社会只是在1992年制定了关于气候变化的框架公约时,才开始以可持续发展的名义,探索应对气候变化的具体方案。[①] 为了在全球范围内实现一定程度上的公平,人们设计出"共同但有区别的责任"这一原则(关于气候变化的框架公约第3条,原则1)。但该原则还需要进一步得到落实,特别是要考虑各国和地区发展的先决事项(关于气候变化的框架公约第4条,以及附件一中

[①] S. Barrett, «Montréal contre Kyoto. Coopération internationale et enrivonnement global», in I. Kaul, I. Grunberg et M. Stern (dir.), *Les Biens publics mondiaux*, op. cit., pp. 192-219.

列出的发达与类似发达国家所承担的义务),与此同时又不影响保护地球的整体宗旨。

由此,在充实"世界共同财富"这个概念的内涵上,国际社会出现了具有创新性的做法,这就是引入市场机制,将其作为实现一种既具有全球性又体现差异性政策的优先工具,这一政策的实施过程既包含传统意义上的国际间的合作,也包含了超国家性质的法律束缚。①

2.2 减少温室气体排放市场?

气候是世界性的,统治着所有活的生命,包括人类和非人类。前面我们曾经提到政府间气候评估小组在没有消除不确定性的前提下,提醒人们气候变暖会导致严重而不可逆转的负面影响,同时指出其中一部分变化的发展是因为人类活动造成的。② 为制造气候质量这个世界集体财富,反对温室气体的排放,京都议定书(实施1992年的框架协议)创立了一个"许可证市场",可以协商气体排放份额。这项规定汲取了20世纪70年代,尤其是美国减少大气污染做法的经验③,试图将温室气体的排放量限制在事先规定的配额内,组织一种"全球性的综合建筑"④,这个建筑是建立在一个高尚的易货贸易基础上:根据每个国家所承认的使用能力,排放许可可以从一个污染国家转移到另一个污染国家。虽然发展中国家没有被强制要求,但通过对无污染发展计划的投资,这些国家也间接参与这项国际工作。

---

① M. Bazex, « Les instruments du marché comme moyen d'exécution de la politique de l'environnement: l'exemple du système de quotas d'émission de gaz à effet de serre », in *Pour un droit commun de l'environnement*, *Mélange Prieur*, op. cit., p. 1191 sq.

② M. Delams-Marty, *La Refondation des pouvoirs*, op. cit.

③ C. Ferrier, « Marchés nationaux et régionaux de permis négociable: leçons pour le régime international du changement climatique », in S. Maljean-Dubois (dir.), *Changements climatiques: les enjeux du contrôle international*, La Documentation française, 2007, pp. 249-270.

④ P.-M. Dupuy, « Conclusions générales », in S. Maljean-Dubois (dir.), *Changements climatiques: les enjeux du contrôle international*, op. cit., p. 361.

因为缺乏全球政府治理,人们试图采用市场策略将这场反对温室效应的斗争世界化。经济学家的研究证明,根据所采用的策略,效果有所不同,但是他们依然在思考合法性的标准问题。

2.2.1　什么效果?

在 2007 年召开的"世界化形象和问题"研讨会上,罗杰·盖斯涅利(Roger Guesnerie)[1]一开始就提出这样一个问题,即:市场提供了私人财富生产的"恰当符号",但是没有直接适合集体财富的供给,更无法避免"负面的外在性"。在经济学教材中,"集体财富"和"外在性"被认为是"市场衰败"范畴内的词汇。尼古拉·斯特恩在他精彩的报告一开始就指出:温室气体的大气浓度增高是史无前例的"市场衰败现象"。为了挽救这种衰败,应该确定更为适当的策略,无论是气候政策优先策略还是赋予特权手段。

在气候政策优先策略方面,问题在于要知道是否应该从现在就开始着手减少排放运动还是要依靠一些研究,以"无碳化"能源(如生态燃料、核能、风能等)替代化石能源(汽油、煤气、煤炭等)。当美国决定不批准京都议定书,明确指出,解决气候问题在于研究,而不是减少排放的时候,讨论再次被提出。美国总统奥巴马早已宣布这一变化,但直到英国石油公司引起的石油黑潮灾难以后,在 2010 年 5 月 12 日美国参议院才提出一部新的能源和气候法草案。[2] 相反,欧洲一直"维持京都议定书的方向"[3],通过了 2003 年和 2004 年的指导方针,组织排放份额的交换制度,确定无污染发展转换机制的条件,使环境保护成为"国际地位中的象征"[4]。

看起来人们似乎接受了这两种方法的互补。一方面,欧洲同时采取革新和技术转换的方法,希望能够成功控制排放而不放弃发

---

[1]　R. Guesnerie, « La conception économique des politiques climatiques », présentation au colloque *Figures et problèmes de la mondialisation*, *op. cit.*

[2]　C. Lesnes, « Etats-Unis: la marée noire change le débat sur le cilmat », *Le Monde*, 13 mai 2010.

[3]　L. Tubiana et H. Kieken, « Il est urgent d'agir! », *Problèmes économiques*, 2007, pp. 3-8.

[4]　*Ibid.*

展。另一方面，在美国，在期待一部不确定的联邦法的同时，七个州于 2005 年采取地方措施，减少排气量①；现在已经有 28 个州制定了气候计划，确定了减排目标。

另外 2007 年美国的高级法院在一个协会集体起诉美国国家环境保护局（EPA）的案件②中，间接承认限制排气量的必要性。协会要求国家环境保护局根据"清洁空气法案"（CAA，1990 年通过的关于空气的联邦法），调整四种温室气体的排放量，其中包括二氧化碳。大部分的意见都是通过明确承认气温升高和大气中的二氧化碳浓度增加有关开始的。高级法院在同样的运动中立即将二氧化碳定为温室气体"最重要的气体"。同样，在第二段中，大部分的意见也提出气温升高将是"本世纪最为迫切的环境挑战"，同时要注意这只是起诉人的明确表示，而不是高级法院的意思。高级法院最重要的一个决议是尽力重新考察科学研究的历史（从 1959 年开始）以及美国关于空气污染、二氧化碳和气候变化的立法。

剩下的是基本的也是行动问题。在预防全球性风险问题上，国家环境保护局承认他的失责，并强调说，唯一真正的可能，就是调整二氧化碳的排放，减弱世界气候变化，弥补马萨诸塞州所造成的损失。高级法院接受了一种切实可行的态度，避免展开一次关于实施全球政策的必要性审查，因为这种政策要求批准一些国际性法律手段。而这种实际的态度就是：虽然调整美国汽车尾气的二氧化碳排放不足以改变气候变暖趋势，但这并不意味着高级法院不能够从知识技术的角度上审判国家环境保护局是否应该采取一定的措施减缓或限制这种趋势。

根据这种推理，大部分法官认可了协会集体行动，认为海面升

---

① A. Vieillefosse, « Le changement climatique: la position américaine », *Le Changement climatique*, Études de la Documentation française, n° 5290-5291, 2009.

② USSC, Massachusetts v. Environemental Protection Agency, 2 avril 2007. Voir aussi M. Delmas-Marty et S. Breyer (dir.), *Regards croisés sur l'internationalisation du droit*, France-Etats-Unis, SLC, 2009, notamment pp. 163-252.

高同气候变暖有关,这一现象已经或将继续损害马萨诸塞州,尽管目前还没有造成很大的损失,但是这种危机并非是虚幻的。2009年12月7日,国家环境保护局承认"温室气体威胁着美国人民的身体健康和生活",应该由他来限制二氧化碳和其他《清洁空气草案》中规定的污染气体的排放量。①

即使在美国,减排和寻找新的能源也是相互补充的,因为减排政策可以成为刺激研究的力量。相反,关于以经济手段来达到减排的目的一直没有达成一致协议。

关于方式方法问题,京都议定书提出了一项量化政策。无论实施的减排措施如何,无论参与国之间的配额交换是多少,都要对排放总量进行监督,其总量应该保持稳定,同协定配额的总数相符。

从原则上说,这样的政策可以保证预先设计的结果,但是实现这个目标的费用一开始是不确定的。相反,价格政策是以参与国之间协调的碳税为基础(在一定时期内规定一定水平的税率),这项政策为气候政策的费用提供了很好的可见性,但是对实际可达到的减排效果不十分确定。

在这一点上,欧洲和美国再一次发生对峙。在法国采取措施之后,欧洲对这种因为排放市场引起的"自然商品化"的行为一直持敌对态度,在90年代的时候提出一种协调规定价格方法,但遭到美国的拒绝。所以,是在美国的影响下,才商议出京都机制。如今,这一机制受到欧洲的维护,而遭到美国的拒绝,其理由是:在价格不确定的背景下,量化政策会限制过重的努力,美国更希望在固定协商的基础上征收碳的协调税。按照罗杰·盖斯涅利的说法,最好的方法在于结合确定努力方向的最低协调税收政策和减排目标,即:通过实施经济手段和附加规定实现这个"基本"税收制度所期望达到的

---

① C. Pellerin, «Les émissions de gaz à effet de serret seront réglementées par une Agence Fédéral», 9 décembre 2009, disponible sur le site internet http://www.america.gov/st/energy-french/2009/December/20091209171311lcnirellep0.8336145.html.

目标。①

　　这同 2009 年 12 月 29 日法国宪法委员会所摒弃的结合方法②类似。它承认，尽管存在税收平等原则，但是如果"有一项特别条例专门实施于经济领域"的话，那么完全免除"碳的捐税"是有理由的。然而，宪法委员会认为，欧盟的温室气体排放配额交换制度不可以援引这项规定，因为，"这些配额目前的分配是长期免费的，而配额付费制度从 2013 年才开始实施，逐渐维持到 2027 年"。宪法委员会最后总结说，从欧洲规定这个角度来考虑现在的完全免除制度"同反对气候变暖的目标相反"，它同时进行一些讽刺性评论："如果没有搞错的话，欧洲的规定不允许反对气候变暖。这连那些最激进的欧洲怀疑论者都不敢想！"③

　　从经济角度看，如果说完全免费的确为企业提供了一份"意外的收益"的话，那是因为部分免费本就足矣，同时还应该指出，"市场环境有效性的首要决定因素是许可证交换的价格，这一价格依靠拨给的配额数量决定，而不是依靠他们免费拨给的事实来决定的。企业应该在他们的计算当中考虑这一价格：当企业生产量很多的时候，它应该或者购买排量许可，或者少量销售。因此，欧洲市场需要提高产品价格，最终提高了消费者应付价格。随着所给予的配额收缩，二氧化碳价格大大超出政府的定价，也就是每吨 17 欧元。"④

　　从法律角度看，人们再次发现，标准空间秩序不完善，相互叠加产生更多的困难，比如：欧洲法律优先量性政策，而法国法律引进一种价格政策。两种方式，按照已承认的各国自主空间，可以通过各国各自的结合方式来保障。另外，宪法委员会承认，实施不同的定价，"如果有一项特别条例专门实施于经济领域"，可以达到完全免

---

①　R. Guesnerie, « Copenhague : un défi économique », *La Vie des idées*, 7 décembre 2009, disponible sur le site internet http://www.laviedesidees.fr/Les-dilemmes-economiques-de.html.

②　CC. *Loi de finance 2010*, décision n° 2009-599 DC, 29 décembre 2009.

③　R. Guesnerie, « Ce mauvais procès fait à la taxe carbone », *Challenges*, 4 mars 2010.

④　*Ibid.*

除的程度。但是法国法官在上面所提到的方法中遇到分步实施的难题:"这些配额目前的分配是长期免费的,而配额付费制度从2013年才开始实施,逐渐维持到2027年。"和谐的进程应该与同期化同步,法官们也可以大胆地提出保留这方面的解释;总之,他们本可以避免肯定地说:被诉的法律制度与"反对气候变暖的目的相左"。

这就是说,即使这个问题在欧洲解决了,也不能因此在世界范围内保障其有效性。京都议定书(2005年正式生效,同时得到俄罗斯的批准,至2010年已有190个国家批准了这项协定)的一个弱点在于它只涵盖了世界30%的排气量(今天大概涵盖了2/3)。这还没有考虑美国一直拒绝批准这项协定。

另外,京都议定书制定了"碳"市场空间,纳入到发达国家当中,以实施区别责任原则。也许正是京都议定书的这一最薄弱点导致就目前来说只对附件B所列国家(发达国家)实施。当然,温室气体的排放主要也是来自这些国家。但是,形势正在迅速发生变化,根据最新的估计,2009年发展中国家的排气总量已经超出了发达国家的排气总量。

一个解决办法在于面向发展中国家开放京都空间。但是这些国家同时也提出,大气中聚集的温室气体含量也有发达国家的历史责任。哥本哈根会议没有在这一点上达成一致意见:2010年2月,即使代表世界排放总量80%的89个国家已经承担责任,这似乎还不够,同年12月在墨西哥召开的会议上重新展开了这个话题的讨论。① 为了能有机会取得一个结果,这样的讨论应该考虑合法性标准问题。

---

① L. Caramel, « Les incertitudes du calendrier de l'après-Copenhague », *Le Monde*, 22 décembre 2009; S. Maljean-Dubois et M. Wemaëre, « L'Accord de Copenhague: quelles perspectives pour le régime international du climat? », *RDUE*.

2.2.2 什么合法性？

京都议定书一个最大新颖点在于实施全球团结一致的思想。这种思想将所有人类重新团结在一起，也将人类同非人类生物结合在一起："这一协定无视意识形态上的巨大差距，从某种意义上说，期望将亚当·斯密的思想同汉斯·约纳斯的思想结合起来"①。责任伦理道德同集体财富的交换活力相互结合，呼吁每个人为保护气候质量这份共同财产而努力，因为气候质量是跨时性和跨国家的。

但是，从利益多样性的角度来看，实施这样一项宏伟的伦理道德不是显而易见的事情。不要忘了，与南方因为气候变化引起的灾难性后果（水灾、干旱、大洋飓风的干扰、热带疾病爆发）相比，在北方可能出现一些积极的影响（如土地增值、新的航海路线）。② 同时也不要忽略政治形势，这些政治形势有时会引起一些与用于确定排放份额的统一方法不同的影响。最引人瞩目的一个案例是俄罗斯的例子：在拆除一部分苏联重型工业之后，排气量已经降低到了1990年的水平。俄罗斯不需要做出特别的努力，就已经成为主要的供应国，甚至成为供应垄断国。③

因此，市场思想还不够，还应该确保政治的合法性和伦理合法性。因为尽管缺少世界政府，政治合法性决定了国际监督的可能性；而伦理合法性可以在缺乏世界宪法的情况下，解决价值冲突问题。

从政治角度上说，国际监督要求一种比国家（甚至联邦）或者区域监督更加复杂更加灵活的制度。这样一种制度，被称为"观察"制度（2001年由参加国召开的大会制定，2005年在蒙特利尔通过），在

---

① P. -M. Dupuy, « Conclusions générales », *in* S. Maljean-Dubois (dir.), *Changements climatiques*: *les enjeux du contrôle international*, op. cit.

② G. Easterbrook, « Réchauffement de la planète: qui perd? Qui gagne? », *Problèmes économiques*, 2007, pp. 24-31.

③ H. Kempf, « L'équilibre du marché européen du CO_2 est sous la menace de la Russie », *Le Monde*, 19 mars 2010.

2006 年初开始实施。观察委员会(Comité d'observance)延续在保护臭氧层方面所采取的监督措施,但是以一种新的更新方式制定的,这种方法结合了促进小组(groupe de facilitation)和执行小组(groupe de l'exécution)的工作。促进小组主要侧重于协商,而执行小组类似于一个司法裁判组织,在发现"不遵守协议规定"的情况下,可以宣布实施严重惩罚的措施(切断给予的配额,相当于不超出来年配额的 30%)。①

具体实施以总记录额(国家的、地区的和国际的配额)为基础,这需要一定的精确性,而发达国家似乎并没有准备要遵守这项规定(上述规定第三章)。因此,将非政府参与者(经济参与者、市民参与者、科学参与者)与公共权力结合的机制十分重要,以加强不同层面(国家的、地区的和世界层面)的合作。

从这一点看,将京都机制迅速引进到欧洲法和欧盟成员国内部法上是一个有效的方案,但同时也说明了有关这个机制合法性讨论的复杂多样性。尤其在关于阿塞洛-米塔尔钢铁公司的诉讼案②中表现得更加明显。这起案件涉及将欧洲 2003/87 关于配额交换制度的指导方针(通过法令)引进到法国的诉讼。阿塞洛-米塔尔钢铁公司强调指出,将这种规定实施于钢铁冶金领域会产生同其他领域,如塑料和铝制品这些不受上述规定约束的领域不平等的现象。法国最高行政法院考虑到法令完全按照欧洲指导方针的规定制定的,无论从欧洲法还是法国法制定的平等原则这个角度看,都会存在严重的解释困难,所以向欧盟法院起诉,提出预审问题。在 2008 年 12 月 16 日的判决中,欧盟法院指出,各国立法机构也可以逐步寻找各种方法,从这个角度说,根据生产领域的差异而采取

---

① S. Maljean-Dubois, « L'enjeu du contrôle dans le droit international de ll'environnement », *Problèmes économiques*, 2007, pp. 16-28.
② CE, *Société Arcelor Atlantique et Lorraine et al.*, 8 février 2007, *in* M. Long, P. Weil, G. Braibant, P. Delvolvé et B. Genevois, *Les Grands Arrêts de la jurisprudence administrative*, Dalloz, 2007, p. 934; *JCP* Adm., 2007, p. 2081 (note G. Drago).

不同的处理方式并不是歧视做法。阿塞洛-米塔尔钢铁公司向欧盟初审法院起诉，要求取消指令。2010年3月，法院宣布起诉不可受理，它强调说，欧盟如同各成员国一样，拥有大量区别处理问题的空间。①

　　这些案例说明，法官之间的对话有利于澄清"承租人和协商人对什么是公平租赁所产生的想法"②，但是却不足以确定伦理道德标准。而实际上，这些标准从属于根据不同的参照标准体系，根据不同的监督机构，以不同方式被等级化并予以制衡的价值，包括如：公民与政治权（平等、非歧视待遇、私人财产等），经济权（经济操作者之间交换自由与平等），社会与文化权（各种文化之间的连带性和平等），人权（包括面对全球风险后代之间的连带性），环境权（包括与保护非人类环境责任的连带性），发展权（各国之间公平分享）。这样的多元化自然无法避免冲突。尤其在实践当中，世界贸易组织上诉机构的判例解释，就像国际投资争端解决中心的判例解释一样，说明贸易法和投资法的阻碍与"环境特例"③相左。

　　但是一个要解决的最困难的问题也许是除了世界公共财产之外，与共同财产这个概念有关的问题。共同财产这个概念位于统一化的共同和多元化的共同含义之间，又或者说，处于趋于统一的普遍性和多元变化的普遍性之间。从政治角度上看，多元变化的普遍性更为现实；从法律角度看，也更加复合多样，因为这意味着围绕两极原则，结合不同层次的均衡势力，或者像结合公民政治权和经济社会文化权的"平等尊严"，或者像希望把发展规律同环境法结合起来的"可持续发展"。另外，这还要求改善依然具有很多问题的差异

---

　　① TPICE, *Arcelor S. A. c. Parlement européen et Conseil de l'Union européenne*, T-16/04, 2 mars 2010.

　　② J. Elster, « Qu'est-ce qu'une allocation équitable des permis de polluer? », présentation au colloque *Figures et problèmes de la mondialisation*, op. cit.

　　③ S. Bellier, « Observance et procédures existantes de règlement juridictionnel des différends internationaux: quelles articulations? », in S. Maljean-Dubois (dir.), *Changements climatiques*, op. cit., pp. 229-244.

责任的规定制度。①

在欧洲范围内,欧洲的法官,尤其在阿塞洛-米塔尔钢铁公司的判决上,企图希望把明确什么是"比较情况"作为先决条件,然后指出能够证明区别对待的标准(比如,排放程度、指导监督可行性的安置数量等)。但是,他们十分谨慎,强调了依然处于讨论中的这种修正草案的新颖性和复合多样性,这一制度依然处于创办阶段。人们逐步通过了一些方法,尤其是在第一阶段实施之后取得了一些经验,这有力证明了欧盟立法机构所拥有的自主空间的重要性,从而可以不干扰这个制度的实施。

在降低弱化标准可预见性的风险,也就是说法律的稳定性的条件下,这种技术可以阐明对多元共同法的研究,这为基本法和世界公共财产,也就是伦理道德和经济之间的协同作用提供了便捷条件。所以,价值共同体的前景同时依赖具有双重作用的法律制度,即:整合价值,赋予参与者责任。

第三节　法律在价值共同体崛起中的作用

在全球层面上,"共同体"一词表明了"共同"认可的价值,这一表述似乎超越了相对主义,但与此同时,它并没有强加那种统一的普遍主义。正是通过这种超越,即"超越相对与普遍",才表现出法律应当扮演的角色:虽然法律不是价值的创造者,但法律本身也不是中立的,因为它既需要"表达"价值,同时也需要将人们的行为根据那些价值来加以"规范"。

表达价值实际上是法律的揭示功能。例如:通过将某些行为定义为"反人类罪",国际刑法将人类本身界定为受害对象,同时,也将

---

① 关于健康问题,参见 M.-E. Pinto Marinho, *L'Idée d'un droit commun pluraliste à l'épreuve des processus d'internationalisation en droit des brevets*, thèse doctorale, Université Paris I, mai 2010; S. Maljean-Dubois, *Les Organes de contrôle du respect des dispositions internationales dans le champ de l'environnement, développements récents, développement (peut-être) à venir*, 2010, inédit.

人道视为应当受到保护的价值；同样，1948年世界人权宣言明确宣告了人人拥有平等的尊严，从而表达出人权的新概念，强调了所有人权，包括个人和集体权利的不可分性。

此外，法律体系本身的变迁有时也揭示了整体与部分之间的关联性。我们已经看到打击犯罪的战争范式被用来代替战争罪的范式，这一变化改变了"人道与非人道"这一对范畴之间的整体关联性：如果说战争罪的范式是为了对非人道的情形加以规制，那么打击犯罪的战争范式则是将非人道加以正当化。就"人与非人"这对范畴而言，我们看到，有关动物或自然的法律规定可能会有助于形成一种新的人道主义，其特点是关系性的，而不再是以人为中心的那种传统的人道主义。同样地，"全球公共财富"的观念对"全人类共同遗产"的逐步取代也反映出对以人类为中心的人道主义的超越，同时，这种取代也可能会使法律方式（从强调基本人权的意义上讲）与经济方式（从市场的意义上讲）相对立。

在国家层面上，诺伯特·博比奥（Norberto Bobbio）曾在1963年指出，各种法律体系是建立在多元价值基础之上的，"而这些价值之间经常会存在冲突"。在寻找解决上述冲突的标准以实现整体的关联性工作中，他认为"根本无法找到清晰的答案"①。在今天，解决冲突的方案就更不容易了，因为法律体系本身已经被各种权利、自由或体现了政治、哲学或意识形态的各种政策所充斥。②

由此反观全球层面，情况只能更为复杂，因为这里存在着各国、区域与全球法律规范的相互叠加，进而导致相互联系与完整的原则完全无法得以实现，这与不断趋于复杂的法律发展形成反差。即便我们只限于人权的讨论，在官方意义上讲，似乎在联合国的框架下存在一个完整合理的人权法律体系，但在理论和实践上，不同人权之间的性质

---

① N. Bobbio, *Essais de théorie du droit*, Bruylant-LGDJ, 1998, pp. 89-103.

② V. Champeil-Desplats, «Raisonnement juridique et pluralité des valeurs: les conflits axio-téléologiques de normes», *in* P. Commanducci et R. Guastini (dir.), *Analisi e diritto*, 2001, pp. 59-70.

似乎仍存在着对立,以至于无法从整体上来思考和实施人权。①

总之,法律似乎更加凸显价值体系缺乏关联性,法律的全球化反映全球性法律体系失序。这种失序反映出"价值的无政府主义",由此有可能导致悲观论或者是盲目的教条主义。正因为如此,伦理学者保罗·瓦拉迪尔(Paul Valadier)曾写道:"不能将期待明天会更好作为实现自我和历史道德化的理性主张。因此,作为道义上的责任,应当尝试展示或建议道德化的出路是可能的,而退却者实际上则是相对主义和放弃道德的绝望论的支持者。"②作为法学者而言,也应当指出"出路是可能的",因为法律不仅限于表明价值并将其加以分类,而且它还是"规范性"的工具,因此,它也是一个具有改变功能的过程。

将人的行为加以规范,这既是指引也是判断:规范具有双重功能,即"一方面指引人们的行动,另一方面衡量人们已经做出的行为,由此,法律是行动和/或判断的示范"。③"指引"和"衡量":法律的这两项功能是分离的,例如,一些国际法规范只是单纯的行为指引(建议、意见、宣示性原则等等),而另一些规范则是衡量的工具(标准、惯例等),但是法律的上述两项功能相结合能够产生特殊的力量。

当然,法律需要以充分理性与客观的方式将价值加以秩序化,同时针对权力行使过程中的违法情形对行动主体加以责任化(公共或私人的,个人或集体的主体)。

1. 价值的秩序化

根据传统的观点,排序意味着不同价值之间存在的次序上的等

---

① P. Meyer-Bisch, « Méthodologie pour une présentation systémique des droits humains », *in* E. Bribosia et L. Hennebel (dir.), *Classer les droits de l'homme*, Bruylant, 2004, p. 47 *sq*.

② P. Valadier, *L'Anarchie des valeurs*, Albin Michel, 1997, p. 165.

③ C. Thibierge, « Au cœur de la norme: le trace et la mesure. Pour une distinction entre norms et règles de droit », *Arch. Phil. Droit*, 2008, p. 251 *sq*.

级关系。尽管如此,在一个理性多样化的社会里,强加一种严格的等级关系则是"不现实和不充分的"①。在全球层面上更是如此,因为相关的价值选择没有经过代表人民意志的议会讨论,同时,它的实施也无法通过一个世界性政府来提供保障,实际上,这里的价值选择只是各国间协商的结果。由此产生了碎片化的结果,即:价值排序中存在多元化的尺度标准。

这种多元化并不阻碍价值的排序,但是它会使得排序本身存在很多不确定性,例如它可以是发生在同一体系内的不同价值间的冲突,也可能是发生在不同体系间的冲突,这是因为价值排序的国际过程很难用等级关系和稳定不变的方式来解决。在很多情况下,需要尝试将不同价值根据空间来加以平衡,并根据时间的推移引入变迁的观念。这就是说价值排序是一个复杂的过程。

1.1 价值尺度多元化

法学者有时会首先根据表达价值的那些规范本身的地位来加以排序,这种做法有可能导致将规范与价值相混淆。然而,规范本身存在于各个整体之内,这些多数整体之间既不是相互独立的,也不是完全整合的。这就是尺度标准多元化的原因,例如:它可以通过非常具有象征性的方式反映在一些法律表述上,例如罪行的"不受时效限制",人权的"不可克减性",以及全球共同财富的"集体偏好"。

1.1.1 不受时效限制的罪行

不受时效限制的说法表明了某些罪行具有普遍意义(战争罪、反人类罪、侵略罪),它们被默认为是最严重的犯罪。一些罪行的严重性在前南斯拉夫刑事法庭涉及其管辖权问题时即被加以强调(参见前南斯拉夫刑事法庭规约第2条或"塔迪奇标准"):"违反情形应当是严重的,即:该情形应该构成对保护重要价值的那些规则的违背,这种违背应当给受害者带来严重的后果"。②

---

① P. Valadier, *L'Anarchie des valeurs*, op. cit., p. 168.
② TPIY, affaire *Tadić*, Chambre d'appel, arrêt relatif à l'appel de la defense concernant l'exception préjudicielle d'incompétence, 2 octobre 1995, § 94.

但是对有关判例的分析会发现,在那些都具有普遍意义的犯罪之间很难加以排序。首先,卢旺达刑事法庭在冈比达案中曾经指出:"法庭有理由认为对日内瓦诸公约共同第三条和第二议定书的违背情形,尽管十分严重,但仍应被认为是轻于灭种或反人类的罪行"①,其理由是潜在的价值观念(个人的尊严,或者扩大于人类全体的尊严)。

相反,在灭种和反人类罪之间,其区别更难以根据罪行的严重程度来区分。法官们曾先是认为灭种是"罪上之罪",理由在于该罪行的特殊主观状态("全部或部分地灭绝一个民族、种族或宗教群体"),但随后又放弃了这种立场。前南斯拉夫刑事法庭上诉法庭则在塔迪奇、阿列克索夫斯基和夫伦季亚案中认为规约中包含的各种罪行相互之间并不存在等级关系:"在法律上,反人类罪和战争罪在罪行严重程度上不存在任何区别"②,随后又指出,罪行严重程度的判断,在适用刑罚时,应该考虑犯罪时的具体情形。③

上述判例间的不一致可能表明,通过罪行的内在和抽象性质来进行等级划分是困难的,因为这种等级关系(规约本身没有规定)意味着价值判断,而法官自己并不认为有能力做出这种判断。因此,法官们倾向于仅仅对犯罪构成要件的加重或减轻情节进行分析,它们对刑罚的适用有直接意义,具体犯罪事实的严重性实际上也是国际刑事法院启动追诉程序的要件之一(《罗马规约》第 53 条)。除了排序困难外,等级关系的观念在人权法上也产生问题。

---

① TPIR, affaire *Kambanda*, Chambre de première instance, jugement et sentence, 4 septembre 1998, § 14-16.

② TPIY, affaire *Tadić*, Chambre d'appel, arrêt concernant les jugements relatifs à la sentence, 26 janvier 2000, § 69. Position confirmée par la Chambre d'appel dans les affaires *Aleksovski* (arrêt, 24 mars 2000, § 69) et *Furundžija* (arrêt, 21 juillet 2000, § 243). Cf. *contra* l'opinion dissidente rendue par le juge Antonio Cassese dans l'affaire *Tadić*, Chambre d'appel, arrêt concernant les jugements relatifs à la sentence, 26 janvier 2000.

③ TPIY, affaire *Krstić*, Chambre de première instance, jugement, 2 août 2001, § 698-703.

1.1.2 不可克减的人权

《世界人权宣言》宣布所有人权具有同样的效力。然而,它也承认存在一些限制(第29-2条),目的是"为了确认和保护其他人的权利与自由",以及"为了维护道德、公共秩序和民主社会一般福祉的合理要求",但它并没有明确规定是否所有人权都应受到上述限制,或者说一些人权因为更高的价值而不受上述限制,而这些所谓的更高价值超越了公共秩序和国家利益的例外。

在冷战时期,关于不同人权之间等级关系的讨论曾与西方盛行的公民权利和政治权利优先的观念结合在一起,而在东方则将经济、社会和文化权利置于优先地位的意识形态结合在一起①;然而1993年6月25日在维也纳通过的世界人权会议的宣言则郑重宣告,所有人权不论其性质如何(公民、政治、经济、社会、文化)均是不可分割的,这就再次排除了将人权进行等级划分的可能性。

但是,现有的人权文件则在一定程度上强调公民权利和政治权利,从而在某种程度上表明了不同价值间的等级关系。在这一等级关系的顶端,是一些"不可克减"的权利,对于它们而言不存在任何可能的例外,即便是在战争或者威胁国家存续的特殊公共威胁时也应当受到保护(《公民权利和政治权利公约》第4-2条,《欧洲人权公约》第15-2条,《美洲人权公约》第7条)。这些权利包括禁止酷刑、不人道或具有侮辱性的刑罚或待遇、奴役以及集体驱逐,除此之外,《公民权利和政治权利公约》还包括另外一种禁止规定,即:在未征得同意的前提下施加医学或科学实验,以及一项义务性规定,即在任何情况下均应承认个人具有法律人格。

值得注意的是,生命权并不是不可克减的权利,因此可以存在例外(例如死刑或正当防卫造成的死亡):生命虽然珍贵,但根据国际人权法,它却不是最珍贵的价值。我们可以认为生命是相对保护

---

① D. Shelton, « Mettre en balance les droits: vers une hiérarchie des normes en droit international des droits de l'homme », in E. Bribosia et L. Hennebel (dir.), *Classer les droits de l'homme*, op. cit., pp. 153-194.

的价值,此外,还有其他存在例外的值得保护的价值,例如迁徙自由、受到"民主社会所必需的限制"的私生活和家庭权利,思考、信仰和宗教自由,表达自由,以及财产权等等。

相反,那些不可克减和受到绝对保护的权利,按照联合国秘书长在维也纳世界人权会议上的发言所指出的那样,它们表达了"我们人类共同认可的,是我们作为同一人类共同体所依赖的那些价值的实质"。这种价值的实质表明了"不可减损的人道",它指向人类自身,因此位于人权等级体系的顶端,以及各种罪行等级体系的顶端,同时它也位于那些被视为"全人类共同遗产"的公共财产等级体系的顶端。

不过,这种观念本身的下降,以及可能同时覆盖人与非人的范畴的"全球共同财富"观念地位的上升,可能预示着向另一类价值体系的转向,这种价值体系强调的是集体的偏好。

1.1.3 集体的偏好

全球共同财富的概念来源于经济学,具有功利主义的特征,它强调的是具有公理意义的中立性,从表面上看,该概念与价值体系(这里是指非商品的价值)的观念并不相符。但世界贸易组织的相关协议也承认基于公众健康、公共道德、公共秩序、环境或国家安全的原因有减损法律效力的可能性,那些被称为"保障"性质的条款则主要在药品和环境领域逐渐获得承认和实施。这种例外表现出在国际法领域,某种"集体偏好"的出现,它反映的是人类共同体作为一个群体所做出的集体选择。

这种选择本身并不太容易加以详细列举,因为选择本身根据空间和时间不同而有所不同,但它们确实构成了"身份的表达",这是世贸组织前总干事拉米曾经使用的表述。他在欧盟委员会负责贸易事务时,即在 2004 年强调指出那些与传统贸易冲突不同的新难题,即"处理两种合法性问题:一是在世贸组织框架下承担的义务,另一种是成员在其他领域正当实施的社会政策选择。(……)贸易的障碍不再只是重商主义者所宣称的那些贸易壁垒,比如配额和关税,而是那些具有完全正当性的、同时确保并考虑集体偏好的规则和规范。"①

　　这里所说的两种合法性问题,或者说是两种价值等级体系问题,分别表现了对市场效率经济标准的偏好,或者是对伦理标准的偏好,后者也可以被视为严格意义上的合法性问题,例如环境保护、社会权利的保障、资源的合理分配以及社会团结关系。这两种体系的分离同时伴随着等级体系的灵活化,因为"偏好"这一动词(表明了选择性而不是强制性)并不能用来决定如何协调两种价值等级体系。因此需要衔接不同集体偏好之间的关系,而每一种偏好在整体上均维护自身的特殊性和优先性。

　　尺度标准的多元性会产生政治性的选择。这里的问题是,当不存在全球政府时,上述政治选择是在法律领域中完成的,依循着复杂的、反映不同秩序观念的程序。

1.2　价值秩序过程的复杂性

　　为了解决价值冲突,可能需要将"排他性"模式与"多元化"模式区分开来。② 前一种模式在面对若干相互冲突的规定时,只选择肯定其中一种(例如以尊严的名义反对酷刑,即使是为了安全的目的而实施酷刑行为)。这是一种等级关系的模式,因为它以强制性的方式维护高位阶的规范同时排除了低位阶的规范。当等级关系事先确定时,该模式表现为某种固定性,但当等级关系是事后以某种偶然的方式得以判定时,那么该模式就表现出灵活变动性。对于"多元化"模式,它采取的是协调或权衡的模式,从而能够部分地实

---

① P. Lamy, « L'émergence des préférences collectives dans le champs de l'échange international: quelle implications pour la régulation de la mondialisation? », présentation au colloque *Préférences collectives et gouvernance mondiale. Quel avenir pour le système commercial multilatéral?*, Bruxelles, 15 septembre 2004, inédit; *id.*, « Deux modèles de gouvernance: l'Union européenne et l'OMC », présentation au colloque *Figures et problèmes de la mondialisation*, *op. cit.*

② V. Champeil-Desplats, « Raisonnement juridique et pluralité des valeurs: les conflits axio-téléologiques de normes », in P. Commanducci et R. Guastini (dir.), *Analisi e diritto*, *op. cit.*

现存在冲突的价值(例如,安全与自由、私生活与表达自由、私有财产与环境保护等等)。

就价值秩序而言,排他性的做法建立在等级化的过程基础之上,表现的是那种传统的稳定的等级秩序;相反,多元化的模式则强调对不同价值的协调,其过程可以是平衡的,也可以是将不同价值在实现的时间上做出先后安排。后一种模式代表了新型的秩序类型,其特点是互动和演变的,同时保留了对建立在多样性基础上的人类共同体普遍价值的梦想(当然也可以说是梦魇)。

1.2.1 一个稳定的等级秩序

在这里我们将看到两类冲突。

规范等级关系的原则在理论上能够部分地解决"体系内"的价值冲突,至少在国际刑法和国际人权法这两个体系的关系上是如此。关于不可克减的权利法律规定和不受时效限制的罪行的规定被规定为高位阶的规范,其他与其相冲突的规范均被排除。

在实践中,情况可能有所不同。首先是政治性的因素,例如:如何让美国接受禁止酷刑为不可克减的权利规定,而实际上美国以反恐的名义允许实施某些形式的酷刑行为?如何让法国接受将战争罪规定为不受时效限制的罪行的规定,而实际上法国持续地阻碍通过法律接受国际刑事法院规约的相关规定?当然这里也存在文化的因素:例如在那些受宗教法或习惯法影响保留了肉刑或女性割礼的国家,如何能让他们接受将禁止不人道或侮辱性的待遇作为不可克减的权利?

割礼的做法是最典型的例子,它反映出人权(主要是健康权)的普遍性与文化多元性之间的对立。这里涉及《儿童权利公约》(1989年11月20日,除了美国和索马里,绝大多数国家批准了该公约)保护的两项价值:一方面,公约规定尊重"儿童享有的更高的利益"(第3条),同时还规定儿童有权获得"最大可能程度的健康保护"(第24条);另一方面,公约也规定属于原住民和少数族群的儿童有权利享有"属于自身的文化生活,……实践自身的宗教和使用自身的语言"

(第30条)。在公约的起草文件中就曾提出价值冲突的问题,其解决方案是排除与保护儿童健康相冲突的传统做法①:"缔约国采取所有适当有效的措施以废除对儿童健康有害的传统做法"(第24-3条)。当然,公约并没有具体规定"适当有效的措施"是什么,因此,各国可以采取不同的做法;但该规定至少表明,在冲突的价值之间可以部分地提供事先确定的等级关系。

此后,在非洲人权宪章关于非洲妇女权利附加议定书中(2003年通过,2005年生效)②,又出现了更进一步的做法:该议定书禁止一系列有害的习惯做法,尽管这些做法是受国家法律允许的,其中主要涉及的就是割礼,它被绝对加以禁止,从而成为一种新的不可克减的权利,该规定的实施受到非洲人权法院的监督。但是,该议定书的批准过程非常缓慢,其他形式的歧视性做法仍被保留下来,例如一夫多妻制;上述例子仍旧表明等级化的做法在某些情况下是可能的,尽管存在文化多样性的阻碍,但在一个区域性的人权体系里仍然可行——其中一个条件就是,这种法律演变不应当是外来强加的,而是内部自然发生的,在同一区域内部的国家之间通过协商,并在受到来自国内相关群体(非洲的妇女组织)的压力的前提下得以实现。

在不同体系间发生的价值冲突更难以通过等级化的方式来解决,这主要是因为这种等级化表现出某种强制性。然而,在国际人权法和国际刑法之间,国际刑事法院规约实际赋予了人权更高的地位,要求法官们在解释和适用规约时符合"国际公认的人权"(第21-3条)。但该条规定过于模糊,从而留给法官过于宽泛的自由裁量权。

就强行法而言,它似乎为在全球范围内实现部分地等级化过

---

① Haut-Commissariat aux droits de l'homme, *Save the Children. Legislative History of the Convention of the Rights of the Child*, UN Publications, 2007, 2 vol.

② F. Quillère-Majzoub, « Le protocole à la Charte africaine des droits de l'homme et des peuples relatif aux droits de la femme en Afrique: un projet trop ambitieux? », *RTDH*, 2008, p. 127 *sq.*

程提供了可能(包括全球公共财富),它优先强调的是那些事先确定或至少是可能事先确定的价值。但是维也纳条约法公约第53条关于强行法的规定仍旧是模糊的,它将强制性标准或者强行法规定为:"国际团体共同认可接受的标准,不允许有任何法律减免,如有必要,只能通过具有同等性质的国际普通法的新规定进行修改。"

在相当长的时间内,强行法还只是理论上的提法,国际法院也只是在当事国同意时才提及所谓的强制性规范。[1] 但自从前南斯拉夫刑事法庭审理夫伦季亚案以来,情况发生了变化,法庭明确指出"禁止酷刑是强制性规范或者说是强行法"[2]。在该案中,法庭分析认为"对酷刑的普遍禁止使得有关国家不能在不违背国际法的前提下,在有确凿的理由认为该人可能在另一个国家有受到酷刑的危险时,将该人排斥、推回或引渡到另一国家"。法官在这里公开地强调了价值与规范之间的联系:"基于该原则所保护的价值的重要性,该原则本身转化为更高级别的规范或者强行法,即在国际法规范等级体系中位阶最高的规范,包括高于一般习惯法规则。"

该判决后来又被英国上议院审理皮诺切特案时加以援引,欧洲人权法院在 Al-Adsani 案中也援引了该判决,尽管在该案中欧洲人权法院坚持认为国家在因为酷刑行为被告时,依旧享有国家豁免权。[3]

欧共体初审法院也曾援用过强行法规则,这主要体现在欧盟根据安理会反恐决议实施的条例冻结财产的案件中(这里的恐怖主义

---

[1] CIJ, *Affaires militaires et paramilitaires au Nicaragua et contre celui-ci* (*Nicaragua c. États-Unis*), arrêt du 27 juin 1986, *Rec.*, 1986, p. 14, § 190.

[2] TPIY, affaire *Furundžija*, Chambre de première instance, jugement, 10 décembre 1998.

[3] CEDH, *AL-Adsani c. Royaume-Uni*, 21 novembre 2001.

组织主要是指基地组织）。① 初审法院在没有对安理会决议是否符合人权保障的问题做出实质判读的前提下，肯定地指出，它有权对决议所要求的财产冻结措施是否符合强行法进行审查。

国际法院或许是受到上述司法实践的影响，经过对强行法保持长时间的沉默之后，在刚果诉卢旺达案中，以偶然但明确地方式表示禁止种族灭绝罪"当然具有"强行法的特征。② 但是，法院并没有解释根据什么样的机制，一项规范可以从普通规范转变为具有更高效力等级的规范③，同时，法院也似乎没有意图根据强行法的名义来确立一个具有世界意义的等级关系。

当然，法院的谨慎态度是可以理解的，但一些国家对此表示反对，如美国，在涉及对外国人处以死刑而引起的领事保护的相关案件中，尽管美国已经接受了国际法院的管辖权，但其最高法院仍旧拒绝直接适用国际法院的裁判。布莱耶（Breyer）法官在该案中的反对意见曾饱受争议④，他认为美国最高法院的做法给国际秩序带来灾

---

① TPICE, *Kadi c. Conseil de l'Union européenne et Commission des Communautés européennes*, T-315/01, arrêt, 21 septembre 2005 ; Y*usuf et Al Barakaat International Foundation contre Conseil de l'Union européenne et Commission des Communautés européennes*, T-306/01, 21 septembre 2005. S. Zasova, « La lutte contre le terrorisme à l'épreuve de la jurisprudence du TPICE », *RTDH*, 2008, p. 481 sq. Comparer avec l'arrêt de CJCE, *Kadi et Al Barakaat International Foundation contre Conseil de l'Union européenne et Commission des Communautés européennes*, C-402/05 et C-415/05, 3 septembre 2008. L. d'Ambrosio, « Terrorismo internazionale, black lists e tutela dei diritto fondamentali: l'impossible quadrature del cerchio? », *in* C. Sotis, P. Palchetti et M. Meccarelli (dir,), *Paradigmi dell'eccezione e ordine giuridico, Regole, garanzie e sicurezza (obiettivi?) di fronte al terrorismo internazionale*, à paraître.

② CIJ,*République démocratique du Congo c. Rwanda*, arrêt du 3 février 2006, § 64; *Application de la Convention pour la prévention et la repression du crime de genocide (fond)*, arrêt du 26 février 2007.

③ P. Weil, « Vers une normativité relative en droit international », *Écrits de droit international*, PUF, 2000, p. 23 sq.

④ USSC, *Medellin v. Texas*, 25 mars 2008. CIJ, *Demande en interprétation de l'arrêt du 31 mars 2004 en l'affaire Avena et autres ressortissants mexicains, Mexique c. États-Unis*, 19 janviier 2009, *JDI*, 2009, p. 1303 (note H. Ruiz Fabri).

难性的后果,因为该做法可能被延伸到其他领域,如贸易领域等等。

美国法院不让步的做法,使在全球范围内建立等级化/稳定化的过程变得渺茫,尽管这一过程有助于促成一个稳定和等级化的体系。所以,引入一个更为灵活、采纳不同的秩序观念的进程就显得尤为必要。

1.2.2 一个互动演变的秩序

为了让那些表面上看存在冲突的价值之间得以协调,学者们曾提出两项原则:一是"比例适当性"原则,它引入一种有利于实现平衡的权衡进程;另一个是较为晚近出现的"风险预防"原则,它引入了一种预先防范的做法,将时间维度纳入到价值冲突的解决中来(例如"未来"世代、"可持续"发展等这类提法)。

比例适当性原则在国内法上是一个熟知的概念,在当今,它将在国际层面上解决价值冲突问题时扮演越来越重要的角色,特别是在维护文化多样性方面更是如此。在欧洲,比例适当性原则对欧洲人权法院和欧盟法院的判例产生了重要影响,其作用首先表现在法院的权限划分问题上,它被用来决定留给各国法院自主裁决空间范围的大小,同时用来判断各国承担的积极义务的重要程度。比例适当性原则还具有在受到同样保护的各个价值之间建立平衡的功能,例如在贸易自由与人权之间(欧盟法院),表达自由与私生活之间(欧洲人权法院),但最主要的困难在于避免法官武断地行使自由裁量权。

正如曾经指出的那样,上述做法将会引起法律形式主义的更新,从而引入进阶式的法律方法(模糊逻辑)。这种法律方法还需要进一步提高透明度(表明权衡的标准)和严谨度(在不同的案件中做出相同的权衡)。

但是有一个案件,是权衡财产权和环境保护之间问题的,该案例表明,上述要求并不总是能够得到满足。① 欧洲人权法院曾审理过这样的案件:一位当事人在没有获得许可证的前提下在森林里建造了自己的房屋,政府当局以保护环境为名予以拆除,欧洲人权法

---

① CEDH, *Hamer c. Belgique*, 27 novembre 2007, *D.*, 2008, p. 884 (note J.-P. Marguénaud).

院支持了政府拆除房屋的决定。该判决将环境保护视为优先于财产权的保护,而环境本身是《欧洲人权公约》没有明确规定的事项;相反,财产权保护则明确规定在公约第一号附加议定书中。该判决受到法国学者让-皮埃尔·马尔盖诺(Jean-Pierre Marguénaud)的强烈批判,他反对的并不是判决结果本身,而是认为法院的方法存在严重问题,指出"比例适当性审查的做法被扭曲了"。本案中,政府当局对当事人违法建造房屋的行为长期视而不见、疏于管理,在几十年后才以保护环境为名拆除,这种对财产权的干预相对于环境保护而言,显然不能被认为是比例适当的,但欧洲人权法院的分析推理显然是采纳了"绝对化的比例适当性"这种机械做法。值得注意的是,环境保护有时是以私生活(环境质量)为依据,有时则是以限制私生活(包括私有财产)为逻辑,这就凸显出本案在严谨性上存在的缺陷。这种在同一价值内部引入相互矛盾的做法使得比例适当性的观念遭受损害。

尽管如此,我们还是不能放弃寻找一种能够在遵循严格适用的前提下,用于解决价值多元化问题的方法。对多元价值同时进行部分地保护,能够在一定程度上缓解相对主义论,开辟迈向互动秩序的道路。当然,还要考虑到科学不确定性对一些价值冲突带来的影响(主要在生物科技领域或气候变化领域),需要引入类似预防性原则所涉及的预测进程。

在20世纪80年代的环境法领域出现了超越预防确定性风险的新型法律方法,这就是对潜在风险的关注,特别是当那些潜在风险可能造成严重和不可恢复的损害时,就应根据预防性原则来加以应对。该原则在1992年里约会议上得到承认,进而在法国法上被接受(1995年的巴尼耶法,2004年的环境宪章),以及在共同体法上也得到承认。[①] 预防性原则旨在预防那些潜在的风险,它既是行动原则,

---

① J. Dutheil de la Rochère,« Le principe de précaution dans la jurisprudence commumautaire », in Ch. Leben et J. Verhoeven (dir.), Le principe de précaution. Aspects de droit international, LGDJ, 2002, pp. 193-204.

对于政治决策设定了条件,同时它也是归责原则,要求在法律上设立一种新型的责任制度。从上面两个意义上讲,该原则反映出一种时间意义上的优先进程。

作为行动原则,该原则促使或者应当促使政治决策者不应等待风险变得明显之后再启动研究和评估程序,以判断那些可能引起重大风险威胁的不确定性。这也在一定程度上反映出国际法演变背后的理念,表现在人权法向那些尚未应用的生物医学技术延伸适用,例如克隆再生产技术,也表现在将全球共同财产的观念运用在气候变化领域,尽管科学家对气候变化风险的评估具有很高程度的不确定性。

作为责任原则,该原则的内容超出了责任—惩罚的模式,以及责任—赔偿的模式,它是建立在风险和受害者基础之上,是一种责任—预防模式,以重大风险的威胁为基础,并以人类未来世代和对非人的生命提供保护为中心。①

该原则并不与过去(对过错的惩罚)或当下(对损害的弥补)发生联系,而是一种预防性的责任,它指向未来(对生命的保护),从而要求接纳那些具有回溯力的情形,以及与未来有关的情况。② 由此产生的是有关证据的体系,它要求不仅应证实损害的存在,同时也要判断造成损害的风险程度,它所要证明的并不是因果关系,而是要证明因果关系的可能性。作为一种时间维度预测程序,预防性原则的目标是要将判断不确定性的程度纳入法律领域:这将为我们理解法律秩序的传统概念带来革命!

当然这种革命并不应当完全抹杀我们过去已经获得的知识,这是因为一个稳定的等级化秩序将继续用来指引实施有关国家违反人权时应当承担的责任,它可以是在区域或全球层面上实施的责任;传统的秩序观念对于刑法同样重要,特别是为了避免将有关自

---

① C. Thibierge, « Avenir de la responsabilité, responsabilité de l'avenir », *D.*, 2004, Chr. 577.

② M. Bouthonnet, *Le Principe de precaution en droit de la responsabilité civile*, LGDJ, 2005; L. Neyret, *Atteintes au vivant et responsabilité civile*, LGDJ, 2006.

然与技术风险的预防性原则移植适用于人为危险时可能造成的消极后果。①

不过,接受一个新型的、建立在平衡和时间优先过程基础之上的、互动演变的法律秩序,可能会扩大国家有关人权保护和全球公共财产的责任,并且将这些责任扩大到国家以外的其他主体,包括企业。

2. 让参与者承担责任

如果在世界价值共同体的形成过程中并不创造新的价值,而只是将价值加以排序,那么当这些价值遭到侵犯时,法律还应当让行为者承担起相应的责任。在这个意义上,法律将是避免可能由全球化引起的、全球化问题专家乌尔希·贝克所说的"有组织的不负责任"②这种情形的手段。

但是,应当如何引导责任观念的发展呢?责任观念首先出现在国内法上,随后发展为对国家和国家元首"主权免责"的限制③,这不仅关系到面对普通罪行的情况,同时也涉及侵犯人权或者破坏全球共同财产价值的情形。同样地,如何构思在全球范围内建立一个普遍接受的羁押权(包括政治、经济、科学、媒体、宗教或文化权),以促进形成一种全球责任?

上述问题的解决方案,在我们提到的三个领域中,是不成体系而且是相异的:在国际刑法里责任是个核心概念,但它却只涉及那些被指控犯下一般罪行的个人;在更为广泛的人权法领域,责任只针对那些接受了在区域人权法院个人能够提起申诉的国家(包括欧洲、拉美和非洲),以及接受个人在联合国人权委员会(本书完成于人权理事会成立前——译者注)提出申诉的那些国家,由此可以认

---

① M. Delmas-Marty, *Libertes et sûreté dans un monde dangereux*, op. cit.

② U. Beck, *La Société du risque*, *Sur la voie d'une autre modernité*, Aubier, coll. «Alto», 2001.

③ B. Stern, «Vers une limitation de l'irresponsabilité souveraine des États et chefs d'État en cas de crime international?», in *La Promotion de la justice, des droits de l'homme et du règlement des conflits par le droit international*, *Liber Amicorum Lucius Caflish*, op. cit., pp. 511-547.

为在人权法领域不存在国家以外应当承担责任的主体,比如企业或个人,因此造成"被人权法掩盖"的情形。① 在涉及全球共同财产领域,长期以来并没有产生有关责任的讨论,相关规则的有效性仍然主要依赖于市场逻辑。

但恰恰是在上述三个领域,我们已经看到价值共同体正在形成,随着价值的普遍性与某些行动者的全球化相结合,一种新型的责任观念开始形成,这已经反映在与道达尔公司有关的艾利卡号油轮污染事故引起的法律诉讼程序之中。②

一方面,对于多国企业集团,初审法庭认为应当追究其母公司的责任,这一决定得到了巴黎上诉法院的支持③,其依据是母公司虽然对子公司从事海上货物航行活动不进行管理,但是母公司仍旧对子公司船只的适航性根据特定程序保持控制。

另一方面,法庭通过承认生态损害赔偿,将环境本身视为应当保护的价值。当然,在2007年,已经有一些判决采取了同样的立场,但艾利卡油轮案的判决使生态损害获得正式认可④,第一次明确了高额的损害赔偿,巴黎上诉法院又进一步提高了赔偿额,并且明确指出:人不能与其所处的自然环境相分离,因此,"不应忽视人与自然之间持续的互动,忘记自然是人类的一部分,人类也是自然的一部分"。正因为如此,"对环境的任何破坏既直接损害了地方政府致力于改善的其所属辖区全部公众的福祉,又与地方政府在其权限范围内为改变生活质量的努力相背离"。对于那些以保护环境为宗旨

---

① F. Ost et S. van Droodhenbroeck, «La reponsabilité, face cachée des droits de l'homme», in E. Bribosia et L. Hennebel (dir.), *Classer les droits de l'homme*, op. cit., p. 87 sq.

② Trib. Correctionnel Paris, arrêt, 16 jancier 2008, *JCP*, 2008, II, 10053 (note B. Parrance); adde K. Le Couviour, «Après l'*Erika*: reformer d'urgence le régime international de responsabilité et d'indemnisation des dommages de pollution par les hydrocarbures», *JCP*, 2008, I, 126.

③ Cour d'appel de Paris, arrêt, 30 mars 2010, *JCP*, 2010, I, 432 (note K. Le Couviour).

④ Trib. Correctionnel Paris, arrêt, 16 janvier 2008, *JCP*, 2008, II, 10053 (note B. Parrance).

的协会而言,法院认为"生态损害可能给作为它们存在基础的社团精神(animus societatis)造成损害"①。

由此,形成了对主观损害与客观损害的区分。前者是指"法律主体遭受的财产和非财产损害,并由此应赋予它们提起诉讼的资格,表明它们据以要求赔偿的损害是确定的,直接的和个人的"。相反,客观损害是指"任何对自然环境所造成的不可忽视的破坏,主要包括对空气、空间、水、土壤、土地、景色、自然遗址、生物多样性以及它们之间的互动,虽然这种损害对单个人的利益没有影响,但却会对整体的正当利益产生影响"②。这个定义实际上更为适用于全球公共财产,并由此拓展相应的责任观念。

正如我们前面在皮诺切特案中涉及的国际刑法问题(英国法官接受了西班牙根据普遍管辖权对智利前总统提出引渡的请求)所看到的那样,国内法院实际上参与了全球价值共同体的形成过程。从这一点来看,艾利卡油轮案具有代表性,因为它反映出可能让行为者担负责任的两种路径:责任的扩张和责任主体的多样化,责任主体的多样化可以是指应当负责任的人,也可以是反过来,指那些能够就责任问题提出诉讼的人。

2.1 责任的扩张

前面提及的艾利卡油轮案对于责任扩张问题具有积极意义,因为它反映出责任观念变迁的进程,特别是它将价值的普遍性与行为主体及其实践的全球化结合起来。

虽然全球化本身并没有带来新的风险,但它却产生了多样化和演变的影响:通过强调潜在损害的严重性和不可恢复性,全球化加大了不确定性的范围,要求人们承担起"不可恢复和无法预见的负

---

① Cour d'appel de Paris, arrêt, 30 mars 2010, *JCP*, 2010, I, 432 (note K. Le Couviour).

② L. Neyret, « La réparation des atteintes à l'environnement par le juge judiciaire », *D.*, 2008, Chr. 170, *D.*, 2010, Chr. 2238; id., *Atteintes au vivant et responsabilité civile*, LGDJ, 2006; id., « La régulation de la responsabilité environnementale par la Nomenclature des préjudices environnementaux », in *La Régulation*, Dalloz, à paraître.

担",对此,阿伦特很早就指出这将是一个首要问题。① 阿伦特的好友汉斯·乔纳斯(Hans Jonas)也从这一角度出发,将"原则责任"与埃恩斯特·布洛克(Ernst Bloch)的"原则希望"对立起来。他认为,这种对责任的理解实际上是某种"恐惧的修辞",它表达的并不是对自我的担忧,而是担心"遗产的败落同时会使继承人变得败落"。在他看来,需要呼吁人们为了未来世代有"承担责任的勇气"②。上述话语并不是悲剧式的。从一开始,那些话语就具有预示性,"技术进步带来前所未有的力量,经济发展则伴随疯狂的动力,它们可以解除普罗米修斯的束缚"。这就是乔纳斯在其著述里表述的情形,认为现代技术带来更多的是威胁而不是福祉,而且威胁与福祉总是交织在一起。③ 上述观点的积极方面在于它"打破了近因的狭窄视域"④,但假如人们从长时间跨度去寻找导致演变发生的那些因素的复杂性,就有可能过于简单化。他认为人类首先是自然的主人和拥有者,随后则变成其仆人与人质,这种观点并没有脱离单一逻辑,没有考虑到在人与人之间,以及在人与非人之间存在的互动和演变的辩证特征。

我们要避免的是将预防性原则转变为忧虑的起因,将风险社会转变为恐惧的社会。更好的做法,正如保尔·利科所说的那样,从运用"责任"这样的话语出发,尝试理解对风险做出回应的义务如何转化为一种新型的"责任—预防"观念,由此有可能有助于全球价值共同体的形成。⑤

2.1.1 回应义务的扩张

这种义务的扩张在若干不同的领域发生,比如:在那些一般罪

---

① H. Arendt, *Condition de l'homme moderne*, op. cit., p. 35.
② H. Jonas, *Le principe responsabilité. Une éthique pour la civilisation technologique* (1990), Flammarion, 3ᵉ éd., 1995, p. 16 et 424.
③ *Ibid.*, p. 15.
④ F. Ost, *La Nature hors la loi*, op. cit., p. 286.
⑤ P. Ricœur, « Le concept de responsabilité, essai d'analyse sémantique », in *Le Juste*, Esprit, 1995, p. 41 *sq*.

行应适用的刑法责任领域,在人权与全球共同福祉相交叉的领域,其责任首先是民事或行政性质的责任,后来则转变为刑法责任。

如同"反人类罪"这个观念一样,"生态"责任的观念在法律领域内引入这样一种观念,即责任不再是对那些直接受到民事或刑事过错损害的其他人的一种回应,而是为了通过回应来维护一种集体生存所必要的状态。

这种超越个人范围的责任扩张同时表明了在人权领域出现义务的观念,而以前义务观念曾被普遍否定,以避免威权或极权体制可能带来的"政治影响"①。正如我们前面分析过的"人与非人"那对范畴,在涉及保护未来世代的人类或者非人世界(自然或动物)的利益时,义务的观念就成为人类责任的基础。

这里并不是要将义务直接与人权联系在一起,而是从中推导出义务,避免权利与义务对等性这种说法,从公共财产中推导出义务观念并将其纳入责任的机制。这种逻辑体现在艾利卡油轮案中,并对国内法产生了影响。在法国,为了进一步实施环境宪章而成立的勒帕热委员会,将健康与环境界定为"属于民族共同遗产的集体财富"。与环境宪章(人类共同遗产)和欧盟法(欧洲遗产)相比,上述表述已经表现出某种缓和,表明某种责任观念的更新。在刑法上,勒帕热委员会早在 2007 年 2 月 9 日欧盟做出刑事责任的指令建议前,就已经构思了有关环境犯罪的一般性规定,要求根据欧盟的建议进一步充实该规定的内容。但在民事责任领域情况就有所不同了。

在民法上,艾利卡油轮案表明个人损害的观念已经被突破,引入了"集体"损害的观念,接受了此前一些学者已经提出的"客观"损害说②,但是 2008 年 8 月 1 日的立法(关于环境责任的立法)只是将

---

① F. Ost et S. van Drooghenbroeck, «La responsabilité, face cachée des droits de l'homme», in E. Bribosia et L. Hennebel (dir.), Classer les droits de l'homme, op. cit., p. 88 sq.

② L. Neyret, «La réparation des atteintes à l'environnement par le juge judiciaire», D., op. cit., et id., «La régulation de la responsabilité environnementale par la Nomenclature des préjudices environnementaux», in La Régulation, op. cit.

欧盟2004年的指令付诸实施。该法和2010年6月30日通过的格勒奈尔法令第二号立法并没有接纳勒帕热委员会提出的更具创新意义的立法建议,例如上述立法在第1382-1条仍旧规定"任何人的行为在给环境造成损害时,有义务根据其过错做出赔偿",此外,该法第1382-2和1384-1条关于对他人行为责任的规定,适用于企业集团内部。

关于环境损害赔偿的具体做法,比如实际恢复原状和/或金钱赔偿,法国的立法还需要再明确将损害赔偿用于恢复遭受损害的环境,以及建立特殊的国家基金组织来管理赔偿金使用的相关规定(巴西的立法模式)。在国际法上,《国际燃油污染损害民事责任公约》已经做出了有关规定,即建立燃油污染损害国际赔偿基金,切断了赔偿诉讼与追究责任诉讼之间的联系。在艾利卡油轮案中,法官认为一些受害者提出的附带民事赔偿诉讼是可以受理的,尽管这些受害者此前已经提出了民事赔偿诉讼。如果责任的概念进一步扩大到整体赔偿,那么责任观念就具有了规范和惩罚功能,区别于一般的损害赔偿,从而使民事责任转变为一种"责任—预防"的概念。

2.1.2 朝向"责任—预防"的转变

技术进步造成的事故激发形成建立在风险基础上的责任观念,同样,与新技术有关的重大风险威胁使得一种新的既不是惩罚也不是修复而是具有预防意义的责任观念成为必要,在最广泛的意义上讲,这里的风险也包括只具有潜在性的风险。[1] 责任—预防的观念是根据对未来世代人类的保护,包括对有生命的非人类提供保护而构思出来的[2],强调的是在时间上的优先性,它叠加在以惩罚为内容的责任观念和以赔偿为内容的责任观念之上,后者分别以过错与侵权人,以及风险与受害者为中心。

当然还应当反对的是"滑向恐惧伦理的非理性",一些学者已经

---

[1] C. Thibierge,« Avenir de la responsabilité, responsabilité de l'avenir », D., op. cit, Chr. 577.

[2] M. Boutonnet, Le Principe de précaution en droit de la responsabilité civile, op. cit.

对此表示关注,担心灾难的威胁可能会导致"阻碍科学研究和政治商议"①。为此,责任—预防的观念应当促进有关研究的开展,以便能够更好地理解那些原因与后果交织在一起的复杂现象。这是因为技术风险与自然风险相互动时,会在全球范围内及在相当长的时期内产生普遍影响:这里的时间维度不仅仅是指某个国家的特定历史阶段,而是一个长期进程,与我们所说的"持续性"相一致。

尼采在其《论道德的谱系》中,曾非常有先见地提出这种时间预防的必要性:"人们决定着未来,为此应该首先明白如何将必然与偶然区分开来,理解因果关系,看清其发展到今天的道路,由此预见并以较为确定的方式来确立目标和实现目标的方式"。这些同样是人们能够"回应未来"的条件,即:通过预防的方式来承担其责任。

尼采以自己的方式宣告了一种新型的责任。不过他显然无力解决因为实施这种在时间和空间上十分具体的责任所带来的问题。

在空间上,需要将政治上的预防(已经明显的风险)与预先谨慎性(潜在的风险)政策以法律的方式表达出来,这些责任性规定只有借助国内、区域和国际层面的法律发展才能变得有效。虽然在国内法和欧盟法②上得到承认的预防性原则已经暗含在有关健康与环境的国际法中,但它还应当通过世界贸易组织的法律制度让有关的经济主体或国家承担起一种全球性的责任。③ 普遍性价值或那些可以普遍化的价值的出现,不论它们是表现在刑法上、人权法上还是全

---

① C. Larrère, « Le contexte philosophique du principe de précaution », in Ch. Leben et J. Verhoeven (dir.), Le Principe de précaution, op. cit., p. 23.

② J. Dutheil de la Rochère, « Le principe de précaution dans la jurisprudence communautaire », art. cité, pp. 193-204.

③ G. Marceau, « Le principe de précaution et les règles de l'OMC », in Ch, Leben et J. Verhoeven (dir.), Le Principe de précaution, op. cit., pp. 131-150; adde L. Richieri Hanania, « Le principe de précaution et son application dans l'OMC », in H. Ruiz Fabri et L. Gradoni (dir.), La Circulation des concepts juridiques: le droit international de l'environnement entre mondialisation et fragmentation, SLC, 2009, p. 555 sq.

球公共财产领域,都将促使已被人们称为"普遍"责任的观念的接受。①

在时间上,问题会变得更为复杂,因为引起责任的因素并不存在于过去(对过错的惩罚)或现在(对损害的修复),而是位于未来(对生命的保护),因此在时间上表现出无尽性。但问题是,如何构思一种建立在不确定和无尽性基础上的法律制度? 即便我们可以找到延伸到过去和未来的法律方案,以及相应的关于损害风险和因果关系风险的证据制度②,我们还应当为这种制度设置界限,明确有关风险的社会可接受的门槛标准。

正如保尔·利科所说的那样③,有必要将"限于可预见后果的短视责任观与无限责任的长视观"相协调,因为应当承认的是,如果忽视人们行为的相关后果会造成人们不再关心自己的行为,那么无限责任就会使人们的行动变为不可能。利科进一步指出:"人们追求的行为后果与行为后果完全不可估量之间存在的无法控制的反差恰恰表明了人自身的局限性"。由此他得出结论,认为将责任的意义在空间上延伸,在时间上延长有可能走向人们期待后果的反面,这就是责任主体可能会变得无法确定。

对于这种观点法学者应该特别予以关注,因为责任的扩张伴随着责任主体的多样化。

2.2 责任主体的多样化

从词源学上看似乎很简单——责任意味着回应的义务——,但问题则在于谁向谁回应或负责。解决问题的方案既不在国内法也不在国际法,这是因为,与国家共同体不同,全球的价值共同体涵盖了所有国家,但与国际共同体不同的是,这种共同体也包含了私人,

---

① C. Thibierge, « Avenir de la responsabilité, responsabilité de l'avenir », D., op. cit.

② M. Boutonnet, Le Principe de précaution en droit de la responsabilité civile, op. cit.

③ P. Ricœur, « Le concept de responsabilité, essai d'analyse sémantique », in Le Juste, op. cit., pp. 68-69.

即自然人和法人。

前面我们已经提到了非国家实体(经济、民间和科技性质的)如何进入国际舞台,进而改变既有的权力组织。① 当共同价值遭到侵害时,责任主体的多样化将改变有关责任的法律过程,这既涉及负责任的主体,也涉及提出责任诉讼的法律主体。

2.2.1 负责任的主体

上面我们已经提到,在形成了具有普遍意义价值的三个领域中(国际刑法、国际人权法、全球公共财产)责任是以分散和各异的方式被归于国家或非国家主体。

就国家而言,以条约为基础的一般国际法并没有发生重大变化;很多年来国际社会曾尝试制定有关国家责任的规则。最后,国际法委员会在2001年向各国政府提交了关于该问题的建议,2001年12月21日联合国大会通过了"关于不法行为的国家责任"的决议。该决议的内容相对保守,因为它放弃了一开始关于将国家责任划分为罪行(参考了有关惩罚的刑法概念)和非法(参考了民法关于损害赔偿的概念)的建议,而只把罪行界定为"严重违背国际强行法"的情形;另外,对于相应的反措施,即制裁问题,也没有给出解决方法。② 但至少上述决议还是规定了违反国际公共秩序的责任体制,而这里的公共秩序是对国际共同体整体而言的③,由此可以形成未来全球共同体的观念,但这还要取决于上述草案能否转化为正式的国际公约。很多国家还是倾向于通过双边框架来处理责任问题,将其仅限于一个国家对另一个受害国家的责任。

从国际法院的判例来看,仍然表现得较为谨慎,虽然在有关波

---

① M. Delmas-Marty, *La Refondation des pouvoirs*, op. cit.

② B. Stern, «Et si on utilisait le concept de préjudice juridique? Retour sur une notion délaissée à l'occasionn de la fin des travaux de la CDI sur la responsabilité des États», *AFDI*, 2001, p. 3 sq.

③ S. Villalpando, *L'Émergence de la communauté internationale dans la responsabilité des États*, PUF, 2005.

斯尼亚种族大屠杀案中有了某种进步。① 法院在本案中确认了斯雷布雷尼察大屠杀的存在,重申了1948年禁止种族大屠杀公约缔约国有义务不去犯下屠杀罪行,但是,法院却没有将屠杀行为归于塞尔维亚,理由是不能证明塞尔维亚对塞族克拉伊纳共和国实现了有效控制。尽管法院认为塞尔维亚没有尽到预防屠杀行为发生的义务,但是它并没有要求塞尔维亚承担赔偿责任,认为在没有尽到预防义务与屠杀行为本身之间的因果关系尚不能确立。

由此可见,国家在违反普遍性价值时应当承担责任的法律规定仍旧是不成体系的,分散在不同的法律领域之中,例如在人权法领域或者在更晚近出现的全球公共财产领域。

从本质上讲,违反人权法的责任还只限适用于接受了个人申诉机制和可能受到国际审查的那些国家。此外对于国际审查而言也要进一步区别分析,它包括司法性质的审查,这主要在区域人权机制中存在;同时包括非司法性质的审查,这是由联合国人权委员会实施的审查(根据公民权利和政治权利公约附加议定书),而且是在全球层面存在的审查机制。

现有的人权审查机制在很大程度上还是国家间合作的模式,而不是被动强制性的,因为审查是建立在国家提交报告的基础之上的。尽管如此,审查本身也体现出某种争讼的特征,特别是当审查时因为个人申诉或者由于另一个国家提出异议(这种情况更为罕见)而启动时更是如此。在上述情形下,人权委员会做出的审查结论就是终局性的,虽然它不具有司法上的既判力,但是正如法国学者弗雷德里克·苏德尔(Frédéric Sudre)所言,它具有某种"确定宣告性"②。此外,委员会认为受到审查的国家有义务采取适当措施以使委员会的宣告性结论产生法律效果。虽然从法律上讲委员会的

---

① CIJ, *Application de la Convention pour la prévention et la répression du crime de génocide (Bosnie-Herzégovine c. Serbie-et-Monténégro)*, arrêt du 26 février 2007, *Rec.*, 2007, p. 1 *sq*.

② F. Sudre, *Droit européen et international des droits de l'homme*, PUF, 2006, p. 721.

审查结论不具有法律性质,但它也不完全只是宣示性质的:例如1999年厄瓜多尔在人权委员会得出结论认为其对酷刑行为负有责任时,执行了该委员会建议的赔偿协议方案。委员会认为,他们做出全部结论的四分之一会在有关国家得到比较令人满意的实施。人权委员会的实践在一定程度上也对其他非司法审查机制发挥了积极影响,例如反酷刑委员会和反种族歧视委员会等等。

非司法审查机制也适用于全球公共财产这一领域,例如有关气候变化的京都议定书所规定的观察机制。① 正如在人权领域,强调合作而不是被动强制的做法并没有完全排除责任的观念,京都议定书在整体上也效仿了萝卜加大棒②的实施机制:一方面,它规定了预防机制,这主要是由协助机构提供建议的方式来帮助有关国家履行议定书的规定,由此形成一种"促成行动",包括制定有关报告的方法,或者是将排放量化的方法等;另一方面,它也规定了制裁机制,就是报告那些"不符合"(这里没有使用"违反"的表述)议定书的情形并向有关国家提出应当采取的措施(减少碳排放可能同时伴随着一定的激励做法)。尽管由观察委员会的两个小组做出的决定是否具有法律意义仍旧存在争论,但是对上述决定可以提交给政治机构(缔约国会议)审议的做法强化了审查机制的争讼性质。

不过最初的决定有些令人失望。希腊由于未能履行议定书规定的义务而面临被取消缔约国资格的可能,但与希腊十分近似的加拿大则没有被认为"不符合"议定书,同时被保留在具有灵活性的机制之中。加拿大政府因为未能充分履行议定书义务而被非政府组织地球之友告到联邦法院,他回应道:"是否符合议定书的规定应由履行审查委员会处理和做出决定",同时暗示道:"不过审查委员会的决定在法律上是没有约束力的,因为它们未经缔约国全体同意作为

---

① A. Peyro-Llopis, « Le mécanisme d'observance du protocole de Kyoto au regard des mécanismes de contrôle du Comité des droits de l'homme », in S. Maljean-Dubois (dir.), *Changements climatiques*, op. cit., pp. 294-340.

② P.-M. Dupuy, « Conclusions générales », in S. Maljean-Dubois (dir.), *Changements climatiques*: *les enjeux du contrôle international*, op. cit., p. 363.

京都议定书的修订文件获得通过"。①

尽管京都议定书的规定存在这样或那样的问题,但是它有助于保护那些可以普遍化的价值,尽管这些价值还不能马上以完全统一的方式得到实施。京都议定书通过设置预防机制(所谓的促进行动),从而适应于一种新型的"共同和有区别的责任",它根据不同国家所属的集团设置了不同的义务,这与欧洲人权法院在人权领域适用的国家自由空间的做法很近似。

但是,一个作为人与人之间的全球共同体显然不能仅局限于国家。这里不需要重复关于个人责任的规定,例如对于个人犯下的普通罪行可以由国际刑事司法机构(国际刑事法庭和国际刑事法院)来追诉,或者是由国内法院来追诉。对于后者而言,其传统的司法管辖权可以被扩张为"普遍管辖权"。

但是,就保护人权和全球共同财产所推定的价值而言,我们会发现在国内法和国际法上都有一种新趋势,就是让那些已经全球化的经济主体特别是跨国企业承当起相应的责任。②

在国内法上,国内法院对于侵犯人权的情形行使普遍管辖权的做法起源于美国,这就是1789年的外国人侵权诉讼法案。从20世纪80年代起,该法案重新被联邦最高法院所利用,虽然在实践上有某些限制。③ 该法案首先是被用于政治首脑,后来也被适用于多国企业违反人权的情形。例如,在优尼科公司案中,被告企业因在缅甸对输油管道工地的工人实施强制劳动而被判定应承担缅甸军政

---

① S. Maljean-Dubois, « Le Comité de contrôle du protocole de Kyoto rend ses premières décisions », *Droit de l'environnement: revue mensuelle d'actualité juridique*, 2008, pp. 11-15; « Rapports nationaux, inventaires des émissions, registres des transactions: les premières décisions du Comité de contrôle du Protocole de Kyoto », *Revue juridique de l'environnement*, 2009.

② O. de Schutter (dir.), *Transnational Corporations and Human Rights*, Hart, 2006.

③ USSC, *Sosa v. Alvarez-Machain*, 29 juin 2004; M. Delmas-Marty, *La Refondation des pouvoirs*, op. cit., p. 44.

府同谋的责任。① 随后法国企业道达尔也因为在缅甸的无端剥夺人身自由的行为被起诉,最后通过与受害人达成协议而得以解决。②

上述做法对于促进改革具有积极意义,但是该程序的普遍化,或者是将责任扩展于预防重大风险的责任显然还必须依赖于国际协议的达成,通过后者来界定这种普遍责任的法律制度,其内容是确保在最低程度上协调上述责任实施的若干原则。

在国际法上,这一进程发展缓慢。首先出现的是没有法律约束力的文件,如行动守则和指导原则。最著名的例子是经济合作组织在 1976 年通过的跨国公司行动守则,该文件在 2000 年被修订,其中增加了社会权利的规定(参考了国际劳工组织在 1998 年通过的相关原则)以及环境保护的规定(参考了 1992 年里约宣言)。根据 1999 年 1 月由联合国秘书长在瑞士达沃斯提议启动的全球契约 (Global Compact),只规定了企业有遵守人权的义务,与此不同的是,经合组织的上述原则由 42 个国家接受,这些国家的跨国企业占到全球对外直接投资 90% 的份额,该原则因此被视为"寻找促使企业社会责任得以实现的有效方案的战略性措施"③。这里的有效性主要体现在关于在仲裁程序中应顾及经合组织的上述原则,例如:由解决国际投资争端中心处理的有关城市用水的案件中就提到了全球公共财产的概念。④

更进一步的是,跨国企业⑤的人权责任指导原则于 2003 年被联

---

① *Doe v. Unocal*, 25 mars 1997; A. J. Wilson, «Beyond *Unocal*: Conceptual Problems in Using International Norms to Hold Transnational Corporations Liable under ATCA», *in* O. de Schutter (dir.), *Transnational Corporations and Human Rights*, *op. cit.*, pp. 43-72.

② W. Bourdon, «Entreprises multinationales, lois extraterritoriales et droit international des droits de l'homme», *RSC*, 2005, p. 747 *sq*.

③ Y. Queinnec, «Les principes directeurs de l'OCDE à l'intention des multinationales, un statut juridique en mutation», *Sherpa*, juin 2007, http://www.asso-sherpa.org.

④ CIRDI, affaire *Aguas Argentinas v. Argentina*, 12 février 2007.

⑤ E. Decaux (dir.), *La Responsabilité des entreprises multi-nationales en matière de droits de l'homme*, Bruylant, 2010.

合国促进和保护人权专门委员会通过接受,后者强调了越来越多的企业具有如下情形,即:任何国家都没有能力单独对它们实现有效的规制,因此有必要为它们明确"在人权领域的义务与责任"。联合国人权事务高级专员公署也支持上述原则,为此专门任命了一位独立专家开展与原则有关的工作。

这里值得注意的新发展是,联合国的有关计划除了要求对企业自身的活动进行评估外,同时还提到"通过国内和国际机制进行周期性的审查"。此外,它还要求对侵犯人权的情形"为个人和社群提供迅速、充分和有效的赔偿",这就为受害者提供了提起诉讼的依据:"在确定损害或其他与其相关的问题时,有关责任的规范应当由国际法庭予以适用"。上述做法实际上也可以在其他领域加以采纳,如关于健康权的专家报告人保罗·汉特(Paul Hunt)在2007年提交的有关药品企业与获得药品问题的人权指导原则。

此外还要在国际法上解决的问题是,在纽伦堡审判中已经提及的法人的责任问题[1],进一步而言还包括在国际企业集团内部的刑事和民事责任分配的问题。不同国家对此适用不同的规则,因此需要根据个案来加以处理,比如在艾利卡油轮案件中涉及母公司道达尔的责任问题。同样地,在解决责任诉讼的可受理性问题时也是如此。

2.2.2 提出责任诉讼的主体

对于该问题,不同国家也采纳了不同的做法,特别是在涉及生态损害问题上——例如在艾利卡油轮案中,法庭承认了民间协会团体和一些地方政府机构可以提出责任诉讼。勒帕热报告进一步建议修订法律允许集团诉讼。一些美国法官接受了由外国人针对外国被告人提出的集团诉讼。这一做法与域外管辖权,在某些领域存在的准普遍管辖权(本案涉及证券交易)相结合,有可能使美国法院

---

[1] M. Delmas-Marty, *Liberté et sûreté dans un monde dangereux*, op. cit., p. 146 sq.; adde A. Clapham, « Extending Interational Criminal Law beyond the Individual to Corporations and Armed Opposition groups », *JICJ*, 2008, pp. 899-926.

成为解决全球性争端的机构,这也是在相关案件中出现大量法庭之友的原因——例如法国就曾对此提出,美国法院的做法与法国关于国际公共秩序的观念不相符合。此外,美国的做法有可能构成对其他国家主权的干预。最后,美国最高法院停止对该案的审理并将有关诉讼限制在国内范围,但上述做法并不妨碍立法者制定不同的规则。① 提出诉讼主体的问题仍旧是敏感的,有必要通过国际公约来规制普遍管辖权的范围,特别是涉及在全球范围内搜集与案件相关信息的做法。②

国际法在谁能提起责任诉讼的问题上远未达成协调一致的方案。在针对普通罪行的国际刑法责任问题上,私人一方在相当长的时间内被排除在诉讼程序之外,但是受害者已经开始参与程序,法人特别是非政府组织的角色得到承认,它们可以参与诉讼支持受害者的诉讼行为并向法庭提供有关信息。对于向国家提出的诉讼,有必要注意在人权领域由承认个人提出诉讼而带来的变革。如果说向人权委员会提出申诉还只限于受害者个人的话,那么在欧洲人权法院则允许任何非政府组织和任何认为其权利受到损害的个人团体提出诉讼,同时允许他们向法庭提供更为广泛的信息。这种信息提供的使命,包括监督的权利,有助于实施与全球公共财产有关的责任,例如:有一份报告表明了私人部门在实施京都议定书规定的审查和违反义务的制裁机制方面的地位。③

争论的技术性不应掩盖变化的意义,特别是责任诉讼主体发生的变化,即他们不再只是责任回应的"对象"。对权利被侵犯的受害者做出回应,不论是基于过错还是损害,其意义与以保护人类与非人类目前和未来的普遍价值的义务为名提出责任诉讼是不同的。这种意义改变表现出为实现责任而采取行动的主体的多样化,这种

---

① USSC, *Morrison c. National Australia Bank Ltd*, 24 juin 2010.

② E. Gaillard, «États-Unis: coup d'arrêt aux actions extraterritoriales», *JCP*, 2010, p. 743.

③ A. Peyro-Llopis, «La place du secteur privé …», in S. Maljean-Dubois (dir.), *Changements climatiques*, *op. cit.*, pp. 128-145.

实现责任的行动实际上也是一种社会团结的行动,有助于促进价值共同体的形成。当然,这种实现责任的行动也不应完全取代其他法律行为。

尽管困难比我们想象的更加复杂和持久,尽管自2001年9·11恐怖袭击事件以来,以安全为名并以损害自由为代价的民族主义和威权式报复扩大了法律领域的阴暗地带,但是,法律自身的角色并没有消失。借用维埃拉·德·谢尔瓦(Vieira da Silva)的比喻说法,法律人应当清楚知道那些指向未来"光明出路"的条件。

结　论

光明的出路

　　光明出路的比喻表明与我们一开始选择的道路相反——什么样的共同体？什么样的价值？——实际上是那些价值本身才有可能为我们指明未来的道路。价值是面对现实世界的实质要素，它能使"人类行动的构成要素的多样性（暂时地）集合在意义的统一体中"①。

　　这是否意味着价值是我们可以在客观条件和历史之外所依赖的护身符呢？对此，答案可能是折中和实用的。折中性要求我们谈论的是"可以普遍化"的价值而不是普遍价值；实用则要求当人类行动具有全球性时，应当清楚的是目前的混沌不仅源于自然的客观力量，同时也源于法律体系的复杂性。②然而这种复杂性对于一个越来越具有相互依赖性的世界而言，可能是能够用来避免某个或某些超级大国对世界行使霸权的唯一手段。

　　这里的问题是，复杂性会简化到可预见性问题上，而安全性则建立在规范的完整性和正当性基础之上，而这又是从作为规范基础的价值之间的相互协调而言。简言之，复杂性将法律体系置于"3C（完整性、协调性和复杂性）悲剧"③的中心；一个体系由于其互动结

---

① P. Valadier, *L'Anarchie des valeurs*, op. cit., p.157.

② Conseil d'État, *Complexité et insécurité juridique*, rapport de 2006.

③ J.-M. Cornu, « Une régulation complète et cohérente dans un monde complexe, la tragédie des 3 C », in F. Massit-Follea (coord.), *Gouvernance de l'Internet*, Vox Internet, rapport 2005, MSH, 2006, p.119; M. Delmas-Marty, « La tragédie des 3 C », in M. Doat, J. Le Goff et Ph. Pedrot (dir.), *Droit et Complexité. Pour une nouvelle intelligence du droit vivant*, Presses universitaires de Rennes, 2007, p.7 sq.

构和不稳定性而达到一定程度的复杂性,那么它就不再可能既完整又协调。

法律的形式主义在一定程度上可以解决规范的不完整性,这主要是借助于法律技术——例如互补性原则或国家自主空间——以及那些"非标准"的逻辑——例如模糊逻辑——后者通过将不同层面(国内、区域、全球)的规范相联系而重新纳入各国国内背景当中;但是上述法律技术也增加了不协调的风险,因为它掩盖了价值选择问题。

为了减少这种不协调性,应当将寻求意义整体性的努力置于新的人道论之中,这是一种多元而开放的人道观。这种法律方法的更新,可能是使刚刚形成的人类共同体超越恐惧和自身矛盾,表现出社会团结和负担起自身共同命运的条件之一。

1. 更新法律的人道观

不论是一般性罪行还是人权或全球公共财产,如何才能使未来的人类共同法避免否认文化多样性和已经实现的人道化成果?如何才能避免霸权主义秩序的危险,与此同时又不至于滑向法律原教旨主义,让法官成为武断的最高裁判者,使法律人成为世界的君主?

那些基础建构性的概念并不足以用来找到意义的统一体,即便是某种临时意义上的统一体:安全权可能会导致对自由的严重损害,人的尊严也可能成为过度行为的正当理由。由此,在最为困难的情形下,有必要更新法律的人道观,这种新的观念强调的是"演变的进程",后者是从平等尊严或可持续发展这些具有两极性质的范畴中找寻意义。

1.1 尊严平等

世界人权宣言强调了公民和政治权利与经济、社会和文化权利之间的不可分性,由此体现了人道的多视角,但它并没有为如何协调各种权利,以及在更广泛的意义上如何协调普遍主义与文化多样性提供答案。答案似乎应当在两极之间寻找:宣言在第一条中即指出所有人都享有平等的尊严,但不同文化会对此有不同的理解。

上述做法要求对文化权利做出动态理解①,即:它不仅强调了身份(文化标准的多样性)和创造性(思想/表达自由,文学艺术创作),而且也强调文化之间的沟通(不同知识间的互动)。身份与创造有利于各种文化自身的深化发展,沟通则促进不同文化之间的互动从而实现相互保护(参见联合国教科文组织关于文化多样性的宣言),包括"相互性的人道化",这有助于通过对不可克减权利的更好理解来丰富平等尊严原则的内涵。

同样,弗朗索瓦·奥斯特也主张在法律上适用利科所说过的"翻译范式"②,这里翻译不再是语言工具,而是服务于伦理选择的政治工具。这种做法绝没有让多样性消失,相反,翻译成为价值普遍性与文化多样性之间沟通的中介。这就是保尔·利科所说的"翻译的奇迹",因为它"在那些看上去只存在多元性的事务之间创造出相似性"③。将上述观念引入到法律领域,则可以让世界秩序纳入到两种极端的观念之间:一个极端是否定所有共同的伦理,深信语言、文化和法律体系的深层次结构在不同文化之间是不可对比的,任何共同法都是不可能的;另一极端则是某种幻想,正如1900年在巴黎召开的世界比较法大会上里蒙·萨雷伊(Raymond Saleilles)曾梦想的那样,能够从上述深层次结构中引申出不同于表面纷繁现象的共同本质。在上述两种极端之间,翻译的范式提出了一种调整与再调整的动态过程,其结果是在不同文化之间找寻出相对等的概念,与此同时又不否定每种文化的特定身份,这就使得内涵于国际法律文件中的那些价值变得可普遍化。

这种动态过程已经反映在国际法上,例如公约附加议定书的做法,欧洲人权公约第6和第13号议定书首先实现了在和平时期废除

---

① P. Meyer-Bisch, «Analyse des droits culturels», *Droits fondamentaux*, n°7, janvier 2008-décembre 2009, http://www.droits-fondamentaux.org.

② F. Ost, *Traduire. Défense et illustration du multilinguisme*, op. cit.

③ P. Ricœur, «Le paradigme de la traduction», *Le Juste*, Esprit, 2ᵉ éd., 2001, p. 135; id., «Projet universel et multiplicité des héritages», in J. Bindé (dir.), *Où vont les valeurs? Entretiens du XXIᵉ siècle*, op. cit., pp. 75-80.

死刑,进而在战争时期对死刑的废止,这同时反映了欧洲人权公约的不完整性和这个动态过程的活力——尽管公约在一开始并没有强制要求各成员国废止死刑,但是在公约条款中体现了这种精神。或者,像《非洲人权和民族权宪章》附加议定书那样规定了妇女的权利:该议定书废止了一些国家的传统做法,特别是割礼的习惯,将其视为酷刑,以平等尊严的名义加以禁止。这是一个很好的例子,表明了文化多样性和价值普遍性之间的协调,而且这种协调不是外部强加的,而是通过非盟各个成员国之间协商和对各自文化做出深入研究之后实现的。这个例子还表明,附加议定书的做法通常并不是国家代表和国际组织倡导的成果,而是由那些提供咨询意见的专家推动的,在更多的情况下则是由非政府组织和协会,如非洲妇女协会施加压力的结果。

当然,演变进程的实质还在于法官对规则做出演进式的解释。国内和国际司法机构,以及非司法性机构如人权委员会,都有很多例子表明法官对死刑和酷刑态度的转变。从在皮诺切特案中国内法官扮演了更为积极的角色以来,国际法官(欧洲人权法院和国际刑事法庭)将禁止酷刑界定为强行法规则,这也促使国际法院改变长期以来的沉默态度。[①]

在拉美,美洲人权法院通过其若干任院长而表现出其积极影响,例如来自墨西哥的 S. G. 拉米雷斯(Sergio García Ramírez)曾在非法移民劳工的权利的咨询意见中指出[②],法官的义务有时可以震动山峦(本案涉及拒绝向非法移民提供人权保障)。当然,上述咨询意见是在墨西哥法院提出咨询请求下做出的,是对美国最高法院针对

---

① CIJ. *République démocratique du Congo c. Rwanda*, arrêt, 3 février 2006, *CIJ Recueil*, 2006, § 64; *Application de la Convention pour la prévention et la répression du crime de génocide*, arrêt du 26 février 2007, précité.

② CIADH, *Juridical Condition and Rights of the Undocumented Migrants*, advisory opinion, 17 septembre 2003; S. Garcia Ramírez, « Prologue », in L. Burgorgue-Larsen et A. Úbeda de Torres, *Les Grandes Décisions de la Cour interaméricaine des droits de l'homme*, Bruylant, 2008.

此类案件裁判的一个回应①,墨西哥政府对美国最高法院的裁判表示担忧,根据其裁判,一位墨西哥工人在美国没有合法身份,在工作过程中因传播工会信息而遭到解雇,美国法院认为没有合法身份该劳工不能获得任何补偿。尽管该案被提交至国际劳工组织,但其他国家(洪都拉斯、尼加拉瓜、萨尔瓦多、哥斯达黎加和加拿大),以及一些非政府组织和大学团体均围绕上述美洲人权法院院长的决定进行了公开辩论。美洲人权法院最终决定,即便没有合法身份,"任何人希望从事、正在从事或已经从事了有报酬的劳动时,均自动获得了劳工的身份,因此享受劳工权利的保护"。这里需要指出的是,平等和非歧视的基本原则已经成为一般国际法的内容,上述咨询意见强调了该原则适用于所有国家,而不论其是否为国际公约的缔约国,因为该原则"与强行法相关"。

不过上述咨询意见并没有改变美国的实践和美国最高法院的判例。美国最高法院对强行法并不认同,相反在麦德林案中(2008年)拒绝接受国际法院关于外国人在被美国判处死刑时所享有权利的案件裁判的直接效力。②

上述与人们期待相反的事例并不少见,这表明了法律并不能取代力量对比关系,但是法律应当持续地努力以对强权(国家和多国企业)加以约束。正是应该从这个意义上理解"可持续发展"的概念,尽管有不同意见批评其模糊性,但实际上它因为带有两极性的特点而具有丰富的内涵。

1.2 可持续发展

可持续发展是在环境法领域产生的并获得了持续发展,进而进入全球公共财产这一领域。它是一个具有两极性特点的说法,强调人类应关注其未来世代,包括对非人世界的关注。可持续发展的说法在1987年布伦特兰主持的世界环境与发展大会报告时被采纳。

---

① USSC, *Hoffman Plastic Compound Inc. V. National Labour Board*, 27 mars 2002.

② CIJ, *Demande en interprétation de l'arrêt du 31 mars 2004 en l'affaire Avena et autres ressortissants mexcains*, Mexique c. États-Unis, 19 janvier 2009.

布伦特兰夫人先后担任了瑞典环境部长和首相①,她回忆说,时任联合国秘书长的观点促使她接受了上述任命,当时的国际社会对她是否有能力接触这一问题并找到有效的解决方案存在疑虑。她确信多边主义的必要性,认为只有多边主义才能改变持续恶化的生态状况,特别是当那些最贫穷的国家问题愈发严重的时候,她认识到,将环境与人道分离开来是个严重错误。大会的报告《我们共同的未来》包含一个第二章,该章名为"可持续发展",其定义是:"可持续发展是指满足现在需要但又不损害未来世代满足其需要的能力"。

当然这个定义并没有体现任何价值,只是提到人的"需要",特别是那些最无助的人的需要,以及"限制",即"我们的技术状况和社会组织要求环境有能力满足现代和未来的需要"。但该定义也与"公平与共同利益"联系在一起,由此引起的问题是:"如何说服个人或要求他们为了所有人的利益而采取行动?"

二十年后,在涉及气候变化问题上形成的人类发展全球报告中,布伦特兰夫人再次强调了这样的问题"迫使我们吸取《我们共同的未来》那份报告曾经试图指出的教训"。她指出,可持续性"是指在地球与人类之间寻求平衡,从而能对目前的严重贫困问题做出回应,同时顾及未来世代的利益"。这里对公平的关注会使人们理解"发展",而不是那种不可持久的"演变",而只有既持久又公平才能实现可持续。②

上述观念在有关气候变化的哥本哈根会议上并没有转化为一项法律义务,那是因为这种时间(延伸至未来世代)和空间(对于最贫穷国家而言的公平)上的平衡与所有国家的近期利益并不相符。

上述问题至少在尼古拉·斯特思的报告中被提及,其名义是"对建立在不同世代联系基础上的人类共同体所有成员施加的道义

---

① 联合国世界环境和发展委员会 1987 年 3 月 10 日的报告《我们共同的未来》。

② M.-J. Del Rey, « Développement durable: L'incontournable hérésie », *D.*, 2010, p.1493.

责任",此外,还包括"保护地球的责任"①。也许上述说法对于参加哥本哈根会议的各国首脑而言过于宏伟,后者主要关心的还是国家利益。但尽管如此,上述说法实际上公开承认了建立在共同命运基础上的人类共同体的出现。

2. 人类共同体的出现

并不令人感到意外的是,关于气候变化的全球报告提到了亚里士多德所说的"大多数人的共同之处往往带来的利益最小",进而强调指出"在一个互相依赖的世界里的气候责任"②。正是由于这种每个国家维护的自身利益和任何人都不认为应当承担的共同利益之间存在差异,才引入"全球公共财产"的说法,其目的是减弱上述两种利益之间的差别,而"可持续发展"的说法则想通过模仿人权超越上述差别。上述报告提到"未来世代面临的潜在的灾难性风险可能是与我们为追求人道基础价值而承担的义务相矛盾",援引了世界人权宣言第3条"所有人均享有生命权、自由和人身安全",进而得出结论指出,对于气候变化带来的风险将不视为"构成对上述普遍性权利的违反"。

还需要明确的是应该赋予"安全的权利"以何种内容,从而使人们接受这种建立在恐惧基础上的生存共同体,并促使建构起那些可能保护或激发社会团结观念进步的保障性制度。这种制度的核心是使人们认识到命运的共同性并开始尝试去建立这样一种命运共同体。

2.1 恐惧的矛盾性

首要的矛盾是恐惧既可以引起分裂,也可以促成联合。这里需要将对灾难的恐惧与对他人的恐惧区分开,后者是指对敌人的恐惧。

对灾难的恐惧可能是促成最紧密联系的因素之一,促使乌尔里

---

① N. Stern, *The Economics of Climate Change*, op. cit.
② PUND, *La Lutte contre le changement climatique: un impératif de solidarié humaine dans un monde divisé*, op. cit.

希·贝克所说的"宇宙现实主义"①得以实现。这也是随着技术发展而不断发展的相互依赖性带来的后果(这出现在生物技术和数字技术等各个不同领域),上述情形不需要依赖社会契约而建立生存共同体,这种共同利益将全球公共财产、人权与国际罪行相互结合在一起。

相反,另一种恐惧,即对他人的恐惧区分了每个共同体并将其对立起来。在全球范围内,安全和为了安全而实施的打击行动很难与"全球性内战"②完全区分开来。在9·11恐怖袭击事件之后,上述状况以特殊的形式表现出来,同时伴随着打击犯罪的战争范式。恐惧以各种不同的多孔性特点表现出来,从自然和技术风险到人为威胁,它促使人们运用预防性原则,从而使针对现实和可能风险而采取的各种抵消措施成为正当手段。

对他人的恐惧还在内外之间划清界限,从而为恐惧建立隔离墙,这恰恰与历史相对照,比如中国历史上的长城或者罗马世界建造的城墙(哈德良墙和图拉真墙),以及在多瑙河和莱茵河沿岸曾经建造的不列颠工事,它们的遗迹一直存续到今天。当人们审视罗马帝国衰亡的原因时,意大利法律史专家阿尔多·斯契亚沃(Aldo Schiavone)认为在城墙的建造和"当时的罗马人无法理解还有其他解决方案和另一种未来"的观念③之间存在关联。

当然,城墙最终都倒下了:柏林墙的倒塌开启了目前的全球化。但全球化并没有消除城墙的现象。恰恰相反,随着国际交往的增加,不同社会之间的相互接近,城墙在全球范围内反倒开始增加。④现在的城墙不再是将相互敌对的势力分割开来以抵御入侵,而是为了阻碍或过滤人类共同体之间的沟通,但这并不能为安全提供任何

---

① U. Beck, « Le réalisme cosmopolitique », in *Qu'est-ce que le cosmopolitisme ?*, Aubier, 2006, p. 116 *sq*.

② Giorgio Agamben, *États d'exception. Homo Sacer II*, Seuil, 2003, p. 12.

③ A. Schiavone, *L'Histoire brisée. La Rome antique et l'Occident moderne*, Belin, 1996, p. 233.

④ S. Sur, « Préface », *in* A. Novosseloff et F. Neisse, *Des murs entre les hommes*, La Documentation française, 2007.

保障，例如以色列与约旦之间建造的"隔离墙"就被国际法院判定为违反国际法。①

这是因为墙从来不能阻止决心翻越它的人，即便是以生命为代价也是如此，例如在美国和墨西哥之间的边界上建造的"屏障"（它被一些人称为"耻辱墙"）。2006年以来，建造该隔离墙的行动进一步强化，理由是反恐，此外也是为了防止非法移民因为经济原因涌入美国。这是第二种类型的恐惧：恐惧一些人被排除在外，而商品的自由流通仍旧进行。事实上，美国和墨西哥根据北美自由贸易协定已经相互取消了贸易壁垒。在欧洲，成员国内部取消了商品和人员自由流通的障碍，但是在整体上却形成了对外边界：2008年欧盟议会和理事会通过了"遣返指令"授权各国对非法移民进行最长可达18个月的临时羁押。②

上述相互矛盾的现象引起一种无法摆脱的困境，因为它叠加了两种观念，即国家和超国家的，既是相互对立又是无效果的：当对风险的恐惧将那些已经相互依赖的国家共同体连结在一起时，对他人的恐惧又使这些国家共同体相互对立和弱化。前联合国秘书长科菲·安南在2004年欧盟议会上发表讲话时特别强调，如果说难民需要欧洲的话，那么欧洲也需要难民："一个封闭的欧洲会变得更加脆弱，更加贫穷和更加衰老；一个开放的欧洲则会更加富强，更加强大和更加年轻……移民带来了问题的解决方案，而不是问题本身。"当然对此还要说服政治家们，他们对这样的观念也很敏感，即：如果恐惧不能用团结的伦理加以补充完整的话，那它就不能充分地赋予人们行动的意义，而团结的伦理则通过同心圆表达了人类共同命运的愿望。

2.2 社会团结的伦理

移民问题凸显出对他人的恐惧带来的困难，以及克服这一困难

---

① CIJ, *Avis consultatif sur les conséquences juridiques de l'édification d'un mur dans le territoire palestinien occupé*, 9 juillet 2004.

② 欧洲议会和理事会2008年12月16日通过的关于遣返成员国境内非法居留的第三国国民的欧盟指令2008/115/CE号文件。

的必要性,只有如此才能建构起命运共同体,而这才是我们能够生存下来的最佳机会。这种命运共同体要求接纳一种真正的迁徙自由权,它将全球的社会团结与移民、移民迁出国和迁入国的利益结合在一起:这与康德在超越国家的法律问题上曾经提出的"全球庇护所"的说法相呼应,当然它至少要求承认这样一种权利,即:人人享有不被视为敌人的权利。①

从"人类共同财产"的角度来看,移民政策是一个重要的检测标准②,相比之下,"社会团结的多层范围"③这一概念的应用则更加广泛。不论是面对就业的不稳定还是消除贫困与疾病,社会团结的第一层范围,即相近性关系已经由福利国家所取代;社会团结的第二层范围,即国家层面的社会团结,因为国家越来越受经济和金融全球化所束缚而被弱化。因此有必要形成社会团结的第三层范围,即全球性的社会团结,它超越国家和时间性。它有可能重新建立起平衡,但前提是它要重新激活社会团结的前两个层次,并且对那种建立在商品基础上的,例如在有关世贸组织的讨论中提到的那种商品团结关系进行有力抵制。

如果说当国家之间越来越相互依赖而使得上述全球性社会团结变得必要的话,那么还必须指出的是,全球性社会团结并不是自然产生的。相反,通过一般罪行、人权或全球公共财产而产生的新型的法律程序表明,法律可以促成公共财产观念的实现,即:通过价值梳理和让行为者承担责任而确保其效力,赋予上述观念一定的意义。

正因如此,得益于法律具有的构想力量,共同财产的理念随着对自己命运抱有信心的人类共同体的出现而逐渐形成。

---

① E. Kant, *Projet pour la paix perpétuelle*, Gallimard, « Bibliothèque de la pléiade », 1986, t. III, p. 350.

② B. Badie, R. Brauman, E. Decaux, G. Devin et C. Wihtol de Wenden, *Pour un autre regard sur les migrations : construire une gouvernance mondiale*, La Découverte, 2008.

③ Alain supiot, *L'Esprit de Philadelphie. La justice sociale face au marché total*, Seuil, 2010.

法律的想象力（Ⅴ）

抵制、责任、预测
——如何赋予世界化以人性

前　言

　　法律能做什么？世界化的进程使人类越来越失去人性或人道主义，本篇章就围绕这一现象探讨法律的作用。

　　无论是关于市场还是关于人权，人们都无法给出一个明确的答案，因为世界化已经触及国家主权身份中的法律体系。世界化不会为了国际法的利益而取消国家法律，但是它会促进国际法和国家法律的融合，这既是一个问题也是一个解决办法。说是解决办法，因为这种融合可以宣告一个全球共同法律的崛起；说是问题，因为这种所谓的"共同"法律，既没有历史也没有领土渊源[①]，对重新平衡各国之间的力量关系显得过于薄弱；对建立一个真正的法律体系又显得过于分散。

　　这种分散性既有纵向分散（从地方、国家、国际、地区到世界法律）也有横向分散（如人权法、商法、刑法、环境法等），似乎排除了各种法律之间所有的协调一致性。每个领域都遵守自己的思想逻辑，每一级别都要求拥有自己的自主权。因此，在国际经贸组织中占主导地位的自由思想就是要赋予竞争和效益以优先权利；国家宪法法院或者地方人权法院的人道主义思想就是分享和团结一致。然而，一些国家政府一方面对商品和资本打开大门，另一方面却对人封锁边界；一方面对市场放宽管制，另一方面对郊区加强惩罚；一方面高枕无忧地实行自由开放，另一方面却实行独立主义的意识形态，有

[①] J. Carbonnier, *Droit et passion du droit sous la Ve République*, Paris, Flammarion, 1996, p.48.

时甚至是闭关锁国的安全政策,推行以人权为中心的普遍主义言论。

反人道主义(antihumaniste)思潮很好地揭露了法律人道主义的荒谬,当人们把世界化置于放大镜下来看的时候,就更能揭示这种荒谬性,甚至由于它反常败坏的效果而显得更加严重。有时候,人权这面盾牌反而变成压迫的矛,干涉变成了人道主义战争,国际刑法被怀疑不公正,甚至被怀疑具有霸权主义的企图。同时,经济全球化有可能为真正的市场帝国主义打开方便之路,"反对犯罪的战争"结合新技术的使用,有可能宣告一个可怕的监控社会的到来。总之,神话往往同欺骗过于相似,人道主义如同舞蹈起跳前的乐曲,由于被人胡乱引用,终究会导致法律人道主义的毁灭。

的确,关于"人性(humanité)""人道主义(humanisme)""人道主义的(humanitaire)"等概念的评论由来已久,混乱不清,福柯称其为"言论的多价性",即:即使表述形式相似,目的也可能不同,甚至相反。当卡尔·施米特援引普鲁东的话语"谁讲人性谁就在说谎"的时候,他是要维护国家的主权。也就是说,他在批判自由国家的软弱无能的同时,又为极权政体进行辩护。相反,福柯极具抗议性的言论却恰恰在批判人道主义的同时更好地维护了个人的自由权利,"尽可能更远更广地展开尚未确定的自由工作"[1]。福柯的思想往往带有讽刺意味,但是却不构成对人类灭亡具有挑衅性的表达方式。关于这一点,当有人询问福柯的时候,他只是简单地回答说:"应该考虑我写这句话的背景。你们无法想象战后我们所处的环境,那种关于人道主义道德说教的环境。所有的人都是人道主义者。这一点不会使人道主义的名誉受到影响,但是这会让人们明白,在那个时候,我只能在这个范畴的语汇中进行思考。"[2]

现在,人权成为一种"新的具体的普遍性象征,它同以往以国家

---

[1] M. Foucault, *Dits et écrits*, vol. IV, Paris, Gallimard, 2001, p.574.
[2] *Ibid.*, p.666.

主权为基础的传统国际法相竞争。"①这让司法人员极为担忧。确切地说,因为人权同建立在国家主权基础上的秩序相抗衡,在维护"人类权利"②伦理道德的同时,妨碍了国际法的正常实施,让人担心国际法会失去它的意义。

美国兴起的"法律评论研究"思潮甚至认为,西方列强在强加人权、法治或者国际刑罚裁判的同时,会实行一种新殖民主义。芬兰法学家马尔提·科斯肯涅米(Martti Koskenniemi)提出,在国际法方面,法律决定不是一项中立的选择,而必须是介于"辩护和空想"③之间的一项政治抉择。因为担心人道主义的基础理论性解释,他对两者都持有怀疑态度。所以他一直将人权视为启示性文章强加于地球上的救世主降临说,认为只有西方世界才拥有人权的社区主义,甚至将一切解释归于具有科学性的人类行为规范的唯科学主义。

在这样一个背景下,如何重新赋予法律人道主义一定的意义?反人道主义者半途而废,因为他们的解构虽然是必要的,但却无法重建。福柯有过这样的预感,就是有可能走得更远,他已经觉察到知识与权力的关系是转变的一种模式,或者是一个过程,所以他建议制定定力点的战略性编码,在这些定力点上个人同机构相对立。但是他的编码也只是刚刚有一个大概的轮廓,最终还是没有完成。福柯的思想因为只是停留在西方国家上,他让我们在面对国家间的不平衡时无以辩解,在面对跨国企业变得越来越强大的时候无以答复。而这些跨国企业有些完全担任着政治的角色参与社会活动,尤其是教育活动,而另一些正相反,他们掠夺自然资源,成为众多冲突的平台,尤其是在非洲。

---

① E. Jouannet, « Universalisme du droit international et impérialisme : le vrai-faux paradoxe du droit international », *in* E. Jouannet et H. Ruiz Fabri (dir.), *Impérialisme et droit international en Europe et aux États-Unis*, Paris, SLC, 2007, p. 32.

② A. Pellet, « Droit-de-l'hommisme et droit international », *Droits fondamentaux*, n° 1, 2001, ⟨droits-fondamentaux.org⟩.

③ E. Jouannet, « Présentation », *in* M. Koskenniemi (dir.), *La Politique du droit international*, Paris, Pedone, 2007, p. 7 *sq*.

本篇的目的不是要重拾早已四分五裂带有明显时代性和地域性的神话，而是要重新赋予人道主义规划以新的意义，将人道主义（*humanisme*）这个静态的概念变成相互人道化（*humanisation réciproque*）动态的互动过程。

为使"世界化具有人性"，我们所采用的方法是从世界化的矛盾着手，引出三项目标：反抗去人性化，让权力主体承担责任，预测未来的风险。

第一章

世界化的矛盾性

法律人道主义属于积极的法律范畴:因为人们可以以人权的名义对一个国家进行判决,也可以以人道主义的权利对一个国家首脑进行判决。

但是这积极的人道主义法律却明确地显示了真实世界的双重性,甚至是矛盾性:这项法律既有普遍性,同时也包含了各个社会的多样性。尽管存在法律原则上被法律哲学家米歇尔·维莱(Michel Villey)看作是"迷雾中的潜水"[①]的不明确性,人道主义法律依然要求更新法律形式主义,从而保证法律的稳定性。如果没有这样的更新(我们以前研究过更新的条件[②]),人权法即使不用超国家的权力也极有可能破坏国家的法律秩序。表面上看,那些揭露"人权宗教"及其"阿亚图拉完整主义"、站在一旁揶揄的人并没有错。

实际上,我们需要价值与共同语言的一致性,正是在这个基础上人权法才构成了最为明显的形式之一。[③] 即使有些理想化,我们依然需要这样的一致性,因为历史不是由一代人来书写的。当水平线变得模糊不清的时候,那就由乌托邦式的理想来承担动力,尽可能地扩大视野,动员一切能量,发挥人类的想象力和意愿。利科曾说:"我们可以想象一个没有意识形态的社会;但是我们无法想象没

[①] M. Villey, *Le Droit et les Droits de l'homme*, Paris, PUF, 1983.

[②] M. Delmas-Marty, *Les Forces imaginantes du droit*, vol. II, *Le pluralisme ordonné*, Paris, Seuil, 2006.

[③] *Ibid.*, vol. IV, *Vers une communauté de valeurs ?*, Paris, Seuil, 2011.

有理想的社会,因为那将是一个没有蓝图的社会。"①

可是,要设计一幅比较真实的能被人所接受的蓝图,那就必须要依据原则来做,因为这样才可以:说明法律普遍性的缺点和相对主义的局限性。② 但是,这依然不够,因为国际法和后殖民主义社会不能"轻易从历史中摆脱出来,历史一直萦绕着它们(……)渗透到目前看起来完全解放了的法律技术中。"③所以应该从实践出发,来理解全球化是如何结合法律普遍主义的弱点和经济整体化的影响来促进去人道主义风险的形成。

无论是在边境对商品和资本开放的同时加强移民控制还是在全球经济繁荣增长的同时加强社会排外政策,人们总是根据市场实力来衡量人权的弱点。

同样,人们也可以看到,各国渴望经济发展,在面对这一现象的时候,由于世界法的缺乏更容易扩大对环境的威胁;还有,面对各国的抵制,有时候是跨国公司的参与,普遍刑法裁判软弱无力,助长了"极为严重"的国际犯罪持久不灭。

最后,通过实践,我们发现,人们梦想将人类从他的局限中解放出来,这种梦想为他本身带来新技术操控的风险,如人体交易及/或监控全球化。

第一节 严格的移民管制

如果说贾科梅蒂体现了行走的人的话,这不是偶然的,正如伊夫·博纳富瓦所说:"通过这一行为,所有生命本身拒绝虚无"④。人口流动法曾经是复兴和启蒙时期人文主义的梦想:西班牙的神学家

---

① P. Ricoeur, *L'Idéologie et l'Utopie*, Paris, Seuil, 1997, p.372.

② M. Delmas-Marty, *Les Forces imaginantes du droit*, vol. I, *Le relatif et l'universel*, Paris, Seuil, 2004.

③ E. Jouannet, *Qu'est-ce qu'une société juste? Le droit international entre développement et reconnaissance.* Paris, Pedone, 2011, p.8.

④ Y. Bonnefoy, *Giacometti*, Paris, Flammarion, 1991, p.321.

弗朗西斯科·维多利亚(Francisco De Vitoria)早已经以"普遍友爱"为基础肯定了迁徙权或者说移居权,即 ius migrandi;后来康德将他的世界公民权利建立在"普遍好客"的原则之上,也就是说,在接待国不应该被当作敌人来看待的权利。他通过地球的球形来解释这种权利,他说,只要地球无法让人口扩散变得无止境,它就必须懂得相互忍耐。

人口扩散同人道一样由来已久。几千年来,人类慢慢"智人化",穿越整个世界,世界人口不断增长,并一直在继续(1000年的时候全球只有3亿人,目前有70亿人口,到2050年预计全球人口将达90亿)。

这是否在说复兴时期和启蒙时期的人文主义梦想将得以实现了呢?当然,人口流动法已经被载入《世界人权宣言》中的第13条第2款:"每个人都有权离开一个国家,包括他自己的国家,并有权回到他的国家。"移民成为一种全球现象,40年来移民的人数越来越多。

但是流通的自由并不等于定居的自由。原则上各国依然对其领土拥有主权。除非在内部无边界的领土上,如欧盟的领土上,其边境的人口流动受欧盟国家控制。所以,即使一些边境对经济金融及数字信息流动开放,也会到处树立各种保护墙和保护垒来阻止人口的流动。面对各国无力阻止人口流动的状况,恐惧将法治国变成了"围城"[1]。这种矛盾很快进入死胡同,甚至快于资本的国际化和全球经济政策与技术基础建设所促进的"国际移民制造"[2]的速度。

因此,产生两种相互叠加的模式,一种是安全主权模式,它控制移民人口,形成抑制螺旋;另一种是自由普遍主义模式,它面向市场开放,从而有可能产生更多移民,包括那些合法的和非法移民,结果

---

[1] D. Lochak, *Face aux migrants: État de droit ou état de siège?*, Paris, Textuel, 2007.

[2] S. Sassen, «La fabrication des migrations internationales», *La Globalisation, une sociologie*, trad. de l'anglais par P. Guglielmina, Paris, Gallimard, 2009, p. 137 sq.

要求加强移民管制……这个螺旋模式在不断继续。

1. 抑制螺旋

移民这个词包含了各种不同的现实及细微的差别。因为"外国人"和"移民"是有区别的。"外国人"指的是没有法国国籍的人,而"移民"指的是出生在国外而居住在法国领土上的人。因此,并不是所有的外国人一定是移民(假如他没有在法国出生的话),同样,并不是所有移民一定是外国人(如果他还没有取得法国国籍的话)。另外,除了这一层区别以外,还有一个区别就是合法的外国人和非法外国人,即没有证件、处于非法居留状态的外国人;这里还包括自愿迁居人口和申请避难被迫迁居的逃难人员。最后,流动人口还根据他们的国籍加以区别:"流动人口(gens du voyage)"一般来说是指那些拥有法国国籍的人,"罗姆人(Roms)"一般指外国人,其中很多是来自罗马尼亚、保加利亚或匈牙利的欧洲居民。

对于这些不同类型的外来人口的管制越来越严格,这对"融入"目的没有起到促进作用;相反,这倒让人觉得像是"分裂"和"人格解体",甚至是去人道主义的措施,最终产生三种模式:移送刑事法庭,中断团结一致连带责任,产生非稳定化局面。

近二十年来,移民被移送刑事法庭的现象越来越普遍,主要表现为在移民区对外国人和来自国外的居民的逮捕、监禁、拘留数量大量增加。

慢慢地,"无国界欧洲"变成了"欧洲堡垒"。在边境管制和雇工控制方面越来越寻求刑事制裁或是同等法律处罚,比如行政拘留等。尽管欧洲委员会和欧洲人权法院坚决反对,人们依然感觉到"9·11"恐怖袭击事件的影响,并同时向东方扩散。外国人被视为一种威胁,移民/犯罪活动/恐怖主义各种现象交织在一起,在逐步发展延伸。

2005年欧洲建立对外国境管理体系,对几个主要入境点的封闭策略已经成为公开的战事策略:移民的压力被看作是一种侵略,所动用的装备武器首选的是飞机、军舰、直升飞机等,而那些驻扎在移民来源国阻止移民的联络官员看起来越来越像"占领军"①。

欧洲关于移民收容协约是2008年由法国发起创立的,该项协约首先是促进同移民来源国达成重新接纳条款,同时还有2008年通过的"遣回规定"(这个规定的真正名称是《欧盟成员国关于第三国非法居留人员遣送回国的规定和程序共同实施条例》)。其目的就是要实施"一项真正的移民现象管理制度,因为这种移民现象已经形成一条巩固的移民渠道了。"但是关于合法移民方面,仅限于已受保护的外国人,没有一条成文法对合法移民的新形式做出规定。在实践当中,"规定"针对的是反对非法移民形式,在当事人具有逃跑可能、或者逃避或妨碍遣回或遣离程序的时候,为那些没有起诉要点、没有诉讼、没有判决的拘留进行合法辩护。原则上,拘留仅限6个月,但是可以延长到12个月,它将外国人置于一种歧视性的政策之下,这些政策只施用于国家侨民。这些担保显得如此虚弱无力,以至于"人们开始怀疑自由流通的原则,怀疑遣离只是一个特例",而且,实施的方法很少考虑人道主义因素。

当然,是由国家来确定非法居留的标准,而且在执行当中会更加严格。法国就是这样。20世纪70年代的时候,法国就确定了停止移民甚至减少在法国居住的外国人口的政策目标。针对移民、非法活动及各种犯罪活动,1980年制定了博纳法案(la loi Bonnet)。为了强制非法居留的外国人离开,这项法案还在驱逐出境的基础上增加了护送到边境的条款,允许在裁决之前对当事人进行7天的监禁。这项刑法之外的监禁规定在以前很受争议,法国宪法委员会认为这项条款的规定有些过分,1981年2月的《安全和自由法》将这个期限改为6天。尽管有很大的改变,并渐渐将期限延长到45天,但1981年法律中规定的监禁原则依然没有改变。

从1980年到2012年,关于移民已经通过了二十多项法律,尤其是萨科齐法律(2003年和2006年)及奥尔特弗和贝松法律(2007—

---

① C. Rodier, « Frontex, l'agence de tous les risques », *Plein droit*, n° 87, 2010, pp. 8-11.

2011)的出台,更加快了这种节奏,这些法律的目的就是要加强对非法居留的外国人的管理。基本上,是要将欧洲的三项规定(2008年的"遣回规定",2009年的"蓝卡规定"——这项规定促进高质量的外国人进入——以及针对劳务人员的"惩罚规定")变成法国法律。但是贝松法律没有改变所有的保护措施,规定了严格的限制条款,并增加了2年或5年之内"禁止返回"的新规定。这不仅针对法国领土,而且扩展到整个申根区,从而加强了欧洲堡垒。

另外,抑制螺旋还引起连带责任的中断。为了密切跟踪剥削非法移民的各种机构组织,目前的法国法律规定协助外国非法居留者属不法行为,即"连带不法行为"。这个不法行为是通过1938年巴拉迪尔法律规定在法国法律中出现,1945年11月2日法令第21条再次援引全部规定,原则上是要消除组织和剥削非法和秘密移民网络。但是法律条文却扩大到针对"所有直接或间接为外国人在法国境内非法流通或非法居住提供方便或企图提供方便的人员"。自2005年,这项规定被编入外国人进入和居留及收容法中,但是却没有要求证明申根协议和2002年11月28日规定中规定的以营利为目的,然而,如果要取缔非法和秘密移民网络,证明这种营利目的是十分必要的。

相反,如果本着连带责任和非营利的思想,将这种非法活动扩大到同所有相关外国人有联系的各国国籍的人,就有可能"增加不平等待遇,排外及/或因为仇恨而引起的不法活动"。这些2010年欧洲委员会在关于人权的报告中已经有所指出,同时一篇题为《你如同帮助自己一样帮助你的亲友,但是这有可能将你带入监狱》[1]的文章也援引一些事例,以悲剧的方式论证了这一点。

当然,1996年设立了刑事处罚豁免制度。这项制度有利于当事人的直系亲属、子女及配偶,后来慢慢扩展到同居者、兄弟姐妹及在国外的配偶。2003年法律同时还增加了一项"人道主义"条款,在严格有限的条件下注意保留人的生命或者是身体的完整性。但是

---

[1] M. Reydellet, *Recueil Dalloz*, 2009, p. 1023 *sq.*

2011年法律加强对无居留证的外国雇员的处罚,这同国家人权顾问委员会多次强调的要求不相符,即豁免权应该是违法抗辩的原则。①

总之,法规是要对那些选择亲近非法居留的外国人,在日常生活中为他们提供方便的人加以威慑,也就是要断绝人民的连带关系。我们离普遍的殷勤好客原则还很遥远。而且法律依然认定妨碍飞行的行为为不法行为,这就意味着人们如果反对移民检查就会受到处罚。

将非法居留的外国人孤立起来的方法会促使他处于一种更加不稳定的境况:非稳定化加强,包括在日常的生活中。所以,纪约姆·勒布朗在关于外国人境况的论文中指出:"这些人的生活是如此得不稳定,他们如同幽灵般出现在那里,间隐间现,避免所有的检查,[……]这些生命停留在那里,很难苏醒,他们等待着法律的缓解,为了纸张而奋斗,希望这些纸张最终能够将他们变成生活的主体。"②

最紧迫的"法国暂缓起诉制度"是关系外国未成年人的规定。法国以前的法律规定允许将外国未成年人同其家人关押在一个滞留区内。法国由于扣押了一个带有4岁儿童的亚美尼亚家庭③,2012年1月19日欧洲人权委员会宣布了波波伍判决(Arrêt Popov),判定法国以非人道主义可耻的行径对待移民。这项判决应该促使人们改变了实施政策(内政部2012年7月7日通告)。而且新的滞留区具有流动性,这就有可能根本没有办法指定一个恰当合适的行政人员来代理未成年儿童处理相关事务,因为不可能单独关押未成年儿童,所以改变政策尤为必要。

无论是未成年儿童还是成年人,在集体驱逐出境的情况下,这

---

① 国家人权顾问委员会,《关于协助外国人非法入境、旅游和居留的意见》,2009年11月19日;《关于协助外国人非法入境、旅游和居留等非法行为实施规定》,2011年1月6日。

② G. le Blanc, *Dedans, dehors. La condition d'étranger*, Paris, Seuil, 2010, pp. 12-13 et 25.

③ S. Slam, « Rétention d'enfants étrangers: un désaveu cinglant pour la France », *Recueil Dalloz*, 2012, p. 864.

种不稳定性都可能导致一种真正的人格解体。原则上欧洲人权公约是禁止集体驱逐出境的，但是这种现象在欧洲很多国家依然存在，这种做法将个体当作一个加以痛斥的群体来看。在法国，在对待那些流浪人群，即不断迁移的人和罗姆人的时候，这一现象尤其明显。2010年8月5日公布的通告规定对这些人群集体进行强制遣返。这项通告受到欧洲委员会的强烈谴责，一是因为根本内容具有歧视性；二是因为其诉讼程序担保不充分，最终这项通告被2010年9月13日发布的新通告所代替，这项新通告不具有那么明显的歧视性。2012年夏季在同欧洲委员会商议之后，又出台了一项新规定，对流浪人群的宿营地进行拆除。剩下一点，就是要考察这是否符合欧洲委员会关于社会权利的决定，它指出这"严重损害了欧洲委员会成员国根本的共同价值观"[1]。

"持续不断的移民"意味着这种不稳定性成为一种持续的现象，移民的数量在不断增加：这一是欧洲政治避难的结果（都柏林一号和二号协议），希望将非法移民遣送到欧洲第一入境国，即希腊（对大多数来自亚洲的移民）和波兰（来自车臣的移民）；二是法国增加临时居留的法律政策的结果。当事人只保留一个想法，就是继续逃难，所以他们成为持续不断的移民。

正是为避免这种不稳定性，在1983年著名的"北非移民后裔游行（Marche des Beurs）"之后，1984年杜佛瓦法律（loi Dufoix）给予那些非法居留的外国人十年居住权利。新的焦点就是居留权意味着工作权，而不是相反。但是十年居住权后来被慢慢缩减：从1998年起，谢傅蒙法（loi Chevènement）创建了临时居留权，承认了这种不稳定的状况。2003年和2006年两项法律有助于解决1984年规定的基本内容，而且2003年起提出的接待和融入法国社会的合同从2007年开始必须执行，这项合同所要求的在法国居住必须有融入法国社会的共和国担保的条件往往很难达成。而且，贝松法（loi

---

[1] J.-P. Marguénaud et J. Marly, « Le discours de Grenoble à l'épreuve de la Charte sociale européenne », *Revue de droit sanitaire et social*, n° 4, 2012, p.671.

Besson)根据法国公民权利与义务宪章规定了接待和融入法国社会的合同,这更加重了这种不确定性,因为国家人权顾问委员会认为权利和义务宪章"因为它所包含的不信任性,无论从本质上还是必要性上,都无助于更进一步地融入法国社会。"①

至于发给高技术劳务移民带有"欧洲蓝卡"字样的居留证,因为带有选择性移民的概念,它反映了这样一项政策的矛盾性,即在以选择性的方式打开边界的同时,这项政策本身促进了移民行为。

2. 打开市场,生产移民

理想的模式是市场能够重新平衡移民来源国和目的国之间的不对称性,促进使双方都能受益的移民方式。

在移民来源国,那些决定一场遥远而危险的旅行(比如从非洲撒哈拉沙漠南部地区移民到欧洲)的人,他们的目的很明显,就是要逃避饥饿,逃避无视他们的社会经济权利、贪污腐败、冲突以及其他威胁人类安全的形式。一方面通过资金回寄增加移民来源国的经济收益;另一方面,可以解决欧洲一些国家因为人口减少而造成的就业问题,这样可以促进双方的重新平衡。

至于移民目的国,他们同样也需要移民。正如联合国秘书长科菲·安南于2004年1月在欧洲议会上讲话中指出的那样:"一个封闭的欧洲将会成为一个更加贫穷、更加老化的欧洲。相反,一个开放的欧洲将是一个富裕、强大而年轻的欧洲。"事实上,由于生育率下降,人口老龄化,造成很多欧洲国家人口短缺。如果没有移民的话,劳动力人口和退休人口之间的比例会恶化,从而引起税收的降低,退休人口医疗卫生的抚养费用的增加。所以人们呼吁:"移民需要欧洲,欧洲需要移民[……]。移民是解决问题的方法之一而不是

---

① 国家人权顾问委员会,2009年11月19日有关以上意见;2011年1月6日关于以上问题摘要;2012年7月5日《关于移民、融入及国籍法律草案的意见》。

问题之一。"①

但是,在没有保证互补的情况下,市场开放加重了不平衡性,解构了地方市场,有可能产生移民的负面影响,这样办法就变成了问题。举两个例子。

首先,选择性移民有可能导致人才外流。法国从 2006 年开始就以非正式的方式在外国人入境和居留法中提出选择性移民的概念,2007 年法律将这一概念应用于居住在法国的外国人身上。当然,2008 年的实施法只包括 30 种职业,有资格的或者高级职称的职业(商业、信息工程、公共建筑工程等),其中只有 6 种职业面向整个法国领土开放。所以,相对于面向欧盟新成员国移民(他们还不享有就业自由)开放的 150 种职业名单来说,这份名单的职业列表具有很大的局限性。但是,预计 2009 年实施规定的欧洲蓝卡向那些"高技术"人员打开了更广阔的边界。从 2007 年起,欧洲委员会副主席就提出"人才外流"现象加重,但这一现象并没有得到真正解决:因为临时居留是短暂的,但是 5 年以后却可以更换成长期居留。而且,技术工人移居,尤其是教师、医生和护士等,他们往往很容易被欧洲国家所聘用,对一些贫穷国家的教育和医疗服务产生负面影响,对那些移民率很高的国家的发展造成障碍,从而成为移居的因素。

其次,1997 年以后,尤其是棉花市场暴跌(因为发达国家的资助,南方国家已经不具有竞争能力)以后,发达国家(美国或者欧盟)为原材料的出口提供补助,这就造成发展中国家大量人口外移。在一些生产国,如马里、乍得、布基纳法索等国,棉花价格降低造成种植者收入减少,贫困化,政府对医疗卫生和教育预算的缩减,导致人口从单一棉花种植区向欧洲流动。

同时我们也明白,由于市场开放,导致一部分人生活贫困不稳定,从而破坏了社会结构,进而促使一些肆无忌惮的不法商人从中非法牟

---

① C. Wihtol de Wenden, *La Question migratoire au XXIe siècle*, Paris, Presses de Sciences Po, 2010, p.197.

利。这种非法营利首要的受害者就是那些没有技术资格的劳动者,他们通过非法就业网络促进欧洲一些国家"非正式"经济增长。所以对于那些需要大量非法移民的领域不加以严格控制,造成剥削劳动力的领域越来越多,这些现象都不是偶然发生的。因为这些劳动力非常"有利可图"。比如,就像卡特琳娜·维托尔·德文登①指出的,2005年西班牙给57万移民工提供合法居住权,而这些都是由他们的雇主提出来的,所以从这一事例可以看出,经济的需求改变了移民的限制。

如果说贫困造成那些没有技术资格的劳动者生活艰难的话,那妇女和儿童的生活境况又如何呢?② 在欧洲,贩卖儿童行为的受害者往往是罗姆人的孩子,他们是前马其顿南斯拉夫共和国、罗马尼亚、塞尔维亚共和国非法贸易的受害者,因为他们没有出生记录,女孩子没有入学,这些都增加了他们的贫困和生活不稳定性。③ 无论是非法就业,还是贩卖妇女儿童,法律方面的处理决定只是对国家范围内的负责人加以刑事处罚。然而,非法贸易网络往往是世界范围的组织,所以法律决定很明显无法适用。

目的国的经济金融政策本身制造了离开和吸引因素,在这种情况下,扭转流动人口增长趋势完全是一个幻想,加强移民管制也仅仅是可笑的企图,其结果是使人类生活变得残酷无情,变得不人道,却不能稳定全球的秩序。

而且,金融机构强加的所谓"结构调整"政策同时也破坏了传统的保护措施。这些传统保护措施至少有一部分曾经避免了或者补偿了社会排外现象。

---

① C. Wihtol de Wenden, *La Question migratoire au XXIe siècle*, Paris, Presses de Sciences Po, 2010, p.197.
② «La traite des êtres humains», *Dossier AJ pénal*, avril 2012, pp.192-214.
③ 《阿尔巴尼亚买卖儿童、儿童卖淫及儿童淫秽出版物特别调查报告》,E/CN.4/2006/67/Add.2,2005年。

第二节 社会排外现象的恶化

从1948年《世界人权宣言》宣布起,它的序言就明确提出"一个人人享有言论和信仰自由并免予恐惧和匮乏的世界的来临",这是普通人民的最高愿望。然而,工作条件的恶化,因为贫穷而产生的不稳定不但没有消除,而且造成了那些"一无所有"(没有身份,没有工作,没有栖身之处,没有固定住所)的人的连续灾难。冷战以后的市场全球化似乎并没有阻挡社会排外现象的恶化。

法国从2005年起一直处在"货币"贫乏状态,富有阶层与贫困阶层之间的差距越来越大:"现代社会使很多人有可能被排斥在不稳定而且缺乏保护的社会关系资本之外[……]。结果这种状况延伸到整个劳务社会,扩大了这种不适。"①

在全球范围内,反对贫困成为本世纪的目标之一,联合国的相关指数标准也发生改变,2007年提出贫困指数,2010年提出人类发展全面指标。当然,货币贫困水平有所后退,但是这些进步主要来自中国和巴西的发展,然而这两个大陆国家对世界化的影响并不十分明显。另外,也是最基本的一点,国家之间、集团之间、人与人之间的不平等依然存在于社会的各个领域,收入的差异在不断增加。自由经济所产生的不平等当然不是一种新现象,但是世界化有可能减弱这些不平等现象。

一方面增加了收益,同时也增加了不平等性,这种"繁荣的矛盾性"②是如何产生的?这里有经济金融危机的原因,同时似乎也有法律方面的原因。因为法律的世界化既有选择性,又具有零散性,分解了市场的传统功能(流通与分配),将经济自由(融合性很快)同社会权利(发展缓慢而且不是连续的)分离开。所以即使是法律的组

---

① J.-B de Foucauld, «Une France plus équitable?», *Études*, n° 414, 2011, pp. 43-54.

② B. Collomb et M. Drancourt, *Plaidoyer pour l'entreprise*, Paris, François Bourin éditeur, 2010, p. 94.

织形式具有世界、欧洲和国家的各种形式,它依然会产生矛盾的后果。

1. 国际市场与社会法律:分离

从世界这个角度上讲,社会法律还是走在前面。在国际劳工组织(ILO),第一个具有全球职能的组织的横梁上书写着这样一句具有人道主义的话:"持久和平只能建立在社会正义的基础上。"国际劳工组织创立于1919年,在国际联盟解散后得以继续延存下来,并结合了三方面的治理结构,包括各国政府、雇主和工人代表。这样的结构符合罗斯福总统关于四个自由的讲话中提出的重建目标。1944年,《费城宣言》指出,国际劳工组织"希望将社会正义变成国际法律秩序的基石之一。"[①]1948年《世界人权宣言》接受了社会安全法、劳工法、休息法、卫生法及教育法,但同时,创建国际贸易组织的计划却没能实现。

然而,因为冷战而处于瘫痪的状态到1989年以后发生转变,以至于1994年世界贸易组织的成立引起国际市场与社会权利的分离,并产生不合实时的不正常影响,即:加速了国际市场整合的速度,但对缓慢发展的保护社会权利的法律规定统一化进程没有起到任何作用。

自从设立世界贸易组织的《马拉喀什协定》签定以来,国际市场与社会法律的这种分离现象就更加明显可见了。协定的前言明确表示要引导贸易走向"生产及商品和服务贸易发展"的方向。协定中偶然会提到"提高生活水平,实现全日制工作,提高工作水平,不断增加实际收入和有效需求",其首要目的很明确,即自由交易。

这个目标将会充分实现:因为世界贸易组织自成立之日起就具备准司法权的管理和处罚制度,所以十分有效。它尽管创立很晚,却很容易统一,它的思想同世界秩序的新表现形式相符合,这种新

---

① A. Supiot, *L'Esprit de Philadelphie. La justice sociale face au marché total*, Paris, Seuil, 2010, p. 9.

表现形式不仅是政府间的,而且是超国家的。

这并不是要孤立市场,而是要赋予市场一种优先权。这一目标得到国际货币基金组织和世界银行的支持。这两个组织习惯于只根据经济标准来评估国家权利而不顾社会权利。2004年世界银行为了比较法律体系,公布了第一份《营商环境报告》。这份报告指出劳工法成为投资的障碍,认为对雇员的保护规定过于"僵化刻板""困难""成本高",对那些给予雇员过多权利的国家做出过多的负面评价。

2010年营商环境报告(《困难时期的改革》)第一次对排名的价值做了相对化的解释,承认实践的改善"比排名更加重要"。这难道是经济危机的影响吗?报告中还宣布同国际劳工组织合作,提出关于就业的相关指数。"将就业放在工作的重心,保障社会保护和适当的工作条件,保证低收入国家的快速发展"这一目标在2010年一项联合报告(由经济合作与发展组织、国际劳工组织、世界银行和世界贸易组织共同完成的)中再次向G20国首脑提出。但是这样简单的建议并不足以弥补社会权利的滞后……

关于社会权利,存在很多法律条例,甚至有些过剩。但是既不是法律条文的积累也不是制定者的想象能够保障法律的有效性。

如果说国际劳工组织是维护社会权利一个重要机构的话,那这个机构首先关注的是劳工问题。这是国际劳工组织多项协定的目标,同时也是1998年宣言中所规定的"原则和劳动者的基本权利"。1998年的宣言是一个转折性标志,因为它集中关注四个普遍接受的权利,即强制规范性权利,包括:有效废除童工,消除就业与职业歧视,结社自由和有效承认集体谈判权利。1999年,国际劳工组织公布了一项纲领性报告,提出"每个人在自由、平等、安全和尊重尊严的条件下体面地工作"的概念,这一概念扩大了各个领域的讨论,加强了国际劳工组织同联合国委员会在发展方面的合作和联系。最后是国际劳工组织2008年关于"为公正的世界树立社会正义"的宣言扩大了这一目标,除了工作权利以外,还扩展到社会正义,但是却没有提出限制性的法律规定。

当然树立社会正义要依靠联合国及其他具有人权方面管辖权的机构,如人权委员会、国际卫生组织、人权高级专员公署、研究食品、贫困、儿童等领域的独立专家委员会等。这是一个很广的领域,包含了就业、卫生医疗、住房、饮食、教育、获得水资源和文化权利等。2008年正式实施的补充协议使人权委员会有权进行定期检查,它应该更进一步加强这项规定。然而,因为这只是一种视察权,直到今天,这些协议也没有得到太多的认可。[①]

还有联合国发展计划,它关系所有人权、个人和集体的权利。这既不是一项辅助性法律,也不是慈善行为,而是一项"综合性法律"[②],是要在贸易、发展及人权之间寻找一种协调。但是任何人都没有强制的手段。

归根结底,目前三项规定中没有一项有效,因为它们无法保证整体的协调性。当然我们也希望"欧洲实验室"能够找到一条出路,将定时障碍变成同时性,将分裂变成互动。但是欧洲社会的兴衰变化又产生很多矛盾的影响。

2. 欧洲社会的兴衰变化:不平衡性

如果说"市场/人权"两极性被列入欧洲计划当中,使欧洲的两个法院——欧盟法院和欧洲人权法院——成为这个两极性的标志的话,那么这种对称性就不仅仅是表面上的了,因为随着市场的独立化,人权一极和市场一极之间的不平衡性越来越明显。

人权的发展是连续的,但是却是缓慢的,尤其是因为只有当侵犯社会权利的行为触犯了公民权利或政治权利的时候,欧洲人权委员会才会通过间接的方式对这一违法行为加以审查。欧洲法院先

---

① P. Texier, « Les enjeux du protocole additionnel au pacte international relatif aux droits économiques, sociaux et culturels », in E. Decaux et A. Yotopoulos-Marangopoulos (dir.), *La Pauvreté, un défi pour les droits de l'homme*, Paris, Pedone, p.119.

② I. Salama, « Le droit au développement, une opportunité en perspective », in *ibid.*, p.205.

是肯定了司法援助,后来又肯定了社会援助,承认人权当中不存在"水密舱壁"①。他还企图将论据扩展到反对贫困领域上,首先在没有审查违法的情况下接受上诉②,然后从 2002 年起慢慢变得越来越大胆。尤其是土耳其事件的审判产生这样的结果:为了审查一个违法行为,在生命权以外,国家政府还有一项积极正面的责任,那就是要反对不卫生状况,包括非法建在其领土上的豪华住宅。③

至于 1961 年的社会宪章,它长期以来没有发挥作用,但自 20 世纪 90 年代改革以来该宪章变得具有活力。1996 年的改革首先承认了两项附加权利:一项是反对贫困和社会排斥的保护权,这项权利不是要替代已经具有保障的权利,而是要改善它的实施效果;第 30 条第 2 款提出国家应该采取措施,"以全面协调的方式促进那些处于或者濒临社会边缘状态或者贫困状态的人及其家人有效的获得就业、培训、受教育、文化及社会医疗援助";另一项是住房权(第 31 条)。随后在 1998 年,欧洲社会权利委员会实施了一项集体申诉制度。根据这项制度,工会、雇员以及一些非政府组织可以对触犯社会权利的情况向委员会提出申诉。为此,2008 年 6 月 5 日法国因为触犯了第 30 和 31 条条例而被惩罚。但是很少有国家认可这项法规,其有效性根据不同的权利情况而有所不同。相对于具有进攻性的市场来看,这种有效性依然很薄弱。

实际上,市场正在逐步变得自主化,以至于造成人权与市场这两极变得愈加不平衡,从而失去具有历史性的机会,正如阿兰·苏彼欧指出的那样:"旧的共产主义国家的结合为世界人民的联合大团结的最终建立提供了一次历史性的机会,也为他的社会模式提供了新的气息。欧洲本应该成为联合团结的实验室。"但是新的成员国领导人对费城的精神和参与民主并不感兴趣,"他们自然而然地归顺极端自由主义,在这种信仰中他们重新找回了原来坚信的

---

① 1979 年 10 月 9 日爱尔兰 Airey c 判决.
② 1990 年 5 月 9 日 Van Volsem 案件.
③ 2002 年 6 月 18 日土耳其 Öneryildiz c. 案件.

东西。"①

当然,自1992年《马斯特里赫特条约》签定以来,反对贫困便成为合作政策目标之一。而2007年的《里斯本条约》在欧盟价值的基础上又增加了"反对社会排外和歧视"这一持续发展的目标(欧盟条约第2§3条);另外,"消除贫困"同人权有关,"根除贫困"(这一条出现在2000年里斯本战略计划中)成为欧盟对外行动的根本目标之一。

相反,关于劳动法,对于一些敏感领域中社会保障的衰退,法院的判例提出强烈的批评意见,如在备受争议的拉瓦尔判决和维京判决②中所体现的欧盟劳动者临时调动及迁移问题。拉瓦尔判决是关于瑞典建筑工地上拉脱维亚工人临时调动的判决。同其他社会倾销案例不同的是,这场斗争的领导者是接待国的工会而不是权力机关。通过封锁工地,他们企图强迫服务方协商本应该发给临时调离的工人的工资比率,并同意接受比现行法律更加有利的集体协议。在这个事件中欧盟法院承认了罢工权利,也肯定了欧洲的社会原则,但是却使协商体制处于瘫痪状态:"成员国的工会组织有权利领导这样的集体行为,这有可能让企业在接待成员国领土上的服务变得不那么吸引人,甚至会更加困难。因此,限制了欧盟协议第49条中规定的自由提供服务条款。"③

维京判决是关于连接爱沙尼亚和芬兰的渡轮工作迁移事件。芬

---

① A. Supiot, *L'Esprit de Philadelphie*, *op. cit.*, p. 37.
② 欧洲联盟法院,2007年12月18日拉瓦尔案件;乔尔热(C. Joerges)和罗德尔(F. Rödl),《非官方政策,法律形式化及欧盟的"社会缺陷":欧洲法院维京和拉瓦尔案件审判后的思考(Informal Politics, Formalised Law and the "Social Deficit" of European Integration: Reflections after the Judgements of the ECJ in *Viking and Laval*)》,《欧洲法律杂志(European Law Journal)》,第15卷,第二期,2009年,pp. 1-19;欧洲联盟法院,2007年12月6日,维京案件;罗迪耶(P. Rodière),《拉瓦尔和维京判决,罢工和集体协商法(Les arrêts *Laval et Viking*, le droit de grève et la négociation collective)》,见《欧洲法律季刊(Revue trimestrielle de droit européen)》,2008年第一期,pp. 47-66.
③ 欧洲联盟法院,2007年12月18日拉瓦尔案件,从此,社会欧洲原则被加入欧盟功能条约的规定中。

兰的船主希望将轮船牌照号转给爱沙尼亚船主,因此发生芬兰工会的争执。欧盟法院以自由设立的原则批准了服务旗号的申请,明确表明他对工会组织的自由观点:"如果不具有公共权力的机构或联合会能够抵消撤除国家原始壁垒的话,那么欧盟成员国之间人员自由流通和服务自由的壁垒将会得到废除。"①

这两项判决的共同点是接受了不平衡性。即使欧洲联盟法院注意到欧盟也有社会目的,他依然让企业的设立自由优越于劳动者的社会权利,从而缩减国家操作的余地。总之,通过国际法的规定和欧洲的规定取消贸易、资金和服务的界限,这使像"立法产物"的国家法律体系在国际规范市场上产生竞争。这就是将社会国家变动用于商业国家的一种手段。

3. 从社会国家到商业国家

社会国家是要缩小不平等的差距,重新建立人与人之间的社会联系。从这一点看,法国"反对排斥"的法律很具有代表性。这项法律是1998年7月经过投票通过的,它宣称"在尊重平等尊严基础上,国家必须反对一切社会排斥现象"。

为避免"穷人"受歧视待遇,该法律在平等尊严的原则基础上增加了保证所有人一切权利的目标,还在已经实施的权利(投票权和言论自由)之外列举了决定其有效性的六个方面,包括:住房、医疗卫生、司法、教育、信息和文化、家庭和儿童、就业。除了工作权以外,这些方面反映了以适当的方式生存的权利(这一权利在1946年宪法的前言中就被提出,主要针对那些因为年龄、生理和精神状况或者经济条件等原因无工作能力的人)。

然而,无论是严格意义上的工作权利还是其他社会权利,社会国家被削弱或者说被变成商业国家,这主要有两点原因:或者是世界化的直接影响,产生一个真正的"权利市场";或者是因为市场文化地位的提高引起的间接影响,尤其是在医疗卫生和住房方面。

---

① 欧洲联盟法院,2007年12月6日,维京案件。

权利市场的出现是世界化的直接影响。通过国际贸易规定及欧洲共同体法律(和国际私法)的演变,自由选择适用法律的观念优先于由相关经济操作的目标特征决定的观念。这种将法律体系置于竞争当中的做法受到世界银行和欧盟判例的支持,有利于"社会低价出售",同时也加重了社会不稳定性和排斥。这种竞争不是保护劳动者,而是激起不同国家的劳动者之间的竞争,包括生活在同一国土上的不同国籍的劳动者。每个人的命运不再依靠他所承受的法律的制约,而是依靠归属关系网,他需要加入其中才能享有最低的人身安全和经济保障,这就是阿兰·苏彼欧所说的"重新封建化"[1]。

同时还有企业的转变,尽管不那么明显,但是却更具有决定性。企业本身成为金融市场的流动财产,企业转变的结果就是集中对财政效果的管理控制:权力从社会代理人手中转向股东的手中,机构的概念被企业财政的概念所替代。然而,在股东当中,投资者和投机商之间没有任何区别:投资者着眼于长期发展,而投机商只是注重企业的短期利益。所以股东的决定对社会权利及集体自由的影响往往会被忽略。

1993年创立的股份简化公司是一个法律形式,是欧洲股份公司的前期形式,同商业注册的大部分注册公司一样。工会对这种形式的公司很少有所评论。然而,股份简化公司在为股东服务方面提供了极其灵活可塑造的管理,并且为重组/迁移提供了更多的方便。正如我们所知,重组/迁移首先要有"自愿离开计划",然后通过经济遣散结束。

因此,权利市场在有利于财政方面的考虑的时候,有可能加重就业的不稳定性。但是这一切并不都是体现在就业上:其他方面的社会排斥,尤其是医疗卫生和住房方面,尽管立法者做了相当大的努力,有时候同样也会碰到市场文化的延伸问题。

广义上的社会权利问题,法国法律似乎也具有代表性。为了实

---

[1] A. Supiot, *Homo Juridicus. Essai sur la fonction anthropologique du droit*, Paris, Seuil, 2005, p. 172.

施反对社会排斥政策,1998年的指导性法律早已规定,要完整补充医疗卫生方面(1999年基本医疗保险法)和住房方面(2000年有关联合团结和城市更新法及2007年可提起诉讼的住房权法)的法律规定。所有这些立法的有效性意味着申诉可以让市民克服公共集体之间的推诿规避,然而在实践当中却并非如此。

比如关于可提起诉讼的住房权法,在13万件上诉案件中,有4万件上诉得到有利判决,只有2万户家庭得到重新安置。① 在该项法律通过的5年多时间里,远没有达到预期的目标。因此,一位极其激进的维护者不禁要问"是否是希望过于失望",到底是什么原因造成如此大的阻力呢?②

法国最高行政法院认为,社会权利职能功能不全来自"不适当"的管理,因为这是建立在"市场主导和国家退缩"基础上的。所以产生这种不抱任何幻想的看法:人们面对的是一个"令人惊叹的具备有限效能的军工厂"③。这种相对无力性可以被看作是世界化的间接影响:一切事情的发展,就好像是由市场主导的管理文化感染了国家理念。总之,如果说经济在繁荣发展,社会排斥现象依然在不断加重的话,那是金融经济作用同社会作用之间的矛盾通过法律国际化而进一步加强;法律国际化将市场法同社会法相分离,促进市场文化的发展,提前使国家措施失去作用。

还有发展同环境保护之间的矛盾。对许多观察者来说,尤其是国际贸易组织的观察者来说,想要不破坏生态环境反对贫困是不可能的。工业化根本不会使自己受这个问题所困扰,当人们想到这一点的时候,这样的担忧可能为时过晚。不管怎样,一些著名的经济

---

① H. Feltz et F. Pascal, «Le bilan de la loi au 31 janvier 2010», in *Évaluation relative à la mise en œuvre du droit au logement opposable*, rapport CESE, 2010, p. 52 sq. «Le non-recours aux droits», *Revue de droit sanitaire et social*, n° 4, août 2012.

② P. Bouchet, «La mise en œuvre de la loi française de lutte contre les exclusions», in E. Decaux et A. Yotopoulos-Marangopoulos (dir.), *La Pauvreté, un défi pour les droits de l'homme*, Paris, Pedone, p. 87, sq.

③ Conseil d'État, *Droit au logement, droit du logement*, rapport, Paris, La Documentation française, 2009, p. 82 et 91.

学家,如尼古拉斯·斯特恩及罗日·格斯奈里曾说:"气候的斗争和反对贫困的斗争是相互补充的,可以分别赢得胜利或者失败。"①同时他们估计,从这种角度看,不采取行动的方式比行动的方式所付出的代价要大。

第三节 遭受威胁的环境

如果说移民促使人种的出现(即人道化),那么这同时也伴随着污染的出现。由于人类学会了驯化自然,尤其是掌握了对农业发展极其重要的水资源,人类开始改变自然。1997年国际法院指出:"在整个历史长河当中,人类因为经济和其他目的,不断地干预自然的变化,[……]却往往没有考虑这样做对环境的影响"②。以前,除了一些无法解释的灾难,如玛雅人的消失,对环境不可避免的破坏很快得到修复,或者通过新技术得以克服。但是这种发展前景却发生改变:因为要改变自然,人类已经让自然完全变了形。具体拿水资源来说,人类面临水资源匮乏的威胁。2010年联合国全体大会承认,享有纯净高质量饮用水的权利是"生存不可缺少的权利"。法国最高行政法院也发出警报:"21世纪初新的关注点是气候变暖及其对水资源的影响,这些影响既是关系到水容量和质量的使用,也关系到与此相关的严重的水灾及旱灾现象。"③更广一点儿说,如今人们开始担心自然资源的枯竭,同时农业生产也要面临70亿人口的需求,气候变暖威胁着生态圈的平衡。

是不是说唯一有效的解决办法就是要缩减能源的消耗,换句话说,就是为了达到缩减的目的而不顾有可能引起严重倒退的危险呢?如果这样的话,就会产生一种生态完整主义。这种生态完整主

---

① R. Guesnerie, *Pour une politique climatique globale*, Paris, Éditions Rue d'Ulm, 2010, p.69.

② 国际法院1997年9月25日Gabcikovo-Nagymaros(匈牙利/斯洛伐克)案件。

③ 法国最高行政法院,《水资源及水资源法》,2010年报告。

义对发展产生质疑。但是到目前来说,发展在于结合环境的保护和人类的发展,因此在人道主义方面取得不错的成功。从这个意义上说,生态完整主义是反人道主义的。无须深究,现在的办法应该是将人道主义的观念扩大到环境问题上。反对破坏环境,尤其是反对气候变暖,这既是为了保护人类也是为了保护生活质量,包括我们后代的生活质量以及并不稳定的生态圈的平衡。我们并不一定要接受本笃十六世的教义(即"拯救环境就是保护创世"[1]),但是应该承认一点的是,无论是理论上还是实践上,现存的一代同后代是不能完全分离的,活着的人类同活着的其他生物也不是完全对立的。"人文主义同自然主义不是对立的。"[2]

如何协调环境保护与人类发展之间的关系?人们认为持续发展是解决问题的方法,认为持续发展可以让两者产生协同作用。然而正是在这里人们发现一种双重矛盾:在发展与环境之间,如同在可持续发展与平衡发展之间,协同作用也是一个问题。

1. 发展与环境:协同作用的假象

1972年斯德哥尔摩环保大会推动了环境法的制定;它与发展法的关系看起来很简单,正如"环境发展"这一新词的使用所包含的意思那样,这符合斯德哥尔摩宗旨第8条"社会经济的发展是不可缺少的"及第9条提出的"加快发展"的必要性。但是观念却发生了改变:由于担心自然资源枯竭,从此人们开始谈论"可持续发展"。

可持续发展的概念起源于1987年。1983年成立了联合国环境发展委员会,该委员会在1987年发表了一篇报告,题为《我们共同的未来》,报告明确表示要"打断环境衰退的螺旋式下降",要致力于"可持续发展"以满足目前的需要,而"不影响后代满足他们自己需求的能力"。

---

[1] 2009年8月26日听证会为联合国哥本哈根峰会提出来的。

[2] J. Grange, *Pour une Philosophie de l'écologie*, Paris, Pochet, 2012, pp. 119-128.

冷战期间,整个世界被分成两大敌对阵营,那时的贸易还没有世界化。仅仅是从1989年开始,市场自由化占主导优势,可持续发展才成为一种神奇的表达方式,认为可以协调自由交换、经济增长和环境之间的关系。1992年地球高峰会里约热内卢宣言明确表示"各国要团结合作,促进开放有利的国际经济体制,有利于各国经济增长和可持续发展,更好地抵抗环境恶化问题。"尤其是1995年世界贸易组织成立后,可持续发展这种表达方式才取得了令人震惊的成功。这简直是一个奇迹:在贸易世界化和环境保护之间,市场为两者提供了担保!

创立世界贸易组织的《马拉喀什协议》的序言,一开始就引导各国政府朝着"提高生活水平,实现完全就业,提高水平,增加实际收入和有效需求,发展生产,商品贸易和服务"的方向发展。同社会权利不同的是,环境问题在序言中就被提了出来:生产和贸易的发展应该使"全球自由的优化使用符合可持续发展的目标,既要保护环境,又要加强实现的手段。"

可持续发展很快成为一种万能的表达方式。它认为发展与环境不可分,认为两者是可以兼容的。然而,发展是建立在收益与利润基础上的,而环境保护更加看重治理和保护,所以两者之间既不具有共同的特性也不具有共同的时间性。为了协调商业与非商业之间的价值,就必须将它们摆在同等的位置上,正如某些地方法律所规定的那样。然而在全球范围上,可持续发展有可能是用来补偿不对称性,成为贸易的"合法证词"。

同其他地区,尤其是受美国(美国支持在自由交换的前提下达成双边或多边协议,即北美自由贸易协定)影响的地区相比,欧洲的不同之处是通过市场与人权这两极之间的竞争体现出来的。

尽管欧洲人权委员会任何一项条款都没有明确提出环境的问题,但是在几年当中却提出私人生活权利、财产权和生命权,从而建立了一个真正的法律框架。在这个框架当中,维护环境超越了一切经济需要。比如,拒绝维持正在运转的有污染的工厂①,反对滨海区以所有权名义全权批准摧毁旧建筑等。②

欧洲议会因为它的不明确性以及因为会给法院造成过重负担的危险而放弃了关于健康环境法的附加协议草案,但欧盟在环境方面的法律却得到充分发展。自1958年起,欧盟法院接受了在各自目标相互产生矛盾的时候适用协调原则,它将这一原则自然而然地应用到环境问题上:"可持续发展的概念并不意味着环境的利益必须机械地超越其他政策所维护的利益。[……]相反,它重点是要维持不同利益,有时是维护相反利益之间的平衡,协调是最合适的方法。"③

另外,环境法不是一个特例,而是构成欧盟职能和目标的一部分。所以欧洲的法官有理由结合环境法加以判决,因为无论是在条约当中还是派生法当中,他都拥有成套的成文法。尽管法官的权力只限于对法律条文的解释,根据欧洲立法机构的干预程度,他的意见有所不同,但从整体来看,欧洲的法律在很大程度上结合了环境法。④

关于温室气体的问题,欧盟甚至开始实施2005年京都议定书:自2000年起,欧盟就通过了气候变化计划,2003年10月通过的指令,制定了欧洲温室气体排放份额交换体制。这项指令在经过多次修改补充以后,最终归入到2008年通过的"气候能源一揽子计划"当中。

欧洲的例子说明,环境保护同自由交换是可以相互兼容的,条件是财产权和经济自由不要像具有绝对特权一样,换句话说,就是各个目标之间要具有对称性。

---

① F. G. Trébulle, «Droit de l'environnement», *Recueil Dalloz*, 2010, p. 2468.
② 2010年3月29日 Depalle c. France 案件及其他关于 c. France 的案件.
③ M.-P. Lafranchi, «La conciliation commerce/environnement devant l'ORD de l'OMC et la CJCE», *in* O. Lecucq et S. Maljean-Dubois (dir.), *Le Rôle du juge dans le développement du droit de l'environnement*, Bruxelles, Bruylant, 2008, p. 287 *sq*.
④ F. G. Trébulle, «Droit de l'environnement», *Recueil Dalloz*, 2010, p. 2468.

然而,世界贸易组织的目标明显不对称:环境成为次要考虑的问题,环境保护要"以与不同的经济发展程度相适应的方式来进行"。人们再一次看到里约热内卢宣言中所表达的思想,即"基于环境考虑而实施的商业政策措施不得构成任意或不正当的歧视,或者造成对国际贸易的变相限制。应避免一切解决重大生态问题而超出进口国管辖的单边行为。"(序言第§12条)各国政府只有根据一般例外(《关贸总协定》第20条)的规定才可以环境保护为缘由规避市场的规范管理。但是如果例外不是"必须"的就不能接受这种例外,这就在强制各国通过"比例测试"的同时限制了某些可能性。

因为有了例外,经济利益与生态利益平衡或协调的概念对环境来说很少有促进作用。人们往往会提到虾的案件(世贸组织上诉机构,1998年10月12日)。在这一争端中,世界贸易组织承认有可能因为美国禁止的捕捞方法对海龟的生存造成威胁而限制进口虾。如果说为了保护海龟而违反贸易法的规定是合法的话,那么为了拯救地球而违法也是合理的了!但是在大多数情况下,比例测试对经济利益有利,因为要使一项限制市场自由化的规定合法化,那就应该能够援引在争议国适用的法律规定,然而在《生物多样性公约》上并非如此,因为美国并没有签订这份公约。而且,即使有应用条文,世界贸易组织的解释也很有限。所以,根据补贴和反补贴措施协议,为可更新能源提供补贴是合法的,但是条件是这笔补贴只支持国际市场上可自由处理的产品。然而,这样的评估标准是根据消费者的认识来定的。相对于国家来说,优先于消费者以此来规定市场与环境之间的抉择,标志着政治权力从市民向消费者转移。然而,消费国(北方国家)的政见同生产国(南方国家)的政见不一定相容。而且多国实施办法(如交通规则)和专家研发的技术标准[①]享有优先优惠权,这样就有可能为了市场上其他活动者的利益而使国家的作

---

① E. Brosset et È. Truilhé-Marengo, *Les Enjeux de la normalisation technique internationale : entre environnement, santé et commerce international*, Paris, La Documentation française, 2006.

用进一步处于边缘化。

但是矛盾并不限于可持续发展计划的实施。哥本哈根会议明显指出《京都议定书》一期承诺到期后的后续方案的必要性：由发达国家更新他们的承诺并不足以改变世界气候，还需要其他国家的努力，应该由新兴国家（或者已经兴起的国家，如中国）来承担他们的义务。然而，发达国家要承担他们的"历史"责任，换句话说，这也是为了公平起见，因为可持续发展应该要有公平性。面对那些漫长的协商，人们不禁要问协调是否有可能实现。

2. 可持续发展与公平：不可能的协调？

这里出现了世界化一个最大的困难，就是在经济可能有幸世界化之前却增加了对环境的威胁。如何让那些从未经历过经济增长或者忘记什么是增长及刚刚重新出现增长的国家接受调节性增长呢？

联合国开发计划署公布了一篇2007—2008年期间全球人类发展报告，格罗·哈莱姆·布伦特兰在报告中指出，可持续性在于"在地球和地球居民之间寻找一种平衡，解决目前最为严重的贫困问题，同时要注意到人类后代的利益。"联合国开发计划署的这篇报告借鉴了2007年政府间专家组的第4次关于气候发展变化的报告（这份报告尽管在科学方面还有些不确定性，但是却证实了人类活动在气候变化中所起的决定性作用）及经济学家斯特恩的报告（这份报告有力地证实了关于气候变化及早采取行动的好处大大超过成本①），从而将关于气候变化的讨论提到伦理的层面上。

这份报告把同气候变化的斗争看作是"分裂世界中全人类联合起来的必要行动"。《世界人权宣言》的制定者曾见证了二战期间的"人类悲剧"，报告将气候变化的"现行悲剧"比喻成二战的"人类悲

---

① N. Stern, *The Economics of Climate Change*, Cambridge, Cambridge University Press, 2006; N. Stern, « Gérer les changements climatiques, promouvoir la croissance, le développement et l'équité », Leçon inaugurale, Collège de France, 4 février 2010.

剧",这场悲剧预示着"系统地侵犯了穷人和后代的人权,是普遍价值的极大退步"。尽管存在具有政治决定权的国家组织,但是生态的相互依存已经成为一个现实,因为"所有的民族,所有人民处于同一个大气环境中,而我们只有这一个大气环境。"如果说我们生活在一个分裂的世界中,"碳的循环不一定遵循政治循环"的话,那么同样,没有一个国家可以独自在反对气候变化的斗争中取得胜利。

所以,以"人类统一团体中每个成员通过各代的关系必须承担的道德责任"及"保护地球的责任"的名义,明确提出了这些原则。但是在考察实践过程中,我们发现离目标还很远,尤其是在环境变化和生物多样性方面。

乍一看来,关于气候问题的法律制定发展速度很快,环境保护与温室气体排放的市场组织之间的协调既有效(持续发展)也合理(公正公平)。

但是矛盾还没有解决。在有效性方面,京都的规定产生了双重机制。预防由促进组(现变成促进会)来执行,提供建议,促进报告的编撰及对排放数量实施约束;处罚由执行组(执行会)来实施,查验不符合规定的情况(人们避免使用违犯一词)并提出要采取的措施(有可能结合惩罚而要求减少气体排放量)。另外可以向一个政治机关(缔约国会议)提出上诉,这更加强了管理的争讼性质。但是它先前的一些决定说明一些大国如加拿大并没有要为了保护环境而放弃经济发展。

关于合法性,"共同但有区别的责任"原则意味着保证可持续发展与公正之间的协同作用。这项原则同欧洲人权法院关于人权问题所使用的国家自主空间的规定相似,但在时间上的适用,它反映了标准空间不同进程的概念,但是限定了两个范畴的"多元时间性",这对于国家状况的多样性来说,似乎起到了减速器的作用。首先,附件B是针对发达国家而制定的,这就说明障碍来自工业国家,如美国,他拒绝在协议上签字。但是在2012年后期,障碍同时也来自一些新兴的国家,他们拒绝对协议以外的规定做出更多的承诺。最终,仅有的190项批准项目只代表全球温室气体排放的30%。

即使所有的国家都为环境的发展资金项目做出国际性的努力,京都议定书后期的主要问题在于工业国家和新兴或者正在兴起及发展中国家之间就缩减温室气体排放的责任(费用)分担问题上达成一致意见。最近的讨论(从哥本哈根峰会到里约热内卢会议及20国高峰会)残酷地反映了各国又回到了原始的自私状态,导致协商无法进行。

所以并没有一个确定的总结计划。为协调公平和持续发展,让新兴国家接受限制地球温度比前工业时期高2度的目标并不够。实际的应用将依靠世界银行管理的"绿色气候基金工作"的运行情况。然而这个基金的工作展开需要各种资金的支持,被推迟到2020年。至于它的管理和检查程序却被认为"没有深入性和处罚性,依然尊重各国的主权。"

在生物多样性领域中同样也出现资金缺乏和无监控或无效监控的双重风险。1992年里约热内卢《生物多样性公约》承认各国对遗传资源的主权权利(序言的第3条和第5条,§1)。目的首先是促进保护生态的多样性,但是不久又同经济利益结合了起来。在20世纪90年代,承认了可获得活生物专利权资格:这个资格准许具有丰富生物技术的国家的经济活动者成为开发活生物(人类或非人类)排他性专利的持有人。然而结果似乎既没有保证可持续发展也没有保证公平发展。因为从可持续发展方向看,这些专利资格似乎更好地保护了医药工业,而不是生物资源;从公平发展方向来看,自专利资格得到承认以来,生物资源及传统知识技术的占有对发展中国家的地方团体来说就成为一种真正的"生物掠夺"。

因此世界知识产权组织建立了数据资料登记库,以此为基础准备创建新的知识产权,目的是重新认识传统知识技术的价值,确保重新平衡。然而各国的意见并不统一,先前关于多样性的会议没有形成任何统一的态度。最后是2010年10月在日本名古屋召开的国际会议中,《生物多样性公约》的193个缔约国才明确承认,生物使用者(无论是国家还是企业)有反对生物掠夺和保护本地群体利益的权利。

各协议国强调指出,为避免地球物种的灭绝,必须紧急行动起来。在恐龙灭绝以后,生物物种的灭绝不再只是"多次观察到的有时是必然的"自然现象。出于这种担忧,决定邀请联合国成立一个生物多样性和生态系统服务政府间科学政策平台(IPBES)。这个平台相当于环境变化政府间专家小组(GIEC),其目的是加强生物多样性领域中科学与政治之间的接触和联系。另外还有一项为保护生物多样性而制定的"2020年行动战略计划",包括20个纲领性目标,其中包括自然生物环境破坏的分化,如果有可能的话,要完全制止这种破坏。

接下来还要保证北方国家和南方国家之间遗传资源的公平分配,保证生物多样性的长期保护。换句话说,就是要支付遗传资源占有国的使用费,尤其是化学和农业领域。根据协议,由国家批准开发其资源,并认可传统技术知识。这样,企业或研究机构要向相关国家政府提出正式申请,由相关国家政府决定是否批准开发其资源。在批准书到期的情况下还可以向地方团体提出申请。所有这一切都要依靠在开发资源国实施监控是否有效以及金融机制的实施,而后者依然处于讨论之中。

但是同时也应该考虑环境保护与维持和平之间越来越紧密的联系。人们会提及战争罪,包括影响环境的问题,或者人们希望在国际刑事法院的规约中增加严重影响生物圈平衡的问题,这些都不是偶然的。[1] 围绕水资源而发起的战争已经说明环境保护成为一个中心问题,因为生物圈失衡影响到所有前面提到的相关领域,包括移民问题(环境避难者)、社会排斥问题(当反对贫困同环境保护不相容的时候),以及因为可使用资源稀缺而引起的武力冲突问题。

---

[1] L. Neyret, « La transformation du crime contre l'humanité », in M. Delmas-Marty, I. Fouchard, E. Fronza et L. Neyret, *Le Crime contre l'humanité*, Paris, PUF, 2009, p. 81 *sq.* ; Rodolphe Mesa, « Protection de l'environnement et armes de combat: étude de droit international pénal », *Revue trimestrielle des droits de l'homme*, n° 85, 2011, p. 43 *sq.*

第四节 "最严重"的国际犯罪的持续

2002 年在海牙建立国际刑事法院的同时,1998 年在罗马签订的《国际刑事法院罗马规约》似乎调解了全球化和人道主义化之间的矛盾。在规约的序言中就明确了人道主义目标:"对于整个国际社会关注的最严重犯罪,绝不能听之任之不予处罚。"规约的第五条明确了如种族灭绝罪、危害人类罪以及战争罪的定义,并承认存在普遍价值,侵犯这些普遍价值关系到整个人类的利益,应在普遍主义的模式上对这种侵犯罪加以刑事制裁。

规约的目标很大,因为这不仅是处罚的问题,而且也关系到罪行的预防问题。这是各国第一次希望建立一个固定的法律体系,以制止和预防犯罪行为,而不是在事后特别为此建立或加以干预。或者说,他们希望将武力的使用付诸于法律。

即便如此,他们在优先法律政治,要求每个国家都有权在必要的时候通过武力来维护国家安全的同时,没有放弃传统的主权模式。为此,他们提出补充性原则,这项原则规定了国际刑事法院有关国家刑事审判权的辅从性原则,并完全排除了侵略罪。关于这一罪行,《罗马规约》也只是提出,却没有予以定义。后来在 2010 年坎帕拉会议上,最终为侵略罪做出了明确的定义:"能够有效控制或指挥一个国家的政治或军事行动的人策划、准备、发动或实施一项侵略性行为,此种侵略行为依其特点、严重程度和规模,须构成明显违反《联合国宪章》的事实。"[①]但是这项法律的实施最早也要等到 2017 年确定它的修正案。

坎帕拉会议之所以要延迟侵略罪的实施,那是因为几年来,尽管原则上是禁止的,但是如果是在合法防御或者人道主义干涉的情

---

① 《国际刑事法院罗马规约》第 8 条副款规定:"侵略罪指一国使用武力或以违反《联合国宪章》的任何其他方式侵犯另一国的主权、领土完整或政治独立的行为。"随后列举了各种侵略行为。

况下,国际法还是赋予使用武力的自由。我们反过来想,"最严重的"罪行持续不断(尤其在叙利亚),这不仅仅取决于人类正义固有的限制,我们还可以看到法律世界化的矛盾影响。面对依然受主权模式主导的国家政治,国际刑法裁判的普遍职能并不满足于避免不受处罚。相反,面对已经全球化的自由经济,正是法律世界化的延后促进了那些经济强权国家不受处罚。国际刑事法院的规约没有针对企业做出规定,因此"市场犯罪"[①],即使是"最严重"的市场犯罪,也不受其制裁。所以,国际最严重的犯罪一方面反映了国际刑法在法律/政治之间的模糊不清,另一方面反映了法律/经济之间的漏洞。

1. 国际刑法的模糊性

人类在国家存在以前就常常发动战争(正如普鲁士著名军事理论家克劳塞维茨所说,战争是延续政治的"另一种手段"),所以希望将战争置于法律之外的想法似乎有些理想化。也许正因为如此,使战争人道主义化(战时法 *jus in bello* 涉及战争所使用的手段)比将侵略罪移交刑事法庭(战争法 *jus ad bellum* 针对的是诉诸战争的原因)更容易。所以,一些国家反对对侵略罪的指控,或者对破坏和平的罪行进行指控。这并不奇怪,尽管这些罪行在纽伦堡审判中被认为是"严重之最严重的罪行"。事实上,指控侵略罪会导致一种真正的断裂,从而意味着对一个全球政治团体的重新认识。这样,不仅对战败方同时也是对战胜方,总而言之是对武力而言,后者成为被指控的对象。为此,目前我们发现,全球化在普遍的法律模式上迭加主权模式,从而产生一些模糊影响,包括文字形式和机构形式。

文字的模糊性首先表现在法律发展进程的缓慢,还有法律进步与政治抵抗之间的差距。正义战争与非正义战争之间的道德讨论已经是一个古老的话题[②],但通过国际法来禁止侵略是一个新的话

---

① W. Bourdon, *Face aux crimes du marché: quelles armes juridiques pour les citoyens ?*, Paris, La Découverte, 2010.

② M. Walzer, *Guerres justes et injustes*, Paris, Gallimard, 2006, p. 77.

题。在1815年的时候这种禁令还是无效的;那时拿破仑被英国政府关押,其理由更多的是政治方面的考虑而不是法律方面的。这项禁令在1919年的时候才成为法律的规定,尽管那时,凡尔赛条约明确规定将威廉二世定为战犯,指控他所犯的罪行"侵犯了国际道德及条约的圣洁",可见基于道德方面的考虑依然没有完全消除,但是拒绝引渡他到荷兰(他在那里避难)受审妨碍了所有随后的程序。

1928年有15个国家禁止诉求战争来解决国际争端。但是这项《巴黎非战公约》即《凯洛格—白里安公约》没有产生任何实质性影响,正如希特勒在1932年8月公开声称的那样。1933年在伦敦签订的公约也同样遭到失败。这项公约企图给侵略下一个定义,列举了五种情况,不管宣战与否,但是历史的发展证明这项公约完全没有产生任何效力。相反,1945年禁止非法使用武力的规定被进一步加强:一是通过纽伦堡法庭关于侵略罪的规定(国际刑法);二是通过联合国宪章的明确规定(一般国际法)。

但是当这两项法律规定在遭遇政治抵抗的时候就又会产生歧义。开始的时候,国际刑法以"破坏和平罪"的名义指控侵略罪,这符合联合国全体大会的规定,也符合后来1974年联合国大会决议案的具体规定。另外,这项指控适用于13名战犯,其中鲁道夫·赫斯被指控犯有破坏和平罪这唯一一项罪行。但是这也仅仅是对战败国的指控,对战胜国的指控则十分困难。

1945年11月21日纽伦堡审判开庭的时候,美国总检察官罗伯特·H.杰克逊早已很公正地预见这样一个事实,他说:"我们永远不要忘记今天我们审判这些战犯的理由正是明天的历史审判我们的理由[……]。如果法律应该起作用的话,那么它应该对犯有侵略行为的所有国家,包括今天坐在这里审判的国家。"当时盟军的总指挥即后来的艾森豪威尔总统曾在1958年《纽约时报》警告说:"世界不再在武力和法律之间进行抉择。如果文明想要继续存在的话,那它就要选择法律权力。"这两位也许低估了这项工作的困难性,因为,自纽伦堡审判以来,1945年战争国中没有一个国家,也没有一个大国或者中等国家准备接受侵略罪的审判。

如果说国际刑法在实施中具有歧义,那么一般国际法在表达形式上也是模糊不清的。联合国宪章规定"各会员国在其国际关系上不得使用威胁或武力,或以与联合国宗旨不符之任何其他方法,侵害任何会员国或国家之领土完整或政治独立。"(第二条第四则)但同时也规定了"合法自卫之自然权利"(第五十一条),允许会员国受到军事侵略的时候可以进行武力回击。第五十一条的规定作为第二条的特例,承认在没有安理会事先同意的前提下,这种行为是合法的,但是要具备必要性和对称性的双重条件。可是,由于正当防卫的外延解释,这些条件似乎已经弱化,特例已经变得普遍了,以至于不再是一种特例,而是国际法院的"限定条件"。

回归独立主义现象自冷战后期就已经开始,但是自从合法防卫恐怖袭击的范围扩大(安理会2001年9月12—28日决议案)以来,这种现象发展更加迅速。美国9·11恐怖袭击事件后的战略甚至不再参照正当防卫的条件。这一缺口既已打开,宪章中规定的其他概念如抢先战争(战争逼近或邻近的情况)或者预防战争(在简单的威胁情况下)便得以扩大。著名国际法专家安东尼奥·卡塞斯曾经认为,正当防卫的最后一种形式在宪章中依然是禁止的,尤其是考虑到有可能滥用这种权利的危害。但是他同时也承认,在技术,尤其是核能技术使国家甚至是恐怖集团拥有大量大规模杀伤性武器的时代,扩大正当防卫的范围也是必要的。尽管如此,他也提出了一些条件,企图避免一些大国和中等国家滥用的现象。这些条件就是:在具有预防性军事干预充分理由(比如在恐怖分子拥有核武器的时候)和足够证据的情况下,应该向安理会申请,后者决定允许进行军事干预的情况。[①] 然而无论是2003年在被占领的巴勒斯坦领土上设立"安全屏障",2007年以色列轰炸叙利亚所谓的核能源站,还是土耳其袭击伊拉克库尔德斯坦,这些实际的行动远远超出了联

[①] A. Cassese, « Article 51 », in J.-P. Cot, A. Pellet et M. Forteau (dir.), *La Charte des Nations unies. Commentaire article par article*, vol. I, Paris, Economica, 2005, p.1341.

合国宪章允许的规定。

由于"人道主义"干涉,甚至所谓的"前民主主义"干涉法的出现,更有利于转向政治和武力的诉求。它以重建和平民主的名义扩大了为其正当辩护的理由,一些维和或建立和平的行动有时掩盖了军事占领的形式。当然,以人道主义普遍价值的名义,一个国家对另一个国家的干涉是过去古老的行为,在恺撒的《高卢战记》中有所记载。恺撒认为,对高卢的征服因为高卢人的野蛮行为(以人作祭品)而变得合法。自9·11恐怖袭击事件以来,除了人道主义的理由以外又出现了安全的理由,正如美国在提到2003年对伊拉克的战争是属于正当防卫的时候所证明的那样。毫无疑问,即便这些行为不足以构成禁止诉诸武力的新的限制惯例,但却证实了一种独立主权模式的回归,这种回归损害了国际刑法规定的法律普遍性的人道主义利益。

国际法院试图遏制一般国际法的这种变化,重新确认自己的管辖权,同时一些国家也坚持认为诉诸武力的相关案例并不合法。但是正当防卫的延伸解释同国际刑事法院进入世界舞台并不那么相融洽。

因此,歧义在机构中进一步扩大。原则上各个法律机构的职能分工很清楚:安全理事会批准或禁止诉诸武力;国际法院在国家间(如果他们决定上诉的话)做出裁决;国际刑事法院的处罚职能——不是对国家,而是对属于其管辖权内具有责任的个人。

根据职权分离的原则,安全理事会是一个政治机构,所以它只在出于政治性原因的情况下起作用;而国际刑事法院正好相反,它的作用不在于预防或者对违反国际法的行为进行惩处,而是要促进和平。国际刑事法院只涉及法律方面的问题。然而,很多时候政治与法律是混淆在一起的,尤其是关系到侵略罪的时候,这个定义既有政治方面的意义也有法律方面的意义。这也是为什么安理会五个拥有否决权的国家(包括法国)采取谨慎的态度,并没有打算将侵略罪的定义权移交给国际法院。

如果不想取消将来侵略罪的判决前的效力,那就应该解决各个机构之间可能产生的冲突问题,而"尊重和平共处"的原则远远不够。也许应该让国际刑事法院向国际法院提出申诉,要求解释侵略的问题。国际最严重的犯罪一直持续不退,这似乎同面对经济全球化蓬勃发展国际刑法还存在很多漏洞有关,在这种情况下,这样的诉讼程序似乎很有用。

2. 国际刑法的漏洞

最严重的犯罪行为同经济活动之间的联系在纽伦堡审判中已经为人所知,企业的高层领导因为协助犯罪而受到处罚。但是二战以后涉及企业的犯罪行为并没有停止。相反,在相互连通的世界中,交流的便捷性创造了新的机遇,尤其在目前的环境下,一些跨国企业拥有比国家还强大的经济能力。他们成为维持地方群众与政府之间复杂关系的重要活动者。在大多数情况下,这些关系都是积极的,但是很多研究表明,在所有的国家,一些企业会直接或者在企业内部卷入严重犯罪的佣金问题。

2002年国际刑事法院创立的时候,商业界就已经担心以后会受到处罚,从而导致市场投机贸易下降:仅仅是一项贸易的威慑效力就能改变战争的投资。如果是这样的话,预防效力就应该加强,经济的全球化就会成为人道主义化一个强有力的因素。但是直到现在,国际刑事法院也没有对一宗经济责任提出起诉[1],问题似乎都移交给国内法院。的确,国际刑事法院没有规定法人的刑事责任。但是,当多项调查报告[2]表明经济全球化有利于犯罪发生的时候,它应该有可能对企业领导提出起诉,这无疑比国内的法院更有效。

---

[1] R. Gallmetzer, « Prosecuting Persons Doing Business with Armed Groups in Conflicts Areas », *Journal of International Criminal Justice*, n° 8, 2010, pp. 947-956.

[2] Commission internationale des juristes, « La complicité des grandes entreprises dans les crimes internationaux », rapport, 2008; J. G. Stewart, *Corporater War Crimes. Prosecuting the Pillage of Natural Resources*, New York, Open Society Foundation, 2010.

国际刑法的漏洞产生越来越严重的后果,企业通过为犯罪提供资产或者服务间接地介入,或者通过非法开发自然资源或者开发自己供应网络必要的财富,以及将安全有关的职能(警察和军队)私有化等方式间接卷入犯罪活动。

首先,关于提供资产和服务,如果企业向一个政府出售资产,然后这个政府利用这些资产进行犯罪活动,在这种情况下,企业领导不能承担刑事责任,除非企业通过特殊的方法改变产品以协助犯罪人员,或者在了解产品用途的同时从事危险产品(武器或化学产品)贸易,在这种情况下,企业才能承担刑事责任。

荷兰商人范·安拉特被控向萨达姆提供生化武器原材料,这些材料制成的生化武器被广泛用在了伊拉克与伊朗以及与该国北部库尔德人之间的战争之中。因为被告承认使用他所出售的产品,所以荷兰法院判处其共谋战争的罪行。① 自1985年起,伊拉克政府之所以能够建立,完全是依靠这个商人所提供的生化武器原材料。

为了追随商业活动,获取稀缺资源,也就是能够获得更大利益的资源(钻石、黄金、木材及石油),一些跨国企业有时候同战争头目结盟,从而给生态和人类造成灾难。在这种情况下,问题变得更加敏感。在非洲大湖地区,有一个众所周知的例子,就是非法开发刚果共和国的自然资源和其他财富。2003年安理会成立一个专家组来调查这个问题,因为没有得出调查结果,安理会每年都在不断更新专家组的委托权。从中我们也了解到犯罪行为的持续性。② 同时国际刑事法院也展开了调查,然而调查的唯一结果就是武装集团越来越寻求中间人做代理(投资他们无法进入的矿场,购买产品)。甚至会再次发生武装集团掠夺袭击或者是抢劫矿物批发商及运输商的事件,但是大部分产品,经过非洲不同国家的转口,最终会合法流入市场。

---

① 海牙法院,2005年12月21日。
② 联合国安理会2010年11月15日《对刚果民主共和国专家组调查最终报告》;2010年12月15日报告:《全面证据:矿业贸易冲突中刚果部队的作用》。

建立在刚果武装力量内部有着经济利益的犯罪集团与维护安全的考察团出现共存现象,甚至相互勾结,与此同时也产生新的问题。专家组最后得出这样的结论:目前的状况"成为重建国家东部地区安全的严重障碍"。

关于公共武装力量,无论是警察还是军队的私有化占有和转包合同,这几年在美国和欧洲快速发展。9·11恐怖袭击事件也许激励了这些做法,私人武装公司成为官方武装力量不可避免的现实。①然而他们往往还不具备国家武装力量的功能,有些还被指控与政府安全部门合谋,在一些共同关押地对关押人员采取酷刑(如黑水国际、CACI国际公司及伊拉克康坦公司)。

自2005年以来,瑞士联邦委员会就已指出:"一些数字表明,私人军事安全企业在武装冲突地区的活动,同正规的武装警察力量相比,很少尊重人道主义国际法及人权。"②但是指控这些企业和职工责任的努力依然很让人失望,好几次都以协议和解(尤其涉及黑水国际公司的时候),也就是说以经济补偿的形式结束。

的确,即使管理规定涉及私人军事企业,它的实施也不确定,责任追究也会有问题。各国政府一直主张推卸所有责任。至于企业,也很难鉴别,在一些情况下会强调指出他们是在部队的监管下实施行动的,享受同样的豁免权。③

随着新技术的使用,尤其是自动军用机器人开始在国家及私人

---

① É. Lambert-Abdelgawad, « Les sociétés militaires privées : un défi supplémentaire pour le droit international pénal », *Revue de science criminelle et de droit pénal comparé*, n° 1, 2007, p. 156; *Journal of International Criminal Justice*, n° 5, 2008, pp. 899-1074.

② 瑞士联邦委员会,《安全服务企业及私人军事企业报告》,2005年12月5日。

③ F. Parodi, « La coordination entre armées régulières et sociétés militaires privées: complémentarité ou concurrence? », in J.-M. Sorel et I. Fouchard (dir.), *Les Tiers aux conflits armés et la protection des populations civiles*, Paris, Pedone, 2010, p. 235 *sq*.

军队中的使用,这些漏洞变得更加严重。机器人的使用被认为可以节省人力,但是在他们方便以战争的方式解决问题,使责任很难得以分辨的时候,机器人难免不会没有缺陷。然而,这只是新技术矛盾影响的一个方面:人们认为新技术可以将个人从人类的局限条件中解放出来,可是有时候新技术却对人类产生更大的控制。

第五节 新技术操控的危险

每个时期在不同的程度上都会生产出"新"技术,如方向舵、指南针、蒸汽机以及疫苗等。如今新生事物与更新速度的加快更加密切相关,跟法律体系的更新表现形式有关,而不仅仅是科技本身。世界化有利于竞争,刺激了更新的发展,而市场的开放更加快了传播的速度。关于这一点,只要看看欧洲对纳米技术[①]的态度就一目了然。欧洲议会一开始就提出竞争性的问题,比较投资商的水平和节奏。相反,延期偿付的设想一再被推迟,被认为"有害地妨碍生产"。至于伦理问题,2004年的通报仅仅通过个人自主性和研究自由的问题简单地提了一下,而2010—2015年行动计划咨询也大概地提到要从事关于"纳米技术的伦理、法律及社会方面"[②]的研究。

有时候结果姗姗来迟,因为,从某种节奏起步,"技术发展的变速器有可能发展成一种自动模式"[③],而这时候,新的问题就会唤起一种真正的思考。这也是定期修改生物伦理法的意义所在。然而,法国刚刚放弃了这一修改案。当然此项修改案同我们的法律观念有些不符,因为我们的法律观念是:设立一项法律就要维护它的长期性,判例的解释足以对其进行调整。但是,当技术对法律提出新的问题的时候,"试验性"法律的想法也许是唯一可以避免市场根据

---

① 2000年里斯本战略计划,2004年通报《欧洲纳米技术发展战略》;2010—2015行动计划咨询。

② L. Escoffier, « The EU Consultation on Nanotechnology », *Nanotechnology Law and Business*, vol. 7, n° 1, 2010, p. 97 sq.

③ P. Virillo, *Le Grand Accélérateur*, Paris, Galilée, 2010, p. 30.

供求关系进行自我调解的手段。

然而目前在如此短的时间内出现的这种更新现象似乎是前所未有的,因为,信息交流技术使人类在时间和空间上有新的交流可能性,这不仅关系到人类的表现,关系到人类行为有限性(生物技术)的表现,而且也关系到我们社会的表现。当然,不应该忘记,长期以来,技术更新让人类对非人类物体实施作用:如驯化野生动物,开发自然资源,生产机器等,从而促进了人道化的进程。但是生物技术走得更远:结合纳米技术,生物技术改变了部分人类和部分事物,以至于开始质疑我们最具有权威的民法典。我们知道,民法典继承罗马法,在人与物之间的区别具有严格的规定。生物技术开始是为了将人类的身体从生物局限性中解脱出来,激发个体的自由,改善每个人的能力和创造性,从而加强人类的自主性;而现在有可能会产生人类身体商品化的现象,将人当作一个物品,将人格式化,这就有可能削弱人类个体在物种中的表现。

同时,几年来,信息交流技术完全颠覆了我们整个社会的结构。将普遍主义作为一种自由模式,信息交流技术完全有能力释放政治界限上的信息,让普通公民通过很少的手段和几乎是即时性的平行组织,很快而且广泛地传播那些对政治权力所发布的官方信息产生质疑的信息,如:阿拉伯之春运动及其推广。无论其影响如何,这都可以为民主解放提供前所未有的新形式,但同时也因为有利于数字监控从而可以产生安全独立主义。

如果说生物工程的发展是要生产人种,数字化的发展是要加强社会监控的话,那么将人类从他们的局限性中解放出来的目的将会产生更加严重的矛盾性:以个人自由的名义建立一个"时常被监视的社会",就是从自由社会和集权政府的混合中走出来,而这个社会就是托克维尔想象的软弱无力的魔鬼形象。

1. 人类的生产

无论是辅助生殖、胚胎的筛选还是改善物种(人类增强« human enhancement »,从字面来翻译包含动词提高的意思,会让人联想到超人),矛盾都是一样的:正是以个体自由和自主的名义,生物工程技术有可能会让供求关系来决定预先塑造好的人类的未来,而其作用,将会以一种不可逆转的方式影响着未来人类的发展。

关于人工辅助生殖技术,因为这项新技术符合无生育能力的夫妻的需求,所以能够缓慢地发展,而没有引起太多的争议。在上个世纪60年代的时候,这项技术仅仅是为那些无生育能力的夫妻寻找一些治疗方法(刺激卵巢,人工授精)。在1978年的时候,科学的进步产生第一个"试管婴儿"(在试管内授精,然后将胚胎移植到子宫内,这种方法可以代孕的方式进行)。因此,尽管一些司法人员提出警告①,人类的生产慢慢地变得越来越普遍,然而却没有人对此做出真正的决定,其原因很简单:年轻夫妇的不孕率越来越高,所以对这种新技术有强烈的需求,因而刺激了这项技术的发展。对孩子不可抑制的渴望产生了儿童法,这也是无法抑制的。

如今,除了传统方法以外,至少存在七种生育(生产)孩子的方法:同源人工授精,同源试管受孕,异源人工授精(捐赠卵子,捐赠精子,捐赠胚胎),胞浆内精子注射等。这就真正产生立法问题和法律讨论的复杂性。欧洲人权法院的判例就反映了这一问题,尤其是在一起关于奥地利人的案件中,两对夫妇提出起诉,一对要求第三者捐赠精子进行体外授精;另一对是要求卵子捐赠,然后用丈夫的配对精子进行体外授精。然而,奥地利政府禁止使用第三者的配对捐赠,除非体内授精而不是体外授精,但是允许使用其他技术(如人工授精),所以此项诉讼案违反了欧洲人权法院的第8条(任何人都有权请求尊重其私人与家庭生活的权利)和第14条(禁止歧视)的规定。在前面提到的辅助生殖案件中,欧洲人权法院承认各国自主判决的空间很大,这一方面是因为欧洲没有统一的方法,另一方面是因为"科学医疗技术的快速发展",采用这种技术会引起"道德伦理

---

① J.-L. Baudouin et C. Labrusse-Riou, *Produire l'homme, de quel droit ? Étude juridique et éthique des procréations artificielles*, Paris, PUF, 1987.

方面敏感的问题"①。然而尽管欧洲存在着多样性的问题,而且所讨论的问题非常敏感,但这一案件援引了"禁止歧视"的条例,让欧洲人权法院指出违反了第 8 条和第 14 条的规定,从而以均衡性的名义排除了各国自主空间的差距。当然欧洲人权法院没有承认辅助生殖的权利,但是却只留给各国一个二元性选择:或者拒绝一切方法,或者全部接受。从这一点看,法国的立法还没有完全遭到质疑,因为自 2004 年起,法国法律就允许配子捐赠。

关于"代孕妈妈"问题的讨论很难从国家或欧洲的角度明确划分,因为早已存在一个世界市场,为那些有条件进行"旅行代孕"的夫妇提供服务。印度因为其费用比美国的费用低很多而成为全球第一大"商业婴儿"市场,而且他的服务满足人们的需求:一些专业机构雇佣农村妇女,她们在九个月内挣的钱相当于当地人十年的工资,这样可以使她们有能力来抚养自己的孩子。

最后,"受孕网络"相当于互联网上一个庞大的世界市场。在这个网络市场上,捐赠者提供各种各样的特征介绍,包括生理体能和智力、种族以及遗传基因方面的特征,以供选择,并有可能以一种不可抑制的方式颠覆家庭动态发展。

关于胚胎的选择(这个词让人想起优生学的幽魂),这种预言性的技术通过诊断产前婴儿遗传病而渐渐发展起来。当"即将出生的婴儿极有可能患上诊断时被普遍认为不可治愈的特别严重的疾病的时候",法国法律允许堕胎。经过产前诊断后,1994 年法律批准了移植前诊断(检测体外授精胚胎是否有异常),2004 年法律又扩大了对这一技术的规定。

无论是否定选择(堕胎)还是肯定选择(选择授精的卵母细胞或者要移植胚胎),哈贝马斯认为,任何一种选择方法都会导致"自由优生学",它"让市场活动者根据个人的喜好来做终极选择,决定一

---

① 2010 年 4 月 1 日欧洲人权法院奥地利 S.H. 和 a.c. 案件。

切改善遗传特征的做法。"①当然,1994年法国法律似乎也提出一项绝对禁止条例,规定无论是否定优生学还是肯定优生学,都是一种"反对人类物种的罪行"。但是这项法律也只限于那些"有组织的选择行为",这就排除了个人行为,根据个人或夫妻自主性原则而具有合法性。

然而,未来人类个体基因市场有可能使治疗手术和以改善为目的的医疗手术之间的界限变得模糊不清,而将哈贝马斯的假设,即优生学不是来自选择,而是通过各种各样人工方式来完善人类的实践实现的假设变成一种可能。

普罗米修斯超人类的梦想显然并不新奇。但是如今这种尝试通过新技术而得到进一步加强,处于科幻片和现实中间,新技术使人类发展超出人类物种本身水平所具有的能力。超人类或后人类运动展现了一个正在转变的人类,有时以 h+ 来表示,就是通过生物工程、信息科学、纳米技术和认知科学共同发展而得到的"人类改善"的意思。在将我们从自然人类的局限性中解脱出来的同时,这些新技术也能够掀起一些无法预料的进程:有些人从中看到"打开多样性领域的前景,它可以使人类自我扩大,找到再生的机会,丰富的变化源于多样性。"即人性化发展过程;而另外一些人正好相反,他们强调说"技术化即意味着减少偶然性,也就是减少多样性,从这个意义上说,技术化最终抑制了突变的可能性。"②这就是去人性化过程。

为了确保(因为这一进程不仅不可预料而且不可逆转)也为了使自然变化到有意识变化这一转化过程合法化,人们请出达尔文,却忘了物种的起源同借助新技术进行预测的想法没有什么关系。有一些人引用复兴时期的人道主义,引用皮科·德拉·米兰多拉借用普罗提诺的一句话,要求人类"雕刻自己的塑像"。然而这句话,如同近代尼采的超人一样,是提醒人们:解放是建立在个人的努力

---

① J. Habermas, *L'Avenir de la nature humaine. Vers un eugénisme libéral ?*, trad. de l'allemand par C. Bouchindhomme, Paris, Gallimard, 2003, pp.34-35.

② J.-M. Besnier,《Comment penser le post – humanisme ? 》, *in* A. Prochiantz (dir.), *Darwin : 200 ans*, Paris, Odile Jacob, 2010, p.214.

之上的,而不是建立在技术变化之上的。

而且,当完善的标准似乎居于科学功绩的位置的时候,还应该知道这些标准是什么:"能够做到的"慢慢地变成了"应该做的"。在实践中,人们寻求后人类的积极效果,经过深思熟虑而制造的这个生命被描述成没有痛苦(通过神经科学);没有疾病和老化(通过纳米医学),甚至没有死亡(通过在大脑中装载一些不变质的材料)。如果这中间有一些不适应的地方,那是生物工程颠覆了当代思想的确定性:存在一个谬误,那就是还不知道如何重新定义"技术"和"自然人类"的概念,所以产生了维护科学技术进步的合理性使用问题。①

然而,正是出于对这种新人类的未来具有一种单纯简单的信任而不是理智的信任,启发了思想潮流(尽管这一思想潮流纷杂多样)同世界超人类协会1999年通过的超人类宣言相结合。这个宣言描述了一个光彩照人的"通过科技完全改变了的"未来人类,并列举了很多好处,如"年轻化,通过生命素或人工方法增强智力,可以自动调整自己的身体状况,消除痛苦,开发世界。"宣言还宣称"对个体改善的可能性具有巨大的自由选择性",同时包括改善记忆力、集中力和智力能量,通过一些治疗方法可以延长寿命,提高生育力,更远一点儿说,还有"冷藏以及其他改善和增加人类物种的技术方法。"

然而,这些对科技进步的赞歌并没有明确指出确定人类目标的标准是什么,是量性标准还是质性标准。相反我们已经看到网络空间和虚拟技术,因为它们的"非物质化"及"非形体化"促进了"人类相互之间的疏远,为此要严肃对待这个问题。"②目前超人类的计划还只限于"加强理性,这是我们的基本特征"③。至少在西方是如此:

---

① D. Lecourt, *Humain, post-humain*, Paris, PUF, 2003.

② J.-M. Besnier, « Comment penser le post-humanisme? », art. cit., p. 217; M.-A. Hermite, « De la question de la race à celle de l'espèce. Analyse juridique du Transhumanisme », *in* G. Canselier et S. Desmoulin-Canselier (dir.), *Les Catégories ethno-raciales à l'ère des biotechnologies*, Paris, SLC, 2011, p. 149 *sq*.

③ D. Cerqui, « La robotique, une vision du monde en œuvre », *Choisir, Revue culturelle*, décembre 2008, p. 19 *sq*.

还记得在制定《世界人权宣言》的时候,应中国代表的要求,制定者在宣言的第一条"理性"一词上又加了"良心"一词。这个词在目前的讨论中严重缺失。

2009年美国展开了一项基本上是围绕个人自由自主原则的研究①,这项研究一下子就指向需求,即市场逻辑。从诚信和公平的角度展示社会断裂的危害,但是研究只是简单地提了一下侵犯人类尊严原则的问题,最终还是忽略了这个问题。所以,这项研究认为全球性的延期偿付是完全不现实的,并建议获得专利资格是"革新的必要形式"。对于这个结论,我们并不奇怪。相反,一项技术,以个人自由的名义,减少人类不确定性的部分,将人类格式化,它的矛盾性影响却从来没有被提起。比矛盾后果更严重的影响是,机器人技术可能产生相反的作用,在一些"自动"机器人的行为中引起某些不确定性,甚至不可预见性。

2. 数字监控

20世纪60年代末期,因为军事应用产生互联网。如今互联网连接着20多亿网民,网上贸易交易额达几十亿美元。同时这种转变也是质性转变:Web 2.0适用于信息共享服务的发展。博客、社会网络及内容共享平台等,这些都可以使网民生存在互联网虚拟的空间当中,而在真实时间上互动。从这个意义上说,数字全球化将会促进人类间的交流,这就是人性化的过程。

但是,这是一个"完美的自由"还是"完美的控制"?这个问题早在多年前(该篇于2013年出版——译者注)就已经被提出来了②,如今依然没有答案,原因很简单:两面是无法结合的。一方面信息的

---

① F. Allhoff, P. Lin, J. Moor et J. Werckert, « Ethics and Human Enhancement, 25 Questions and Answers », *US National Science Foundation*, 31 août 2010.

② C. Fried, « Book Review : Perfect Freedom or Perfect Control? », *Harvard Law Review*, n° 114, 2000, p. 606;⟨cyber. law. harvard. edu/ilaw/Speech/Fried. html⟩.

增长加强了言论的自由;另一方面,监控也加强了,它企图进行全面控制。在无边界的空间加大信息流量,储存真实时间上处理的大量信息的同时,信息交流技术是史上前所未有的分享交换知识的手段,但同时这种技术也是跟踪人类,就如同我们跟踪一些产品或者危险动物的手段,甚至是组建越来越具有自主性的机器人,尤其是军用机器人的手段。

乍一看来,信息量的增加是公民化和政治的进步,因为互联网加强了言论的自由,《世界人权宣言》第19条规定言论自由是"通过任何手段接收传播信息和思想"的权利(1948年的表述形式具有很强的预感!)。另外正是以言论自由的名义连接互联网的权利才受到保护。

根据宪法委员会的规定(2009年6月10日互联网作品传播及权利保护高级公署第一项法案),传播和言论的自由包含"自由进入互联网的权利,尽管承认这样的自由权利并不代表肯定了(正如起诉一方所支持的那样)进入互联网是一项基本权利"。无论如何,互联网促进了言论的自由,这可以从它的两个方面来说:一方面是接收信息;另一方面,而且更重要的是表达,即传播信息和思想。至此,对于政府来说,企图掩盖他们不希望传播的信息是很难的一件事。

但是透明度不仅仅是对政府的要求。与此同时,公共权力及私有权力(尤其是谷歌集团)越来越具有侵入性的行为(另外这些行为因为具备储存资料的可能性而变得越来越方便)反映了9·11恐怖袭击事件的影响:以保护国家安全、领土完整、公共安全、维护秩序、预防犯罪(承认《欧洲人权公约》第5§2条提及的公共权力不干涉言论自由原则相关限制条件的合法性)的名义进行各种活动。

如果说储存可以分享增长知识,甚至是集体智力的话,那它同时也有可能促进"监控社会"的出现。"监控社会"这个词是在2006年伦敦的国际数据保护专员会议上提出来的。与会专员的担忧是人和物有可能被他们所拥有的或者接触过的物塑面加工成型或者有迹可循。因为这些"事物"会变得自主起来,变得聪明起来,比如在汽车领域（拥有轮胎自动诊断系统，行程自动控制系统等）。

很难避免数字监控，目前早已实施数字监控，这同以前我们认识的模式都不同，而且这种监控不仅限于"公共权力机关"。企业也大量使用数字监控，因为企业在开发客户个人资料的时候会获得利益。而个体也加入数字监控的社会当中来：或者以消极的方式介入，享受为他们提供的免费服务，而不会抱怨这触及了他们的私人生活；或者以积极的方式介入，参加网络监督。鉴于大量的传播信息，集中预防性监督是不可能的，而且费用昂贵。

因而出现一种"监控文化"，它是一种近似于政府形式的"连续监督社会"模式。人类似乎又转回来了，但这次是在全球范围内，这种既自由又专制的模式既不是全球管理政府，也不是由一个国家强加的霸权选择（即使一些大国看起来似乎对它具有极大的容忍性）。接下来的问题就是要搞清楚谁将控制各种网络的网络，因为不要忘记，军事需求走在经济开放之前。

对机器人来说也是同样的问题。这个梦想也不是新的：至少从赫菲斯托斯、武尔坎努斯或者代达罗斯开始，人造人和机器人的神话就经常出现在人类的想象和文化当中。而现实有可能将梦想变成噩梦。从此以后，只需要结合信息科学和生物工程、社会学工程及心理学工程就可以设计出一个自动机器人，一个不受任何外力控制、有感觉、会思考（自主地思考而不是机械地思考）和行动的机器。为此，美国军队推出制造被称为"真正道德（truly ethical）"机器人计划，这种机器人可以避免军事行动中人力的损失和暴行，实现所谓的"无伤亡"战争。

为达到近期目标，只需要给这些机器人安装尊重战争法的程序。当然，还要考虑各种法律体系的相对性和多样性。但是，答案已经很肯定：整合美国法律并不排除其他法律体系。最让人担心的是在这个程序中加入"军事必要性"的概念，或者说"双重效力法理"的概念，即：一种尽管具有旁系的负面效力，从道德上依然能够接受。

尽管如此，还存在一些问题要解决：在侵犯法律的情况下由谁来承担责任？答案并不十分清楚(unclear，至少我们可以这么认为)，因为责任要由制造商、分销商、监督人、军事指挥、美国总统和机器人自己来分别承担。如何避免出现失误(2007年一个半自动机器人杀死了他自己军中的士兵)？是否要规定自动机器人有"权利"跟随自己的目标？程序设计员决心解决一切可能推迟项目启动的问题，比如担心会更容易发动战争，担心会激起对手使用绝望性战略(如使用核武器或化学武器)。另外，人们正在设想将自动机器人应用于内部安全保护当中，即引导他们进入公共或私人场所，让他们跟踪监督罪犯。

我们同时可以看到，机器人既可以为战争服务也可以为和平服务。同样生物技术也可以增强人类物种的自由和塑造，而信息交流技术既可以促进极权政体也可以促进民主。

因此，面对世界化的矛盾影响，我们明白，为什么重新确认人道主义原则来改变行为实践，采取必要的措施重新平衡商品价值和非商品价值、私有资产和公共财产之间的关系并不够，还应该具体解决随之产生的各种矛盾。技术的双重性、普遍性使命(如环境保护、镇压国际犯罪等)与维护国家利益之间的张力、市场的各种矛盾，所有这一切反映的是一个巨大的混乱状态，而不仅仅是几个"法律秩序"。如果说这一切失去了协调统一性的话，那是因为世界化破坏了国家法的协调性，而法律的支离破碎是造成世界统一的障碍。

在这种情况下，灾难性悲剧在不断上演：气候变化不规律、信息系统出现故障、全球普发内战等。因此，尽管法律体系复杂多样，变化无常，"使世界化变得人性化"迫使我们去寻找新的协调统一的方法。

第二章

赋予世界化以人性

人性化(或人道化)只能是一个赌注。正如我们前面所见,问题不在于世界化本身,而在于伴随世界化而产生的各种矛盾。减少这些矛盾要求重新认识一些共同价值。也许,这只是一种乌托邦式的理想主义,但是理想主义也有可能是将愿望付诸行动,调动一切能量的力量。

因此,参与者要走到最前线。① 这里的参与者不仅指公共活动者(acteurs publics,国家依然同国家利益紧密相连,国际组织倍受争议),而且指民事活动者(acteurs civils)。在这些民事活动者当中,要区别经济操作者(他们首先要维护私人利益)和公民活动者(acteurs civiques)。初看起来,公民活动者似乎是最薄弱最无力的群体,然而,他们已经构成试图将人道重新引入世界化当中的各种创举、建议和界标的起因。当然这样的创举还不明显,还不完整,还很分散、混乱并且还在发展中。它们彼此并不了解,而且其结果也是无法预料的。如同在所有理想主义中一样,危险在于要为"还没有的东西"牺牲"现存的东西",要为"未必有的未来"失去在过去当中获取的东西。人性化的过程在任何时候都可能失败(正义屈服于武力),陷入困境(有很多协议没有获得批准,如1990年移民劳工法至今依然等待多个移民国家的批准),倒退(因为市场全球化而使社会排斥现象

---

① M. Delmas-Marty, *Les Forces imaginantes du droit*, vol. III, *La refondation des pouvoirs*, Paris, Seuil, 2010.

越来越严重),或者被放弃(如互联网法,至今仍滞后于创新)。

如何集中这些分散的努力,协调统一这些具有创造性激情,从而为世界化的人性化过程打开一条道路,实现爱德华·格里桑所梦想的"世界性"呢?

答案也许在于寻找共同的目标。首先应该避免损失在长期的征服中我们的前人用鲜血和泪水换来的东西,比如废除奴隶制,废除殖民主义,禁止酷刑等。为努力实现人道主义,这项法律应该首先抵制去人性化过程。

但是只有抵制还是不够的。人性化需要拥有全球管理权力的活动者的责任,主要是国家和跨国企业,所以,第二个目标就是要让拥有权力者承担起责任。

最后,世界化应该具有长远性,这决定着我们"未来"后代的生存问题。换句话说,应该不仅面向维护和重建和平,而且应该维持和重建"长久"的和平;不仅要发展(质量意义上的发展,包括公平发展),而且要"持续"发展。因此,从近期到长远的角度上,都明确了第三个目标,即:预测未来的风险。

第一节 抵制去人性化

人类的创造性是无限的,包括在去人性化过程中,一种关系到不同状况的多形式现象。不人道或无人性是否是人类的特性?

以前首先存在的是未进化好的人(l'humain inachevé)。在16世纪的时候,复兴时期的人文主义者曾经质疑印第安人是否是人,因为在著名的《巴利亚多利德辩论》中,需要德拉斯·卡萨斯这样有坚定信念的人来维护这种思想,即北美印第安人应该有同基督徒一样的人权,尽管这种思想当时还不流行。后来各种殖民以文明使命的名义,重新实施奴隶制度。因此直到启蒙时期,1789年《人权宣言》(1791年9月28日决定,直到1848年才被废止)的起草者还保留着《黑人法》(1685年法令)。

另外,19世纪的时候发展一些带有科学意图的论据,认为一些人种在人类的进化发展过程中会有滞后现象。意大利实证论学派将这些论据理论系统化,尤其是切萨雷·龙勃罗梭,他根据动物与人之间的连续性来解释某些犯罪形式的返祖现象,认为罪犯是一种真正例外的人种,具有明确的生理或精神特征。他发表一些优生学理论,在20世纪初的时候,优生学理论将"精神不正常或心理变态的人"(依然延续着中世纪魔鬼论的看法)看作是未进化好的人,是人与非人的混合体,从而也为那些强迫性绝育手术提供了合法依据。

20世纪的时候宣布废除奴隶制(1926年国际联盟协议;1948年世界人权宣言),同时在这个时期,极权体制也将科学研究工作工具化,为男性阉割手术,甚至灭绝政策及摆脱奴隶提供合法理由,公开主张通过歧视性手段排除某些人群,包括禁闭、除名和种族大屠杀,这些后来根据国际刑事法院的规约都被判定为犯罪,并载入各国刑法典中。

去人性化采用"危险人物"的形式,人们可以像消除一只危险的动物一样除掉他(无限期地关押、追杀、法外处决、针对性谋杀)。第二种模式即极端自由模式,就是市场自动调节模式,初看起来并不会让人担心。但是这种模式将人视为物,将劳动者视为资源,认为劳工法是投资的障碍。

至于人类商品化(l'homme réifié),更加反映了反对去人性化的困难,因为有时候这种人类商品化是自愿的。正是以个人自主的名义,生物工程技术在尊重供求规律的同时,进行人体器官交易,将医学辅助变成市场上人体生殖。

所以在人类商品化的基础上可以加上人类制造(l'homme fabriqué):在期待"后人类"计划(认为可以改善人种)实施的同时,这个问题在关于优生学和生殖克隆的讨论中早已被提出。这既不是像种族大屠杀那样进行摧毁,也不像酷刑那样施加痛苦加以侮辱,而是一种表面上看来是很积极的生命制造形式。然而,这有可能产生一些新的去人性化行为。对于这些行为,根据法国刑法典规定是反"人种"的罪行。很奇怪的是,这种罪行区别于反"人道主义"

罪行。

权力拥有者,无论他在哪个领域,包括政治、经济、生物学、文化或宗教的权力拥有者,对这些去人性化的行为一再创新,如何抵制这些去人性化的行为?这是安提戈涅和克瑞翁之间永恒的对话,安提戈涅援引"不成文法",而克瑞翁维护既已建立起来的秩序,成为很多评注讨论的话题。从政治角度来说,人权和公民权这些法律武器的出现及它们在欧洲乃至世界范围内推广,加强了安提戈涅对压迫行为的坚决反抗,这不仅仅是一个公民反抗行为,它还伴随着伦理道德方面的意义,好像拒绝葬礼是一种去人性的方式(人 humain 这个字跟土 humus 具有同样的词根,这并不是巧合)。安提戈涅的反抗同时以所有人类尊严平等的名义拒绝"非人性"对待。如果在今天,她也许还可以援引新的法律条例,就是我们有时所称的人性"不可减免"规则。

1. 拿起武器,公民们!

反抗不仅仅是精神道德方面的,它应该成为公民的一种权利,至少在教育足够发达的国家应该赋予每个人获取信息的方法和手段。根据1793年宣言,反抗是"最不可推卸的一种义务",它应该随着公民资格在国家、欧洲甚至世界上的扩大而伸展。

1.1 国籍,公民资格

在法国,反抗压迫是一段长期的没有完成的历史。法国天主教的代言人霍特曼在他1573年出版的《法兰克——高卢》一书中将艾提安·德·拉·鲍埃西的《自愿奴役论》变成反抗权利的一个支承点,反抗权利这个表达方式在1685年南特敕令废除以后就开始普遍流行起来。

一个世纪以后,在洛克思想的影响下,当"追逐同一目标的一连串滥用职权和强取豪夺发生,证明政府企图把人民置于绝对专制统治之下时",人民有"改变政府"的权利被写入美国1776年独立宣言中。

1789年8月,正当国民议会通过《人权和公民权宣言》第一则各项条款的时候,拉法耶特侯爵邀请美国宪法创始人之一托马斯·杰斐逊来巴黎。这样,通过拉法耶特侯爵的中间联系,英美的这种思想才重返法国。更简明地说,宣言的第 2 条规定:"一切政治结社的目的都在于维护人类自然的不可动摇的权利。这些权利是自由、财产、安全与反抗压迫。"1793 年的宣言要求更高,认为反抗压迫是"人类其他一切权利的结果"(第 33 条),并明确规定"当社会成员中有一位受到压迫,那么就存在反对社会机体的压迫。"(第 34 条)最后,"当政府侵犯了人民权利的时候,全体人民及部分人民有权起来反抗,这是他们最神圣的权利,也是不可推卸的义务。"(第 35 条)

在实践当中,如果说法国最高行政法院承认公职人员有权不遵从明显不合法、从本质上会损害公共利益的命令的话①,那么法国宪法委员会似乎根本没有采用反抗压迫权,认为这是"法律和政治上的前后矛盾"②。然而这项权利的影响至少具有象征意义,因为它改变了个体同权力之间关系的表现。是否因此就要将反抗权同与特别政府相关的必要权连接起来,如同"一枚金牌的两面",分别"位于法律和政治之外"呢?因为没有理性证据,进行反抗将来自"对生存的一种反应,一种完全野生动物的本能,这是政治团体生活的根本。"③无论它的历史意义如何,从法律角度上看,这种方法都有些过时,因为在"反抗压迫权"的发展当中,各种"反抗条款"已经被引进宪法当中,尤其是在国际人权法中,有一条很理性的法律理由,即便是在极端的情况下,依然规范了基本法的界限。与其说是"法律最

---

① 法国最高行政法院,Sieur Langueur 案,1944 年 11 月 10 日,《勒庞集》,p. 288,关于艺术问题。1983 年 7 月 13 日法律第 28 条关于公务员的规定。

② S. Grobon, « La justiciabilité problématique du droit de résistance à l'oppression: antiologie juridique et oxymore politique », in V. Champeil-Desplats et D. Lochak (dir.), À la recherche de l'effectivité des droits de l'homme, Nanterre, Presses universitaires de Paris X, 2008, pp. 139-163.

③ F. Saint-Bonnet, « Droit de résistance et état d'exception », in D. Gros et O. Camy (dir.), « Le droit de résistance à l'oppression », Le Genre humain, n° 44, 2005, p. 227 et 240.

有力的华丽外套",还不如说是国家政府理性的真正辩术,以此来控制必要状况。

贸易国际化、国家之间相互依存,这一切的充分发展使人们意识到国家公民资格的缺乏。因为如果说公民资格同民主分不开的话,那么承认欧洲公民资格,甚至世界公民资格将是一个紧迫的问题。这种紧迫性尤其反映在移民方面。在这一方面,国家政府所进行的去人性化过程的危险会越来越严重,比如:依靠传统的国籍观念,移民国无论是对非法拘留的外国人还是对申请避难的人都加强管理,巩固边境。但是当要修改移民法规的时候,公民资格与国籍之间的联系变成为一个障碍:"没有国家就没有公民。"[1]

然而,区别国籍和公民资格是可能的。国籍规定了领土角度上一个群体的法律归属性;而公民资格反映的是参与公共权力活动的民主思想。在雅典的时候,只有自由人(大约占全体人口的1/10)才是公民。从这个意义上看,他们参加城邦的生活,在广场上讲话。到了罗马的时候,公民资格扩大到被征服地区的侨民。中世纪没落以后,随着美国和法国的革命,公民资格又以现代形式重新出现。1789年宣言中将个人的自由同公民的政治地位结合起来;通过公民行为来获取公民资格,这同国籍无关。如果说国籍排除了外国人,那么公民资格包括外国人。根据1793年宪法法律案第4条的规定,"凡年满21岁,在法国居住一年以上,有工作或者有资产,或者同法国人结婚,或者收养一个孩子,或者赡养一位老人的外国人;总之,所有经法定部门判定有功于人道主义的外国人,都被认可行使法国公民的权利。"直到1848年"消极"公民(即不缴税的人)没有普选权,妇女的普选权从1944年开始,殖民地人民的普选权从1946年开始。在同一时期,随着国家势力的增强及法治的增强,公民资格与国籍之间的联系才更加紧密。

从这一点看,国籍同公民资格的分离无疑是移民和欧洲带来的

---

[1] «Études et doctrine. La citoyenneté», *Cahiers du Conseil constitutionnel*, n° 23, 2007, p.62.

最重要的变化之一。自20世纪90年代以来,大部分西方国家都经历了关于国籍改革的大讨论,差点儿成为移民控制的工具,被认为是"法律衰退的信号"①。至于政治权利,越容易获取国籍的国家对承认政治权利越开放,相反同样也是如此,比如:北方国家赋予所有外国人地方政治权,英国给予英联邦侨民地方选举权和国家选举权;而德国和法国仅限于欧盟侨民有外国人地方选举权。

正在发生的变化让一些学者担心法国会变成一个不稳定的共同体,将会在"一个渴望同人道主义全面混合的欧洲中解体。"②用"解体"这个词来形容公民资格多重性似乎有些过分。同样,欧洲似乎也没有"渴望同人道主义混合";相反,伊夫·勒戈特提出三个层面上的关系,这倒是没错。因此,在国家公民资格基础上叠加地区公民资格,这一层面在我们的世界范围内由欧洲不同的公民资格表现出来。而同时,在全球范围内,可以设想世界公民资格,这不仅是哲学家的梦想,而且也是关于移民权利问题方面具体的创举。

1.2 欧洲公民资格

1952年4月30日,让·莫内在华盛顿的演讲中就已经提出他初期的欧洲计划,他说:"我们不是国家联盟,而是团结人民。"这就是欧洲公民资格的最初想法。然而,直到1992年《马斯特里赫特条约》签订的时候,"公民"这个词才出现,后来在人权基本法宪章中得到加强(第五章关于公民资格),经2000年《尼斯条约》通过,2007年《里斯本条约》开始正式实施。但是,当基本法宪章仅以"欧洲人民"的名义推出的时候,《里斯本条约》主要针对范围越来越小的欧洲各国人民的团结,明确指出,这些决定是"尽可能接近公民的意愿"做出来的(第一条)。另外,欧洲议会的成员是"欧盟公民的代表",而不是"结合在共同体下各国人民的代表。"

除了这一象征性意义,分析家还提出了关于公民资格的三个观

---

① P. Lagarde, « La déchéance de nationalité », *Recueil Dalloz*, 2010, p. 1992 sq.

② Y. Lequette, « Études et doctrine. La citoyenneté », *Cahiers du Conseil constitutionnel*, n° 23, 2007, p. 81 sq.

点;如果我们依赖宪章和条约的定义,那基本上是政治意义上的公民资格,也就是赋予人们进入欧洲城邦的资格;如果考虑到欧洲法院和欧洲人权法院的判例,那么社会公民资格通过团结一致的原则而得以加强;最后,因为带有各种具有明显差异的文化特征的移民提出一个关于"身份"的问题,让人思考是否有可能出现多种或者跨文化公民身份。

政治公民资格来自《马斯特里赫特条约》,条约在引入公民资格这个概念的同时,又在基本上是欧洲经济一体化的基础上新增加了政治方面的规定。从此,所有拥有欧盟成员国一国国籍的人都会自动成为欧盟的公民。欧洲公民资格不是替代国家公民资格,而是一种递加,是欧洲一体化过程中一个完整的组成部分。在欧洲联盟条约的序言中,各国政府就已经宣称要"坚决为各国侨民建立一个共同的公民资格",其宗旨是"加强保护其成员国侨民的权利和利益"(第2条)。

在阅读各项法律条文的时候,我们发现欧洲公民资格仅限于27个成员国的侨民,他们享有四种权利:欧洲自由通行的权利;所在成员国市级选举中投票和被选举的权利;享受所有成员国外交保护的权利;向欧洲议会请愿的权利。请愿权是公民的主动行为,它可以允许一个公民团体要求欧洲委员会考虑一些立法建议,从而成为一种真正的反抗武器。从这个意义上说,2010年12月,要求加强转基因生物管理控制立法的请愿,是欧洲公民的第一次努力。这次尝试既涉及到环境保护方面的问题,也涉及科技更新的问题。然而实施规定并没有被执行。当非正式的各种自主请愿行为在互联网逐渐发展起来的时候,这种缓慢性有可能削弱公民的行动,因为同网络上集体动员的灵活性相比,《里斯本条约》所规定的请愿程序和条件显得似乎过于严格过于局限。

事实上,欧洲公民资格主要是法院判例的成果[1],但是却遵循断

---

[1] É. Pataut, «L'invention du citoyen européen», *La vie des idées*, 2 juin 2009, 〈laviedesidees.fr/L-invention-du-citoyen-europeen.html〉; M. Benlolo Carabot, *Les Fondements juridiques de la citoyenneté européenne*, Bruxelles, Bruylant, 2007.

断续续的发展变化。因此,从平等对待这一方面看,创新性的判例拟定了社会公民资格的大纲。即使这些内容并没有编入条约当中,一些评论家已经开始提出"欧洲社会公民""社会一体化身份"[1]以及"欧洲公民资格,社会法的新动力"[2]等的说法。这一说法是建立在欧洲联盟宪章的团结一致原则基础上的,这一原则在"公民资格"那一章节中也有规定。在这里,再次提出了关于社会权利的可裁决性问题,因为社会权利同大部分民事权利和政治权利不同,它会涉及到一些预算还有选择问题,这些问题超出法官的权限,在做出明确裁定的时候,他可能侵犯立法权。但是,司法实践研究"可以明白无疑地将社会权利的特殊性相对化"[3]。

从欧洲法院这一方面来看,无歧视原则就是要承认欧盟所有公民工作的权利。因此,像提供一个孩子教育补助这样特殊的社会优惠政策适用于所有在欧盟法规定范围内具有居留权的人。比如对一些学生、失业人员以及贫民等,法院多次提起这样的条文,而且在2004年的指令中再次被提起,即:"根据本指令,所有居住在欧盟成员国领土上的欧洲公民享有该成员国侨民在条约适用范围内的一切平等待遇。"相反,人们发现,在劳动法,特别是关于罢工法和工会法方面有所退步,甚至退步到在一些同欧洲联盟宪章所宣称的团结一致原则有关的权利当中,退步到要区别可以被引用的权利(如获取安排工作服务的权利、合法平等工作条件的权利、享有产假的权利等)以及"不足以提供合格或对应性证据的"[4]权利。人们原以为

---

[1] L. Azoulai, «La citoyenneté européenne, un statut d'intégration sociale», in *Chemins d'Europe*, *Mélanges en l'honneur de Jean Paul Jacqué*, Paris, Dalloz, 2010, p. 1 sq.

[2] M. Benlolo Carabot, «Les droits sociaux dans l'ordre juridique de l'UE: entre instrumentalisation et fondamentalisation», in D. Roman (dir.), *La Justiciabilité des droits sociaux: vecteurs et résistances*, Paris, Pedone, 2012.

[3] D. Roman, «La justiciabilité des droits sociaux», *ibid.*

[4] K. Lenaerts, «La solidarité ou le chapitre IV de la charte des droits fondamentaux de l'UE», *Revue trimestrielle des droits de l'homme*, n° 82, 2010, p. 227 sq.

已经超越了这些区别,如今又回到这些区别上来,说明实施《里斯本条约》所宣称的"市场社会经济"(第三条)是相当困难的。商品公民资格将有可能超越社会公民资格。然而,考虑接待国的金融平衡,将这种新问题归咎于金融危机,这一论证又回来了,因为危机同样也会产生相反的效果,就是激励法官加强社会保护。

欧洲社会公民资格尽管表面上看发展断断续续,但它从来没有完全消失过,甚至还取得了具有深刻意义的进步,比如在社会补助、强制性劳动、工会权利或者社会排斥方面,尤其在最近对罗姆人集体驱逐事件上,这一事件本身表现了非人道主义的对待或者说是一种可耻的行为。①

剩下还有一个问题,就是文化权利和"提升受损身份价值"②的权利。这个问题在那些古老的殖民地国家尤其敏感,他们经历了社会文化适应过程,才刚刚开始适应自己的历史。③ 同样这个问题在一个道德伦理及宗教分裂的欧洲(包括土耳其在内的整个欧洲议会)也很敏感。是否可以设想一个多文化或者跨文化的公民身份?最大的挑战依然是移民法:"继公民联盟之后是多文化公民身份"④。即使是将多文化公民身份定义成价值持有者(非歧视、出行的权利、宗教和文化对话)的时候,这个名称依然存在歧义,因为我们从中可以看到或者承认少数移民的特有权利,或者出现一个复数的概念,使政治和社会公民资格同一个最好称为"跨文化"公民资格结合起来,因为"跨文化"这个词反映了文化权利开放的概念;2007年宣布的《弗里堡宣言》第 3 条就是针对了解和让人尊重自己的文化,以及在文化多样性中构成人类共同遗产的文化而设立的。关于

---

① J.-P. Costa, «La CEDH et la protection des droits sociaux», *ibid.*, p. 207 sq.

② E. Jouannet, *Qu'est-ce qu'une société juste?*, *op. cit.*, p. 290.

③ G. Ntoho Tsimi, *Le Paradigme du crime contre l'humanité et le pluralisme juridique dans les droits pénaux africains*, thèse, université de Yaoundé, 2012.

④ C. Wihtol de Wendel, «La citoyenneté revisitée», *La Question migratoire au XXIe siècle*, *op. cit.*

这个宣言,评论家明确指出:"文化权是指一个人(单独或共同)选择和表达他的身份,获取文化参考资料的权利和自由"①,这些文化参考资料是识别、传播和创造的"必要资源"。

吉约·布拉邦讲述了欧盟宪章序言最后一句话的起草过程,说明很难考虑这样一个问题,那就是:伴随着欧盟议会提出"宗教继承"②这个建议,"一个小炸弹爆炸了"。布拉邦援引法兰西共和国的政教分离原则,为欧洲的政教分离进行辩护:"许多欧洲国家非政教分离的特征并不妨碍欧洲本身实现政教分离。"

既要肯定共同价值,又要肯定"各族人民的文化传统多样性"。出于这样的考虑,编撰者们最后提出了欧盟"精神和道德遗产"的概念,希望同欧洲人权法院的判例相结合。欧洲人权法院的判例认为多元化是民主社会的一个组成部分,在这方面承认了同国家自主空间存在很大的偏差。③

困难在于不能将多元化转变成相对主义,这有可能将一些"宗教热衷者"同另一些戴着政教分离面具的热衷者对立起来。所以为达到这一目的,让·博贝罗和米西林·米罗区别多种政教分离:这些政教分离根据其目的性(意识自由、非歧视)和使用方法(政治与宗教分离、政府保持中立)而有所变化,他们维护的不是应该敬仰的价值,而是因为政教分离集中了前面所提到的四项因素。④ 但是多元性是有局限的,即:任何一种文化都应该尊重人类尊严平等这一不可触犯的法律。

归根结底,欧洲的各种公民资格尽管错综复杂,脱离了国籍,叠加了两个层面的问题,但是这也许能让人想起使用"跨公民资格

---

① P. Meyer-Bish et M. Bidault, *Déclarer les droits culturels. Commentaire de la Déclaration de Fribourg*, Zurich, Schulthess Verlag, 2010, p. 17.

② G. Braibant, *La Charte des droits fondamentaux de l'Union européenne*, Paris, Seuil, 2001, p. 77.

③ E. Decaux, « Chronique d'une jurisprudence annoncée: laïcité française et liberté religieuse devant la Cour européenne des droits de l'homme », *Revue trimestrielle des droits de l'homme*, n° 82, 2010, p. 252.

④ J. Baubérot et M. Milot, *Laïcités sans frontières*, Paris, Seuil, 2011.

(intercitoyenneté)"这个词,用以表示在联邦成员国中双重归属现象。欧洲法律甚至走得更远:欧盟宪章第 41 条针对"所有人"而设立,在侵犯一项行政权利的时候,外国人,甚至包括那些非法的非常驻外国人也可以引用这一条。特别是根据欧洲人权法院的第 34 条规定,有权提出申诉,反对欧洲议会的成员国,而不受国籍限制(比如,伊拉克人可以提出申诉,反对英国)。所以在这个几乎经常发生危机的欧洲,我们看到微微开启了可以扩大到世界范围的公民资格的可能性。

1.3 面向世界公民资格?

被看成是世界公民是一个古来的梦想,这似乎是伴随着世界各族人民、各种不同人类和平共处的梦想而来的。"世界公民资格"(来源于拉丁文 civitas 公民身份,公民资格 + mondium 世界)这个词相当于"世界主义"(来源于希腊文 cosmos 世界 + polis 城市、人民、市民)。

当然我们会想到康德以及他的永久和平计划(1795 年),但是这个思想并不是在启蒙时期诞生的。在古代的时候,西赛罗就提到斯多噶学派认为这个世界如同"神与人共处的城邦"①。在康德之前,当莱布尼茨还在以一个基督教和帝国形式存在的欧洲的观点来描述"上帝之城"的时候,克里斯蒂安·沃尔夫就已经看到了作为人民国家的"人民之城",并早已准备康德式的世界主义道路。而中国的传统儒家学派从很早就开始教授"四海之内皆兄弟",并使用"大同"一词。这个词翻译成法语有很多解释:大团结、大联盟、世界主义社会、大集团、大和谐、大相似、世界友谊、大联邦等。

康有为从 1884 年至 1885 年间开始演绎《大同书》,"大同"这个词让"二康"(康德和康有为)几乎在两个完全不同的时期不同的地方做了同一个梦,打开了通向权利之城的道路。他们都以自己的方式想像着世界公民。1884—1885 年当康有为开始着手写

---

① Cicéron, «De la nature des dieux», in Les Stoïciens, trad. du latin par É. Bréhier, Paris, Gallimard, «Bibliothèque de la Pléiade», 1978, p.465.

《大同书》的前身,即《人类公理》的时候,康德的思想还没有被翻译成中文。

他们都意识到他们同现实世界的距离:康德使用"美好的梦想"来形容他的设想,而康有为拒绝发表他的文章,因为他的想法"对于那个时代来说过于超前"。那个时代就是必须建立民族国家,可见这位空想主义者还是一位依恋中国帝国的保守主义者。但是两个人都懂得重实效。康德指出,如果宗教和语言相分离,那么贸易和金钱就会统一。他不希望看到一个世界国家将来变成最可怕的专制政府,他的世界主义权利只限于在接待国不被当作敌人来看待的友好原则,但是却排除在接待国安顿下来的权利。对于康有为来说,他重新采用中国的传统思想,宣称未来的"大同"将是人类历史三个阶段的最终结局:即由"据乱"(他所生活的时代)进为"升平"(小康),由"升平"进为"太平"(即大同,只有一个政府)。然而,即使在第三阶段,人民的自主性、边界和地方立法也都是精心安排的。至于世界公民,或者"天下子民",在佛教和道教思想的影响下,将具有仁义之心。他的弟子梁启超翻译了康德的思想[1],比康德更具有政治性,强调参与的法律条件,并提出各国公民资格叠加的思想:存在一个民族公民和世界公民。

在回顾二康的思想以后,我们可以对这个问题的新颖性有一个相对的看法,但是全球化又激起了人们的讨论。法律哲学家费拉乔里提出普遍公民身份的方向,以此来协调人权和公民权的关系[2];与此同时,国际主义者舍米耶-让德罗女士提出是否可以考虑适应世界多元化的普遍公民身份。[3]

但是,超越世界化各种矛盾的各项创举却遭遇到很多阻力。

---

[1] J. Thoraval, « L'appropriation du concept de "liberté" à la fin des Qing en partant de l'interprétation de Kant par Liang Qichao », in M. Delmas-Marty et P.-E. Will (dir.), *La Chine et la Démocratie*, Paris, Fayard, 2007, p. 215 *sq*.

[2] L. Ferrajoli, *Principia Iuris. Teoria del diritto e della democrazia*, Rome, Laterza, 2007, 3 vol.

[3] M. Chemillier-Gendreau, « Quelle citoyenneté universelle adaptée à la pluralité du monde? », *Tumultes*, n° 24, 2005, pp. 165-178.

1990年通过的联合国关于保护移民工人（包括非法移民）及其家庭成员权利的国际公约终于在2003年开始实施。这项规定是经过12年的准备工作才最终完成的一部特别完整的法律条文，然而，没有任何一个移民国家批准认可这项公约。联合国秘书长科菲·安南希望能够扭转公约的失败，想象另外的途径。2013年他创立了日内瓦移民工作小组，结合了很多国际组织，包括国际劳工组织、联合国开发计划署以及人权高级专员公署。后来这个工作小组成为世界移民工作组（世界银行和难民高级专员公署后来也加入进来），这项创举也没有完全成功，各国对其工作的贡献很小，国际调停也只是泛泛而已。但是无论如何，这项工作还是具有创新精神，因为他把移民作为一个全面的挑战，从而将平时分离的各个层面，如工作、发展、人身安全和国家安全、融入问题、移民保护，或者说反映世界政府的所有权力等问题都协调结合起来。2006年联合国秘书长参加了一次"高层"对话，这说明世界性协调是必须的，进行建设性讨论也是有可能的。

将联合国的工作同日内瓦成立的工作小组的工作结合起来，加入世界关于移民和发展的新论坛当中，这才是真正的创新。这种多边碰面的结构结合了很多因素，包括：接待国和移民输出国、雇主、工会、移民协会和人权保护协会以及专家等，目的是"更新人员流动的各种矛盾问题。"这个论坛面向欧盟所有成员，为明确共同的目标而提供一个讨论的平台，也可以提供一个统一协调的方法。剩下的工作就是要改善与移民问题有关的资料研究，特别是关于移民的影响和发展政策的效果研究，还有就是要加强国际组织之间的协同作用以及他们同非政府组织之间的协同作用。

总之，如果人们依然在追求欧洲公民资格，如果世界公民资格大致也可以勾勒出来一个框架的话，那么这些具体的创举已经表明，设想"多层次"的公民身份是可能的，这种公民身份可以协调国家、地区和世界各个层次所承认的权利，将公民同与他们有关的决定结合起来，无论是他们各自所处的国家还是地区的，甚至是成为世界城邦的全球决定。我们会设想，这种新型的公民拥有必要的信息和有效的法律武器,而且,还应该知道,他们已经准备好为"人性不可减免"这个统一观念而努力。

2. 确认人性不可减免性

Consacrer(使神圣化、奉为神圣、确认、认可)这个词包括很多意义,它引进了一个"神圣"的概念,似乎排除了所有法律或哲学方面的概念。汉娜·阿伦特曾说:"一个人鲜活的本性不可能被硬化成文字"。这种不可能性就是在人类事务各个领域当中,"这种本性从原则上排除了我们永远不能够像处理物件一样来处理人类事务,因为物件的本质是受我们支配的,因为我们懂得给物件命名。"①

如果说人类的本性不"受我们支配",但是去人性化的多样化形式和世界化形式却要求我们明确定义这种以反抗为目标的无人性。到目前为止,我们发现,非人性的特性已经不再受我们所支配,应该将我们控制的关系转变成为人类负责的相互依靠关系。

2.1 明确非人性的定义,描绘人类的本性

了解我们所丢弃的比了解我们所希望的更容易,在没有预先描述人性之前就已经形成禁止非人性的法律性质,这一点并不意外。第二次世界大战揭示了去人性化形式的残暴,引起世人很大的震惊。之后,最紧要的事情是禁止非人性行为的回归:禁止国家触犯人权,即我们所说的(人权)不可触犯(indérogeables);禁止违反人的价值,这是新犯罪类型的基础,即我们所说的(权利)不受时效约束(imprescriptibles)。人权不可触犯和不受时效约束这两个形容词描述了人性"不可减免性"不可触犯的特性。

从人权不可侵犯这个角度说,1948年世界人权宣言序言中提到人权是人类要"达到的理想",这一点不存在任何问题。是欧洲人权公约(1950)和美国人权公约(1966),更广一点儿说,是联合国1966年公民权利和政治权利公约才产生人权限制、特例和特免的细微差

---

① H. Arendt, *Condition de l'homme moderne*, trad. de l'anglais par G. Fradier, Paris, Calmann-Lévy, 1983, p.239.

别。因此,相对立的,对于某些不可触犯的人权就产生了这种不可触犯性原则。

这些不可触犯的人权名目并不多,包括禁止使用酷刑和死刑、禁止无人性地可耻地对待奴隶、禁止使用追溯性刑法。在这些基本的共同名目中,联合国的协定中又加入了禁止"对一个人在没有自由同意的情况下进行医学或科学试验",这是唯一一个以肯定的方式形成的权利,这个权利就是获得法律权威人物承认的权利。如果再加上禁止集体驱逐这一条例(欧洲人权法院第四号协定第4条),那么这个名目很清楚地表示了限制保护人性不可减免性的各种禁令,人性不可减免性这个概念,只有在否定的时候(如非人性对待)才会提出来的,否则我们是不太会提到这个概念。

欧洲人权法院正是以这些不可侵犯权利的名义反对"反对恐怖主义战争"(如今这个比喻已经成为现实)中所使用的酷刑。虽然战争像合法防御一样,允许杀死对手,免除他生命的权利,但战争从来没有承认酷刑的合法性。当然生命权在不可触犯的权利名目中有所提及,但是,人们也经常承认死刑例外情形,取消该例外情形的协议仅保留于战时状况。为此,从严格的意义上说,生命权不能被当作是一种绝对保护的权利来看待,除非是谋杀行为伴随着非人性可耻的不道德的对待,如死刑执行的条件、强制性或非自愿执行的条件、甚至包括种族屠杀等。在这种情况下,那就是不受时效约束的罪行。

时效不像特赦或者赦免一样是一种自愿行为。它不是对人的原谅,而是对时间的遗忘,它保证自一些既已事实(公共行为时效)或者宣判(死刑时效)以来一段时间以后对犯罪人不加惩处。尽管不受处罚有安抚的作用,但是却妨碍记忆的形成,尤其是当这样的规定阻碍了整个诉讼案。然而记忆,如保罗·瓦莱里所说,"过去的未来",它的作用不是反顾过去,而是为现在提供养料,准备未来。

纽伦堡和东京在对二战的罪行进行审判的时候,时间间隔太短而无法提出不受时效约束性的问题。不受时效约束性后来成为一项国际原则,归纳入1968年的联合国协定和1974年欧洲协定。受国际法约束,它不仅适用于战犯,同时也适用于一切反对人道主义的罪行。而且还应该对这些非人性的行为做具体规定。国际刑事法院的规约(从纽伦堡法庭,到专家们所建立的各种国际刑事法庭最后到国际刑事法院),为我们提供了很多参考资料。国际法已经为战争罪设置了标准,在此基础上,纽伦堡规约第6c条又增加了反对人道主义的罪行,包括侵犯人的生命,如谋杀或灭绝(国际刑事法院规约还将增加强制性灭绝一条);侵犯尊严平等罪,如奴隶制、终身流放关押集中营以及"其他战前和战争中对所有老百姓所犯下非人道主义行为";以及以"政治、种族或宗教为目的的迫害"。国际刑事法院的规约还增加了酷刑和强奸罪,国际法院的规约还包括"一切其他形式的严重性暴力",尤其是性奴、强制性卖淫、强迫性怀孕或强迫性节育。

关于种族灭绝,首先这容易同反对人道主义罪行相混淆,联合国1948年关于《防止及惩办灭绝种族罪公约》将两个概念区别开。对于种族灭绝的规定是在和平或战争时期所犯下的自主性国际罪行(第1条)。国际刑事法庭和国际刑事法院的规约重新引用了种族灭绝罪的定义,这个定义建立在一个基本标准上,即:不仅是大规模地毁灭,而且是有选择性的(通过国别、伦理、种族或宗教区分)行为,从而导致仅仅因为受害人属于某个集体而使其人格丧失,而遭受非人性地对待。

从这些不同的可以向外延伸的名目来看,可以从负面表现定义人的特征的标准:每个人类个体的独特性(同人性化的文化进程有关)及属于某个人类团体的平等归属性(同人类进化的生物过程有关)。因为不受时效约束的罪行关系到独特性和/或平等归属性,所以才同"普通"罪行有所区别,无论后者有多么残忍。

然而,随着新技术的应用,出现了生产生命这个犯罪问题。在法国刑法典中,这个问题同"违反生物医学伦理道德"这一章人种保护问题相连。如果说人们很奇怪为什么将生物医学伦理道德单独提出来的话,那么将反对人种的罪行(优生学和克隆)同反对人道主义的罪行区别开就更令人奇怪了,因为这相当于将生物变化(人化)

同文化发展(人性化)分开,然而两者同人类、同人道主义的产生是密不可分的。只要我们的目标是保护人类反对非人性对待,新科技的发展就应该激励人们广泛接受非人性的概念。

但是,罪行的定义扩展到反对优生学、克隆或其他人类个体生产的形式似乎肯定了第三种标准,即不确定性。直到目前,这一标准还没有被明确规定下来,但是却对明确规定什么是人道主义是十分必要的,因为这个标准恰好位于生物发展和伦理道德的交叉处:一方面生物学家发现人类后天变异的独特重要性,这说明不确定性是物种生存中不可缺少的条件,因为它促进了物种的创造性和适应性;另一方面,司法人员和哲学家们都知道,不确定性尽管很脆弱,却在人类的尊严和责任当中孕育了自由的思想,而这份情感是构成人类之所以为人的条件。

每个人类个体的独特性、依属某个人类群体的平等归属性、不确定性,这是表现人类特征的三个标准。结合这三个标准,不仅通过不可触犯权利和无时效约束罪行之间的相互补充,而且还通过人类物种和人道主义之间的重新统一,标志着整体的一致性。结合这三个标准,新的反对人道主义的罪行不仅是指毁灭性行为(种族灭绝、强制性消除、谋杀)或可耻不道德行为(奴隶制、种族隔离、种族歧视、性奴等),而且还包括个体人种的预先确定,无论是贴有危险人物标签的还是根据预先设立的模式加工而成的人(如优生学或克隆生产)。

当然,这些并不意味着他们都是犯罪。无时效约束的罪行的职能就是保持特例。有意触犯其中一个标准是必要条件但是不是充分条件。还应该增加一个要求就是:这应该是一种普遍的或者是有系统性的行为,它包括犯罪者(对这种行为有某种目的的国家或组织)和受害者双重集体层面,并由全体公民来决定。

关于未来人口,即"下一代"人,他反映了以下问题:因为他们无法作为权利主体来表达自己的意愿,但是却是保护权利的客体,促进人类要承担的责任。所有这一切责任关系到非人类特性,所以唯一条件就是要由下一代人对它进行描述。

2.2 改变同非人类特性的关系为人类负责

目前我们发现二元学说和人类中心学说人道主义的过分行为和局限性,这种人道主义将人类当作是非人类特征的征服者和主人。但是将这种支配关系转变成相互依存关系并不是要将非人类特性同化为人性。因为极端一元论是要将非人类的生物人性化,这就有可能导致人类的去人性化。这两条路其实是按照同一个逻辑思路进行的,就是抛弃人类的特性从而将其去人性化。

正如我们前面所提到过的,在目前的刑法中有可能还存在着对犯人的去人性化对待。这种行为不仅体现于处罚手段以及非人性或可耻的不道德的对待方法,而且也体现于人类学领域,随着这一学科的发展,当人们把危险性同责任分开来谈的时候,人类学为讨论提供了理论基础。今天我们看到新兴起了一门学科,那就是决定性人类犯罪学。这门学科认为罪犯是一种未进化好的人,结合了人和非人的特征,它改变了人类预防原则。因此,在法国刑法处罚中增加了一条无期甚至永久安全拘留的规定。这个拘留决定是建立在对惯犯的预测基础上。通过这种方法来排除那些带有"危险"标签的人以及那些类似动物甚至像危险物品的人。

然而,根据黑格尔的观念,我们可以认为,处罚是"相对于犯罪人自己的一种权利",因为在对他进行惩罚的同时,"人们尊敬他是一个理智的人。如果不是根据他的犯罪性质来制定对他的处罚观念和方法的话,同样,如果他只是一个有害的动物,应该排除掉或者让人害怕的话,人们是不会赋予他这种尊敬和荣耀的。"①因此,当人们开始实施"安全处罚"的时候,这正是去人性化的行为。

在相反的状况下也会产生去人性化的行为,这是我们没有预料到的,就是将非人类同化成人类的情况。第一个例子就是把动物被当作罪犯来审判并加以惩处,对于这一点,很多国家并不认可。相反,承认动物或者一个自然种类是受保护的权利主体,或者是权利

---

① G. W. F. Hegel, *Principes de philosophie du droit*, trad. de l'allemand par A. Kaan, Paris, Gallimard, 1940, p.135.

受到侵犯的受害者,这一点在西方是新兴的观念。如果人们觉得生态学的观念是最极端的话,那么这种新观点反映了二元观念向一元观念的转变。国际法正是受到二元观念的启发(《世界人权宣言》第1条中规定尊严平等的权利只限于人类);而一元观念在极端的情况下会诉求刑法来保护非人类。

所以《动物权利共同宣言》(在1978年联合国教科文组织的一次内部会议上通过,1989年重新修正)规定,所有"危害野生物种生存的行为及导致这种行为的一切决定"都被视为犯有"种族灭绝罪"(第8条)。法国刑法典显得更为稳重谨慎,1992年在反对人身和财产罪上又增加了"其他重罪和轻罪"一款,包括各种自愿或非自愿反对动物的行为。2004年这种规定扩大到对动物进行性行为。所以,2007年法国高级法院重罪庭对一匹小种马的主人做出判决,因为他对这匹马进行鸡奸,原因是动物"不能自愿地进行,也不可能避免强加于它的行为",实际上已经"被变成一种性工具"。

关于自然生物,有些规定似乎走得太远,比如厄瓜多尔宪法承认所有"人、团体和一切自然生物"是权利的主体。离我们近的国家如瑞士也承认生物的多样性是权利的主体,并且认为非人类生物具有其内在价值。

在这个具有新概念的世界中,在动物人性化和自然生物人性化之间,非人类的概念也不会同人类的概念有完全明确清晰的区别。这样,等所有活的生物都变得同人具有同等价值的时候,有可能产生间接的影响,从而促进去人个性化,也就是去人性化的发展。但是,也有可能制定更为细致的规定,以避免极端的二元主义,即不是将非人类同人类对立起来,而是会承认双方的相互依存,但是却不会导致绝对的一元主义。

也许,我们还需要新的法律标准来描述动物的特征,而且要更广地看待这个问题,以此来描述非人类的特性,甚至是生态系统的特性,这样才是对人类负责任。有一个非常有创意的建议,就是以所有权为中心,将主体/客体的对立关系转换成环境/居住者①的相互作用关系。不需要彻底更新,但无论如何,有必要超越人与物之间这种最高级的区分。

关于动物(至少一些动物,比如细菌,不会象保护家禽家畜或者正在消失的物种那样被保护),它们既不符合人类的特征,也不符合物体的特征,保护的一个标准也许应该是"有感觉的"资质,这是欧洲法(《里斯本协定》)中新规定的表达方式。而关于普通自然物,它被简化成"人类共同遗产"。另外,这个表述方式自里约热内卢地球高峰会议签定的《环境法》以来就不再使用了。相反,将普通自然物规定为自主的权利主体似乎有些过分,因为它自己没有意向性,也没有同人进行互动的可能性。所以也许可以从"世界公共财产"这一方面寻找标准。我们还记得"世界公共财产"这个概念在经济领域首先指的是非专属的(可以供所有人使用),而且往往是非竞争的(任何人的使用都不会损害其他人的使用)财产。但是经济的观念并没有考虑公平的要求,因此会以共同财产作为标准参考。而共同财产,无论我们把它当作单数来看还是复数来看,都不仅限于对目前和未来各代人的保护。

正如生物学家阿兰·普罗昌兹所指出的那样:"我们保护动物,那是因为我们是有理性的可以躲避某些自然规律的生物。"②但是,如果说我们躲避了自然规律,相反我们要遵循人类的规律:作为有理性的生物,人类对生态系统负有义务,如果他们不尊重这些义务,那他们就应该被认为是要承担责任的。在发展和环境之间产生张力从而造成损害的时候,我们的义务就是要提出相应的解决办法。而义务所要求的责任不应该仅限于国家和国际环境法。正如我们前面提到的,这还关系到企业和国家内部法规。另外,法国 2005 年环境宪章就是一个例子,该宪章的序言没有满足于仅提到"后代和

---

① S. Vanuxem, *Les Choses saisies par la propriété*, Paris, IRJS Éditions, 2012.
② A. Prochiantz, «Mon frère n'est pas ce singe», *Critique*, n° 747-748, 2009, p. 742.

其他人民满足自己需求的能力",同时还强调了人类"对生活条件起到不断增长的影响","生物多样性、个人的充分发展、人类社会的进步,这些都受消费方式、生产方式及自然资源过度开发方式的影响。"最后,该宪章还提出了一项义务(这一点在宪法性质的章程中很少见):"每个人都有义务保护和改善环境。"(第2条)按照这项义务的规定,会出现一个新的国际刑法分类,对严重损害地球安全或生态系统安全的行为提出指控,条件是这些行为是大规模系统性行为,并且长期严重危害地球的平衡。

武装公民,或者着眼于人性的不可减免性来使世界化变得人性化,这些还都不够。我们需要建立人类和非人类之间的关系,或者是建立人类之间的关系,同时世界化也需要权力的持有者(无论是公共的还是私人的)承担起他们的责任。这是一个遥远的目标,但是已经树立起了路标。

第二节 让权力持有者承担起责任

我们曾多次谈论到世界政府,这既不可行也不是人们所希望的。所以在不存在世界政府的情况下,主要的权力持有者就由他们的政治地位(主权国家)或者经济潜力(跨国公司)来决定。不要忘了,在全球100家最大的经济实体中,2/3以上的实体是跨国公司,而不是国家政府。当然在全球范围内还存在其他活动者,如国际组织这样的公共活动者,但是他们相对于国家来说缺乏一些自主性;还有像具有公民义务或科学性的民间私人活动家,但是他们的贡献更多的是直接参加反抗和预防,而不是解决世界化所引起的矛盾。

企业的社会责任成为管理问题讨论的中心话题,这一点并不是偶然的。与此同时,社会公平这个主题越来越多地出现在国际领域当中,甚至要求各国庆祝"世界社会公平日"。

大部分的社会冲突是要求更加平等地分配世界化利益。在这一时期,面对全球繁荣发展出现的矛盾,社会公正首先是政治的必要条件。正如我们前面所述,发展同时也伴随着经济不平等的增强

(如国家间经济的不平等、人与人之间经济的不平等)。

当然,以自由为基础的国际经济法在全球增长强盛的几十年当中曾经是世界发展的参考框架,也使得像中国、印度、巴西等这些新兴的经济强国慢慢崛起。但是,它也没能让西方国家避免1930年以来所经历的各种严重的金融危机。因此,有必要实施新的金融调节制度,同时应该结合社会责任加以调节。然而,这个目标却遭遇由于用词不当而引起的歧义:英语中责任(responsability)指的是各项决定的规划过程;而法语中责任(responsabilité)同时也意味着向一个在必要的时候有权力对它进行制裁(即英语中"负有责任accountability"的意思)的机构"汇报"这些决定。应该区别这两种词义。

1. 社会责任

让权力持有者承担责任的举措数目繁多,本应该能够取消障碍,但由于一些举措四分五裂,没有什么有效的手段,所产生的影响也不那么明确,所以奇迹也许只是一个简单的幻想而已。

1.1 多种举措

在欧洲讨论当中,欧盟委员会对企业社会责任的定义是:"企业与相关利益者接触时,自愿将对社会和环境的关怀同企业经营活动融为一体"①。换句话说就是结合那些不以金融为尺度衡量的因素,如职工的幸福、环境保护、人权等。为了将这一目标具体化,涌现了很多举措。

关于民间私人的措施,表现得更加多样化,如:单边方式设立的行为规范,或者越来越多的与民间组织,尤其是非政府组织合作;一些特殊的领域,如木材(1994年成立的森林管理委员会)或钻石(2000年制定的《金伯利进程国际证书制度》)的商品标签和认证资格的制定;标准化可以加强并使单边约定成为系统化,尤其是1947年成立了国际标准化组织(ISO),它是由一百多个国家构成的工作

---

① 2001年欧盟委员会绿皮书。

小组,为企业社会责任制定国际标准(ISO26000,2010年由93%的国家表决通过);另外还有国际协议框架,这是国际工会组织同企业的社会对话形式,以填补适用于跨国企业法律领域的空白。自1976年国际经济合作发展组织(OCDE)在它的《跨国企业纲领》中推出了很多政府间的混合性公共措施,通过国家接触点,建立一个由国家、企业、工会三边构成的机构,企图借助调解来解决问题。在联合国,合作的思想表现为不同的形式,2000年联合国秘书长安南制定了《全球契约》,被认为是联合民间私人活动者的一种方法,他们希望寻找共同的解决办法来实现千禧年的目标。

联合国下属的人权委员会的目标更加伟大,2003年8月该委员会通过了一项名为"跨国企业和其他企业在人权方面的社会责任规范"的计划。这项计划规定由国家机构和国际机构定期进行检查,被认为是一个真正让人害怕的条文,因而引起国际商会和一些强国,如美国和澳大利亚的敌意。但是这项计划得到人权高级专员公署的大力支持,2005年联合国秘书长又以非常温和的方式,即"人权与跨国企业"工作的形式重新推出这项计划。

虽然以企业社会责任的名义推出的措施没有直接让跨国企业在法官面前做出"答复",但至少这些措施让企业接受这样一个观念,即"在国际法中规定了企业责任",同时也证明了,鉴于目前的状况,没有国家的参与,困难是很难跨越的。

让国家为社会公正承担起责任,这首先需要对这一目标做出明确的规定。这个《千年发展目标》是由联合国在2000年全体大会上公布的,其目标特别高,并规定了期限(2025年以前)和非货币指数(医疗卫生、教育、环境指数)。然而,多年过去了,这些目标依然没有实现。

国际劳工组织存在很久了,但是它的行动计划,即为了解除国家约束的这一政策很快就被忘记,以至于国际劳工组织宪章所规定的实施策略,无论是协议的批准、政府应该提交的报告还是专家委员会执行的监督工作,这些都越来越不被人所遵循。

我们在前面提到,尽管有很多困难,国际劳工组织依然希望重新发挥作用。他调整了策略,1998年公布关于劳动的基本原则和权利宣言,1999年公布的体面工作日程对1998年的宣言加以补充,这样在工作权和人权之间建立了联系,承认每个人都有在保持人类尊严、团结一致、平等参与的条件下获得工作的可能性。正如阿兰·苏彼欧所指出的,问题在于要实施一种简单的思想,根据这个思想整个人类社会需要合作和竞争,因为"一个主张无视彼此的世界将会冒着失去自我的危险。而合作的优势同竞争的优势一样对整个社会的繁荣和幸福都起着决定性的作用。"①

国际劳工组织于2002年2月成立了世界全球化社会问题委员会。这是一个独立的机构,这个机构的报告②早已预测到了目前危机的很多方面。最终在2008年经济危机爆发的时候,通过了《建立公平全球化的社会正义宣言》,并展开了机构间的实施策略,联合了世界贸易组织、联合国及国际货币基金组织。但是面对金融危机的规模和交易所交易债券权力转移的重要性,这些措施并不足以创建新的模式来组织分配公共和民间私人权力持有者之间的责任。

分配责任的结果是要承认国家不再是国际法的唯一主体。全球权力,无论是政治权力还是经济权力的持有必然会导致这样的结果,那就是全体责任。全体,因为它针对的是所有参与者,但是从地理位置上看,又仅限于欧洲(欧洲理事会和欧盟),所以从整体角度看,欧洲"社会责任分配"基本法计划提出要通过"多领域"的方法来制定社会福利的概念,即根据"多个参与者的方法来组织分配社会责任。"

在这里我们发现语义的模糊性,因为分配英文意义上的责任(responsability),就是组织在公民和其他社会活动者参与下集体决定制定的过程;所有各方面都应该承担和行使社会责任,并且应该

---

① A. Supiot, « Esquisse d'un accord-cadre relatif à l'extension de la protection sociale », *Semaine Sociale Lamy*, n° 1272, 2006, pp.91-99.
② 国际劳工组织国际委员会关于全球化社会领域的报告,《公平的全球化:创造共同的机遇(Une mondialisation juste: créer des opportunités pour tous)》,日内瓦,2004年.

承认参与者之间权力的强弱差别,在知识和优先权建构中、在政策的实施和评估策略中对此有一定的意识。还应该将制度法规和传统的民主实践(主要是选举、馈赠和义务服务)同建立在审议民主制度的原则和方法基础(如平等的合作关系和互动、论据公平、相互约定、共同决定等)上的社会实验结合起来。在世界这个层面上说,责任分配也许是有用的,但是它必须以所有国家制定共同计划、加入这个计划、并参与规定共同决定的优先权为前提。然而,尽管具有决策权的国家团体已经扩大到 G20,但是这依然仅局限于发达国家和新兴起的国家。

相反,从欧洲这个级别上看,责任分配似乎是在一致同意的基础上建立的,但是这有可能仅限于好的意图方面,甚至会产生负面影响,如解除国家的一切责任。换句话说,措施的多样性不应该掩盖结果的不确定性。

1.2 不确定的结果

这种不确定性首先跟专门术语有关。因为所谓的社会责任(responsibility)似乎赋予软法(区别于硬法)以特权。硬法是指有明确规定的、具有强制性和惩罚性的法规范。然而,形容词"软"同类似于软弱无力、温和、不明确这样的特性相混淆,这些特性可能会为复杂性提供防线。① 但是这是在明确加以区别的情况下产生的,比如法语就可以对这些特性加以明确区别:软弱无力指的是没有强制性的规范;温和指的是没有制裁;不明确指的是态度不明朗、含糊不清。因此软法没有起约束作用,但有可能产生促进的影响。②

关于国家立法机构,软法的影响从非强制性法律这个意义上说是很明显的。比如国际劳工组织 1998 年宣言,尽管没有强制性,却

---

① M. Delmas-Marty, «Le mou, le doux et le flou sont-ils des garde-fous? », in J. Clam et G. Martin (dir.), Les Transformations de la régulation juridique, Paris, LGDJ, 1998.

② S. Maljean-Dubois, « La portée des normes du droit international de l'environnement à l'égard des entreprises », Journal du droit international, n° 1, 2012, pp. 93-114.

批准了包括四项基本原则和基本权利的基本协议。10年以后,承认的数量是一个有力的证明,这在很大程度上要归于宣言的宣传结果。如果说软法可以为国家或商业交易行为的消极抵抗提供托辞的话,那么它也可以促进国际法统一迈出第一步。

另外中国的情况可以说明这些变化。关于工会行为,国际劳工组织的宣言没有明显改善保护措施:尽管制定了2001年法律,保障工会干部的法律保护,但是他们的作用依然仅限于两个基本领域:罢工和集体谈判(后来用"集体协商"来代替"集体谈判"这个表达方式,目的是要强调和谐而不是强制①)。相反,关于强制性劳动,在中国政府的努力下,宣言的实际行动有所改变。应中国政府的要求(在2008—2010年间),国际劳工组织开展了一项地区行动计划,这项计划联合了湄公河周边6个国家的政府,其中包括中国。

结合软法(比如关于移民信息的活动)和硬法(修改劳动法禁止采用暴力、威胁、关押或者剥夺自由的方式强迫工作),中国的劳动条件有所改善。很明显反对强制性劳动的工作已经成功完成,因为中国政府的首要工作同国际劳工组织宣言的目标相符,同时也因为中国的立法也过渡到硬法上面。

在国家审判问题上,软法作为非制裁性法律也有很多变化,因为当法官有权行使直接适用规则对违法行为进行裁决的时候,他可以使规定变得"严格"起来。然而,国际法同国内法的结合就显得有些困难,因为国际法的不明确会造成解释问题。在法国,这种困难曾经因为"新雇工合同"的争诉案而表现得有些夸张极具讽刺性,这场诉讼同国际劳工组织关于解雇法的规则发生冲突。②

一般认为,法国私营领域中对雇员解聘的适用法保护了工人的利益,反对以极端的方式任意中断工作合同(这也妨碍了小企业对

---

① A. Zheng, *Libertés et droits fondamentaux des travailleurs en Chine*, Paris, L'Harmattan, 2007.

② O. Dutheillet de Lamothe, *La Déclaration de l'OIT de 1998, laboratoire de la dimension sociale de la mondialisation*, communication, 8 mars 2011, Collège de France.

工人的招聘)。维尔潘政府出台了一项新政策,即一种被称为"CNE(初期雇佣合同)"的长期合同,其目的就是使雇主在雇佣初期的两年中,中断工作合同的义务变得灵活些。我们还记得,由于社会的强烈反对,这项规定在2008年被废止。

但是,在此期间,判断同国际劳工组织协定是否相符,行政法官(负责裁决因滥用职权而引起的诉讼,判断法规的有效性)和司法官(裁决法律在适用当中引起的争议)有各种各样的解释。然而,国际劳工组织的协定允许对没有达到规定工龄的人员有解雇的特权,而且这个期限是"合理的"。法国最高行政法院判定这个期限是合理的,所以同协定相符;而最高法院的判决相反,认为这个期限不合理,因而同协定不相容。为了解决纠纷,法国工会组织提出诉讼。负责审查这项要求的专家委员会倾向于更加严格的解释,认为国际劳工局的董事会要求政府采取措施保证法规中的规定同协定中保证的权利相符。

所以,尽管没有国际裁判,在承认本协定的国家中,直接适用性可以通过国家的判决,"全球化的保障"[1]将软法变得更加严厉。但是,各种解释的分歧跟很多法律条文的不明确性有关,这些分歧产生的危险要求有必要建立一个国际法庭来协调法律条文的解释。社会责任(responsability)既不是真正的奇迹,也不是简单的幻觉,它让人们认识到抓紧时间行动起来的紧迫性。但是,面对这些不确定的影响,需要有一个真正的法律责任。

2. 法律责任

为了让权力持有者承担起责任,实现从软法到硬法是不够的,还应该避免将法律工具化来满足强势集团的利益,正如雪佛龙—德士古案例所显示的那样。

---

[1] O. de Schutter,《Le contrôle du respect des droits de l'homme par les sociétés transnationales: le rôle de l'État d'origine 》, in M.-A. Moreau, H. Muir-Watt et P. Rodière (dir.), *Justice et mondialisation en droit du travail*, Paris, Dalloz, 2010, p. 107 sq.

1967年至1990年间,德士古石油公司(德士古集团下属子公司,后被雪佛龙集团收购)开发厄瓜多尔亚马逊地区80%的国产石油,而没有进行利益分配。然而建设必要的大型石油开发管道将会对生态造成巨大的危害:大量的有毒产品和垃圾散布在亚马逊地区,引起水污染,鱼类消失,还给人造成严重的身体疾病。1993年3万多民众聚集在纽约联邦法院前进行抗议。

经过多次上诉,美国法院2002年宣布美国的法官没有管辖权,经雪佛龙集团的同意,认为厄瓜多尔法院更具有管辖权。这起案件就以这种方式草率结案了。令大家吃惊的是,厄瓜多尔法院于2011年2月14日判处美国石油集团80亿美金的罚款。这是有史以来第一次本地居民对一个跨国集团在犯罪所在国起诉并获得胜诉。

但是雪佛龙集团使用一切可能采用的方式进行反诉,从最传统的(如对厄瓜多尔的判决提出抗诉,或者将责任推卸给德士古集团的厄瓜多尔子公司)到最令人吃惊的方式。他向海牙法院的常驻裁判庭提出上诉,控告厄瓜多尔原告犯有欺诈罪,企图阻止判决的执行。根据针对黑帮组织及成员的《反诈骗和腐败组织法案》(RICO),这份控诉让美国的法官阻止了厄瓜多尔判决的执行并下了一道前所未有的禁令,因为这份禁令禁止执行国际裁决。①

这种政治司法混乱局面让律师得利,让受害人更加不幸,它提出了两个关键问题:在一个跨国集团当中,谁负责任?由谁来做裁决?换句话说,在真正分担责任的情况下,如何改善社会权利与企业之间的对立关系?如何调整"应受裁决性",即如何组织针对企业和国家的诉讼?

2.1 改善对立关系

为了解其中的困难,应该先了解这些我们所说的跨国企业的特殊性:这些企业的总部设立在一个确定的国家,而在一个或者几个

---

① 美国纽约南区法院,*Chevron v. S. Donziger et alia* 案,2011年2月8日指令,2011年3月7日公论。

其他国家通过承包商、分公司或子公司来进行经营活动。

在20世纪60年代初,国际经济就已经倾向于在国外直接投资。相对于国家法律规范,这些企业活动的灵活性创造了很多自主性,企业可以更好地加以充分利用并创造利益。1979年,我们同德国的一位同事共同分析了这些跨国企业如何利用各国之间刑事立法的差异来赢利(比如在拉丁美洲销售那些美国禁止销售的药品)的问题。① 同年我们还参加了联合国关于"法律之外的重罪与轻罪行为"的世界大会。

从20世纪90年代起,金融实体的各种交易活动出现在越来越多的经营领域,他们都是全球化世界中真正的政治活动者,他们在全球的影响超出了很多国家政府的影响。为此,全球这个形容词首先是应用于金融操作(全球金融),后来应用于很多关于社会公平的领域,如就业、医疗卫生、环境、信息、甚至是国内外安全方面。企业自己也发现,触犯社会权利也会破坏市场。为了保证长期持续的市场经济,应该"整平游戏场"。然而,为了使触犯社会权利的情形和金融交易具有可诉性,就应该适应法律的规定,如夏尔巴法律协会提出的"46点建议"②。我们把这46点建议总结为三个主要方向:

首先强化透明度,要求金融交易实体提交关于他们的活动对社会和环境产生影响的年度报告,包括所有集团构成实体的活动。由于审计人员的介入和会计工作的发展,这项规定取得了很大成功。所以,提交清晰的指数报告十分必要,它可以比较企业的社会和环境性能,也可以让"相关人员"(企业持股人和合作者,像职工、客户、供货商或公民社会组织等)承担监督审计人员和股东的作用。

这是一个很敏感的问题,尤其在法国,从2001年开始信息工具已经开始普及,但是也仅限于上市企业。2010年颁布的格勒纳勒第

---

① M. Delmas-Marty et K. Tiedeman, « La criminalité, le droit pénal et les multinationales », *JCP*, 1979, I, p. 2935.

② W. Bourdon et Y. Queinnec (équipe Sherpa), *Réguler les entreprises transnationales. 46 propositions*, Cahiers de propositions du Forum pour une nouvelle gouvernance mondiale, décembre 2010.

2号法律规定对于没有上市的企业,凡雇工人数超过500人必须提交指数报告;但是政令将500人的限定人数改为5000人,作为上诉对象。

另一个敏感的问题是,有250多万个空壳公司建立在避税天堂。因而建议取消这些收益人的匿名制度,这不仅是因为税务的原因,而且因为匿名使金融流通的可视性变得不那么清楚,阻碍了报告所需要的必要信息。另外,这些空壳公司在那些"法律规避港"也有公司所在地,那里的检查监督能力很弱甚至不存在监督制度,这就很难获取信息,而且也很难鉴别谁是负责人。

负责人的鉴别,在跨国企业内部鉴别谁是负责人,从实践上讲是十分重要的问题,但从技术上讲,却十分困难。根据国际经合组织的规定,集团内部营业活动占国际贸易60%,此时竞争法、劳动法、会计法或税法等方面只是部分承认集团的概念。但是在社会和环境方面,当集团将营业管理置于"地方负责人"手中,而母公司只负责管理全球策略,这就出现了所谓的"影响范围"①这个概念,此时很难确定集团公司的责任。

为了使母公司对集团各个构成实体的经营活动所产生的社会环境影响承担全权责任,应该采取一些措施,激励他们全面实施这些措施来预防补救因为他们的经营活动而对社会环境造成的影响。从民事的角度来说,母公司的责任是要全面承担下属企业所造成的损害,因为母公司有责任对其下属企业执行有效的管理监督(权利或事实监督),只需要将他者对个人的实际责任转变为企业集团责任即可。从刑事的角度说,当证据证明母公司干涉此事,母公司的责任可以被视为通过提供方法或指示,或者共犯而犯有同谋罪。所以在艾立卡案件(因为道达尔石油集团下属一个子公司租赁的一艘货轮失事造成污染),母公司可以不承担海上的管理责任,但是保留

---

① Y. Queinnec, « La notion de sphère d'influence au cœur de la RSE Lecture juridique d'un phénomène normatif », *Journal des sociétés*, n° 100, juillet 2010, p. 66 sq.

船只状况检测的权利,仅这一条,法庭①、上诉法院以及最后高级法院在接到上诉后,裁定其具有民事和刑事责任。

关于供货商和承包商,通过合同规定他们伦理道德方面的介入,这种方法越来越普遍。但是,这些做法并不能保证他们具备所有的方法,真正遵循这些规定。同时,市场活动及伦理道德方面的介入在集团层面也有所表现。换句话说,母公司在营业活动方面的行为起着重要的影响,通过提高红利和交易价格最终有所收获。如果还没有迹象表明他实施一切手段避免有可能的违法行为,那就需要承担起其责任。剩下的应该知道错误是否应归咎于他。

刑事过错的可归罪性的前提是一个人对自己的行为有意愿并明白其行为的能力。尽管在传统上普通法承认法人的刑事责任,但是这种责任在罗马—日耳曼传统中却是最近才出现的,并且仅限于几个国家(尤其是在欧洲,有法国、比利时、西班牙、卢森堡及意大利,但后者的态度不是很明朗)。相反,德国对是否存在这种责任依然持有争议,他的原则是个人过失而不是集体过失,应当承认行政责任。所以,解决的方法就是,因为民事法官或行政法官可以强制规定惩罚性也就是规劝性处罚,所以就把刑事责任与准刑事责任同等对待。这也许是应受裁决性的第一种修正方法。

2.2 修正"应受裁决性"

我们现在正处于世界化的各种矛盾中心,因为当要对国家进行判决的时候,这时向具有国家审判管辖权的机关提出诉讼很明显是不合适的,而且在对金融交易实体进行裁决的时候,就完全不适合分开决议地点和扩散效力,因为法律同国家依然是等同的。

关于反对国家的诉讼,国家的效能稍微有些提高。首先,在国家层面上,对社会权利的应受裁决性从宪法这个角度已经开始慢慢被接受,比如拉丁美洲、南非、印度、日本甚至还有法国。② 其次,从

---

① 巴黎轻罪裁判所,2008年1月16日。

② D. Roman (dir.), *La Justiciabilité des droits sociaux: vecteurs et résistances*, *op. cit.*

地区这个层面上看,欧洲法也承认好几种形式的诉讼,可以向欧洲人权法院提出诉讼,也可以在触犯欧洲社会宪章规定的权利的时候,通过1998年以来对工会、雇员和一些非政府组织开放的集体抗议制度向欧洲经济社会权利委员会提出诉讼。①

从世界这个角度看,国际刑事法院的作用依然不是那么明显,因为一般国际法并没有什么进展,这就要求人们从别的机构规定中寻找责任,如1995年为监督"经济、社会和文化权利公约"而成立的委员会。慢慢地,社会权利的应受裁决性进入到世界范围。为此,在巴勒斯坦墙②这一案件中,国际刑事法院的裁决意见强调指出,城墙的建立限制了通行的自由,阻碍了公约中所保护的一些权利(如工作权、医疗卫生权、教育权及水供给权等)的行使。国际刑事法院在明确指出必要的状况并不能为这些限制提供合法解释的同时,还指出应受裁决性并不仅仅关系到这些所列举的权利,而且也包括对必要性和均衡性的监督检查。最后,在2008年12月10日(即《世界人权宣言》公布60年以后),联合国大会通过了公约的附加议定书。这样,一旦出现与相关权利相抵触的情况,这个附加议定书允许建立单独沟通的国际申诉程序,打开了一条准司法道路。这个申诉程序在将来施行的时候要求有笔录评定,而且还要求国际组织的建议和国际援助(相当于2010年成立的特别基金)。

在等待这个程序启动的同时,国际刑事法院已经允许通过起诉国家首脑,包括在任的国家首脑来起诉国家。将环境责任同战争或武装冲突所犯下的违法行为结合起来,这个想法被列入国际刑事法院的规约中,它规定"战争罪"就是"明知战争会附带对环境造成[……]长期严重广泛的损害,依然发动进攻"这一事实行为,但是将责任限制在那些"相对于全部直接具体的军事优势来说明显过量"

---

① R. Brillat, « La charte sociale révisée: le défi des droits sociaux face à la pauvreté », in E. Decaux et al., La Pauvreté…, op. cit., p.59 sq.

② 国际法院咨询意见,2004年7月9日,《在巴勒斯坦占领区建立城墙的法律后果(Conséquences juridiques de l'édification d'un mur dans le territoire palestinien occupé)》,见《达洛兹文集》,2004年,p.136.

的损失上。因此,如果对环境的损害被判定是均衡的,对实施合法军事目标是必要的话,那么罪名就不成立。相反,理论上提出的独立犯罪①,是要制裁那些最严重的损害环境行为,尤其是造成一个种族或者本地一个族群消失的行为。

反对金融交易实体的诉讼依然是应受裁决性的薄弱环节。尽管金融交易实体可以维护自己的权利,反对国家(向欧洲人权法院提出起诉,或者作为私人投资者向国际投资争端解决中心提出起诉),但是他们既不能因为触犯人权被诉,也不能由国际刑法判定有罪。而且,国家层面的法律明显不适用:当发达国家的企业转移他的工业活动所在地的时候,"国际私法起到很大的作用,而且可以保护外国劳动者反对当地劳动力的要求"②。当然,欧盟(2000年12月22日规定)对居住在欧盟任何一个成员国的自然人或法人(无论他们的国籍在哪儿),规定了必要管辖权,这就在欧洲范围内解除了障碍;同时也可以保护在欧洲落户的金融交易实体在国外的经营活动所委派的人员的权利。但是这项规定的实施仅限于民法。

根据刑法规定,属地管辖权的原则是指企业建立地的国家,在那里诉讼既不可行(因为没有办法)有时也不希望如此(并不是要打消投资者的积极性)。而投资者母国的司法裁判权却受严格的条件所限。

剩下一个所谓"普遍"的司法裁判权却很少使用,除非通过美国法律来实施,因此,美国法律也许会成为世界主要的司法工具对金融交易实体起诉。当然,美国的法官也有所犹豫。它的主要规定是根据《外国人侵权索赔法》(ATCA)或《外国人侵权法案》(ATS)而制定的。这项法律在1789年通过,80年代的时候又被重新认识。根据这项法律,在触犯国际法的时候,甚至是在国外由外国人针对外

---

① A. Gray, « The International Crime of Ecocide », *California Western International Law Journal*, n° 26, 1995—1996, p. 215 *sq.* ; L. Neyret, « La transformation du crime contre l'humanité », *in* M. Delmas - Marty, I. Fouchard, E. Fronza et L. Neyret, *Le Crime contre l'humanité*, *op. cit.* , p. 81 *sq.*

② H. Muir-Watt, «L'esclavage moderne et la compétence universelle: réflexions sur l'*Alien Tort Statute* », *in* M.-A. Moreau, H. Muir-Watt et P. Rodière (dir.), *Justice et mondialisation en droit du travail*, *op. cit.* , p. 100 *sq.*

国人的时候,美国联邦法院有权提出民事补救措施。因而,这项法律也针对严重违反国际人权法(包括强制性工作)和国际环境法的行为。

在杜伊诉优尼科公司案①中,美国法官第一次认识到,《外国人侵权法案》并不仅限于国家或国家工作人员,同时也可以延伸到个人和金融交易实体。缅甸的一个农业集团起诉优尼科公司,该公司在缅甸建立输油管道的时候,联合国家武装力量和警察,严重损害了环境和人权利益(犯有酷刑、强制性劳动、强奸、谋杀等罪行)。

自这起案件以后,许多金融交易实体(如壳牌公司、力拓集团、费利浦·麦克莫兰铜金公司、埃克森美孚集团、辉瑞制药有限公司、可口可乐集团等)都应该面对以《外国人侵权法案》为基础的起诉,以至于当找不到其他解决办法的时候,美国的法律规定往往被作为范例而被引用:"目前悬而未决的案件的数量证明,世人如此广泛地寄希望于《外国人侵权法案》的有效性,除此之外,也许还有全世界受害者的失望使他们纷纷走向美国的法院。"②

另外,《外国人侵权法案》在重新应用当中还相对比较新,也只向最高法院提交了一次。在索莎案件中,最高法院裁定法律实施的有效性,但是却以国际礼节的名义对此加以限定,也许准备向联邦判例靠拢。这也解释了为什么在 2012 年底基奥贝勒集体起诉荷兰皇家石油公司案中上诉法院做出了令人吃惊的判决。尼日尔少数民族奥干尼族人游行示威,反对在其国家开发石油,造成污染。当尼日尔武装力量同奥干尼族人发生冲突的时候,荷兰皇家石油公司的行为本应该是犯有同谋罪。但是,令人吃惊的是,上诉法院判定法人作为《外国人侵权法案》的被告人是不应当受裁决的,然而这个法院以前曾经是对《外国人侵权法案》表现得最欢迎的一个法院。

---

① *Doe v. Unocal*, 27 F Supp 2d 1174 (CD Cal. 1998),美国加利福尼亚中心地区地方法院判决。

② H. Muir-Watt, «L'esclavage moderne et la compétence universelle: réflexions sur l'*Alien Tort Statute* », art. cit.

目前很多人没有办法获得社会公正,从而成为世界化的弃儿。很多人担心,由于缺乏这种社会公正,基奥贝勒案的判例会产生负面影响。从国际人权法和国际刑法的目前状况来看,民法和刑法的普遍管辖权实际上可以起到激励的作用。但是这只是在一个过渡时期有用,因为普遍管辖权只在几个国家有效,这样就造成明显的不公平现象。从平等的角度上看,原则普遍化应该是最令人满意的办法。但是,在实践中,如果任何一个国家的法官都可以根据其国家法律对在世界上任何地方所犯的违法行为加以判决的话,那会产生巨大的混乱。最为合理的方法就是通过一项有关金融交易实体违反国际人权法的法律责任的国际协定。

东道国首先要吸引投资者。为了照顾东道国的困难,最好是授予投资者母国裁判权,但是要有两个条件:限制任意裁决,明确移转管辖的标准;给予东道国一切手段(具体地说在移转管辖权的情况下)进行调查和保证判决的执行。

面对保证社会权利和它们的"应受裁决性"之间的对立,人们没有任何法律规定可以利用,也就是说,向法官申诉的可能性只在其本身有效。

公民的参与加强了民事活动者的支配作用,只有在他们的参与压力下,应受裁决性才能有效。公民的参与有各种各样的法律形式,如帮助受害者维护他们的权利;作为第三者以权利保护的名义参加诉讼;或者以集体利益的名义参与集体行动(如美国法律的集体诉讼,法国法律中的民事诉讼参与方)。同时还有向社会权益保护机构提出集体申请,如住房权利和驱逐管理中心(COHRE)最近在针对拆毁罗姆人营地的问题上,使 2011 年 6 月 28 日的决定承认违反了基本权利。最后还有一种形式,出现在斯堪的纳维亚国家,并大规模扩展开,就是成立法律保护官(ombudsman 或调解员)制度,他们代表着集体的利益。这样的模式尤其适用于环境法方面,因为这样可以保证维护缺席者的利益,包括我们的后代。未来再次提醒我们,承担责任并不够,还要学会预防。

第三节　预测未来的风险

谁也不知道我们今天纪念死去的人的建筑物是否有一天会被后代的建筑物所替代,但是我们已经发现,法律(同国家一致,同现在情况相结合)的传统表现并没有考虑目前世界化的特点:不仅是法律领域在空间上的延伸,而且还有法律效果在时间上的扩展。

这些风险无论是归咎于自然、技术还是人类行为,都标志着建立在历史基础上的国家集团向面向未来的世界集团的过渡。这样的集团因为意识到他的共同命运,因此不仅具有记忆,而且还怀有对未来的预测。

因为使用一些形容词,引进了未来("未来"的几代人)和持续性("持续的"和平和发展)这些具有活力的概念,从而孕育了预测的过程。另外,在联合国宪章的序言中这个联系很明确,宪章呼吁"让我们的后代免受战争的灾难",也正如罗马法序言中所提到的那样:"为了我们现在一代人及后代的利益",正是这种思想促进了国际刑事法院的建立。这样的表达方式出现在国际法中,那是因为我们希望法律能够为建立一个可居住的世界做出贡献。

目前的实际状况出人意料而且带有悲剧性,这种现象再次提醒我们:面对屠杀(尤其是利比亚接着在叙利亚发生的事件)和各种灾难(如日本福岛第一核电厂事故),还有技术更新速度的加快,对未来的预测成为首要的任务。无论人们将之称为"保护责任"也好,称为"谨慎原则"也好,这都需要"法律的想象力"来构想一个可能的未来。近一点儿的未来,就是想象持久的和平;远一点儿的未来,就是创造可持续性发展。

1. 想象持久的和平

没有公正就没有和平:这就是国际刑法的基础,这也反映了奥地利著名法学家汉斯·凯尔森的著作《以法律求和平》①的思想。从城邦或国家这个阶层说,结合和平与公正并不是新颖的概念。古希腊诗人赫西俄德早就提出,和平是忒弥斯(古希腊神话中法律和正义的象征)的女儿,是欧诺弥亚(是希腊神话中司管明智法律与良好秩序的女神)和狄刻(希腊神话中代表公正、公平判决的权利和法律的正义女神)的姐妹。

但是从世界这个层面上说,1944年凯尔森极力强调,赞同国际刑法具有普遍长期的使命。从这一点看,他可称为是先驱者。长期以来,和平一直是通过武力强制形成的,而不是通过正义来完成的,因而变成胜利者的和平。随后出现首批国际法庭(如纽伦堡法庭和东京法庭),被认为是"胜利者的正义"。虽然随着国际刑事法院的成立,出现了真正具有世界使命的刑法,但我们发现这个法院并不总是有利于国家间的和解。因此美国和平研究所的高级研究员皮埃尔·哈桑提出和平反对正义的问题②,并考虑到各种各样的状况,如:和平前的正义,和平进程中的正义,及和平协定后的正义问题。但是,他也仅限于一个问题,就是他的著作副标题所指出的:如何同战犯一起重建国家?

在世界化的情况下,保证持久的和平不仅仅是重建国家政府,而且还要建立一个世界团体;不仅仅是按照补救的思路来修复和平,而且还要通过预测来建立一个持久的和平。

为了重建因为武力冲突而遭到破坏的国家,就应该完全赞同和平条约排除那些无条件不受处罚的条款(如特赦或者其他宽恕措施)。相反,国际刑法关于重建和平的跟踪效果看起来更加不确定。为此而特设的法院(如前南斯拉夫和卢旺达)做出了积极的榜样,但其他情况并不太好。因此,面对变化不断极不稳定的局面,苏丹和乌干达成为人们讨论的对象;而与此同时,在塞拉利昂共和国,对查

---

① H. Kelsen, *Peace Through Law*, Chapel Hill, The University of North Carolina Press, 1944.

② P. Hazan, *La Paix contre la justice ? Comment reconstruire un État avec des criminels de guerre ?*, Bruxelles, GRIP et A. Versaille éditeur, 2010.

尔斯·泰勒的追查及特殊法庭对他的裁决有时被认为将和平协议复杂化了。为此,在坎帕拉举行的国际刑事法院规约修改会议上,建议将"真相与和解"委员会并入到司法程序中。

但是国家之间的调解并不足以建立国际刑事法院规约序言中所提议的世界集团:世界各国人民构成一个"共同遗产",一个"脆弱的拼图",随时随地都可能破碎。想象一个持久的和平,就是设想一些加强这一共同遗产的方法,巩固各国人民形成的这一脆弱的拼图。而且还应该存在一种政治愿望。从这一点看,利比亚和叙利亚之间的差别十分明显。一方面,联合国安理会准许所有成员国"采取必要措施[……]保护平民生活和平民居住区"。这项决案排除一些外国占领力量,从而建立了"空军专属区,包含一些军事行动"(2011年3月17日,1973号决议)。一些评论家赞同这项决议,认为这项决议结束了42年以来的野蛮残酷的专制制度;另外一些人从中看到人类战争的新形式,提出证据,通过他们的否决权拒绝在叙利亚采取行动。

我们还记得布莱兹·帕斯卡尔曾经说过这样的话:"因为无法让武力服从正义,那么我们就让服从武力正当化。因为无法增强正义,那么人们就为武力辩护,最后正义和武力合二为一,完成和平,这就是完整的主权。"①为了想象一个持久的和平,那就应该同时加强正义并为武力辩护,也就是说以法律的手段限制武力。

1.1 加强正义

根据国家内部正义和国际正义,有两种不同的预测方法。

对于国家内部正义,应该考虑互补原则。根据这项原则,国际刑事法院只有在当一个国家没有意愿或者是没有能力很好地进行调查或者是进行诉究的情况下才具有管辖权。当前期的国际刑事审判庭相对于国际审判庭具有优先权的时候,国家为了保留他们的

---

① B. Pascal, *Pensée*, Paris, Gallimard, « Bibliothèque de la Pléiade », 1969, p.1152.

国家主权,而国际法庭为了避免国际正义受到阻碍,因此他们希望有互补原则,这就意味着相对于国家正义,国际正义具有辅从性,从而有利于各国司法制度的和谐。

当然,国际刑事法院的规约没有直接强制各国的立法一致统一。但是如果他们需要自己能够对国际性犯罪加以审判,他们就要在国内的刑法上结合国际刑事法院规约的规定。在一些经常遭到破坏的国家,他们的司法和审判机器都得重建,这项任务自然很困难。这就要在一些受激烈冲突影响的国家或刚从冲突中走出来的国家中展开促进法治国日程建设。另外,因为缺少互补性的共同观念,起草一个统计所有经验教训的"参考系",鉴别应该避免的错误,确定要实施的指导性纲领,这同样也很重要。

因此,我们所说的"积极的"或"主动的"互补性可以成为一种预测工具。在实践当中,国际检察官和法官并不满足于派遣观察员监督国家诉讼程序的正大光明性和关押条件的质量问题,以此来评价国家审判案件的能力,他们还要通过培训项目、材料和实际知识技术的转移来加强国家的公正和正义。通过立法援助以促进国际刑法同国家法典相结合,通过技术援助以加强国际立法能力,这些都可以通过逐步协调各国的司法体制来促进价值团体的崛起。

关于国际正义,尽管相对于专业的法庭实践来说,合作在国际刑事法院的规约中有所后退,但是合作依然优先于一切需求。当前南斯拉夫国际刑事法庭的规约中规定各国必须结合国际正义思想的时候,同国际刑事法院的合作基本上还是建立在各国的良好意愿基础上。这种后退致使加强合作成为首要目标。这项目标不仅关系到各个国家,而且关系到各国国际组织(比如欧盟)。该目标建议对受国际刑事法院审查的国家(如肯尼亚和刚果)进行法院和非政府组织的援助,为初期调查对象的国家(如阿富汗)提供支持,还有实施一些机制来保证团体跟踪调查和传统的正义(如卢旺达)。

随着时间的推移,国际组织在协助检察官执行逮捕令及展开调查方面产生不可缺少的作用。一些调查员,当他们不能在一个国家的领土上展开行动的时候,他们就要依靠非政府组织和一些机构的帮助,如阿拉伯统一战线、人权委员会等。这些组织在人权最高委员会的支持下,在利比亚展开独立调查。还有一些地方组织走得更远,如非洲联盟,他们希望在欧洲法院内部建立一个刑事裁判厅,对那些国际犯罪进行裁判,这也许可以加强刑法的有效性。

相反,安理会的决议倒是令人有些担心。这项决议有一条明确规定,所有受联合国委任派遣到利比亚的公民和军人,如果他们来自那些没有认可国际刑事法院规约的国家(如美国),那么他们将不受起诉。这就是表达方式上所产生的歧义,以预防新的大屠杀的名义,建议重新建立世界和平,但同时也可能保护世界强国的利益。因此有必要以法律的形式来规范武力。

1.2 为武力辩护

虽然联合国宪章禁止使用武力(第 2 § 4 条),但它的第七章明确规定了安理会为了保障集体安全允许可能诉诸于武力措施的条件。但是这个法律框架受二战五个战胜国的否决权所限,这就让人对条约的合法性产生质疑。在各国建立平等性将以控诉侵略罪为前提,但是我们前面已经提到,这种抵抗非常强烈。即使国际刑事法院的规约明确规定了侵略罪,它的实施也需要一些严格的条件,因此被推迟到最早于 2017 年开始执行。

我们期待能有更好的措施,在此期间,国际法试图以法律的方式来规范一些合法事实,从正当防御开始。首先,正当防御在联合国宪章中被当作特殊的安全阀门,"防御"渐渐变成一种预防性的了。自 9·11 恐怖事件以来,联合国安理会 2001 年 9 月 12 日和 28 日的决议案允许延伸性解释,在有利于这种延伸性解释的同时渐渐消除了必要性和均衡性条件。随着这种形势的发展,特例有一种普遍化的趋势,正当防御变成预测过程,正如我们在 2003 年出兵伊拉克事件中看到的那样。

同时,预测也先后采取义务的形式和"人道主义"干涉的形式。在联合国宪章中没有规定人道主义干涉的形式,它只是允许为处于危险当中的人民提供援助。① 在尼日利亚内战(1967—1970)期间,人们曾使用这种思想来揭露国家领导人及政府面对可怕的大灾荒时无动于衷的态度,以致产生冲突。也正是在那个时期诞生了很多非政府组织,其中就包括世界无国界医生组织。这些组织维护这样一种观念,即:对人权的大规模侵犯让人质疑国家政府的主权,从而允许外界的干预,尤其是以人道主义的名义进行干预。

乍一看来,干涉权是援助处于危险当中的人民的最好的责任和义务。但是预测同这种极其紧迫的道义结合得并不好,因为后者准备采用一切手段来实现它的目的。有很多例子都反映了这种介入的模糊性和复杂性,这些介入行为有时候往往是军事介入多于人道主义干预,比如说:1992年在索马里的行动;1994年法国在卢旺达进行的"绿松石军事行动";1994—1995年在波黑的武装干预;1999年北大西洋公约组织向科索沃派遣军事干涉力量,等等。相反,通过中间调解,有可能让联合国内部认识到,在即将来临的或者重复性大规模侵犯人权的情况下,要重新思考干预的条件,重新定义国家的主权。在2000年的千年报告中,科菲·安南呼吁建立一个诉讼程序,允许安理会在遇到反对人道主义的罪行时,以国际团体的名义采取行动。

对于这种呼吁,加拿大政府同许多基金会合作,在"保护责任"报告的基础上,成立了一个国际政府干预与主权委员会。在"保护责任"这个表达方式背后,出现了一种新的预测过程,它没有像人道主义干预权那样具有很大的挑衅性,因为2001年的报告列举了一些禁止条例,这样就避免了任意性和工具化的危险。这项规定并不十分明确,它以"保护责任"的名义付诸实施,曾被看作具有讽刺性,被称为"杰出的外交干预",因为它仅限于集合一系列的法律经验。它同时也受到人们的批评,因为"保护责任"被作为快速警报而设计

---

① M. Bettati et B. Kouchner (dir.), *Le Devoir d'ingérence. Peut-on laisser mourir ?*, Paris, Denoël, 1987; M. Bettati, *Le Droit d'ingérence. Mutation de l'ordre international*, Paris, Odile Jacob, 1996.

的,但在现实当中却没有真正保障快速行动。在这里,预测和紧急情况再一次出现冲突,特别是缺乏政治愿望的时候。按照康德所设想的永久和平的样子,长期的和平仅仅是一个美好的梦想。然而,预测的过程慢慢开始形成,同时保护人民的责任也扩展到新的领域,就是以"后代"的名义走上舞台的新领域。除了长期和平,预测的过程还可以让持续发展参与进来(或者重新创造持续发展)。

2. 创造可持续发展

我们不会再回到前面提到的可持续发展同公平之间的政治张力上。当然我们需要政治愿望来进行长期的发展,但是由于对危险存在及其重要性的科学判断不是十分确定,从而导致与政治愿望产生不和。福岛核电事故以后各国政治领导人表现出来的沉默和慌乱不安事实上正反映了(甚至有些夸张讽刺的意味)"法律、科学与技术"研讨会上司法人员所提出的问题,即:"在到处充斥着评估的世界中,是否有可能做出自主性的政治决定?"①

在世界范围内,这个问题变得更加紧迫,因为世界上没有任何一个政治机构能够承担起为共同的利益做决定的责任。相反,科学活动者却走在最前列,其实他们在国家范围内就已经表现出来,原因很简单:比如像金融交易实体,他们已经在全球范围内组织起来。汉娜·阿伦特早就预感到科学群体就像"宇宙历史中能量最强的群体之一""具有行动能力,至少从启动过程这个意义上说,他的行动能力一直存在;但是这种能力却成为科学人员的特权[……]。一直以来公共舆论把这些人视为社会成员当中最没有实践性、最没有政治性的人。极为讽刺的是,他们最后却成为唯一懂得以商议性的方式来行动的人。"她担心会有知识与权力相混淆的危险,因为在科学团体的行动中缺乏她所说的人类行为的"彰显"特性,也就是说,"产

---

① F. Bélivier et C. Noiville, « Une décision politique autonome est-elle encore possible dans un monde saturé d'évaluation? », in É. Vergès (dir.), *Droit, sciences et techniques: quelles responsabilités?*, Paris, Lexis Nexis, 2011, p. 15 sq.

生叙事和历史生成的能力,叙事和历史生成这两者形成产生意义的源泉,一种可以渗透可以启示人类存在的理解性"①。

正是为了避免作用的混淆,在可持续发展方面,首要的目标应该是重新组织调整科学活动者和政治活动者之间的关系。然而我们仅仅能够拟定第二个目标的大纲,就是根据预测来调整法律工具。

2.1 重新调整科学活动者和政治活动者之间的关系

在传统法律方面,知识与权力之间的关系反映了分立模式。②在20世纪初的时候,韦伯就肯定了这一点:权力是通过国家政权机构在三个领域(执法、立法和裁判)进行实施,而知识是掌握在科学专家的手中。至少从原则上说,每个领域都是自主独立的,因为他们的性质不同:一方具有客观性,有科学怀疑性;另一方具有主观性,具有政治使命;一方是可检验的科学真理,另一方依附不可证明的价值。

但是,随着社会渐渐变成"科学技术社会",将专家同政治意见相联系,这两者即使在国家范围内也不可能分离,更不必说在世界范围上了,因为真正的全球政治管理很薄弱,或者说根本就不存在真正的全球政治管理。

拉近知识和权力之间的关系,表面上看似乎会产生相反的影响。在20世纪50—70年代的时候,像哈贝马斯、埃吕等这些学者,他们将从竞争和发展意义上说的认识社会与灾难性的危险社会对立起来,在他们的思想指导下,产生了一些唯科学主义和唯技术主义的评论,这些评论使知识与权力之间的关系产生冲突。而有时候,正如汉娜·阿伦特所担心的那样,这两者之间的关系又变得亲密无间,甚至将决定变成科学性,解除了政治权力的责任。正因为如此,规定了负责微科学和纳米技术研究的行为守则:"研究人员的

---

① H. Arendt, *Condition de l'homme moderne*, op. cit., pp. 402-403.
② R. Encinas de Munagorri, « Introduction », *Expertise et gouvernance du changement climatique*, Paris, LGDJ, 2009.

研究对当代人及后代的社会、环境和人类健康所产生的影响应当承担责任。"①如同企业的社会责任一样,科学的社会责任也可以被看作是一种分担的责任,条件是不要解除政治活动者的责任。

为避免这两种风险,科学活动者与政治活动者之间的关系不应该按照冲突或合并的模式来看待,而是应该按照互动的模式来看待。这种模式同时要求承认科学鉴定的标准化和保留政治决定的本质,即反映国家政府和国际组织。因此要明确规定世界专家法,改善知识转化和传递,证据鉴定以及同公民展开公共讨论的组织程序,公民是做出明智政治决策的重要条件。

国际鉴定反映了一个混合的法规,因为专家主要作用在于起草法律文本,规定"技术"标准,建立验证标准,参与监督、处罚决定和执行。因此这样的法规应该结合专家根据研究职能和标准化职能所获取到的所有品质。

研究首先需要的是技能,这种技能的标准就是具有协调性。② 在世界范围内,由联合国粮食及农业组织和世界贸易组织实施的"专家选择新程序"包括三项选择标准:技术经验和职业知识,出版作品,参加团体讨论和编写报告的能力。③ 但同时也要保证研究的自由,关于这一点,很多法律条文慢慢开始明确规定其各项构成。1997年欧洲委员会通过了人权和生物医学协议;同年联合国教科文组织在人类基因和世界人权宣言中,考虑到研究的"伦理和社会影响",同时陈述了研究的自由及其限制(第13条)。

2005年,联合国教科文组织关于"知识社会"的报告着力对"信息"的经济技术观念和"知识"尤其同持续发展相关的人道主义观念

---

① É. Vergès (dir.), *Droit, sciences et techniques: quelles responsabilités?*, op. cit., p. 2.

② G. Fussman (dir.), *La Mondialisation de la recherche, compétition, coopérations, restructurations*, Colloque de rentrée 2010 du Collège de France.

③ É. Etchelar, « Expertise scientifique et normalisation, le cas du *Codex alimentarius* », in E. Brosset et È. Truilhé Marengo (dir.), *Les Enjeux de la normalisation technique internationale: entre environnement, santé et commerce international*, op. cit., p. 171 sq.

做了区别。同时,欧洲联盟委员会成立了《欧洲研究人员宪章(准则)》,该委员会建议在附件中尽量协调研究自由和伦理原则及职业责任。某些概念如"人类利益"或者"有用于人类的工作"等依然很模糊,留有很大的解释空间,这有可能削弱规定的有效性。这就是基本权利的规定同2007年欧盟法(第13条关于"艺术与科学的自由")相结合的效用。

但是这种自由不是绝对的,因为它融合了对其他基本权利的尊重,并且在一个法治国家,它还应该尊重通过标准功能而取得的特点。专家首要的一个特点就是相对于相关利益而具有的独立性,这不仅是对公共权力而言,也是对职业领域和传媒领域而言,它是公正忠诚的条件。因此产生了利益申报的系统化,尤其在像医药这样的领域,"有专家申报利益是透明度的黄金规则"(欧盟关于转基因生物的总纲领)。这种利益申报系统化可以为利益冲突立法,另外出现在政府间气候变化专家组的跨学科委员会的建议当中:建立一个包括专家组以外的人员的执行委员会,制定关于利益冲突的严格政策。另外,因为多样化的需求,要求限制委员会的主席和副主席只有一届的任期,这样可以保持前景发展的变化。本着同样的思想,联合国教科文组织中生物伦理国际委员会关于医疗健康的报告①展开了在世界范围内关于决议程序更为广阔的思考。

明智的政治决策首先是知识的转化和传递,这双重任务通常是由伦理顾问委员会执行的(比如1983年创建的国家伦理顾问委员会②),这些委员会往往介入知识和权力之间。这项任务的困难性也解释了为什么编写报告的过程如此缓慢。比如对于政府间气候变化专家组,从为科学共同体编写大约1000页的报告到递交给各政府代表及非政府组织的50多页总结报告,这大约需要2年的时间;最

---

① 联合国教科文组织《社会责任和健康委员会关于国际生物伦理的报告》,2010年。

② É. Vergès, « Éthique et déontologie de la recherche scientifique, un système normatif communautaire », in J. Larrieu (dir.), Qu'en est-il du droit de la recherche ?, Paris, LGDJ, 2009, p. 131 sq.

后，还必须有一段时间编写给"决策者的总结"报告，这些报告还要更短些，是准备让各政府表决通过的。

为避免知识失真，要对官方知识和选择性知识加以对比，这无疑是必要的。为此，政府间气候变化专家组鼓励杂志出版社要注意各种讨论以及交替性观念，看他们是不是有正确的文献作依据。

同样，建议鼓励那些非正式的不明确的警报，尤其是关于卫生安全和环境安全方面的警报，这些警报信息"建立在自然人或法人所提供的信息和知识基础上，这些人或者不属于警报的官方机构，或者属于警报的官方机构，但是他们的行为在某一时间内受到他们希望公布的信息的处理方式所限。"因此，在2009年格勒奈尔环境对策会议延长会议中，向参议院提出"吹哨人"法规的革新性建议。[1]

吹哨人将是辩论的发起人，他能够传播信息，而不会遭到报复，条件是他不能进行诽谤或恶意中伤。建立在第10条关于言论自由的基础上，欧洲人权法院承认一名科学人员在公共讨论中的地位，他可以在确定某种在公众中销售的产品具有危险性的时候指出它的风险，而没有构成商业不正直行为。通过一个有限的事例（比如自由销售的微波炉对健康卫生有危害），欧洲的法官在肯定科学讨论"在关系到公共健康方面尤其有必要"的时候，相当于宣布了一项具有普遍意义的原则，他们还判定，"将言论自由限制于陈述普遍接受的少数思想上，这将是过分的行为。"[2]

在传媒系统性地倾向于争议及社会不满的时候，应该避免极端媒体化，正如我们在关于气候的共同讨论中看到的那样，这种讨论不是不必要，但是应该预计在一个合理的时间段内进行。这就要求尽早地公布科学报告，以便其他工作组能够从中获得收益，发展交流策略和公共介绍策略（如面向公民的研讨会，生态伦理道德三级

---

[1] M.-A. Hermitte, «Quel statut juridique pour le "lanceur d'alertes"?», *in* J. Bétaille, J. M. Lavieille et M. Prieur, *Les Catastrophes écologiques et le droit：échecs du droit, appels au droit*, Bruxelles, Bruylant, 2012, p. 498 *sq.*

[2] 欧洲人权法院1998年8月25日瑞士 *Hertel* 案件判决.

会议)。在这里再次出现多元论,建议在项目开发和发展过程中同发展中国家的研究人员合作。最终,明智决策的关键还在于对证据的评定,这一方面取决于可处理的证据的数量,另一方面取决于专家之间是否达成一致意见。这是描述知识不确定性程度,也就是责任程度的基本因素。

根据专家宪章(准则),我们可以确认一位好的审判官的形象;通过决议裁决程序,我们可以确认裁决是否公正。所有这一切如同知识与权力之间的互动颠覆了知识的知识论①:长期以来,法律一直被认为是为权力服务的,而不是一种知识,现在却成为组织调整各方活动者关系不可缺少的一个参考因素。但是为了真正产生效力,法律工具能够有适应预测这个目标的能力。

2.2 法律工具要适应预测

人们总会遗憾地认为科学比人类发展得快,为了不限于这种遗憾,应该从预防到谨慎,从补救行为到维护行为方面来调整立法和司法制度。

从预防到谨慎反映的是谨慎原则。这个原则出现在 20 世纪 80 年代关于环境保护的国际法中,它要求除了预防已经确定的危险外,还要意识到潜在的危险(危险的危险)。谨慎原则是在 1992 年里约热内卢会议上提出的,后来在国家法律中(首先是环境法,然后在其他如城市法等领域)重新引用。这一原则同样在欧洲范围内,在法律条文、欧盟法院判例以及欧洲人权法院的判例中得以承认。②最后通过世界贸易组织的各个机构的判例而走上世界舞台。

有时候,谨慎原则被认为是以安全模式取代责任和团结一致的

---

① R. Encinas de Munagorri et O. Leclerc,« Théorie du droit et expertise : conclusion prospective sur les apports de l'analyse juridique », *in* R. Encinas de Munagorri (dir.), *Expertise et gouvernance du changement climatique*, op. cit., p. 199 sq.

② F. G. Trébulle, « Droit de l'environnement », *Recueil Dalloz*, 2010, p. 2468 sq.

模式①,实际上它结合了三种模式。这项原则被称为"谨慎原则"实际上并不合适,它自然而然地带有怀疑的态度,优先考虑最坏的假设,最终导致一种保守主义。这个原则可以通过预防来加以描述。

另外还需要根据不确定的情况来调整法律二元法(合法/不合法)的推理。预测就是在事情发生以前采取行动,也就是根据对危险的逐步分析来采取行动,因为对危险的逐步分析要依靠各项指数来完成。

首先需要科学指数,比如在转基因生物方面,就需要通过一些指数来鉴定对环境或身体造成的危险可能程度和客观严重程度。但是讨论的范围扩大了,尤其在欧洲,讨论的范围甚至扩大到社会经济领域中,比如奥地利人提出的"生态"农业的重要性;或者扩大到宗教领域,比如生活的基督教思想,波兰人认为,这种思想同"上帝创造的活生生的机体不同,后者应该被调制成或转变成知识产权的物质客体。"欧洲联盟法院没有排除这种论证,他认为奥地利的特殊性并不成立(欧洲联盟法院2007年9月13日判决),波兰人同所提到的基督教的价值之间的联系并没有得到证明(欧洲联盟法院2009年7月16日判决)。但至少,我们发现,预测同时也要求第二种类型的指数,可以衡量危险接受程度。

科学指数具有普遍职能,而社会经济指数首先反映的是位于国家范围内(当有诉讼提交于世界贸易组织的时候,是在地区范围内)的选择。正如我们提到的,滥用可以导致国际法重新国家化。② 但是,如果严格按照规定行使的话,这些指数在根据国家背景调整谨慎原则的同时可以实现多样化的协调一致。

因此,司法判决的复杂性应该同两种类型的指数相结合,最终

---

① F. Ewald, « Le retour du malin génie. Esquisse d'une philosophie de la précaution », in O. Godard (dir.), *Le Principe de précaution dans la conduite des affaires humaines*, Paris, éditions de la MSH/INRA, 1997, p. 99 sq.

② E. Brosset, « Les organismes génétiquement modifiés et le droit de l'UE: entre harmonisation et renationalisation », *Cahiers de droit de la santé du Sud-Est*, n° 14, 2012, p. 41 sq.

确定一个极限,同时考虑危险的可能性和客观严重性的科学(世界)系数以及接受程度和主观严重性的社会(国家或地区)系数。

我们并不需要明确承认这双重系数,世界贸易组织的各个机构已经提出这样的问题:在不考虑科学鉴定的情况下,保护的水平是否会因为国家的不同而有所不同,尤其是根据保护的对象不同而有所变化,比如是对环境还是对人的生活健康进行保护等。2006年关于转基因生物问题,欧盟同美国、加拿大以及阿根廷持有不同意见,在这一案件中,地方机关以科学指数为基础判定欧洲败诉。然而2008年关于带有激素的肉案件再次提起这个问题。世界贸易组织承认对科学鉴定具有不同的解释可能性。[①] 在2007年《巴西上胶翻新轮胎》的报告中早已提到,卫生危险允许有比纯粹的环境危险更大一些的差额系数。

如果已经设置了科学指数研究的测量标志,那么正确性或误差的社会指数的研究还需要再明确一下,当然这里包括价值观标准以及经济、社会及文化标准。

从这一点看,同民用核能源相关的危险很值得注意。无论是科学鉴定,还是关于废弃物风险的社会评估,时间性非常重要。从社会角度看,时间性提出了一个判决是否具有可逆性的问题,因为是这些判决控制着储藏的条件。这种可逆性是有代价的,不仅是对目前几代人而言(研究治理废弃物场地),而且也是对我们的后代而言,他们需要投资重新收拾废弃物,在需要的情况下,还要投资新的管理模式。

从国家方面说,法国1991年12月30日公布的关于"放射性废料管理研究法"限制废弃物地下储藏的期限,并且要求每年提交关于高放射性和衰变期长的废料管理的研究进程报告以及整体评估报告。这项法律不仅规定了研究程序和时间安排,同时还确定了研

[①] E. Vacchione, « Is it Possible to Provide Evidence of Insufficient Evidence ? The Precautionary Principle at the WTO », *Chicago Journal of International Law*, vol. 13, n° 1, 2012, p. 153 *sq*.

究领域和方式方法,详细列举了专家工作的各项目标。2006年在此基础上又公布了一项关于核能安全和透明度的法律,作为对1991年法律的补充。根据这项法律,设立了一个新的独立行政管理机构:最高核安全管理局,负责提供意见,执行监督检查;同时成立透明度和信息最高委员会,负责编写年度报告。

从世界方面说,很明显,自福岛核电厂事件以来,社会可接受性的限度有所修改。国际原子能机构成立于1956年,它最初的任务是推广核能的良好效果,现在有必要重新改写它的任务。为此,人们建议制定一个计划,引导和监督民用核能活动的全球性机构,并同联合国裁军委员会合作,成立一个掌管武器装备和裁军办公室。从2011年3月起,国际原子能机构就建议应该重新审查国际方面的回应,改善信息流通。

同样,从欧洲方面说,切尔诺贝利核事故以后,1991年在欧洲各国技术援助和中亚合作项目中推出核安全问题,并于2007年制定发展核安全文化合作办法。

法律的公式化应该适合预测的需要,以避免任意性,并保证决定正式有效。假设我们能够克服法律这种形式化的困难,那么剩下的就是要保证经验的有效性。实际上,谨慎原则只有在它采取行动反对风险制造者,不是修复,而是为未来做预防的时候,它才有效。从这一点看,气候变化是对"我们面对长期威胁能力的一次最大的考验"。[1]

从补救行为到预防行为,这就是试图将现代人同我们的后代联系起来。后代这个范畴是最好的预测方法,它标志着西方法律上人类学方法的一个转折点。个人主义观念的出现切断了代与代之间的链条(1793年的人权宣言甚至禁止强迫后代服从他这一代的法律),预防放弃了个人主义这种观念,标志着跨时间的相互联系,这

---

[1] E. Brown Weiss, « Strengthening Compliance with Climate Change Commitments », *in* H. Hestermeyer et R. Wolfrum, *Coexistence, Cooperation and Solidarity*, vol. 1, Leyde, Martinus Nijhoff, 2012, p. 693, *sq.*

似乎反映了勒内—让·杜比引用的一句印度谚语:"我们没有继承祖先的土地,我们只是借用孩子们的土地。"①而且为了协调各种利益,有时是对立的利益,应该区别现在人单边形式的权利和他们面对后人的"义务"。

这些义务建立了预防行为的思想,但是它们的实施却遇到很多困难。首先一个问题就是,我们的后代没有法人资格。所以,或者应该承认他们同自然一样是权利的主体②,这样就等于是承认了一个没有意识也没有意愿的"主体";或者寻找代表性技术,就像艾米丽·加拉尔想通过发展间接形式(通过公共或协会部长)和直接形式(比如建立环境或后代保护官制度等)来进行一样。③

关于责任分工,可以根据集体风险肇事者的连带性(in solidum)责任方式进行(这就反过来寻找他们没有参与的证据)。④ 这种方式尤其反映了关于对阳起石或己烯雌酚受害者进行赔偿的案件判决。还有,德国的农场经营者的一块地受到转基因生物的污染,2004年根据连带性责任原则,德国的一项法律判决对这些农场经营者予以赔偿;这个原则成为责任法改革的前期研究项目:"因为某个集体中无法确定的某个成员而引起的损害,这个集体中的所有成员应该负有连带性责任,除非其中有人能够证明他对损害没有责任。"⑤

在损害责任人无清偿能力、死亡或者没有担保的情况下,为了完成其责任,同时在落实不可预见的风险的情况下,补偿超出保险份额的部分,连带性责任这个概念可以鼓励建立一个特殊的基金。

---

① R. J. Dupuy, *L'Humanité dans l'imaginaire des nations*, Paris, Julliard, 1991, p.246.

② M.-A. Hermitte, «La nature, sujet de droit», *Annales*, n° 1, 2011, pp. 173-212.

③ É. Gaillard, *Générations futures et droit privé. Vers un droit des générations futures*, Paris, LGDJ, 2011.

④ L. Neyret, «La réparation des préjudices aux générations futures», in J.-P. Markus (dir.), *Quelle responsabilité juridique envers les générations futures?*, Paris, Dalloz, 2012, p.260.

⑤ P. Catala (dir.), *Avant-projet de réforme du droit des obligations et de la prescription*, Paris, La Documentation française, 2006, p.174.

在国家范围内已经存在好几种这样的基金模式,比如说在卫生、环境保护、文化等方面的特别基金,还有核电生产商提供的资金,根据拆除费用的变化而不断更新,其目的也是用于将来拆除一些核电站的投资费用。从世界的范围看,除了国际法院制定的受害者补偿资金以外(第79条),2010年坎昆气候变化大会推出新的"绿色补偿基金"。最近又增加了200个转归气候问题的基金(双边和多边①),但是需要提供资金资助。

最后,对损失的评估让我们考虑专家的作用和对未来预测方法的研究,因为很难接受这样的说法,就是由于科学的不确定性而自动产生责任的缺失;相反,不要一发生损害,预测就把一切都当作是风险,使用损害环境的所有新术语分类法。② 根据国际关于生物多样化的规定,这个新术语分类法建议把术语分类看作是一种共同语言,可以用来区别个人损失和集体损失。尤其在集体损失中,区别同人类生态系统相关的损害和"对人类特殊利益没有影响",但是影响了"合法集体利益"的各种环境因素的损失。这是一种具有发展变化性的方法,但是受各方责任人(政府权力机关、律师、法官、污染活动开发者、环境保护者、保险人员、专家、银行家、研究机构等)所支配,其宗旨就是让各方责任人相互影响,尽可能多样化地调整各种科学指数和社会指数。

这些指数同样也应该用于限制预测的界限。事实上,关于目前和未来人类的普遍价值的答复同回复权利受到损害的受害者不是一个意思。从责任的绝对形式上看,它的长期观念是一个荒诞的观念,因为我们不具备足够的认识能力来控制"我们希望的结果和我们的行为所引起的所有数不清的后果之间的差距"③。让我们来承

---

① M. Barbut, « Il faut une taxe climat aux frontières de l'Europe », *Le Monde*, 23 août 2012, p. 6.

② G. J. Martin et L. Neyret (dir.), *Nomenclature des préjudices environnementaux*, Paris, LGDJ, 2012.

③ P. Ricoeur, « Le concept de responsabilité, essai d'analyse sémantique », *Le Juste*, Paris, Esprit, 1995, notamment, pp. 68-69.

担所有责任,这是人类行为无法办到的。但是忽略关系到全球安全的一些决定的副影响、生物圈的平衡及人类的生存问题,这同样也是荒谬愚蠢的。

因此应该明确展现现代人的权利就是对后代人的义务限制,人类的不确定性局限于人类和非人类之间的相互依存。通过这样的方法,提醒我们预测不是对不可预见事物的预先准备,而是,在这里我们借用爱德华·格里桑的说法,"学会在不可预见中延长长大。"[①]

---

① É. Glissant, *La Cobée du Lamentin*, Paris, Gallimard, 2005, pp. 25-26.

结　论

"法律能做什么？"，对于这个问题，我们试着通过"抵制，责任，预测"这个计划来做一回答。这个计划似乎有些要求过高，甚至有些过分。

这样的计划也有可能会失败，受各种方式的超能量的刺激，自然原因和人为原因不断相遇，这种不可预见性也有可能增强。也有可能，在我们这些不安宁的社会中，恐惧成为社会的主要联系。也许害怕风险，也许害怕犯罪，到底害怕什么，我们不是十分清楚，尤其当各种混杂的事情让人从一种恐惧过渡到另一种恐惧，面临它所带来的各种变化的时候。

行动主义可以将预防引导成预防性战争，或者将谨慎变成监控性的社会；相反，保守主义可能产生预防性的担忧。在这两者之间，如果恐惧激起煽动性言论，指定一些替罪羊，让人相信有可能将风险减少到零，那么恐惧就成为最差的顾问。

相反，如果恐惧寻求理性，鼓励人们制定各项指数以评估风险的可能性和严重性，重视社会上可以接受的误差程度，那么恐惧将是一个好的顾问。汉斯·约纳斯在他的恐惧探索法中提出呼唤勇气，而恐惧正同这种呼唤相结合。这位德国哲学家并不是在宣扬自我反省，而是在发现危险的同时，激励人们面对我们的后代要勇于承担责任。[①] 当然，约纳斯没有否认菲利普·库里尔斯基在他的著作《利他主义表现》中提到的"利他性自由主义"[②]这种思想。

[①] H. Jonas, *Le Principe responsabilité. Une éthique pour la civilisation technologique*, trad. de l'allemand par J. Greisch, Paris, Flammarion, 1995 [1979].

[②] P. Kourilsky, *Manifeste de l'altruisme*, Paris, Odile Jacob, 2011.

剩下的一点还需要说服各国政府,这种新责任并不会削弱国家的主权。相反,它会在空间和时间上扩大国家的主权。通过这种方法可以重新发现(因为联合国宪章正是受这种思想所启发),主权的特权也包括义务,尤其是联合国安理会成员国的否决权不应该仅限于维护国家利益,而是应该扩展到保护世界的和平和安全。一个真正的"连带性主权"(尽管我们离此目标还很远)要求在共同价值观、共同财产上达成一致意见,而每个国家都有义务来保护我们的共同价值和共同财产。

但是连带性并不只限于国家政府。这项任务也在于说服其他活动者来承担他们的那部分责任。无论是企业还是公民或科学专家,人类的愿望是通过同样的生命激情激励我们做出一系列的努力,实现亨利·柏格森关于公正思想所提到的完成"大跃进"所需要的关键钥匙。

这种"大跃进"同样也是在未知领域中的一次跃进。它要求"在一定的社会中设想将确实不可能的变成可能。"[1]换句话说,愿望需要有希望来支持,因为希望是灵感和能量的来源。对于处于灾难文化和超人文化(超人类主义或后人类主义思潮已经预示了这一点)之间的人类来说,实现世界化人性化的希望要求法律有能力承担起三种角色:抵制、责任和预测。总之,未来的法律要为正在转变的人类、为对自己的命运充满信心的人类服务。

---

[1] H. Bergson, *Les Deux Sources de la morale et de la religion* [1932], *Œuvres*, Paris, PUF, 1963, pp. 1041-1042.

缩 略 语

ACP	African, Caribbean and Pacific Group of States 非洲、加勒比和太平洋国家组织
ADPIC	Aspects des droits de propriété intellectuelle qui touchent au commerce 贸易知识产权问题
AI	Amnesty International 国际特赦组织
ALENA	Accord de libre-échange nord-américain 北美自由贸易协议
AMI	Accord multilatéral sur l'investissement 多边投资协议
APC	*Archives de politique criminelle* 政治犯罪档案
APEC	Asia-Pacific Economic Cooperation (Forum de coopération économique Asie-Pacifique) 亚太经济合作论坛
ASEAN	Association of Southeast Asian Nations 东南亚国家联盟
ASIL	American Society of International Law 美国国际法学会
ATCA	Alien Tort Claims Act (États-Unis) 外国人侵权赔偿法(美国)
ATTAC	Association pour la taxation des transactions pour l'aide aux citoyens 资助公民征收交易税协会
BONGOs	Business-Organized NGOs 非政府贸易组织
CADIS	Centre d'analyse et d'intervention sociologique 社会分析参与中心
CC	Conseil constitutionnel 宪法委员会
CCNE	Comité consultatif national d'éthique 国家道德顾问委员会

CDH	Commission des droits de l'homme
	人权委员会
CDI	Commission du droit international des Nations unies
	联合国国际法委员会
CE	Communauté européenne
	欧盟
CEDH	Cour européenne des droits de l'homme
	欧洲人权法院
CEE	Communauté économique européenne
	欧洲经济共同体
CES	Conseil économique et social
	经济与社会委员会
CESDH	Convention européenne de sauvegarde des droits de l'homme
	欧洲人权公约
CIC	Chambre de commerce internationale
	国际贸易商会
CICR	Comité international de la Croix-Rouge
	国际红十字会
CIJ	Cour internationale de justice
	国际法庭
CIRDI	Centre international pour le règlement des différends liés aux investissements
	国际投资争端解决中心
CJCE	Cour de justice des Communautés européennes
	欧盟法院
Chr.	Chronique
	专栏
CNRS	Centre national de la recherche scientifique
	法国国家科学研究院
COM	Documents de la Commission des Communautés européennes
	欧盟委员会档案
CPI	Cour pénale internationale
	国际刑事法院
D. Dalloz	Recueil Dalloz
	达洛兹文集
DADVSI	Projet de loi sur les droits d'auteur et les droits voisins dans la société de l'information
	信息社会著作权及相关权法律草案
DC	Recueil des décisions du Conseil constitutionnel
	宪法委员会决案集
DHNU	Droits de l'homme des Nations unies (Comité des)
	联合国人权法

DONGOs	Donor-Organized NGOs	
	捐赠者非政府组织	
DUDH	Déclaration universelle des droits de l'homme	
	世界人权宣言	
EHRLR	*European Human Rights Law Review*	
	欧洲人权法期刊	
EJIL	*European Journal of International Law*	
	欧洲国际法杂志	
FAO	Food and Agriculture Organization	
	联合国粮食及农业组织	
FIDH	Fédération internationale des ligues des droits de l'homme	
	国际人权联盟	
FMI	Fonds monétaire international	
	国际货币基金组织	
GATT	General Agreements on Tariffs and Trade	
	关税及贸易总协定	
GIEC	Groupe d'experts intergouvernemental sur l'évolution du climat	
	政府间气候变化专家小组	
GES	Gaz à effet de serre	
	引起温室效应的气体	
GONGOs	Governmental-Organized NGOs	
	非政府管理组织	
HRW	Human Rights Watch	
	人权观察	
ICBL	International Campaign to Ban Landmines	
	国际雷运动组织	
ICC	International Criminal Court (*voir* CPI)	
	国际刑事法院	
INRA	Institut national de la recherche agronomique	
	国家农业研究院	
IRD	Institut de recherche pour le développement	
	发展研究院	
JCP	*Juris-classeur périodique (Semaine juridique)*	
	司法周刊	
JICJ	*Journal of International Criminal Justice*	
	国际刑事司法杂志	
JOCE	*Journal officiel des Communautés européennes*	
	欧盟官方报	
LGDJ	Librairie générale de droit et de jurisprudence	
	司法案例书店	
MEDEF	Mouvement des entreprises de France	
	法国企业运动联合会	

Mercosur	Mercado comuún del Sur (Marché commun du Sud)	
	南方共同市场	
MSF	Médecins sans frontières	
	无国界医生组织	
MURS	Mouvement universel de la responsabilité scientifique	
	全球科学责任运动联合会	
OCDE	Organisation de coopération et de développement économiques	
	经济合作与发展组织	
OEB	Office européen des brevets	
	欧洲专利局	
OGM	OGM Organismes génétiquement modifiés	
	转基因生物	
OHADA	Organisation pour l'harmonisation du droit des affaires en Afrique	
	非洲贸易权协调组织	
OIT	Organisation internationale du travail	
	国际劳工组织	
OLAF	Office européen de lutte antifraude	
	欧洲反走私局	
OMC	Organisation mondiale du commerce	
	世界贸易组织	
OMM	Organisation météorologique mondiale	
	世界气象组织	
OMPI	Organisation mondiale de la propriété intellectuelle	
	世界知识产权组织	
OMS	Organisation mondiale de la santé	
	世界卫生组织	
ONG	Organisation non gouvernementale	
	非政府组织	
ONU	Organisation des Nations unies	
	联合国组织	
OPA	Offre publique d'achat	
	物价管理局	
ORD	Organe de règlement des différends	
	争端调节机构	
OTAN	Organisation du traité de l'Atlantique Nord	
	北大西洋公约组织	
OTC	Obstacles techniques au commerce	
	贸易技术堡垒	
OXFAM	Oxford Committee for Famine Relief	
	牛津饥荒救济委员会	

PNUE	Programme des Nations unies pour l'environnement	
	联合国环境计划	
PMRC	Programme de recherche sur le climat	
	气候研究计划	
PUF	Presses universitaires de France	
	法国大学出版社	
RCADI	Recueil des cours de l'Académie de droit international de La Haye	
	拉艾国际法课程集	
Rev. aff. europ.	Revue des affaires européennes	
	欧洲案例杂志	
RGDIP	Revue générale de droit international public	
	国际公法杂志	
RIDC	Revue internationale de droit comparé	
	国际比较法杂志	
RFAP	Revue française d'administration publique	
	法国行政杂志	
RSC	Revue de science criminelle et de droit pénal comparé	
	犯罪科学与比较刑法杂志	
RTDH	Revue trimestrielle des droits de l'homme	
	人权季刊	
RIDE	Revue internationale de droit économique	
	国际经济法杂志	
RTPIR	Règlement du Tribunal pénal international pour le Rwanda	
	卢旺达国际刑事法院条例	
RTPIY	Règlement du Tribunal pénal international pour l'ex-Yougoslavie	
	前南斯拉夫国际刑事法院条例	
RUDH	Revue universelle des droits de l'homme	
	人权杂志	
S. Ct.	Supreme Court (États-Unis)	
	美国最高法院	
SEC	Securities and Exchange Commission	
	安全与交流委员会	
SLC	Société de législation comparée	
	比较立法协会	
SOX	Loi Sarbanes-Oxley (États-Unis)	
	美国萨班斯法案	
TCE	Traité de la Communauté européenne	
	欧共体公约	
TCUE	Traité constitutionnel pour l'Union européenne	
	欧盟宪法条约	

TIC	Technologies de l'information et de la communication	
	信息交流技术	
TPICE	Tribunal de première instance des Communautés européennes	
	欧盟初级法庭	
TPI	TPI Tribunal pénal international	
	国际刑事法庭	
TPIR	Tribunal pénal international pour le Rwanda	
	卢旺达国际刑事法庭	
TPIY	Tribunal pénal international pour l'ex-Yougoslavie	
	前南斯拉夫国际刑事法庭	
TRIPS	*Voir* ADPIC	
	与贸易有关的知识产权协议	
TUE	Traité de l'Union européenne	
	欧盟协议	
UE	Union européenne	
	欧盟	
UEM	Union économique et monétaire	
	经济货币共同体	
UEMOA	Union économique et monétaire d'Afrique de l'Ouest	
	西非经济货币共同体	
UKHL	United Kingdom, House of Lords	
	英国上议院	
UMR	Unité mixte de recherche	
	混合研究单位	
UN	United Nations	
	联合国	
Unesco	United Nations Educational, Scientific and Cultural Organization	
	联合国教科文组织	
UQAM	Université du Québec à Montréal	
	魁北克蒙特利尔大学	
US	United States	
	美利坚合众国	
USC	United States Code	
	美国法典	
WISIS	World Summit on the Information Society	
	信息安全国际高峰论坛	
WTO	World Trade Organization	
	世界贸易组织	
ZLEA	Zone de libre-échange des Amériques	
	美洲自由贸易区	

译 后 记

《一起迈向世界的共同法》中文版上下册是根据法国著名法学家米海伊·戴尔玛斯-玛蒂（Mireille Delmas-Marty）的系列著作《法律的想象力》（Les forces imaginantes du droit）翻译而成。《法律的想象力》四卷册从2004年起陆续在法国瑟伊出版社（Le Seuil）出版，历经七年之久。2018年初，在作者的提议下，中文版分上下册出版，上册合并了该系列的第一、二卷，取名为《一起迈向世界的共同法：多元与统一》，下册合并了该系列的第三、四卷以及作者后来出版的一本小册子《抵制、责任、预测》，取名为《一起迈向世界的共同法：理念与规则》，上册于2019年末开始与中国学者见面，下册也将于2021年出版。这套著作的翻译出版历时漫长，尽管如此，我却觉得颇为值得。

翻译这套著作的计划是从2013年开始的。在此之前，我在法国谢阁兰基金会与中国国际问题研究所（现中国国际问题研究院）共同举办的"文化传承与现代性"中法圆桌会议期间认识了戴尔玛斯-玛蒂女士，并翻译了她提交的一份会议报告，题为"中国实验室"。她从中国传统中找到了"一些具有真正法律科学性的因素"，从中识别到具有"民主性的幼芽"。也正是从中国这块"试验田"上，她看到了法律制度从西方化到世界化的可能性，看到了从传统走向现代的多样性。读过她的那份报告后，我惊讶于这位法国老太太对中国的熟谙，对中国传统和现状的独特的解读方式，对西方社会的反思，以及对全球未来的展望。从东到西，从过去到现在再到未来，这么庞大的蓝图竟出自一位瘦小羸弱的女士之笔，着实令人敬佩。

会议之后不久，她的《抵制、责任、预测》就在2013年初出版了。这是一本很薄的书，不到二百页的文字条理清晰地阐述了全球化环境下法律的作用。文篇虽然是以法律制度为主线，却倾注了作者所有的人文关怀。我深感，她的思想不仅对西方学者有启发，对中国学者，包括法律界学者和社会学者来说，也将是引导他们进行深刻思考的来源。于是，我便与法国瑟伊出版社联系，意欲向中国读者推荐这本书。此时才得知戴尔玛斯-玛蒂教授的学生、北京师范大学法学院副院长李滨教授正在着手翻译《法律的想象力》的全套著作。在与李教授取得联系后，他邀请我参加这套著作的翻译工作，并细致地安排了我们这个团队的各项分工：李教授负责第一卷《相对性与普遍性》和第四卷《迈向价值共同体?》的翻译，中国政法大学刘小妍老师负责第二卷《有序的多元化》的翻译，而我承担了第三卷《重建权力》和《抵制、责任、预测》的翻译。后因李教授工作繁忙，我又承接了第一卷《相对性与普遍性》的翻译和第二卷的修改工作。

作为社会学研究人员，我始终认为，戴尔玛斯-玛蒂教授的这套著作可以从社会学的角度去解读，而不仅局限于法律领域。然而，要清晰准确地表达出作者的思想，必须具备全面的法律知识。这对我来说，是一个巨大的挑战，也是一个全新的学习过程。2018年6月21日应李滨教授的邀请参加了在北京师范大学举办的"携手迈向共同的世界法"主题研讨会，与戴尔玛斯-玛蒂教授和卢建平教授等国内知名法学家们的近距离思想交流，使我有机会了解一些法律术语的真正含义，更好地解读《法律的想象力》这套著作的内涵。

如果说作者用了七年之久完成她《法律的想象力》整个世界法理论体系，那么将这一庞大体系用中文表达出来远不止七年之久。这套书上下两册相隔一年之久才陆续出版。上册参加了2020年第12届傅雷翻译出版奖的评选，并成为五部社科类入围作品之一。虽然没能最终获奖，但能够入围傅雷翻译出版奖，译者已经感到非常欣慰。因为这套书承载了所有参与编译人员太多的心血和努力。记得在上册出版期间，北京大学出版社李倩编辑不辞妊娠之辛苦多次与我联系，反复校稿调整，严谨细致的制书风范，让人感动。另外，我还要感谢暨南大学法学院沈太霞教授对译稿中的法律术语的翻译提出的建议和意见。

刘文玲
2020.11.22 于北京瑜舍